MANUAL
DE HISTÓRIA
DA IGREJA 4

Umberto Dell'Orto
Saverio Xeres (DIR.)

MANUAL DE HISTÓRIA DA IGREJA

A ÉPOCA CONTEMPORÂNEA

Da Revolução Francesa ao Vaticano II
e à sua aceitação (1789-2005)

Organização de **Saverio Xeres**
Tradução de **Orlando Soares Moreira**

Edições Loyola

Título original:
Manuale di storia della chiesa – vol. IV:
L'epoca contemporanea. Dalla Rivoluzione francese
al Vaticano II e alla sua recezione (1789-2005)
(Umberto Dell'Orto/Saverio Xeres – diretores)
© 2017 Editrice Morcelliana, Brescia – Italia
Via G. Rosa 71, 25121, Brescia (Italia)
ISBN 978-88-372-3067-8

Dados Internacionais de Catalogação na Publicação (CIP)
(Câmara Brasileira do Livro, SP, Brasil)

Manual de história da Igreja : a época contemporânea :
da Revolução Francesa ao Vaticano II e à sua aceitação
(1789-2005). vol. IV / Saverio Xeres (org.) ; tradução Orlando
Soares Moreira ; Umberto Dell'Orto, Saverio Xeres (dir.) --
São Paulo : Edições Loyola (Aneas), 2024. -- (História
do cristianismo)

Título original: Manuale di storia della chiesa : vol. IV :
l'epoca contemporanea : Dalla rivoluzione francese al Vaticano II
e alla sua recezione (1789-2005)
Bibliografia.
ISBN 978-65-5504-369-3

1. História eclesiástica - Idade Média 2. Papado - História
I. Dell'Orto, Umberto. II. Xeres, Saverio. III. Série.

24-228691   CDD-270

Índices para catálogo sistemático:
1. Igreja : História   270

Eliete Marques da Silva - Bibliotecária - CRB-8/9380

Capa: Ronaldo Hideo Inoue
Catedral Metropolitana de Brasília (DF), gravura
editada a partir da ilustração de © Pablo Ramon
(© Adobe Stock). Na contracapa, detalhe dos
anjos e dos vitrais no interior da catedral, imagem
de © Arturdiasr (© Wikimedia Commons).
Diagramação: Sowai Tam
Revisão técnica: Danilo Mondoni, SJ

Edições Loyola Jesuítas
Rua 1822 nº 341 – Ipiranga
04216-000 São Paulo, SP
T 55 11 3385 8500/8501, 2063 4275
editorial@loyola.com.br
vendas@loyola.com.br
www.loyola.com.br

Todos os direitos reservados. Nenhuma parte desta obra pode ser reproduzida ou transmitida por qualquer forma e/ou quaisquer meios (eletrônico ou mecânico, incluindo fotocópia e gravação) ou arquivada em qualquer sistema ou banco de dados sem permissão escrita da Editora.

ISBN 978-65-5504-369-3

© EDIÇÕES LOYOLA, São Paulo, Brasil, 2024

Sumário

INTRODUÇÃO
A época contemporânea. Da Revolução Francesa ao Vaticano II
e à sua aceitação (1789-2005) 9

Autores 19

CAPÍTULO PRIMEIRO
Igreja e Revolução Francesa (1789-1814) 21
  1. O quadro de referência historiográfica e histórica 21
  2. Os inícios da Revolução, a Assembleia Constituinte
     e a Constituição Civil do Clero 28
  3. Reações e divisões internas na Igreja francesa; a posição da Santa Sé 36
  4. Da Assembleia Legislativa ao período do terror, a "descristianização"
     e a primeira reorganização da Igreja francesa 41
  5. O Diretório, a Revolução na Itália e Bonaparte no poder 49
  6. A parábola de Napoleão: da concordata ao Império;
     a política religiosa; as crescentes tensões com a Santa Sé; o fim 54
  7. Conclusões 61
  Bibliografia 62

CAPÍTULO SEGUNDO
Abertura ao século XIX mediante as missões 65
  8. Situação crítica no início do século XIX
     e despertar missionário romântico 65
  9. O horizonte internacional do pontificado de Gregório XVI (1831-1846) 71
 10. A Ásia e a Oceania, num desenvolvimento marcado
     pelas mudanças de meados do século 75
 11. Uma tríplice escansão cronológica: a África impenetrável,
     a África dos exploradores, a África colonizada 86

12. A política missionária da Santa Sé com os pontificados
de Pio IX e Leão XIII e o papel da *Propaganda fide* 94
Inserção 1 – Os cristãos do Oriente 96
Nota bibliográfica 99
13. América Latina 99
14. Estados Unidos e Canadá 105
Inserção 2 – As missões protestantes 110
Nota bibliográfica 113
15. Alguns conceitos sintéticos 113
Bibliografia 117

CAPÍTULO TERCEIRO
A Igreja católica entre Restauração e liberalismo 119
16. A Igreja católica diante de um bívio e a Restauração política 119
17. A difícil Restauração eclesiástica 125
18. A Restauração em sentido global 133
19. Princípios e características da sociedade liberal:
limites e vantagens para a vida e a ação da Igreja 136
20. O catolicismo liberal: ideias e experimentações.
A reviravolta de 1830 e suas consequências 138
21. A condenação do "liberalismo católico" 145
22. O caso particular italiano: os católicos entre fidelidade ao papa,
ideais nacionais e princípios liberais 148
Bibliografia 151

CAPÍTULO QUARTO
O catolicismo na Europa na segunda metade do século XIX 153
23. De Pio IX a Leão XIII 153
24. As premissas da questão social 160
25. Da devoção mariana até o *Sílabo* 169
26. O Concílio Ecumênico Vaticano I 173
27. Seminários, clero e religiosos 178
28. O Vaticano e a unidade italiana 184
29. O Vaticano e a situação internacional 189
30. Novas orientações doutrinais e emancipações religiosas ... 194
Bibliografia 198

CAPÍTULO QUINTO
Fermentos de renovação eclesial entre os séculos XIX e XX ... 201
31. Sintomas de novidades nas ciências bíblicas, teológicas,
filosóficas e a questão social 201

32. De Leão XIII a Pio X, um papa reformador. As premissas ao
modernismo: por uma definição e o americanismo 213
33. O início e os desdobramentos da crise modernista
na França e na Inglaterra.. 222
34. A crise modernista na Itália.. 229
35. Duas situações particulares: Espanha e Alemanha 237
36. As condenações romanas: reações e consequências...................... 242
37. A herança do modernismo e a passagem de pontificado 251
Bibliografia.. 256

CAPÍTULO SEXTO
A ideologia e os movimentos políticos nacionalistas e totalitários
na primeira parte do século XX 259
38. A complexidade dos nacionalismos entre os séculos XIX e XX 259
39. A Primeira Guerra Mundial e suas consequências......................... 263
40. O pós-guerra, com as principais orientações
do complexo pontificado de Pio XI 273
41. Igreja italiana e fascismo 278
42. Igreja e nazismo.. 285
Inserção 1 – A Igreja e os israelitas entre o fim do século XIX
e a Segunda Guerra Mundial... 291
Nota bibliográfica.. 297
43. Anticlericalismo latino e temor do bolchevismo: México e Espanha 297
44. Considerações conclusivas... 303
Bibliografia.. 307

CAPÍTULO SÉTIMO
Pio XII e a Igreja do seu tempo 309
45. Enquadramento historiográfico e biográfico 309
46. A Segunda Guerra Mundial.. 313
47. O pós-guerra e as novas relações internacionais 323
48. O projeto de uma sociedade cristã e o avanço da secularização.... 329
49. O Ano Santo de 1950: o desejado "grande retorno"
e o aparente apogeu de um papado 336
50. A renovação teológica e seu reconhecimento parcial 342
51. Aberturas universais e lento declínio de um pontificado............... 347
Bibliografia.. 352

CAPÍTULO OITAVO
O Concílio Vaticano II e a sua aceitação... 355
52. Os anos de João XXIII: preparação, início, primeiro período 355

53. De João XXIII a Paulo VI: retomada, continuação
e cumprimento em três períodos.. 367
54. Os documentos conciliares.. 380
55. A aceitação institucional, litúrgica, bíblica-teológica............................. 399
56. A renovação conciliar no clero, nos religiosos, nos leigos.................... 407
57. A aplicação do concílio na missão e no ecumenismo............................ 413
58. A aceitação do concílio na Europa e no Oriente Médio....................... 418
59. A aceitação do concílio na África e nas Américas................................. 424
60. A aceitação do concílio na Ásia e na Oceania.. 435
61. Sobre o concílio e a sua aceitação à luz dos últimos anos de Paulo VI
e do pluralismo teológico... 439
62. Para uma primeira orientação sobre a passagem entre os séculos XX
e XXI no longo pontificado de João Paulo II (1978-2005)................... 444
Bibliografia... 453

CAPÍTULO NONO
As dimensões mundiais da Igreja no século XX 457
63. Santa Sé, Ocidente e missões de 1914 a 1962.. 457
64. Católicos e Santa Sé no Oriente Próximo e Oriente Médio................ 459
65. O cristianismo "marginal" na Ásia... 463
66. O subcontinente indiano; a Oceania, onde o cristianismo é maioria............ 468
67. O cristianismo na África.. 473
   Inserção 1 – O catolicismo no norte da África...................................... 479
   Nota bibliográfica... 481
68. A Igreja católica na América anglo-saxã... 481
69. A complexidade da Igreja latino-americana no século XX.................. 485
70. A "missão", do concílio ao pós-concílio, e considerações sintéticas............. 496
Bibliografia... 502

Índice de nomes.. 505

Introdução
A época contemporânea.
Da Revolução Francesa ao Vaticano II
e à sua aceitação (1789-2005)

A narração histórica exposta neste volume começa com a Revolução Francesa (**CAP. 1**). Em confronto com as principais leituras historiográficas e à luz do contexto no qual surgiu aquela fundamental reviravolta histórica (**item 1**), procura-se sobretudo compreender de que modo se passou de um entendimento inicial entre ampla parte do clero e os promotores da Revolução a um recíproco e nítido desacordo; o elemento principal da reviravolta está identificado na Constituição Civil do Clero promulgada em julho de 1790 (**item 2**). A medida legislativa e, mais ainda, o relativo juramento de fidelidade exigido do clero provocaram profunda divisão interna na própria Igreja francesa, em parte "refratária", em parte alinhada (e, por isso, chamada "constitucional") às novas disposições. A intervenção de condenação aberta por parte do papa Pio VI marca um distanciamento em relação à Revolução, que dá início a um crescendo de recíprocas suspeitas e contrastes (**item 3**). De um lado, o progressivo temor de um complô antirrevolucionário, que também se julga apoiado por elementos eclesiásticos, estimula os protagonistas da Revolução a posicionamentos cada vez mais anticlericais; aos olhos da Igreja, isso confirma a interpretação da reviravolta política em andamento como um deliberado ataque às tradições cristãs do país, bem evidenciado sobretudo pela descristianização posta em prática pelos revolucionários, com introdução de novos cultos de caráter "naturalístico". Se em 1794, com a "reação termidoriana", tem-se uma momentânea inversão de tendência, permitindo até uma primeira reorganização e pacificação interna na Igreja francesa (**item 4**), com a saída da França da Revolução e com o consequente nascimento de uma série de "repúblicas irmãs" em vários países europeus, entre os quais a Itália, abre-se nova frente de oposição que envolve também a Santa Sé, violada em seus territórios e até na própria pessoa do papa soberano; Pio VI, preso e deportado para a França, morre no exílio, enquanto entre as populações, amplamente ligadas ainda à Igreja, surge uma difusa rejeição à política francesa (**item 5**). A reconciliação entre França e Santa Sé mediante a concordata de 1801 mostra com clareza a consideração puramente instrumental da religião por parte do novo líder da Revolução, Napoleão Bonaparte, paradoxalmente às vésperas de assumir o título imperial (1804). Aliás, ele não consegue submeter a Igreja às suas próprias intenções, sucumbindo ao ataque conjunto das potências europeias, ao passo que Pio VII, libertado da prisão sofrida pela prepotência do novo soberano francês, volta à direção de uma Igreja indubitavelmente revigorada e purificada pela dramática experiência vivida (**itens 6-7**).

Logo depois (**CAP. 2**), abre-se o horizonte para as perspectivas mundiais, analisando a ação missionária da Igreja. Inicialmente o panorama apresenta-se desolador, pois a herança do século anterior durante o qual a mentalidade iluminista, crítica em relação à ação missionária, e as políticas governamentais hostis às Ordens religiosas tinham redimensionado nitidamente o empenho católico *ad gentes*. Tão mais surpreendente se mostra um novo impulso apostólico, que se concretiza quer em atividades de sensibilização e de apoio econômico, quer numa retomada das vocações sacerdotais e religiosas, a ponto de suscitar o nascimento de numerosas congregações, entre as quais muitas femininas, empenhadas na missão *ad gentes* (**item 8**). É sobretudo com o papa Gregório XVI que os primeiros sinais de retomada missionária veem importantes desenvolvimentos, amadurecidos depois nos decênios seguintes (**item 9**). O crescimento do catolicismo na Ásia, desde sempre muito resistente às influências ocidentais, acontece graças à presença de um clero autóctone e à heroica resistência das comunidades cristãs locais repetidamente atingidas por ferozes perseguições; entretanto, desenvolvem-se, não sem dificuldades, as primeiras comunidades católicas nos territórios da Oceania (**item 10**). Quanto à África — superada a impenetrabilidade naquele continente —, tem início uma intensa atividade missionária atenta também a proteger a identidade africana com relação à repartição realizada pelas potências europeias (**item 11**). Típico da época contemporânea, continua o protagonismo da Santa Sé na promoção das missões, sobretudo mediante a criação da hierarquia ordinária nos territórios já de missão (**item 12**). Depois de um olhar sobre a situação dos cristãos do Oriente, localizados em geral dentro do Império otomano (**Inserção 1** – *Os cristãos do Oriente*), completa-se o quadro da presença católica no mundo ao se analisar o continente americano. Enquanto na América Latina a Igreja católica está envolvida em complexos episódios de ordem política e social, até em conexão com as lutas para a independência (**item 13**), nos Estados Unidos e no Canadá o catolicismo é amplamente minoritário, e, todavia, ou precisamente por isso, assume perspectivas novas e interessantes, como a pacífica inserção numa situação sociopolítica caracterizada pela laicidade e pluralidade (**item 14**). Ao amplo quadro da expansão católica no mundo junta-se uma breve apresentação das missões protestantes (**Inserção 2** – *As missões protestantes*), para enfim refletir de modo sintético sobre o vasto panorama da missão *ad gentes* do século XIX (**item 15**).

O **CAP. 3** concentra-se no continente europeu, onde a Igreja, com o fim dos atormentados episódios do período revolucionário, se vê diante da difícil escolha entre a abertura à nova visão político-social surgida dessa passagem histórica e a nostalgia da sociedade tradicional. Na primeira parte do século prevalece a tendência à "restauração" da ordem anterior, embora sejam irreversíveis, de um lado, a superação da identidade confessional das comunidades políticas e, de outro, a difusão do sentimento nacional (**item 16**). Assim, se também para a Igreja é impraticável uma verdadeira "restauração" do próprio papel tradicional na sociedade europeia, em compensação é possível constatar, além de uma vasta obra de reorganização das principais instituições eclesiásticas, um relançamento do apostolado e das dimensões espirituais e culturais, até com inédita responsabilização do laicato (**item 17**). Desenvolve-se igualmente uma "ideologia" da restauração — no sentido da reconstrução de uma Ordem transcendente e imutável refletida na organização típica da sociedade tradicional — somente em parte partilhada pelo Magistério eclesiástico (**item 18**). Por outro lado, é ainda mais problemática a perspectiva de uma abertura à concepção liberal, sobretudo pela superação da ligação tradicional entre cristianismo e instituições políticas que ela comporta (**item 19**). Consequentemente, algumas tentativas e experiências de aproximação entre Igreja e regimes liberais, como na França, e depois na virada de 1830 na Bélgica, Polônia e Irlanda — também em referência às aspirações locais de autonomia nacional —, não desembocam numa relação duradoura (**item 20**); antes, com a encíclica *Mirari vos*, de Gregório XVI (1832), a própria teorização de uma possível relação entre catolicismo e liberalismo, apresentada por alguns grupos minoritários e por algumas personalidades, entre as quais Félicité Robert de La Mennais, sofre nítida condenação (**item 21**). Também no caso específico italiano, o envolvimento inicial de alguns católicos nos episódios ligados às aspirações à unidade nacional não poderá ter seguimento (**item 22**).

Adentrando a segunda metade do século (**CAP. 4**), encontramo-nos diante das grandes figuras dos papas Pio IX e Leão XIII, que ocupam totalmente um período de cinquenta anos com seus longos pontificados. A respeito de Pio IX cria-se o mito do "papa liberal", que não tarda a se esvaziar no momento em que as iniciativas do Ressurgimento de 1848 chegam também a Roma; já com seu sucessor abrem-se novas perspectivas nas relações com os outros países europeus e no *front* da dramática situação das classes operárias (**item 23**). Embora lenta e trabalhosa, constata-se nesse caso notável amadurecimento da consciência eclesial na acolhida adequada da novidade de tal fenômeno de massa; são o empenho e a reflexão de cada bispo, padre, grupo de leigos e novas congregações religiosas que preparam e tornam possível a conhecida e abalizada reviravolta da *Rerum Novarum* (1891), de Leão XIII (**item 24**). A apresentação do pontificado de Pio IX completa-se tanto com a promoção de alguns aspectos devocionais — mariano e eucarístico, em particular — quanto com a condenação das principais liberdades modernas, no *Sílabo* de 1864 (**item 25**), e enfim com a celebração do Concílio Vaticano I, no qual a afirmação do primado e da infalibilidade pontifícia oferece impulso decisivo à centralização romana da Igreja (**item 26**). Quanto à vida interna da comunidade eclesial, notam-se alguns desdobramentos importantes no que diz respeito ao clero, cuja formação é notavelmente melhorada, e aos religiosos, empenhados sobretudo no âmbito social, educativo e missionário, não sem o envolvimento de um significativo componente leigo mediante a promoção das "Terceiras Ordens" (**item 27**). E se com o novo Reino da Itália, depois da forçada anexação do Estado pontifício, o conflito continua áspero — gerando a chamada "questão romana" e causando divisões internas também entre os católicos — (**item 28**), no final do século a Santa Sé mostra-se mais projetada num horizonte mundial (**item 29**). Contextualmente, novas linhas disciplinares e orientações culturais no âmbito teológico — estudos bíblicos e históricos, em especial —, a emancipação de grupos religiosos por muito tempo marginalizados da sociedade, como os valdenses, os evangélicos, os judeus, levam o catolicismo para outras e inéditas vias de confronto e de amadurecimento que caracterizarão o novo século que está por se abrir (**item 30**).

De fato, a passagem do século XIX para o XX se apresenta rica em fermentos de renovação eclesial (**CAP. 5**): há um notável desenvolvimento das ciências religiosas, sobretudo no âmbito bíblico e histórico, litúrgico e pastoral, e uma inédita atenção aos estudos sociais, ligada também ao nascimento de organizações leigas ativas no terreno político-social (**item 31**). Nos primeiros anos do novo século, Pio X dá início a uma série de reformas para a Cúria romana, o clero e a liturgia. Entrementes, manifesta-se a crise modernista, que provém substancialmente do desequilíbrio entre os progressos das ciências modernas e o atraso do ensino teológico (**item 32**). Ambientes de origem dessa crise são a França — a partir de alguns escritos de Alfred Loisy — e a Inglaterra, em torno das reflexões bem mais radicais de George Tyrrell (**item 33**); conhece desdobramentos significativos também na Itália, onde a preocupação de recuperar o atraso cultural do catolicismo anima alguns círculos de estudiosos, assumindo também as difusas aspirações à reforma da Igreja e entrelaçando-se às vezes com o emergente protagonismo dos leigos no âmbito cultural e político (**item 34**). Para outros países europeus, como a Espanha e a Alemanha, não se pode falar propriamente de modernismo, mas da preocupação, por parte de alguns intelectuais, de ajudar o cristianismo a se relacionar de maneira construtiva com as novas perspectivas abertas em muitos setores entre os séculos XIX e XX (**item 35**). É somente com a condenação romana, expressa na encíclica *Pascendi* de 1907, que se atribui ao variegado conjunto de tendências indicado com o nome de "modernismo" a organicidade de um verdadeiro sistema de pensamento, que de fato ele não tem. Por outro lado, somente a partir da avaliação radicalmente negativa que o documento pontifício reserva ao movimento — visto como o início da destruição de qualquer forma religiosa — é que é possível compreender (não decerto justificar) a dura repressão iniciada nos anos seguintes (**item 36**). A rejeição resoluta da exigência imprescindível de manter em sintonia as disciplinas teológicas e a crítica moderna provoca a dissociação dramática e recíproca entre fé e modernidade, entre crente e homem moderno; este é também o reflexo e o efeito dos limites culturais de Pio X, que se mostraram evidentes nas relações com alguns Estados, os quais passaram a conflito aberto com a Igreja, seja na Europa, seja na América Latina (**item 37**).

As difíceis tentativas com as quais o catolicismo define a própria atitude diante do nacionalismo herdado do século anterior e na origem dos totalitarismos e das guerras mundiais do século XX (**item 38**) constituem o tema do **CAP. 6**. O primeiro conflito mundial, que estourou em 1914, põe em cena o drama de patriotismos contrapostos, aos quais também os católicos agora aderem, numa luta que assume características inéditas de violência destrutiva, fortemente denunciada pelo papa Bento XV, que aliás promove importantes iniciativas — por exemplo, a publicação do primeiro Código de Direito Canônico —, bem como um renovado impulso missionário (**item 39**). Pio XI, eleito papa numa Europa decididamente voltada para regimes autoritários, relança um amplo projeto de reafirmação da orientação eclesiástica nos processos políticos e sociais, também mediante o novo protagonismo dos leigos, organizados na "Ação Católica" (**item 40**). Logo depois, o papa Ratti deve se confrontar com a instauração também na Itália de um regime ditatorial, caracterizado por um tosco anticlericalismo, mascarado por respeito formal pelo catolicismo, que de fato promove a conciliação entre Estado e Igreja depois de meio século de contraposição. O estabelecimento da concordata não evita o reaparecimento da desconfiança entre os dois contraentes, especialmente em 1931, com o desentendimento sobre a Ação Católica, e em 1938, com o distanciamento da parte eclesiástica em relação às leis raciais assumidas pelo regime; registra-se também entre padres e leigos católicos um grupo significativo de opositores ao regime (**item 41**). Bem mais difícil é para a Igreja encontrar o modo correto de relação com o regime nazista instaurado na Alemanha em 1933; à concordata, rapidamente concluída na esperança de controlar os desdobramentos do nazismo, segue-se uma crescente atitude crítica pela parte católica, sustentada em primeira linha pelo próprio Pio XI (**item 42**). O papa se opõe às perseguições nazistas contra o povo hebraico, distanciando-se também de algumas posições católicas que sofrem as consequências de uma longa tradição de hostilidade em relação ao judaísmo (**Inserção 1** — *A Igreja e os israelitas entre o fim do século XIX e a Segunda Guerra Mundial*). Entrementes, a ameaça bolchevista, abertamente condenada pelo magistério pontifício, é apontada como a origem da revolução mexicana, que tenta sem sucesso laicizar aquele país de fortes tradições religiosas. A seguir, alastra-se a guerra civil na Espanha entre movimentos de esquerda que assumem atitudes de perseguição em relação à Igreja católica e ambientes do exército, guiados por Francisco Franco, os quais acabam por impor um regime ditatorial apoiado por grande parte do episcopado espanhol e europeu (**item 43**). O capítulo se fecha enfocando algumas questões historiográficas referentes aos pontificados de Bento XV, e sobretudo de Pio XI, as quais têm necessidade de pesquisas ulteriores (**item 44**).

Depois de ter mostrado os limites da historiografia sobre a figura de Pio XII, no **CAP. 7** parte-se da experiência vivida por Pacelli em seu longo serviço diplomático à Santa Sé, antes da sua eleição como pontífice (**item 45**). A terrível tempestade da Segunda Guerra Mundial tem efeitos de tal modo arrasadores que nem mesmo um papa da estatura de Pio XII consegue controlar minimamente seus destinos, nem questionar o genocídio do povo judaico, ainda que se empenhasse generosamente em medicar as devastadoras feridas produzidas pelo conflito (**item 46**). No pós-guerra, o papa tenta delinear uma nova ordem internacional, atribuindo um papel central para a Igreja, mas a nítida polarização do mundo em torno dos dois principais vencedores da guerra, Estados Unidos e União Soviética, acaba por frustrar também essa nova oportunidade de presença da Igreja no mundo contemporâneo (**item 47**). Não menos problemática é a secularização, que avança dentro das próprias sociedades de tradição católica; a ampla mobilização dos fiéis suscitada pelo próprio pontífice, com o fim declarado de reconstruir uma sociedade cristã, obtém efeitos amplamente inferiores às expectativas (**item 48**). Nem o grandioso Ano Santo de 1950, cuidadosamente preparado diante da possibilidade do "retorno" à Igreja de muitos que dela estavam agora "distantes" tem eficácia; antes, constata-se a crescente distância entre a Igreja e a sociedade, mesmo depois do abandono forçado de novas tentativas de ação apostólica — entre as quais a dos padres operários na França —, orientadas à presença discreta, em vez da afirmação exterior e autoritária (**item 49**). O longo pontificado de Pio XII, além de introduzir algumas reformas, sobretudo no campo litúrgico, vê também um primeiro amadurecimento dos fermentos teológicos que, depois das infelizes vicissitudes modernistas, repropuseram a pesquisa de linguagem e de métodos novos, seja no retorno às fontes do cristianismo, seja na aproximação da cultura contemporânea. O magistério pacelliano reconhece somente em parte essa intensa procura, remetendo a uma fase seguinte a superação do monopólio atribuído à teologia neoescolástica (**item 50**). Em paralelo com a descolonização de muitos países extraeuropeus, outro fenômeno de grande importância é o decisivo incremento das dimensões universais da Igreja católica, também em seu vértice romano. Assim, um pontificado muito sofrido, numa época das mais atormentadas da história, embora se encerrando num clima de forte retrocesso até pela doença do papa, apresenta, todavia, uma herança fecunda para o futuro (**item 51**).

O amplo **CAP. 8** é dedicado ao acontecimento indubitavelmente mais importante para a Igreja do século XX, o Concílio Ecumênico Vaticano II. Depois do anúncio (1959), João XXIII dá início ao trabalho de preparação até a abertura, no outono de 1962, de uma assembleia composta pelos bispos provenientes de todas as partes do mundo, sem chegar aliás a promulgar nenhum documento durante o primeiro período (**item 52**). A passagem do pontificado de João XXIII a Paulo VI não interrompeu o concílio; antes, ele o retoma com maior determinação, graças também a alguns melhoramentos na organização. Assim, o segundo período (1963) leva à publicação da constituição *Sacrosanctum Concilium*, dedicada à liturgia, ao passo que o terceiro (1964) vê o acabamento da constituição *Lumen Gentium*, sobre a Igreja, deixando para o último período (1965) a incumbência de levar a termo, não sem alguma ansiosa corrida contra o tempo, onze documentos, entre os quais as duas constituições sobre a Revelação (*Dei Verbum*) e sobre a Igreja no mundo contemporâneo (*Gaudium et Spes*) (**item 53**). No total, o Concílio Vaticano II produz dezesseis documentos, sinteticamente apresentados no texto (**item 54**). A aplicação do concílio — iniciada já durante os trabalhos da assembleia no que diz respeito à liturgia — continua com a reforma da Cúria, enquanto nas Igrejas locais nascem, ou se renovam, as conferências episcopais nacionais e uma série de organismos representativos. Nesse ínterim, reativam-se reflexões que tinham ficado congeladas nos últimos anos de Pio XII (**item 55**), dando vida a um inédito pluralismo teológico. A renovação conciliar envolve o clero que, além de sofrer uma forte diminuição numérica, põe em questão sua própria identidade; analogamente, os religiosos reveem a própria organização interna e as finalidades de sua ação; entre os leigos, que começam a assumir novas responsabilidades, nascem numerosos grupos marginais e de contestação, com uma forte crise das organizações tradicionais em benefício dos novos movimentos eclesiais, nascidos por iniciativa de fundadores carismáticos (**item 56**). O vento conciliar dá vida também à missão *ad gentes*, entendida como colaboração recíproca entre Igrejas, e intensifica o diálogo entre as Igrejas cristãs (**item 57**). A acolhida conciliar tem efeitos de diversas maneiras sobre todo o orbe cristão; além da Europa e do Oriente Médio (**item 58**), a África e as Américas (**item 59**), a Ásia e a Oceania (**item 60**). Se, de um lado, as interpretações opostas e as contestações que o Vaticano II suscita nos anos do pós-concílio causam agudo sofrimento a Paulo VI e incerteza nas comunidades cristãs, de outro, evidenciam a necessidade de pleno reconhecimento da dimensão histórica — conjunto de continuidade e de novidade — que é caráter originário da Igreja (**item 61**). Um olhar à passagem do milênio conclui o capítulo, apresentando a Igreja guiada com energia por João Paulo II para uma "nova evangelização" (**item 62**).

O livro se encerra com uma releitura de todo o século XX numa perspectiva universal (**CAP. 9**). Uma consideração sintética sobre a ação da Santa Sé na primeira metade do século XX mostra sobretudo a progressiva transformação das terras de missão em Igrejas de pleno direito e o empenho para a formação dos missionários, favorecida também pelo surgimento de uma disciplina teológica específica, a missiologia (**item 63**). Depois da análise da difícil situação dos cristãos no Oriente Próximo e Oriente Médio (**item 64**), o olhar se distende sobre os outros continentes. A começar pela Ásia, onde o cristianismo permanece marginal e estranho às culturas daquele imenso território (**item 65**); totalmente particular é a situação do catolicismo no subcontinente indiano, de maior consistência e importância, e, ainda assim, fortemente condicionada pelo enraizado sistema das castas; a presença eclesial nos imensos espaços da Oceania está dividida em vários pertencimentos, enquanto os dois grandes Estados da Austrália e da Nova Zelândia mostram também no âmbito religioso sua proximidade cultural com o Ocidente, com análogos fenômenos de secularização (**item 66**). Para a África, o século XX foi o tempo da difusão massiva do cristianismo, até atingir um terço da população. No continente que na segunda metade do século viu a maioria dos Estados obter a independência política, fica em aberto o desafio sobre o papel dos cristãos nas sociedades locais (**item 67**); a difícil relação do catolicismo com o Islã radical, com efeitos sobre várias partes da África, vive uma condição singular nas regiões setentrionais (**Inserção 1** – *O catolicismo no norte da África*). A Igreja católica na América do Norte, crescida sobretudo graças à imigração, destaca-se pelo empenho no âmbito social e a favor da integração. Mais problemática, salvo exceções, é a condição dos bispos estadunidenses, escassamente vigilantes no que se refere à difusa pedofilia no clero, uma das causas da crise do catolicismo norte-americano nos decênios recentes (**item 68**). A respeito da América Latina, a dificuldade principal para compreender o catolicismo local está nas polarizações político-sociais de sinal oposto — entre movimentos de libertação popular e regimes militares de segurança nacional — que atormentaram a história das comunidades cristãs (não sem numerosos episódios de martírio). Particularmente significativa é a experiência de formas de pastoral popular; no âmbito teológico, há algumas propostas teológicas inovadoras (com o nome comum de "teologia da libertação") ainda objeto de debate (**item 69**). Também a dimensão missionária da Igreja vive no Vaticano II um momento decisivo de viragem, em particular com a difusão da ideia de "cooperação entre as Igrejas".

O que não significa de modo algum o esgotamento do compromisso na evangelização, mas antes a abertura a modalidades inéditas. Sob esse ponto de vista, a grande expansão da Igreja católica que caracteriza o século XX — até com um consistente tributo de martírio — favorece seu amadurecimento na direção de novos horizontes, impulsionando-a para muito além do confronto, embora sofrido, com a modernidade europeia com a qual se abriu esta recente fase de sua história bimilenar (**item 70**).

Saverio Xeres

Autores

Maurilio Guasco: cap. 4; cap. 5; cap. 8.

Angelo Manfredi: cap. 2; Inserção 1 e 2 do cap. 2; cap. 6; Inserção 1 do cap. 6; cap. 9; Inserção 1 do cap. 9.

Saverio Xeres: cap. 1; cap. 3; cap. 7.

capítulo primeiro
Igreja e Revolução Francesa (1789-1814)

1. O quadro de referência historiográfica e histórica

1. Os tumultuados episódios da Revolução Francesa não puderam evitar o envolvimento, e em parte até a devastação, da Igreja católica, espinha dorsal do "Antigo Regime", que chegara ao fim da linha. Sob o **ponto de vista historiográfico**, a relação entre Revolução Francesa e Igreja católica levou principalmente a uma **dupla interpretação**: de nítida contraposição ou de pelo menos parcial compatibilidade.

A primeira das duas opostas interpretações sintéticas da relação entre Revolução e Igreja já nasceu durante os próprios episódios da Revolução ou nos anos sucessivos — em especial perante a enorme impressão que causou à opinião pública o ataque feito por Napoleão (1769-1821) ao Estado da Igreja e à própria pessoa do papa nos últimos anos do século XVIII. Assim, foi se formulando a tese de uma conjuração propositalmente tramada para prejudicar a Igreja. Esse complô secreto, havia muito em preparação, teria nascido da colaboração entre intelectuais da área iluminista, círculos maçônicos e alguns pensadores cristãos, sobretudo de orientação jansenista, favoráveis a uma renovação eclesial, além de cultural e social. E essa conjuração teria visado precisamente à destruição de ambos os elementos principais do regime tradicional — a monarquia e a Igreja, em recíproca conexão. O caráter de acentuada violência que a Revolução tinha assumido na França, ao eliminar o soberano e perseguir grande parte dos eclesiásticos e religiosos, parecia clara confirmação dessa tese sintética exposta por autores como Augustin Barruel (1741-1820) (*Memoires pour servir à l'histoire du jacobinisme*, 1797-1798), Joseph de Maistre (1753-1821) e Louis de Bonald (1754-1840). Ela será retomada ao longo de todo o século XIX, até como justificação do empenho — apoiado sobretudo no âmbito católico — por uma necessária contrarrevolução. Na Revolução Francesa julgava-se identificar o resultado final e dramático de uma longa degeneração do sistema político em direção à secularização: por um lado isso significa a progressiva eliminação de todo controle eclesiástico sobre a administração da convivência humana; por outro, a subtração do apoio institucional público à Igreja, necessário para o pleno desenvolvimento de sua missão. Os episódios da Revolução assumiam progressivamente uma dimensão até satânica, porquanto significavam a subversão da própria Ordem estabelecida por Deus.

Na esteira das reflexões de sinal oposto — ou seja, por parte dos historiadores de orientação político-liberal que defenderam o valor dos princípios revolucionários — chegou-se até a mostrar aspectos "cristãos" na Revolução Francesa. Nos mesmos ideais proclamados pelos revolucionários como inspiradores de sua ação (o famoso trinômio: liberdade, igualdade, fraternidade), não era difícil, de fato, ler em filigrana (embora com a possibilidade de alguns equívocos) princípios pertencentes desde as origens à Tradição cristã. Daí também a oportunidade, e mesmo a necessidade, de uma composição entre cristianismo e princípios revolucionários, justamente para não cair em novas formas de despotismo arbitrário (como sugeria Nicola Spedalieri, *De'diritti dell'uomo libri VI. Ne' quali si dimostra che la più sicura custode de' medesimi nella societá civile è la religione cristiana e che però l'único progetto utile alle presenti circostanze è de far rifiorire essa religione*, Assis, 1791), ou a consideração do fenômeno revolucionário como estímulo a repensar justamente o modo de ser e de se relacionar com a autoridade pública que tinha caracterizado a Igreja em toda a época moderna.

Dessas duas leituras diversas — contemporâneas ou logo depois dos fatos — nascem, pois, as duas principais e contrapostas teses historiográficas concernentes à relação entre Revolução Francesa e cristianismo: totalmente negativa, a primeira; com algumas aberturas sobre o valor de estímulo crítico da Revolução, a segunda. Uma contraposição que depois de muito tempo é mais esquemática e abstrata; no primeiro caso — como visto — até estranha a uma consideração propriamente histórica, porquanto mais de caráter apocalíptico, como reflexo e expressão da eterna luta entre o bem e o mal.

Graças sobretudo à obra de Mathiez (*La révolution et l'Église*, Paris, 1910), chegou-se logo a **uma visão mais equilibrada**, ou simplesmente mais respeitosa do caráter dinâmico dos acontecimentos históricos, segundo os quais a Revolução Francesa não nasce nem se põe, pelo menos por certo tempo, como explícita e diretamente "anticristã"; por outro lado, tampouco se pode considerar que tenha sido conscientemente entendida como intervenção "purificadora" para uma Igreja de fato tão longa e profundamente envolvida no Antigo Regime completamente subvertido pelos eventos revolucionários. Graças também à mais atenta e detalhada reconstrução dos episódios com base documentária, a historiografia pôde se dar conta de que a contraposição — efetivamente surgida — entre a Revolução e a Igreja acabou amadurecendo com o passar do tempo, à medida que a iniciativa revolucionária começava a ser questionada, seja dentro da França, seja nas cortes estrangeiras onde se refugiaram os exilados da Revolução, por componentes sociais ligados de diferentes modos aos ambientes eclesiásticos (basta pensar, por exemplo, no consistente número de membros do "alto clero" presentes entre os fugitivos da Revolução). Por uma reação compreensível, os "patriotas" começaram a identificar no clero um dos principais inimigos da ação revolucionária. Sempre por um jogo de recíprocas reações, o crescimento da oposição contrarrevolucionária provocou uma progressiva radicalização dos ideais revolucionários, inclusive a atitudes totalitárias que primeiramente levaram à tentativa de incorporar também, na medida do possível a religião dentro da Revolução, e depois a pôr em prática sua completa eliminação. E quando as concepções revolucionárias começaram a assumir as características de verdadeira "fé", até de uma "mística" da regeneração da França, então o conflito com a Igreja tornou-se inevitável e insanável.

Enfim, na segunda metade do século XX a historiografia foi pondo concretamente em prática as **novas perspectivas de pesquisa**, atentas à dimensão social e cultural, que justamente na França tinham assumido, desde os anos 1820, uma primeira definição de método. Assim, também a análise da Revolução Francesa começava a se lançar para além da pura reconstrução dos episódios político-militares, para deixar espaço às complexas dinâmicas provocadas pelas relações entre os diversos grupos sociais, com seus específicos interesses e ideais. Não puderam senão sair ganhando em profundidade e equilíbrio também as avalições da relação entre Revolução Francesa e cristianismo.

Por exemplo, graças a essa nova perspectiva historiográfica caracterizada pela observação das mudanças que se verificam por longos períodos, a descristianização não pode mais estar circunscrita a um fenômeno pontual, um episódio, enfim, dentro dos acontecimentos históricos revolucionários; ela se mostra antes como o resultado de uma lenta e progressiva indiferença das massas em relação à religião tradicional. Além disso, a necessidade de abundantes e minuciosas pesquisas documentárias para cada um dos âmbitos geográficos e sociais — como se exigem para esboçar um quadro histórico da situação social e/ou cultural — leva à maior consciência do conjunto amplo e variado de fenômenos que costumeiramente se põem sob o rótulo único e genérico de "Revolução Francesa". E assim a relação entre Revolução e Igreja mostra-se, sob outro ponto de vista específico, bem mais complexa do que a tradicional esquematização entre as duas teses opostas do contraste aberto e violento ou de uma convergência parcial de ideais inovadores.

2. Aquele grande país europeu que no fim do século XVIII foi teatro de uma dramática e determinante viragem histórica para a Igreja católica, sobretudo nas relações entre instituições eclesiásticas e sociedade, progressivamente acolhida em todo o continente, nos decênios anteriores apresentava-se como **típica situação de "Antigo Regime"** — segundo uma expressão (*Ancien Régime*) nascida justo no contexto revolucionário, a indicar precisamente a situação tradicional que estava para ser radicalmente subvertida —, caracterizada pela estreita e consolidada ligação entre trono e Igreja, nação e religião (vol. III, cap. 5, item 20.1). Com efeito, o catolicismo constituía para a França a "religião de Estado"; os católicos ou a grande maioria da população eram de fato os únicos — graças ao controle sistemático sobre a participação dos sacramentos — a serem oficialmente reconhecidos em sua existência pública, mediante o registro cadastral de seu nascimento, de sua mudança de estado (por exemplo, com o matrimônio), de sua morte. Além de partilhar com os nobres da isenção fiscal e, ao mesmo tempo, da maior parte das propriedades de terras, os membros do clero católico gozavam de privilégios particulares, entre os quais o do "foro eclesiástico", ou de estarem sujeitos, mesmo em questões penais, somente à jurisdição interna da Igreja (vol. III, cap. 5, item 20.3). Por outro lado, com base na concordata selada com a Santa Sé em 1516 o soberano francês podia dispor livremente do direito de nomeação para quase todas as dioceses do reino, escolhendo os bispos quase exclusivamente entre os membros da nobreza. Desse modo, o soberano, que já havia concentrado na própria pessoa todos os poderes do Estado (embora se valesse também de instituições especiais, como os parlamentos, no que se referia à justiça), podia também controlar indiretamente até a vida da Igreja.

Aliás, esse mesmo reino da França tinha visto crescer de maneira considerável em suas fronteiras **uma profunda mudança cultural e social** que tinha atravessado grande parte da Europa desde a primeira metade do século XVIII, assumindo nomes diferentes de acordo com as principais áreas linguísticas: *Lumières, Enlightenment, Aufklärung,* Iluminismo. Remetendo ao que foi exposto a respeito no volume anterior (vol. III, cap. 6, item 25, em especial a parte 3), lembramos apenas que a elevação a primeiro plano do valor da razão, bem como a extensão da cultura a camadas cada vez mais amplas da sociedade, se, por um lado, apresentavam a mudança na ordem política em direção a uma condição de maior liberdade e participação, ao mesmo tempo punham profundos questionamentos sobre a permanência da Igreja — do clero de modo particular — na posição central e privilegiada que caracterizava a sociedade do Antigo Regime na França. As ideias iluministas, que apenas em algumas expressões foram declaradamente anticristãs, orientavam talvez a uma visão do cristianismo e da Igreja fundada na escolha livre dos indivíduos, mais do que sobre a ainda difusa convenção social; rejeitavam, sobretudo, toda coerção em assunto religioso, precisamente ao exaltar o valor da liberdade de consciência. Se, por um lado, essas perspectivas tinham atingido uma parte do próprio clero, que nelas reconhecia traços do cristianismo originário, por outro, não podiam deixar de ser uma crítica, em muitos casos até rigorosa, à posição dominante, caracterizada por vários privilégios, que a religião tradicional ainda detinha numa França oficialmente considerada "nação católica".

Portanto, se na véspera da Revolução "a França estava substancialmente numa condição de unânime lealismo em relação à monarquia e de indiscutível adesão ao catolicismo" (Pierrard, 1121), já emergiam, porém, **claros sinais** do progressivo amadurecimento de uma crise que haveria de sacudir profundamente aquela situação aparentemente estática. Entretanto, na própria nação havia um insidioso contraste entre a monarquia e alguns setores importantes, como ocorreu para os parlamentos com seu desestabilizador papel no chamado "segundo jansenismo" (vol. III, cap. 6, item 24). Por outro lado, a posição do clero e da nobreza foi posta em discussão por uma série de tentativas de reformas fiscais, como a proposta de uma taxa sobre as propriedades do clero (vol. III, cap. 6, item 24.3). A esse propósito, tenha-se presente que clero e nobreza, ou seja, as duas primeiras "ordens" ou "estados" do reino da França, embora sendo menos de dois por cento da população, dispunham de cerca de um terço das propriedades e estavam isentos de imposição de multas. Já a outra classe social da França de então, indicada como "terceiro estado" — que compreendia todos os súditos masculinos que tivessem mais de vinte e cinco anos e estivessem inscritos nos registros dos impostos, o que de fato correspondia à burguesia ou ao conjunto variegado das categorias economicamente mais ativas —, via que caía sobre si a maior parte dos impostos. As reformas fiscais propostas pretendiam, se não eliminar, pelo menos rever essa desigualdade no pagamento dos impostos.

3. Se existia certa solidariedade entre o clero e os nobres, não se deve esquecer que o **componente clerical** da Igreja se caracterizava por uma situação bem **complexa**, distinguindo-se entre um "alto clero" — substancialmente, os bispos e os titulares dos benefícios economicamente mais consistentes —, proveniente em sua grande maioria, como dito, das fileiras da nobreza, e um "baixo clero", ou seja, os padres divididos por sua vez principalmente entre "beneficiados" e não beneficiados. Os primeiros, enquanto detentores de uma renda (precisamente o "benefício") vinculada a seu ofício, encontravam-se numa condição de segurança social e econômica; aos outros não restava senão viver do dia a dia, valendo-se de algum emprego ocasional com um mínimo de remuneração (sobretudo a celebração de missas, que normalmente correspondia a uma oferta em dinheiro para o sacerdote), ou substituindo, em algumas das incumbências próprias do ofício, um padre beneficiário e obtendo dele uma recompensa, bem modesta aliás. Desse modo, os padres que detinham um ofício, com o relativo benefício, subtraiam-se com facilidade a qualquer compromisso com a pastoral, a qual muitas vezes vinha sobrecarregar um clero em condições de forte precariedade econômica.

Assim, a notável disparidade existente entre os diversos componentes do clero passava a constituir outro elemento de inquietude dentro da sociedade francesa da época. Acima de tudo, o clero mostrava-se internamente como a "ordem" — ou o "estado" — mais bem-organizada, com assembleias próprias que, via de regra, se reuniam a cada cinco anos (vol. III, cap. 5, item 20.1), bem como, para além das diferenças internas acima lembradas, com uma clara identidade própria. Gozava de certa vivacidade cultural, sem deixar de se atrair também pela mentalidade iluminista, seja porque muitos apreciavam a razão e o progresso das ciências, seja porque os que pertenciam sobretudo ao baixo clero viam naquelas novas ideias uma boa oportunidade de sustentar a própria luta contra os privilégios do alto clero. Com efeito, já na assembleia do clero de 1775 tinham sido apresentadas várias propostas de reforma: revisão do sistema fiscal, modificações de certa importância no sistema de benefícios e nos procedimentos de nomeação dos bispos, redução do número das dioceses, considerado excessivo; propostas e orientações essas que encontraremos nas iniciativas legislativas assumidas no âmbito da Revolução Francesa.

Particularmente problemática na França, mas não só lá, era a situação das **Ordens religiosas**. Elas foram objeto das frequentes e sarcásticas considerações difundidas nos ambientes iluministas a respeito da vida religiosa, caracterizada por ócio, ignorância e egoísmo. Avaliações decerto excessivas e, em parte, marcadas por preconceitos e lugares-comuns, mas que se ressentiam de uma real e difusa situação de degradação, a ponto de oferecer motivos — já a alguns governos do Antigo Regime — para intervir com iniciativas de controle ou até de supressão, como ocorreu nos territórios habsbúrgicos, sobretudo com José II (vol. III, cap. 6, item 26).

No que diz respeito à **prática religiosa das populações**, pode-se dizer que ela permanecia ainda massiva, sobretudo nos campos, enquanto nas cidades já existia certa indiferença e se podiam observar sinais de crescente secularização, mesmo nos comportamentos morais. Em todo caso, com o progresso dos estudos regionais e setoriais há de se pôr de lado a tradicional visão de uma população plenamente unida na prática católica, antes que sobre ela se lançasse a tempestade devastadora da Revolução. Mesmo antes da Revolução existiam faixas e territórios da sociedade francesa com uma prática religiosa diversificada, bem como algumas áreas de secularização já em andamento.

Enfim, desde o século anterior a Igreja francesa fora fortemente influenciada pela **mentalidade jansenista**. O jansenismo é um movimento espiritual, religioso, social, político muito complexo e diversificado (vol. III, cap. 5, item 22 e cap. 6, item 24). Basta lembrar aqui que ele, inicialmente centrado em questões teológicas relativas à relação entre graça e natureza, e orientado a atitudes de caráter rigorista, numa fase mais avançada — setecentista, precisamente — tinha assumido também determinações de caráter eclesiológico (vol. III, cap. 6, item 25.1), contribuindo para o **desenvolvimento do galicanismo**, entendido como promoção da maior autonomia possível da Igreja da França (correspondente à antiga "Gallia romana") em relação ao vértice romano. Daí também uma concepção "colegiada" de governo da Igreja, enquanto confiado ao "colégio" dos bispos, mais do que somente ao sumo pontífice. Depois (e em parte como reação), indiretamente diante da autoridade colegiada dos bispos sobre a Igreja, nascera também uma maior valorização do restante clero — ou seja, dos padres — considerados por sua vez um "colégio" dotado de autoridade dentro de cada diocese. Essas doutrinas — sinteticamente denominadas "richerismo", do nome de um dos autores setecentistas a quem se atribuía sua paternidade, Edmond Richer (1560-1631) — tiveram grande influência na mudança de mentalidade de boa parte do clero (sobretudo do baixo clero), levantando exigências de mudanças eclesiais e sociais. Não é por acaso que — como se verá — o próprio clero é que terá um papel de liderança no começo da Revolução Francesa.

2. Os inícios da Revolução, a Assembleia Constituinte e a Constituição Civil do Clero

1. O ano de 1789, passado à história como data de início da Revolução Francesa, foi antes de tudo o ano da **convocação dos "Estados Gerais"**, ou seja, uma tradicional e periódica convocação por parte do soberano dos representantes de cada uma das três ordens ou estados do reino da França (clero, nobreza, "terceiro estado"), com o objetivo puramente consultivo; tinham sido convocados pela última vez em 1614. Essa distância cronológica depende certamente do fato de que entre os séculos XVII e XVIII os componentes da sociedade francesa tinham encontrado uma forma de fazer ouvir sua voz por meio de outras instituições, como os parlamentos e as assembleias do clero (vol. III, cap. 5, item 22 e cap. 6, item 24). A seguir, a crescente gravidade dos problemas tinha levado à exigência de convocar novamente os Estados Gerais, mas essa possibilidade não era bem vista pelo soberano, temeroso de que ela se tornasse ocasião para uma excessiva libertação das pressões que havia muito iam se acumulando sobre a coroa, sobretudo, como visto, a respeito da administração do fisco. Foi precisamente para enfrentar a ruinosa condição das finanças do Estado, que chegara à falência, que o parlamento de Paris promoveu nova convocação dos Estados Gerais.

Embora raramente utilizada, a convocação dos Estados Gerais era uma instituição tradicional do regime monárquico absoluto. Também o pano de fundo no qual se desdobrou, na primavera de 1789, era totalmente típico do Antigo Regime. Segundo a prática em vigor, era precisamente por ordens que a assembleia votava; ficava assim garantido desde o início o predomínio do clero e da nobreza, porquanto constituíam *duas* ordens (e, portanto, dois votos) com relação ao único terceiro estado, apesar de o clero e a nobreza constituírem na sociedade uma ínfima minoria numérica. Para remediar pelo menos aparentemente essa disparidade de representação que os Estados Gerais exprimiam desde sua própria convocação, o regulamento disposto para a reunião de 1789 previra dobrar os deputados do terceiro estado, que de fato chegaram a ter número superior à soma dos representantes das duas primeiras ordens; todavia, isso não haveria de ter nenhuma consequência concreta, caso se continuasse a atribuir o direito de voto a cada uma das três ordens, como estava estabelecido, e não a cada um dos deputados.

O caráter totalmente tradicional que qualificava os Estados Gerais abertos em Versalhes no dia 4 de maio de 1789 ficava claro pela moldura religiosa em que esses estados eram colocados; segundo a tradição, foram inaugurados com solene celebração eucarística.

Sempre conforme o costume, nos meses anteriores à convocação cada uma das três ordens tinha predisposto uma série de *cahiers de doléances* (literalmente, cadernos de lamentações), ou seja, de memoriais nos quais se expunham **os problemas abertos e as propostas de reforma**. Não poucas delas diziam respeito à condição da Igreja francesa, augurando — aliás — o fim da desigualdade que contrapunha o alto clero, economicamente rico mas inativo no plano pastoral, aos párocos comprometidos dia a dia, em condições econômicas precárias, a serviço das comunidades locais; maior corresponsabilidade do clero na condução da igreja, mediante a participação nos sínodos locais e nacionais; a regulamentação por parte do Estado da utilização dos bens eclesiásticos, mediante mais equânime redistribuição dos recursos a serem destinados à manutenção do clero comprometido com a pastoral, às despesas do culto e às obras de assistência aos pobres e doentes, em vez de enriquecer os titulares de cargos puramente honoríficos e substancialmente inúteis.

Como dito, embora tudo caminhasse aparentemente num quadro simbólico e tradicional, os Estados Gerais de 1789 apresentavam-se, portanto, repletos de **expectativas**, sobretudo nas fileiras **dos expoentes do baixo clero e dos representantes do terceiro estado**. Este último tinha alcançado uma nova e crescente consciência de si, graças também a um famoso opúsculo publicado no início daquele ano pelo padre Sieyès (1748-1836). Ele era um dos muitos padres encaminhados pela família à carreira eclesiástica, embora sem vocação pessoal. Não obstante ser membro do clero, Sieyès tinha adquirido tal popularidade que foi eleito como deputado do terceiro estado, ao qual tinha dedicado o próprio escrito com o título *O que é o terceiro estado?*. Ao responder a essa pergunta, Sieyès afirmava que o terceiro estado, ao constituir a parte ativa do país, tinha direito a representar *toda* a Nação; mais ainda, ele "é a Nação" (Sieyès, 203). Era necessário, portanto, que aquele "braço ainda acorrentado" do país (Sieyès, 124), como podia ser definido o terceiro estado, assumisse a plena responsabilidade e capacidade de ação.

2. Embora os representantes do terceiro estado compusessem um conjunto variado, tinham como elemento de forte coesão a oposição aos privilégios da nobreza e do alto clero. E é nessa linha que mais facilmente se viram ao lado dos representantes do clero; estes representantes, com efeito, graças sempre ao regulamento predisposto para a convocação de 1789, em sua grande maioria tinham sido eleitos entre as fileiras dos párocos (mais de duzentos, diante de uns cinquenta bispos), ou seja, a parte do clero que se encontrava diretamente em contato — em razão da cotidiana ação pastoral — com a população e era mais sensível, graças também às referências ideais acima indicadas pelo termo richerismo, às exigências de reforma e de superação dos privilégios do alto clero e da nobreza.

De fato, apenas um mês depois do início dos Estados Gerais, certo número de representantes do clero aderiu espontaneamente ao terceiro estado. Diante da reação negativa por parte de alguns bispos, e sobretudo do rei, os representantes do clero unidos aos do terceiro estado fizeram entre 17 e 20 de junho de 1789 o famoso **juramento chamado "do jogo da pela"** (do nome da sala na qual se realizou), com o qual estabeleceram que não haviam de se separar antes de ter dado uma nova constituição à França. Foi um ato fundamental, porquanto abriu caminho para o passo seguinte, decisivo e propriamente "revolucionário" naquele 1789, ou seja, **a Assembleia Constituinte**. De fato, o terceiro estado e a maioria do clero se opuseram a que os Estados Gerais continuassem, como era a prática, em reuniões separadas nas diversas ordens, e exigiram que se procedesse em assembleias unificadas. Desse modo, aquela convocação de corpos sociais por iniciativa do soberano e com objetivo puramente consultivo assumia a forma de uma assembleia não mais composta por expoentes de cada ordem, chamados a defender os respectivos interesses particulares, mas pelos representantes de uma Nação inteira, da qual se sentiam responsáveis em conjunto.

Efetivamente, o terceiro estado — ao qual aos poucos foram se juntando diversos membros das outras duas ordens — constituía-se formalmente como "**assembleia nacional**". Era a ideia expressa por Sieyès no texto já citado, ou seja, uma vez que o terceiro estado se identifica com a própria Nação, "seus representantes formam a assembleia nacional; eles têm todos os poderes" (Sieyès, 203). Essa foi a passagem decisiva que deu início à Revolução Francesa, porquanto instituiu um novo sujeito de soberania, ou seja, a Nação que delibera sobre a própria configuração e sobre o próprio ordenamento por meio dos representantes eleitos pelo povo (ou pelo menos por uma parte dele, pois estavam ainda excluídas as massas populares, o chamado "quarto estado"). Deste modo, acaba caindo de fato a autoridade tradicional, atribuída ao soberano por descendência dinástica. E, entre outras consequências, é também o fim do clero como ordem privilegiada. Depois do fracasso de repetidas tentativas postas em prática pelo rei para induzir os Estados Gerais a se reunir segundo a prática habitual, no dia 9 de julho foi proclamada a Assembleia Nacional *Constituinte*, ou seja, ela se atribuiu a tarefa de redigir a nova constituição do Estado.

Entrementes, também **as massas populares**, que como dito estavam ainda às margens da vida social, foram indiretamente envolvidas no fervor da renovação que sacudira a França. No clima difuso do que estava acontecendo em Versalhes, a população de Paris se insurgiu, dando origem a tumultos que poucos dias depois (14 de julho de 1789) levaram ao episódio que se tornou símbolo do início da Revolução, a chamada "**tomada da Bastilha**", a fortaleza com prisões de segurança máxima em Paris. Durante a tentativa de conseguir armas nos depósitos daquela fortaleza, a multidão acabou por ocupá-la, depois de ter dominado a guarda militar. Também esse gesto fortemente subversivo foi celebrado no dia seguinte com um solene *Te Deum* na catedral parisiense de *Notre Dame*. A França, mesmo a revolucionária, ainda continuava sendo nação católica.

Em seguida, Paris, como muitas outras cidades da França, passou a ter administração municipal autônoma (chamada "**a comuna**"), com guarda armada própria. Essa violenta fogueira revolucionária, destruindo locais e símbolos do poder tradicional, indiretamente suscitou também difuso e incontrolável pânico (o "grande medo"), que provocou, especialmente nos campos, numerosos tumultos, sobretudo contra as residências dos nobres.

3. Nos meses seguintes, os deputados assumiram então plenamente a tarefa de "constituintes", iniciando a **revisão da tradicional concepção e estrutura do Estado**. No dia 4 de agosto a Assembleia — incentivada também pelos tumultos que surgiram na área rural — estabelecia a igualdade jurídica de todos os cidadãos, abolindo o regime feudal e os relativos privilégios ligados ao patrimônio. A exemplo do que ocorrera nos Estados Unidos da América em 1776, no dia 26 de agosto de 1789 a Assembleia proclamou a *Declaração dos direitos do homem e do cidadão*. Por um lado, ela exprimia algumas ideias fundamentais que já haviam orientado as ações dos deputados nos meses anteriores, como o princípio fundamental da igualdade, por nascimento, de todos os homens, ao passo que "as distinções sociais não podem estar fundadas senão na utilidade comum" (art. 1, cit. in Mezzadri, 55); outro exemplo é a ideia de que "o princípio de toda soberania" não pertence a nenhum outro a não ser à Nação (art. 2, ibidem).

Por outro lado, no que se refere à relação entre Igreja (como estava configurada durante o *Ancien Régime*) e Revolução, o texto indica uma passagem ulterior na direção do progressivo e recíproco distanciamento delas, uma vez que era sancionado — no art. 10 da *Declaração* — o **princípio de tolerância**, limitado apenas pelas exigências de ordem pública, que era um legado da cultura iluminista e ainda inaceitável para boa parte dos eclesiásticos e, todavia, não compatível com a afirmação vigente na França do Antigo Regime do catolicismo como religião de Estado. De fato, a proposta seguinte de confirmar esse papel do catolicismo na nova constituição foi rejeitada, não sem fortes resistências e polêmicas entre os eclesiásticos presentes na assembleia. Assim reza o artigo 10: "Ninguém pode ser molestado por suas opiniões, mesmo religiosas, desde que a manifestação delas não perturbe a ordem pública estabelecida pela Lei"; analogamente, o artigo seguinte, ao afirmar o direito de todo cidadão de "falar, escrever, publicar livremente" (cit. in Mezzadri, 56), punha-se em oposição direta com a prática da censura eclesiástica ainda em vigor.

Também por estímulo das massas populares insurgidas, logo veio à tona a pesada situação econômica e financeira do país. A proposta apresentada para a solução desse problema — exposta pelo bispo de Autun, Talleyrand (1754-1838), que será por muito tempo uma figura de destaque, mesmo na sucessão das diferentes mudanças políticas —, à medida que foi sendo aplicada, deu início ao recíproco distanciamento entre clero e patriotas, pondo em crise a ligação que de fato tinha dado início à Revolução. Na prática, para sanar o débito público haveria de se recorrer, segundo Talleyrand, ao sequestro dos ingentes bens do clero, com a significativa motivação de que tais riquezas não pertenciam propriamente aos eclesiásticos, mas estavam simplesmente à disposição deles para o próprio sustento, as despesas do culto e obras de assistência; uma vez que a tudo isso se provesse de outro modo, aqueles bens podiam e deviam voltar à plena disponibilidade da Nação. Assim, no dia 2 de novembro de 1789 os bens do clero foram sequestrados pelo Estado, para serem depois postos à venda a particulares em benefício das finanças públicas. Em compensação, a Nação se empenhava em "prover, de maneira conveniente, às despesas para o culto, à manutenção dos seus ministros e ao sustento dos pobres" (cit. em Menozzi, *Cristianesimo e Rivoluzione francese*, 87). Foi também por esse motivo que o **sequestro dos bens do clero**, embora fosse uma medida radical, foi acolhido com muita serenidade pelos deputados do clero, até mesmo com base nas difusas aspirações à renovação da Igreja mediante um retorno ao espírito de pobreza próprio das origens cristãs; era uma orientação típica do jansenismo setecentista que, por exemplo, havia caracterizado alguns decretos do sínodo de Pistoia, realizado três anos antes (vol. III, cap. 6, item 26.5).

Por outro lado, um decreto que fazia o clero depender do Estado para o próprio sustento já começava a esboçar a figura dos eclesiásticos nos termos de funcionários públicos, como já os havia pensado um soberano como José II e como haveriam de ser depois definidos na "Constituição Civil do Clero". Sempre nessa linha, em fevereiro de 1790 foram **supressos os institutos religiosos**; tratava-se das Ordens contemplativas, consideradas "inúteis" (segundo uma típica mentalidade iluminista), diferentemente das que se ocupavam com a educação e as obras de caridade; deixava-se a possibilidade a quem já vivia na vida religiosa de se juntar a outros institutos, entre os que não tinham sido supressos. Também nesse caso, não se tratava de conceitos e medidas novas, como mostra mais uma vez o caso de José II e dos funcionários habsbúrgicos já ativos durante o reinado de Maria Teresa (vol. III, cap. 6, itens 26.1-3). Em todo caso, começava para muitos religiosos e religiosas um doloroso itinerário de dispersão, de exílio e às vezes até de perseguição, que teria por sua vez determinado ainda uma progressiva diminuição do vínculo entre Igreja e Revolução que até aquele momento parecia subsistir.

4. O fato decisivo que provocaria definitivamente a ruptura da inicial solidariedade entre o componente eclesiástico e a Assembleia Constituinte foi a publicação da "**Constituição Civil do Clero**" em julho de 1790. Trata-se de uma reforma radical da organização eclesiástica operada pela Assembleia, que, investida da representação de toda a Nação, julgava ter de prover ao reordenamento, bem como ao sustento, da instituição eclesiástica, que devia ser considerada necessariamente "sujeita" à única soberania, identificada na Nação.

Em concreto, a Constituição Civil do Clero — composta de quatro parágrafos ou títulos — estabelecia em primeiro lugar (*título primeiro*) um completo reordenamento da estrutura eclesiástica local (dioceses e paróquias) com base no ordenamento territorial e administrativo civil (departamentos e comunas), reduzindo o número geral das dioceses e eliminando como supérflua cada instituição eclesiástica diferente. Em segundo lugar (*título segundo*), a nomeação dos titulares de dioceses e de paróquias foi confiada a eleições livres promulgadas, respectivamente, no âmbito do departamento para os bispos e da comuna para os párocos; delas obviamente podiam participar todos os cidadãos com direito de voto, independentemente da própria confissão religiosa. Depois os novos eleitos receberiam das competentes autoridades eclesiásticas a consagração (quando necessário, como para os novos bispos) ou a investidura canônica. No *título terceiro* estabelecia-se que todos os "ministros da religião" haveriam de ser "inteiramente custeados pela Nação"; aliás eram obrigados "a residir estavelmente no lugar em que exercem o serviço" (cit. in Menozzi, *Cristianesimo e Rivoluzione francese*, 100) e a desempenhar "gratuitamente as funções episcopais e paroquiais" (ibid., 102). Qualquer transgressão nesse sentido causaria a intervenção das autoridades civis, até mediante um processo judiciário capaz de esclarecer as responsabilidades e estabelecer as relativas sanções (*título quarto*).

Nessa iniciativa da Assembleia tomou forma toda **uma série de princípios**; antes de tudo, os derivados paradoxalmente da concepção do Estado "absoluto" (pelo menos segundo uma etimologia que se refere ao latim *absolutus*, ou seja, "livre" de seja lá qual for outro sujeito de suposta autoridade, tanto dentro como fora do território nacional [vol. III, cap. 5, item 20]). Em segundo lugar, a Constituição Civil do Clero retomava ideias características da visão eclesiológica que durante o século XVIII tinham se formado em diversos setores da Igreja francesa, aliás orientadas também elas a delimitar a direção da Igreja dentro dos limites de cada nação, confiada aos bispos locais, com plena independência em relação ao vértice romano. Sob esse ponto de vista, pode-se dizer que a Constituição Civil do Clero refletia ainda forte ligação entre as posições da burguesia revolucionária e as do clero mais culto. Embora numa perspectiva profundamente diferente das variadas contribuições ideais que interagiram no clima do Iluminismo (vol. III, cap. 6, item 25), semelhante medida situava-se ainda na linha tradicional de profunda união entre Estado e Igreja, típica de uma "nação católica", como sempre era considerada a França. De fato, por todo o *Ancien Régime*, a Igreja francesa tivera muitas ligações com o soberano, que encarnava todo o Estado (vol. III, cap. 5, item 20.1), vínculo solidamente fundado na concordata de 1516, mas que, aliás, não coincidia com uma total sujeição em relação ao rei, como mostra de maneira exemplar o que ocorreu por ocasião da preparação e da assinatura dos quatro artigos da Igreja galicana de 1682 (vol. III, cap. 5, itens 22.5-6). Em todo caso, como evidência de que a Constituição Civil do Clero se inseria na perspectiva tradicional de união entre Estado e Igreja, é significativo o fato de que encontrará nítida rejeição apenas por parte do clero francês, ao passo que a Sé romana a condenará, embora depois de longa hesitação.

Com tudo isso, sob muitos aspectos a Constituição Civil do Clero pareceu subversiva em relação à condição anterior da Igreja na sociedade e de suas relações com o Estado. Quem revelou isso, mesmo durante o debate que acompanhou a elaboração do texto dentro e fora da Assembleia Constituinte, foram muitos eclesiásticos. Observava-se, em primeiro lugar, que a Assembleia presumia poder legislar de maneira unilateral a respeito de uma matéria de competência pelo menos bilateral, se não de exclusiva pertinência eclesiástica, como era a organização das dioceses e das paróquias e, sobretudo, a nomeação de bispos e de párocos. No regime monárquico anterior, as competências da coroa tinham sido precisadas mediante uma concordata entre o Estado francês e a Santa Sé e mediante outros mecanismos próprios da tradição galicana. Em segundo lugar, tanto a nomeação mediante eleições quanto a retribuição pública dos ministros de culto descreviam esses últimos puramente como funcionários da Nação, a cujas orientações deviam então estar sujeitos e à qual deviam essencialmente responder por seus atos. Enfim, submetendo as atividades dos eclesiásticos ao controle e à eventual sanção das autoridades civis, ficava implicitamente supresso um antiquíssimo direito (ou privilégio), o do "foro eclesiástico", segundo o qual os clérigos podiam ser submetidos somente a processos movidos por tribunais eclesiásticos.

3. Reações e divisões internas na Igreja francesa; a posição da Santa Sé

1. Os bispos manifestaram à Assembleia a exigência de que, antes de entrar em vigor, a Constituição Civil do Clero estivesse vinculada à aprovação eclesiástica; uma vez que a Assembleia rejeitara a proposta de discuti-la num concílio nacional, Roma foi envolvida na questão por iniciativa do próprio rei Luís XVI, que encarregou o embaixador francês junto à Santa Sé de submeter essa medida ao assenso do papa Pio VI.

O debate surgido a respeito da Constituição Civil do Clero transmitiu claramente a sensação de que pela primeira vez estava seriamente prejudicado o clima predominante de consenso por parte do clero a respeito dos primeiros passos da Revolução; ou, em palavras talvez mais precisas, ofereceu a oportunidade para fazer emergir de modo mais claro e consciente as desconfianças e perplexidades que, aliás, não tinham faltado desde o início. Ao contrário, as objeções e as oposições surgidas contra a disposição radical da Assembleia foram facilmente entendidas como expressão de resistência por parte de alguns setores do clero, dos bispos em particular, à continuidade da Revolução, justamente quando começara a se traduzir em atos legislativos alguns dos ideais assumidos para a renovação da França. Começava assim a se criar uma **suspeita recíproca** sobre as autênticas intenções de uma e de outra parte; aos olhos de uma parte do clero, os revolucionários começavam a aparecer como voltados à subversão da Igreja, não só da monarquia, ao passo que os eclesiásticos pareciam se alinhar de modo cada vez mais consistente com as forças contrárias à Revolução. Além disso, percebe-se que os que se opunham de fato às iniciativas revolucionárias — os defensores da monarquia e os membros da nobreza, em primeiro lugar — realizavam manobras de sensibilização entre os que tinham ficado impressionados de modo negativo pela mudança feita pela Assembleia em relação à Igreja e procuravam envolver na própria causa uma parte crescente do clero, sobretudo do episcopado.

Foi na tentativa de dar mais consistência à aliança inicial entre Igreja e Revolução, passando até a métodos de imposição, bem como de tornar transparentes esses componentes revolucionários, que em novembro de 1790 a Assembleia Constituinte impôs a todos os eclesiásticos investidos de cargos públicos um "**juramento de fidelidade**" à Constituição Civil do Clero. Estava assim formulado: "Juro ser fiel à nação, à lei e ao rei e defender com toda aminha força a Constituição decidida pela Assembleia e aceita pelo rei" (cit. in Blet, 229).

A resposta do clero foi surpreendente: somente um terço dos eclesiásticos deputados à Constituinte e somente sete bispos, entre os mais de cento e cinquenta em toda a França, aceitaram fazer o juramento. Quanto ao clero disseminado pelo país, pode-se considerar que (na espera de dados completos não disponíveis ainda, e levando em consideração as muitas situações diferentes de região para região), quase por toda parte, pelo menos metade dos párocos tenha rejeitado o juramento, com percentuais até mais elevados em algumas regiões. Por outro lado, não se deve pensar que aos eclesiásticos que tinham aderido ao juramento faltassem sentimentos religiosos sinceros; na verdade, para muitos deles essa escolha pode ser certamente entendida tanto como uma resposta, pelo menos em parte, aos ideais reformadores que auguravam um retorno do cristianismo à simplicidade e à pobreza das origens quanto como voltada a salvaguardar a presença e o destino da Igreja na complexa situação iniciada pela Revolução. À medida que se consideram e se examinam atentamente cada situação local, surgem também casos de padres que emitem o juramento, mas juntando a ele algumas restrições, às vezes até publicamente declaradas; outras vezes, porém, são os funcionários locais, também para não desagradar a população, que fecham os olhos sobre eventuais reservas com que alguns eclesiásticos redimensionam o sentido do primeiro juramento.

Diante da **inesperada amplitude da oposição**, a assembleia agiu segundo o espírito e a letra da recém-aprovada Constituição Civil do Clero, destituindo dos próprios ofícios os eclesiásticos que começavam a ser definidos como "**refratários**", substituindo-os por um clero chamado de "**constitucional**", precisamente com referência à disposição de lei assumida pela constituinte. O problema mais complexo punha-se naturalmente para a nomeação de novos bispos (para a quase totalidade das oitenta e três dioceses previstas pelo novo ordenamento); exigia-se tanto a consagração deles por pelo menos outros dois bispos, segundo as normas eclesiásticas, como a investidura canônica, que tradicionalmente cabia à Santa Sé. Quem deu início a uma série de consagrações em cadeia — no sentido de que os novos ordenados continuavam por sua vez a consagrar outros — foi o já mencionado bispo de Autun, Talleyrand, nos primeiros meses de 1791. Muitos dos eclesiásticos depostos, entretanto, foram para o exílio, refugiando-se muitas vezes em cortes estrangeiras.

Em todo caso, era evidente que a Constituição Civil do Clero, sobretudo depois do juramento imposto aos eclesiásticos, tinha introduzido **uma profunda divisão na Igreja**, um verdadeiro cisma, às vezes com situações muito embaraçosas, como as disputas entre os membros de um ou outro clero, os lugares de culto, as celebrações sacramentais e até os mortos... De qualquer forma, não foi possível estabelecer a Igreja constitucional em todo o país; consequentemente, foi necessário tolerar a convivência, nem sempre fácil, sobretudo nos campos, entre duas organizações eclesiásticas contrapostas.

Por causa da divisão dentro das hierarquias eclesiásticas, também a população se dividiu. Sobretudo a destituição de muitos párocos "refratários" e a substituição deles por membros "constitucionais" do clero — muitas vezes impregnados de religiosidade "iluminada" bem pouco em sintonia com as exigências das populações, que eram mais sensíveis a muitas práticas devocionais explicitamente condenadas por aquele clero — suscitavam compreensíveis resistências, bem como tenazes oposições por parte das comunidades locais, ampliando mais a frente dos que começavam a se distanciar da Revolução para se alinhar potencialmente com as forças da reação monárquica. Aliás, era embaraçosa e contraditória a assunção de disposições constritivas, como a obrigação do juramento por parte da mesma assembleia que tinha declarado solenemente, pouco mais de um ano antes, o direito de todo cidadão à liberdade de pensamento, até mesmo no âmbito religioso. Além disso, muitos eclesiásticos obrigados a abandonar as próprias residências começavam a encontrar refúgio em nações e cortes estrangeiras, bem como junto à própria Santa Sé, difundindo para fora da França uma viva preocupação pelos destinos da monarquia e da Igreja em seus países de origem.

2. Quanto à Santa Sé, bem informada sobre os acontecimentos e sobre a evolução deles por vários canais, antes de tudo pela nunciatura de Paris, era óbvio que não podia aceitar tranquilamente a divisão que se criou dentro da Igreja francesa e, compreensivelmente, se preocupou sobretudo com o destino de muitos bispos e padres afastados de suas sedes por terem recusado o juramento sobre a Constituição Civil do Clero. Não obstante isso, por vários meses se esperou o posicionamento que muitos solicitavam por parte do papa, a fim de terem uma orientação na complexa situação que acabara se criando com o ato legislativo da Constituinte a respeito do ordenamento eclesiástico.

Pio VI estava contido por diversos motivos de **prudência**: de caráter eclesiástico, em primeiro lugar, no temor de que uma condenação pudesse provocar — por reação e com base na persistente mentalidade galicana — um verdadeiro cisma da Igreja francesa em relação à Sé romana. Não faltavam, pois, considerações de caráter político, em particular a delicada situação de Avinhão e do Condado Venaissino, ainda de propriedade pontifícia, mas que a nova França revolucionária teria podido facilmente incorporar. Por outro lado, o papa confiava na tradicional afeição do soberano francês ao catolicismo, julgando, portanto, que Luís XVI não concederia sua aprovação — necessária para a plena legitimidade e para a concreta aplicação das deliberações da Assembleia Constituinte — a normas tão claramente contrárias aos direitos da Igreja. Com efeito, até o último momento a diplomacia pontifícia fez de tudo para dissuadir o rei de assinar a Constituição Civil do Clero; o próprio papa enviou ao soberano francês um breve para convencê-lo a não aprovar a disposição da assembleia, sem, no entanto, conseguir seu propósito. Provavelmente o longo silêncio de Roma deve ser visto também como sinal da dificuldade de interpretar aquela situação inédita, a ponto de não poder ser avaliada com critérios já consolidados. Pio VI tinha confiado o exame da questão a uma comissão cardinalícia, a mesma encarregada de avaliar as posições do já mencionado sínodo de Pistoia, promulgado em 1786 pelo bispo Scipione de'Ricci (1741-1810) para a reforma daquela diocese (e, em termos prospectivos, de todas as dioceses da Toscana), nitidamente caracterizada em sentido jansenista, com uma intervenção direta por parte do Estado — no caso, o grão-ducado da Toscana —, sujeito naquele momento a um soberano "iluminado", Pedro Leopoldo de Habsburgo (vol. III, cap. 6, item 26.5).

Finalmente, no dia 10 de março de 1791, Pio VI promulgou o **breve *Quod aliquantum***, com o qual **condenava sem apelo** a Constituição Civil do Clero e a obra da Assembleia Constituinte. O documento papal posiciona-se em dois níveis diferentes. No plano estritamente jurídico, em razão da iniciativa da assembleia francesa o papa denuncia a inaceitável intromissão do poder civil em matérias que diziam respeito à jurisdição eclesiástica com a tentativa de retirar os bispos da imprescindível ligação com a Sé romana, submetendo-os, porém, à Nação, mediante a obrigação do juramento; além disso, mostra-se nesse mesmo ato legislativo uma aberta violação da concordata em vigor desde 1516 entre a França e a Santa Sé. A esse primeiro nível sobrepõe-se (nem sempre, na verdade, com as oportunas distinções) uma perspectiva mais ampla, de caráter teológico. Com efeito, a Constituição Civil do Clero é considerada manifestação particular de uma tentativa mais complexa de subverter a religião católica por obra de uma conspiração — já de longa data — que remonta às heresias do início da época moderna, sobretudo à de Martinho Lutero (1483-1546).

No breve pontifício, essa interpretação é motivada pela referência ao posicionamento da Assembleia sobre o tema da liberdade de consciência individual (reconhecida, como visto, na *Declaração dos direitos do homem*), identificando nessa afirmação um princípio fundamental de subversão da estrutura tradicional da relação entre política e religião, típica do Antigo Regime vigente na França e caracterizada, como dissemos, pela simbiose entre as duas dimensões da vida pública. Agora, porém, a liberdade reconhecida a toda pessoa (e não mais ao Estado) de escolher a religião à qual aderir, ao separar a política do seu tradicional fundamento religioso, minava internamente a própria solidez da sociedade. Ousando mais ainda em sua crítica, o papa chega a negar explicitamente a própria liberdade de consciência, definida como "monstruosidade", porquanto derivada da suposta igualdade de todos os homens — também afirmada na *Declaração* de agosto de 1789 — e contrapondo aos "direitos do homem", afirmados pela Revolução, "os direitos do Criador" (cit. in Menozzi, *Cristianesimo e Rivoluzione francese*, 107).

A tomada de posição do papa — indo bem além das compreensíveis queixas pela intervenção legislativa da Constituinte sobre o ordenamento eclesiástico — punha em questão de modo radical o próprio sentido da Revolução Francesa, dando-lhe **uma leitura em termos apocalípticos**, ou seja, como fruto de um complô do Mal contra o Bem. Não era senão a tradicional posição apologética contra o Iluminismo, que Pio VI — personalidade de bagagem cultural muito limitada — tinha assumido desde o momento de sua ascensão ao trono papal em 1775, como se vê na encíclica inaugural do seu pontificado. De fato, com ela condenava em bloco todo o pensamento iluminista, atacando os "filósofos perversos", os quais "saem gritando e proclamando até à náusea que o homem nasce livre e não está sujeito a ninguém" e consideram "o acordo entre os sacerdotes e os monarcas [...] uma gigantesca conspiração, com prejuízo da livre natureza do homem" (Pio VI, *Inscrutabili divinae sapientiae*, in *Enchiridion delle Encicliche*, 1, n. 717).

Essa leitura apocalíptica abstrata em relação ao dinamismo histórico — em correspondência não casual com uma concepção "a-histórica" da própria Igreja — será depois assumida (já vimos anteriormente, item 1.1) como uma das duas principais leituras historiográficas dos episódios revolucionários, consideradas um complô orientado a destruir a ordem natural estabelecida por Deus e fundada sobre os dois poderes públicos, Igreja e monarquia. Por outro lado, essa avaliação crítica deve ser acompanhada pela consideração de que era difícil não fazer semelhante leitura, uma vez que a ordem natural estabelecida por Deus era vista concreta e plenamente realizada no ordenamento político-institucional do *Ancien Régime* que a assembleia francesa já tinha subvertido substancialmente. A crescente contraposição que se criara precisamente em torno da Constituição Civil do Clero, sobretudo com os desdobramentos de particular violência que se seguiriam em breve, parecia confirmar a leitura radicalmente negativa feita pelo breve pontifício. Por outro lado, reforçava ainda mais a convicção de quem agora via cada vez mais concentrar-se numa única frente antirrevolucionária as forças fiéis à monarquia e o catolicismo. Seguir-se-iam a partir daí outras e cada vez mais profundas incompreensões e violências.

Ao breve de condenação da Constituição Civil do Clero, em 13 de abril de 1791 Pio VI fez seguir uma **série de normas** (*Charitas quae*), que iam da obrigação da retratação do juramento, quando tivesse sido feito pelos clérigos, ao cancelamento das novas dioceses estabelecidas pela assembleia francesa; pedia-se, pois, aos fiéis que não mantivessem relações com os bispos e os padres constitucionais. No mês de junho seguinte, **um fato clamoroso** vinha complicar mais a situação: o rei Luís XVI, em contato secreto com algumas cortes estrangeiras, tentou fugir da França; descoberto, foi reconduzido a Paris e suspenso de suas funções. Compreensivelmente, o episódio confirmou as suspeitas a respeito da efetiva fidelidade do soberano ao novo andamento político e da existência de uma conjuração internacional em desfavor da Revolução recém-iniciada.

4. Da Assembleia Legislativa ao período do terror, a "descristianização" e a primeira reorganização da Igreja francesa

1. No início de outubro de 1791, a Assembleia Constituinte foi substituída pela "**Assembleia Legislativa**". Esta era preponderantemente composta por deputados de tendência política radical e impregnados de pensamento irreligioso. Portanto, logo se voltou para **iniciativas fortemente anticlericais**. O juramento de fidelidade à Nação foi imposto a todo o clero, inclusive aos membros que não tinham função pública, e os renitentes foram acusados de serem suspeitos de traição, sujeitos, portanto, a medidas penais.

A **oposição eclesiástica e política à Revolução** parecia se identificar cada vez mais uma com a outra; a declaração de guerra contra a Áustria na primavera de 1792 aumentou mais a tensão e o medo de um complô antirrevolucionário existente também dentro da França, atribuído sobretudo, como era óbvio, ao clero refratário. Com efeito, foi decretada deportação obrigatória dessa parte do clero, um êxodo imponente que envolveu de trinta a quarenta mil eclesiásticos. Os exilados, acolhidos em diversas nações europeias, até protestantes, contribuíram para a difusão de uma crescente preocupação internacional com os acontecimentos da França, considerados capazes de pôr em perigo tanto o poder monárquico como a liberdade da Igreja em toda a Europa. Por conseguinte, a França começou a estar sob constante ameaça de ataque e de invasão vinda do exterior. Nesse clima, no dia 10 de agosto de 1792 o rei foi deposto, e depois aprisionado junto com sua família.

Teve início o chamado "**período do terror**" ou, simplesmente, "terror"; um tribunal especial, presidido por Maximilien Robespierre (1758-1794), encarregou-se de identificar e punir os supostos traidores; como era previsível, isso desencadeou uma verdadeira caça desordenada aos suspeitos, com o costumeiro corolário de delações, vinganças pessoais, processos sumários. A tensão chegou a tal ponto que tornou possíveis episódios como o de início de setembro de 1792, quando, na multidão que em Paris assistia a uma transferência de prisioneiros do cárcere para a sede do município, formou-se um grupo de violentos que levou à morte brutal cerca de trezentos padres, misturados a outros prisioneiros; na realidade, os assassinatos nos cárceres de supostos "refratários" e a superficialidade nos registros das entradas dos prisioneiros impedem cálculos seguros. Isso significa que o número estimado dos mortos deve ser aumentado significativamente, até umas dez vezes, além de que não se deve esquecer o caráter de gratuita crueldade e de fanatismo que acompanha essas mortes, ocorridas com frequência como verdadeiros massacres, sem nenhum indício de processo. O "terror" se explica também pelo medo de complôs internos vinculados a inimigos externos (as potências estrangeiras com as quais se abrira a guerra desde a primavera anterior). Por outro lado, e compreensivelmente, o clero "refratário" cultivava uma concepção monárquica e reacionária.

Uma disposição da Assembleia Legislativa emanada no último dia de sua atividade, 20 de setembro de 1792, teve um profundo impacto na própria Igreja constitucional. Foi **a instituição do estado civil**, ou seja, do registro cadastral dos nascimentos, dos matrimônios e das mortes por parte das comunas; tomaram o lugar dos registros paroquiais introduzidos depois do Concílio de

Trento. Essa disposição, que de imediato respondia à exigência prática de resolver a confusão entre as duas Igrejas, indicava, na realidade, um divisor de águas histórico de grande importância. Com efeito, os momentos-chave da vida pessoal e familiar acabariam perdendo sua referência direta à celebração dos sacramentos (batismo, matrimônio, exéquias) e, mais em geral, à visão religiosa e à estrutura eclesiástica. De agora em diante, cada indivíduo terá a opção de positivamente reconhecer e exprimir essa dimensão religiosa nas passagens decisivas da própria existência.

De modo mais imediato e concreto, a introdução de um cadastro civil acarretava algumas consequências, especialmente num âmbito de fundamental importância como o sacramental; por exemplo, o matrimônio corria o risco de ser reduzido a simples ato de culto acrescido ao único contrato matrimonial sancionado no âmbito civil, e aí é que seria regulamentado no que se refere às notificações e aos impedimentos. Aprofundando mais o processo já iniciado alguns anos antes com a legislação promovida por José II (vol. III, cap. 6, item 26.3), rompia-se a tradicional união entre sacramento e contrato, ponto de partida de um contencioso entre Igreja e Estados que se arrastaria até nossos dias. Outras questões surgirão a propósito do divórcio — se o matrimônio é um simples contrato civil, nada impede que seja rescindido, desde que haja a vontade dos dois contraentes a esse respeito —, bem como do matrimônio do clero. A ordem sagrada, impedimento dirimente para o matrimônio religioso, não era de fato reconhecida como tal para o matrimônio civil; este, uma vez celebrado, autorizava os contraentes a pedir a bênção religiosa, enquanto os párocos — como "funcionários" do culto pagos pela Nação — eram obrigados a conferi-la. Seguiu-se uma nova ruptura também entre a Igreja constitucional e a Revolução, com uma divisão entre os constitucionais; por exemplo, entre os bispos que suspenderam os padres casados e os que, por sua vez, se casavam.

2. Em 20 de setembro de 1792 começou a terceira assembleia da Revolução Francesa, chamada "**Convenção nacional**". Entre seus primeiros atos, depois da abolição da monarquia, houve a solene **proclamação da República** francesa em 22 de setembro de 1792. Aliás, a nova configuração política teve de se conscientizar logo do descontentamento suscitado na própria população pelas medidas muito rígidas contra opositores e suspeitos traidores da Revolução e em relação ao crescimento da violência no país. O governo republicano voltou-se, pois, para a superação do desacordo com a parte da Igreja que, embora não se opondo em princípio à Revolução, rejeitava a imposição das diretrizes revolucionárias, postas em prática em aberta contradição com os ideais de liberdade e de tolerância proclamados no início do movimento. Chegou-se assim ao reconhecimento da plena liberdade dos cultos, inclusive o da Igreja refratária, sancionado em 21 de fevereiro de 1795.

Entrementes, precipitava-se a situação pessoal do soberano deposto; a descoberta do seu arquivo secreto, que continha a documentação das relações mantidas com algumas cortes estrangeiras, custou-lhe a acusação formal de traição e, consequentemente, a condenação à morte. A execução de Luís XVI, ocorrida em 21 de janeiro de 1793, provocou, por reação, a formação da coalizão internacional contra a França, agora claramente identificada como protagonista da subversão do Antigo Regime e da sua instituição fundamental, a monarquia. O incrementado empenho bélico pela nova Nação nascida da Revolução obrigou a Convenção a convocar um serviço militar obrigatório de trezentos mil homens, bem como a impor aos mais bem abastados um empréstimo forçado, enquanto um "comitê de saúde pública" era dotado de plena autoridade para julgar e punir qualquer ato que pudesse ser considerado "contrarrevolucionário", com todo o bem conhecido caráter aleatório de semelhantes definições.

A **guerra ao exterior** tornou-se causa de uma **crescente tensão interna no país**. Foi sobretudo o recrutamento forçado — imposto mediante enviados parisienses às diversas regiões — que pôs em alvoroço as massas camponesas, as quais viam lhes roubar as forças mais jovens para o trabalho nos campos, enquanto a tradicional religiosidade, típica do mundo rural, favorecia a aproximação ao clero refratário. Por esses motivos, regiões inteiras da França — sobretudo ao norte e oeste do país, em particular o território da **Vendeia** — rebelaram-se na primavera de 1793, de modo até violento, contra as disposições autoritárias que chegavam de Paris. A resposta dos patriotas da capital foi a mais feroz repressão. Era como se os revolucionários não pudessem admitir a dissensão popular, tanto porque a consideravam artificialmente provocada pelos ambientes monárquicos, nobiliários e clericais contrários à Revolução quanto porque qualquer divisão interna era perigosa diante da expansão da ofensiva bélica internacional.

Nessa mesma primavera rebentaram aqui e ali outras revoltas locais, sufocadas sempre pelo governo revolucionário central com a máxima dureza; a cidade de Toulon, por exemplo, culpada por ter aberto o porto aos ingleses, foi reconduzida à obediência nacional com enérgica intervenção militar, durante a qual um jovem oficial, Napoleão Bonaparte, soube de tal modo mostrar serviço que foi promovido a general naquelas operações. Em **setembro de 1793 o "terror"** chegou ao **máximo de sua crueldade**, envolvendo entre os suspeitos, por exemplo, também aqueles que eram familiares ou parentes dos emigrados por motivos políticos; o número total das vítimas do "terror" se confirmará, afinal, na ordem de duas ou três dezenas de milhares, entre os quais muitos eclesiásticos e religiosos. Sobretudo, esse foi o amargo fruto de uma verdadeira "fobia da contrarrevolução interna" (cit. in Leflon, 162).

3. Nesse contexto de máxima tensão teve início o processo chamado de "**descristianização**". Inicialmente foi posto em prática pelos representantes enviados em missão da capital para as regiões periféricas, principalmente com a tarefa de executar o recrutamento obrigatório e, de forma mais geral, de apagar qualquer possível foco contrarrevolucionário, especialmente na forma de contraposições autonomistas locais às diretrizes parisienses; outras vezes, foram os exércitos revolucionários que acompanharam com atividades descristianizadoras sua marcha para as fronteiras, para defender o país dos ataques dos Estados europeus. As iniciativas que se podem atribuir à categoria da "descristianização" são diversas e mutáveis. Vão desde obrigar bispos e padres a renunciarem às próprias funções eclesiásticas (ao todo calculam-se entre dez mil e vinte mil clérigos "abjudicadores") à substituição das celebrações cristãs por alguns cultos "cívicos" ou, às vezes, por "dissimulações" banais de conteúdo anticlerical. Começam a ser instituídas festividades "laicas", como as de 10 de agosto pelo aniversário da queda da monarquia. Procede-se ao sequestro de sinos e alfaias litúrgicas — a serem utilizados em proveito da Nação, transformando-os, por exemplo, em munições de guerra —, bem como a verdadeiros atos de caráter iconoclástico, com destruição de imagens e de estátuas; fecham-se igrejas.

A seguir, da província o movimento de descristianização se estendeu também para a capital no outono de 1793. Aí, depois de ter destituído o arcebispo, foi encenado na catedral de *Notre Dame* um culto cívico — ou melhor, uma representação de caráter teatral, empregando-se uma atriz da Opera como personificação da Razão deificada; outras vezes, a figura feminina foi utilizada para dar corpo aos ideais da Liberdade, da Natureza, da Vitória. Mais uma vez, ficava evidente a tentativa de substituir as tradições cristãs por alguns "valores" universais, enquanto pertencentes à natureza, em primeiro lugar a racionalidade humana, considerada a base do pensamento iluminista.

Mais tarde, na primavera de 1794, também com a contribuição decisiva de alguns dos principais expoentes da Revolução, como Robespierre, deu-se início a uma verdadeira "religião republicana", retomando substancialmente as ideias do deísmo iluminista, com dois "dogmas" principais, aliás atingíveis somente com a razão, ou seja, o reconhecimento do Ser supremo e a convicção da imortalidade da alma. Ambos princípios indispensáveis para evitar a ausência de crenças e de espiritualidade, que impedia qualquer referência ética comum, indubitavelmente "útil" — ainda segundo as ideias iluministas — a qualquer convivência humana pacífica.

Um dos modos para conformar o mais possível as populações locais ao novo ordenamento revolucionário, separando-as principalmente da influência de um clero muitas vezes não alinhado ao novo sistema político, se não mesmo refratário, foi a imposição do **novo calendário**. Ele comportava, em primeiro lugar, uma nova numeração dos anos a partir da data do nascimento da República (22 de setembro de 1792); foram, então, mudados os nomes dos meses e foram substituídas as semanas de sete dias por semanas de dez dias. Essas modificações exprimiam emblematicamente o início de uma nova época sob o ponto de vista político e também religioso. Com efeito, a cadência semanal derivava da narrativa bíblica da criação do mundo em sete dias, a qual por sua vez refletia a escansão hebraica dos dias, depois retomada pelo cristianismo, embora com a substituição do sábado pelo domingo como dia de festa. Agora, porém, a sucessão dos dias por grupos de dez, correspondente ao sistema decimal que ia sendo introduzido nas diversas medições, respondia a um critério de racionalidade, ou da faculdade comum a todos os homens. Assim também a adoção, na indicação dos meses, de nomes relativos a fenômenos climáticos ou agrícolas característicos dos diversos períodos do ano (Pluvioso, Nivoso, Ventoso, Brumário, Messidor etc.) recuperava uma dimensão natural, portanto universal, com relação às tradicionais datas religiosas.

Definitivamente, com toda evidência era uma operação de propaganda política, mas também religiosa, precisamente na linha da tentativa de "descristianização" de um país ligado havia séculos à Tradição cristã; operação difícil, precisamente pelo fato de que com o passar do tempo a antiga ligação com as datas cristãs tinha determinado conexões com atividades agrícolas ou comerciais (pensemos, por exemplo, nas feiras, normalmente ligadas a festas dos santos ou em específicas datas litúrgicas). Consequentemente, não faltaram tenazes resistências também diante dessas medidas; e isso aconteceu, de novo, especialmente entre as populações do campo, notoriamente mais ligadas às tradições.

Decerto, o fenômeno da descristianização — embora verificado de variados modos e circunscrito a um período particular — evidencia algumas **questões fundamentais** na relação entre Revolução e religião. De um lado, confirma claramente que o aparente idílio inicial entre espírito revolucionário e espírito cristão não podia durar muito tempo, dando lugar progressivamente a uma recíproca exclusão e contraposição. No momento em que começava a emergir o caráter totalitário e místico de uma Revolução que julgava dar início a uma completa regeneração da nação francesa e, possivelmente, da própria sociedade humana, essa mesma Revolução não podia deixar de se alçar, de algum modo, ao papel de autêntica religião. De outro lado, se é verdade que uma religião comporta necessariamente a abertura a uma alteridade extramundana, a pretensa "religião revolucionária", como qualquer mística voltada a exaltar uma ação puramente humana, mostrava-se paradoxal e patética. De qualquer modo, era assim que parecia o esforço dos revolucionários de se atribuírem uma respeitabilidade que sabiam muito bem não poder se fundar no puro consenso da sociedade francesa, mesmo que tivessem conseguido obtê-lo, a menos que se pense (de maneira efetivamente irrealista) numa Nação concebida como uma entidade superior, quase transcendental, capaz de justificar e retribuir até as imposições mais odiosas e mesmo as violências, toleradas por aquele Bem superior que se apresentava como a salvação (outro conceito de sentido originariamente religioso) da França.

4. Foram novamente as vicissitudes da guerra que decidiram os destinos internos da França. Atenuando a tensão, as repetidas vitórias da armada republicana levaram à superação do clima de terror, provocando uma **inversão de rota em sentido moderado** que, devido ao nome do mês em que se verificou, foi chamada de "**reação termidoriana**". A eliminação física de Robespierre em 28 de julho (10 Termidor) de 1794 marcou o fim do período de máxima violência da Revolução Francesa. A política dos novos governantes (os "termidoriano"), de tendência moderada em relação à Igreja, oscilava entre as concessões, por exemplo para a reabertura das igrejas (embora suspendendo qualquer forma de apoio financeiro público), e novos endurecimentos, como declarar o exílio perpétuo do clero já deportado (6 de setembro de 1795).

Aliás, nem o "terror" nem as campanhas de descristianização puderam aniquilar completamente **a vida da Igreja na França**. Seja como constitucionais (nem sempre disponíveis a aceitar as contravoltas, muitas vezes imprevistas, de uma Nação à procura da própria configuração), seja como refratários que resistiam, entre grandes dificuldades, escondidos nos campos, no exílio ou muitas vezes nos cárceres, muitos padres e leigos (empenhando-se esses últimos até a celebrar "missas brancas", ou seja, celebrações não sacramentais) prosseguiram em sua existência cristã. Difundiram catecismos, instruções *ad tempora calamitatis* ou livros de piedade, mantendo vivas as próprias comunidades de fé. Muitos foram os episódios de heroísmo, notável a quantidade de verdadeiros mártires (e, como tais, reconhecidos depois pela Igreja). Além disso, não devem ser esquecidos os casos de conivência local entre comunidades paroquiais e municipalidades, ocorridos sem o conhecimento das centrais parisienses da Revolução e, como tais, relegados por muito tempo até por uma historiografia alimentada predominantemente pelas fontes políticas oficiais. Contudo, não teria sido possível a viva retomada da Igreja francesa depois da Revolução se ela tivesse sido completamente varrida pela tempestade daqueles anos.

Os próprios guias da Revolução foram obrigados a reconhecer a sobrevivência do culto tradicional, uma vez que em 21 de fevereiro de 1795 reconheceram novamente a licitude do culto católico ao lado do cívico, com o objetivo de recompor a paz religiosa; até aos teimosos rebeldes da Vendeia, que não tinham cedido nem mesmo sob a dura repressão sofrida, fora concedida a anistia. Ao decreto de 21 de fevereiro seguiu-se uma verdadeira **reorganização da Igreja constitucional**, embora entre gravíssimas dificuldades; quem a orientou, reunindo em torno de si alguns bispos ("comitê dos bispos reunidos"), foi **Henri Grégoire** (1750-1831), bispo de Blois, que, se fora um dos primeiros eclesiásticos a se solidarizar com os expoentes do terceiro estado no começo da Revolução, tinha, todavia, mantido também exteriormente as próprias prerrogativas episcopais, tornando-se ponto de referência para todos os que procuravam o modo como fazer sobreviver a Igreja dentro daquela nova condição política e social.

E foi ainda Grégoire, com o "comitê dos bispos reunidos" por ele instituído, que tentou dar início à reorganização da Igreja francesa a partir da Igreja constitucional, com um concílio nacional que se realizou em Paris no verão de 1795. Com a intenção de iniciar uma pacificação religiosa do país, a assembleia de bispos declarou, de um lado, a plena submissão dos católicos às leis da República e, de outro, procurou reatar as relações com a Igreja "refratária". Aliás, ambas as tentativas fracassaram, porquanto contraditórias entre si.

A aproximação da Igreja constitucional aos refratários (e, portanto, a Roma) veio com efeito se cruzar com a fase de tensão entre a República e a Santa Sé depois das campanhas militares na Itália, enquanto os refratários não aceitavam ser convidados à concórdia eclesiástica por aqueles que foram os primeiros que a tinham rompido e que ainda reafirmavam no âmbito conciliar a impossibilidade de tratar com o grupo dos bispos e do clero que permanecia no exílio fora dos limites da França, ou mantinha uma atitude de "não submissão" às leis da República (*Cânones e decretos*, 45-46). O concílio nacional tomou também outras medidas, sobretudo para prover às dioceses e às paróquias que ficaram sem pastores e para a reconciliação dos padres que tinham "abdicado", ou seja, tinham renunciado ao exercício das próprias funções. Com um decreto especial reafirmou também os princípios constitutivos do matrimônio, postos em risco por sua redução a mero contrato civil, introduzida pela assembleia legislativa em 1792, como já visto.

5. O Diretório, a Revolução na Itália e Bonaparte no poder

1. A nova organização institucional da República (ou seja, o "**Diretório**", que inaugurado em 26 de outubro de 1795 durou até 8 de novembro de 1799) não deu mostras de atenuar a orientação anticlerical; pelo contrário, foi fortalecendo-a, seja mediante iniciativas de **repressão violenta** (a chamada "perseguição termidoriana", entre 1797 e 1798), seja graças ao apoio oferecido ao **culto cívico**, em particular nas semanas de dez dias (às quais os eclesiásticos se esforçavam por contrapor a tradicional festividade do domingo) e na forma da "teofilantropia", ou seja, de uma verdadeira "liturgia" laica, com paramentos e ritos que, todavia, acabavam muitas vezes por cair no ridículo.

Entretanto, a partir da primavera de 1796 a **Revolução tinha saído da França**, estendendo-se sobretudo à **Itália**, acompanhando a **armada conduzida pelo general Bonaparte**. Veio assim a entrar **em contato direto com o próprio papado**, provocando consequências significativas sobre o ulterior desdobramento das relações entre a nova República francesa e a antiga Igreja católica.

Em 1796 a armada francesa, havia tempo em guerra com os antigos regimes da Europa que tentavam sufocar a Revolução, ao movimentar o grosso das tropas em direção a Viena realizou na Itália uma manobra que deveria ter sido apenas de desvio. Na realidade, sob a liderança de Bonaparte essa ação marginal se transformou numa verdadeira campanha para a conquista de parte consistente da península. Com efeito, ultrapassados os Alpes, Bonaparte ocupou o Piemonte e entrou em Milão. Desse modo, teve início um contato direto entre a Revolução e a Itália, e, portanto, com o papado; um motivo de embates violentos, mas também ocasião de novas reflexões de uma e de outra parte.

A aceitação das novidades francesas na Itália foi inicialmente muito boa, graças também à abertura intelectual de muitos eclesiásticos que havia tempo tinham assumido uma parte das doutrinas jansenistas e galicanas, assim como tinham evoluído no clima cultural iluminista, especialmente em função da renovação do cristianismo e da reforma da Igreja. Para alguns expoentes do chamado "**catolicismo democrático**", a chegada dos franceses representava até a ocasião de pôr em prática a purificação do cristianismo que, a partir dos modelos bíblicos e patrísticos, teria podido libertá-lo de muitas superestruturas históricas e torná-lo compatível com as exigências de uma sociedade democrática. Ainda que minoritária, também uma parte do episcopado demonstrava-se disponível a acolher um novo regime político, e nesse sentido exortava também os próprios fiéis, desde que não se perdesse — antes, se aproveitasse a ocasião para reafirmar — o valor da religião como fundamento para a vida social.

De outro lado, os comandantes militares franceses — Bonaparte em primeiro lugar — procuraram não ferir a sensibilidade religiosa, que sabiam ser ainda forte entre as populações da península; visavam antes a se credenciarem como defensores da religião. Aliás, no lugar dos entusiasmos iniciais veio depois a **reação, sobretudo popular**, contra os métodos repressivos e antirreligiosos dos funcionários locais, contra a imposição do recrutamento militar ou de novas cargas fiscais, contra as iniciativas de supressão dos institutos religiosos e eclesiásticos que afetaram de modo massivo também a Itália, a exemplo do que ocorrera na França.

Quando em junho de 1796 Bonaparte ocupou a Romanha, tendo ultrapassado as fronteiras do Estado pontifício, entrou em conflito com a Santa Sé. Com o **armistício de Bolonha** (23 de junho de 1796) obteve o controle daquela cidade, de Ferrara e de Ancona; no mês de fevereiro seguinte, com o tratado de Tolentino, além de exigir dinheiro e obras de arte, subtraiu outros territórios ao Estado pontifício. Também em relação à Santa Sé, adotava uma política totalmente pessoal e, embora tivesse uma atitude desdenhosa em relação à religião e à Igreja, tinha a preocupação contínua de tranquilizar o papa sobre suas próprias intenções.

De Paris, o Diretório, abrindo negociações com Roma em relação às conquistas napoleônicas, procurou obter o mais amplo reconhecimento para a nova situação da República francesa, mas a tentativa fracassou, devido à pretensão, inaceitável por parte da Santa Sé, de que o papa anulasse todas as condenações anteriores em relação à política eclesiástica da Revolução. Com efeito, em junho de 1796 Pio VI limitou-se a enviar à França um esboço de **breve** (***Pastoralis sollicitudo***), dirigido aos católicos de Além dos Alpes, para os convidar a colaborar, em vista do bem comum, com as novas autoridades instituídas, mas não pôde obviamente modificar o próprio juízo em relação a um regime que tinha subvertido a organização eclesiástica e atingido duramente uma parte consistente do clero local, ainda no exílio.

Por outro lado, esse ato do papa constituía um **reconhecimento implícito da legitimidade da nova ordem política** assumida pela França e mostrava uma nova disponibilidade da Igreja em procurar, embora na firmeza sobre os princípios fundamentais, um entendimento com as novidades surgidas com a Revolução. Se, de um lado, essa atitude correspondia a uma prática tradicional para a Igreja católica — disposta a tratar com os mais diversos regimes, desde que fosse salvaguardada sua liberdade de ação e de ensino —, não deixava de se pôr numa nova luz, dada a profunda reviravolta assinalada pela Revolução em relação a uma ordem como a típica dos regimes de cristandade, marcada pela profunda compenetração entre esfera política e esfera religiosa, uma simbiose que era considerada não só tradicional, mas correspondente à própria ordem estabelecida por Deus para a convivência humana. Nesse sentido, não se pode deixar de aprovar o avanço dado pelo próprio Pio VI com relação à condenação sem apelo expressa em relação à Revolução e, com ela, às principais novidades modernas, por ocasião de sua intervenção de março de 1791 contra a Constituição Civil do Clero (veja anteriormente, item 3.2).

2. Surgida na França, a Revolução gerou uma série de "**repúblicas irmãs**" **em diversas regiões da Itália**; em outubro de 1796 nasceu a República cispadana (compreendendo os territórios da Bolonha, Ferrara, Modena e Reggio); em junho de 1797 foi fundada a República cisalpina (Lombardia, Ligúria, Emília), e para obter seu reconhecimento Bonaparte não hesitou em ceder à Áustria a antiga e gloriosa república de Veneza. Em dezembro de 1797 o assassínio de um general francês em Roma provocou a ocupação dos Estados pontifícios por parte do exército francês. Em fevereiro do ano seguinte, no

Campidoglio, um grupo de patriotas, com o apoio da armada de ocupação, proclamou o fim do poder temporal, anunciando o nascimento da República romana. Foi uma reviravolta com escassíssima base de consenso, tanto na aristocracia quanto na população da Urbe, ambas fortemente ligadas à corte pontifícia. Em todo caso, a Revolução não só tinha saído da França, mas tinha atingido e, pelo menos momentaneamente, subvertido o próprio coração da cristandade. No início de 1798, depois de ter apelado às potências europeias denunciando a violência sofrida, o papa **Pio VI** refugiou-se em Florença; daí, à força foi **transferido para a França**, onde faleceu em Valence em 29 de agosto de 1799. Parecia que deveria morrer com ele o próprio papado.

Entrementes, graças aos brilhantes empreendimentos no solo da Itália, **Bonaparte** tinha adquirido grande prestígio e agora podia iniciar uma **política pessoal** própria também na pátria, principalmente diante das incertezas e das dificuldades internas em que se debatia o Diretório. Com a intenção de atacar indiretamente a Inglaterra, ele invadiu o Egito em 1798, embora a reação inglesa, destruindo completamente a frota inimiga, o obrigasse a permanecer no continente africano, justamente quando em 1799-1800 a Áustria, com a ajuda da Rússia, entrava na Itália para restabelecer a situação política assolada pelas armadas francesas.

A essa altura, tendo voltado à França após muitas vicissitudes, o general retomou nas mãos o destino de um país à deriva e o fez sob o ponto de vista político e militar; depois das demissões do Diretório (início de novembro de 1799) — que não conseguia mais manter sob controle a situação interna, nem muito menos as operações bélicas no exterior —, o poder passou a um triunvirato que, na realidade, mal cobria a autoridade exclusiva assumida de fato por Bonaparte, até que no fim de 1799 ele foi nomeado "**primeiro cônsul**". Como tal, tendo retomado logo depois as atividades bélicas na Itália, no início do ano 1800 reconstituiu a República cisalpina. Com não menos energia deu início à reorganização administrativa da França, dando-lhe um cunho que duraria muito tempo.

Para completar e coroar a reorganização da República e lhe dar finalmente estabilidade depois dos repetidos sobressaltos revolucionários, faltava somente a cura do duradouro dissídio interno da Igreja francesa e a retomada de uma correta relação entre ela e o novo Estado francês; para atingir os dois objetivos, era imprescindível o restabelecimento das relações com Roma, depois das violências infringidas à Santa Sé e ao próprio pontífice. Todavia, essas violências e prejuízos temporais tinham, sem dúvida, contribuído notavelmente para o crescimento do prestígio espiritual do papado, e tinham até favorecido uma difusa atitude de devoção em relação ao pontífice, sobretudo na Itália e na França, ou entre as populações que puderam assistir diretamente às desgraças sofridas por Pio VI.

3. A irrupção da Revolução na **cena europeia**, sobretudo quando tinha começado a mostrar seus aspectos de violência nada irrelevantes, suscitou, ao lado dos entusiasmos pelas novidades trazidas, profundas perturbações e abertas **reações de rejeição**. Isso não apenas nos ambientes mais diretamente atingidos pela reviravolta em andamento, ou seja, a nobreza e o alto clero, mas também entre as massas populares ligadas ao tradicional ordenamento político-religioso, às vezes por inércia, às vezes por inegável influência exercida pelos aristocráticos sobre as classes inferiores, às vezes também por sincera afeição, ainda que de caráter essencialmente emotivo. Além disso, reações negativas de origem popular já tinham existido em relação às reformas de cunho jansenista realizadas na Toscana na segunda metade do século XVIII.

Esses fenômenos — comumente apontados pelos historiadores como "**insurgências**" — começaram a se reavivar na Itália, sobretudo diante da agressão francesa aos territórios do Estado da Igreja, bem como à própria sede do papado. Reações análogas, aliás, houve também na República cisalpina; já nos Estados ex-bourbônicos de Nápoles e da Sicília ocorrera em 1799 o empreendimento do cardeal Ruffo (1744-1827), que, tendo partido da ilha, tinha reunido consigo bandos de insurgidos, com os quais conseguiu reconquistar Nápoles e os territórios passados para a república partenopeia constituída depois da invasão francesa.

Nos anos da primeira descida napoleônica à Itália, foram registrados também numerosos eventos considerados milagrosos, atribuídos principalmente a imagens marianas, com um significado de reafirmação e de defesa da boa causa papal e católica diante das violências de uma Revolução conduzida por homens considerados sem fé. E foi precisamente da reafirmação do valor inderrogável da "santa fé" que proveio um dos adjetivos mais comumente atribuídos a essas insurgências, ou seja, o de movimentos "sanfedistas". Foram, todavia, fenômenos difusos em toda a Europa ao longo de um período bem longo, das reformas anteriores à Revolução Francesa até a conclusão da parábola napoleônica.

6. A parábola de Napoleão: da concordata ao Império; a política religiosa; as crescentes tensões com a Santa Sé; o fim

1. No complexo jogo em andamento entre a França — e tudo o que ela estava representando naqueles anos, ou seja, de certo modo o êxito dos amplos desdobramentos culturais e políticos de toda a Idade moderna — e a Santa Sé, o novo século abria-se com dois protagonistas, ambos em certo sentido caracterizados por novidades. Por seu lado, Bonaparte apresentava-se nas novas vestes de primeiro cônsul, dotado agora de plenos poderes; em três anos, ou melhor, em 1804, a plenitude dos poderes chegaria ao auge com a **criação de um Império**. Para enfatizar essa evolução, de agora em diante indicaremos o nosso personagem somente com o nome de **Napoleão**, analogamente ao que acontecia então.

Indubitavelmente **novo** era também o **papa, Pio VII**; sua novidade já se mostra evidente pelo modo e pelas dinâmicas do conclave do qual saiu eleito. Antes de deixar a Itália para seu amargo exílio francês, Pio VI tinha predisposto sabiamente uma simplificação das normas para o futuro conclave, de modo a torná-lo mais fácil de ser convocado, apesar da situação dramática. Foi assim que em 1º de dezembro de 1799 o conclave pôde se reunir, embora em Veneza sob a tutela austríaca e não em Roma ocupada pelos franceses. Depois de longa incerteza sobre a escolha entre um pontífice que se opusesse nitidamente à mudança revolucionária e um que, aceitando o fato consumado, abrisse novas perspectivas de diálogo, em 14 de março de 1800 os votos confluíram de modo imprevisto para o beneditino Barnaba Chiaramonti (1742-1823), personalidade não envolvida nas contraposições internas da Cúria; ele tinha um ânimo declaradamente religioso, mais que uma figura política. Como cardeal e bispo de Ímola, diante da irrupção das tropas francesas na Itália, tinha assumido uma posição sábia e moderada — sobretudo numa homilia no Natal de 1797, que se tornou famosa depois de sua eleição à sede pontifícia —, evidenciando a possível compatibilidade do Evangelho também com formas políticas democráticas, desde que (e a fim de que) não se cessasse de pôr o cristianismo na base da convivência humana.

Na nova posição, a ambos os protagonistas — Napoleão, de um lado, e Pio VII, de outro, embora por motivos diferentes — decerto não escapava a oportunidade de **uma reconciliação recíproca**. O primeiro cônsul da França poderia assim se apresentar como autor da paz religiosa no âmbito do país, aguardada já havia muito, conquistando consequentemente o pleno consenso dos católicos. Quanto ao papa, além de estar animado por uma atitude de diálogo, como já demonstrara como bispo de Ímola, cultivava o desejo de afastar definitivamente o espectro de um cisma da Igreja da França. Embora, como dito, ele fosse dotado de sensibilidade religiosa, mais que política, Pio VII podia contar com um secretário de Estado de grande perspicácia, o mesmo **Ercole Consalvi** (1757-1824) que tinha conduzido com habilidade as negociações para a sua eleição como papa. Com efeito, foi naquele mesmo ano de 1800 que começaram os contatos para uma concordata entre a Santa Sé e a França.

Assim — depois de um ano de negociações administradas com grande habilidade em favor da Santa Sé pelo cardeal Consalvi — pôde-se chegar à **concordata de 1801**, oficialmente chamada "convenção", para um distanciamento de atos análogos praticados pelos governos do Antigo Regime. Nela, o catolicismo era reconhecido como "religião da maioria dos franceses". Embora tivesse de aceitar definitivamente as perdas temporais sofridas nos episódios da Revolução, a Igreja católica, de vários modos violada, quando não abertamente perseguida durante a Revolução, voltava a poder professar em plena liberdade a própria fé e a exercer publicamente o próprio culto (art. 1). De outro lado, o catolicismo deixava de lado a tradicional função de religião de Estado de que gozara durante todo o *Ancien Régime*, dando lugar também a outras confissões cristãs. De comum acordo entre governo francês e Santa Sé, seria preciso depois prover à reorganização territorial da Igreja local mediante nova circunscrição das dioceses (art. 2). Passo prévio indispensável eram as demissões dos bispos em exercício: a respeito dos constitucionais, o próprio governo francês providenciaria, ao passo que aos outros as demissões foram pedidas pela Santa Sé (art. 5).

Não se pode negar que o acordo conseguido entre o papa e Napoleão contivesse em si **uma profunda contradição**, não totalmente ocultada pelas atentas fórmulas diplomáticas, sobretudo pelo fato de que Napoleão tinha uma concepção liberal (segundo a qual a religião é indiferente para o Estado, não devendo haver privilégios para uma determinada confissão); por outro lado, ele — em sua mentalidade sem escrúpulos — considerava também a possível utilidade do componente religioso, desde que fosse precisamente funcional em relação aos interesses superiores do Estado.

2. Com efeito, até para vencer algumas resistências internas, uma vez assinado o ato concordatário, Napoleão fez acrescentar **setenta e sete artigos**

"**orgânicos**" numa perspectiva de estrita submissão da Igreja ao Estado; por exemplo, com a retomada do *placet* (ou seja, o necessário consentimento governativo para a publicação dos decretos eclesiásticos, especialmente para os provindos de Roma) ou a afirmação da precedência obrigatória do matrimônio civil em relação ao religioso; além de serem nomeados pelo governo, os bispos não podiam convocar sínodos diocesanos nem reunir-se eles próprios em sínodo sem o consentimento do governo. A Santa Sé protestou energicamente, mas avaliando realisticamente a vantagem que a concordata lhe oferecera, não insistiu mais. Antes, o legado pontifício enviado a Paris para a aplicação da concordata, o cardeal **João Batista Caprara** (1733-1810), mostrou-se bem maleável, atitude que lhe valeu em 1802 a nomeação como arcebispo de Milão por parte de Napoleão.

Particularmente complexo revelou-se a **reorganização das circunscrições eclesiásticas**. Da parte romana, em particular, compreensivelmente não se queria voltar à estruturação prevista pela "Constituição Civil do Clero", já condenada por Pio VI, ou seja, à perfeita sobreposição das dioceses aos departamentos. A solução, bem artificial, foi que onde as dioceses não correspondiam aos departamentos (como em mais de um terço dos casos) se estendessem sobre dois, em alguns casos sobre três. Afinal, as cento e trinta e cinco dioceses anteriormente existentes foram suprimidas pelo papa, que as substituiu por dez arquidioceses e cinquenta dioceses. O direito de nomeação dos novos responsáveis pelas dioceses foi atribuído ao primeiro cônsul, como já acontecia com o rei, com base na concordata anterior de 1516. Uma parte consistente dos bispos demitidos não aceitaram pacificamente a imposição; dois deles, além de protestarem publicamente, deram origem a uma Igreja cismática, embora "pequena", como foi chamada; por outro lado, a Santa Sé não podia aceitar pacificamente a confirmação de alguns bispos constitucionais (desejada, ao contrário, por Napoleão, com a intenção de "amalgamar" os expoentes das duas Igrejas que vinham se opondo durante a Revolução).

Obviamente, **os novos bispos** eram pessoas conciliadoras em relação ao regime napoleônico, homens de ordem, bem-dispostos perante as autoridades públicas. Embora a concordata não fizesse nenhuma referência às congregações religiosas, elas foram em parte reconstituídas, pelo menos as consideradas "úteis", segundo a mentalidade iluminista, ou seja, as missionárias (porquanto haveriam de contribuir para a boa imagem da França no mundo), educativas e assistenciais.

Depois da reconciliação entre papado e República francesa, pôde ser iniciada uma negociação também para as relações com a recém-nascida **República italiana (1803)**, que tinha o próprio Napoleão na presidência e Francisco Melzi d'Eril (1753-1816) como vice-presidente. Também nesse caso chegou-se efetivamente a uma superação da política eclesiástica da República cisalpina, bem opressiva, até com o restabelecimento de alguns privilégios (por exemplo, a isenção dos eclesiásticos no tocante ao serviço militar); todavia, dos bispos — cujo direito de nomeação foi atribuído ao presidente — continuou-se a exigir um juramento de fidelidade à república. O que eles fizeram, apesar de recorrerem frequentemente a fórmulas condicionadas.

Mais uma vez, como ocorrido para a convenção entre a Santa Sé e a França, a concordata foi seguida, da parte italiana e de maneira unilateral, por uma série de "artigos orgânicos" que levavam a Igreja de volta ao estreito controle governativo. Envolvido no caso, Napoleão desautorizou o vice-presidente e entregou as questões eclesiásticas a um ministério especial, confiado significativamente a um ex-funcionário do domínio austríaco, como se dissesse que as lógicas fundamentais na relação entre Estado e Igreja permaneciam imutáveis, para além da profunda mudança política ocorrida no período revolucionário. Também depois dessas disposições, acabou se definindo uma nova configuração das instituições eclesiásticas locais, com predomínio absoluto das paróquias, em continuidade, também nesse caso, com as reformas eclesiásticas habsbúrgicas dos decênios anteriores (vol. III, cap. 6, item 26.3). A preferência atribuída às paróquias, excluindo outras instituições e centros de devoção — por exemplo, as confrarias, exceto a do Santíssimo Sacramento, enquanto estritamente "paroquial" —, era em função de uma orgânica e eficiente inserção das estruturas eclesiásticas no quadro burocrático e territorial do Estado. A figura do pároco tornava-se um ponto de referência até civil, especialmente para os objetivos da educação do povo nos "bons princípios" da convivência pública e do respeito às autoridades constituídas. Ao mesmo tempo, a paróquia ficava substancialmente livre da gestão administrativa, confiada a "*fabbricerie*" [administração dos bens móveis e imóveis pertencentes a uma igreja — N. do T.], compostas normalmente por leigos, que respondiam pela própria atividade somente a órgãos do Estado.

Napoleão cumpriu a obra de assunção ao poder e, ao mesmo tempo, de seu pleno reconhecimento religioso, mediante a proclamação em 1804 como imperador dos franceses (não rei, para evitar qualquer referência ao Antigo

Regime monárquico); seguiu-se a **solene coroação**, ocorrida em Paris na presença de Pio VII, embora o papa tenha se limitado a executar a unção sagrada, enquanto Napoleão tomava a iniciativa de pôr o diadema na própria cabeça e na da sua esposa Josefina — com a qual tinha regularizado a própria posição, unindo-se pouco antes em casamento. Durante sua viagem a Paris, em sua passagem Pio VII recebeu amplas manifestações de estima e de afeto. Era outro sinal da crescente "devoção ao papa", já iniciada com Pio VI — especialmente por ocasião de sua viagem a Viena em 1782 (vol. III, cap. 6, item 27.3) e da viagem ao exílio —, que marcará a Igreja católica até nossos dias.

3. Napoleão foi particularmente atento em construir uma imagem própria dotada de aura sagrada, com um **uso instrumental da religião**. Em primeiro lugar, era preciso fazer esquecer ou superar os embaraçosos inícios da sua ascensão político-militar, fruto e expressão da Revolução que tinha criado graves dificuldades à religião tradicional, chegando até a bani-la. E aí veio a brilhante ideia de pôr ao lado do imperador dos franceses a figura bíblica de Ciro, rei dos persas. Como aquele antigo soberano, embora estrangeiro, tinha sido suscitado pelo próprio Deus — segundo a reflexão de *Isaías*, cap. 45 — para libertar o povo de Israel do exílio a que fora submetido, assim Napoleão, embora sendo e permanecendo estranho à Igreja, tinha tornado possível, graças sobretudo à concordata, a plena volta à esfera pública.

Napoleão fez também com que se redigisse um "catecismo imperial", a fim de inculcar, junto com o conteúdo da religião, o respeito, o reconhecimento e a obediência devidos à autoridade e, de modo totalmente particular, a si mesmo. Ele, de fato, — como se ressalta no texto, estendendo os deveres derivados do quarto mandamento também à pessoa do imperador — era "aquele que Deus suscitou em circunstâncias difíceis a fim de restabelecer o culto público da santa religião dos nossos pais e de ser o protetor [...], o ungido do Senhor pela consagração que recebeu do sumo pontífice, chefe da Igreja universal" (cit. in Menozzi, *Cristianesimo e Rivoluzione francese*, 190-192).

No auge das vitórias militares, em 1806 foi estabelecida também a festa onomástica de Napoleão, fixada no dia 15 de agosto e logo promovida como festa nacional em substituição à festa litúrgica da Assunção de Maria Virgem ao céu, tradicionalmente ligada à monarquia bourbônica. Aquele dia, porém, era então dedicado à memória de um suposto antigo mártir, uma das muitas vítimas da perseguição de Diocleciano no início do século IV; o nome grego daquele santo — *Neopolis* ou *Neopolus* — podia fácil e supostamente estar na origem do nome do imperador, enquanto a festa era mais comumente apontada como de "São Napoleão", com todos os oportunos (sob o ponto de vista do imperador) equívocos do caso.

Embora irritasse a Santa Sé, semelhante política religiosa levada adiante por Napoleão encontrou um **difuso consenso na Igreja francesa**, unificando os pontos de vista dos ex-constitucionais, claramente favoráveis à estreita ligação entre Estado e Igreja, e dos ex-refratários, caracterizados pela mentalidade tridentina e do *Ancien Régime*, convencidos, portanto, do necessário apoio político à missão da Igreja. Em todo caso, a política religiosa de Napoleão alimentava o desejo, expresso por muitos dentro da França, de uma retomada do catolicismo francês depois da tempestade revolucionária; por sua vez, a política religiosa do imperador encontrava nesse desejo de retomada um apoio decisivo.

4. Foi diferente o rumo assumido pelas relações com a Santa Sé. Se as relações estabelecidas mediante a concordata e a consagração imperial puderam se manter até diante das repetidas e desinibidas iniciativas de utilização instrumental da religião para sacralizar a figura do dominador da França e da Europa, marcharam progressivamente para uma insanável ruptura quando se cruzaram com a política internacional da França e com as guerras contra os Estados europeus a partir de 1805. Com efeito, para dobrar as potências inimigas, em particular a Inglaterra, Napoleão exigia também o pleno apoio do papa, enquanto soberano do Estado da Igreja, em especial para completar e consolidar o bloqueio das costas de diversos locais, com o qual, na prática, se fechava aos navios provenientes da Grã-Bretanha e de suas colônias o acesso aos portos dos territórios submetidos ao controle do Império francês, de modo a anular as operações da frota inglesa.

Diante da resistência do pontífice, que desejava obviamente manter uma posição o mais possível *super partes*, e decerto não podia se alinhar completamente ao lado do imperador dos franceses, **Napoleão ocupou Roma, em 1808**, anexando os Estados pontifícios à França. À excomunhão que o papa lhe infligiu — além da recusa a conceder a investidura canônica a alguns bispos nomeados pelo governo francês — Napoleão respondeu **fazendo retirar Pio VII** da sua residência (como já acontecera com o predecessor), para depois fazê-lo transferir para Savona, de modo a mantê-lo sob fácil controle. O papa ficou confinado na cidade lígure por quase três anos. Entrementes, Napoleão afagava até um projeto de transferência da Santa Sé para Paris; assim, além de reunir na capital francesa vários cardeais, em 1810 deu início à transferência para lá dos arquivos vaticanos, operação desastrosa pelas avarias e dispersões sofridas por aquele inestimável patrimônio documentário.

Em 1811 Napoleão convocou um concílio nacional em Paris, com a intenção de regular definitivamente as questões eclesiásticas, para depois dissolvê-lo diante da reafirmada fidelidade dos bispos ao pontífice. Depurado dos principais opositores, o concílio finalmente se dobrou à vontade do imperador, decretando que o papa deveria conceder a investidura canônica aos bispos eleitos pelo soberano francês dentro de um período estabelecido (seis meses).

Pio VII foi, então, transferido **de Savona para Fontainebleau**, de modo que ficasse sob o controle direto do imperador; aliás, também essa viagem, mais ainda do que a de 1804, se transformou num sucesso pessoal de Pio VII, cercado em toda parte em sua passagem pela veneração e pelo afeto das populações. Submetido a condições de forte constrangimento físico e psicológico, **Pio VII assinou um acordo** no início de **1813**, com o qual seria reconhecido ao papa o direito de nomear somente um pequeníssimo número de bispos na Itália e na França, deixando a escolha de todos os outros à plena discrição do imperador, para depois fazer a investidura canônica; em caso de negativa por parte do pontífice, o direito de concedê-la passaria automaticamente ao metropolita ou ao bispo mais idoso da respectiva província eclesiástica. Agora, o que para o papa devia ser um simples esboço de futura revisão da concordata foi imediatamente publicado por Napoleão como lei imperial. A evidente imposição sofrida por Pio VII manifestou-se claramente na retratação daquele acordo por parte do papa.

Ao mesmo tempo em que o imperador dos franceses mantinha o papa acuado, o astro napoleônico caminhava para o declínio; as revoltas que se verificaram em alguns Estados submetidos à França, como a Espanha ou a Prússia, o resultado desastroso da campanha na Rússia (1812) e as primeiras grandes derrotas sofridas (Leipzig, 1813) impediram que Napoleão prosseguisse em suas intenções, porquanto a coesão política, quer dentro da França, quer nas nações assujeitadas, ia se extinguindo.

Deixado finalmente livre, **o papa voltou a Roma em maio de 1814**, desta vez numa viagem plenamente triunfal — durante a qual, antes de entrar nos Estados pontifícios, restabeleceu a Companhia de Jesus, supressa mais de quarenta anos antes por Clemente XIV (vol. III, cap. 6, item 27.3) —, ao passo que Napoleão, depois que as forças austro-russas tinham entrado em Paris, foi obrigado a abdicar e foi confinado na ilha de Elba. Tendo escapado a esse exílio forçado, voltou ao poder por um breve período (os famosos "cem dias"); depois foi definitivamente derrotado pelas potências europeias na batalha de Waterloo (1815). Deportado para a ilha de Santa Helena, ali morreu alguns anos mais tarde (1821).

7. Conclusões

Também para a história da Igreja, indubitavelmente a Revolução Francesa constitui uma reviravolta de primeira importância, um fundamental "divisor de águas" (Plongeron, *Introdução*, 267). Com efeito, por um lado, nela confluíram muitas das inovações características da época moderna; sobretudo emergiu com plena evidência a distinção entre sociedade humana e cristianismo, que havia tempo ia crescendo dentro da civilização europeia. O episódio da "descristianização", as tentativas de formular uma religião "racional", embora problemáticas, são apenas a emergência de um processo em andamento havia muito tempo. Depois da Revolução Francesa será constituída de modo estável e predominante uma **ordem político-social** caracterizada precisamente pela clara **distinção** entre âmbito público, atribuído à política, e âmbito privado, o que levará a diversas consequências, até se julgar que apenas no âmbito privado é que poderia ter lugar uma dimensão religiosa como escolha própria do indivíduo. Entrava assim em **crise irreversível o longo período de "cristandade"**, ou melhor dizendo, sua pacífica aceitação como forma comum e ideal da convivência humana que tinha caracterizado de modo contínuo — embora com realizações diversificadas — o milênio entre a guinada constantiniana e a primeira época moderna — grosso modo, entre os séculos IV e XV —, para depois ser posta progressivamente em questão entre os séculos XVI e XVIII, até os traumáticos episódios da Revolução Francesa.

A Revolução Francesa teve, portanto, um **resultado violento** em relação à Igreja, provocando, antes, a divisão interna entre clero constitucional e clero refratário; depois, com as diversas iniciativas de descristianização; a seguir, com os desdobramentos das repúblicas satélites da França, também elas caracterizadas por diversas intervenções com prejuízo das instituições católicas, como as supressões das Ordens religiosas; enfim, com o regime napoleônico e as graves perseguições infligidas ao papado e à própria pessoa do pontífice. Toda essa tumultuada sucessão de episódios dramáticos — sem esquecer o consistente número de mártires cristãos, ao todo mais de dois mil, sacrificados pelo zelo revolucionário — provocou uma bem compreensível **atitude de rejeição**, por parte dos católicos, não apenas da Revolução, mas de toda a cultura moderna pela qual tinha sido gerada. Consequentemente, de modo preponderante o catolicismo oitocentista será confirmado, numa linha politicamente conservadora, com uma explícita saudade da situação anterior.

Além disso, a reviravolta produzida pela Revolução Francesa levou a Igreja, também por uma reação de defesa, a **reforçar a própria ordem institucional e jurídica**, em particular em torno da figura central do papa, ao qual as perseguições infligidas pelas autoridades francesas tinham conferido um prestígio inédito e um consenso difundido. Por outro lado, a constatação do ocorrido afastamento da Igreja no que diz respeito, como já foi dito, a muitas expressões culturais, civis, políticas europeias sugeria bem a **exigência de uma profunda renovação** espiritual e de um revigorado empenho pastoral para a reaproximação — se e quanto possível — a uma parte pelo menos dos desdobramentos civis e sociais que se seguiram ao período revolucionário. A pesada redução imposta à presença e à ação das Ordens religiosas punha nas costas do clero secular e das estruturas eclesiásticas locais (dioceses e paróquias) esse relançamento apostólico. Ao mesmo tempo, as consequências das agitações revolucionárias e napoleônicas estimulavam a vida religiosa a exprimir os próprios valores fundamentais segundo novas modalidades; foi o que ocorreu entre os séculos XIX e XX, com o nascimento, por exemplo, de novas famílias religiosas, de modo especial femininas. Observações análogas podem ser feitas para o "despertar missionário" ocorrido durante o século XIX (cap. 2).

Para a Igreja que entrava no novo século abriam-se, portanto, perspectivas diferentes e complementares; um forte redimensionamento da influência no âmbito político-social foi acompanhado pelo desejo e pela possibilidade de mais intensa e difusa contribuição espiritual, pastoral, caritativa, com múltiplos reflexos no nível cultural.

Bibliografia

Fontes

Canoni e decreti del Concilio nazionale di Francia celebratosi in Parigi l'anno dell'era cristiana 1797, cominciato ai 15 d'agosto e conchiuso ai 15 novembre dello

stesso anno. Volgarizzamento di un ecclesiastico italiano dedicato ai vescovi dell'Italia. Milão: dalla Stamperia italiana e francese a S. Zeno, 1797.
Enchiridion delle Encicliche. Bolonha: Dehoniane, 1994, v. 1.

Estudos

AGOSTINI, F. La riforma statale della Chiesa nell'Italia napoleonica. In: DE ROSA, G. et al. (orgs.). *Storia dell'Italia religiosa*. Roma-Bari: Laterza, 1995, v. 3: L'età contemporanea, 3-23.

AUBERT, R. La Chiesa cattolica e la rivoluzione. In: JEDIN, H. (dir.). *Storia della chiesa*. Milão: Jaca Book, ²1980, v. 8/1: Tra Rivoluzione e Restaurazione, 1-54.

AUBERT, A.; SIMONCELLI, P. *Storia moderna. Dalla formazione degli Stati nazionali alle egemonie internazionali*. Bari: Cacucci, 1999, 801-823, 849-922.

BLET, P. Pio VI e la Rivoluzione Francese. *La Civiltà Cattolica* I, 139 (1988) 222-235.

BOUTRY, PH. Pio VII. In: *Enciclopedia dei papi*. Roma: Istituto della Enciclopedia italiana, 2000, v. 3, 509-525.

CAFFIERO, M. Lo scontro con la Rivoluzione francese. Strategie di una riconquista. In: FILORAMO, G. (org.). *Le religioni e il mondo moderno*. Turim: Giulio Einaudi, 2008, v. 1: MENOZZI, D. (org.). Cristianesimo, 203-229.

_____. Pio VI. In: *Enciclopedia dei papi*. Roma: Istituto della Enciclopedia italiana, 2000, v. 3, 492-509.

DE ROSA, G. 1789-1799. La Chiesa di fronte alla Rivoluzione. In: FIORANI, L. (org.) *La Rivoluzione nello Stato della Chiesa 1789-1799*. Pisa-Roma: Istituti editoriali poligrafici internazionali, 1998, 37-44.

FURET, F.; OZOUF, M. (orgs.) *Dizionario critico della Rivoluzione Francese*. Milão: Bompiani, 1989 (ed. it. BOFFA, M. [org.]).

FIORANI, L.; ROCCOLO, D. *Chiesa romana e Rivoluzione francese 1789-1799*. Roma: École Française de Rome, 2004.

GIUNTELLA, V. E. *La Religione amica della Democrazia. I cattolici democratici nel Triennio rivoluzionario (1796-1799)*. Roma: Studium, 1990.

LEFLON, J. Crisi rivoluzionaria e liberale. In: FLICHE, A.; MARTIN, V. (iniciada por). *Storia della Chiesa*. Turim: SAIE, 1971, v. 20.

MARTINA, G. *L'età del Liberalismo*. Bréscia: Morcelliana, 1995, v. 3: Storia della Chiesa da Lutero ai nostri giorni, 13-51.

MENOZZI, D. *Cristianesimo e Rivoluzione francese*. Bréscia: Queriniana, 1977.

_____. La Chiesa cattolica. In: FILORAMO, G.; MENOZZI, D. (orgs.). *Storia del cristianesimo*. Roma-Bari: Laterza, 1997, v. 4, 129-257.

_____. L'organizzazione della Chiesa italiana in età napoleonica. *Cristianesimo nella storia*, 14 (1993) 69-97.

Mezzadri, L. *La Chiesa e la rivoluzione francese*. Cinisello Balsamo: Paoline, 1989.

Pederzani, I. *Un ministero per il culto. Giovanni Bovara e la riforma della Chiesa in età napoleonica*. Milão: Franco Angeli, 2002.

Pierrard, P. Révolution française. In: *Catholicisme hier aujourd'hui demain*. Paris: Letouzey et Ané, 1990, v. 12, 1119-1155.

Plongeron, B. Da Napoleone a Metternich: una modernità in stato di blocco. In: Mayeur, J.-M. et al. (dir.). *Storia del cristianesimo*. Roma: Borla-Città nuova, 2004, v. 10: Le sfide della modernità (1750-1840), 554-595.

_____. *Des résistances religieuses à Napoléon (1799-1813)*. Paris: Letouzey et Ané, 2006.

_____. Il cammino dei laici nella Rivoluzione: rotture e continuità. In: Mayeur, J.-M. et al. (dir.). *Storia del cristianesimo*. Roma: Borla-Città nuova, 2004, v. 10: Le sfide della modernità (1750-1840), 470-538.

_____. Introduzione. In: Mayeur. J.-M. et al. (dir.). *Storia del cristianesimo*. Roma: Borla-Città nuova, 2004, v. 10: Le sfide della modernità (1750-1840), 267-271.

Rao, A. M. La Rivoluzione francese. In: *Storia moderna*. Roma: Donzelli, 1988, 553-582.

Sanguineti, O. Le insorgenze nel territorio del Regno d'Italia e la "calda estate" del 1809. *Annali di storia moderna e contemporanea* 14 (2008) 281-294.

Sieyès, E. *Qu'est-ce que le Tiers état?* Genebra: Droz, 1970.

Tackett, T. *La Révolution, l'Église, la France. Le serment de 1791*. Paris: Cerf, 1986.

Tosti, M. *Una costituzione per la Chiesa. La proposta di un Concilio ecumenico negli anni della Rivoluzione francese*. Florença: Nerbini, 2006.

capítulo segundo
Abertura ao século XIX mediante as missões

8. Situação crítica no início do século XIX e despertar missionário romântico

1. Alguns anos depois do fim do regime napoleônico, a congregação cardinalícia de *Propaganda fide*, com recursos econômicos reduzidos depois dos episódios revolucionários, reiniciava sua obra de apoio e controle em relação às terras de missão. Naquele momento, e ainda por longos anos, estava sob a competência da *Propaganda* todo o norte da Europa envolvido pela Reforma, a América do Norte e, quase inteiramente, três imensos continentes: Ásia, África e Oceania. Tradicionalmente ligada à coroas da Espanha e de Portugal e às igrejas ibéricas mediante o patronato (para o qual ver vol. III, cap. 2, item 8 e cap. 7, itens 30-31), a América Latina era considerada "Igreja estabelecida" de pleno direito, não dependente, pois, da *Propaganda*, salvo zonas periféricas imensas, como a Amazônia; todavia, essas últimas estavam enquadradas pela congregação consistorial (e não pela *Propaganda*) como *prelature nullius*.

São conhecidos os dados da situação do **clero missionário por volta de 1820**, ou seja, cerca de quinhentos sacerdotes e religiosos, metade deles autóctones, para toda a área da *Propaganda*, exceto a Europa protestante; na Indochina, sessenta lazaristas e dominicanos, bem como cento e oitenta padres locais; em toda a China, cento e dezesseis missionários e oitenta e nove sacerdotes chineses; vinte e seis religiosos para todo o resto da Ásia, exceto a Índia e as Filipinas. Em 1829 a Santa Sé erigiu o vicariato apostólico "do Cabo da Boa Esperança e ilhas adjacentes", confiado a poucos lazaristas estabelecidos na ilha da Reunião, nas Mascarenhas, a leste de Madagascar; pelo menos teoricamente, o campo de missão daqueles discípulos de Vicente de Paulo (1581-1660) se estendia do sul da África à Polinésia francesa, inclusive a Austrália e a Nova Zelândia! Parece que esse vicariato, obviamente desmembrado mais tarde, tenha a primazia da mais vasta circunscrição eclesiástica jamais definida por um documento pontifício (para esses dados, ver *Histoire universelle*, 44; 169-170).

Essa situação desoladora não dependia somente da **crise** que tinha atingido as Igrejas do velho continente durante a Revolução Francesa. A supressão da congregação religiosa moderna com o maior investimento missionário, a Companhia de Jesus, tinha esmorecido a estrutura de evangelização de vastas áreas, sobretudo asiáticas, que já tinham sofrido pesadas consequências com as severas normas romanas sobre os chamados "ritos chineses" (vol. III, cap. 7, item 32.2); os soberanos do Império Celestial tinham desencadeado ondas de perseguições e um clima de hostilidades, que, unido aos impedimentos sobre os "ritos" (homenagem aos falecidos, participação em cerimônias obrigatórias para os funcionários estatais) ralentou a expansão do cristianismo na China e contribuiu para a imagem de uma religião "estrangeira". Na Europa, a crise vocacional, que diminuiu drasticamente o número de membros das congregações religiosas com províncias missionárias, data desde a segunda metade do século XVIII, e as supressões josefinas e napoleônicas deram o golpe de misericórdia em realidades muitas vezes, mas nem sempre, já languescentes. Nessas fases de recuo vocacional e a fim de sobreviver na Europa, as Ordens religiosas fecharam o fluxo para as terras de missão.

Decerto, um componente dessa drástica diminuição do recrutamento deve ser posto na difusão da mentalidade iluminista, que une ao mais conhecido anticlericalismo considerações em relação às culturas não ocidentais que acabavam por enfatizar a inutilidade da difusão do cristianismo; o mito do "bom selvagem" e a concepção de Jean-Jacques Rousseau (1712-1778), as imagens idílicas da ilha Maurício no romance *Paul et Virginie* (Jacques-Henri Bernardin de Saint Pierre, 1787) apresentavam como consequência a crítica à obra missionária, pois era entendida como imposição em relação às populações dotadas de beleza e bondade originárias. O próprio indiferentismo religioso de vários conhecidos expoentes do Iluminismo desalentava qualquer consideração positiva em relação às missões.

Os governos do despotismo iluminado que tomaram o poder na Península Ibérica, especialmente o do marquês de Pombal (1699-1782), em Portugal, e dos "manteístas" antijesuítas com Carlos III de Bourbon, não só levaram à supressão da Companhia e ao radical desmantelamento das *reducciones* nas regiões nativas da América do Sul, mas tomaram uma série de decisões sobre a manutenção das estruturas eclesiais que tiveram influência em toda a área submetida ao *padroado* português (Angola, Moçambique, Goa e toda a Índia, Macau) e ao análogo direito da coroa de Madri sobre as colônias. O poder ibérico do fim do século XVIII, mesmo antes da revolução, mediante o patronato empobreceu as rendas das poderosas igrejas coloniais, desmantelou as Ordens religiosas, removeu os bispos que ousaram protestar. Aliás, eram poucos, pois as hierarquias na Espanha, em Portugal e em todos os territórios dependentes tinham uma formação solidamente jurisdicionalista, favorável, portanto, à intervenção estatal na vida da Igreja. Também na América Latina, os bispos acabaram por apoiar os Estados na luta contra as congregações religiosas, consideradas obscurantistas e inúteis pelos iluministas e vistas como opositoras muito independentes em relação aos prelados na Europa e nas colônias. Mas eram precisamente as Ordens religiosas, em particular franciscanos e dominicanos, além dos jesuítas, que estavam fora de combate, a fornecer grande parte do pessoal missionário.

A **Revolução Francesa** não fez senão dar o golpe de misericórdia nessa situação crítica. Em 1808 o ministro napoleônico dos cultos reuniu os dados da situação das três congregações missionárias da França: os espiritanos eram dez, os lazaristas eram pouco mais de cinquenta, dos quais trinta e três em missão, os *Missions Etrangères* de Paris tinham trinta e nove missionários fora da Europa (*Histoire universelle*, 45). Tradicionalmente, a França era a maior exportadora de missionários *ad gentes*, especialmente para a China, Índia, Indochina e costa atlântica da África. Nessas condições, o secretário de *Propaganda fide* antes da supressão, Estêvão Borja (1731-1804), cardeal em 1789, já havia enviado um sinal de alarme em 1773. Mas entre 1808 e 1814 a congregação de *Propaganda* foi supressa, seus bens nacionalizados e liquidados. A retomada do dicastério com o retorno de Pio VII a Roma depois da primeira queda de Napoleão pôde se basear numa parte dos recursos da câmara apostólica, escasso fluxo de dinheiro que decerto não podia fazer ressurgir o forte centro organizativo, formativo e editorial que *Propaganda* foi nos séculos XVII-XVIII (vol. III, cap. 7, item 32). Entretanto, as Igrejas na Europa deviam se dedicar à reconstrução de um mínimo tecido pastoral, cobrir os vazios deixados pela queda do clero na virada do século XIX, reiniciar as congregações religiosas.

À escassez de recursos humanos e materiais daqueles anos uniram-se a perplexidade e a incapacidade da Santa Sé ao administrar a complexa questão da relação entre a Igreja e os novos governos surgidos das proclamações da **independência na América Latina**, um complexo *affaire* do qual se falará no item 13. Por isso, apesar do empenho dos papas Pio VII, Leão XIII e Pio VIII, o primeiro período da Restauração (cap. 3, item 17) viu a Cúria romana em nítida dificuldade na frente missionária. Mas mesmo antes de um papa proveniente da direção de *Propaganda*, Gregório XVI, ou seja, Mauro Cappellari, tomar nas mãos de modo resoluto o *dossier* missionário, alguma coisa estava mudando nas bases eclesiais na Europa.

> **2.** Eis uma das grandes e novas ideias, as quais não pertencem senão somente à religião cristã. Aos cultos idolátricos permaneceu desconhecido o divino entusiasmo que anima o apóstolo do Evangelho. Nem mesmo os filósofos antigos jamais abandonaram os pórticos da Academia, nem as delícias de Atenas, para seguir um sublime impulso que os atraísse a civilizar o Selvagem, a instruir o ignorante, curar os enfermos, vestir os pobres e semear a concórdia e a paz entre nações inimigas; todas essas coisas, os religiosos cristãos as fizeram e as fazem continuamente ainda. Os mares, as tempestades, o gelo do polo, o calor dos trópicos, nada os pode segurar; eles vivem com os esquimós com seus odres de pele de vaca marinha; com os habitantes da Groenlândia nutrem-se com óleo de baleia; na companhia do Tártaro ou dos Iroqueses percorrem a solidão; cavalgam o dromedário da Arábia, ou seguem o Cafro errante nos desertos escaldantes; o chinês, o habitante do Japão e o indiano tornam-se seus neófitos; não há ilha ou arrecife no oceano que tenham escapado ao zelo deles [...].

Assim começa com ênfase a parte quarta, livro quarto da obra de François-René, visconde de **Chateaubriand** (1768-1848), *O gênio do cristianismo*; trata-se aqui de uma tradução milanesa de 1854, mas a obra aparece na França já em 1802. Texto capital da Restauração, o *Génie du christianisme* favorecerá o relançamento da imagem do missionário, em perspectiva romântica e civilizadora, ainda que os dados contidos neste item, pelo menos para a época em que foi redigido o livro, não sejam bem exatos, porque na Groenlândia e na África praticamente não havia missionários e bem pouco era o pessoal para iroqueses e *inuit*... Essa e outras obras de inspiração romântica se associaram a publicações populares na difusão da ideia do missionário herói, civilizador e até explorador, uma produção editorial que se insere no gênero literário da aventura e da viagem extraeuropeia, que estará fortemente em voga no século XIX.

E é precisamente dessa literatura, dos relatórios dos missionários e da reedição das *Cartas edificantes e curiosas* do século XVIII que se enchem os boletins populares, que têm o maior exemplo nos *Annales de la Propagation de la Foi*, difundidos por toda a Europa em várias línguas. Os *Annales* são o órgão da imprensa do **Oeuvre de la Propagation de la Foi**, a maior organização popular de animação e de coleta de fundos missionária surgida no século XIX na área católica. A intuição da *Oeuvre* foi de uma jovem mulher de Lyon, Pauline Jaricot (1799-1862), que deu impulso a uma organização nascida para dar apoio aos sacerdotes franceses missionários na Luisiana (EUA).

A estrutura queria ser capilar e popular: cada semana, os doadores se comprometiam a dar um soldo (um vinte avos de franco, uma oferta mínima, portanto) a um responsável, chefe de uma dezena (de associados), submetido por sua vez a um chefe de centúria, de um milhar e assim por diante. A rede, que se estendeu primeiro na França e depois na Europa, apoiada por bispos e Ordens religiosas, tornou-se um formidável instrumento de difusão do ideal missionário no âmbito popular e arrecadou num século de vida (1822-1929) quase quinhentos e sessenta e cinco milhões de francos-ouro, correspondentes a cerca de cinco bilhões de euros atuais. Não sem tensões e rivalidades, juntaram-se a essa organização obras especializadas, como a "Santa Infância", que mobilizava as crianças europeias para financiar orfanatos em países de missão, a Obra de São Pedro apóstolo para as vocações autóctones e associações nacionais, como a bávara *Ludwigsmissionsverein* (1838: Associação missionária aloisiana) e a inglesa *Catholic Association* (1839). Pela primeira vez, leigos, como Pauline Jaricot (1799-1862) e Frederico Ozanam (1813-1853), e massas populares tornam-se protagonistas do empenho missionário católico, até numa perspectiva antiprotestante. Graças também à fácil veia literária de religiosos empenhados no ultramar, a difusão da literatura missionária contribuiu de maneira dificilmente quantificável mas segura para a difusão de vocações missionárias.

Em paralelo com a retomada do recrutamento sacerdotal e religioso na Europa, e até com uma taxa superior, crescia o número dos jovens desejosos de partir para as missões de além-mar. Enquanto na época moderna o enquadramento dessas vocações era dado por Ordens religiosas não especificamente missionárias, como jesuítas, dominicanos, franciscanos, capuchinhos e lazaristas — às quais a partir do século XVII tinha se unido a organização das *Missions*

Etrangères, de Paris (MEP: referências no vol. III, cap. 7, item 32.2), seminário de sacerdotes diocesanos dedicados à missão, sobretudo na Ásia —, agora novas realidades se juntam a essas congregações, que retomam lentamente o envio em missão, bem como às MEP. Nascem — com um desenvolvimento que atinge todo o século XIX — **congregações dedicadas exclusivamente à evangelização *ad gentes***: a congregação de Scheut (1862), que recrutava sobretudo na Bélgica, os combonianos (1868), os xaverianos (1895) e os missionários da Consolata, de Turim (1901) para a Itália, os padres de Mill-Hill (1866) na Inglaterra, os missionários da África ou "padres brancos" (1868) e a congregação dos Sagrados Corações (1800, são chamados de Padres de Picpus, do nome da rua de Paris na qual está a sede central) que se juntam ao vasto movimento francês, os alemães da sociedade do Verbo Divino (1875) e os estadunidenses de Maryknoll (1911). Às congregações religiosas com votos juntam-se "sociedades de vida apostólica", compostas por sacerdotes sem votos religiosos, como as "missões exteriores" de Milão (1850), depois PIME (Pontifício Instituto das Missões Exteriores), e a Sociedade das missões africanas de Lyon (1856), ou colégios de formação de sacerdotes seculares missionários, como o "Brignole-Sale-Negrone", de Gênova, fundado em 1855 por Antônio Brignole Sale (1786-1863), nobre e político genovês, guiado pelos lazaristas. Além disso, congregações ou institutos nascidos na Europa depois da Revolução dedicam-se também às missões: os maristas, os estigmatinos, os salesianos, os oblatos de Maria Imaculada. Uma citação particular deve ser feita para a congregação do Espírito Santo (conhecidos como "espiritanos"), surgida para fornecer capelães às colônias francesas da época moderna, que em meados do século XIX recebeu impulso do judeu convertido François (Jacob) Libermann (1802-1852) e foi um dos protagonistas da missão, sobretudo na África subsaariana.

Outra novidade no pessoal missionário europeu no século XIX é dada pelas **congregações religiosas femininas** de vida ativa: parece que a primeira aventura seja da beata Anne-Marie Javouhey (1779-1851), fundadora em 1807 das Irmãs de São José de Cluny, que enviou grupos de irmãs à ilha da Reunião (1817) e ao Senegal (1824) e acompanhou outras nas Guianas (1818). Às congregações religiosas não especificamente missionárias, como as cônegas e as irmãs de Maria Bambina italianas, juntaram-se congregações dedicadas à missão do ultramar. Na Itália, parece que as primeiras foram as franciscanas missionárias do Egito, originárias casualmente de um convento de clarissas do Lácio em 1859. As congregações e os institutos masculinos em várias áreas de expansão do cristianismo se deram conta da eficácia da presença de religiosas femininas para conseguir a aceitação no mundo das mulheres, para a criação de escolas e de hospitais, para a gestão de orfanatos; e muitas vezes, com maior ou menor sucesso, as congregações masculinas tentaram criar uma congregação feminina paralela às deles. Também congregações de irmãos leigos, sobretudo de professores, investiram pessoal na missão.

O processo de difusão do ideal missionário na Europa foi lento e progressivo, como se vê pelas datas acima referidas e que mostram uma expansão sobretudo a partir dos anos sessenta do século XIX. As próprias vicissitudes vocacionais do clero e dos religiosos europeus, com o forte crescimento nos últimos anos da Restauração, a crise do período da afirmação liberal (depois de 1848), as supressões de congregações nos Estados latinos (basta pensar na Itália de 1866-1867 e na França de 1905) repercutem-se regularmente na missão. Porém, o surgimento de institutos exclusivamente missionários, junto com a idealização da aventura missionária, fez com que o número do pessoal nos territórios de evangelização ficasse parcialmente imune às oscilações, também porque, como mostraremos mais adiante, até os regimes que proclamavam medidas anticlericais não deixavam de favorecer e proteger os missionários na Ásia ou nas colônias africanas. A estabilidade de provimento de pessoas e ofertas gerou um trabalho mais constante e uma divisão das circunscrições missionárias em unidades cada vez mais numerosas e menos extensas, com um consequente crescimento de eficácia.

9. O horizonte internacional do pontificado de Gregório XVI (1831-1846)

1. Roma seguia com atenção e encorajava os sinais de uma retomada missionária, embora sem ter forças e talvez nem sequer lucidez e informações para poder assumir sua efetiva direção. A situação mudou com a eleição ao trono pontifício (1831) do camaldulense vêneto Mauro Cappellari, **Gregório XVI**. Conhecido por quase todos como papa antiliberal, autor da condenação de "L'Avenir" dos católicos liberais Félicité de La Mennais (1782-1854), Charles Forbes de Montalembert (1810-1870) e Henri Lacordaire (1802-1861) (cap. 3, item 21), e proveniente de uma congregação de vida contemplativa, na realidade Cappellari tinha feito seu tirocínio de governo na *Propaganda fide*, na qual foi prefeito de 1826 a 1831, antes de ser eleito papa. Embora sem ter tido experiência diretamente missionária, Gregório XVI abraçou muitas dinâmicas em andamento, seja na Europa, seja no resto do mundo. Além de enfrentar com firmeza a questão da Igreja na América Latina (item 13) e de tentar intervir nos problemas gerados pelo *padroado* português na Ásia, como será dito no próximo item, o papa Cappellari implementou uma série de escolhas organizativas determinantes para a configuração da Igreja católica extraeuropeia.

Em primeiro lugar, a Santa Sé deu início a uma política cada vez mais orgânica de **divisão dos territórios** missionários; parece que nos quinze anos de governo de Gregório XVI surgiram setenta e nove circunscrições (*Histoire universelle*, cartas geográficas, nas páginas 55-57), algumas das quais ainda imensas, como o "vicariato apostólico da África central", assim definido: Da Argélia à Abissínia, às "montanhas da Lua", como era chamada na Europa uma fantástica cadeia montanhosa que se pensava correr de leste a oeste, mais ou menos à altura do equador.

A essa obra de divisão meritória, pois construída muitas vezes sobre dados geográficos e humanos aproximativos, para não dizer inexistentes, juntou-se uma sistemática aplicação do chamado *jus commissionis*. Esse princípio jurídico previa que toda unidade territorial missionária fosse confiada a uma só congregação religiosa, com exclusão das outras; assim, o prelado da missão era escolhido na própria congregação e nenhum missionário de outros institutos estava autorizado a atuar naquele determinado território. Experimentado na China desde 1753, o *jus commissionis* tornou-se o critério de organização da expansão do cristianismo na Ásia, África, Oceania e nas áreas missionárias da América do Sul. As vantagens de simplificação jurídica e uniformidade de método eram inegáveis e, de outro lado, a confiança por parte da Santa Sé funcionou muitas vezes como estímulo para os institutos missionários recrutarem, prepararem e enviarem pessoal e recolherem ofertas. E quando as nações europeias desenvolveram as escolhas políticas, militares e comerciais que deram forma ao colonialismo do século XIX, o *jus commissionis* tornou-se o ponto de convergência entre o empenho eclesial em apoiar a expansão do cristianismo e os projetos dos Estados; desse modo, os distritos missionários em regiões de influência ou de colonização de uma potência europeia tiveram normalmente pessoal eclesiástico da mesma nação colonial ou pelo menos de nações não hostis: missionários franceses em colônias francesas, alemães em colônias alemãs e assim por diante.

O sistema, que progressivamente acabou por enrijecer, criou situações definidas por um diplomata pontifício na China como "feudalismo territorial", com tensões entre os institutos missionários ou dentro do mesmo instituto. Isso acontecia quando havia ulterior repartição de territórios, muitas vezes vastíssimos, e se tratava de decidir a quem atribuir igrejas, estruturas caritativas, residências e recursos para a manutenção dos missionários; outro caso era o da oposição de um bispo que, ao ver diminuir sua própria circunscrição, talvez tão grande como uma nação europeia, estava preocupado com a diminuição de jovens missionários e das ofertas que deviam ser repartidas com os últimos chegados. Todavia, apesar de diversos limites, o *jus commissionis* foi sem dúvida, pelo menos na fase pioneira, um instrumento útil para uma organização eficaz de missões que não teriam mais usufruído do apoio financeiro, como ocorrera entre os séculos XVI e XVII, dos Estados guiados pelas monarquias católicas.

Nos quinze anos de governo de Gregório XVI (1831-1846) delinearam-se **condições favoráveis** que depois teriam pleno desenvolvimento com o longo pontificado do sucessor Pio IX. Uma primeira revolução tecnológica foi determinada pela difusão da navegação a vapor (em 1819 tem-se a primeira travessia do Atlântico com um navio desse tipo) que não somente aumentava a velocidade dos deslocamentos, como tornava as longas viagens independentes do sistema meteorológico (monções etc.). A decadência do Império otomano era habilmente explorada pelas potências europeias que obtinham garantias *extra legem* para os próprios cidadãos (isenção das normas vigentes, isenções fiscais, protetorados sobre grupos cristãos); o Egito, formalmente pertencente ao domínio do sultão, tornava-se amplamente autônomo e chegava a controlar a Síria (1831-1833). Mas Egito significava Nilo, que se tornou uma das principais estradas de exploração da África com o auxílio de embarcações cada vez mais adequadas e de penetração de europeus interessados no comércio, sobretudo de marfim. O Egito sob os governantes semi-independentes apoia-se em técnicas europeias (1859-1869: escavação do canal de Suez) e abre caminho aos missionários para o centro da África.

Depois das "guerras do ópio" (1839-1842), começou a pressão das marinhas europeias sobre as nações asiáticas fechadas havia séculos aos contatos com o Ocidente: os primeiros "tratados desiguais" entre China e Inglaterra, China e França são dos anos em torno de 1844 (item 10.3). A África e a Oceania são os espaços percorridos pelos exploradores, personagens que constituem uma espécie de mito do século XIX europeu: geógrafos, cientistas, às vezes missionários, figuras muitas vezes de verdadeiros aventureiros que, pondo a vida em altíssimo risco, sobem os grandes rios africanos (Nilo, Níger, Congo), percorrem o Saara, chegam ao Tibete, com o financiamento de sociedades científicas europeias; se sobreviviam, chegavam normalmente a um notável sucesso público e literário. Enfim, em termos de vida humana os progressos da medicina (o quinino, primeira profilaxia antimalárica, foi descoberto em 1829) tornaram cada vez menos custosa toda tentativa missionária em direção às regiões mais difíceis do planeta.

2. Com esse importante conjunto de novas possibilidades e recursos, Gregório XVI e a congregação de *Propaganda fide*, guiada por uma personalidade de destaque, como Giacomo Filippo Fransoni (1775-1856), promoveram **expedições missionárias** até então impensáveis. Em 1844 nasceu a ideia do vicariato da África central, que então viu os primeiros missionários em 1847. Em 1836 os padres de Picpus chegam a Taiti e dois anos depois às ilhas Marquesas, todas na Polinésia francesa. Em 1842 um grupo de beneditinos espanhóis, expulsos pelas secularizações do regime liberal, desembarcava na Austrália ocidental. Em 1844 os espiritanos entram no Gabão e no ano seguinte, no Senegal: esses acenos, que serão mais desenvolvidos, servem para dar a ideia do horizonte imenso do pontificado gregoriano.

O papa Cappellari se insere também com autoridade no **movimento antiescravista** que ia se difundindo no Ocidente. No início da década de trinta do século XIX, a Inglaterra não só tinha abolido oficialmente a escravidão, mas em acordo com a França controlava com esquadras navais o Atlântico para impedir o tráfico da África para a América. Em 1839, com a carta apostólica *In supremo*, Gregório XVI se alinhava publicamente a favor do abolicionismo e tomava decisões juridicamente concretas para proibir aos eclesiásticos de se comprometerem com a escravidão. Quando os missionários adentraram o atual Sudão e Uganda, deram-se conta da persistência da escravidão naquelas terras, do papel dos comerciantes árabes e de aventureiros europeus, e apoiaram as intervenções de ocidentais, como as realizadas pelo britânico Gordon Pasciá (Charles Georg Gordon, 1833-1885) ou pelo italiano Romolo Gessi (1831-1881), oficiais a serviço do Kedivé (governador quase autônomo) do Egito, que organizavam expedições contra os mercadores de escravizados.

Hoje os nobres princípios que constituíram as referências ideais de então, apoiados com compromisso público por Charles Lavigerie (1825-1892), fundador dos padres brancos e cardeal, são considerados inadequados por alguns historiadores europeus e africanos, não tanto por perceber a crueldade indiscutível do tráfico quanto por compreender o fato de que nas sociedades africanas a escravidão era orgânica e, em parte, não particularmente cruel; levando em conta essa incompreensão, ou a tensão entre os objetivos dos governos ocidentais e os interesses dos mercadores norte-africanos, a luta dos brancos contra esse sistema acabou por gerar a reação dos muçulmanos, que tomou corpo com a revolta do Mahdi (1881-1898: item 11.2). Outras linhas, porém, mostram os interesses do mundo árabe em perpetuar o tráfico que, ao contrário, na área atlântica estava se tornando pouco econômico, bem como repugnante numa visão da dignidade humana em plena evolução. Naquele momento, porém, o posicionamento da Santa Sé prestigiou as missões diante da opinião pública europeia.

Outro âmbito de empenho de Gregório XVI foi a formação do **clero local**, com a encíclica *Neminem profecto* (23 de novembro de 1845) e a refundação do Colégio Urbano de *Propaganda fide* para formar missionários preparados e educadores do clero autóctone. As amplas perspectivas do projeto missionário do papa Cappellari permitiram aos missionários mais experientes e atentos, especialmente os franceses, convergir para algumas linhas estratégicas, a mais importante das quais se referia à formação do clero local, que pudesse também ocupar as sedes episcopais com hierarquia ordinária (bispos) e não referida especificamente à atividade missionária, como eram as prefeituras e vicariatos apostólicos (para sua origem, ver vol. III, cap. 7, item 32.1), desvinculada da dependência também econômica das congregações europeias e empenhada em obras de civilização e escolarização. Essas ideias, apoiadas também pelo secretário de *Propaganda*, Angelo Mai (1782-1854), conhecido como estudioso e filólogo, mas também perspicaz funcionário pontifício, estiveram na base da reestruturação dos espiritanos por obra de Libermann, da fundação das *Missions Africaines* de Lyon, e mais tarde da inspiração dos padres brancos e dos combonianos.

10. A Ásia e a Oceania, num desenvolvimento marcado pelas mudanças de meados do século

1. Na primeira metade do século XIX, grande parte das entidades estatais asiáticas estava ainda ciosamente fechada à penetração europeia: China,

Japão, Coreia, Tonkin e Sam punham rigidíssimos filtros à chegada dos europeus, impediam o afluxo dos missionários e perseguiam os cristãos.

Na **Indochina**, correspondente aos atuais Vietnã, Camboja e Laos, já na idade moderna o cristianismo difundira-se com notável penetração, graças ao empenho dos missionários das MEP e à coragem na aplicação de metodologias inovadoras: formação sistemática do clero local, adaptação do alfabeto latino para as línguas autóctones e produção editorial, formação dos catequistas e difusão dos grupos das "amantes da Cruz" (uma ordem religiosa feminina inteiramente indochinesa, sem hábito próprio, que apoiava a oração nas aldeias e que, com as irmãs comprometidas no trabalho dos arrozais, propagava entre as mulheres a adesão à fé católica). Atingidos por perseguições duríssimas já no século XVIII, depois de um período de tolerância até 1825, os católicos indochineses passaram a suportar violentas ondas de perseguição, sobretudo de 1833 a 1841 e de 1848 a 1862, ano da invasão francesa e espanhola, a qual foi justificada politicamente como ordem à monarquia do Annam de dar aos cristãos liberdade de culto e de pregação. Seguiu-se um outro período de perseguição em 1882-1885. Os missionários franceses e espanhóis foram sistematicamente procurados, encontrados nos refúgios das florestas tropicais, mortos por estrangulamento, decapitação ou outras torturas. Mas também o clero local, os funcionários civis cristãos e até moradores de vilas inteiras foram aprisionados e levados à morte; calcula-se que tenha chegado a cem mil pessoas o número das vítimas dessas ondas de perseguição. Apesar de tudo, o cristianismo permaneceu enraizado nos campos vietnamitas, onde o clero local superava normalmente o número de missionários. Já o Laos e a Camboja resistiram à difusão da fé cristã e as comunidades eclesiais foram por muitos anos constituídas de vietnamitas imigrantes.

Na **China**, no início do século XIX tinha permanecido um pequeno grupo de religiosos idosos, sem apoio, além de uma centena de padres locais. Ser cristão na China naquele período significava ser marginalizado, não poder fazer carreira devido ao impedimento à participação nos ritos civis considerados pagãos e correr continuamente o risco da perseguição. Salvo no Sichuan (China centro-meridional, nos confins do Tibete), onde existiam comunidades fortificadas pela experiência do martírio, o cristianismo estava em declínio. Entre 1842 e 1844, porém, depois da guerra do ópio (que, não deve se esquecer, estourou devido à difusão do comércio da droga da Índia para as classes dirigentes e nobres chinesas, um mercado nas mãos dos ingleses, mas que o

Império chinês procurou interromper devido aos danos que o consumo de opiáceos estava difundindo), os vencedores britânicos impuseram a reabertura de alguns portos aos ocidentais; depois da Grã-Bretanha, um tratado análogo foi conseguido pela França, que a partir daquele momento se tornou protetora oficial dos missionários católicos, ao passo que a Inglaterra e os Estados Unidos favoreciam os protestantes. Situações semelhantes se repetiram nos anos seguintes, fazendo do decadente Império Manchu um espaço para os apetites comerciais e de prestígio dos europeus. Aos olhos das autoridades e da opinião pública chinesa, os missionários que regressavam à China depois dos "tratados desiguais" eram tidos como os outros ocidentais que vinham para subverter lei, ordem e tradição chinesas. No entanto, as missões iam lentamente se reerguendo, apesar de alguns episódios de perseguição. Os primeiros jesuítas tinham desembarcado na região de Xangai em 1842.

O **Japão**, ao contrário, mantinha-se obstinadamente fechado aos europeus. Nas regiões de Kyushu, a ilha mais meridional, onde o cristianismo tinha criado raízes no século XVI, no fim de todos os anos os habitantes deviam pisotear imagens sagradas cristãs para mostrar que não eram seguidores da perversa religião (rito dos *fumie*: vol. III, cap. 7, item 31.4).

Na **Coreia**, porém, o cristianismo se difundiu no fim do século XVIII por meio de alguns jovens nobres que, depois da leitura de alguns textos cristãos, ao irem à China para uma missão diplomática tinham entrado em contato com missionários católicos (vol. III, cap. 7, item 32.2). Batizados, voltaram à pátria e fundaram uma comunidade exclusivamente leiga, sendo que alguns deles, embora não tendo recebido a ordenação sacerdotal, faziam celebrações eucarísticas, mas esse desvio foi corrigido depois. Um sacerdote chinês foi enviado à Coreia a uma comunidade de alguns milhares de cristãos, mas foi martirizado em 1801, e a pequena comunidade teve de sofrer perseguições constantes. Uma mensagem dos católicos coreanos chegou até Pio VII, exilado na França em 1812 (cap. 1, item 6.4), comovendo um papa impotente para enviar missionários. Um primeiro vigário apostólico, das MEP, foi nomeado em 1831 e morreu nas fronteiras da Coreia quatro anos depois, enquanto esperava a ocasião para entrar no país. Em 1836 os primeiros missionários franceses conseguiram chegar a Seul, mas foram mortos três anos depois, e em 1846 morria como mártir o primeiro sacerdote coreano, André Kim (1821-1846). Mas a comunidade cristã coreana, embora em meio às contínuas perseguições, chegava ao número de vinte e cinco mil aderentes em 1866.

O Sião, como era chamado pelos europeus o reino da Tailândia, bem como a Birmânia e a Malásia continuavam impermeáveis à penetração do cristianismo, seja pelo rígido controle estatal, seja pela força do budismo difundido naquelas regiões na forma *Teravada*, que faz da religião budista a fé do Estado e a identidade da população, e dos monges budistas, os educadores das crianças. Na Birmânia (atual Myanmar) alguns barnabitas italianos davam assistência desde 1721 a aldeias cristãs de descendentes de marinheiros portugueses e mulheres birmanesas; os poucos missionários remanescentes deixaram o país em 1830.

No vasto arquipélago da Indonésia, os colonizadores holandeses impediam as missões católicas e controlavam rigidamente também as protestantes.

O **subcontinente indiano** era politicamente controlado pela Inglaterra, e seus governadores viam com certa tolerância as missões católicas, embora favorecendo com frequência as protestantes. Aliás, grande parte das tropas de ocupação era de origem irlandesa e exigia capelães católicos. Mas desde os séculos XV-XVI existiam na Índia algumas bases portuguesas que se reportavam a Goa. Portugal pretendia exercer o **padroado** (vol. III, cap. 7, item 31.1), ou seja, o direito-dever de controlar e apoiar a Igreja católica em toda a Ásia, lembrando até o tratado de Tordesilhas do fim do século XV e outras divisões do mundo que naquele período Espanha e Portugal teorizavam com o apoio da Santa Sé (vol. III, cap. 2, item 8.1). Goa e algumas dioceses sufragâneas tinham um certo número de sacerdotes e religiosos locais muito europeizados e mais ou menos formados e empenhados na pastoral. Os bispos eram nomeados por Lisboa, e no período da hegemonia liberal as sedes indianas tinham ficado vacantes por muito tempo. No resto da Ásia, e agora também na Índia, já na época moderna a Santa Sé tinha nomeado vigários apostólicos, dotados de caráter episcopal, titulares de dioceses *in partibus infidelium* e encarregados das missões indochinesas e indianas. Essa escamoteação permitiu evitar o *placet* de Lisboa às nomeações dos prelados em territórios que Portugal nunca tinha controlado ou não controlava mais. Mas na Índia, entre vigários apostólicos, em geral franceses, e clero goano criavam-se continuamente atritos na administração dos sacramentos aos cristãos. Os vigários apostólicos protestaram repetidas vezes junto à Santa Sé, que, porém, não se sentia capaz de intervir contra um antigo princípio e privilégio jurídico.

Como se costuma dizer, Gregório XVI tentou um primeiro golpe. Depois de cinco anos de ruptura das relações entre Portugal e a Santa Sé após a conquista do poder em Lisboa por parte dos liberais, em 1838 publicou a bula *Multa praeclare*, que suprimia as três dioceses sufragâneas de Goa e confiava a jurisdição dos respectivos territórios aos vigários apostólicos. O vigário capitular da *sede vacante* de Goa rejeitou a bula, declarando sua invalidez e insinuando que fosse falsa. O clero goano das dioceses supressas não reconheceu as mudanças, e a população cristã rejeitou os missionários franceses e de outras nacionalidades que queriam substituir o clero ligado a Goa. Criou-se uma situação em que havia dois cleros e duas obediências: de um lado, as aldeias cristianizadas havia muito tempo guiadas pelos sacerdotes goanos, e, de outro, as regiões de missão com o clero das congregações europeias; e as duas obediências se entrecortavam. Definiu-se essa situação como "cisma de Goa", embora o termo cisma pareça exagerado.

Finalmente, em 1843, depois do restabelecimento de relações diplomáticas regulares entre Roma e Lisboa, a rainha Maria II propôs a Roma um estimado beneditino como arcebispo de Goa, José Maria da Silva Torres (1800-1854), professor em Coimbra. Gregório XVI aprovou a nomeação com bula regular mas, tentando um segundo golpe, confiou a Silva Torres algumas instruções secretas que impunham ao novo arcebispo seguir as indicações da *Multa praeclare*. Tendo chegado à Índia, Silva Torres mostrou não levar em conta as instruções secretas, reivindicando que a bula de nomeação não fazia referência a elas, e até afirmando que a bula seria falsa.

A tensão entre clero goano e vigários apostólicos continuou, mas apesar disso a difusão do catolicismo na Índia continuava se ampliando; em paralelo, também o protestantismo se expandia. A base francesa de Pondichéry, administrada por missionários de grande inteligência, era um dos laboratórios missionários. Um sínodo de vigários apostólicos de 1845, confirmado pela Santa Sé, empenhava-se sobretudo na formação do clero local. No item anterior, vimos que essas medidas foram apreciadas e apoiadas por Roma. Ao fim do século XIX chegou-se progressivamente à fundação de um seminário em Kandy, na ilha do Ceilão, para preparar sacerdotes das dioceses indianas. Especialmente no sul da Índia, as comunidades tiveram de enfrentar o problema das castas. Os jesuítas, fiéis às tradições de adaptação experimentadas na era moderna por Roberto de Nobili ([1577-1656]: vol. III, cap. 7, item 31.4), aceitavam que houvesse nas igrejas separações físicas entre as castas e punham dificuldade à ordenação de pertencentes a castas inferiores; já os missionários MEP procuravam abolir essas discriminações, suscitando desconfianças e polêmicas.

Ainda no que se refere à formação de clero asiático, em período de extrema escassez de missionários merece destaque particular o seminário aberto em 1807 pelos franceses das MEP. Depois de várias peregrinações, sua sede definitiva foi a ilha de Pulau Pinang, na Malásia. Gerações de sacerdotes vietnamitas, chineses, malasianos, indianos foram formadas numa comunidade de ótimo nível cultural e de cunho internacional.

2. Nas ilhas da **Oceania**, exploradas sistematicamente em torno do século XVIII, fervilhavam violentas tensões. Ingleses, franceses, alemães e espanhóis procuravam dominar os pontos estratégicos, enquanto as sociedades tradicionais entravam em crise, entre grupos que acolhiam os europeus — às vezes, com uma verdadeira liquidação de recursos e de poder —, movimentos de revolta contra os estrangeiros e populações que atravessavam período de depressão coletiva e despovoamento. Os missionários de Picpus desembarcaram nas ilhas Havaí em 1827, mas foram expulsos pelos protestantes que tinham chegado primeiro; dirigiram-se então para as ilhas Gambier (hoje parte da Polinésia francesa), onde o catolicismo se difundia rapidamente e puderam voltar às ilhas Havaí em 1837; alguns decênios mais tarde viram a aventura de santidade do padre Damião de Veuster (1840-1889), morto com lepra na ilha-lazareto das Molucas. Já no Taiti, os missionários católicos tiveram de enfrentar a hostilidade da rainha Pomaré II, convertida ao protestantismo, até que os navios franceses impuseram seu protetorado (1842).

Nos anos 1840 os missionários católicos chegaram à Nova Zelândia, às ilhas Wallis e Futuna (onde em 1841 morreu mártir Pierre Chanel [1803-1841], patrono da Oceania), às ilhas Samoa e Fiji; nesses mesmos anos, os primeiros missionários que desembarcaram nas ilhas Salomão, na Melanésia, foram mortos pelos habitantes com o ritual do canibalismo. Como no Taiti, também nesses territórios as missões cristãs presenciaram concorrência e hostilidades entre católicos e protestantes.

A Igreja da Austrália, porém, nasceu como comunidade europeia desde o início. Entre os primeiros deportados que desembarcaram na baía de Sydney em 1788 havia sacerdotes católicos aprisionados e um bom número de irlandeses, mas a primeira permissão de celebrar no rito católico veio somente em 1820. Um acordo entre a coroa britânica e a Santa Sé foi propício à criação do vicariato apostólico em 1834. Oito anos depois, Sydney foi uma diocese de pleno direito. O vigário, depois bispo, era um beneditino inglês, e beneditinos espanhóis expulsos pelo governo liberal ibérico chegaram ao lado ocidental da Austrália, dando início à interessante experiência de um monaquismo missionário para o lado dos aborígenes, New Norcia, no interior de Perth (1846), embora a primeira tentativa missionária com os nativos tenha sido conduzida por quatro passionistas italianos na ilha de Dunwich (North Stradbroke Island, Queensland, diante da cidade de Brisbane: 1842-1846; interessante também a breve aventura do trentino Angelo Confalonieri [1813-1848] na península de Coburgo, não longe de Darwin, Northern Territories, 1846-1848). Mas a Igreja da Austrália foi uma igreja europeia implantada nos antípodas, que cresceu graças ao afluxo de imigrantes, sobretudo depois da descoberta do ouro. Entre o estilo pastoral dos beneditinos ingleses, que foram os primeiros dirigentes das dioceses, e as exigências da maioria católica de origem irlandesa não faltaram tensões.

Procuramos aqui agrupar e sintetizar informações e linhas referentes às missões numa área vastíssima e com diferenças culturais enormes, da requintada China às primitivas Salomão, da Índia ao Havaí. Certamente um dado comum foi o corajoso envio de missionários europeus, com particular impulso nos anos 1840, com o pontificado de Gregório XVI e os primeiros anos de Pio IX. Há de se perguntar se, além da problemática das tensões entre cristãos, católicos e protestantes, e entre os próprios católicos, mal controlada pelos vários interlocutores, aqueles que partiam do Ocidente, prontos a enfrentar o martírio, os climas diferentes, as doenças tropicais e a fome, se punham com suficiente ponderação a questão das culturas que iam encontrar. Tinham à disposição bem poucas notícias sobre os mundos recém-descobertos, e com frequência os demais europeus, exploradores, marinheiros, aventureiros e degredados não só veiculavam informações parciais, como onde estavam tratavam os nativos como "gado" (*Histoire universelle*, 356). Pouco a pouco, a experiência permitiu aos missionários mais perspicazes coletar tradições, compreender as línguas, a fim de irem ao encontro da mentalidade dos autóctones. Isso significava que, em algumas regiões, os católicos fossem considerados pelos concorrentes protestantes "laxistas" em relação às mentalidades tradicionais.

3. Em meados do século XIX ocorreram **mudanças** significativas no contexto geral (item 9.1), que tiveram influência no desenvolvimento das missões da Ásia e da Oceania, às quais reservaremos o restante deste item. Depois que a China foi ameaçada de ataques militares ("política das canhoneiras"), os

Estados ocidentais exerceram sistemáticas pressões sobre as classes dirigentes dos antigos Estados asiáticos. Em 1854, os cruzadores estadunidenses conseguiram reabrir alguns portos japoneses, em 1855-1856 os europeus puderam se estabelecer no reino de Sião, o tratado de Tianjim (ou Tien-Tsin) impôs em 1858 plena liberdade religiosa na China, em 1862 franceses e espanhóis desembarcavam em Annam, e em 1867 abria-se aos europeus o antigo reino Khmer (Camboja). Depois dessas expedições militares e comerciais, e com os passaportes das potências ocidentais, chegavam os missionários. É esse, como dito, o quadro de referência no qual se situa a atividade missionária na Ásia e na Oceania na segunda parte do século XIX.

Em 1859 as MEP conseguiram estabelecer alguns missionários e em 1865 construir uma igreja em Nagasaki, no bairro de Oura: havia décadas alguns missionários franceses esperavam a hora de voltar ao **Japão**. Além de ostentar um edifício vistoso, os padres de Nagasaki caminhavam pelas ruas da cidade com a veste talar, sinal de que esperavam que houvesse ainda traços de cristianismo. Com efeito, a um mês da bênção da igreja, em 17 de março de 1865, o padre Bernard Petitjean (1829-1884), que seria o primeiro vigário apostólico do Japão, foi surpreendido por um grupo de adultos curiosos que, depois de terem perguntado sobre o celibato, a devoção à Virgem Maria e a referência ao papa — todas elas características antiprotestantes —, revelaram ser cristãos ocultos (*Kakure Kirisitan*). Várias dezenas de milhares de japoneses na ilha de Kyushu tinham transmitido a fé cristã sob risco de cruéis perseguições. Em 1868 o governo japonês ordenou a deportação, em várias localidades do país, desses cristãos que tinham saído do anonimato. Por exemplo, na região de Tsuwano (localidade turística no extremo sudoeste da ilha de Honsu), foram transferidos para um templo budista, agora destruído, várias centenas de cristãos (entre os quais crianças, como a pequena e corajosa Mori), submetidos a cruéis torturas (banhos no pântano gelado em pleno inverno, gaiolas de bambu com 90cm de lado) e em grande parte mortos. Em 1873, sob pressão anglo-francesa, os japoneses tiveram de conceder a liberdade religiosa.

Também na Indochina, depois do último fogo persecutório, as armas francesas colonizaram o território e permitiram às comunidades católicas se desenvolverem e aos missionários tentarem chegar ao Laos e a Camboja, com algum sucesso entre as tribos não budistas das montanhas e entre os migrantes chineses e vietnamitas.

Na Coreia, os católicos e os protestantes puderam pregar sem serem perturbados. As comunidades cristãs optaram por valorizar a língua e a escrita tradicionais coreanas. Quando no início do século XX a Coreia se tornou protetorado japonês, o cristianismo se tornou um dos catalizadores do senso de independência dos coreanos.

4. Entre os **novos institutos religiosos** que se comprometeram na conquista missionária da Ásia, citamos o seminário milanês de São Calógero, primeiro núcleo do que é hoje o Pontifício Instituto das Missões Exteriores (PIME). Surgido em Milão depois da primeira guerra da independência (1850), segundo o modelo das missões estrangeiras parisienses, o seminário São Calógero enviou missionários para o Extremo Oriente. As primeiras tentativas foram na Melanésia (Woodlard, entre Papua e as ilhas Salomão, onde foi morto o beato João Mazzucconi, 1826-1855) e em Bornéu (arquipélago indonésio) numa aventura que poderia ser definida como romance. Desde havia alguns anos, cruzava pela Malásia com uma flotilha pessoal, fruto do encontro de um tesouro, um personagem meio comerciante, meio missionário, Carlos Cuarteron (1816-1880), espanhol de pai lombardo, que fora ordenado sacerdote. Foi dado a Cuarteron o mandato de prefeito apostólico e foram enviados alguns jovens padres de Milão, que se estabeleceram na base inglesa da ilha de Labuan, diante de Bornéu (1855-1860), com o apoio do governador britânico James Brooke (1803-1868), que se tornaria um personagem dos romances de Emilio Salgari (1862-1911). Com a saída de Cuarteron, os jovens missionários italianos tiveram de abandonar as aldeias do Bornéu, onde tinham feito alguns discípulos, e procurar abrigo em Hong Kong, no sul da China, onde se implantou uma sólida missão (1858). Nesses mesmos anos, partia a missão de Hyderabad e de Bengala, na Índia. Mais tarde, os milaneses abriam missões no coração da China, em Henan, e entre as tribos não birmanas do norte da Birmânia, sob controle inglês.

Implantaram-se na China muitas congregações missionárias: às tradicionais mas renovadas presenças dos jesuítas (Zi Ka Wei, segundo a transcrição oficial "pinyin" Xujiahui, agora no centro de Xangai, onde nasceu uma universidade e um observatório astronômico) e dos franciscanos (Shanxi) uniram-se os padres de Scheut na Mongólia, os verbitas em Shandong, os trapistas em Hubei (Yangjiaping, fundado em 1883 e queimado pelos maoístas em 1947) e também congregações femininas. Mas no Celeste Império em desagregação os mandarins da corte alimentavam a hostilidade em relação aos estrangeiros e se opunham a qualquer política de modernização, a qual, porém, na segunda metade do século XIX foi uma característica do Japão. O passaporte estrangeiro, francês para os católicos, provocava um pedido de indenização pela embaixada francesa à corte chinesa a cada ato de delinquência em relação a uma missão.

Os locais de residência dos missionários, construídos com os fundos das associações católicas (e protestantes, para a concorrência), e às vezes dos governos ocidentais, assumiam a forma de fortificações circundadas por muros, com grandes igrejas neogóticas, orfanatos para as muitas crianças (principalmente meninas que as famílias abandonavam depois de nascidas), escolas, noviciados; desse modo, o cristianismo mostrava sua força, mas também sua estranheza diante da cultura local. Alguns missionários chegavam a danificar velhos templos budistas. Com o tempo, tudo isso gerou uma atitude xenófoba, que nos últimos anos do século XIX levou à **revolta dos "boxers"** ("punhos de justiça e de concórdia"), uma sociedade secreta antiestrangeira que era tacitamente apoiada pela corte imperial e que foi favorecida por vários mandarins em diversas regiões da China. A revolta, que teve seu ápice em 1900, levou à morte várias centenas de missionários e dezoito mil católicos chineses e foi sufocada pela intervenção militar de oito potências estrangeiras.

5. A respeito da **Índia** sob o domínio inglês, Pio IX tentou chegar a um *modus vivendi* com Portugal para a **questão de Goa**. Silva Torres (item 10.1) voltou à pátria em 1851, acolhido como um herói, mas Goa ficou sem arcebispo por outros dez anos, durante os quais as tensões entre Goa e os vigários apostólicos chegaram ao extremo. Iniciaram-se negociações para uma concordata com Lisboa, que foi assinada em 1857, e que, se por um lado confirmava o patronato português, por outro delimitaria os confins das áreas submetidas ao patronato, ao passo que os vigários apostólicos manteriam sua independência de Goa. Na realidade, o tratado permaneceu sem efeito, até porque Portugal estava ligado à Inglaterra na política europeia, e o poder colonizador da Índia via essas controvérsias entre Roma e Lisboa como um obstáculo útil à expansão do catolicismo.

Finalmente nomeado em 1861, o arcebispo João Crisóstomo de Amorim Pessoa (1810-1888) "mostrou logo saber unir a fidelidade a Roma com a moderação, a prudência e o tato" (cit. in Martina, 408). Depois de outras negociações, Leão XIII conseguiu estipular uma nova concordata com Portugal (1886), que, de um lado, delimitava finalmente as dioceses sufragâneas de Goa, mas, de outro, deixava aos bispos portugueses jurisdição pessoal sobre os fiéis pertencentes às paróquias goanas esparsas pela Índia. Embora criando por anos a fio uma série contínua de problemas, isso permitiu a criação da hierarquia regular para todo o subcontinente indiano, com oito metrópoles, dezenove bispados sufragâneos e outras sete prelaturas missionárias. Esse ato organizativo — junto com o empenho dos missionários e do clero autóctone, sobretudo no aspecto das escolas de massa e dos centros universitários voltados também para os não cristãos, com a fundação de congregações femininas logo ricas de vocações, com a difusão do catolicismo entre as tribos não hindus (sobretudo no estado de Madhya Pradesh, na Índia centro-setentrional) — tornou a missão indiana uma das mais fecundas, apesar das desconfianças dos governantes protestantes e do fato de serem uma minoria na vasta população.

Na **Oceania**, dos pontos de maior expansão do catolicismo, como as ilhas Gambier e Marquesas e a Nova Caledônia — não por acaso colônias francesas —, partiram expedições dos maristas, dos padres de Picpus e de outros para os grandes conjuntos de arquipélagos e também para a Nova Guiné, aonde chegaram por volta de 1883. Entretanto, a Holanda rareava o envio de capelães católicos para as colônias no arquipélago indonésio. Com graves limites impostos pelo governo colonial, alguns deles puderam se dedicar à missão que teve sucesso sobretudo em Java, com populações islamizadas somente de modo formal, e nas ilhas da Sonda, sobretudo em Flores. Em outras regiões da Indonésia, bem como em muitos países do Oceano Índico, o catolicismo criou raízes nos grupos de imigrados chineses e de outras nações.

Na Austrália, multiplicam-se nesse período as dioceses, em razão da expansão da população europeia, sobretudo irlandesa. Destaque-se aí a figura de Patrick Francis Moran (1830-1911), primeiro não beneditino, mas irlandês, arcebispo de Sydney de 1884 a 1911, cardeal desde 1885. Convicto ultramontano, convocou três concílios plenários da Austrália e da Nova Zelândia, bem como congressos católicos nacionais. Apoiou o movimento sindical, até porque a maioria dos católicos, de origem irlandesa, era operária. Das *Trade Unions* (sindicatos) nasceu o *Labor Party*, partido de esquerda, mas não anticlerical, ao qual Moran deu apoio. Essa ação, que suscitou também movimentos anticatólicos entre os protestantes, levou à plena integração dos católicos na vida do país. Como acontece com frequência nos países anglo-saxões, a Igreja australiana tem como estrutura fundamental da pastoral a escola paroquial, na qual se empenharam sacerdotes, religiosos e sobretudo freiras.

Vale a pena citar aqui uma realidade asiática atípica, as **Filipinas**. Conquistadas e colonizadas pelos espanhóis provenientes do México, as ilhas, chamadas na era moderna com o nome do clássico do soberano da contrarreforma, Filipe II, presenciaram a difusão do cristianismo popular e devocional barroco, o qual deu religiosidade e identidade às populações locais, não sem capacidade de integração das culturas preexistentes (vol. III, cap. 7, item 30.4). Nas Filipinas o catolicismo é amplamente majoritário, mas nas montanhas e no sul do arquipélago restam grupos de populações ligados à religião tradicional e ao islã proveniente da Indonésia. A Igreja filipina não tinha muitas vocações, mas era próspera economicamente, sobretudo as Ordens religiosas. Em 1898 as Filipinas passaram do domínio espanhol ao estadunidense, com a instauração de um regime de separação.

Nesse contexto, um grupo de fiéis guiado pelo sacerdote Gregório Aglipay (1860-1940) deu origem a uma igreja nacionalista cismática, a qual foi logo reorganizada e assumiu depois posições de tipo "unitariano" (teologia irênica com um substancial afastamento do dogma trinitário). Ao longo do tempo, a saída do quadro tradicional do patronato espanhol deu uma dinâmica mais missionária à Igreja local, que foi sustentada pelo afluxo de religiosos provenientes dos Estados Unidos e depois por missionários de outras nações europeias que com frequência consideravam as Filipinas como base organizativa para os projetos de evangelização da Ásia.

11. Uma tríplice escansão cronológica: a África impenetrável, a África dos exploradores, a África colonizada

1. Até 1846, portanto durante todo o pontificado de Gregório XVI, pode-se falar de **uma África impenetrável e desconhecida**, uma vez que **as barreiras naturais, o islã mediterrâneo e o clima** mantinham os ocidentais bem distantes do continente negro. Também não havia interesses econômicos particulares da Europa na África. Um dos poucos motivos de contato era a **luta antiescravista** que se difundira entre a opinião pública europeia. Assim, enquanto navios ingleses e franceses, a fim de bloquear o tráfico para a América, tinham criado portos de apoio na costa atlântica, os Estados Unidos tinham lançado, com sucesso limitado, uma operação de contraêxodo dos escravizados libertos para a costa do golfo da Guiné, na área que deu origem à

Libéria; de sua parte, os ingleses tinham escolhido outra região costeira como terra de refúgio para escravizados fugitivos ou libertos dos navios negreiros, a atual Serra Leoa, cuja capital Freetown lembra no nome esses episódios. Uma das primeiras tentativas missionárias na África foi justamente nessas áreas. Os franceses permitiram o desembarque de freiras de Saint Joseph de Cluny no Senegal (1817) e enviaram alguns padres espiritanos em apoio ao vigário-geral de Filadélfia, Edward Barron (1801-1854), nomeado vigário apostólico das duas Guinés para a evangelização dos escravizados libertos (1844). A missão Barron fracassou devido ao clima e à febre amarela, que matavam os europeus em poucas semanas após o desembarque. Ainda em 1844 nascia a missão de Libreville, no Gabão, também ela voltada aos escravizados libertos.

Nesses mesmos anos, os primeiros sinais de abertura da rota do **Nilo** e os interesses comerciais para com o Egito por parte austro-húngara viram a atuação de alguns planos para uma missão na África central. A um jesuíta, grande orador, poliglota e conhecedor do mundo mediterrâneo, o polonês Maksymilian Ryllo (1802-1848), juntou-se um grupo de missionários vênetos, tiroleses e eslovenos, portanto súditos de Viena, em grande parte sacerdotes diocesanos. Entre eles havia alguns discípulos do padre Nicola Mazza (1790-1865), veronense, formador de vocações por meio de um instituto de seminaristas pobres. Mazza tinha elaborado um método que previa o resgate de alguns jovens escravizados, os chamados "**moreninhos**", a formação católica deles e o envio desses jovens sacerdotes, freiras ou casais aos países de origem. A planos análogos estavam se dedicando um sacerdote genovês, padre Nicolau Olivieri (1792-1864), e um capuchinho campano, Ludovico de Casoria (1814-1885). Pensava-se fazer partir, com uma importante ajuda austríaca, uma missão ao Sudão, voltada não aos muçulmanos, mas às populações ainda no estado primitivo que viviam na bacia do Nilo, onde então se inseririam os "moreninhos". A base de Cartum, bem estruturada, enviou missionários aos postos avançados de Gondokoro e Santa Cruz, entre os atuais Sudão, ao sul, e Uganda. A missão austro-húngara, apoiada pela Santa Sé até para fazer oposição em relação à onipresente França, teve início efetivo no início de 1848, mas viu logo altíssima perda de vidas humanas devido ao clima assustador. Da continuação dos episódios do vicariato nos ocuparemos nas páginas seguintes.

Naquela área já houvera uma missão católica. Alguns padres lazaristas tinham entrado na **Etiópia** em 1839. O padre Justino De Jacobis (1800-1860) tinha se dedicado aos contatos com os abissínios cristãos, conseguindo algumas conversões ao catolicismo, mas também forte hostilidade por parte do clero do antigo patriarcado oriental ligado aos coptas, a qual levou a monarquia a perseguir os convertidos. Já outro lazarista, Luís Montuori (1798-1857), tinha chegado a Cartum, onde ficou com outro italiano até 1846, quando abandonou uma missão considerada estéril e que será depois novamente tentada pelos missionários ligados à Áustria-Hungria. Outra região da Etiópia, habitada pela tribo dos Oromo ou Galla, submetidos aos abissínios, mas só superficialmente cristianizados, viu a epopeia do capuchinho piemontês Guilherme Massaia (1809-1889), presente entre os Galla de 1841 a 1877, sobre o qual voltaremos mais adiante.

Outra possível base de expansão do cristianismo era a colônia francesa de Reunião, que como dito acima (item 8.1) foi por algum tempo sede do imenso vicariato das "ilhas do sul". De Reunião partiram os missionários para Madagascar por volta de 1830, mas não puderam permanecer na ilha devido à hostilidade da corte malgaxe, fomentada pelos missionários protestantes.

As únicas realidades com certa presença de clero católico eram as **colônias portuguesas** de Angola e Moçambique, as quais, porém, tinham as típicas características da Igreja lusitana de ultramar: clero escasso, muitas vezes importado da Península Ibérica sem grandes motivações missionárias, e pouco empenho de evangelização no interior do território, pois por séculos Portugal se voltou à criação de portos comerciais e não à exploração dos territórios circunstantes (vol. III, cap. 7, item 31.1). Os governos do despotismo iluminado no século XVIII e do liberalismo anticlerical do século XIX diminuíram as nomeações para as poucas sedes episcopais africanas.

O empenho do pontificado de Gregório XVI, que na Ásia e na Oceania viu os primeiros e interessantes resultados, conseguiu pôr em prática na África somente algumas tentativas, ainda muito experimentais, e muitas vezes com alto custo de vidas humanas de missionários. Sobretudo a ideia de resgatar pequenos escravizados, educá-los no cristianismo na Europa e levá-los de volta ao continente negro revelou-se uma ilusão, embora contendo a semente da intuição de que somente os africanos podiam evangelizar suas terras. Quase sempre esses jovens ou não resistiam ao clima europeu e morriam, ou se tornavam marginalizados. Todavia, essas experiências começaram a produzir conhecimentos e reflexões que darão frutos no período seguinte.

2. Em 1862 John Hanning Speke (1827-1864) e James August Grant (1827-1892) encontraram as nascentes do Nilo, dando início ao que pode ser chamado de período da **África dos exploradores (1850-1885)**. Nesses mesmos anos, Samuel Baker (1821-1893) explorava o Nilo azul e o lago Alberto. Em 1871 Henry Stanley (1840-1904) foi encontrar o missionário protestante David Livingstone (1813-1873) junto ao lago Tanganica. Em 1880 Pedro Savorgnàn de Brazzà (1852-1905) explorava o rio Congo. Poucas referências aos nomes mais conhecidos podem bastar para ter uma ideia de quanto interesse houvesse por parte dos jornais, sociedades geográficas e governos na segunda metade do século XIX, a fim de entender o que havia no interior da África. Também alguns missionários se distinguiram nessa corrida, como Josef Gostner, nascido em Vöbs, no Tirol austríaco, que em 1854 subiu o Nilo azul; a certa altura, seu termômetro atingiu 60 graus Réaumur, ou seja, 75 graus centígrados. Suas narrativas eram reproduzidas nas revistas científicas da época. Embora conseguindo interessantes resultados no conhecimento das línguas e dos usos e costumes das tribos internas, na cartografia e na botânica, eles estavam na África por outros motivos.

Gostner era um dos melhores elementos da expedição de súditos austro-húngaros que desde 1848 tinham se estabelecido em Cartum numa estrutura imponente financiada pelo imperador austro-húngaro e tentavam evangelizar o Sudão. Até 1861 dezenas de sacerdotes e alguns leigos levaram adiante a missão sob a guia do esloveno Ignaz Knoblecher (1819-1888), com uma sequência impressionante de mortos e de repatriados devido a graves doenças. Em 1858-1859, um jovem sacerdote veronense, Daniel Comboni (1831-1881), participou dessa aventura, mas doente teve de voltar à Itália. De 1861 a 1863 a missão foi assumida pelos franciscanos austríacos, que tiveram de se retirar devido ao clima, às doenças, à absoluta falta de preparação.

Dessa trágica experiência — cerca de setenta mortos em quinze anos — **Daniel Comboni** começou a fazer uma série de reflexões que estiveram na origem de seu plano para a regeneração da África. Descartada a improvável solução dos "moreninhos", restava a certeza da evangelização da África por meio dos africanos. Missionários e missionárias europeus deviam "assumir a África" (expressão significativa do próprio Comboni) mediante algumas casas situadas em regiões de clima menos insuportável, como o Egito, para depois se voltar para o interior, e aí fundar colégios para formar sacerdotes, irmãs, famílias africanas, que progressivamente haveriam de assumir a obra da evangelização. Comboni pôs em prática seu plano no Sudão de 1873 a 1881, quando morreu extenuado com cinquenta anos, mas a missão e seu instituto missionário já estavam em andamento. De Comboni teve grande estima Guilherme Massaia, um capuchinho piemontês, naqueles anos entre os animistas na Etiópia, depois divulgador fecundo de suas aventuras missionárias e cardeal.

Contemporaneamente, o francês **Charles Lavigerie** (1825-1892), docente de teologia, empenhado na fundação de escolas católicas no Oriente Médio, depois bispo na França e no norte da África, elaborou, por sua vez, um plano de ação. Em princípio, a ideia era partir da Argélia, conquistada pela França, por meio de religiosos preparados e escoltados com as armas dos irmãos leigos (depois esse aspecto foi abandonado). A seguir, Lavigerie enviou seus padres brancos para uma missão que partiu de Zanzibar, na costa sudeste da África, para o interior. Os primeiros africanos evangelizados pelos padres brancos na Uganda viram-se em meio às lutas de poder por parte dos soberanos locais e sofreram o martírio (Charles Lwanga e companheiros, 1886). Logo ajudados por uma congregação feminina, os padres brancos optaram por se inserirem profundamente na cultura local: no norte da África não só aprendiam o árabe, mas também o deviam falar entre si. Lavigerie foi nomeado cardeal e arcebispo da renascida sede de Cartago, na Tunísia, onde foi construída uma imponente sede missionária com o apoio francês.

Na costa da África ocidental obtinham os primeiros frutos as expedições missionárias dos **espiritanos**. Estes tinham elaborado um método original no Gabão: escolarização em massa, com formação agrícola e técnica, de modo a não afastar os jovens africanos de sua economia básica, promovendo, porém, as competências. A evangelização concentrava-se nas liturgias festivas, no canto e na formação de catequistas nativos. Na África ocidental e na região da bacia do Congo, aos espiritanos juntaram-se os padres brancos e as missões africanas de Lião. Entretanto, os jesuítas puderam entrar em Madagascar, apesar das oposições de uma parte da nobreza no poder convertida ao protestantismo. Os dominicanos e o clero irlandês eram tolerados no sul da África dominado pelos Bôeres calvinistas, mas por volta de 1855 os oblatos de Maria Imaculada finalmente puderam se dedicar à evangelização dos negros com extraordinário sucesso, sobretudo em Lesoto.

Imaginamos a África dos exploradores como um lugar virgem, de majestosa natureza, na qual os primeiros heróis missionários, à custa altíssima de vidas humanas, se adaptavam à vida pobre das tribos seminuas (ou totalmente despidas), levando o Evangelho. Essa imagem romântica é real somente em parte. Profundamente ligados a uma visão segundo a qual a África era uma barbárie a ser civilizada e não só evangelizada, os missionários empenharam anos, com toda a boa vontade, em decodificar primeiro as línguas e depois os modos de vida das diversas etnias. Entretanto, aos poucos exploradores europeus juntaram-se aventureiros sem escrúpulos, que esses grupos humanos — que jamais tinham visto um homem branco — tinham dificuldade em distinguir dos missionários. Na missão austríaca e depois comboniana do Sudão, um problema gravíssimo foi justamente ter de se haver com brancos depravados que se dedicaram antes à caça do marfim (utilizado pelos africanos para construir paliçadas, tanta era a abundância), depois ao rendoso tráfico dos escravizados, desestruturando modos de vida seculares das populações da África central. O branco era a ruína para esses negros e para os islamizados do Sudão, que nos anos 1880 deram vida à sangrenta revolta guiada por Muhammad Ahmad (1844-1885), que se proclamou Mahdi (ou seja, aquele que está destinado a restaurar a religião e a justiça, antes que chegue o fim do mundo), mantendo em cheque por anos as tropas inglesas e egípcias. Pouco a pouco, por diversas partes (Comboni, Lavigerie, Missions Africaines de Lyon) começou-se a aperfeiçoar a ideia do papel dos africanos na evangelização da África, com muitos preconceitos culturais, entre os quais a confiança ou não no clero autóctone, que foram lentamente superados.

3. Depois dos exploradores, missionários e aventureiros na África, estavam chegando as potências ocidentais que deram início a um novo período, o da **África colonizada (1885-1916)**. A revolta do Mahdi acabou por transformar o Egito num protetorado britânico de pleno direito; além disso, as guerras franco-malgaxes (1885-1886; 1895-1896) abateram a monarquia local, enquanto os ingleses se lançaram do Zanzibar para Uganda e Quênia, conseguindo que os portugueses, politicamente ligados à Grã-Bretanha, não estendessem sua área de influência além de Moçambique. Quanto à costa da África ocidental, ficou fragmentada entre o controle inglês e o francês. Entretanto, avançavam os alemães, os italianos principalmente sob os governos de Francisco Crispi (1818-1901); o rei da Bélgica, Leopoldo II, num ambíguo conjunto de motivações econômicas e humanitárias, instituía o Estado livre do Congo como sua propriedade pessoal. Justamente a partir da questão do Congo é que houve em 1885-1886 a conferência de Berlim, onde se dá uma verdadeira divisão do continente em regiões de influência e colonização. Aos motivos políticos juntam-se objetivos econômicos, as minas de ouro do sul da África, por exemplo, com tensões entre os ingleses e os colonos de antiga origem holandesa, os africânderes (bôeres) calvinistas, ou a borracha, ou as madeiras nobres (ébano). No congresso de Berlim foi aprovada por todas as potências uma proposta do representante italiano — note-se que na Itália, naquele momento, estava no governo a esquerda "histórica" dos anticlericais Agostino Depretis (1813-1887), Pasquale Mancini (1817-1888), Michele Coppino (1822-1901) — sobre a liberdade de culto para todos e sobre a liberdade de propaganda pelos missionários cristãos.

A colonização, ligada à melhora dos transportes (navios a vapor, construção de estradas e ferrovias, com consequente e interessado desmatamento) e da profilaxia sanitária, foi para os missionários uma facilidade na penetração do interior. Como já dizíamos no item 9.1, ao expormos o *jus commissionis*, à colônia de um dado país europeu correspondia comissão a um instituto missionário do mesmo país: palotinos alemães nas colônias alemãs, missionários de Mill Hill ingleses nas colônias inglesas, missionários belgas de Scheut no Congo belga, e assim por diante, com poucas exceções. A França detinha a maior parte na África ocidental, da qual se ocuparam milhares de missionários, com resultados interessantes na África negra e substancial esterilidade nos territórios mediterrâneos "de ultramar"; sim, foram ali constituídas dioceses (Argélia, Orã, Cartago), mas para os brancos que se transferiam da mãe-pátria. Mesmo quando a França assumiu progressivamente uma atitude cada vez mais hostil contra a Igreja, até chegar à denúncia da concordata napoleônica e à dura lei de separação de 1905 (cap. 5, item 37.2), em princípio os governadores coloniais continuaram a apoiar as missões, consideradas centros de civilização e de promoção do prestígio da França (daí o dito "o anticlericalismo não é produto de exportação"). As armas francesas, como no Vietnã e no Taiti, também em Madagascar ocuparam o território, permitindo aos missionários católicos construírem livremente suas bases.

Como já dizíamos, também a **Itália** anticlerical do maçom Francisco Crispi, nas aventuras frequentemente fracassadas na África (a clamorosa derrota de Adua é de 1896), mantinha a aliança com as missões. Por volta de 1895, dezenas de sedes episcopais na Itália estavam à espera da aprovação do governo (o chamado *exequatur*) por uma questão formal referente ao patriarcado de Veneza. O governo de Crispi, com uma negociação secreta com Leão XIII, desbloqueou os *exequatur*, recebendo em troca a ereção da prefeitura apostólica da Eritreia, separada do vicariato da Abissínia dos lazaristas franceses e confiada aos capuchinhos italianos.

Nesse quadro foram postos em prática métodos tradicionais de evangelização, mas também interessantes **experimentações**. Os missionários de Scheut e os jesuítas belgas no Congo fundaram aldeias agrícolas, as *fermes chapelles* (literalmente, fazendas-capelas), onde ao ensino religioso se juntava a formação agrária e a estabilização dos grupos ainda nômades. As *fermes chapelles* foram objeto de dura polêmica quando os socialistas estavam no poder na Bélgica, os quais acusaram os missionários de explorar o trabalho dos africanos. No sul da África, um grupo de trapistas alemães que tinham fundado uma abadia, Mariannhill, quis renovar a experiência, ao mesmo tempo colonizadora do território e evangelizadora das populações, feita pelos cistercienses do século XII. A congregação europeia não deu a permissão e a abadia se separou, fundando uma congregação contemplativa e ao mesmo tempo missionária. Especialmente nas colônias inglesas e no Congo belga foi delegada quase totalmente aos missionários a instrução básica das populações, com ampla intervenção das congregações femininas.

Com tudo isso, não se deve pensar que o quadro da **relação entre colonialismo africano e missões** tenha sido um idílio, como às vezes parece transparecer dos livros franceses de Delacroix dos anos 1950, ou seja, marcada por um colaboracionismo enviesado e eurocêntrico. Havia missionários amplamente convencidos da vocação cristã e civilizadora de suas nações europeias e outros críticos em relação aos governadores, às tropas, aos funcionários da mãe-pátria, com tensões que, como no caso das *fermes chapelles*, abundavam nos parlamentos europeus ou impunham à Santa Sé intervenções de mediação. Havia instituições missionárias comprometidas com os métodos, muitas vezes indignos, da expansão europeia, mas em sua grande maioria as missões e as escolas eram espaços de proteção e de promoção das populações africanas. Certamente, no fim do século XIX os missionários levavam consigo uma mentalidade que os unia à maioria dos europeus e que continuava a ver no Ocidente o modelo da civilização. Entre os missionários, porém, iam emergindo os primeiros pontos de vista críticos em relação a essa mentalidade. É desses anos a aventura humana e espiritual de Charles de Foucauld (1858-1916), que decidiu viver sozinho entre os Tuareg, procurando entendê-los e estar com eles.

Nesses anos, sob o ponto de vista quantitativo e organizativo, foram postas as bases para uma expansão visível do cristianismo na África negra, e aqui e ali se deram os primeiríssimos passos para a formação do clero africano.

12. A política missionária da Santa Sé com os pontificados de Pio IX e Leão XIII e o papel da *Propaganda fide*

1. Sob os pontificados de Pio IX e Leão XIII, os **projetos da Santa Sé** seguiram em vários aspectos as linhas traçadas pelo papa Cappellari. Mal se criavam as condições, sobretudo quando os institutos europeus viam certo incremento de vocações missionárias, subdividiam-se as vastas circunscrições da primeira parte do século XIX em distritos cada vez mais delimitados e mais bem-organizados. Os procedimentos previam uma consulta dos missionários *in loco* para traçar as divisões e para nomear o novo prelado missionário. Com uma obra paciente e determinada, *Propaganda fide* definia as controvérsias entre institutos, bem como dentro das próprias congregações religiosas missionárias. Guiado por italianos até 1892, depois pelo polonês (mas súdito alemão) Mieczyslaw Ledóchowski (1822-1902) e pelo holandês Willem Van Rossum (1854-1932), o dicastério romano movia-se com desenvoltura e, muitas vezes, com uma rapidez maior que a de outras congregações pontifícias na tomada de decisões, no reconhecimento do *decretum laudis* a institutos missionários, na direção dos fluxos de dinheiro. Era ainda ausente a possibilidade de instaurar **relações diplomáticas** diretas com muitas nações extraeuropeias de áreas missionárias em razão da pretensão francesa de representar os católicos em todo o mundo, pressuposto que, sobretudo nos anos de Leão XIII, atento a não contrariar a "filha primogênita" da Igreja, jamais foi posto em dúvida. Porém, não faltaram envios de delegados apostólicos com tarefas de coordenação e supervisão das Igrejas locais, mas também com alguns encargos informais em relação aos governos.

O objetivo perseguido pela *Propaganda fide* era tornar autônomas as Igrejas de missão, até poder erigir a **hierarquia ordinária**. Nesse período, até a Primeira Guerra Mundial foi possível dar essa forma às dioceses indianas (1886), depois da longa controvérsia com Portugal, à Austrália (1842), à Nova Zelândia (1848) e ao Japão (1891). Para chegar a esse objetivo, bem como à multiplicação das circunscrições, *Propaganda fide* favorecia constantemente a formação do clero autóctone, muitas vezes pouco ajudada nisso pelos missionários que agiam *in loco*.

Durante o Concílio Vaticano I, *Propaganda* facilitou a ida a Roma dos bispos missionários. Na realidade, isso foi possível aos vigários apostólicos da Índia, que foram consultados pelas várias questões daquela complexa missão.

Também um bom número de patriarcas orientais, entre os quais Gregório Youssef (1823-1897), dos melquitas católicos, e Joseph Audo (1790-1878), dos caldeus, e muitos bispos participaram do concílio, mas sem nenhum encontro entre eles e sem constituir uma linha comum, como se verá na Inserção 1 deste capítulo (cf. Inserção 1 – *Os cristãos do Oriente*). O esquema sobre as missões não foi nem discutido nos meses do concílio, mas o encontro favoreceu trocas e aprofundamentos, como é demonstrado pelo caso de Comboni, que em Roma em 1869-1870 cotejou os seus projetos missionários com vários bispos.

É interessante — e pouco estudado — o gesto simbólico da criação cardinalícia de missionários beneméritos, como Lavigerie (1882), Massaia (1884), ou de bispos de regiões onde existiam as missões, como Moran, primeiro cardeal da Oceania (1885). Como se observa, são escolhas dos primeiros anos de Leão XIII e deveriam ser aprofundadas no contexto das análogas decisões romanas, seja sobre o recrutamento dos bispos na Europa e nos países extraeuropeus, seja sobre a política das nomeações cardinalícias do longo pontificado de Leão XIII, e mais amplamente com o fim dos mecanismos de formação do colégio cardinalício típicos do *Ancien Régime*.

2. *Propaganda fide* teve certamente um papel determinante na estruturação das missões e na formação das hierarquias, também por meio do colégio Urbano de Roma, tornando-se assim um dos motores para a centralização do empenho missionário católico e para a difusão nas jovens Igrejas de uma mentalidade de fidelidade a Roma. Esta última, às vezes beirava a dependência, outras vezes, porém, via o emaranhado das ligações com *Propaganda* e de certa liberdade tomada por aqueles que trabalhavam na missão, com base no pressuposto de que de Roma não era possível esperar que entendessem o que acontecia nos territórios de missão e, consequentemente, não era possível fazer escolhas realmente adequadas, sobretudo no âmbito da formação do clero local.

Um governo eficiente e oportuno, capaz de reunir informações em primeira mão que depois se tornaram o tesouro dos arquivos históricos da congregação, pragmático para obter apoios por parte de financiadores e governos, mas também não esmagado pela hegemonia da França, como mostra claramente o caso da missão austro-húngara no Sudão: assim foi *Propaganda* durante o século XIX. Além disso, se, por um lado, a centralização criou uma mentalidade pouco autônoma nas congregações missionárias e o estilo de contabilidade típico dos missionários de fim de século (todo ano era preciso enviar estatísticas precisas de batismos e de comunhões, a fim de receber as contribuições), por outro, desenvolveu um papel de identidade e consistência de ação que tornou muitas vezes eficaz a atividade missionária em todo o globo.

Tampouco faltava a desconfiança em relação a aventuras e idealismos que com frequência fascinam os missionários, mas que às vezes acabam em grandes fracassos. Deveriam ser também aprofundados o papel e a capacidade de perspectiva por parte da *Propaganda* na valorização tanto da mulher religiosa de vida ativa, que teve nas missões um dos primeiros campos de ação e de reconhecimento, quanto das mulheres autóctones, que tiveram lugar de protagonismo cada vez mais amplo nas Igrejas de recente evangelização.

Inserção 1
Os cristãos do Oriente

A maioria dos cristãos do Oriente no século XIX pertence ao **Império otomano**, que formalmente se estende do Tigre à costa mediterrânea do Marrocos e dos Balcãs ao golfo de Adem, mas que primeiro perde a hegemonia sobre a área europeia oriental e o controle da Argélia (francesa desde 1830), e vê depois uma substancial independência do Egito, mais tarde ocupado pela Grã-Bretanha. Depois do apogeu dos séculos XVI e XVII (vol. III, cap. 7, itens 28-29 *passim*), a Sublime Porta governa um conjunto de territórios controlados pelo monarca e de áreas de tipo feudal, uma instituição ultrapassada sob o ponto de vista econômico, legislativo e militar, com algumas tentativas de reforma de pouca eficácia. Internamente, a maioria muçulmana sunita convive com as minorias islâmicas e cristãs e com as comunidades judias. A relação entre o governo e os diversos grupos está baseada no sistema dos *millet* (confissões religiosas): cada grupo era representado politicamente pelo próprio chefe religioso. Isso implicava a nítida separação entre as diversas vertentes do cristianismo presentes no território otomano: ortodoxos/melquitas, católicos latinos, coptas, armênios, jacobitas, assírios, maronitas. Além disso, o papel de mediação política desempenhado pelos patriarcas das diversas confissões fez com que os leigos de prestígio interviessem nas eleições eclesiásticas, com fenômenos de "dinastização" (patriarcas provenientes das mesmas famílias) e de corrupção. Em certo sentido, pertencer a uma comunidade cristã significava fazer parte de um determinado *clã*, com suas relações e alianças e com uma organização interna autônoma.

Outro aspecto a ser levado em consideração para compreender a condição dos cristãos do Oriente é a relação que se instaura entre o Império e os Estados europeus. Desde a era moderna e durante o período napoleônico, a Europa olha com interesse o mundo otomano, enquanto, ao contrário, as elites orientais mais avançadas voltam-se para a Europa como para um modelo cultural. Os cristãos são naturalmente o elo dessa troca. Uma parte deles estabelece relações comerciais com o Ocidente e pouco a pouco alguns jovens das famílias mais proeminentes formam-se na Europa. Também as instituições eclesiásticas romanas voltadas para a formação do clero oriental contribuem para essa troca. Algumas nações europeias são protagonistas de **intervenções e de pressões** em relação ao Império, com frequência definido como o "grande doente" do Mediterrâneo; a França, por exemplo, ocupa ou protege a costa do noroeste de Maghreb (Argélia, Tunísia), a Inglaterra cria uma ligação estreita com o Egito e conquista Chipre e várias bases no Golfo Pérsico, a Rússia engloba áreas nos Balcãs, no Mar Negro e no Cáucaso. As potências europeias fazem pressão sobre o sultão Abdul Megid I (1839-1861) para que proclame algumas reformas (*tanzimat*) e obtêm que os próprios consulados tenham um papel de proteção não só sobre os próprios cidadãos empenhados em aventuras comerciais com o Oriente, mas também sobre os cristãos locais. A França estende seu protetorado sobre os católicos latinos e sobre as Igrejas orientais unidas à Santa Sé, a Rússia apoia as importantes comunidades ortodoxas, enquanto a Grã-Bretanha e a Prússia favorecem as iniciativas de proselitismo e as instituições de beneficência promovidas por grupos missionários protestantes. Sob certos aspectos, poderia parecer que os cristãos do Oriente fossem um pretexto para os Estados coloniais em vista do desmembramento do Império. Esta ação colonialista ocidental enrijece o mundo muçulmano e, em particular, tanto os movimentos turcos que imitam o nacionalismo europeu quanto o **despertar cultural árabe**. Enquanto os primeiros, que se uniram no movimento dos Jovens Turcos, vivem frequentemente uma atitude de ressentimento em relação aos cristãos, acusados de serem corpos estranhos e agentes da penetração colonial, os movimentos do despertar árabe vivem uma espécie de ambivalência em relação ao mundo europeu, facilmente associado ao cristianismo. Por um lado, o progresso e a prosperidade do Ocidente, em parte partilhados pelos cristãos locais, são admirados e criam movimentos nos quais cristãos e muçulmanos, juntos, projetam a modernização da sociedade. Por outro lado, cria-se em alguns uma mistura de impulsos de evolução positiva e de retorno à mensagem original do Islã, considerado capaz de absorver os aspectos positivos do progresso, sem negar a tradição: esse retorno ao modelo das primeiras gerações (*salaf*, de onde o termo *salafitas*) muçulmanas e ao califado próspero e poderoso dos séculos VII-X está na base, por exemplo, do movimento egípcio da Irmandade Muçulmana.

Os impulsos nacionalistas e anticristãos estouram repetidamente em **explosões de perseguição**: entre 1843 e 1847 os cristãos assírios (atual Iraque) foram atingidos, e em 1860 drusos e maronitas se enfrentavam no Líbano, um massacre sangrento dos armênios mancha o ano de 1895. Em várias fases do século XIX e início do século XX, no Império em decadência ser cristão constituía um perigo, mas uma antiga circunspecção e amplas distribuições de dinheiro aos funcionários permitiam a sobrevivência nas fases críticas. Para uma parte da juventude dos cristãos do Oriente, a Europa, os Estados Unidos e a América do Sul tornaram-se meta de emigração para uma existência mais segura.

Várias comunidades católicas latinas descendentes de cruzados e de mercadores estavam espalhadas não somente na Terra Santa propriamente dita, mas também na Anatólia e nas ilhas gregas; muitas vezes se usava para eles o termo "levantinos". Mas unidos a Roma estavam também os maronitas do Líbano e grupos mais ou menos consistentes de melquitas (desde 1716), siríacos (1662), assírios (ou caldeus: 1552), armênios (1740) e coptas (1741). Não deixemos de lembrar os ucranianos, súditos do czar no século XIX (união de Brest 1595-1596), (vol. III, cap. 7, item 29.3), como os rutenos (1646), além dos romenos bizantinos católicos (1700, numerosos na Transilvânia, que nesse período é austro-húngara) e os siro-malabares da Índia (1556). O século XIX foi provavelmente marcado pelas pressões por parte da Santa Sé, que têm em comum o nome de "**latinização**". A teologia, a liturgia, o direito dos orientais eram vistos pelas hierarquias europeias como marcadas por tendências cismáticas, de cunho galicano, cripto-heréticas. Os episódios mais clamorosos foram o período em que o patriarcado latino de Jerusalém foi restabelecido e atribuído ao italiano Giuseppe Valerga (1813-1873, patriarca de 1847 até a morte) e o atrito entre Pio IX e o patriarca caldeu Joseph Audo, que durou de 1870 a 1877 e que interferiu com um cisma contemporâneo na Igreja católica armênia. Muitos patriarcas e bispos orientais puderam tomar parte do Concílio Vaticano I. O esquema sobre as missões, todavia, não teve espaço. Enquanto o patriarca melquita Youssef, com duas intervenções muito significativas, dava voz às possibilidades de encontro com os ortodoxos, o caldeu Audo solicitava o retorno das prerrogativas patriarcais. Youssef acabou por se desentender duramente com Pio IX e Valerga, mas também alguns bispos orientais se alinharam a favor da latinização: o próprio episcopado do Oriente estava dividido e não houve nenhum encontro comum. Também diante da questão da infalibilidade, os orientais se movimentaram sem ordem, submetendo-se depois unanimemente à aprovação da *Pastor Aeternus*. Aliás, Pio IX instituiu uma seção oriental do dicastério missionário (1862). Com o pontificado de Leão XIII, as tensões se abrandaram e as tendências latinizantes foram postas em grande parte sob controle. Entretanto, seguiam para os católicos orientais importantes recursos, tanto econômicos quanto humanos, provenientes dos católicos europeus. A França estava na vanguarda com a *Oeuvre des écoles d'Orient*, da qual por certo período foi responsável Charles Lavigerie. Religiosos e religiosas — essas últimas, tanto de vida ativa como de vida contemplativa — abriam casas na Terra Santa, no Egito (por exemplo, as franciscanas missionárias do Egito) e alhures, procurando aliás contrabalançar a eficiente propaganda protestante com a criação de escolas, colégios, orfanatos e hospitais.

> Nota bibliográfica
>
> DEL ZANNA, G. *I cristiani e il Medio Oriente (1798-1924)*. Bolonha: il Mulino, 2011.
> HAJJAR, J. Le Chiese orientali cattoliche. In: AUBERT, R. et al. (dir.). *Nuova storia della Chiesa*. Gênova-Milão: Marietti, 1979, v. 5/2: La Chiesa nel mondo moderno, 133-236, 135-184.
> MARTINA, G. *Pio IX (1851-1866)*. Roma: Pontificia Università Gregoriana, 1986, 357-376.
> _____. *Pio IX (1867-1878)*. Roma: Pontificia Università Gregoriana, 1990, 53-110.
> MAYEUR-JAOUEN, C. I cristiani d'Oriente nel XIX secolo: un rinnovamento gravido di minacce. In: MAYEUR, J.-M. et al. (dir.). *Storia del Cristianesimo*. Roma: Borla-Città Nuova, 2003, v. 11: Liberalismo, industrializzazione, espansione europea (1830-1914), 694-743.
> TERNON, Y. *Gli armeni. 1915-1916: il genocidio dimenticato*. Milão: Rizzoli, 2007, 17-141.

13. América Latina

1. Voltando agora à época da passagem entre os séculos XVIII e XIX, detenhamos nossa atenção sobre os territórios americanos. No que diz respeito à América Latina, falar de missão no século XIX é inadequado, devido à situação que acabou se criando entre os séculos XVI e XVIII. De fato, na área de língua espanhola e portuguesa do Novo Mundo certamente havia ainda regiões extensas, mas pouco povoadas, nas quais a evangelização era uma tarefa apenas iniciada: em especial a Amazônia, na qual se localizam vários Estados, e a Patagônia chilena e argentina. Já as áreas populosas tinham visto a presença de religiosos católicos havia séculos, uma obra capital de difusão do cristianismo católico, e uma estruturação em províncias eclesiásticas e em dioceses (vol. III, cap. 7, itens 30.1 e 31.2) que, embora de amplas malhas, não era comparável juridicamente com a estrutura missionária da Ásia-Oceania e da África; consequência importante desse último aspecto era o fato de que as dioceses, e também as *prelaturas nullius* (em que estavam divididos os territórios latino-americanos onde se exercia a atividade missionária), não estavam sob *Propaganda*, mas submetidas à congregação consistorial. Ou melhor, ao patronato das coroas da Espanha e de Portugal.

Do México ao extremo sul do Chile, a Igreja era, por um lado, uma **estrutura poderosa** e rica, na qual o dízimo era recolhido pelo Estado como taxa ordinária e dado aos bispos (dioceses e Ordens religiosas eram dotadas de bens agrários e de direitos garantidos); por outro, era a única organização a dar identidade e espaço, mediante devoções e confrarias, à **população autóctone e mestiça**, obviamente respeitando a divisão em *castas* (esse termo não é indiano, mas espanhol) da sociedade. Algumas figuras beneméritas de bispos, como Juan de Zumárraga (?-1548), primeiro bispo da Cidade do México, e Juan de Palafox y Mendoza (1600-1659), bispo de Puebla, tinham criado universidades e lugares de assistência eficientes. O episcopado era inteiramente recrutado na mãe-pátria, e geralmente os pastores esperavam poder voltar com uma promoção à Europa, algo que ocorria de fato numa minoria de casos. Porém, não se pode dizer que o episcopado fosse ignorante ou corrupto. Em grande parte do território o clero era certamente escasso, e com a ajuda de franciscanos e dominicanos que se ocupavam das zonas mais remotas ou *doctrinas* mal conseguia garantir certa presença no território fora das cidades, nas quais, porém, clero e ordens masculinas e femininas integravam verdadeiros quarteirões; bastaria visitar a cidade de Guadalajara, no Estado de Jalisco, no México, para notar que todos os edifícios públicos do antigo centro colonial eram estruturas eclesiásticas.

A Igreja latino-americana estava duplamente ligada às coroas de Madri e de Lisboa, mas justamente esse costume de se sentir parte submissa e obediente a uma estrutura estatal esteve em crise nos últimos decênios do século XVIII. Portugal de Pombal e a Espanha de Carlos III, despotismos esclarecidos, depois de ter expulsado os jesuítas, com todas as consequências que isso teve na América Latina, continuaram seus atos de governo, fustigando as riquezas eclesiásticas e o clero, querendo, como ocorria ao mesmo tempo na Europa, integrar mais ainda as instituições eclesiais no Estado (vol. III, cap. 7, item 32.3). Mas na América Latina tudo isso gerou uma situação original: antes mesmo que no início do século XIX começassem os movimentos de independência, algumas **revoltas populares** promovidas contra o confisco dos bens da Igreja e contra outros atos fiscais envolveram o clero, na grande maioria crioulo, ou seja de etnia branca, mas de nascimento americano; desse modo, uma boa parte do clero secular se predispôs a se abrir aos movimentos antiespanhóis que se seguiram, os quais levariam à independência.

Esta foi possível graças ao papel desempenhado por grupos numericamente limitados da elite crioula, formados na mentalidade iluminista. Paradoxalmente conseguiram envolver a população, agitando primeiro a bandeira do lealismo contra os franceses, que tinham ocupado a Espanha, e depois a da tradição católica contra os governos liberais dos primeiros decênios do século XIX. Enquanto os bispos, todos espanhóis, deixaram a América ou, em razão da velhice, não eram substituídos, a tradição teológica escolástica, muito viva nos centros de formação da América Latina, apoiava teoricamente as revoltas com o motivo da luta contra o tirano, e os sacerdotes eram intermediários entre a revolução e as classes populares. No México, o primeiro líder e herói da **independência** foi Miguel Hidalgo y Costilla (1753-1811), conhecido como *cura Hidalgo*, um pároco que era professor, de vida moral discutível, que guiou o primeiro movimento antiespanhol, depois fracassado, fazendo da Virgem de Guadalupe a bandeira da nação mexicana. Na elite militar e de juristas que tomou o poder naqueles novos Estados difundia-se a maçonaria, mas não se negava, por fé autêntica ou por oportunismo, a referência ao catolicismo. Alguns olhavam com simpatia para os Estados Unidos e para o protestantismo, como para a confissão mais adequada para modernizar os Estados.

2. Os primeiros decênios do século XIX foram uma **passagem dramática** para a estrutura eclesiástica crioula. Muitas sedes, que aliás eram extensas dioceses e com pouco clero, ficaram sem bispos por anos a fio, ou com prelados idosos e enfermos; quando em 1824 o arcebispo João Muzi (1772-1849), envidado por Consalvi (na época, prefeito de *Propaganda fide*) e acompanhado pelo jovem Giovanni Maria Mastai Ferretti (1792-1878), chegou ao Chile, existia em toda a república um só bispo, um velho espanhol, deposto pelo governo.

Isso levou ao bloqueio das ordenações eclesiásticas e, portanto, a uma diminuição do clero, marcado, como os religiosos, por defecções por ocasião das revoltas. Mas essa situação permaneceu estagnada durante os pontificados de Pio VII, Leão XII e Pio VIII, num jogo que tinha três lados: a Santa Sé, Madri e os *libertadores* latino-americanos. Estes últimos não deixaram de enviar representantes a Roma para pedir a abertura de relações diplomáticas e a nomeação de bispos, mas queriam substituir a Espanha no patronato; como já se disse, muitos estavam ligados à maçonaria, alguns, como Bernardino Rivadavia (1780-1845), ditador argentino, visavam a uma Igreja nacional, outros, como Simón Bolívar (1783-1830), estavam mais propensos ao diálogo, e não faltava também quem, como Agustín de Iturbide (1783-1824), "imperador" do México (somente por um ano: 1822-1823), quisesse restaurar um Estado totalmente confessional em nome das mais sólidas tradições coloniais. O governo de Madri, que tentava naqueles anos recuperar militarmente as antigas colônias, chantageava Roma, ameaçando ruptura se compactuasse com os rebeldes revolucionários. E a Santa Sé oscilava entre a esperança de pôr de lado ou de enfraquecer o patronato, a urgência de prover às sedes episcopais americanas, o medo de perder a Espanha e a América do Sul, ou de ficar ao lado dos governos ilegítimos e revolucionários, fortemente influenciados pela maçonaria e pelo anticlericalismo.

Inicialmente essa oscilação foi fatal: a já lembrada missão Muzi, voltada à Argentina e ao Chile com a esperança de nomear vigários apostólicos (escamotagem normalmente usada para evitar o consenso à nomeação por parte das autoridades estatais), fracassou completamente e não foi dada posse a nenhum novo prelado. Naquele mesmo ano de 1824, a bula *Etsi jam diu*, obtida pelo rei da Espanha, Fernando VII (que acabara de destituir o governo liberal com a ajuda militar francesa), condenou as rebeliões contra o poder legítimo, mas em termos moderados; além disso, pede à Igreja da América do Sul que reconheça o governo, considerado legítimo, instaurado por Fernando VII. Todavia, o documento pontifício chegou à América poucas semanas depois da vitoriosa batalha de Ayacucho (no Peru, a meio caminho entre Lima e Cuzco) que pôs fim à tentativa de reconquista por parte da Espanha: muitos bispos e sacerdotes latino-americanos afirmaram que se tratava de um documento falso.

A **viragem** veio com o pontificado de Gregório XVI, o qual como prefeito de *Propaganda* não tinha se envolvido diretamente nos episódios latino-americanos, mas tinha acompanhado as várias passagens. Roma declarou que não era tarefa sua estabelecer quem tinha direito de governar, mas aceitava qualquer situação de fato, e assim se pôs em relação com os governos dos novos Estados latino-americanos e pouco a pouco organizou pelo menos as nomeações episcopais. Aliás, isto fez com que a tradicional mentalidade estatista e jurisdicionalista do episcopado latino-americano fosse superada numa atitude ultramontana (cap. 3, item 17.1), que acabou por caracterizar grande parte da Igreja americana. Gregório XVI pôde se valer do fato de que desde 1834 estavam em andamento as desordens que se seguiram à morte de Fernando VII da Espanha (antes da guerra carlista) que levou à tomada do poder por parte de Maria Cristina e liberais, que romperam as relações com Roma.

Em quase todas as nações latino-americanas a luta política polarizou-se entre os **liberais**, defensores das modernizações, anticlericais, distantes do povo e liberalistas na economia, e os **conservadores**, nostálgicos do venho sistema colonial, aliados das hierarquias eclesiásticas e paternalistas em relação às classes populares. Com o predomínio dos liberais ocorriam pressões contra as

Igrejas, secularizações de bens, propaganda antirreligiosa, ao passo que com as vitórias dos conservadores continuava-se uma política favorável à Igreja. Frequentemente isso levou o clero a se empenhar em profundidade nas lutas políticas. Na Colômbia prevaleceu a tendência conservadora, na Venezuela, porém, a liberal. Muitas vezes, num campo e em outro, nos quais aos motivos ideológicos se entrelaçavam lutas de *clãs* familiares e de grupos econômicos, emergiam figuras autoritárias, na maioria das vezes conservadoras e apoiadas pelos militares.

Depois de ter apresentado essas linhas gerais, com a consciência de ter simplificado muitas vezes os termos que na realidade são extremamente complexos e interessantes, queremos aqui delinear brevemente algumas vicissitudes particulares referentes ao México, ao Equador e ao Brasil.

3. No **México**, superada a breve experiência "ultracatólica" do já citado Iturbide (que nas *elites* eclesiásticas latino-americanas permaneceu como uma espécie de ideal de governo), as lutas internas entre liberais e conservadores, a influência estadunidense e os interesses europeus, em particular franceses, levaram à guerra civil e à imposição, por parte das tropas de Napoleão III, de um imperador, o austríaco Maximiliano de Habsburgo (1862-1867). A queda e a execução de Maximiliano abriram espaço aos liberais mais anticlericais guiados por Benito Juárez (1806-1872), primeiro presidente de origem mexicana (nativa), que em 1867 impôs de novo a constituição de 1857, de cunho liberal e separatista. Nos grandes afrescos de José Clemente Orozco (1889-1949) dos anos 1920 que ornam os edifícios públicos do México, Juárez (cujo nome de batismo inspirou o anticlerical pai de Benito Mussolini [1883-1945]) é representado como o paladino da *Reforma* e do México livre do obscurantismo católico. A política liberal marcou as classes dirigentes mexicanas por todo o século XIX, enquanto a Igreja, durante o longo governo quase ditatorial de Porfírio Díaz (1877-1911) chegou a um entendimento de compromisso. A população mexicana esteve sempre bem distante do anticlericalismo ideológico das classes dirigentes e ligada às devoções populares, em primeiro lugar à de Guadalupe (vol. III, cap. 7, itens 30.2-3).

O **Equador**, um dos menores países da América do Sul, cujo território ficou reduzido por guerras fracassadas contra o Peru, teve durante anos um governo forte que procurava manter unidos conservadores e liberais, e depois quinze anos de caos (1845-1860), do qual emergiu a singular figura de **Gabriel García Moreno** (1821-1875), presidente e ditador, assassinado em 1875.

Convicto católico desde a juventude e publicista, transferiu-se para Paris, onde fez estudos universitários impensáveis em seu país e aprofundou sua fé nos fermentos do ultramontanismo francês. Tendo voltado à pátria, dedicou-se ao ensino universitário e à política, até ser eleito presidente. Quis fazer do Equador um exemplo de governo católico iluminado.

Fala-se normalmente da concordata de 1863, particularmente favorável à Igreja, bem como da legislação que fazia discriminação entre católicos e não católicos e da consagração do Equador ao Sagrado Coração (1873). Esquece-se, porém, que a concordata foi o fruto de cerradas e às vezes tensas negociações com a Santa Sé; que García Moreno queria uma Igreja culta e moralmente irrepreensível, e por isso se desentendeu por diversas vezes com os arcebispos de Quito; e que promoveu sistematicamente a alfabetização, também nisso exigindo da Igreja um forte compromisso. Era um político com dotes de pragmatismo ou um teórico de ideologia rígida? Uma espécie de monarca católico iluminado ou um conservador de traços paternalistas e só aparentemente modernizantes? García Moreno é um personagem decididamente complexo e interessante, sobre o qual faltam na realidade estudos atualizados, um produto do complexo e multiforme mundo latino-americano. Sabia que arriscava a vida, e a maçonaria conseguiu matá-lo. Depois de vinte anos de instabilidade, no fim do século XIX tomou o poder o liberal Eloy Alfaro (1842-1912), que impôs uma linha separatista e fortemente anticlerical.

O caso **brasileiro** é decididamente atípico, embora nas analogias o domínio espanhol e o português tivessem características diferentes. A independência da mãe-pátria ocorreu de modo pacífico, quando em 1822 Pedro I, filho do rei de Portugal, se autoproclamou imperador. A Igreja brasileira é ainda mais jurisdicionalista e desligada de Roma do que a hispano-americana, e Pedro II, sucessor do primeiro imperador, pretendeu governá-la com todos os direitos do patronato. O clero é escasso, pouco formado (os mais cultos são estatistas), as confrarias são poderosas e sofrem importantes infiltrações da maçonaria; essa última assume bem cedo um caráter anticlerical, embora vendo nas próprias fileiras diversos sacerdotes. Em meados do século XIX, alguns jovens bispos, em especial o bispo de Pernambuco, o franciscano Vital Maria Gonçalves de Oliveira (1844-1878), reagiram a esse estado de coisas e acabaram na prisão. Entretanto, nos campos do nordeste difundiram-se movimentos populares de despertar religioso, que se mantiveram, com exceção de alguns casos, no âmbito da ortodoxia.

Com a queda da monarquia em 1889, a Igreja brasileira aceitou a separação que permitia a plena liberdade de nomeações episcopais, embora numa situação de pobreza, e iniciou um percurso de compromissos junto à população e de melhoria da formação religiosa e cultural do clero, com uma nova consciência do próprio vínculo com Roma. A Santa Sé, preocupada com a situação, apoiou o episcopado, com Pio IX criou dois colégios romanos dedicados à América ibérica, e pediu às Ordens religiosas europeias e estadunidenses, em plena retomada vocacional, que corressem para ajudar os bispos brasileiros, até como acompanhantes na chegada de fluxos de emigrantes católicos, sobretudo italianos e alemães, que formaram inteiras aldeias nos campos do sul.

Nesse século inquieto da Igreja da América Latina, não se junta a uma superação substancial das estruturas jurídicas e econômicas da Igreja colonial uma solução das **grandes questões**, ou seja, o clero pouco numeroso, esparso, muitas vezes com formação e motivação insuficientes; uma hierarquia que tende a se integrar nos grupos dirigentes, por costume antigo e por recente senso de sobrevivência; uma população, que vai dos grupos autóctones dos Andes e da Amazônia aos negros e mulatos da costa brasileira, cristianizada muitas vezes de modo superficial, ligada sinceramente às devoções, mas com traços visíveis de sincretismo, ou pelo menos de um aprofundamento não completo da própria fé; uma classe dirigente permeada de anticlericalismo às vezes francamente positivista, às vezes com traços messiânicos e quase místicos, às vezes tendente a qualquer compromisso, e todavia bem decidida a controlar a Igreja, com formas mais ou menos larvadas do antigo patronato; áreas extensas necessitadas de empenho missionário, mas que o clero secular não queria assumir (tenha-se presente que para a Patagônia irão os salesianos, para a Amazônia, os capuchinhos e franciscanos, italianos em sua maior parte). Uma tentativa de enfrentar esses problemas foi o **concílio plenário** convocado em Roma em 1899, com quase cinquenta por cento dos bispos latino-americanos presentes. Os resultados serão bem parciais, mas para o futuro essa tentativa dará abertura às experiências episcopais continentais da segunda metade do século XX.

14. Estados Unidos e Canadá

1. No fim do século XVIII, o catolicismo na América do Norte (exceto o México) estava em **estado de missão**. Era majoritário no Canadá francês, que

então estava nas mãos dos britânicos; nos nascentes Estados Unidos contava com poucos milhares de pessoas, em geral de origem inglesa, importados e proprietários, como John Carroll (1735-1815), primeiro prefeito apostólico de Baltimore, primo de Charles (1737-1832), um dos que assinaram o ato de independência. A história da nomeação de Carroll é decididamente interessante: quando se tratou de erigir o primeiro distrito eclesiástico da nova federação, a Secretaria de Estado interpelou o Congresso, segundo o hábito e a prática de todos os Estados europeus. E o Congresso respondeu que, pelo princípio de separação, todas as confissões eram aceitas, e que o governo não queria intervir em nenhuma delas. E assim Carroll foi em certo sentido o primeiro bispo da era contemporânea, finalmente nomeado sem intervenção do poder civil.

Essas primeiras características já mostram um catolicismo que queria estar bem integrado na nova nação, no estilo muito *british* desses antigos nobres católicos, mas ao mesmo tempo pluralista no clima da nova nação. Mas essa escolha não era nada pacífica. A maioria protestante, WASP (*White Anglo Saxon Protestant*, ou seja, os brancos anglo-saxões protestantes) da costa oriental, provinha em grande parte de movimentos visceralmente antipapistas, e a **diferença em relação aos católicos** atravessará toda a história dos *States*, encarnando-se repetidamente em movimentos políticos anticatólicos, como os *nativist*, os *Know-nothing* (não queremos saber disso) ou o *Ku Klux Klan*, que considera inimigos da América os negros, os comunistas e os católicos.

Outra questão foi a de dar consistência jurídica às comunidades católicas, espalhadas muitas vezes em amplos territórios e organizadas de modo totalmente diferente em relação às "congregações" autônomas e democráticas dos puritanos, batistas e metodistas. Depois de várias tentativas, impôs-se entre os católicos americanos a forma jurídica do *trust*, a sociedade com conselho de administração. Em muitos casos, alguns dos primeiros bispos, de origem inglesa ou francesa, mas muito envolvidos no clima democrático típico dos EUA, deram aos *trust* paroquiais uma preponderância aos leigos eleitos, os quais, porém, às vezes não concordavam com os projetos do pároco, e outras vezes se opunham a nomeações e transferências de párocos, com autênticos casos de cisma. Em diversos anos de experimentações, chegou-se a uma forma de *trust* no qual a maioria era de leigos nomeados pelo bispo.

Mas a grande sacudida, a dinâmica que fez do catolicismo americano uma realidade em plena expansão, foi a **imigração**. Ondas de irlandeses, de alemães católicos, de austríacos, de poloneses, de ucranianos greco-católicos, depois de italianos, enfim de hispânicos transformaram o catolicismo de uma confissão marginal a uma realidade visível e difundida em vastas áreas do país, de Illinois ao Texas, de Nova York à Califórnia; estava menos presente em alguns Estados da *Bible belt*, ou seja, da área do sudeste, com um predomínio de confissões protestantes, quer entre os brancos, quer entre os negros, como a Geórgia, as duas Carolinas, o Alabama, mas consistente nas colônias ex-francesas do Mississipi e da Luisiana. O episcopado de origem inglesa e francesa, mas nascido na América, foi substituído por outro de predominância irlandesa, com elementos nascidos às vezes no Eire. Igreja estadunidense e Santa Sé tiveram de enfrentar as questões das vocações a partir do clero escasso e empenhado em vastos territórios e da inserção dos recém-chegados às paróquias, com tensões entre as comunidades — em particular entre alemães e irlandeses — e algumas tentativas de criar paróquias ou até dioceses "nacionais" e pessoais: alguns clérigos propunham distinguir comunidades inglesas, francesas, alemãs, irlandesas, italianas e assim por diante, cada uma delas com igrejas, clero e até bispos conforme cada cultura. Cada fiel aderiria à comunidade da própria língua. Até por firme oposição de Roma, essa linha foi superada. Todavia, o episcopado foi escolhido pelas comunidades maiores e, portanto, viu irlandeses, como John Ireland (1838-1918), alemães, como São João Nepomuceno Neumann (1811-1860) etc.

Jamais faltou na integração dessas sucessivas ondas a ideia de que os católicos não eram um corpo estranho, mas que queriam se integrar profundamente nos EUA. Essas sucessivas ondas migratórias, ao contrário, alimentavam a hostilidade dos WASP pertencentes às classes dirigentes. Profundamente mergulhados na mentalidade calvinista, os americanos identificavam na riqueza e no empreendedorismo um sinal de predestinação, e na miséria, uma maldição de Deus. E os emigrados, primeiro os irlandeses que fugiam da carestia das batatas em 1850, e depois os italianos do fim do século XIX eram miseráveis e malditos. Para os italianos, que chegaram à América sobretudo na virada do século XX, a pastoral e o acompanhamento foram obras do instituto de sacerdotes criado a pedido de Leão XIII pelo beato João Batista Scalabrini (1839-1905), bispo de Piacenza, e da congregação das missionárias do Sagrado Coração, fundadas pela lodigiana Santa Francisca Xavier Cabrini (1850-1917).

A crise da realidade americana devido à guerra de secessão (1861-1865) e o debate abolicionista viram a maioria dos católicos americanos proveniente da imigração favorável à **abolição da escravidão**, enquanto os bispos, por lealismo em relação à União ("nortistas") e aos confederados ("sulistas"), segundo sua situação territorial, moviam-se com circunspecção e algumas hesitações táticas. A guerra de secessão pôs em grave dificuldade as mais frágeis dioceses do sul, mas o esforço de assistência por parte das congregações femininas, a fidelidade demonstrada pelos católicos aos governos, a demonstração de unidade da Igreja, que nisso se diferenciou das confissões protestantes que se dividiram entre "igrejas dos brancos" e "igrejas dos negros", puseram o catolicismo em posição favorável. Mas no mundo *black* os católicos permaneceram uma minoria, devido à preponderância do protestantismo batista e metodista que oferecia às comunidades um forte sentido de identidade e de expressividade.

Os imigrantes católicos, em grande parte, sobretudo a grande onda irlandesa, tornavam-se operários nas fábricas do desenvolvimento industrial da segunda metade do século XIX. Pelo clima que se criava entre eles e pela formação que recebiam das paróquias, estiveram entre os primeiros a amadurecer uma **consciência de classe**. Segundo o direito liberal, era proibido associações entre os operários, assim surgiram associações secretas, como os *Knights of Labor*, a meio caminho entre confraria religiosa e lugar de formação, o sindicato em estado nascente. Foram violentamente combatidos pelos dadores de trabalho, os quais nesse período são os chamados *Robber Barons* (que literalmente significa barões bandidos), fundadores de empresas pelos altíssimos lucros e baixíssimos escrúpulos, mas generosos benfeitores de instituições protestantes e de missões. Alguns bispos tinham suspeitas de infiltrações maçônicas ou de desvios violentos e comunistas entre os *Knights*, que foram firmemente defendidos diante da Santa Sé por James Gibbons (1834-1921), arcebispo de Baltimore e cardeal, antecipando em alguns anos as indicações da *Rerum Novarum* em relação às associações só de trabalhadores (cap. 4, item 24 e cap. 5, itens 31.3-4).

2. Nos anos de fundação e de desenvolvimento dos EUA, o **Canadá** permaneceu fiel à coroa britânica. Os católicos de origem francesa residentes em Quebec desde a idade moderna escolheram a dupla fidelidade aos britânicos e a Roma, embora sofrendo discriminações tanto religiosas quanto políticas. O catolicismo se tornou um espaço de crescimento da **identidade francófona**: as paróquias, as escolas, as congregações femininas, algumas Ordens religiosas (em particular, os lazaristas em Montreal) foram consideradas formadoras e guias da comunidade franco-canadense; esta última, no século XIX, formou também líderes leigos com certo peso político na colônia, que mais tarde se tornou confederação do Canadá. O ensino superior foi guiado pela universidade

Laval, que se tornará um dos centros internacionais de estudo e elaboração da filosofia neoescolástica.

Entretanto, outros católicos imigrantes chegavam da Europa e se estabeleciam além dos confins de Quebec, em Ontário anglófono e de maioria protestante, bem como nas últimas regiões de colonização situadas a oeste e ao norte. Não faltaram tensões entre a comunidade católica francófona e os recém-chegados. A convivência entre católicos e protestantes no Canadá impulsionou os dois grupos a multiplicar as iniciativas e dar identidade aos fiéis; com o tempo, isso levou a um crescimento da prática religiosa e das vocações.

Seja nos EUA, seja no Canadá, no século XIX os católicos retomaram as **missões voltadas aos autóctones**. Nos Estados Unidos, a política de pressão, de segregação, para não dizer de genocídio praticada por vários governos, tornou difícil a missão, nas quais diversas denominações WASP não estavam interessadas. No mundo protestante, foram especialmente os membros da Sociedade dos amigos (*Quakers*) que procuraram criar uma relação positiva com os "índios", alguns dos quais tinham uma lembrança positiva das "sotainas negras", ou seja, dos jesuítas que tinham se dedicado por séculos à evangelização dos nativos americanos. Foram membros da Companhia de Jesus, principalmente belgas e italianos, que retomaram essa obra e obtiveram resultados interessantes. No "grande Norte" canadense, desde meados do século XIX juntaram-se aos jesuítas os oblatos de Maria Imaculada, que se dirigiram primeiro às populações indígenas do noroeste, e depois aos esquimós ou *inuit*, com epopeias de missionários em viagens com os cães de trenó ou com barcos apropriados, e que celebravam os sacramentos nos iglus.

Como acontece muitas vezes no mundo anglo-saxão, o catolicismo, seja nos EUA, seja no Canadá, optou de maneira prioritária pelo instrumento das **escolas**, com empenho e relevância forte por parte das congregações femininas. Provavelmente as escolas foram também o lugar para dar aos imigrantes da segunda geração uma formação e um pertencimento que os abria à sociedade americana, embora, sob outros aspectos corressem o risco de se tornarem fechados em gueto. Com efeito, as escolas paroquiais ensinavam o inglês e os elementos básicos da convivência nacional aos filhos dos imigrantes católicos, desempenhando uma obra importante de integração. De outro lado, a forte marca confessional das escolas católicas e a proibição emitida por alguns bispos de inscrever os filhos dos católicos em escolas não eclesiais levavam à criação de mundos relacionais fechados e centralizadores.

3. O fio condutor destas breves e até sintéticas linhas sobre a Igreja da América do Norte, uma das realidades de maior crescimento do catolicismo do século XIX e primeira metade do século XX, é a opção por parte das hierarquias e do clero de imergir profundamente no clima cultural e social do país no qual tinham nascido ou ao qual tinham chegado provindos das nações católicas europeias. No século XIX, o que para um católico italiano ou francês ou espanhol era quase impensável, ou seja, a separação entre Estado e Igreja, para um norte-americano era uma normalidade não só aceita, mas vista em sua positividade. Além desse dado jurídico, o catolicismo norte-americano não se compreende, porém, se não se percebem os aspectos peculiares da cultura religiosa do ambiente: a adesão voluntária e até de compromisso com ofertas e tempo à própria denominação religiosa, a democracia, o sentido do *calling*, de se sentirem chamados como indivíduos a um serviço e a uma profissão; além disso, o catolicismo norte-americano via a riqueza como serviço e partilhava da visão de que a coletividade norte-americana tinha o destino de prefigurar e promover o reino de Deus. O *american way of life* tem algo de global e de indefinível. Algumas interpretações parciais desse estilo, lidas na Europa sem suficiente compreensão, criaram protestos contra a heresia que até recebeu o nome de "**americanismo**" e que foi oficialmente condenada por Leão XIII em 1899 com a carta *Testem benevolentiae* (cap. 5, item 32.3). A reação de Gibbons e da Irlanda foi de surpresa, pois eles não encontraram de modo algum na comunidade católica americana os excessos condenados pelo documento pontifício. A polêmica arrefeceu logo. Mas é o sinal histórico de uma forma de catolicismo que tem suas peculiaridades, a qual, embora fruto da inserção de massas de europeus numa terra do outro lado do oceano, faz emergir diferenças significativas e processos de desenvolvimento de extremo interesse.

Inserção 2
As missões protestantes

Desde o surgimento do fenômeno da Reforma no início do século XIX, as diversas confissões protestantes não tinham tido verdadeira experiência de missão extraeuropeia por um conjunto de motivos complexos que apenas podemos mencionar aqui. Antes de tudo, as nações que tinham passado para a Reforma não tinham se voltado para os novos mundos tão cedo como Espanha e Portugal; as bases inglesas, holandesas e dinamarquesas, além de alguns processos de colonização, se desenvolveram sobretudo nos séculos XVII e XVIII. Os grupos protestantes eram missionários, mas compreensivelmente primeiro em relação aos outros cristãos, em particular aos católicos, que deviam ser conquistados para a verdadeira luz da fé reformada. Além de certa leitura de algumas páginas do Antigo Testamento, propendiam mais para a luta contra os ídolos e seus adoradores que para um anúncio evangélico. A própria história de Cam, o maldito de Noé no livro do Gênesis, era interpretada por alguns no sentido de que houvesse ali uma espécie de repúdio da estirpe camítica, facilmente identificada com o mundo africano: daí certo racismo presente, por exemplo, nos calvinistas holandeses e franceses que se estabeleceram no Cabo da Boa Esperança. Os grupos dos padres peregrinos, comunidades dissidentes em relação à Igreja *established* na Inglaterra que migraram para a costa oriental da América do Norte, deslocaram-se em primeiro lugar com todas as suas famílias, ao passo que os ibéricos *conquistadores* eram homens que acabavam por formar famílias mistas, e em segundo lugar tinham como projeto criar uma espécie de reino de Deus na terra, enquanto os autóctones eram considerados um perigo e uma ameaça. O conjunto de episódios que levaram à expansão cada vez maior para oeste da fronteira da colonização anglo-saxã acabou não só por gerar uma diminuição dos nativos norte-americanos (alguns falam de verdadeiro genocídio), mas também por contrapor com dura hostilidade os dois mundos. Entre os poucos grupos cristãos protestantes que junto com os católicos se voltaram aos autóctones para uma evangelização estavam os *Quakers*. O protestantismo difundiu-se entre os **negros importados como escravizados** no sudeste das Treze colônias. Já a colonização holandesa, bem tardia aliás, e a britânica da Índia e do sudeste asiático tinham poucos espaços para a missão entre budismo, hinduísmo e islamismo.

Outro complexo de razões permitiu ao mundo protestante viver um importante **salto missionário** sobretudo a partir do século XIX. Antes de tudo, os movimentos *revivalistas* dos séculos XVIII (vol. III, cap. 5, item 23.5) e XIX estavam impregnados de entusiasmo missionário, voltado em primeiro lugar para os cristãos de confissão protestante que tinham deixado de lado a religião, cedendo à febre do ouro ou ao álcool. Em segundo lugar, o empenho filantrópico na base do antiescravismo levou a uma aproximação diferente em relação ao mundo africano com o projeto estadunidense da Libéria e as cidades de refúgio para os escravizados libertos nos navios. Além disso, as explorações e a evolução do fenômeno colonial de puramente comercial a assentamento e conquista viram o envolvimento primeiro da Grã-Bretanha e, mais tarde, também da Holanda e da Prússia. Na Inglaterra, nos Estados Unidos e no protestantismo francês formaram-se movimentos também juvenis de missão, apoiados por imensos recursos econômicos.

Uma característica dessa missionariedade protestante é a boa relação entre as diferentes confissões, as quais dividiam os territórios a serem evangelizados e acabaram por criar também **missões interconfessionais**. O impulso missionário foi um dos motores do percurso protestante em direção ao ecumenismo; o movimento dos estudantes missionários, promovido pelo estadunidense John Raleigh Mott (1865-1955) e que dará origem à *Young Men Christian Association* (YMCA) difundida por todo o mundo, pressionava por realidades missionárias comuns entre as várias comunidades. Das conferências mundiais missionárias promovidas pelas comunidades evangélicas empenhadas na evangelização dos não cristãos, em especial pela conferência de Edimburgo de 1910, nasceu o movimento "Fé e Constituição", promotor do ecumenismo. Querendo partilhar com os não cristãos em primeiro lugar a leitura da Bíblia, por um lado os missionários provenientes do mundo da Reforma davam andamento a **traduções da Bíblia** para as diferentes línguas, e por outro lado investiam importantes recursos na alfabetização. Em terceiro lugar, os missionários protestantes, sobretudo os provenientes do mundo anglo-saxão "presbiteriano" e "congregacionalista" (calvinistas e Igrejas independentes), visavam a formar **pastores de origem local** e a confiar as responsabilidades da pregação e da organização aos nativos, geralmente com antecipação nisso em relação aos missionários católicos. As doações de cada indivíduo e dos grupos tornaram fortes as missões protestantes, que frequentemente chegavam com amplos projetos de fundações (hospitais, escolas…) e criavam uma maldisfarçada inveja entre os católicos.

As missões protestantes difundiram-se pela África, sobretudo nas regiões de hegemonia britânica, na China, na Índia, com o apoio do governo colonial, e nas ilhas da Oceania. Especialmente nessas últimas, a **competição** entre católicos e protestantes era forte e algumas vezes gerou verdadeiros choques ligados à rivalidade colonial entre ingleses e franceses. Mas também na China, missões protestantes com importantes financiamentos e estruturas contrapunham-se a missões católicas, e as duas partes se acusavam reciprocamente de ir atrás de conversões e de batismos mediante subvenções às famílias pobres, ou seja, de criar "cristãos de arroz" convertidos para sair da pobreza, censura essa dirigida também pela elite chinesa. Inevitavelmente as contraposições entre cristãos diminuíam a autoridade do anúncio, sobretudo nas áreas de maior cultura. No século XX, inclusive por meio das duras provas dos eventos bélicos e totalitários, como a guerra do Pacífico (1942-1945) ou as perseguições dos regimes comunistas (China e Vietnã, mas também Estados africanos simpatizantes da URSS e da China Popular) e mediante o caminho ecumênico, a contraposição foi substituída por uma substancial colaboração entre missões católicas e Igrejas protestantes históricas. Também o mundo protestante teve de enfrentar as grandes questões do colonialismo e da descolonização seguinte.

O protestantismo africano traz consigo certa tendência à **fragmentação** numa multiplicidade de grupos, igrejas e seitas. Os fenômenos do profetismo africano nasceram em geral no âmbito de movimentos evangélicos, embora sem deixar de atrair prosélitos também entre os católicos. Essas igrejas independentes são portadoras de um estilo de proselitismo muito acentuado que muitas vezes irrita o islamismo da África subsaariana, tendencialmente moderado. Os recentes episódios sangrentos que têm como protagonistas os fanáticos de Boko Haram na Nigéria e nos Estados vizinhos, ou a guerra civil que ensanguentou a República centro-africana, tomam às vezes como pretexto das violências certo cristianismo de tipo sectário. Ao protestantismo na América central e meridional faremos referência no capítulo 9.

Para além dos excessos e das contraposições, indubitavelmente a missão protestante deu uma contribuição notável à expansão do cristianismo nos séculos XIX e XX, estimulando de diversos modos também as missões católicas e pagando alta contribuição de sangue no anúncio evangélico e na resistência às injustiças e às violências.

Nota bibliográfica

COMBY, J. (org.). *Diffusion et acculturation du Christianisme (XIXe-XXe siècle). Vingt-cinq ans de recherches missiologiques par le CREDIC*. Paris: Kartala, 2005.
GADILLE, J. Le Chiese cristiane in Africa, Asia e Oceania. In: MAYEUR, J.-M. et al. (dir.). *Storia del cristianesimo*. Roma: Città Nuova-Borla, 1997, v. 12: Guerre mondiali e totalitarismi (1914-1958), 1011-1092.
_____. Le strategie missionarie delle Chiese. In: MAYEUR, J.-M. et al. (dir.). *Storia del cristianesimo*. Roma: Città Nuova-Borla, 1997, v. 12: Guerre mondiali e totalitarismi (1914-1958), 227-245, 230-235.
_____; ZORN, J. F. Il progetto missionario. In: MAYEUR, J.-M. et al. (dir.). *Storia del cristianesimo*. Roma: Borla-Città Nuova, 2003, v. 11: Liberalismo, industrializzazione, espansione europea (1830-1914), 133-161.
_____. Le missioni cristiane in Africa, Asia, Australasia e Oceania. In: MAYEUR, J.-M. et al. (dir.). *Storia del cristianesimo*. Roma: Borla-Città Nuova, 2003, v. 11: Liberalismo, industrializzazione, espansione europea (1830-1914), 877-976.

15. Alguns conceitos sintéticos

Ao tentar uma síntese de um movimento tão vasto devido ao empenho por parte do catolicismo europeu, aos recursos empregados e sobretudo às culturas encontradas, tivemos a ideia de reunir alguns conceitos sintéticos que procurem espelhar sem anacronismos a mentalidade dos missionários e a experiência do nascimento e da difusão de comunidades católicas para além do Ocidente.

1. "Fé e civilização" é uma característica sintética, um binômio, que com essas palavras ou outras semelhantes atravessou todo o despertar missionário do século XX. Há o romantismo de Chateaubriand e de muitíssimos outros autores nessas duas palavras, e há um conjunto de projetos, pré-compreensões, hábitos mentais que estruturavam muitos, talvez todos os missionários que deixavam a civilizada e cristã Europa para chegar a anunciar o Evangelho aos que eram considerados à maneira de "bárbaros". O arauto da fé levará não somente um anúncio estritamente religioso, mas toda uma forma de vida que haveria de resgatar os "infiéis" dos quais a terra ainda estava cheia e que, além de infiéis, eram também não civilizados. Resgate da miséria e da escravidão para as populações da "negritude", segundo a expressão de Comboni. Resgate do infanticídio na China. Resgate da antropofagia e da depravação sexual na Melanésia...

Não se pode dizer que algumas das formas de vida catalogadas como "bárbaras" não existissem nos continentes aonde chegaram os missionários. Todavia, hoje antropólogos e historiadores, principalmente não europeus, tendem a redimensionar essas histórias e inseri-las em culturas às vezes evoluídas e profundas, outras vezes primitivas, mas perturbadas pela chegada de um mundo incompreensível para os autóctones e capaz de levar de roldão as bases do dia a dia deles. Para levar a fé e a civilização, difundia-se com frequência entre os missionários a ideia de que os meios eram, todos ou em grande parte, lícitos. No fundo, o apoio dos Estados europeus era uma estrada de civilização, embora os mais perspicazes, depois de uma experiência missionária consistente ou sobretudo depois da Primeira Guerra Mundial, tenham compreendido que era necessário distinguir entre civilização [*Civiltà*] cristã e civilização [*civilizzazione*], ou melhor, colonialismo europeu. Não faltaram debates até intensos entre eclesiásticos, sobretudo no final do século XIX, entre possibilistas por um acordo com o colonialismo e críticos do enfoque por demais europeu.

Um segundo conceito é o de **método**. No século XIX, entre os católicos não se pode falar ainda de uma missiologia como a que se desenvolverá no século seguinte, mas do debate sobre os métodos mais eficazes nascerá uma reflexão que será útil ao desenvolvimento da teologia e da antropologia cultural. Pode parecer singular, mas uma das metodologias mais exaltadas e experimentadas pelos missionários, sobretudo na África e em várias ilhas da Oceania, era a das **reducciones**, conforme o modelo jesuíta da América Latina (vol. III, cap. 7, item 30.1). Se é verdade que o "estado independente" no império espanhol tinha miseravelmente desmoronado sob os golpes das armas portuguesas no século XVIII e era objeto das ironias de Voltaire (1694-1778), é igualmente verdade que havia uma lembrança quase mítica; e na cultura italiana um célebre escrito de Luís Antônio Muratori (1672-1750) o tinha descrito como "cristianismo feliz" (vol. III, cap. 6, item 25.3). Assim, muitos missionários, entre os quais Comboni, tentaram criar aldeias cristãs para estabilizar tribos nômades e consideradas não civilizadas e fazê-las crescer como mundo protegido e espaço exemplar também para os não cristãos.

Essas tentativas, às vezes unidas à ideia de formar "moreninhos" na Europa e levá-los para as aldeias cristãs, foram logo abandonadas. Em alguns casos, no Gabão, por exemplo, a ideia de resgatar ou libertar os escravizados e inseri-los em comunidades protegidas teve algum sucesso. Analogamente, os orfanatos para crianças e sobretudo para meninas abandonadas e expostas, com formação cristã e intelectual, e o apoio a casais cristãos foram um caminho típico do movimento missionário, em primeiro lugar na China, onde o abandono ou o infanticídio dos recém-nascidos era um costume um tanto difundido, mas também alhures, na Argélia e no Egito por exemplo. Foi muito comum a **opção escolar**, sobretudo dirigida à instrução básica, mas que às vezes se estendeu aos institutos superiores e às universidades: da Austrália ao Canadá, de Uganda à China, do Japão à Índia, os católicos investiram recursos importantíssimos, às vezes com o apoio dos Estados ou dos governos coloniais, como na África britânica ou no Congo belga. Pouco a pouco, nos países de missão propriamente ditos, emergiram as figuras dos catequistas autóctones; pensou-se numa formação especial para eles, que em vários casos encontravam no ministério uma fonte de sustento direta (mediante um estipêndio) ou indireta (a missão garantia a casa, a horta e assim por diante). Bem cedo, a figura do catequista se tornou a peça fundamental do primeiro anúncio na África subsaariana, Ásia e Oceania, e foi o primeiro verdadeiro elemento do protagonismo das jovens Igrejas.

Outro caminho para a evangelização foi o da **caridade**, como o cuidado dos doentes e mais fracos: com alguns elementos de enfermagem, Comboni era considerado um dos melhores médicos de Cartum e muitas congregações masculinas e femininas abriram hospitais, dispensários ou, como Damião de Veuster, se dedicaram aos leprosos. Também entre os migrantes para a América, Francisca Cabrini se dedicou à construção de hospitais. As escolhas dos institutos missionários e do pessoal *in loco* são significativas de uma experiência que crescia, ia se codificando, criava reflexões e experimentações. O mundo missionário foi um dos espaços mais inovadores do catolicismo do século XIX.

2. Um terceiro conceito, também ele tomado de empréstimo das missões da era moderna, foi o da **adaptação**. Pelo menos em linhas gerais, todos os que se dedicavam à missão estavam de acordo em que era preciso se tornar "chineses com os chineses", como já ocorrera no início do século XVII com Roberto De Nobili e Mateus Ricci (1552-1610) e seus confrades jesuítas na Índia e na China (vol. III, cap. 7, item 31.4). Na realidade, como mostra a experiência dos franciscanos, sucessores da missão austro-húngara no Sudão, havia ainda quem contasse com a pobreza e a Providência, sem levar muito em conta a profilaxia, a atenção ao clima, a aprendizagem das línguas locais, salvo depois a mudança de opinião na missão. Todavia, o esforço de adaptação produziu gramáticas e dicionários das línguas desconhecidas, coleções e publicações de valiosos dados etnográficos, estudos sobre os textos religiosos e literários das grandes culturas — era exemplar a tentativa de penetração dos lazaristas no Tibet — e amplas reflexões, às vezes acesos debates, como o que acompanhou as tentativas de enfrentar a questão das castas no sul da Índia.

Enfim, um adjetivo significativo, talvez mais contemporâneo, é "**autóctone**"; no século XIX, usava-se com mais frequência "indígena", termo *de per si* não totalmente correto, pois sua raiz se refere a um território específico, a Índia. A Santa Sé e pelo menos todos os missionários estavam persuadidos de que se devia chegar a uma Igreja "indígena"; tenha-se presente que desde a primeira parte do século XVII *Propaganda* havia dado essa orientação mediante algumas instruções do seu primeiro secretário, Francesco Ingoli (1578-1649), embora tenham sido esquecidas na prática; tanto assim que, quando em 1845 (no fim do pontificado de Gregório XVI) foram retomadas por um documento oficial da Santa Sé, soaram quase como uma novidade absoluta (vol. III, cap. 7, item 32.1).

Muitos, mesmo entre aqueles que por anos a fio se dedicaram intensamente à missão, consideravam, porém, que uma verdadeira comunidade autônoma, com sacerdotes autóctones, antes teria necessidade de séculos de "cristandade", como ocorrera em raras regiões da Índia e da China. E era quase impossível para muitos missionários imaginar até a existência de bispos autóctones. Somente alguns corajosos, embora muitas vezes missionários em regiões nas quais efetivamente as comunidades datavam desde o século XVII, como na Índia ou no Vietnã, se dedicaram à formação do clero indígena. Também o mundo dos catequistas, de quem se falou pouco anteriormente, não era considerado positivo por todos os missionários, e alguns mostravam fortes reservas. Talvez tenham tido maior espaço os catequistas das congregações religiosas femininas, sobretudo na Ásia.

Mas "autóctone" lembra também um tema amplo, que infelizmente não podemos considerar aqui. Qual foi a reação dos povos com a presença dos missionários? Além dos números mais ou menos altos de adesões, o que provocou a presença de sacerdotes e religiosos ocidentais? E mesmo entre os novos cristãos, em que o cristianismo se tornou? Plasmou-se em novas formas ou foi mera importação de uma liturgia, de modos de vida e até de nomes europeus? Começa nesse período a se manifestar algumas formas de releitura do cristianismo segundo modalidades religiosas locais: em meados do século XIX, a revolta dos T'ai P'ing no sul da China foi guiada por um aluno dos protestantes que procurava juntar cristianismo e taoísmo. Já na Oceania, o culto à carga, navio mítico que teria levado aos nativos as próprias riquezas que estavam à disposição dos brancos, era uma reação quase desesperada à reviravolta levada não só pelos missionários, mas por tudo o que era considerado estrangeiro. Também com essas reações teve de se enfrentar a difusão do cristianismo no século XIX.

Uma das linhas de trabalho mais promissoras a respeito dos estudos da história missionária é a abordagem com base nos chamados "**equívocos produtivos**". Os missionários, em particular os pioneiros nas áreas mais remotas ou os que entravam em contato com mundos culturais evoluídos, procuravam conhecer as línguas e as culturas e logo iniciavam a evangelização, em muitos casos interpretando mal alguns termos e significados e, portanto, produzindo naturalmente fases de incompreensão e de verdadeiros erros de diálogo que, no entanto, davam início a percursos de ressignificação, de ampliação do vocabulário e das ideias, o que provocou mudanças tanto nos grupos humanos contatados quanto nos próprios missionários. Também o estudo dos motivos da adesão dos grupos ao cristianismo e da recepção da mensagem cristã feita pelas culturas evangelizadas é uma perspectiva que abre novos debates na história do catolicismo além da Europa.

Bibliografia

Estudos

CIPOLLONE, G.; ORLANDI, C. *Aborigeno con gli aborigeni per l'evangelizzazione in Australia. Il testo della redazione (1883)* per Propaganda Fide *del vescovo Rudesindo Salvado*. Cidade do Vaticano: Libreria Editrice Vaticana, 2011.

COMBY, J. (org.). *Diffusion et acculturation du Christianisme (XIXe-XXe siècle). Vingt-cinq ans de recherches missiologiques par le CREDIC*. Paris: Kartala, 2005.

DELACROIX, S. (org.). *Histoire universelle des missions catholiques. 3: les missions contemporaines (1800-1957)*. Paris: Grund, 1957.

DUSSEL, E. *Storia della Chiesa in America Latina (1492-1992)*. Bréscia: Queriniana, 1992, 129-198.

GASBARRO, N. (org.). *Le culture dei missionari*. Roma: Bulzoni, 2009.

Il cammino dell'evangelizzazione. Problemi storiografici. Atti del XII convegno dell'Associazione Italiana dei Professori di Storia della Chiesa. Palermo 19-22 settembre 2000. Bolonha: il Mulino, 2001.

La Chiesa nella società liberale. In: AUBERT, R.; KNOWLES, M. D.; ROGIER, L. J. (dir.). *Nuova storia della Chiesa*. Gênova-Milão: Marietti, 1977, v. 5/1, 294-430 (contribuições de R. Aubert; P. E. Crunican; J. T. Ellis; F. B. Pike).

LADOUS, R.; CHOQUETTE, R.; MEYER, J. A. Il nuovo mondo. In: MAYEUR, J.-M. et al. (dir.). *Storia del cristianesimo*. Roma: Borla-Città Nuova, 2003, v. 11: Liberalismo, industrializzazione, espansione europea (1830-1914), 747-971.

MARTINA, G. *Pio IX (1851-1866)*. Roma: Pontificia Università Gregoriana, 1986, 357-495.

MCMANNERS, J.; ZAMBARBIERI, A. (orgs.). *Storia illustrata del Cristianesimo*. Casale Monferrato (AL): Piemme, 1993, 448-582.

METZLER, J. (org.). Dalle missioni alle Chiese locali (1846-1965). In: *Storia della Chiesa*, iniciada por A. Fliche e V. Martin, 24, Milão: SAIE, 1991.

Nagoyo. La vita di don Angelo Confalonieri fra gli Aborigeni d'Australia (1846-1848). Trento: Fondazione museo storico del Trentino, 2011.

PÉTRÉ-GRENOUILLEAU, O. *La tratta degli schiavi. Saggio di storia globale*. Bolonha: il Mulino, 2004.

PLONGERON, B. Il grande rifiuto nord-americano. In: MAYEUR, J.-M. et al. (dir.) *Storia del cristianesimo*. Roma: Borla-Città Nuova, 2004, v. 10: Le sfide della modernità (1750-1840), 419-469.

ROMANATO, G. *L'Africa nera fra cristianesimo e islam. L'esperienza di Daniele Comboni (1831-1881)*. Milão: Corbaccio, 2003.

SAINT-GEOURS, Y.; PLONGERON, B. L'America Latina o la modernità emancipate. In: MAYEUR, J.-M. (dir.). *Storia del cristianesimo*. Roma: Borla-Città Nuova, 2004, v. 10: Le sfide della modernità (1750-1840), 686-722.

VACCARO, L. (org.). L'Europa e la sua espansione religiosa nel continente nordamericano. In: *Europa ricerche*, 16. Milão: Centro Ambrosiano, 2012, 2 v.

capítulo terceiro
A Igreja católica entre Restauração e liberalismo

16. A Igreja católica diante de um bívio e a Restauração política

1. Os complexos e dramáticos episódios que num quarto de século, de 1789 (com o início da Revolução Francesa) a 1815 (com a definitiva saída de cena por parte de Napoleão), tinham deixado a Europa em desordem deram início a uma **situação profundamente transformada** até **para a Igreja católica**. Em primeiro lugar, sob o ponto de vista de suas instituições e estruturas; basta pensar na drástica redução das Ordens religiosas ou no confisco e venda de consistentes patrimônios eclesiásticos; com isso, necessariamente tinha-se também posto fim a muitas atividades de caráter público (escolares, sanitárias, assistenciais) tradicionalmente geridas pelas instituições religiosas. Além disso, fora seriamente posto em discussão e, por alguns períodos e sob certos aspectos, quebrado o vínculo entre o poder político e a autoridade eclesiástica, que pelo menos nominalmente mantinha seu caráter sagrado de ascendência cristã.

Por um lado, **a reação** espontânea surgida nos diversos países da Europa diante da exportação das novidades revolucionárias por parte da França — sobretudo pelos aspectos conexos de violências e de imposição — acabou se associando à difusa saudade por parte dos católicos de uma sociedade tradicional que via a Igreja no centro ou, digamos, numa posição de privilégio. Por outro, **as novidades** políticas e a nova concepção do poder e da convivência humana que os exércitos napoleônicos tinham difundido por toda parte eram plantas que vingavam, pelo menos o suficiente para não poderem ser facilmente erradicadas. Assim, nos decênios imediatamente seguintes ao ocaso do meteoro francês — e antes que um novo abalo revolucionário, o famoso 1848, atravessasse o velho continente —, a sociedade europeia, e nela a Igreja católica, parecia estonteada entre a nostalgia de um passado que agora era difícil de reconstruir e as novas perspectivas ainda incertas; ou seja, entre tentativas de restauração do "Antigo Regime" e algumas aberturas esporádicas às novas concepções liberais. Para a Igreja, a dificuldade de se posicionar era dada antes de tudo pelo risco concreto de ser atacada com violência pela parte oposta àquela com a qual estivesse alinhada. Caso típico foi o da Espanha: depois de ter apoiado em 1814 o retorno ao trono do rei legítimo Fernando VII, propiciando assim o pleno retorno da monarquia absoluta, os católicos tiveram de sofrer as represálias do governo liberal que se formou depois da revolta contra o soberano em 1820.

Por qual orientação optar tornara-se ainda mais difícil pelos **equívocos que ambas as perspectivas ocultavam** em si. Com efeito, o caráter oficialmente "cristão" do Antigo Regime era frequentemente acompanhado pela mentalidade e prática que mostravam uma concepção redutiva e instrumental do cristianismo, bem como pela concreta restrição dos espaços de liberdade para a Igreja, em especial na nomeação dos bispos, normalmente atribuída ao poder político, e na forte limitação das relações entre as Igrejas locais e a Santa Sé. Durante o século XVIII, esse enfoque da relação entre instituições políticas e eclesiásticas foi progressivamente sendo radicalizado, graças às mais variadas contribuições — cuja recíproca correlação é difícil de identificar — entre as quais se destacam o jurisdicionalismo (em suas diferentes formas, como as que se referem aos territórios habsbúrgicos), o febronianismo e o jansenismo. Tudo isso favorecido pelo movimento do Iluminismo, dentro do qual não faltou um número significativo de intelectuais católicos (vol. III, cap. 6, itens 25-26). Por outro lado, a mentalidade liberal, embora produto da revolução, não deixava, todavia, de oferecer uma possível recuperação de maior autenticidade religiosa e eclesial, bem como de âmbitos de autonomia e de iniciativa para as instituições eclesiásticas.

Pode-se dizer que é precisamente nesse posicionamento necessário, mas não fácil, diante de orientações diferentes (e em parte opostas) da sociedade, que se esboça a nova condição da Igreja em uma época que chamamos de "contemporânea". De fato, permanece até nossos dias essa **relação inédita entre a Igreja e a sociedade**, a qual se tornou cada vez mais "outra" diferente dela depois do fim da identificação substancial que tinha caracterizado a cristandade medieval, e da própria relação conflitante entre Igreja e sociedade que caracterizara a época "moderna".

Na parte inicial do capítulo examinaremos a primeira das duas vias que se abriam, como anteriormente lembrado, para a Igreja da época pós-revolucionária, ou seja, a tendência à "restauração" da condição anterior. Ao usarmos — como faremos — o mesmo termo "restauração" com referência a conteúdos notavelmente diferentes, ao lado do mais comum, de caráter político, estamos conscientes dos possíveis equívocos; todavia, desse modo pareceu-nos poder perceber melhor um clima social e eclesial mais amplo, caracterizado pelo desejo de superar o trauma da revolução, bem como entrever alguns aspectos, pelo menos, dos complexos entrelaçamentos entre as diferentes perspectivas dessa fase histórica ainda não suficientemente pesquisada.

Portanto, em conexão com a reviravolta impressa de novo pela França na chamada "revolução de julho" de 1830, aprofundaremos a segunda tendência, a disponível à abertura para uma nova visão da política e da sociedade nascida da Revolução Francesa e definível sumariamente como "liberal". Depois de ter esclarecido alguns aspectos principais dessa concepção político-social, procuraremos pôr o foco nas potencialidades e dificuldades postas por ela ao catolicismo daquela época. Com efeito, para além de algumas reflexões teóricas e algumas tentativas de encontro entre Igreja e liberalismo, a linha **predominante** que se apresenta é a da **contraposição**, apoiada em primeiro lugar pelo próprio magistério pontifício.

Será somente depois de 1848, e portanto na segunda metade do século (cujo estudo estará no capítulo seguinte), que se poderão definir melhor as potencialidades e os limites para a Igreja nos diferentes países da Europa e da América Latina, cada vez mais orientados para o liberalismo político. Limitamo-nos neste capítulo a pôr o foco no surgimento da problemática em suas diferentes facetas e a evidenciar os primeiros e incertos limites de um posicionamento — cada vez mais inevitável — por parte da Igreja católica diante da condição inédita da sociedade humana na época contemporânea.

2. Há um significado mais conhecido de "Restauração" no início do século XIX, ou seja, a **reorganização do quadro político internacional** depois da derrota de Napoleão. Foi uma operação notoriamente posta em prática pelo Congresso de Viena entre 1814 e 1815, com a participação de quase todos os Estados da Europa e o predomínio das quatro potências vencedoras (Áustria,

Grã-Bretanha, Rússia e Prússia). Em primeiro lugar, tratava-se de recolocar em seus respectivos tronos os soberanos que tinham sido destituídos pela Revolução, porquanto considerados legítimos detentores de um poder que lhes fora subtraído injustamente e com violência. Em particular, foram restabelecidas as dinastias dos Bourbon (França, Espanha, Duas Sicílias) e dos Habsburgos (Império austro-húngaro, Lombardia, Estados menores do norte da Itália, Toscana).

Também a Igreja católica foi envolvida, no próprio vértice romano, nesse nível estritamente político. Com efeito, como soberano temporal do Estado da Igreja no centro da península italiana, **o papa teve pleno reconhecimento de seus direitos** durante o Congresso de Viena. Antes, o principado eclesiástico do pontífice romano foi o único a ser reconstituído na condição anterior à Revolução Francesa, com a recuperação quase integral de seus territórios, exceto os situados na França, ou seja, Avinhão e o Condado Venaissino. Esse sucesso obtido pelo papa em Viena como soberano temporal é ainda mais extraordinário se se pensa que entre as quatro potências dominantes no congresso somente a Áustria era de confissão católica: a Prússia era protestante, a Inglaterra, anglicana, e a Rússia, ortodoxa. O ótimo resultado político obtido pela Santa Sé dependeu muito da habilidade do secretário de Estado, cardeal **Consalvi**, brilhante protagonista das negociações para a concordata com Napoleão (cap. 1, item 6.1), mas derivou também da estima que o papa Pio VII conquistou por sua firme oposição às prepotências revolucionárias, bem como por parecer como o verdadeiro vencedor final de Napoleão, com seu retorno a Roma em 1814, depois da prisão que o imperador lhe infligira (cap. 1, item 6.4).

Todavia, a projetada **restauração política** era concretamente **impraticável**. O mapa da Europa redesenhado pelo Congresso de Viena apresentava muitas contradições. Com efeito, se além de restabelecer a situação anterior a 1789 a intenção principal das potências vencedoras era dar maior estabilidade possível às relações internacionais, o fato é que foram postas as premissas para que ocorresse o oposto, sobretudo mediante pesadas intervenções político-territoriais, quer privilegiando os interesses das potências vencedoras, quer procurando conter por todos os lados a França, cercando-a com uma cadeia de Estados não muito fracos. Isso acabou por criar diversas situações político-territoriais de uma futura e potencial tensão, tanto de caráter nacional, quanto de natureza confessional, e muitas vezes ambas ao mesmo tempo. Tais foram, em particular, o caso da Bélgica (predominantemente católica, foi anexada ao reconstituído reino da Holanda, atribuída a um soberano protestante) e o da Polônia, também católica, reconstituída em reino unitário, mas submetida ao czar da Rússia ortodoxa.

A Revolução Francesa e o domínio napoleônico não tinham subvertido somente as fronteiras territoriais e os ordenamentos políticos anteriores a 1789, os quais foram reconstituídos — pelo menos em boa parte, embora com os limites agora acenados — pelo Congresso de Viena. Por quase toda parte, havia mudado também a mentalidade; os princípios da laicidade do poder ou da igualdade social (contra os privilégios anteriormente reconhecidos aos nobres e ao clero) tinham se firmado com a legislação e a prática de governo que se seguiram às conquistas napoleônicas, mas que já remontavam à cultura iluminista da qual se originara a própria Revolução Francesa. Disso se deu conta o papa Pio VII no momento em que, com a queda de Napoleão, houve o retorno ao trono da França do legítimo herdeiro, ou seja — depois da morte de Luís XVII ocorrida em 1795 —, Luís XVIII, irmão menor de Luís XVI, guilhotinado pelos revolucionários em 1793. Com efeito, o papa devia constatar com amargura que na nova constituição concedida pelo soberano em 1814 "a religião católica [fora] passada completamente sob silêncio" e isso ocorria também por "Deus onipotente, graças ao qual reinam os reis e os príncipes governam" (Pio VII, *Post tam diuturnas*, 29 de abril de 1814, em *La doctrine sociale de l'Église à travers les siècles. Documents pontificaux du XVème au XXème siècle*, I, Valores-Beauchesne, Friburgo [CH]-Paris, 1973, 476-479).

De fato, na constituição francesa emanada no dia 6 de abril de 1814 pelo senado de Paris, durante o governo provisório de Talleyrand, não se fazia menção alguma ao catolicismo; havia apenas uma afirmação genérica de que estaria garantida "a liberdade dos cultos e das consciências" (art. 22, cit. in Saitta, 576). Essa primeira constituição pós-revolucionária foi, porém, rejeitada por Luís XVIII e substituída por outra, emanada em 4 de junho seguinte. Nela se declarava abertamente: "A religião católica, apostólica e romana é a religião do Estado" (art. 6, ibid., 579); aliás, esse artigo só pôde ser aceito porque foi inserido depois de outro deste teor: "Cada qual professa a própria religião com igual liberdade e obtém para o próprio culto a mesma proteção" (art. 5, ibid., 576). Ou seja, ao lado — até mesmo antes — do reconhecimento do catolicismo como religião de Estado, vinha afirmado com coerência duvidosa um **princípio de igualdade entre as diversas formas religiosas** diretamente herdado da experiência revolucionária.

3. Outro elemento considerável de novidade encontrava-se no **difuso sentimento nacional**. Também ele surgira com a Revolução Francesa, porquanto nascida precisamente como refundação de um Estado baseado não mais no direito de reinar atribuído por vontade divina a uma dinastia de soberanos, mas na vontade unânime (*fraternité*) ou majoritária de um povo de iguais (*égalité*) que se identifica numa comunhão de território, cultura, tradições e que dispõe livremente (*liberté*) do próprio destino. Por mais limitado e contraditório que tenha sido o resultado concreto da experiência revolucionária, o ideal fora claramente traçado; e como tal também foi entendido fora da França pelas mesmas populações que, submetidas *manu militari* ao destino francês, acabaram tendo de reivindicar, *contra* a própria pátria da ideia moderna de nacionalidade, o próprio direito à autonomia. Mas foi precisamente essa contraposição à Revolução Francesa (e às espoliações praticadas muitas vezes contra os bens eclesiásticos) que permitiu uma primeira união entre os **ambientes católicos**, até populares, **e a ideia de nação** como sujeito político.

Além disso, a difusão de um novo clima cultural — em reação ao Iluminismo racionalista e a seus resultados revolucionários —, denominado "Romantismo", recuperava o valor da religiosidade e da tradição, renovando ao mesmo tempo a consciência de uma origem comum às diversas cepas europeias e encontrando para todos a unificadora matriz cristã na sociedade medieval. Desse modo, punham-se as bases para uma união mais segura entre nação e religião. A essa altura, a solução apresentada no Congresso de Viena — que tinha recolocado os soberanos legítimos nos tronos da Europa, mas sem levar em conta, senão parcialmente, as identidades nacionais — mostrou-se imediatamente a muitos como superada e inaceitável. Com efeito, reafirmava-se o princípio de autoridade, ao passo que não se levava em conta as novas instâncias de liberdade e de consciência de um povo protagonista dos próprios destinos que, de um lado, a experiência revolucionária e, de outro, a própria contraposição (sobretudo católica) às ideias revolucionárias — as chamadas "insurgências" (cap. 1, item 5.3) — tinham amplamente difundido. Por exemplo, no caso da Itália, foi agregada à Lombardia, domínio austríaco desde o início do século XVII, a antiga república de Veneza, desde sempre orgulhosa da própria autonomia; na Itália central, o grão-ducado da Toscana, sempre em continuidade com a época pré-revolucionária, era atribuído a membros da dinastia reinante em Viena, ou seja, aos Habsburgos. Na área setentrional da península, a lógica parecia ser a de estender um cordão de segurança ao sul do Império austro-húngaro, deixando independente — além do Estado de Igreja — somente o Piemonte, o qual antes foi premiado com a anexação da antiga república lígure, a fim de que contribuísse para a contenção da França. A avassaladora contradição entre o restabelecimento formal da soberania e a nova mentalidade político-social também afetou diretamente o domínio temporal da Santa Sé, fazendo emergir exigências de modernização da administração e de participação política que só timidamente seriam satisfeitas.

Enfim, nem mesmo o restabelecimento das monarquias "legítimas" podia evitar levar em conta uma consciência social e política nova, amplamente partilhada sobretudo pela classe média, a chamada "burguesia", que — como visto — fora a protagonista da reviravolta revolucionária. A Igreja, portanto, mais cedo ou mais tarde haveria de se confrontar com essa nova situação; não faltarão as ocasiões e sobre ela nos deteremos mais adiante.

17. A difícil Restauração eclesiástica

1. Para além do restabelecimento da própria autoridade de soberano temporal sobre o Estado da Igreja, depois de seu retorno a Roma o **papa Pio VII** teve de se preocupar também com **recuperar a centralidade** na sociedade europeia para uma Igreja que ainda considerava esse papel como parte essencial da própria missão. Nessa perspectiva, a reconstrução da ordem social comportava a retomada do nexo estrutural entre a convivência humana e o cristianismo, vínculo obviamente considerado imprescindível por parte dos católicos. Os pontífices, em particular, desde os primeiros esmorecimentos da onda revolucionária — antes já com Pio VI na primeira irrupção da Revolução Francesa (cap. 1, item 3.2) —, tinham reagido às novas ideias, lembrando com vigor o valor absoluto, e portanto insuperável, de uma ordem terrena derivada da ordem divina, dentro da qual o poder é legítimo somente se conferido pelo Alto, como emanação do próprio poder universal de Deus pela mediação e consagração por parte da autoridade da Igreja e não por determinação da vontade do povo, como afirmado e pretendido pela Assembleia Constituinte francesa. De modo equivalente, a laicização do poder político e da convivência civil não podia deixar de parecer aos olhos do Magistério eclesiástico como tentativa de eliminar a presença e a influência do cristianismo na sociedade humana, ou seja, para impedir e negar a própria missão confiada por Cristo à sua Igreja.

Aliás, com as sequelas de violências e de desordens a Revolução Francesa parecia ser a prova mais evidente da impossibilidade de construir uma sociedade humana ordenada e pacífica sem a guia da Igreja (que obviamente, sob o ponto de vista católico, não poderia ser senão a romana). Também por esse motivo, o papa se recusara a fazer parte da chamada Santa Aliança, que brotou do Congresso de Viena, entre as quatro principais potências, caracterizadas por diferenças confessionais e, todavia, postas obviamente num plano paritário, sem que houvesse a clara afirmação da diferença e da centralidade do catolicismo da qual a Igreja católica não podia prescindir.

Também nesse caso, mostrava-se cada vez mais **impraticável** a projetada **reconstrução** pura e simples das condições do Antigo Regime, muito menos de uma **cristandade** de cunho medieval. Por outro lado, também os que dentro da Santa Sé (chamados "zelantes") propendiam para uma nítida afirmação dos princípios de legitimidade e autoridade, rejeitando como negativa qualquer novidade e defendendo abertamente as antigas dinastias reinantes com as conexas prerrogativas eclesiásticas tradicionais, exigiam, todavia, nova liberdade de ação para a Igreja, superando os vínculos impostos pelas monarquias absolutas da época moderna.

Com consideração mais pragmática dos tempos em mutação, outro componente da Cúria romana, chamado "politicantes", assumia como instrumento principal para a retomada de um papel significativo da Igreja nas diversas nações o do **entendimento concordatário**: uma fórmula que exprimia com clareza a necessidade de acordo entre duas instituições consideradas autônomas e distintas, para definir as modalidades concretas de uma relação não mais óbvia. A Santa Sé tendia normalmente a conseguir liberdade de ação no campo do ensino e na assistência (inclusive para enfrentar as múltiplas pobrezas sociais), reconhecendo aos governos, como contraparte, a responsabilidade mais ou menos ampla, de acordo com os casos, na nomeação dos bispos. Entre as primeiras concordatas em ordem de tempo, lembramos as que foram feitas com a Toscana (1815, para o restabelecimento das Ordens religiosas), a Baviera (1817), o Piemonte (1817, para a reorganização das circunscrições eclesiásticas), as Duas Sicílias (1818), a Prússia (1821, para a reorganização das circunscrições diocesanas). Pio VII quis também dotar a Cúria romana de uma nova "congregação dos negócios eclesiásticos extraordinários", a exemplo da instituída no passado para continuar a realização da concordata com Napoleão. Mais uma vez o protagonista desse momento de concordatas foi o cardeal Consalvi, que permaneceu como secretário de Estado durante todo o pontificado de Pio VII, ou seja, até 1823.

Essa mesma política concordatária promovida e gerida pela Santa Sé manifestava e defendia sua renovada centralidade, com nítida inversão de tendência com relação às posições que, entre os séculos XVII e XVIII, tinham levado a um movimento de autonomia das Igrejas locais em relação ao papado, para o qual confluíam, com relações recíprocas difíceis de estabelecer, o jansenismo, o galicanismo e o febronianismo (vol. III, cap. 6, item 25.1). Observada sob o ponto de vista de quem estava ao norte dos Alpes — a França e a Alemanha, em particular, enquanto áreas de origem das teorias galicanas e febronianas —, essa nova orientação para Roma parecia como uma tendência a olhar para "além" da cadeia montanhosa: daí a expressão "**ultramontanismo**" para definir essas atitudes que se tornaram cada vez mais frequentes. Isso, mesmo depois da nova condição das Igrejas locais: não mais protegidas e privilegiadas pelas monarquias nacionais (até em explícita função antirromana) como nos séculos anteriores, tiveram a oportunidade de descobrir com facilidade a importância da referência à autoridade suprema da Igreja, até a progressiva constituição de um consistente "movimento ultramontano".

Além disso, a complexidade das relações com um mundo em forte evolução, quer sob o ponto de vista político, quer sob o ponto de vista econômico, bem como a **crescente secularização** apresentavam problemáticas novas de amplo fôlego, até internacional, que pareciam poder ser mais bem enfrentadas mediante um adensamento da Igreja em torno do vértice papal. Também a retomada da celebração do **Ano Santo** desejada pelo papa Leão XII em 1825, depois de não ter sido possível realizá-la em 1800, logo após a dramática morte no exílio de Pio VI, contribuiu significativamente para a reafirmação da autoridade pontifícia. Além disso, sempre na perspectiva do renovado prestígio romano, foi promovida nos primeiros decênios do século XIX uma obra de valorização do patrimônio artístico e cultural da Cidade eterna, de modo a suscitar uma renovada atenção e presença de estrangeiros.

2. Para além das relações com os Estados e da recuperação do próprio papel internacional, nos primeiros decênios do século XIX a Igreja católica teve de começar a se ocupar também com o **restabelecimento** de toda uma **série de instituições** que a onda revolucionária tinha destruído ou seriamente comprometido. Particularmente dramática foi a situação que se criou, não só na França, mas também na Alemanha, onde os numerosos e poderosos principados eclesiásticos (entre os quais os dos três arcebispos eleitores de Colônia, Tréveris e Mogúncia) foram secularizados, provocando, junto com as enormes perdas econômicas e com a dispersão de grandes patrimônios culturais, diversas situações de dificuldade para populações católicas, que se viram improvisamente sujeitas a Estados de confissão reformada. Agora, por mais que tal situação de mal-estar pudesse indubitavelmente provocar com o tempo uma salutar purificação para as Igrejas locais, havia, antes de tudo, pesadas incumbências a serem enfrentadas para restabelecer uma rede de instituições eclesiásticas profundamente desordenada.

Antes de tudo, deviam ser reorganizadas as **Ordens religiosas** atingidas por espoliações e supressões, com as sucessivas dispersões e às vezes defecções de seus membros. Se os jesuítas (que sobreviveram na Rússia e na Prússia mesmo depois da supressão de 1773, especialmente nos territórios poloneses caídos sob o domínio das potências depois da divisão do fim do século XVIII) foram restabelecidos em 1814 durante o retorno de Pio VII a Roma, muito mais lento e difícil foi o restabelecimento das outras Ordens antigas. Pelo menos no Estado pontifício, Pio VII se apressou em fazê-las voltar mediante uma especial "congregação para o restabelecimento das Ordens religiosas". Em todo caso, mesmo onde houve iniciativas de reconstituição das Ordens, como na França para os beneditinos por obra de Prosper Guéranger (1805-1875), que se estabeleceu em 1833 no antigo priorado de Solesmes, ou para os dominicanos por iniciativa de Henri Lacordaire em 1838, nem de longe isso significou um retorno à situação anterior. Com efeito, os edifícios e bens sequestrados tinham passado para os bens do Estado, ou revendidos ou transformados; os enormes patrimônios culturais — artísticos, de livros e arquivos — em muitos casos estavam dispersos ou irremediavelmente destruídos; muitos eram os religiosos que ficaram isolados, ou até mesmo que tinham saído da Ordem.

Nesse ínterim, a tradicional vitalidade e criatividade da vida religiosa souberam conceber **novas modalidades de presença** na Igreja e na sociedade mediante uma proliferação de iniciativas, muitas das quais **femininas**, frequentemente modestas e de caráter local, sobretudo no campo da instrução e da assistência. Isso ocorreu também devido à permanência de fortes preconceitos e dificuldades por parte da sociedade contemporânea e dos governos em relação à vida contemplativa, considerada inútil, quando não até mesmo parasítica, segundo uma mentalidade que, graças também ao Iluminismo, tinha se difundido cada vez mais na segunda parte do século XVIII, como mostram exemplarmente as supressões nos territórios habsbúrgicos (vol. III, cap. 6, itens 26.3 e 26.5).

Igualmente urgente se apresentava para a Igreja no início do século a exigência de um **renovado empenho de apostolado** diante da crescente secularização da sociedade. Era um fenômeno que se tornou evidente como consequência da Revolução Francesa, mas já em gestação desde a época moderna, depois tanto das divisões confessionais e das guerras de religião (vol. III, cap. 5, itens 23.1-5), que tinham contribuído pesadamente para a relativização do sentido religioso, como das ideias iluministas, que tinham posto em discussão a prioridade da fé sobre a razão e da tradição sobre a liberdade. Com esse objetivo foram reativadas, antes de tudo, as "missões populares", já amplamente experimentadas nos séculos XVII e XVIII, para uma formação intensiva das populações rurais.

Além do progressivo retorno dos religiosos à ativa, para a renovação da vida cristã nas comunidades locais teria contribuído um mais qualificado empenho do **clero secular**. Isso a partir de uma renovação espiritual e cultural: em muitas dioceses foram reconstituídos ou com frequência instituídos *ex novo* os seminários para a formação do clero, segundo desejo do Concílio de Trento, mas só parcialmente realizados nos séculos seguintes (vol. III, cap. 4, Inserção 2 – *A aplicação do cânon tridentino sobre os seminários*). Além disso, as forças clericais começaram a ser empregadas diretamente na pastoral ou no ensino escolar mais do que na administração de benefícios de caráter predominantemente econômico — quando muito, com alguns deveres de tipo puramente litúrgico —, como ocorria muitas vezes antes. Sob esse ponto de vista, as dolorosas as intervenções dos diversos governos sobre os bens eclesiásticos a partir do século XVIII tinham estimulado indiretamente o clero a retomar com maior vigor e coerência a opção pelo primado do "bem das almas" (*bonum animarum*) e as orientações claras, mas com frequência não aplicadas, do Concílio de Trento (vol. III, cap. 4, item 15.4), se necessário com nova atenção às novas condições da sociedade, como a crescente pobreza e a marginalização social.

Encontram-se assim figuras de **padres exemplares**, que depois seriam canonizados, como João Maria Vianney (1786-1859), um simples cura no interior que se tornará o modelo do padre com cura de almas; ou o piemontês José Cottolengo (1786-1842), fundador em 1831 da Pequena Casa da Providência de Turim, e José Cafasso (1811-1860), especialmente com atividade entre os encarcerados. Outros padres, como Pio Brunone Lanteri (1759-1830), no Piemonte, e Antônio Rosmini (1797-1855), originário de Rovereto no Trentino, empenharam-se sobretudo no ambiente cultural e de formação; o primeiro, mediante a difusão de opúsculos em parte redigidos por ele mesmo, sobretudo para confutar as ideias anticristãs daquela época; o segundo, com suas obras de âmbito filosófico, pedagógico, religioso e a sucessiva instituição de uma congregação masculina ("Instituto da Caridade") e de uma feminina ("Irmãs da Providência").

Em geral, pode-se dizer que a primeira metade do século XIX se caracteriza por **forte relançamento espiritual**, até mesmo em reação ao enfoque da religiosidade jansenista, preocupada em evitar os excessos sentimentais, mas ao mesmo tempo sem aquele envolvimento sensível de que sobretudo a **devoção popular** sempre se nutrira. Portanto, desde os primeiros decênios e depois prosseguindo por todo o século, assistimos a um intenso incremento de religiosidade principalmente no âmbito popular. Em primeiro lugar, a retomada da devoção ao Sagrado Coração, de origem seiscentista, fortemente hostilizada pelos "espíritos iluminados" do século XVIII justamente por seu evidente envolvimento sentimental. Tem-se também um reavivamento da devoção mariana; depois da grande temporada dos séculos XV e XVI, que havia significativamente acompanhado e inspirado o difuso e espontâneo fermento para a necessária reforma da Igreja (basta pensar no êxito da oração do rosário ou na difusão das confrarias marianas), começa uma época novamente constelada de visões marianas a partir da atestada em 1830 por Catarina Labouré (1806-1876), em Paris.

Difunde-se, enfim, uma intensa devoção eucarística alimentada por práticas novas, como a adoração perpétua e noturna, ou a primeira comunhão solene (já difundida na França no início do século), bem como o início de maior frequência à comunhão eucarística, novamente em reação à rigidez jansenista. Junta-se, aliás, à forte retomada das práticas devocionais o início de uma **renovação litúrgica** que terá profundas e duradouras consequências até a metade do século XX. Ao restabelecer a vida monástica em Solesmes, o já citado beneditino Prosper Guéranger propôs também a restauração da antiga liturgia romana e do canto gregoriano, apoiando essas iniciativas com pesquisas documentais, estudos e publicações, entre as quais as *Institutions liturgiques* (1840-1851) e o *Année liturgique* (desde 1841).

3. Se em muitos aspectos dessa ampla renovação espiritual se pôde perceber uma retomada e uma continuação de algumas expressões típicas da Igreja tridentina, uma importante novidade do início do século XIX com relação a uma pastoral enfocada no papel fundamental do clero (dos párocos, sobretudo) foi o envolvimento e a **responsabilização** cada vez maior do **laicato**. A nova condição da Igreja, cada vez mais afastada da sociedade, seja pela perda de muitos de seus papéis públicos tradicionais, seja pela rejeição sofrida por parte significativa da cultura moderna, evidenciava a necessidade de uma nova presença da Igreja, justamente por meio de seu componente situado em contato direto com a sociedade. Isso ocorria frequentemente em primeiro lugar para reivindicar os direitos da Igreja, calcados ou fortemente redimensionados pelos regimes políticos; depois, porém, abrir-se-iam espaços também para novas atividades de caráter social e cultural.

Enquanto a França, na origem de uma série de iniciativas da "**Ação Católica**" (com diversos tipos de apostolado e obras assistenciais sobre todo o território nacional), tornava conhecida uma "congregação" homônima fundada em Paris em 1801 por um ex-jesuíta, encontramos na parte italiana da Saboia (no Piemonte) já no fim do século XVIII, por iniciativa do jesuíta Nikolaus Diessbach (1732-1798), grupos de leigos católicos, de extração aristocrática e reunidos de forma secreta, denominados *Amitiés chrètiennes*. Prosseguindo essa iniciativa, em 1817 Pio Brunone Lanteri tinha incrementado, além da obra de santificação pessoal dos aderentes, a ação de propaganda e de formação das massas, sobretudo mediante a imprensa; de forma análoga, dois anos depois o já citado Rosmini dará origem à Sociedade dos amigos.

Essas iniciativas, bem como o surgimento de jornais e revistas de inspiração católica, contribuíram para a formação da "**opinião pública**" **católica**. Esta é outra novidade de destaque do século XIX, a ponto de, na reconstrução histórica dessa época, ao lado da Igreja considerada em seu conjunto e com intervenções públicas mediante a voz do Magistério, sobretudo papal, ser preciso começar a levar na devida consideração também os "católicos", no sentido de leigos (e padres) que interagem com seus contemporâneos como cidadãos ao lado dos outros, com uma opinião própria, embora formada — normalmente, embora nem sempre e não necessariamente — segundo as diretivas do papa e dos bispos. Desse modo, embora lenta e gradualmente, a própria presença da Igreja na sociedade ia se transformando de um papel predominantemente institucional, e como tal reconhecido (ou tolerado) pelo poder público, para aquele mais característico de um movimento que utiliza todos os espaços de liberdade oferecidos pela sociedade moderna, a fim de afirmar o próprio direito à presença e à ação. Até chegar, nos decênios seguintes, a assumir forma de **partido**

político. Modalidades todas elas — as que acabamos de mencionar — pouco ou nada usuais na Igreja dos séculos anteriores. Daí um novo campo de árduo empenho e difíceis experimentações com que será caracterizada a condição da Igreja em toda a época contemporânea.

4. O melancólico ocaso em vastos âmbitos sociais dos ideais iluministas, sobretudo depois dos resultados revolucionários e em especial de seu caráter violento, favoreceu a **recuperação de aspectos antes negligenciados**, como o sentimento, desvalorizado pelo predomínio da razão, e o sentido da comunidade e da tradição, postos em segundo plano diante da emergência do indivíduo e de suas opções subjetivas. A partir daí foi breve a passagem para a descoberta cultural do cristianismo, em particular com a relevante contribuição dada à civilização europeia na realização da cristandade medieval, da qual se descobriram precisamente os valores culturais e sociais. É emblemática nesse sentido a obra do poeta reformado alemão Friedrich von Hardenberg, chamado Novalis (1772-1801) de título eloquente, ao delinear uma **identidade substancial entre o cristianismo e a Europa**: *Christenheit oder Europa (Cristandade, ou seja, Europa)*. Outros homens de letras, como François-René de Chateaubriand na França, com *Le génie du christianisme* (1802), ou Alexandre Manzoni (1785-1873) na Itália, contribuíram para fazer com que muitos apreciassem a importância de que estava revestida a Tradição cristã na civilização ocidental, fazendo-se intermediária entre a herança greco-romana e os povos germânicos, unindo assim com uma só língua e cultura o que foi, a partir de então, a Europa. Consequentemente, introduzia-se a ideia de que, no momento em que se queria reconstruir uma convivência pacífica e civil, depois das reviravoltas revolucionárias, era para a civilização cristã que tinha de se voltar novamente, ultrapassando aquela época moderna que — justamente como progressivo distanciamento do cristianismo, até a aberta contraposição dos últimos decênios — tinha produzido resultados tão nefastos.

A retomada do interesse cultural pelo cristianismo no âmbito do movimento romântico, embora com todas as ambiguidades de um pensamento orientado para um misticismo genérico, foi acolhida e se tornou particularmente fecunda também para a **renovação teológica**, em particular graças à escola de Tubinga na Alemanha. Aí a recuperação da tradição, sobretudo da rica produção patrística, permitiu que se iniciasse, entre outras coisas, uma reflexão sistemática sobre a Igreja — devida sobretudo a Johann Adam Möhler

(1796-1838), em particular com a obra *Einheit der Kirche* (*A unidade da Igreja*), de 1825 — não mais entendida predominantemente em sentido jurídico, mas percebida em sua originária ligação sobrenatural com Cristo, numa continuidade que permitiu até valorizar de maneira nova a dimensão histórica inerente ao dinamismo eclesial. Nesse clima de abertura cultural no âmbito católico, merece destaque também a iniciativa do episcopado belga, o qual — desfrutando dos amplos espaços de liberdade para a Igreja naquela nação, sobretudo no âmbito do ensino, como veremos mais adiante (item 20.3) — no início dos anos 1830 deu origem à universidade católica de Lovaina, sem todavia fazer dela uma universidade pontifícia, equipando-a com um corpo docente e um programa de estudos capazes de competir com as universidades estatais.

18. A Restauração em sentido global

1. Na passagem entre os séculos XVIII e XIX surge e é explicitamente teorizado um sentido bem mais radical da Restauração a ser realizada depois da desordem revolucionária e napoleônica. Por outro lado, isto se une e se integra à Restauração em sentido político e religioso, ao se apresentar como seu pleno cumprimento ideal. Ou seja, o próprio fato de que, depois da tempestade revolucionária, se pensasse em restabelecer a ordem político-social consolidada ampliava o horizonte da Restauração para muito além da restrita dimensão política e diplomática, para avançar até a recomposição de uma ordem considerada ideal, cuja demolição tinha provocado gravíssimos danos à sociedade humana e aos quais era preciso remediar. A Revolução era, portanto, considerada um mal absoluto, uma desordem radical a ser superada com determinação, mediante autêntica **Contrarrevolução**.

Essa perspectiva de amplo fôlego fora teorizada desde os últimos anos do século anterior numa série de obras impressas de alguns autores; lembramos **Joseph de Maistre**, com a obra *Consedérations sur la France* (1796) e *Du pape* (1819); **Louis de Bonald**, com *La théorie du pouvoir politique et religieux* (1796); enfim, **Félicité de La Mennais** — sacerdote, diferentemente dos autores até agora citados — que veremos depois passar para posições opostas (itens 20.2 e 21.1-2); dele lembramos sobretudo os escritos *Essai sur l'indifférence en matière de religion* (1817) e *De la religion considerée dan ses rapports avec l'ordre politique et civil* (1825-1826).

Procuremos entender alguns **elementos comuns** desses pensadores, precisamente a respeito da proposta sobre uma Restauração em sentido global e radical. Interpretam em primeiro lugar a Revolução não como simples acontecimento histórico, mas como manifestação de um mal absoluto, até de natureza satânica, porquanto destruidor da ordem estabelecida por Deus e refletida nas instituições políticas tradicionais, em particular na monarquia legítima e sagrada. Ou seja, à profunda e repentina mudança introduzida pela Revolução, esses autores contrapõem a necessidade de restaurar a Ordem divina que é de sua natureza estável, até imutável: uma Ordem eterna, transcendente, necessária e que deve, portanto, ser aceita em sua integralidade. Ela é o fundamento do poder legítimo atribuído aos soberanos; por sua vez, esse poder é caracterizado por imutabilidade, sacralidade e infalibilidade, e portanto não pode ser posto em discussão nem subvertido, justamente porque de origem e de fundação divinas. Trata-se de um aparente curto-circuito lógico, mas que justamente dessa forma exprime o próprio caráter absoluto. Em outros termos, o poder constituído não se justifica de outro modo senão por sua própria existência: é uma "usurpação legítima", define De Maistre. A consequência concreta desse enfoque é a de apresentar como indispensável o retorno à aliança entre Igreja católica, como defensora da ordem estável, e a monarquia: com efeito, a Igreja católica representa as maiores garantias de estabilidade, de certeza dogmática, de tradição; a monarquia é o regime mais adequado a uma visão ordenada da sociedade, que reflete a Ordem transcendente, divina.

Outro ponto partilhado pelos teóricos da Contrarrevolução é a tese segundo a qual a Revolução deve ser referida à sua raiz primeira, a Reforma protestante. Com feito, nesta última é que se reconhece o gérmen de toda subversão, uma vez que teria dado predominância absoluta à razão humana na forma do "pensamento livre" (comumente, ainda que de modo discutível, atribuído a Lutero, segundo o qual cada qual estaria livre para perceber na leitura da Bíblia a própria interpretação pessoal). Deixar a Revelação divina à disposição da avaliação arbitrária do sujeito — em vez de ligá-la estritamente à Tradição eclesiástica dotada de autoridade — teria sido o início do dinamismo negativo de subjetividade que haveria de ter depois como consequência sucessivas manifestações no jansenismo, no Iluminismo, e por fim na Revolução Francesa, numa "corrente de erros" que não deixaria de enumerar a seguir outros elos num progressivo afastamento da Ordem tradicional. Em tudo isso, o pensamento contrarrevolucionário mostra duas características próprias: a falta de sentido histórico — mesmo enquanto orientado para uma Ordem que não prevê mutação alguma — e a sonhada restauração da tradicional ligação entre religião e política que a Revolução tinha truncado.

2. Embora tendo diversos **pontos de contato** com alguns posicionamentos do **Magistério papal**, a ideologia contrarrevolucionária não pode ser totalmente identificada com a visão católica da Restauração. Encontramos decerto nítida adequação entre essa ideologia e as perspectivas propriamente eclesiásticas na exigência de restaurar uma Ordem transcendente que correspondia também à reafirmação da única e verdadeira Tradição cristã, ou seja, a católica, rejeitando os desvios heréticos assumidos em máximo grau na Reforma protestante; todavia, longe das prerrogativas propriamente eclesiásticas era evidente o caráter "deísta" das concepções contrarrevolucionárias, que remontavam a um vago misticismo romântico, e não a uma específica referência cristã.

Além disso, tendencialmente a Igreja assemelhava-se à principal instituição política da época, ou seja, ao Estado; analogia que condicionava fortemente em especial a figura do papa, caracterizada pela autoridade de um soberano absoluto, e como tal — ou seja, para garantir o caráter absoluto de seu poder — necessariamente dotado de infalibilidade; a esse respeito, o Concílio Vaticano de 1869-1870 teria contribuído com um importante corretivo em sentido mais propriamente teológico na conhecida figura dogmática das prerrogativas papais (cap. 4, item 26.3).

Enfim, o sonhado restabelecimento da aliança trono-altar corria o risco de manter todas as suas ambiguidades; antes, na inevitável perspectiva de considerar a religião em função da política, as teorias contrarrevolucionárias tendiam a se assemelhar paradoxalmente a alguns aspectos da própria Revolução, que por várias vezes tinha feito um uso instrumental da religião; por exemplo, durante a chamada "descristianização" (cap. 1, item 4.3), com Napoleão (cap. 1, item 6.3).

Provavelmente a ligação mais profunda que se instaura entre as doutrinas contrarrevolucionárias e a reflexão católica consiste na influência sobre uma visão eclesiológica reforçada depois na linha da centralidade da dimensão autoritária. Isto em continuidade com a teologia herdada da época moderna, dominada por dupla polêmica: por um lado, contra a negação ou pelo menos a extrema redução da dimensão institucional da Igreja por parte da Reforma; por outro, contra a crescente submissão das Igrejas locais ao controle das monarquias nacionais.

19. Princípios e características da sociedade liberal: limites e vantagens para a vida e a ação da Igreja

1. Antes de enfrentar a reviravolta em sentido liberal iniciada pela chamada "Revolução de julho", ocorrida na França em 1830 e daí difundida por toda a Europa, obrigando o próprio Magistério da Igreja a tomar posição sobre as oportunidades e os limites que ela comportava para o desenvolvimento do catolicismo, é oportuno esclarecer previamente algumas **características** próprias do **sistema liberal**.

Mais do que um sistema doutrinal propriamente dito, o que se indica com o termo "liberalismo" — pelo menos nessa fase inicial — é um conjunto de princípios e ideais partilhados, seja no âmbito cultural, seja no âmbito político, que têm sua primeira origem no século anterior; por exemplo, nas declarações dos direitos do homem, proclamadas nos Estados Unidos da América (1776) e depois no início da Revolução Francesa (cap. 1, item 2.3). Trata-se antes de tudo da afirmação de algumas **liberdades fundamentais para o homem** e para as comunidades humanas; daí precisamente o termo "liberalismo": liberdade de pensamento, de consciência, de associação, de movimento. Como consequência da centralidade dos direitos humanos tem-se uma visão do poder político profundamente diferente da que predominava havia séculos: não mais entendido como autoridade atribuída "do alto" a alguns homens sobre outros homens, mas como função com o objetivo de garantir a tutela dos direitos dos indivíduos ou de suas livres associações. Essencial para o reconhecimento de tais direitos é a igualdade de todos os homens, qualquer que seja sua origem, seu pertencimento social, ou sua religião.

Agora mostra-se com evidência que essa exigência de igualdade entre os homens estava **em nítida oposição** com uma das características típicas da sociedade do **Antigo Regime**, baseada na função desempenhada e na série de "privilégios" inerentes a ela (vol. III, cap. 5, item 20.3), ou seja, no valor diferente atribuído às pessoas, de acordo com suas origens (se nobre ou plebeia), seu papel social (se em posição de autoridade ou de sujeição), seu pertencimento religioso (se aderentes à religião reconhecida como verdadeira e legítima ou ligados a formas religiosas tidas como heréticas ou marginais).

No que se refere a esse último aspecto, ou seja, à **relação entre o Estado e a religião**, o critério ideal ao qual se atém o liberalismo é o da **nítida separação** recíproca: a ordem política deve garantir as melhores condições de vida para a sociedade na esfera temporal; a esfera religiosa, porém, diz respeito somente à vida dos indivíduos, orientando-os na consecução de uma finalidade transcendente. Tratando-se de um ideal, foram diversas as traduções concretas desse enfoque. A realização concreta que mais se aproxima de uma clara separação deu-se propriamente (e não por acaso) somente fora da Europa, ou seja, nos Estados Unidos da América, em que o poder político não reconhecia nenhuma organização religiosa como dotada de direitos particulares ou até de uma soberania própria, mas admitia a plena liberdade aos cidadãos no exercício do direito comum a qualquer associação. Na Europa, porém, até mesmo quando, como na Bélgica, a Igreja era considerada uma sociedade privada, eram-lhe todavia reconhecidos alguns privilégios motivados pela função social por ela exercida de fato.

Do enfoque liberal da relação entre política e religião provêm contudo consequências decisivas até a respeito do modo de conceber a autoridade temporal, não mais ligada à sacralidade de uma investidura do alto, mas a simples convenção. Obviamente não poderá mais existir uma religião de Estado, justamente pelo fato de que o poder político deve garantir a igualdade de todos os cidadãos, enquanto a assunção de uma só religião como plenamente legítima discrimina inevitavelmente os aderentes de formas religiosas diferentes. Enfim, muitas atividades sociais importantes tradicionalmente atribuídas à Igreja — da instrução em todos os níveis à saúde, à assistência aos pobres, até à gestão das sepulturas — seriam assumidas pelo Estado, de modo a garantir o acesso indiscriminado a todos os cidadãos.

2. Logo se percebe com clareza que **dificilmente** a visão liberal podia ser **aceita pela instituição eclesiástica**. A Igreja tinha identificado substancialmente a forma ideal de convivência humana na modalidade assumida pelos Estados do Antigo Regime, caracterizados, como dito, pelo privilégio. Além disso, sobre um ponto em especial não teria podido concordar com as concepções liberais: o da igualdade reconhecida aos pertencentes a formas religiosas diferentes, inclusive às consideradas errôneas. Pelo menos enquanto não se conseguisse compreender que o reconhecimento da igualdade das pessoas de diferentes religiões diante da lei não significava *de per si* — até mesmo excluía — exprimir uma avaliação de mérito sobre as diversas formas religiosas, igualando-as por isso numa substancial "indiferença".

Uma distinção quase impossível de ser entendida por uma Igreja que, como visto, reconhecia no ideal da união entre trono e altar uma característica imprescindível de uma reta convivência humana e um elemento essencial à própria missão. De fato, essa distinção poderá ser atingida — e com dificuldade — somente na metade do século XX, ou seja, com a declaração *Dignitatis Humanae* do Concílio Vaticano II (cap. 8, item 54.3). Enfim, pode-se compreender bem que a subtração à Igreja da gestão ordinária e quase universal de importantes atividades públicas, como já lembrado, vinha a prejudicar fortemente a presença e a influência da instituição religiosa na sociedade e implicava também inevitavelmente redimensionamentos significativos de natureza econômica.

20. O catolicismo liberal: ideias e experimentações. A reviravolta de 1830 e suas consequências

1. Por outro lado, a essa consideração tendencialmente negativa do liberalismo, que se manterá predominantemente no âmbito católico por boa parte do século XIX e da primeira metade do século XX, juntar-se-ão experiências práticas e reflexões teóricas na tentativa de captar alguns elementos positivos que esse novo enfoque cultural e político pudesse oferecer; isso a fim de realizar o relançamento da presença e atividade da Igreja sentido particularmente necessário e urgente, como visto, depois das desordens causadas pela Revolução Francesa e pelo domínio napoleônico. Para essa operação era preciso, porém, ter de lidar com as suspeitas levantadas pela origem iluminista dos princípios liberais e pela ligação com a Revolução, o que levantava a dúvida se tais princípios eram compatíveis com a visão cristã do homem e do mundo. Houve, pois, longas reflexões e especialmente algumas experiências positivas, como serão lembradas a seguir, para abrir alguma passagem na desconfiança católica, sobretudo na da hierarquia eclesiástica.

Aliás ela não deixou de reconhecer prontamente alguns novos regimes liberais que acabaram se instalando na Europa e na América Latina, nem de estimular os católicos a se submeterem a esses novos governos, embora se tratasse substancialmente de reconhecimentos de fato, provindos de uma **atitude bastante pragmática das autoridades eclesiásticas**. Todavia, isso significaria experimentar como mesmo no regime liberal — antes, precisamente nesses mesmos âmbitos de liberdade declarados e reconhecidos pelo Estado — era possível para a Igreja, ou melhor, para os católicos como cidadãos, obter espaço de iniciativa e de atividade. Também na esteira de tais experiências, portanto, seria mais fácil dar início a uma consideração diferente do liberalismo no âmbito eclesial e empreender algumas formas de colaboração.

É nessa linha que se movimenta o chamado "**catolicismo liberal**", qualquer que seja o valor efetivo dessa discutida etiqueta. Todavia, pelo menos nos primeiros decênios do século XIX ele não deve ser entendido como uma doutrina bem definida nem muito menos como um partido político, mas apenas como uma orientação partilhada por pensadores e ambientes diferentes na Europa e na América, não sem relações e laços recíprocos, a ponto de se poder falar precisamente de uma atitude comum "católico-liberal". Encontrar-se-ão alguns exemplos ainda neste capítulo, em particular nos episódios históricos da França, Bélgica e Irlanda. Além disso, um aprofundamento maior será dedicado à complexa ligação entre liberalismo e catolicismo na Itália, uma vez que ele se cruzará com os destinos do papado.

Um último destaque torna-se necessário em relação à chamada "**questão social**", ou seja, às complexas problemáticas na origem e a respeito da pesada condição de pobres e marginalizados que outra revolução iniciada já no século XVIII, a industrial, implicou para amplos componentes da sociedade europeia, até reduzir à miséria milhares de famílias, sobretudo entre as massas operárias. Adiando a questão para o capítulo seguinte (cap. 4, item 24) — pois o fenômeno emergirá sobretudo em meados do século para depois se impor, não sem dificuldade, também à atenção da Igreja — limitar-nos-emos a lembrar que a "questão social" constitui um enorme **ponto fraco do sistema liberal**. De fato, uma vez que se reconhece plena liberdade também aos sujeitos agentes da economia, o progressivo crescimento da complexidade no mecanismo produtivo e a constituição de um mercado de dimensões internacionais transformam a liberdade de ação num contraste de forças totalmente desproporcionais entre si, acabando por esmagar os componentes sociais mais fracos, como precisamente as massas operárias. A aguda questão de consciência que as dramáticas situações de miséria estabeleceriam para a Igreja, por um lado, parecerá confirmar a suspeita havia muito nutrida no âmbito católico em relação ao liberalismo; por outro, levará a Igreja a retomar com maior determinação o confronto com as novas e concretas condições da sociedade contemporânea a respeito das quais a contraposição de princípio entre restauração e liberalismo nos primeiros decênios do século XIX tinha conseguido de alguma forma desviar a atenção, adiando para um momento posterior a necessária consideração da "questão social".

2. Foi mais uma vez a partir da **França** que depois de poucos anos a restauração política parcial e imperfeita entrou em crise. Em julho de 1830 deu-se a abdicação forçada do rei Carlos X, soberano da dinastia bourbônica desde 1824, defensor de forte reação em sentido autoritário depois da política mais branda e disposta a compromissos de seu irmão e predecessor Luís XVIII (no trono de 1814 a 1824). Com a saída de Carlos X de cena, foi instaurado um novo regime apoiado pela burguesia, de caráter liberal, sob a direção de Luís Filipe de Orléans (1773-1850), um dos nobres que tinham aderido desde o início à Revolução de 1789; depois do período de exílio e hábil reaproximação tanto da dinastia bourbônica, quanto dos liberais, ele foi o novo rei dos franceses. Consequentemente acabou caindo a aliança trono-altar que fora reconstituída depois do período napoleônico, tendo como modelo o *Ancien Régime*. Com efeito, na nova constituição francesa a relação entre o Estado e a Igreja católica foi reproposta na mesma fórmula da concordata napoleônica; assim, o catolicismo era considerado simplesmente a religião da maioria dos franceses, e não mais religião oficial do Estado (cap. 1, item 6.1).

A breve chama anticlerical que acompanhou a chamada "**Revolução de julho**", motivada pelo vínculo instaurado nos anos anteriores entre a Igreja e o regime monárquico (houve um assalto ao arcebispado e a algumas casas religiosas), com o tempo não impediu a apreciação da nova condição de liberdade que se criou também para a Igreja e que se revelaria fecunda nos anos seguintes, com positivos desdobramentos para o catolicismo francês. Parece assim esclarecido o reconhecimento que Pio VIII, superando os temores da Cúria, ofereceu imediatamente ao novo soberano, atribuindo também a Luís Filipe o título tradicional de "rei cristianíssimo" e convidando os bispos a fazer o mesmo, a fim de aliviar as tensões.

Naquele mesmo período e nos mesmos lugares, houve — por cerca de um ano (da metade de outubro de 1830 até a metade de novembro de 1831) — a publicação de "**L'Avenir**", um jornal no qual se propunham continuamente reflexões sobre a oportunidade da distinção entre religião e política, segundo a perspectiva típica do liberalismo. A separação da Igreja em relação ao Estado — afirmava-se — garantia mais a livre iniciativa dos católicos, em particular mediante a afirmação da liberdade religiosa no respeito da consciência de cada um; portanto, as liberdades de ensino, imprensa, associação, o sufrágio universal, a autonomia das comunidades locais. Nessa linha, o jornal defendeu fortemente também a luta pela liberdade de algumas populações católicas sujeitas a regimes estrangeiros, como na Bélgica, Irlanda, Polônia e Itália.

Um protagonista dessas reflexões e de sua difusão em grande parte da catolicidade europeia foi — junto com outros, entre os quais o já citado **Henri Lacordaire** (que, a seguir, se tornaria dominicano) e Charles Forbes, conde de **Montalembert** — o padre **Félicité de La Mennais**, também mediante a organização de uma "agência geral para a defesa das liberdades religiosas", empenhada em promover ações em favor das iniciativas católicas nos diversos Estados. La Mennais já estivera sob os holofotes nos anos anteriores como um dos teorizadores da Contrarrevolução (item 18.1). A passagem das posições restauradoras às de abertura em relação à mentalidade liberal não causará excessivo espanto se for considerada à luz do interesse central de La Mennais, que não era tanto de natureza política, quanto de caráter religioso, ou seja, a necessidade de **relançamento do catolicismo** num contexto social e cultural cada vez mais secularizado. Agora a repetida experiência de como a aliança entre o trono e o altar muitas vezes significava na realidade uma acomodação passiva da Igreja diante do poder monárquico, levou La Mennais a considerar que a separação entre política e religião pudesse ser melhor — como de fato foi possível constatar em várias situações na França e alhures — para a afirmação do catolicismo; em todo caso, diante da evolução dos tempos, que agora via declinar o sistema monárquico, a Igreja se dava conta de que somente ao se abrir aos novos movimentos é que ela poderia manter a própria centralidade e validade pública.

O padre francês tornou-se um autêntico ponto de referência para uma geração inteira de católicos em toda a Europa, não apenas ao promover uma possível aliança com o liberalismo (o chamado "catolicismo liberal"), mas, mais profundamente, ao construir uma **perspectiva comum para os católicos** "restauradores", bem como para os católicos "liberais", ou seja, dar centralidade e vitalidade ao catolicismo, valorizando a adesão a uma ou a outra linha política como puramente funcional a esse objetivo predominante, ou seja, como uma escolha de método em relação a um alvo a ser atingido.

3. As mudanças — políticas e de pensamento — que se verificaram na França em 1830 foram particularmente significativas, porquanto deram início e ofereceram importantes confirmações a outras experiências dos católicos em diversos Estados europeus. Antes de tudo, na **Bélgica**. Como já lembrado (item 16.2), o Congresso de Viena — por motivos estratégicos, ou seja, para criar um cordão protetor de Estados não muito fracos em torno da França — tinha unificado a Bélgica e a Holanda; consequentemente, a população belga, predominantemente católica, encontrava-se unida a um país de confissão prevalentemente calvinista, e também submetida a um soberano protestante, Leopoldo I. Na esteira da revolução que explodira na França em julho de 1830, as províncias belgas, com a contribuição determinante dos católicos, obtiveram a autonomia da Holanda; foi, portanto, uma significativa e exemplar experiência de envolvimento do componente católico num movimento nacional. Tendo garantido a maioria na Assembleia Constituinte, os católicos conseguiram obter, não mediante uma concordata, mas na própria constituição emanada em 1831, condições muito favoráveis para a Igreja: ela não era reconhecida como religião de Estado, mas gozava de plena liberdade de culto, de ensino e de associação.

Aliás, no quadro de referência criado pela constituição era garantida ao clero a manutenção por parte do Estado, sem que este último pudesse condicionar a nomeação de bispos ou a publicação de decretos da Santa Sé, em especial no campo do ensino. Além do favor assegurado pelo rei à Igreja, os católicos foram favorecidos pelos próprios instrumentos oferecidos pelo regime liberal, em particular as eleições, mediante as quais obtiveram consistente representação parlamentar. Na verdade, as posições na Igreja belga não eram unânimes: com efeito, ia-se de quem considerava a adesão ao liberalismo puramente instrumental e temporária, a fim de reconstituir um regime monárquico com o catolicismo como religião de Estado, até uma orientação decididamente oposta e totalmente alinhada com as novas perspectivas liberais; a terceira via, defendida pelo vigário e depois arcebispo de Malines, Engelbert Sterckx (1792-1867), acabou sendo vencedora, com a pragmática solução de desfrutar das possibilidades concretamente oferecidas pela situação de fato.

Depois de algumas perplexidades por parte da Cúria romana, que via na nova situação belga uma realização estável do princípio liberal da separação entre Estado e Igreja, o oposto da aliança trono-altar — ainda considerada ideal, segundo as perspectivas da Restauração predominantes em Roma —, a promoção de Sterckx à sede arquiepiscopal de Malines em 1832 foi a mais clara aprovação da sua linha. Como ele próprio havia explicado, tratava-se simplesmente do reconhecimento *de fato* de uma condição política nova, vantajosa para o catolicismo. Assim, de novo a experiência belga parecia exemplar também para as outras nações europeias.

Naquele mesmo ano de 1830, poucos meses depois da reviravolta ocorrida na França, foi a **Polônia** que se insurgiu contra o poder do czar da Rússia, ao qual, como já visto, fora submetida por decisão do Congresso de Viena. Uma vez que se tratava de uma população de grande maioria católica dependente de um Estado de confissão ortodoxa (com a característica ligação entre fé e política própria daquela tradição), a Polônia tornou-se, como a Bélgica, um caso emblemático de entendimento entre católicos e ideais nacionais. Todavia a atitude de Roma nesse caso foi bem menos iluminada do que a adotada diante das novidades que se verificaram na França e na Bélgica. Pressionado pela Rússia e pela Áustria, mas também em rígida coerência com as próprias convicções restauradoras, o papa **Gregório XVI** — com a encíclica *Impensa caritas* (9 de fevereiro de 1831), provavelmente jamais entregue aos destinatários — **condenou** sem meios-termos **a insurreição polonesa** em nome do princípio de autoridade, convidando-os à submissão a seu legítimo soberano: "Tudo o que compromete a tranquilidade do Estado [a Igreja] o veta severamente aos ministros de Deus, que é o autor da paz e veio trazer a paz sobre a terra. Os prelados deverão, portanto, pregar, com São Paulo, a obediência [e] a submissão" (cit. in Leflon, 844-845). Conceitos esses novamente sublinhados num documento pontifício do ano seguinte, segundo o qual "a submissão ao poder instituído por Deus é um princípio imutável, e [...] não é lícito a ele se subtrair senão quando esse poder viola as leis da Igreja" (*Superiori anno*, de 9 de junho de 1832, in *Acta Gregorii papae XVI*, I, Tipografia poliglota, Roma, 1901, 142). Esse nítido posicionamento por parte do papa deixou assombrados não somente os pobres poloneses, já submetidos às duras represálias da Rússia, mas grande parte dos católicos que agora tinham considerado possível e necessário partilhar os ideais nacionais difundidos em toda a Europa.

Por outro lado, essa atitude de Gregório XVI deve ser compreendida à luz do fato de que imediatamente após sua eleição em fevereiro de 1831 o próprio **Estado da Igreja**, também na esteira dos episódios franceses, fora afetado por muitos libertários, até mesmo com a proclamação de independência de algumas províncias (as Legações, ou seja, os territórios de Bolonha, Ferrara, Ravena e Forli, as Marcas e a Úmbria) ocorrida em Bolonha em 1831. Diante disso, o novo papa aceitou a ajuda nada desinteressada da Áustria, suscitando além de tudo uma questão diplomática internacional. Depois de uma conferência realizada em Roma pelas principais potências europeias (França, Áustria, Inglaterra, Prússia e Rússia), com a tentativa de oferecer sugestões ao papa para melhorar as condições do seu Estado, Gregório XVI teve de permitir a ocupação militar do porto de Ancona por parte da França, a fim de contrabalançar a presença austríaca. Da difícil situação somente se sairia com um compromisso que veria em 1838 a retirada simultânea de austríacos e franceses do Estado da Igreja.

Entrementes, outro entendimento entre catolicismo e instância de independência nacional nascera na **Irlanda**, país de tradição católica, anexado em 1801 ao reino britânico, de confissão anglicana. Depois da repressão do movimento de independência ocorrida no início do século pela monarquia inglesa, em 1829 a Irlanda tinha obtido algumas garantias para certa participação na vida pública e para uma representação parlamentar própria. Todavia foram consideradas insuficientes pelos irlandeses e deram origem à retomada de agitações pela independência. Trata-se de um exemplo concreto do chamado "catolicismo liberal", no sentido de uma aliança entre os católicos e um movimento de reivindicação da autonomia nacional. Com efeito, o protagonista do movimento independentista irlandês foi o advogado católico **Daniel O'Connell** (1775-1847). Depois de uma vida inteiramente dedicada a defender a causa católica e irlandesa, estimulando a tomada de consciência por parte do clero e das populações católicas, atraindo a atenção da opinião pública internacional, O'Connell morreu na véspera de 1848, durante a viagem a Roma, onde pretendia apresentar a situação do próprio país ao novo papa Pio IX.

De certa forma, esse **encontro malogrado** parece servir como símbolo da difícil aproximação entre as **posições oficiais da Igreja** e as então numerosas **instâncias nacionais**, com frequência partilhadas também pelos católicos. Com efeito, o papa Gregório XVI de modo algum — como no caso da Polônia — tinha apoiado o desejo de autonomia dos católicos irlandeses; prevaleceu, também nesse caso, a consideração negativa do princípio de autodeterminação dos povos, que parecia incompatível com o direito a reinar dos soberanos legítimos, com os quais — e não com as populações — habitualmente a Santa Sé tratava. Além disso, aceitar semelhante princípio de livre determinação popular implicaria para o próprio papa uma redução da própria autoridade de soberano temporal, sem poder com muita facilidade distingui-la daquela de guia supremo da Igreja.

21. A condenação do "liberalismo católico"

1. Aquém e além dos episódios sumariamente lembrados, houve, portanto, já naqueles primeiros decênios do século uma **aproximação** até de caráter **teórico entre catolicismo e liberalismo**. Trata-se todavia de **grupos minoritários**, dos quais não provém nem mesmo uma reflexão sistemática como a que pudemos enumerar para o catolicismo contrarrevolucionário. Em outros termos, a tendência predominante para os católicos — também e sobretudo para as posições do papado, de Gregório XVI em particular — permanecia voltada a reconstituir quanto possível a condição de aliança entre a Igreja e as monarquias "legítimas", enquanto se custava a superar a incompreensível suspeita em relação às ideias liberais, seja por sua origem revolucionária, seja por sua atitude frequentemente anticlerical, indiretamente causada, aliás, pela persistência das posições eclesiásticas sobre a linha oposta.

Particularmente significativa e dolorosa, até pelo forte eco que teve em toda a Europa, foi **a história de La Mennais** e seus colaboradores, culminada numa solene condenação papal que envolveu, para além daquele grupo específico de pessoas, todas as tentativas — ainda que somente tais — de uma abertura por parte dos católicos à nova mentalidade liberal. Em primeiro lugar, deve-se dizer que com suas iniciativas La Mennais tinha conseguido criar muitos inimigos, até em diferentes frentes. Na França, em primeiro lugar era-lhe hostil o novo soberano Luís Filipe, atacado pelo "L'Avenir" por sua política de entendimento com a Igreja; já ressaltamos anteriormente que La Mennais não era defensor do liberalismo como tal, mas pelo fato de que subtraía a Igreja do asfixiante abraço com o poder; não podia, portanto, ser favorável a entendimentos oportunistas nem mesmo com um poder assumido em nome de princípios liberais, como o de Orléans. Por um motivo análogo, La Mennais entrara em conflito com a mentalidade galicana tradicional, tal como esta tinha evoluído no período revolucionário — caracterizada pela identificação tendencial com o poder político —, recebendo como retribuição forte incompreensão também nessa frente. Em todo caso, alguns bispos franceses tinham pedido a Roma a condenação do movimento.

E fora das fronteiras francesas, a campanha que "L'Avenir" tinha levado adiante a favor da autodeterminação dos povos, como os belgas, irlandeses e poloneses, não podia decerto atrair para ele as simpatias das potências europeias. O isolamento que se percebia crescer por parte de muitos em torno de

La Mennais facilitou o distanciamento sobretudo por parte de muitos expoentes do clero, pondo consequentemente em dificuldade econômica o jornal por ele fundado.

A essa altura, suspensas as publicações, um grupo de redatores do jornal (junto com La Mennais estavam Lacordaire e Montalembert) partiu em viagem a Roma nos últimos dias de novembro de 1831, certo de que (não sem certa dose de ingenuidade) encontraria consenso e apoio. A desilusão, portanto, foi ainda mais pungente quando, depois de ter feito esperar La Mennais e os seus companheiros por mais de um mês, Gregório XVI os recebeu não só para uma rápida e fria audiência, na qual nem sequer fez referência à questão que lhes interessava e pela qual tinham enfrentado a viagem. Era um modo muito claro — pelo menos segundo a típica linguagem curial — de expressar uma desaprovação que seria depois de pouco tempo declarada publicamente, embora sem nomear La Mennais e seus colaboradores.

2. Em 15 de agosto de 1832 a **encíclica *Mirari vos*** — oficialmente apresentada como o costumeiro documento inaugural do pontificado, publicado com atraso por causa das insurreições dentro do Estado da Igreja de que se falou anteriormente — condenava com palavras duríssimas os princípios fundamentais do liberalismo. A liberdade de consciência era definida como "absurda e errônea sentença, ou melhor, delírio [*deliramentum*] [...], erro venenosíssimo para o qual facilita o caminho a plena e desmedida liberdade de opinar, que vai sempre se alimentando com prejuízo da Igreja e do Estado" (*Enchiridion delle Encicliche*, 2, n. 37). Era, portanto, considerada absolutamente negativa também a liberdade de pensamento; seguiam-se palavras igualmente de dura condenação para a liberdade de imprensa, tão "execrada e detestada", contra a qual se deve invocar o antigo remédio do fogo (n. 38). Quanto ao âmbito propriamente político, a encíclica rejeitava o princípio fundamental do liberalismo, ou seja, a separação entre Estado e Igreja, pois rompia a "mútua concórdia do império com o sacerdócio [...] que foi sempre propícia e vantajosa ao sagrado e ao governo civil" (n. 43). Igualmente, aos ideais de liberdade dos povos era nitidamente contraposta e confirmada a necessidade da "inalterável submissão aos príncipes", com a condenação sem apelo "da detestável insolência e improbidade sem moderação que estão inteiramente voltadas a lesar, até extirpar, todos os direitos do principado" (n. 42). Por outro lado, ao carimbar como "descaramento sem medidas" a ideia de que de tais liberdades pudesse brotar

alguma "vantagem para a religião" (n. 37), lançava-se um sinal até por demais claro contra algumas simpatias e aberturas católicas em relação ao liberalismo, *in primis* as de La Mennais e de seus seguidores; como se tudo isso não fosse claro, alguns dias depois a Cúria romana cuidou de fazer notar pessoalmente a La Mennais a correspondência entre alguns pontos condenados pela encíclica e as posições defendidas por seu jornal.

Mais em geral, solenes declarações papais, como as lembradas acima, pareciam pôr uma **pedra tumular sobre qualquer possível abertura** da Igreja em relação a uma cultura e política que entrementes ia ganhando cada vez mais espaço. Aliás, numa consideração mais atenta, temos de notar que a condenação radical emitida por Gregório XVI — que, aliás, sob muitos aspectos e às vezes também em algumas expressões evocava o duro posicionamento de Pio VI diante da Assembleia Constituinte da França revolucionária (cap. 1, item 3.2) — fundamentava-se teoricamente sobre a afirmação não demonstrada de que os princípios liberais provinham do indiferentismo religioso (n. 36), teoria de origem iluminista — e de fato correspondente ao "deísmo"—, segundo a qual toda forma religiosa é aceitável, desde que a ela correspondam comportamentos corretos, segundo uma ética puramente natural. Ora, essa ligação teórica não se justifica de modo algum nem a encíclica pretende prová-la. Antes, o fato de pôr, como fez o mesmo documento papal, o liberalismo na corrente herética surgida no início da era moderna e culminada por Lutero (n. 42) indica claramente uma **possível via de saída** para o catolicismo seguinte. De fato, uma vez apurado que o liberalismo é um pensamento cultural e político, e não uma heresia, ele poderá ser levado em consideração pela Igreja como elemento de confronto e de diálogo e não ser preconceituosamente rejeitado com o ímpeto de sabor apocalíptico que atravessa o texto de Gregório XVI.

Além de ser indireta mas muito claramente atingido pela dura repriменda do papa, La Mennais viveu outra profunda desilusão diante da evolução dos acontecimentos poloneses, sobre os quais o próprio Gregório XVI tinha intervindo com determinação, reafirmando o dever da submissão ao soberano "legítimo" (item 20.3). Sobre este ponto, La Mennais — que entrementes tinha declarado plena submissão ao ensinamento do papa — escreveu em 1833 e publicou no ano seguinte um texto polêmico com o título *Les paroles d'un croyant* (*As palavras de um crente*); por isso, uma nova condenação, e desta vez explícita, com a encíclica *Singulari nos* (25 de junho de 1834). O **desconforto de La Mennais** foi tal que o levou a abandonar a Igreja; e se indubitavelmente isso confirmava a dificuldade do confronto entre a Igreja e o liberalismo, paradoxalmente permitiu também maior desenvolvimento, uma vez tendo posto de lado aquele que — de fato, com a condenação recebida — tinha encarnado o aspecto inaceitável aos olhos da Santa Sé.

3. Nos primeiros decênios do século XIX, portanto, assiste-se a um **encontro apenas momentâneo** entre os ideais do **liberalismo** e o **catolicismo**; a linha predominante no âmbito católico foi a que se punha a favor da reconstituição do sistema político-religioso no auge antes da Revolução. Nesse sentido, moveu-se depois claramente, como visto, a Santa Sé, com exceção de Pio VIII, que, durante seu breve pontificado, reconheceu a legitimidade da viragem liberal realizada na França em 1830. Aliás, apesar das suspeitas a propósito do caráter anticristão do liberalismo, onde esse regime continuou em vigor, como na França, pôde-se experimentar concretamente que no fundo ele não era tão deletério para os destinos da Igreja nem se opunha às instituições eclesiásticas; antes, o catolicismo pôde desfrutar de notável desenvolvimento. À condição estimulante de uma Igreja não mais apoiada pelo poder juntou-se a possibilidade concreta de explorar para a própria ação os espaços garantidos à liberdade de associação, imprensa e ensino.

22. O caso particular italiano: os católicos entre fidelidade ao papa, ideais nacionais e princípios liberais

1. Se para os episódios históricos da Igreja católica nas diversas nações tivemos de nos limitar a referências exemplificativas de problemáticas mais amplas, para a situação italiana é oportuno caminhar em direção oposta, ou seja, dando maior espaço aos fatos e às ideias circulantes na península, para perceber ao mesmo tempo o reflexo e a causa de algumas atitudes assumidas pela Santa Sé no âmbito mais geral. De resto, a presença na **Itália** da **sede papal** e do Estado da Igreja basta para justificar a importância dos episódios locais.

Como já referido, as populações italianas devem ser incluídas entre aquelas cujas **aspirações nacionais** — revigoradas também em reação às ocupações napoleônicas — foram prejudicadas pelas decisões das potências reunidas no Congresso de Viena. Além do caso da antiga república de Veneza, agregada à Lombardia sob o domínio direto austríaco, com a criação do reino lombardo-vêneto, devem ser lembradas as atribuições do grão-ducado da Toscana e dos ducados de Parma e Modena à mesma dinastia reinante em Viena, ou seja, aos Habsburgos, e o restabelecimento da dinastia bourbônica no Sul. Em substância, foi deixado em sua autonomia somente o Piemonte (revigorado até com a anexação de outra antiga república, a lígure), essencialmente devido à sua proximidade com a França, em torno da qual se queria estender, como já visto, um cordão de segurança de Estados suficientemente capazes de resistir a novas intemperanças gálicas. Sem esquecer o Estado da Igreja, totalmente (ou quase) reconstituído na sua integridade territorial e reconduzido à soberania temporal do papa.

Nesse mapa político-geográfico da Itália já se pode perceber a **situação problemática** na qual se verá logo envolvido o **papado**. Entretanto, como soberano temporal de um vasto território no coração da península, o pontífice não poderia deixar de estar estreitamente envolvido de um modo ou de outro no movimento para a unificação nacional, que será posto em prática com determinação a partir da metade do século (cap. 4, itens 23.1 e 28.1). Daí o dilema que se apresentaria à Santa Sé na Itália, como consequentemente em outras situações locais. Ou seja, de que parte ficar? Apoiar, como alhures, o princípio de legitimidade monárquica, atendo-se à orientação das mesmas potências que em Viena tinham reconhecido no pontífice retornado à própria sede, depois dos revezes sofridos pelos revolucionários e de Napoleão, o próprio emblema da Restauração em andamento? Além de tudo, era justamente a Áustria católica, guiada por Metternich (1773-1859), que se apresentava como paladina da ordem constituída, fundada, segundo a visão predominante também no âmbito católico, sobre a aliança trono-altar e que velava por sua estabilidade, com particular atenção à Itália. Ou então associar-se ao movimento nacional italiano que em determinado momento foi assumido justamente pelo outro sujeito político não submisso às principais dinastias reinantes na Europa, ou seja, o Piemonte?

2. A aspiração à **unidade também política** da península italiana, que era indubitavelmente caracterizada por forte identidade comum, apesar das acentuadas diversidades regionais, sobretudo pelos episódios históricos e as tradições culturais descobertas pela sensibilidade romântica, era partilhada — embora em perspectivas e modalidades muito diferentes entre si — por personalidades católicas de destaque, como, para nos limitarmos a alguns nomes, o literato Alexandre Manzoni, o político e estudioso Gino Capponi (1792-1876), o padre e pedagogo Rafael Lambruschini (1788-1873), o escritor Nicolau Tommaseo (1802-1874).

Particularmente profunda e original é a reflexão de **Antônio Rosmini**. Diante da nova condição da cultura e da sociedade moderna, Rosmini não põe em primeiro plano questões de "estratégia" eclesiástica, mas a exigência de uma clara reflexão da Igreja a respeito da própria situação, na linha das periódicas propostas e iniciativas de reforma já apresentadas nos séculos anteriores, sobretudo no período da Idade Média tardia e no começo da era moderna. Ao identificar no famoso texto *Delle cinque piaghe della santa Chiesa*, publicado anônimo em 1848, mas cuja redação remontava a 1832, alguns dos principais elementos de decadência da Igreja com relação à própria figura e missão original, ele apresenta a exigência de uma Igreja mais comunitária — até graças à união mais estreita entre os bispos e à maior participação na sua vida por parte dos leigos — e mais liberta, quer da escravidão caracterizada pela gestão dos muitos bens econômicos, quer pela interferência do poder político. Deste modo, ao se dedicar de maneira mais coerente à sua missão específica, a Igreja poderia se diferenciar das instituições políticas e profanas, e com isso colaborar para a renovação em andamento na sociedade.

Desde os **primeiros movimentos ressurgimentais** iniciados já nos anos 1820 em Nápoles e no Piemonte, e prontamente reprimidos, pode-se notar certo envolvimento, direto ou indireto, inclusive de membros do clero ou dos extratos populares tradicionalmente ligados ao catolicismo; isso explica o apoio difundido que na metade do século encontrariam as iniciativas político-militares voltadas à realização da unidade nacional (cap. 4, item 23.1).

Antes da viragem que se dará precisamente em 1848, o elemento indubitavelmente mais significativo e original da aproximação entre católicos e ideais liberais na Itália, com específica referência à desejada independência e unidade nacional, é decerto a proposta de **Vicente Gioberti** (1801-1852). Capelão da corte dos Saboia em Turim, depois exilado em razão de suas simpatias republicanas, em 1843 publicou a obra *Del primato morale e civile degli Italiani*, na qual propunha que a unidade política do país fosse realizada mediante uma federação dos diversos Estados sob a guia do papa. Desse modo, Gioberti indicava precisamente uma via de possível conciliação para os católicos que ao mesmo tempo queriam permanecer fiéis ao papa e aderir à causa nacional italiana. Uma nova expressão teórica, portanto, de "catolicismo liberal"; o aspecto positivo e a ampla difusão que a obra encontrou, apesar da sua leitura não muito fácil, confirmam a efetiva consistência de semelhante sensibilidade na Itália. Aliás as vicissitudes concretas evidenciariam, depois de uma primeira ilusão surgida em torno da figura do novo papa Pio IX eleito em 1846, a impossibilidade de uma síntese que parecia teoricamente possível. Trataremos disso no próximo capítulo.

Bibliografia

Fontes

Enchiridion delle Encicliche. Bolonha: EDB, 1996, v. 2.
I controrivoluzionari. Bolonha: il Mulino, 1981. Antologia dos escritos políticos organizada por GALLI, C. Textos de DE MAISTRE, J. et al.
L'Avenir 1830-1831. Antologia dos artigos de Félicité-Robert La Mennais e dos outros colaboradores. Introdução e notas de Guido Verucci. Roma: Edizioni di storia e letteratura, 1967.
La dolci catene. Textos da contrarrevolução católica na Itália reunidos e apresentados por GIUNTELLA, V. E. Roma: Istituto per la storia del Risorgimento italiano, 1988.
Le libéralisme catholique. Textos escolhidos e apresentados por PRÉLOT, M. com a colaboração de GENUYS, F. G. Paris: A. Colin, 1969.

Estudos

I cattolici liberali nell'Ottocento. Turim: Società editrice internazionale, 1976.
JEDIN, H. (dir.). *Storia della Chiesa*. Milão: Jaca Book, 1980, v. 8/1: 64-86, 96-128, 189-208, 240-254, 265-299; v. 8/2: 14-40, 44-63, 111-169.
LADRIÈRE, P. La Révolution française dans la doctrine politique des papes de la fin du XVIIIe à la moitié du XXe siècle. *Archives de sciences sociales des religions* 33, 66.1 (julho-setembro 1988) 87-112.
Le libéralisme en Belgique. Deux cents ans d'histoire. Bruxelas: Delta, 1989.
LEFLON, J. Restaurazione e crisi liberale (1815-1846). In: FLICHE, A. et al. *Storia della Chiesa*. Ed. it. Turim: SAIE, 1984, v. 20/2.
Liberalisme chrétien et catholicisme liberal en Espagne, France, Italie dans la première moitié du XIX siècle. Colloque international, 12, 13, 14 novembre 1987. Université de Provence: Service des publications, 1989.

MARCOCCHI, M.; DE GIORGI, F. (orgs.). *Il "gran disegno" di Rosmini. Origine, fortuna e profezia delle "Cinque piaghe della Santa Chiesa"*. Milão: Vita e Pensiero, 1999.

MARTINA, G. *L'età del Liberalismo*. Bréscia: Morcelliana, 1995, v. 3: Storia della Chiesa da Lutero ai nostri giorni, 53-157.

MAYEUR, J.-M. *Catholicisme social et démocratie chrétienne. Principes romains, experiences françaises*. Paris: Cerf, 1986.

_____ et al. (dir.). *Storia del cristianesimo*. Roma: Borla-Città nuova, 2003, v. 11, 25-50, 111-132, 165-199, 212-227, 244-274.

MENOZZI, D. *La Chiesa cattolica e la secolarizzazione*. Turim: Einaudi, 1993, 15-71.

MILBACH, S. Cattolicesimo intransigente e cattolicesimo liberale nel XIX secolo. In: VINCENT, C.; TALON, A. (dir.); VACCARO, L. (org.). *Storia religiosa della Francia*. Milão: Centro Ambrosiano, 2013, v. II, 491-522.

OLSZAMOWSKA-SKOWRONSKA, S. *La correspondhance des papes et des empereurs de Russie (1814-1878) selon les documents authentiques*. Roma: Pontificia Università Gregoriana, 1970.

POTTMEYER, H. J. Ultramontanismo ed ecclesiologia. *Cristianesimo nella storia*, 12 (1991) 527-552.

POULAT, É. *Chiesa contro borghesia. Introduzione al divenire del cattolicesimo contemporaneo*. Casale Monferrato: Marietti, 1984.

PRÉLOT, M. Libéralisme catholique. In: *Catholicisme hier, aujourd'hui, demain*, 7. Paris: Létouzey et Ané, 1975, 563-577.

RAPONI, N. *Cattolicesimo liberale e modernità. Figure e aspetti di storia della cultura dal Risorgimento all'età giolittiana*. Bréscia: Morcelliana, 2002.

SAITTA, A. *Costituenti e costituzioni della Francia rivoluzionaria e liberale (1789-1875)*. Milão: Giuffré, 1975.

TIHON, A. I cattolici belgi dal 1789 alla metà dell'Ottocento. In: VACCARO, L. (org.) *Storia religiosa di Belgio, Olanda e Lussemburgo*. Milão: Centro Ambrosiano, 2000, v. II, 439-470.

TRANIELLO, F. Cattolicesimo e società moderna (dal 1848 alla "Rerum novarum"). In: FIRPO, L. (dir.). *Storia delle idee politiche economiche e sociali*. Turim: UTET, 1973, v. V: L'età della Rivoluzione industriale, 551-652.

_____. Rosmini e la tradizione dei cattolici liberali. In: _____. *Cultura cattolica e vita religiosa tra Ottocento e Novecento*. Bréscia: Morcelliana, 1991, 181-200.

VERUCCI, G. Il cattolicesimo: tra intransigentismo e modernizzazione. In: FILORAMO, G. (org.). *Le religioni e il mondo moderno*. Turim: Einaudi, 2008, v. 1: MENOZZI, D. (org.). Cristianesimo, 233-264.

capítulo quarto
O catolicismo na Europa na segunda metade do século XIX

23. De Pio IX a Leão XIII

1. O horizonte temporal deste capítulo está marcado por dois longos pontificados: Pio IX (1846-1878) e Leão XIII (1878-1903). Por isso, reservamos a primeira parte da exposição à apresentação geral deles.

Eleito no dia 16 de junho de 1846, **Pio IX** (1792-1878) tinha todas as características para ser acolhido e estimado quer pela diplomacia, quer pelo povo fiel, dada a **fase anterior ao pontificado**. Nascera em Senigallia em 12 de maio de 1792, numa família de sólidas tradições católicas. Tinha feito os estudos em Volterra no colégio dos esculápios. Embora tenha ficado completamente curado de crises epilépticas na juventude, permanecera nele, porém, um caráter um tanto instável que o levará a alternar períodos de grande serenidade com momentos de depressão. Tendo ido a Roma, decidiu seguir o caminho do sacerdócio. Seus estudos teológicos não foram muito profundos. Bem cedo revelou forte propensão para o trabalho pastoral, também entre as classes menos favorecidas. Em 1819 foi ordenado padre e participou de uma missão diplomática no Chile que duraria dois anos, adquirindo com isso um bom conhecimento dos problemas da América Latina. Ao voltar, depois de outro período de trabalho pastoral foi eleito bispo de Espoleto em 1827, cargo ao qual renunciou em 1831, mas no ano seguinte foi eleito bispo de Ímola. Viu-se diante dos movimentos de 1831 e viveu numa situação difícil, numa terra de grandes entusiasmos, mas também de fortes tendências anticlericais e antitemporalistas.

O jovem bispo ganharia a estima de todos devido aos dotes humanos e ao caráter aberto. Em 1840 tornar-se-ia cardeal.

Em 1846 sucedeu a um papa, Gregório XVI (1765-1846), que não tinha sabido atrair a benevolência das multidões, o que acabava por ser um argumento em favor do novo pontífice. Além disso, era bem jovem e de feições simpáticas. Outro elemento favorável: como bispo residencial, tinha ganhado a benevolência também dos liberais; isso facilitou a difusão de um **equívoco**, o de um **papa liberal**, o que foi reforçado pela anistia concedida aos presos políticos um mês depois de sua eleição; equívoco esse que duraria por pouco tempo, uma vez que Pio IX consideraria justamente o liberalismo como o pior inimigo da Igreja católica, como se vê — embora bem poucos tenham se dado logo conta disso, dada a euforia do momento — em sua primeira encíclica *Qui pluribus*, de 9 de novembro de 1846.

Algumas reformas introduzidas na organização do Estado pontifício, como a preocupação com a reforma do clero e dos religiosos, as referências à obra de Vicente Gioberti, que tinha desejado que a unidade italiana assumisse a forma de um Estado confederado sob a direção do pontífice, a esperança — que se verificou totalmente vã — de que o papa pudesse participar das lutas pela unidade do país, a bênção invocada sobre a Itália em uma proclamação de fevereiro de 1848, tudo isso tinha de fato contribuído para o nascimento do equívoco do papa liberal.

Além disso, o contexto geral favorecia o equívoco do "papa liberal". Em 1848 tinha havido no Piemonte uma série de aberturas no âmbito legislativo (item 30.2), uma vez que em 17 de fevereiro fora concedido aos valdenses o gozo dos direitos civis e políticos, bem como a possibilidade de conseguir os graus acadêmicos, possibilidade estendida em 29 de março do mesmo ano também aos judeus, os quais, porém, estavam ainda excluídos dos direitos políticos, concedidos depois. No mesmo ano de 1848 a **França** tinha concedido o sufrágio universal masculino, o que teria feito o corpo eleitoral passar de duzentos e quarenta mil a mais de nove milhões de eleitores, enquanto Carlos Luís Napoleão Bonaparte (1808-1873) era eleito presidente da República. Vinte anos depois, a possibilidade de participar do voto será estendida na Alemanha aos homens acima de vinte e cinco anos.

A proclamação da República na França é, porém, consequência de uma nova revolução, determinada por grave crise econômica, que acabaria em junho do mesmo ano em manifestações de rua duramente reprimidas por um novo regime fortemente autoritário, regime que acabaria por abrir caminho à nomeação de Carlos Luís Napoleão Bonaparte como imperador dos franceses, que assumiria o nome de Napoleão III (1852).

O exemplo parisiense foi seguido em muitas outras cidades europeias na **Alemanha**, **Áustria** e **Itália**. Nos países em que o sufrágio universal masculino foi concedido, alterou-se completamente o rosto da classe dirigente, embora permanecesse substancialmente limitada à classe burguesa e intelectual. Outro elemento destinado a se tornar desestabilizador para os grandes Impérios foi o crescimento das reivindicações nacionais dos vários povos que constituíam as bases dos próprios Impérios.

Na **Itália** o ano de 1848 marcou também o início da fase constituinte. Pio X concederia a constituição em março de 1848, depois das concedidas no reino das Duas Sicílias, na Toscana e no Piemonte. Em muitas cidades italianas eclodiram movimentos de insurreição (o mais conhecido é o dos "cinco dias", de Milão), com a caça aos austríacos, enquanto muitas vezes o grito de guerra fosse "Viva Pio IX". Em 23 de março, Carlos Alberto declarou guerra à Áustria e muitos voluntários ou tropas organizadas acorreram em sua ajuda. Convidado a se unir às tropas piemontesas, em 29 de abril Pio IX pronunciou um discurso com o qual declarou seu *non possumus*, um discurso que marca o fim dos equívocos. Por outro lado, era totalmente impensável que o pontífice participasse de uma coalizão cuja tarefa era combater um dos países, a Áustria, onde a presença católica era muito significativa. Mostrava-se assim o equívoco que tinha acompanhado os primeiros meses depois da eleição de Pio IX ao governo da Igreja. Precisamente o fim desse equívoco, junto com as dificuldades que seu governo vinha encontrando, teriam levado ao assassinato de Pellegrino Rossi (1787-1848), primeiro ministro do Estado pontifício, e depois, no fim de novembro de 1848, à fuga do papa para Gaeta sob a proteção do governo napolitano e a formação da República romana guiada pelo triunvirato composto por José Mazzini (1805-1872), Carlos Armellini (1777-1863) e Aurélio Saffi (1819-1890), que declarava decaído o poder temporal dos papas (uma República que teria vida breve, sobretudo depois da intervenção da França, que queria restituir ao papa seus domínios).

Tudo isso acabou por irritar mais o pontífice, que já havia manifestado seus temores em relação ao crescimento da mentalidade liberal e aos primeiros elementos de uma cultura democrática, considerada por ele um dos resultados dos princípios da Revolução Francesa. Muitas opções lhe seriam agora sugeridas por seu secretário de Estado, o cardeal Tiago Antonelli (1806-1876), que ocupava esse cargo desde 1849, depois dos breves interregnos de outros secretários. Homem de grande habilidade diplomática, que sempre foi simples diácono e, portanto, nunca ordenado padre, o cardeal Antonelli não era dotado de grande senso pastoral. Aliás Pio IX teve a desventura de poder contar somente por pouco tempo com um personagem de grande inteligência e devoção, dom João Corboli Bussi (1813-1850), e de ter de renunciar à colaboração de Antônio Rosmini, pelo qual nutria grande estima. Essa estima tornou ainda mais amargas as vicissitudes da vida de Rosmini, de quem o papa não conseguiu poupar a amargura da condenação do seu extraordinário livro dedicado às *chagas* da Igreja. Em compensação, em 1855 chegou a declaração da ortodoxia da doutrina filosófica e teológica de Rosmini.

Os **teóricos da luta contra o liberalismo** antes e o socialismo depois seriam os padres **jesuítas**. Em 1850 o padre Carlos Maria Curci (1810-1891) tinha fundado em Nápoles, para depois transferi-la para Roma, a revista "La Civiltà Cattolica", destinada a se tornar uma das vozes mais abalizadas e duradouras de uma parte do mundo católico. Tudo isso tinha também alimentado uma forma de devocionismo religioso, incrementado tanto pelo que os liberais estavam fazendo em relação ao pontífice quanto pela terminologia que certos jornais católicos utilizavam ao falarem do pontífice: "o vice-Deus da humanidade", "a continuação do Verbo Encarnado", ou mesmo, como escrevia "La Civiltà Cattolica", "quando o papa medita, é Deus que pensa nele", chegando à afirmação de que Cristo tinha se encarnado três vezes: em Maria, na Eucaristia e em Pio IX. Uma religiosidade que se manifestava no forte desenvolvimento das peregrinações a Roma para ver o papa e no desenvolvimento da devoção a Nossa Senhora, que parecia estar se deixando ver em várias partes do país; aliás, isso se tornaria a premissa para a futura definição do dogma da Imaculada Conceição.

2. Numa síntese extrema, podemos dizer que foram **dois** os **elementos que caracterizaram** o pontificado de Pio IX. O primeiro é uma forte **expansão missionária**, que levou a Igreja a ser verdadeiramente universal, enquanto nasciam as Igrejas locais (cap. 2). A expansão missionária realizou-se em paralelo com a expansão colonial, que teve grande impulso especialmente na segunda metade do século XIX, embora seja discutível, e muitas vezes ambíguo, querer ler o desenvolvimento da Igreja em diversos países, sobretudo na

África e na América Latina, somente pela ótica da política colonial de muitos governos europeus. O pontífice instituiria na Ásia, África e Oceania trinta e três vicariatos apostólicos, quinze prefeituras e três delegações; em 1862 teria criado dentro da congregação de *Propaganda fide* uma seção "pro Negotiis Ritus Orientalis", premissa para a congregação para as Igrejas orientais; desejaria e aprovaria projetos para o nascimento da hierarquia local em diversos países do mundo com a ajuda dos missionários, os quais aliás pagariam um preço muito caro por sua obra, uma vez que durante o século XIX foram mais de quatrocentos os que morreram na África por causa das condições climáticas.

Outro elemento geral do pontificado de Pio IX consiste numa forte **centralização romana**, facilitada pela crescente mentalidade ultramontana, que teria tido seu momento mais significativo nos trabalhos do Concílio Vaticano I, com a definição do dogma da infalibilidade pontifícia.

Esse dogma acabava por ser apresentado como o ponto de chegada de um caminho percorrido por Pio IX que parecia se afastar cada vez mais do caminho de diversos países europeus, inclusive a Itália, que tendiam para formas de unidades nacionais. Agora, o pensamento católico estava bem longe da ideologia nacional, que remontava sobretudo a José Mazzini. Era preciso construir uma Europa à luz do conceito de cristandade, não das diversas nações. O legitimismo, ou seja, a ideia de devolver a seus tronos os soberanos legítimos, estivera na base do Congresso de Viena, no qual o Vaticano tinha tido um papel de protagonista. Com efeito, ao representante vaticano, o hábil diplomata cardeal Consalvi, fora oferecida a presidência do congresso, que ele rejeitou e não quis nem sequer participar das diversas reuniões. Mas o legitimismo continuava como o ideal dominante do que se podia definir como catolicismo reacionário. Em outras posições o catolicismo liberal era uma pequena minoria, e Pio IX o considerava o pior inimigo, como se viu com clareza depois que viera à tona o equívoco de um papa liberal. Além disso, a quase insuperável dificuldade em encontrar um modo para conservar a própria liberdade espiritual sem o poder temporal estimulava o pontífice a se opor a um caminho de unidade e de constituição da nação que previa a conquista de Roma.

Isso acabava por aumentar a desconfiança do mundo católico **intransigente** em relação ao catolicismo **liberal**, um distanciamento aprovado pelas análises da recém-nascida "La Civiltà Cattolica". O conflito com o Estado italiano acentuar-se-ia com a realização da unidade. Os católicos intransigentes consideravam-se intérpretes da Itália real, acusando os liberais de serem apenas intérpretes da Itália legal. Mas os chamados católicos transigentes, chamados também de católicos-liberais, estavam convencidos de que se podia viver uma dupla fidelidade, expressa no mote "católicos com o papa, liberais com o Estatuto". Ou seja, estavam convencidos de que era possível conciliar o catolicismo com a sociedade moderna, aceitando, sem trair a própria fé, uma organização da sociedade baseada nos princípios que seriam agora chamados de princípios de 1789. Entre eles havia personalidades de destaque, como Antônio Rosmini, Vicente Gioberti e Alexandre Manzoni.

Em parte, pode-se dizer que nisso tinha origem o chamado "caso de consciência do Ressurgimento italiano", ou seja, o problema da participação dos católicos na vida de um Estado que apresentava um rosto sectário e anticlerical, mas que afinal era o Estado; e como o católico, embora devoto do papa, era também cidadão daquele Estado, havia o risco de que na consciência dos católicos se criasse uma ruptura entre crente e cidadão.

De fato, diante de um Estado de tendência liberal encontrava-se um mundo católico com forte poder antiliberal. Podia-se encontrar uma expressão disso, por exemplo, no *Ensayo sobre el Catolicismo, el Liberalismo y el Socialismo*, que Juan Donoso Cortes (1809-1853) tinha publicado em 1851 e que fora traduzido para o italiano. Mas — indo alguns anos além do pontificado de Pio IX — podia-se ver também a manifestação de um forte anticlericalismo partidário do mundo laico italiano na tentativa de lançar no Tibre, de cima da ponte de Sant'Angelo, os restos mortais do papa, quando na noite entre 12 e 13 de julho de 1881 ocorreu o traslado do Vaticano a S. Lorenzo in Verano. A mesma coisa se diga ao refletirmos sobre as manifestações anticlericais organizadas por ocasião da inauguração em Roma, no Campo dei Fiori em 1889, do monumento a Giordano Bruno (1548-1600). Muitas dessas ações eram orquestradas pela maçonaria, particularmente forte naqueles anos e não somente na Itália.

Enquanto crescia a atitude hostil de certo mundo laico contra o pontífice, de que aqueles gestos eram o exemplo póstumo, crescia também a devoção dos católicos em relação a Pio IX, que talvez não compensasse as amarguras que o pontífice estava vivendo. Fechado em exílio voluntário no Vaticano depois da chegada dos piemonteses (com a "breccia di Porta Pia" de 20 de setembro de 1870 e a proclamação de Roma como capital da Itália unida), teria acentuado mais sua piedade um tanto intimista, sua devoção mariana, sua confiança na Providência que, privando-o do poder temporal, parecia lhe oferecer a ocasião para a descoberta da liberdade interior.

Por ocasião de sua morte, ocorrida em 7 de fevereiro de 1878, Pio IX deixava uma Igreja mais preocupada com a vida religiosa e com a pastoral do que com a diplomacia, uma piedade popular mais desenvolvida, uma renovada espiritualidade sacerdotal.

3. Depois de um conclave muito breve, foi eleito naquele mesmo ano Vicente Joaquim Pecci (1810-1903), que assumiu o nome de **Leão XIII**. O **período anterior ao pontificado** foi marcado antes de tudo pela formação nas escolas dos jesuítas (o irmão José [1807-1890] pertencia à Companhia de Jesus), para depois se tornar aluno em Roma da Academia dos nobres eclesiásticos, a escola dos futuros diplomatas; graças a isso, desempenhou alguns papéis na Cúria e depois foi enviado para diversas cidades do Estado pontifício com o encargo de organizar as questões administrativas. Tivera a seguir breve e não brilhante experiência diplomática na Bélgica e longa experiência pastoral na diocese de Perúgia, para onde fora enviado como bispo em 1846 para ali permanecer de fato até a eleição ao papado; nesse período recebera o barrete cardinalício em 1853 e em 1877 fora nomeado camerlengo da Santa Sé por Pio IX. Da experiência diplomática tinha conservado o estilo, feito de capacidade de adaptação, de diálogo, de negociador; isso ficou claro a partir da escolha dos **secretários de Estado**, papel desempenhado primeiro por Alessandro Franchi (1819-1878), morto no mesmo ano da eleição do pontífice, depois por pouco tempo por Lourenço Nina (1812-1885), a seguir por Luís Jacobini (1832-1887) e finalmente, desde 1887, pelo diplomata Mariano Rampolla (1843-1913), que como último cargo fora núncio em Madri.

Leão XIII **confirmou** algumas **preocupações** de **Pio IX**, como a condenação dos erros contra a religião, o incremento das práticas devocionais, sobretudo em relação ao Sagrado Coração e a Nossa Senhora, a atenção ao problema missionário, como demonstrado com a encíclica de dezembro de 1880, *Sancta Dei Civitas*, a recusa de renunciar ao poder temporal, embora de fato não o detivesse mais. Aliás a perda do poder temporal o teria obrigado a prover a uma nova colocação de todos os prelados cujo encargo estava precisamente ligado ao poder temporal, no sentido de que tinham tido cargos eclesiais dentro do Estado pontifício e, de fato, se viam "desocupados". A solução adotada pelo papa foi de os inserir nas várias congregações romanas existentes, dando-lhes a qualificação de "prelados adjuntos". Isso não modificaria os equilíbrios entre as várias congregações.

Sua **habilidade diplomática** obteve vários resultados e a melhoria das relações com quase todos os países europeus. Ao mesmo tempo mostraria atenção também à **questão operária**, sobretudo com a encíclica *Rerum Novarum*, de 1891, que passaria à história como o texto mais significativo escrito por um papa sobre os problemas da classe operária e que representava o ponto de chegada — como se verá no item seguinte — de todo um trabalho feito pelo mundo católico europeu e por várias formas de associacionismo, às quais o papa havia dado sua aprovação e seu encorajamento, a ponto de levantar muitas objeções inclusive entre alguns católicos.

A continuidade com seu antecessor parecia clara quando se tratava de protestar em relação ao Estado italiano e ao sonho do restabelecimento de uma sociedade cristã. Privilegiava, pois, uma Igreja forte e muito centralizada, que encontrasse seu lugar na assembleia das nações e sobretudo das potências ocidentais; isso o levava a uma atitude um tanto prudente em relação à atividade missionária incrementada por Pio IX, pois não queria entrar em conflito com as potências coloniais. Por outro lado, para além do caso italiano, o papa Pecci era propenso à colaboração dos católicos com os Estados e à inserção neles, mesmo quando tivessem tido uma atitude negativa, por exemplo na França, em relação à Igreja. Sua política não tinha uma linha precisa em relação aos países do Médio Oriente e aos ortodoxos, aos quais não agradariam certas formas de latinização desejadas por alguns setores da Cúria romana. Seria preciso dar tempo ao tempo até que o próprio Leão XIII desse início a uma política diferente sobre os ritos orientais, evitando a latinização deles e aceitando sua diversidade.

24. As premissas da questão social

1. Há algo de verdade na afirmação de que na segunda metade do século XIX a Igreja hierárquica não teve percepção profunda das mudanças que estavam em andamento na sociedade com o desenvolvimento das indústrias e as profundas transformações devidas à emergência da classe operária, que se juntava à classe camponesa, na qual a pregação católica tivera o maior sucesso e na qual a Igreja conservava ainda forte ascendência sobre as pessoas.

As **transformações** do mundo do **trabalho** e da **sociedade** durante o século XIX merecem ser mais bem conhecidas, embora por alto, de maneira específica, para que se entenda melhor a atitude da Igreja.

Ao grande desenvolvimento do setor mineiro, que vê um constante crescimento da produção de carvão, junta-se o setor têxtil, que será por decênios um dos setores mais expressivos em vários países europeus e depois também nas Américas do Norte e do Sul. Forma-se a seguir a indústria química, cresce e se organiza o setor terciário com a internacionalização do comércio, e consequentemente se transforma também o setor agrícola. A forte diminuição da mortalidade devido aos progressos da medicina determina constante crescimento demográfico. Nos anos oitenta do século XIX, a expectativa de vida na Itália era de trinta e cinco anos e subiria para quarenta e dois, dez anos depois. A mortalidade no primeiro ano após o nascimento nos anos seguintes à unificação era de 223 crianças em mil. Na Inglaterra, 157, na França, 178, na Alemanha, 309, na Áustria, 258, na Espanha, 196, na Rússia, 272. A população europeia duplica entre a metade do século XVIII e meados do século XIX, e continuará a crescer nos decênios seguintes. Na Itália em 1861, inclusive as regiões não anexadas ainda ao Reino, havia 26 milhões de pessoas, que se tornaram 27 milhões em 1871 e 29 milhões em 1881. Mas em 1901 seriam 33 milhões, e em 1911 mais de 35 milhões. Nesses mesmos anos, aumenta também a emigração, que no fim do século veria partir anualmente um número de italianos superior aos trezentos mil. Trata-se, porém, de um fenômeno que envolve muitos outros países, dado que nos decênios entre os séculos XIX e XX são cerca de cinquenta milhões os europeus que emigram, tendo números semelhantes aos italianos a Grã-Bretanha, a Alemanha, a Espanha e Portugal, enquanto os números franceses são bem inferiores.

As consequências seriam de amplíssimo alcance em todos os níveis; com efeito, não haveria apenas profunda transformação de caráter econômico, mas também antropológico. O desenvolvimento das estruturas industriais determinaria a concentração em zonas restritas de numerosa mão de obra, que com frequência faria crescer desmesuradamente cidades com pouca estrutura para receber semelhantes ondas migratórias.

No início do século XIX a população que vive em cidades com mais de cem mil habitantes representa dois por cento dos europeus; no fim do século estaria em quinze por cento. Algumas cidades, como Londres, Paris, Viena, vêm quadruplicar sua população durante o século XIX; no fim desse século, Berlim teria uma população oito vezes superior à do início do século. Muitos operários e imigrantes provinham do campo e carregavam consigo uma cultura, uma mentalidade, uma consciência também religiosa formada em ambiente rural, que foram colocadas à dura prova pelas novas condições de vida; tratava-se às vezes de condições de vida no limite do tolerável.

Embora amplamente conhecidos, alguns dados estatísticos nos ajudam a ter presente o quadro em que os jovens da época começam a trabalhar na indústria. Em 1839 na Inglaterra, num total de 660 mil pessoas — operários, homens e mulheres — havia 193 mil rapazes e 112 mil jovens abaixo dos dezoito anos. Na Bélgica o quadro é análogo, pois, somente em Flandres em 1846 havia seis mil rapazes e seis mil jovens operárias de nove a doze anos, bem como 1.500 meninos e 4.700 meninas abaixo dos nove anos. Muitos deles trabalhavam também nas minas em condições desumanas. A mesma coisa pode-se dizer dos horários de trabalho: a média gira em torno de catorze horas, mas se chega também a dezesseis horas diárias. A tímida proposta de propor uma redução a doze horas foi rejeitada.

Um exemplo típico é o caso dos fiandeiros de Gand, em que os meninos de nove anos e até de menos idade têm o mesmo horário dos adultos (das cinco da manhã até o meio-dia e das treze às vinte horas no inverno e até as vinte e duas horas no verão). Com frequência o salário não era suficiente nem sequer para o sustento do próprio operário. Um salário médio correspondia ao preço de dois ou três quilos de pão por dia, o que explica a necessidade também do trabalho infantil, muitas vezes desejado pelos próprios pais, os quais com o trabalho deles próprios e dos filhos conseguiam com dificuldade ganhar o mínimo indispensável para viver. Sentiam-se as consequências nas carências de alimento e de vestiário, na total insalubridade das habitações. O salário era individual e ligado às flutuações do mercado; isso nos ajuda a entender melhor que profunda transformação de mentalidade implicaria a passagem para o contrato coletivo e que a forte concentração de riqueza e de poder nas mãos de poucos seria a causadora das disparidades sociais, as quais acabariam por incrementar fortes conflitos. Não seria difícil convencer sobre a necessária luta de classe as massas de homens que viviam em condições dificílimas e que atribuíam a outras categorias as culpas de tal situação.

Isso explica certo sucesso da pregação socialista, que se nota de forma vaga e com doutrinas carregadas de expectativas utópicas durante a primeira metade do século XIX, mas que encontra depois pontos de agregação muito fortes em torno de movimentos e associações que iam nascendo, bem como um estímulo nos primeiros grandes textos provenientes de teóricos da esquerda (*O Manifesto do Partido comunista*, de Karl Marx [1818-1883], é de 1848);

uma organização que sai dos limites de cada país na Primeira Internacional (1864) e um modelo que se tornará quase um mito na Comuna de Paris (1871), quando por um momento pareceu que o povo seria capaz de tomar o poder e de se autogovernar.

Esses eventos incrementariam o desenvolvimento das associações socialistas, determinantes na formação do movimento operário, que de certo modo assumiu suas características. Nesse contexto, nasceram os partidos políticos (em alguns países, como a Bélgica, já eram expressão do mundo católico) e surgiam as várias Sociedades operárias de mútuo socorro, sobre cujas bases nascem na França as *Bourses du travail*, na Itália as *Camere del lavoro*. Iam surgindo no horizonte as primeiras organizações sindicais, evoluções das Câmaras de trabalho e instrumento de luta social, mas também de formação política. O resultado foi que, por algum tempo, se acabariam por identificar socialismo e movimento operário, com uma série de consequências, tanto de caráter político quanto de caráter social.

No âmbito político, esse crescimento preocuparia muito as classes dirigentes e os governos, que alternariam intervenções repressivas com tentativas de procurar algum acordo, dando início a uma política social impensável alguns decênios antes e decerto em linha com a economia liberal, avessa a qualquer intervenção que pudesse modificar as leis naturais que se julgava regulassem a relação entre oferta e procura e, portanto, o mercado do trabalho.

O modelo mais significativo a propósito foi a Alemanha, de Otto von Bismarck (1815-1898), em que o socialismo teve rápido desenvolvimento, mas na qual foram aprovadas leis, antes para contê-lo, e depois para lhe impedir qualquer progresso; ao mesmo tempo, deu-se início à política social que chega ao ápice durante os anos oitenta desse século, com os seguros de doença e de invalidez. A revogação das leis antissocialistas veria, pois, um fortíssimo incremento das organizações que a ela recorriam.

Na França, o crescimento do movimento operário foi constante, embora mais limitado, ao passo que na Inglaterra o associacionismo operário se ressentiu muito das influências especificamente políticas. Na Itália, esteve presente primeiro forte tendência anárquica, que depois deu lugar à emergência do socialismo, com as alas reformista e revolucionária, as quais conviveriam dentro do partido socialista com sortes alternadas. Também na Itália se seguirá em parte a política bismarckiana, sobretudo nos anos 1880 e 1890, com Francisco Crispi no poder, alternando leis repressivas com tímidos acenos de política social.

2. Consequentemente, **a Igreja** teve de enfrentar uma **situação totalmente nova**, quando ainda não tinha sanado as chagas produzidas pela Revolução Francesa, e na Itália o papado viveu uma relação difícil com os vários movimentos que tinham como objetivo chegar à Unificação do país. Surgiram assim muitos problemas que deveriam ser levados em conta por quem procurava enfrentar a relação da hierarquia, e depois de toda a comunidade eclesial, com o movimento operário.

Os anos da Restauração não tinham freado o processo de descristianização em andamento. A prática religiosa tendia a diminuir nas regiões onde crescia a presença operária, enquanto muitas organizações que surgiam entre os operários tinham na origem uma doutrina imbuída de anticlericalismo. Pesquisas recentes — por exemplo, as de François Isambert (1924-2017) —, porém, puseram em dúvida a afirmação difundida de que o aparecimento da nova classe social coincidia com a difusão dos primeiros sintomas da descristianização. Seria, então, errôneo afirmar a incompatibilidade entre Igreja e classe operária; mas seria também um engano esquecer que por várias vezes o movimento operário, sobretudo o organizado, tenha se visto em posições distantes das da Igreja e que certo modo de anunciar a Palavra de Deus tenha facilitado a formação de uma consciência operária que parecia estranha aos valores religiosos. A **Igreja hierárquica** viu-se **um tanto desarmada** diante de tal contexto e procurou oferecer análises e remédios que provinham de sua história, incrementou uma linha paternalista, propôs respostas de caráter ético e religioso a situações que exigiriam instrumentos de análise muito mais refinados. Viu nas novas transformações o risco para a prática religiosa e se preocupou sobretudo para que esta última não entrasse em crise.

Percorrendo os textos que representam o momento mais significativo da catequese episcopal, as cartas pastorais, encontram-se às vezes páginas de extraordinário vigor e lucidez, mas com mais frequência há tentativas de análises que não vão além de um apelo às virtudes tradicionais e a lamentação pela difusão de uma imoralidade que coincide com o abandono da prática religiosa. A cidade e a fábrica aparecem como o perigo absoluto, a emigração é quase sempre considerada fonte de degradação moral.

Mas há também bispos, principalmente entre os que vivem em regiões que sofrem profundas transformações após a industrialização e a consequente concentração da força de trabalho, como o bispo de Lião ou os de Chambery e Pinerolo, que tinham percebido, como veremos, qual era o processo de transformação que estava em andamento e procuraram encontrar uma resposta às novas situações. Outra prova dessas atenções virá dos textos que são enviados a Roma durante a preparação do Concílio Vaticano I. Há amplas análises das difíceis relações com a sociedade moderna e do grave perigo representado pelo socialismo que avança, mas há também páginas dedicadas à crescente pobreza das classes subalternas e ao desperdício de dinheiro ligado à corrida às armas.

No estudo das respostas que a Igreja hierárquica procurou dar às mudanças que iam ocorrendo, é preciso evitar proceder com cronologias paralelas. **Cada país tem seu ritmo diferente** no que diz respeito à industrialização, e portanto tem ritmos diferentes no desenvolvimento do movimento operário. A Inglaterra vive o primeiro impulso industrial muitos decênios antes da Itália; a influência dos movimentos nascidos no âmbito da esquerda socialista seria, portanto, muito diferente, bem como a difusão do pensamento marxista, e em paralelo do movimento católico. Sob o ponto de vista qualitativo e quantitativo, bastaria levar em consideração os componentes daquelas organizações, como já lembramos sinteticamente, os quais um dia entrariam na primeira e na segunda Internacional socialista (fundadas respectivamente em 1864 e em 1889) para ter a prova imediata dessa diversidade de desenvolvimento. Eventos traumáticos que tinham sacudido a França, como as revoluções de 1830 e de 1848, e em seguida a Comuna de Paris de 1871, provocam posicionamentos por parte da hierarquia totalmente impensáveis em outros países; também o caminho para a unificação na Itália e depois a tomada de Roma por parte das tropas do neonato Estado italiano terão influências muito fortes; menos, porém, em outros países europeus.

Tinha havido, porém, na **França** dos anos 1830 diversas intervenções de bispos sobre vários temas levantados pela classe operária. O cardeal Louis-Jacques-Maurice de Bonald (1787-1870), arcebispo de Lião e filho do conhecido filósofo teórico da conservação, escreveu numa carta ao clero de 27 de fevereiro de 1848: "Ocupai-vos dos pobres, participai de todas as ações que poderão melhorar a vida dos operários. É preciso esperar que surja finalmente um interesse sincero e eficaz pela classe operária" (cit. in Droulers, 206). Intervenções análogas virão dos bispos de Cambrai, Annecy, Pinerolo, Saint-Étienne, Paris: exigem reformas institucionais, lembram que os males dependem do fato de que se vai organizando um sistema econômico que viola a dignidade do homem.

Dos mesmos assuntos se ocuparam os **bispos alemães**, os quais em 1869 publicaram uma declaração coletiva para convidar os católicos a se dedicarem aos problemas sociais. Era o ponto de chegada de uma atividade que tinha visto envolvidos, entre outros, personagens como Adolf Kolping (1813-1865) e Wilhelm Emmanuel von Ketteler (1811-1877). Este último, como teremos oportunidade de ver, arcebispo de Mogúncia, utiliza uma linguagem que em certos casos parece próxima à de Karl Marx; além disso, suas posições lembram outro conhecido socialista alemão, Ferdinand Lassalle (1825-1864); é deles que parece tirar suas reflexões sobre as sociedades cooperativas de produção. Chega até a falar de participação dos operários nos lucros das fábricas. Seria Ketteler quem iria influenciar os bispos alemães e envolver muitos católicos nos problemas sociais com um de seus escritos mais significativos: *Die Arbeiterfrage und Christentum (A questão operária e o cristianismo)*; seria ele ainda que iria contribuir em 1868 para fazer nascer os "Christlich-sozialen Blätter" ("Os noticiários cristão-sociais").

A obra de Adolf Kolping antecipou a atenção da Igreja em relação ao mundo jovem operário. Tendo se tornado assistente em 1847 da recém-nascida União católica dos jovens artesãos, Kolping a conduziu a um importante desenvolvimento. Quinze anos após sua morte, a União tinha se difundido na Alemanha, Áustria, Hungria, Suíça e Estados Unidos e contava com quatrocentas e dezoito seções.

Em outros países, a atenção do mundo operário viria em sequência, como aliás o desenvolvimento industrial. Mas não está ausente. Vai das "conferências de São Vicente", fundadas na França em 1833 por Frederico Ozanam, à significativa retomada das Escolas profissionais dos Irmãos das escolas cristãs, que abrem na França a primeira escola profissional para aprendizes, bem como à contribuição que João Bosco (1815-1888) daria na **Itália**, seja para a formação profissional dos jovens, seja na preparação dos contratos coletivos que permitem ao operário não se ver só nem geralmente perdedor diante do empregador; um setor no qual também Leonardo Murialdo (1828-1900) desenvolveria a sua obra. Dom Bosco e Leonardo Murialdo entenderam que o problema dos jovens que chegam à cidade vindos dos campos, com risco de se transformarem em pequenos criminosos, não se resolve com leis mais severas, com reforço da polícia e com os cárceres mais cheios de menores, mas com o oferecimento a eles de uma possibilidade de aprender uma profissão. Entenderam que a cidade não é o lugar do mal, mas a nova realidade emergente. É preciso imergir nessa questão, entender seus problemas, procurar respostas que não sejam somente condenações. Dom Bosco não se afasta da mentalidade intransigente, não teoriza a renúncia ao poder temporal por parte do papa, e considera que a condição para a liberdade do pontífice seja sua total independência de qualquer autoridade temporal. Mas ao mesmo tempo tem-se a impressão de que dom Bosco logo chega a pensar que não haverá caminho de volta, que o processo iniciado seja um processo irreversível, que a política eclesiástica liberal prosseguiria seu curso e o Estado italiano não restituiria à Igreja os territórios que lentamente tinha usurpado.

Na **Bélgica**, uma manifestação operária em 1886, que assumiu os tons de uma revolta, tornou-se o estímulo definitivo para o associacionismo católico. Em 1891 nasceu a *Ligue démocratique belge*, que abandonou lentamente certo estilo paternalista no qual se desenvolvia a atividade de vários protagonistas, entre os quais diversos padres, como Antoine Pottier (1849-1923). Nos decênios seguintes, a evolução seria também mais significativa e envolveria numerosos membros da hierarquia eclesiástica.

Nos mesmos anos ocorre também o início da atividade organizada em **Portugal**, com a obra dos Círculos católicos operários; é também desses anos a primeira atividade dos *Círculos de obreros* na **Espanha**.

3. Todas essas e outras contribuições semelhantes permitiram à **Igreja mudar**, embora lentamente, a própria atitude diante das profundas transformações em andamento. Os problemas do mundo eram considerados o lugar privilegiado dos homens políticos, dos economistas; a Igreja, pelo menos no seu ensinamento, parecia ter de se limitar às funções espirituais. Agora, porém, reivindica outro papel, o de oferecer reflexões sobre os grandes projetos e planos em função da construção do mundo. Uma reivindicação que levaria alguns a dizer que se corriam outros riscos, até mesmo o de dissolver o discurso teológico sobre Deus num discurso antropológico sobre o homem. A Igreja, porém, ficou atenta ao caminho percorrido pela sociedade civil, percebeu os novos rumos e não se pôs preconceituosamente numa atitude de rejeição; e se perguntou, porém, como seria possível dar uma alma também a esses caminhos, a essas hipóteses que se tornaram realidade. Ou seja, perguntou-se como dar alma a sistemas e a mecanismos que têm em si mesmos as mais diversas potencialidades, as de conservar um espaço para a pessoa humana e as de lhe negar.

A ocupação de Roma e a rejeição do Estado italiano por parte de Pio IX (1876) acabariam por orientar o clero italiano por caminhos diferentes. Termina aquela forma de funcionários ligados à existência do Estado pontifício, e o clero se orienta para uma escolha religiosa mais profunda, de modo que o empenho pastoral se torna central e prioritário, mas com o empenho pastoral cresce também uma nova atenção ao social. Tinha início o que seria definido também na Itália como o tempo dos "padres sociais".

Nesse caminho emergiu um **novo papel para o laicato**, embora se passassem vários decênios antes que a reflexão sobre tais temas eclesiológicos produzisse alguma obra significativa. A França de Ozanam é também a França de Pauline Jaricot, a jovem que se torna símbolo do novo impulso missionário. Jaricot dá início a uma atividade que na origem tinha objetivos e meios humildes, ou seja, a coleta de pequenas ofertas e o empenho na oração pelas missões. Sua atividade maior seria a fundação da Obra de propagação da fé, destinada a se tornar uma das Obras mais significativas na história do desenvolvimento missionário. Apresentava duas novidades de grande importância no panorama eclesial da época: obra fundada por uma mulher que permanecia leiga.

A própria Jaricot teria colaborado para a constituição de outra obra missionária, definida como Santa Infância, promovida em 1843 pelo bispo de Nancy. E foram também duas leigas, Stéphanie Bigard (1834-1903), com a filha Jeanne (1859-1934), que fundaram em 1889 a Obra missionária de São Pedro apóstolo, a fim de sensibilizar o povo cristão para o problema da formação do clero autóctone nos territórios de missão.

O **papel da mulher** na Igreja tornava-se cada vez mais significativo; tanto é verdade que foram dezenas na Itália e na Europa as mulheres que se tornaram fundadoras de novas congregações religiosas de vida ativa. Seus âmbitos de ação eram os mais variados: escolas e hospitais, orfanatos, casas de acolhimento para os esquecidos pela sociedade. As escolas fundadas não eram apenas destinadas às categorias sociais consideradas superiores, mas a todos; significava levantar a questão do direito de todos, também dos pobres, de terem instrução básica.

Entre as congregações, estaria destinada a desenvolvimento rápido e extraordinário a das Filhas de Maria Auxiliadora, cujo início deveu-se a Maria Domenica Mazzarello (1837-1881), a jovem que reuniu em torno de si outras jovens sob a guia do seu pároco, e que depois se tornou colaboradora de dom Bosco e cofundadora do instituo feminino das salesianas. Um dos aspectos da atividade delas seria a missão, como mostra o fato dos primeiros salesianos terem partido para a América Latina em 1875; dois anos depois partiriam também as primeiras salesianas.

25. Da devoção mariana até o *Sílabo*

1. As aparições de Nossa Senhora em Lourdes representam, certamente, um dos momentos mais significativos de uma corrente de ideias que havia alguns decênios estavam modificando o estilo e as devoções do povo cristão. Sob diversos aspectos condicionada pelo rigorismo jansenista, a antiga espiritualidade ia sendo substituída, com o apoio de muitos teólogos, por uma espiritualidade mais rica de humanidade, da qual podia ser considerada expressão a crescente **devoção ao Coração de Jesus**, símbolo do seu amor pela humanidade, cuja teórica fora Santa Margarida Maria Alacoque (1647-1690), na verdade pouco ouvida durante a vida, mas depois revalorizada durante o século XVIII graças especialmente aos jesuítas (vol. III, cap. 6, itens 25.4 e 27.2 e cap. 7, item 33.4) perante a oposição dos jansenistas e dos iluministas; mais tarde, seus escritos marcaram uma época, especialmente depois que Pio IX decidiu, em 1864, prover à sua beatificação. Mas já em 1856 o mesmo pontífice tinha estendido à Igreja universal a festa do Sagrado Coração de Jesus. Diversos países europeus organizaram cerimônias de consagração ao Coração de Jesus, enquanto se tornavam cada vez mais participadas as cerimônias e as peregrinações que se realizavam num dos santuários que tinham visto a presença de Santa Margarida, Paray-le-Monial, e depois no parisiense Montmartre, onde surgira um santuário dedicado ao Sagrado Coração, que viu a presença já em 1876, primeiro ano de sua abertura, de um número altíssimo de peregrinos.

Isso teria contribuído de modo significativo para a descoberta da cristologia, e quase como consequência lógica teria favorecido nova forma de devoção eucarística, com a superação de uma forma de temor reverencial em relação à **eucaristia**, da qual se podia aproximar somente em certas circunstâncias e não decerto todos os dias. Começou-se a falar em baixar a idade mínima para poder se aproximar da mesa eucarística e se descobriu também a adoração ao Santíssimo Sacramento, mantido depois da celebração eucarística justamente em vista da adoração por parte dos fiéis. Começa também a prática dos congressos eucarísticos, muitas vezes destinados a reparar o mal que ia se difundindo na sociedade, causado principalmente pela indiferença religiosa.

Um novo modo de aproximar-se de Cristo tinha como consequência o crescimento da **devoção mariana**, que por sua vez acentuava a devoção para com o Filho. Se Lourdes representa um momento muito importante para o incremento desta devoção, com desconfiança primeiramente em relação à vidente, Bernadete Soubirous (1844-1879), que entre fevereiro e julho de 1858 teve diversas aparições de Nossa Senhora, e depois, com a aprovação da autoridade eclesiástica sobre a autenticidade de tais aparições, muitas foram as aparições, verdadeiras ou supostas, que precederam ou seguiram as de Lourdes. Tal aumento da devoção mariana dependeu também de uma escolha que, depois de ter ouvido o parecer dos bispos da Igreja universal, os quais deram sua aprovação, fez o pontífice proclamar no dia 8 de dezembro de 1854 como dogma de fé a Imaculada Conceição de Maria, ou seja, a declaração de que a Mãe do Salvador devia ser considerada isenta do pecado original. Na bula *Ineffabilis Deus* o pontífice escreveu: "Declaramos, proclamamos e definimos: a doutrina que afirma que a beatíssima Virgem Maria no primeiro instante de sua conceição, por singular graça e privilégio de Deus onipotente em vista dos méritos de Jesus Cristo, salvador do gênero humano, fora preservada imune de qualquer mancha de pecado original, foi revelada por Deus e por isso deve ser crida firme e inviolavelmente por todos os fiéis" (DS 2803).

Nos mesmos anos, teria se verificado uma renovação da **literatura espiritual** que acompanhava o surgimento ou o ressurgimento das devoções. Encontraram o terreno preparado e deram forte contribuição à renovação obras como as de Matthias Joseph Scheeben (1835-1888), publicadas durante os anos 1860 e que teve grande sucesso com o livro *Die Mysterien des Christentums* (*Os mistérios do cristianismo*), publicado em 1865, mas cuja edição italiana é de 1949, alguns escritos de John Henry Newman (1801-1890), ou de Frederick William Faber (1814-1863), que tiveram grande sucesso, bem como se voltou a ler São Francisco de Sales (1567-1622), o santo da doçura, enquanto na França encontraram bom número de leitores os escritos dos grandes autores sulpicianos do século XVII.

Aparecem também no horizonte os primeiros elementos que levarão à reforma da **liturgia**, que terá seu desenvolvimento sobretudo no século XX. Entre essas premissas, pode-se lembrar a renovação do canto, que bem cedo levaria à retomada do canto gregoriano, substituindo assim formas musicais que tinham bem pouco a ver com a liturgia.

2. Como já lembramos no item anterior, a apresentação de Pio IX como um papa liberal teria vida breve. O papa estava profundamente preocupado com o lento, mas inexorável desaparecimento de alguns valores considerados fundamentais para o cristianismo, especialmente os que sustentavam a ordem social e moral, e considerava os grandes princípios afirmados pelo liberalismo como emanações diretas dos abomináveis que remontavam à Revolução Francesa. Iam se difundindo as chamadas **liberdades modernas**, ou seja, liberdade de culto, de ensino, de associação e de imprensa; para melhor entender a atitude de preocupação diante de todas essas liberdades, é preciso lembrar que havia o temor de que elas pusessem em risco o fato de que em muitos lugares a Igreja tinha quase o monopólio do ensino. Além disso, justamente em nome dessa liberdade, vários Estados estavam abandonando o cristianismo, e outro risco era o de que no mundo católico penetrasse a ideia de que também a Igreja tivesse de se uniformizar com os novos princípios da democracia.

Então começou a se falar em Roma da necessidade de nova condenação dos princípios que estavam na base das liberdades acima mostradas, condenação aliás que os pontífices do século XIX (e, portanto, não somente Pio IX) já tinham pronunciado em diversos de seus discursos. Foi pedido o parecer de várias personalidades, e num primeiro momento pensou-se em ligar a condenação dos erros modernos com o texto que definia o dogma da Imaculada Conceição. Depois de várias propostas e lista de erros, chegou-se à publicação em dezembro de 1864 de uma **encíclica**, a ***Quanta cura***, seguida por uma lista de oitenta proposições tiradas de diversos documentos anteriores, lista que se tornaria conhecida como ***Sílabo*** (DS 2901-2980).

A lista das proposições condenadas já estava dividida por assuntos: começava-se com a condenação do panteísmo, naturalismo e racionalismo absoluto, depois do racionalismo moderado, do indiferentismo, do socialismo e do comunismo, condenados junto com as sociedades secretas, as sociedades bíblicas e as sociedades clérico-liberais. Eram então condenadas as teorias que limitavam os direitos da Igreja e os relativos à ética natural e cristã, para depois lembrar os erros sobre o matrimônio cristão e os relativos à soberania temporal do pontífice romano. As últimas proposições eram as que tinham recebido os maiores comentários e provocado as maiores surpresas: na proposição setenta e sete, condenava-se quem afirmava que "não era mais conveniente ter a religião católica como única religião de Estado", enquanto a última condenava quem afirmava que "o pontífice romano pode e deve se reconciliar e se fazer amigo do progresso, do liberalismo e da civilização moderna".

Não se tratava de novidades, e para demonstrar isso, a cada frase remetia-se ao documento anterior de onde era tirada. Um bom comentador deveria, portanto, ter relido aqueles textos em seu contexto geral, e a última frase, que deu margem a tanta discussão, teria tido um eco diferente se tivesse sido levado em conta que no original (a alocução *Iamdudum cernimos* de 18 de março de 1861) se esclarecia que o papa não devia se reconciliar com a civilização moderna "no sentido preciso como a entendem os inimigos da Igreja".

Todavia as **reações** foram as mais variadas, e em muitos casos muito críticas, seja no âmbito laico, seja no mundo do liberalismo católico; neste último, um de seus máximos representantes, Charles Forbes de Montalembert, sentiu-se particularmente atingido. As reações afetaram também o mundo curial e "La Civiltà Cattolica" optou por reapresentar a tradicional distinção entre tese e hipótese: a diferença entre as afirmações dos grandes princípios, ou seja, o ideal (tese), e sua aplicação a situações e tempos diferentes, ou seja, o caso concreto (hipótese). Nessa linha, ou seja, ao propor tal interpretação, teve grande sucesso um escrito do bispo de Orléans, dom Félix Dupanloup (1802-1878), intitulado *La Convention du 15 septembre et l'Encyclique du 8 décembre*, que primeiramente fazia alusão à opção do governo francês, em princípio (tese), de defender o poder temporal justamente com a convenção de 15 de setembro de 1864 (Napoleão III tornara-se avalista diante do governo italiano, que se comprometia a respeitar os limites dos territórios pontifícios, e em sinal de boa vontade transferia a capital de Turim para Florença) e depois, diante da situação concreta (hipótese), de abandonar o pontífice no momento das dificuldades, proibindo na França a publicação de seus escritos, como ocorrera por ocasião da promulgação do *Sílabo*. A interpretação dada pelo bispo de Orléans descontentava os intransigentes e encontrava consenso de muitos católicos liberais. Mas foi o próprio Pio IX que patrocinou essa interpretação, escrevendo a dom Dupanloup para felicitá-lo pelo escrito. Para além das várias polêmicas, o *Sílabo* passou à história como o símbolo da dificuldade da Igreja de aceitar os grandes princípios da modernidade e de procurar se opor, em vão, ao avanço de um mundo com o qual, todavia, mais cedo ou mais tarde teria de se haver.

O governo francês manteria a seguir seus compromissos, enviando uma expedição a Roma para defender o papa de outra tentativa, por parte de José Garibaldi (1807-1882), de ocupar os territórios pontifícios. E não foi certamente coincidência as tropas italianas terem entrado em Roma pouco depois que Napoleão III tinha sido derrotado pela Prússia em 2 de setembro de 1870.

26. O Concílio Ecumênico Vaticano I

1. Entre as preocupações que teriam marcado o pontificado de Pio IX, uma das maiores era a ideia de que o papa acalentava havia muito tempo reunir um concílio, durante o qual ficasse finalmente resolvida a questão teológica do papel do papa na Igreja. Depois de cuidadosa preparação, teve início em 8 de dezembro de 1869 um concílio com **características** próprias, a partir do nome que dependia do lugar no qual estava sendo convocado. Sabe-se que este concílio foi interrompido, depois não concluído, devido à guerra franco-prussiana, que fez muitos bispos retornarem às suas sedes, e o irrefreável avanço das tropas italianas que conquistariam Roma em 20 de setembro de 1870, data em que o concílio foi consequentemente suspenso. Segundo as intenções do papa, o concílio deveria ter estabelecido uma barreira ao avanço de muitos males e erros que iam se difundindo na sociedade civil, e também na própria Igreja; e segundo diversos estudiosos, bispos e teólogos, o concílio deveria ratificar a doutrina que parecia agora muito difundida da infalibilidade do papa quando fala de problemas referentes à fé e aos costumes, uma doutrina que já podia ser intuída em algumas proposições presentes no *Sílabo*. Talvez não tenha sido por acaso o fato de a primeira ideia do concílio ser exposta a alguns em 6 de dezembro de 1864, dois dias antes da assinatura da encíclica *Quanta cura*, e de a preparação em vista do concílio ter tido início em março de 1865, ou seja, poucos meses depois da publicação do *Sílabo*, quando o papa decidiu nomear uma comissão cardinalícia para iniciar a preparação, decidindo que os documentos relativos seriam escritos em Roma, e que, superando um costume tradicional, a bula de publicação não seria preventivamente comunicada aos soberanos católicos.

O papa fez o anúncio oficial em 29 de junho de 1867, enquanto contextualmente eram nomeadas as comissões encarregadas de redigir os textos referentes a alguns temas específicos; entre os membros das comissões havia um forte predomínio de italianos, e boa parte dos estrangeiros trabalhava em Roma nas diversas congregações. As várias comissões preparavam os esquemas, mas logo se viu que o tema dominante seria a definição da infalibilidade pontifícia, apesar de certa **oposição** que reunia os que não julgavam que tal doutrina devesse ser definida e os que não se opunham à doutrina, mas pensavam que não era oportuno defini-la no contexto específico que a Igreja estava vivendo. Os primeiros temiam que a exaltação da figura do pontífice acabasse por diminuir a autoridade dos bispos, e a muitos deles parecia que as decisões do papa tivessem de ser confirmadas pelo conjunto dos bispos. Além disso, uma eventual definição da infalibilidade pontifícia provocaria outro afastamento, tanto das Igrejas orientais quanto das diversas Igrejas protestantes. Com efeito, as primeiras declararam inaceitável o convite que se lhes dirigia para uma participação no concílio, as segundas não leram de modo amigável a carta que convidava todos os protestantes a voltarem ao redil de Cristo.

Entre os opositores, deve ser incluído um dos maiores intelectuais alemães, Ignaz von Döllinger (1799-1890), que já fora animador de uma forte oposição ao centralismo romano e, portanto, se oporia à definição da infalibilidade. A mesma coisa se diga de Lord John Emerich Edward Acton (1834-1902), embora suas perplexidades fossem mais de ordem política, pensando na reação dos que agora tinham iniciado um caminho da sociedade civil para formas de democracia e de maior liberdade. Essa linha foi abraçada também por alguns católicos, em especial na França, onde se pensou em envolver o próprio Napoleão III para que fizesse pressão sobre Roma. Algo análogo ocorreu também na Alemanha, onde se temia que a liberdade de pesquisa, principalmente em teologia, pudesse ser limitada. Por diversas razões, sobretudo doutrinais, era contrário à definição também o decano da faculdade teológica da Sorbonne, dom Henri Louis Maret (1805-1884), que tinha o apoio do arcebispo de Paris, George Darboy (1813-1871). E outros julgaram que uma eventual definição do dogma da infalibilidade pontifícia diminuiria de fato a autoridade dos bispos e até provocaria maiores dificuldades eclesiológicas em relação às Igrejas ortodoxas.

Em Roma todavia foi preciso enfrentar o problema de quem teria **direito de participar** do concílio. Não eram poucos os que julgavam que os delegados apostólicos, ainda que fossem bispos não titulares de dioceses, não deviam participar. Com efeito, muitos territórios eram considerados de missão e dependiam diretamente da congregação de *Propaganda fide*, que lhes enviava delegados; formalmente, portanto, não podiam se considerar bispos titulares de dioceses. Todavia, a dificuldade foi superada e eles foram admitidos ao concílio, juntamente com os abades *nullius* (responsáveis de uma associação ou de um território que não era elevado a diocese) e os superiores-gerais das congregações religiosas. Aos bispos orientais foi dirigido um convite, rejeitado também pela forma como foi apresentado, ao passo que aos protestantes foi enviada uma simples carta para conhecimento, quando foi tornada pública a bula de convocação do concílio (*Aeterni Patris*, de 29 de junho de 1868).

2. No momento da abertura dos **trabalhos** em 8 de dezembro de 1869, estavam presentes cerca de setecentos bispos dos cerca de mil que tinham o direito de participar; entre eles, sessenta e um eram de rito oriental, ao passo que mais de duzentos provinham de diversos territórios não europeus; somente nove provinham da África, enquanto os italianos eram duzentos. Não havia nenhum bispo originário da África ou da Ásia, pois os que trabalhavam naquelas regiões eram missionários de origem europeia. Aliás, por motivo da interrupção dos trabalhos, não foi possível discutir o esquema dedicado às missões.

O concílio iniciou seus trabalhos com reunião em congregação geral, como ocorreria depois outras oitenta e nove vezes. Os trabalhos eram dirigidos por um presidente que representava o papa, e na hora do voto os bispos podiam consentir com o termo *placet*, e discordar ao afirmar *non placet*, sugerir mudanças nos textos em discussão ao declarar *placet iuxta modum*, e neste caso apresentavam proposta de modificação.

Os temas abordados eram múltiplos, mas de fato conseguiu-se aprovar somente duas constituições, uma sobre a fé e outra sobre a Igreja; esta segunda continha a definição da infalibilidade do pontífice romano, assunto que teria atraído maiores atenções. Levando em consideração as diversas declarações, podia-se pensar que cerca de vinte por cento dos padres conciliares eram contrários a essa definição; uma oposição destinada a diminuir lentamente, inclusive após intervenções nem sempre veladas por parte do pontífice. Nas diversas intervenções, provocou acesas discussões o bispo croata de Diakovar (Sirmium), Josip Juraj Strossmayer (1815-1905), que pareceu tomar a defesa dos protestantes, lembrando que se tratava de pessoas que amavam a Cristo.

Chegou-se todavia, em 24 de abril de 1870, ao voto final, com aprovação unânime da constituição sobre a fé, **Dei Filius** (COD, 804-811). A *Constitutio dogmatica de fide catholica*, que inicia justamente com as palavras *Dei Filius*, condena os vários erros difundidos no mundo, sobretudo contra a Igreja e a Bíblia, citando especificamente o racionalismo ou naturalismo, o panteísmo, o materialismo e o ateísmo, deplorando que também alguns católicos tenham se deixado seduzir, pondo assim em perigo a integridade e a pureza da fé. Afirma depois a possibilidade de conhecer a Deus até mesmo com "a luz natural da razão humana a partir das coisas criadas", lembrando a compatibilidade entre fé e ciência, desejando, a seguir, o crescimento da ciência e da pesquisa, sem que elas, porém, cheguem a pôr em dúvida as verdades conexas com a fé católica. É bastante forte no texto o apelo à autoridade da Igreja, ou seja, do Magistério eclesiástico, herança da relação conflitante com o mundo protestante; de fato, este último rejeita a mediação do Magistério eclesiástico na leitura e interpretação da Bíblia e introduz o conceito, com frequência mal interpretado, de "livre exame", que deixaria a cada indivíduo o direito de ler e interpretar a Palavra de Deus.

No final do texto, mediante uma série de cânones, a constituição retomava com acentos mais severos todos os temas tratados de modo descritivo, ou seja, concluindo cada afirmação com a excomunhão a quem não quisesse aceitar (é utilizada a fórmula *"anathema sit"*).

3. Aprovada a constituição sobre a fé, foi distribuído aos padres o texto que acabaria por se tornar o elemento central do concílio, dedicado a *De Romani pontificis primatu eiusque infallibilitate* (*Sobre o* **primado** *e sobre a* **infalibilidade** *do romano pontífice*). Quase como prólogo à elaboração do texto, discutiu-se sobre a oportunidade de preparar um catecismo único para toda a Igreja, pedindo aos bispos que acrescentassem depois algumas partes conexas com o contexto histórico em que teria sido utilizado. O texto sobre o catecismo, como outros textos, como, por exemplo, o que se refere às missões, não teriam chegado à aprovação, dada a ocupação de Roma por parte do reino da Itália e da guerra franco-prussiana, as quais convenceram muitos bispos a voltarem para suas sedes e Pio IX a adiar *sine die* — 20 de outubro de 1870 — a retomada dos trabalhos, quando o programa inicial previa ainda a discussão de numerosos outros esquemas.

O texto sobre o primado e a infalibilidade pontifícia teria levantado amplas e muitas vezes acaloradas discussões e passaria por diversas modificações e integrações preparadas por teólogos de tendências nem sempre homogêneas. Um primeiro esquema fora preparado por Clemens Schrader (1820-1875) e João Batista Franzelin (1816-1886), mas foi depois reescrito por Joseph Kleutgen (1811-1883), três jesuítas e professores do Colégio romano (depois Universidade Gregoriana). Aliás, estavam em jogo tanto a extensão das matérias sobre as quais era ampliada a infalibilidade pontifícia como a difícil relação com os bispos, também eles sucessores dos apóstolos, que teriam visto diminuir muito sua própria autoridade, se o texto tivesse insistido demais nas prerrogativas pontifícias exclusivas. Alguns patriarcas fizeram observar que uma eventual ênfase do primado (já definido no Concílio de Florença em 1439: vol. III, cap. 1, item 2.3) teria dificultado as relações com as Igrejas orientais, nas quais vigorava a autocefalia, enquanto alguns levantaram objeções sob o ponto de vista histórico, observando que com base histórica era muito difícil afirmar a continuidade de uma tradição e de uma doutrina que agora se queria definir.

Chegou-se todavia em 18 de julho de 1870, com a confirmação definitiva em 28 de julho, à aprovação da segunda constituição, a que continha a definição da infalibilidade pontifícia e que tinha como título: *Pastor aeternus*. No momento da aprovação, estavam presentes quinhentos e trinta e cinco bispos; houve dois votos contrários. Não se deve, porém, esquecer que alguns padres tinham votado a favor para evitar divisão sobre decisão tão importante, ao passo que uns sessenta padres tinham deixado Roma e não tinham, portanto, participado da votação: uma decisão que tinham comunicado ao pontífice por meio de uma carta. Entre os que tinham deixado Roma, estava o arcebispo de Milão, Nazari de Calabiana (1808-1892), e o bispo de Ivrea, Luís Moreno (1800-1878).

A *Constitutio dogmatica prima de ecclesia Christi*, conhecida como **Pastor aeternus** (COD, 811-816), reafirmava a longa tradição que tinha sempre visto em Pedro o avalista da fé de todo o povo de Deus, lembrando o dever de submissão que envolvia todos os bispos, para depois concluir com estas afirmações: "Por isso, nós, aderindo fielmente à tradição aceita desde o início da fé cristã, para a glória de Deus, nosso salvador, para a exaltação da religião católica e a salvação dos povos cristãos, com a aprovação do santo concílio, ensinamos e definimos ser dogma divinamente revelado que o romano pontífice, quando fala *ex cathedra*, ou seja, quando, cumprindo o seu ofício de pastor e de doutor de todos os cristãos, define, em virtude da sua suprema autoridade apostólica, que uma doutrina em matéria de fé ou de costumes deve ser admitida por toda a Igreja, goza, pela assistência divina que já lhe fora prometida na pessoa do beato Pedro, da infalibilidade de que o divino Redentor quis fosse dotada sua Igreja, quando define uma doutrina referente à fé ou aos costumes. Consequentemente, essas definições do romano pontífice são irreformáveis por si mesmas e não em virtude do consenso da Igreja ('*ideoque eiusmodi Romani pontificis definitiones ex sese, non autem ex consensu ecclesiae irreformabiles esse*')". As últimas palavras contradizem o quarto artigo da Igreja galicana, aprovado em 1682 pela assembleia extraordinária do clero francês (vol. III, cap. 5, item 22.6).

4. Foram diversas as **consequências** provocadas pelas decisões do Vaticano I. Nos anos seguintes não faltaram rejeições ao texto, mas houve também adesões dos que não estavam convencidos ou tinham se afastado de Roma para se esquivar a dar um voto contrário. Em particular, nasceram algumas comunidades, ainda vivas hoje, definidas "velhos católicos", presentes sobretudo na Alemanha, que conseguiram, porém, a adesão de crentes, principalmente de alguns países europeus, e se uniram à pequena Igreja de Utrecht, surgida no século XVIII no âmbito da difusão do jansenismo fora da França (vol. III, cap. 6, item 26.2). Sob o ponto de vista doutrinal, a inspiração deles vinha das posições do historiador e teólogo alemão Döllinger, que aliás fora excomungado em 17 de abril de 1871, justamente em consequência da sua recusa de aderir ao dogma da infalibilidade. Observemos, porém, que o conhecido intelectual alemão nunca aderiu à pequena Igreja de Utrecht.

O Concílio Vaticano I acabava por acentuar certa centralização romana e por promover o que foi definido como o "movimento para Roma" da catolicidade universal, fazendo também nascer um verdadeiro culto pelo romano pontífice. Mas essa centralização, se podia ser lida de forma negativa — pois diminuía o poder das Igrejas locais —, desempenhava um papel de grande importância na situação histórica em que se realizava. Em muitos Estados que tinham alcançado a própria unidade e autonomia, estavam lentamente nascendo as primeiras formas de nacionalismos, tendentes a enfatizar a autoridade do próprio Estado, com o risco de ver nascer, pelo menos na intenção de seus governantes, verdadeiras Igrejas nacionais, dependentes em parte da autoridade política. Napoleão tinha dado um exemplo de aonde aquelas tendências teriam podido levar; mas também a Áustria tinha sempre procurado transformar os bispos e padres em outros tantos funcionários a serviço do Estado. Certa forma de centralização romana tinha também o objetivo de se opor a semelhantes derivações nacionalistas.

27. Seminários, clero e religiosos

1. Ao examinar as causas da insuficiente **preparação cultural do clero**, em seu livro mais conhecido, *As cinco chagas da Santa Igreja*, escrito entre 1832 e 1833, mas publicado somente em 1848, Antônio Rosmini lembra que em parte ela dependia da falta de textos teológicos de algum valor. Essa falta seria acentuada, mas apenas parcialmente, com o fechamento das faculdades teológicas nas universidades estatais italianas, decretado em janeiro de 1873 como consequência do fim do poder temporal. Apenas em parte, pois essas faculdades estavam reduzidas a bem pouca coisa, e a pesquisa esmorecia. Difundiam-se sobretudo os manuais para os estudos nos seminários, alguns de valor, mas preocupados mais na vulgarização dos grandes temas teológicos do que em pesquisas originais. Era o caso, por exemplo, das difundidas *Praelectiones theologiae dogmaticae*, de João Perrone (1794-1876), e dos trabalhos de Carlos Passaglia (1812-1887), ambos jesuítas e professores no Colégio romano (depois, Universidade Gregoriana) de Roma, dos quais o segundo foi um dos protagonistas da preparação da doutrina que levou à definição do dogma da Imaculada Conceição e, depois, defensor da não necessidade do poder temporal.

O fato dos manuais serem escritos em latim facilitava o uso de textos de autores não italianos, muitos difundidos nos seminários e nas faculdades pontifícias. A utilização do latim para o ensino filosófico e teológico fora confirmada por Pio IX com uma carta apostólica de 3 de outubro de 1853.

Na véspera do pontificado de Leão XIII, as faculdades teológicas, enquanto são supressas na Itália, são abertas na França (1875), bem como os seminários universitários anexos às faculdades. Em Paris em 1878 decide-se que os seminaristas do último ano de teologia seguirão os cursos junto ao Institut catholique (equivalente a uma universidade, pois esse termo estava reservado às estatais) e no mesmo Instituto deveriam estudar os futuros formadores dos seminários.

Ao se tornar papa, **Leão XIII** acentuaria as preocupações que já tinha manifestado em Perugia, onde tinha uniformizado os estudos, impondo a doutrina de Santo Tomás de Aquino (c. 1225-1274) e procurado fazer aumentar seminários "bem dotados, bem disciplinados, bem dirigidos, bem equipados com métodos oportunos de ensino", como o próprio Pecci tinha escrito em 1867 nos *Pontos de disciplina a serem levados em consideração para a reforma do Clero*, enviados a Roma durante a preparação do Concílio Vaticano I.

Por conseguinte, alguns manuais tinham sido reelaborados depois das intervenções de Leão XIII e punham em prática suas diretrizes. Com efeito, o papa Pecci tinha marcado uma profunda reviravolta nos estudos teológicos com a encíclica *Aeterni Patris* (1879) que impunha a todas as escolas a doutrina tomista, eliminando aos poucos as outras correntes teológicas dos estudos nos seminários, entre as quais também o rosminianismo, e afastando do ensino muitos docentes ligados a outras escolas de pensamento. O ostracismo em relação a várias correntes filosóficas teria reaberto a questão rosminiana e teria levado em 1888 à condenação de quarenta proposições extraídas das obras de Rosmini.

Tiveram, pois, alguns desenvolvimentos os estudos e manuais dos jesuítas Mateus Liberatore (1810-1892) e João Maria Cornoldi (1822-1892), do dominicano Tomás Zigliara (1833-1893) e de Francisco Satolli (1839-1910) — o único não religioso, mas bem conhecido por Leão XIII, pois originário da diocese de Perugia, onde tinha frequentado o seminário e começado a ensinar —, enquanto na Itália a doutrina tomista teria amplo seguimento não só em Roma, mas também em Piacenza e Nápoles. Defensor de um tomismo renovado e que teve grande sucesso seria, na Bélgica, na universidade de Lovaina a partir de 1882, o futuro cardeal Désiré Mercier (1851-1926). Outro centro também não menos importante, mas significativo, seria o Institut Catholique de Paris.

O papel que a *Aeterni Patris* tinha desempenhado no âmbito filosófico e teológico seria realizado pela *Providentissimus Deus* (1893) para os estudos bíblicos; depois tudo seria confirmado, com uma recomendação particular para os estudos históricos, na carta *Depuis le jour* (1899) aos bispos e ao clero francês. Por outro lado, fora o próprio Leão XIII que em 1880 tinha decidido pôr à disposição dos estudiosos, abrindo-a à consulta, a extraordinária documentação contida nos arquivos vaticanos.

2. Não é fácil, porém, dar orientações gerais nos estudos dos **seminários** devido à grande variedade deles, e tendo em conta que ainda em meados do século XIX muitos padres eram ordenados, como ocorrera entre os séculos XVI e XVIII (vol. III, cap. 4, Inserção 2 – *A aplicação do cânon tridentino sobre os seminários*), depois de uma preparação feita fora do seminário. Nos anos do episcopado perugino, Joaquim Pecci tinha promulgado um regulamento para os alunos externos, ou seja, para aqueles que estando em suas casas frequentavam somente as aulas nos seminários. Mas era um caso bem raro. Havia grande variedade nos regulamentos e também nos programas de estudo e no tempo que a ele era dedicado. Em alguns seminários, por exemplo, a História eclesiástica e a Sagrada Escritura eram consideradas matérias facultativas. Insistia-se sobretudo nas exigências da vida espiritual e nos problemas da futura atividade pastoral.

Havia certa homogeneidade no uso dos textos de **espiritualidade**. Utilizam-se com muita frequência os clássicos *Traité de Saints Ordres*, de Jean-Jacques Olier (1608-1657), e os *Examens particuliers*, de Louis Tronson (1622-1700). Entre os livros dos seminários, muitas vezes está presente o texto do jesuíta Alonso Rodriguez (1538-1616), *Ejercicio de perfección y virtudes cristianas*. São textos em uso principalmente nos seminários dirigidos por sulpicianos, mas que estão difundidos em vários países europeus e nas Américas. Os lazaristas aconselham *a Imitação de Cristo* (um texto conhecido pela maior parte dos seminaristas), mas também a *Introdução à vida devota*, de São Francisco de Sales. E vai se difundindo a devoção ao Sagrado Coração de Jesus graças à atividade do jesuíta Henry Ramière (1821-1884). Mas é a escola de espiritualidade francesa, a partir de Pierre de Bérulle (1575-1629), que ocupa o lugar privilegiado, junto com Santo Afonso de Liguori (1696-1787). Assiste-se de fato à lenta diminuição da atenção à pesquisa e ao estudo, para dar lugar às exigências da vida espiritual e às necessidades dos futuros compromissos pastorais. Nesse terreno, o modelo que se impõe lentamente é o de João Maria Vianney, conhecido sobretudo pelo nome de cura d'Ars. Cercado, como ocorre com frequência nesses casos, por algum halo de lenda, torna-se o protótipo inimitável do pároco que dedica sua vida ao rebanho que lhe é confiado, transformando um lugar de descrentes num oásis de santidade. A espiritualidade do Cura d'Ars, muito menos ignorante do que se queira fazer crer, é muito simples: a confissão, como instrumento de conversão e de crescimento interior, a catequese (será também autor de um catecismo), a presença na paróquia, a dedicação à pastoral, tudo isso fundamentado na oração pessoal por ele vivida de maneira exemplar e proposta como possível a todos os fiéis.

A formação do clero — era o próprio Leão XIII quem o confirmava em várias ocasiões — devia ser **fiel aos métodos tradicionais** dos séculos passados, eliminando drasticamente qualquer tentação de ensinar uma filosofia diferente da tomista e considerando como textos básicos para a formação a *Summa theologiae*, de Santo Tomás, e o *Catecismo*, do Concílio de Trento. Ponha-se grande atenção, escrevia o papa na carta dirigida aos bispos e ao clero francês em 8 de setembro de 1899, ao estudo da Sagrada Escritura, mas segundo as regras que foram prescritas na *Providentissimus Deus*, alertando contra as falaciosas tendências que vão emergindo na interpretação da Bíblia mesmo entre autores católicos. Tenha-se também grande solicitude pela história da Igreja, mas com o espírito primário de ressaltar a origem divina e de não esquecer que essa história veicula e encerra um conjunto de fatos dogmáticos que se impõem à fé e que ninguém pode pôr em dúvida.

Consciente disso ou não, Leão XIII estava indicando as frentes sobre as quais, alguns anos depois com o chamado modernismo (cap. 5), se travaria verdadeira batalha entre uma cultura que devia se fundamentar em métodos tradicionais e outra que ia se formando a partir de novos modelos, de uma concepção da ciência que não rejeitava a tradição como tal, mas punha como premissa a pesquisa desvinculada de verdades predeterminadas.

Ao lado do padre que redescobre sua vocação pastoral nasce outra figura de padre, toda dedicada à **problemática social**. Quase todas as obras sociais que nascem no âmbito católico têm na origem, ou pelo menos como assistente, um padre, o qual depois frequentemente torna-se jornalista improvisado, pois são muitas as dioceses que naqueles últimos decênios do século XIX fundam seu jornal, quase sempre dirigido por um padre. Outro setor em forte expansão, que por sua vez vê amiúde padres como protagonistas, é o mundo do ensino, não somente no setor médio, mas também universitário: não são poucos os países europeus que abrem universidades católicas.

3. Nos últimos decênios do século XIX as **Ordens** e as **congregações** religiosas veriam **forte retomada** depois da crise que se seguiu, primeiro à Revolução Francesa, e depois às leis eversivas e às diversas supressões de que seriam protagonistas muitos governos que iam agora caminhando para diferentes formas de secularização da sociedade. Não são poucas as Ordens religiosas que nos anos de Pio IX veriam a diminuição de seus efetivos, junto com o forçado fechamento de muitas de suas casas e conventos. Também se assistiria, porém, a uma retomada, tanto numérica quanto na presença nos mais diversos âmbitos da sociedade civil. Nos primeiros seis decênios do século XIX fundam-se na Itália cento e quarenta novas instituições religiosas, das quais cento e vinte femininas, dedicadas predominantemente à escola.

Verifica-se de fato uma mudança também na **tipologia** das congregações religiosas. Se nos decênios anteriores muitas delas se dedicavam antes de tudo à formação e assistência da futura classe dirigente, agora retomam vigor ou nascem congregações religiosas que teriam consequências significativas sobre a realidade social, graças a seu compromisso com as classes menos favorecidas, dedicando-se essencialmente ou à assistência na saúde ou à escola. Esse fenômeno diz respeito a todos os países europeus, mas especialmente à França, que sozinha tem um número de religiosos quase análogo, se não superior, a todos os outros países europeus tomados juntos. Ao lado desse desenvolvimento interno, verifica-se também maior atenção aos países de missão: nascem diferentes congregações dedicadas à evangelização dos povos, e durante o século XIX o número dos dedicados às missões cresceria de modo exponencial (cap. 2). Algumas congregações se expandiram para além dos limites europeus; os monges cassinenses, por exemplo, abriram mosteiros nos Estados Unidos, outras abadias seriam abertas no Brasil, enquanto em 1893 os beneditinos fundam o mosteiro de Santo Anselmo em Roma. Um discreto aumento de efetivos teriam também os jesuítas, os irmãos das escolas cristãs e os redentoristas. Nasceram congregações dedicadas quase exclusivamente ao trabalho missionário: na França, retomou sua atividade e teria muitas vocações o seminário das missões estrangeiras de Paris e se desenvolveu o Instituto dos Padres brancos; nascem na Bélgica os missionários de Scheut, os missionários de Mill Hill na Inglaterra e a sociedade do Verbo Divino na Holanda, e na Itália o Pontifício Instituto das Missões Exteriores (PIME), de Milão, os combonianos, os xaverianos e os missionários da Consolata.

Não poucos pensavam que o melhor apostolado seria o que fosse feito por pessoas pertencentes às mesmas categorias sociais, como mostra a tentativa do padre Nicola Mazza (1790-1865) em Verona, que teria depois um seguimento significativo na obra de Daniel Comboni, ou seja, fazer evangelizar a África pelos próprios africanos, depois de uma preparação feita na Europa, devido à momentânea carência de lugares de formação na África. Este era o espírito de seu "Plano para a regeneração da África".

Verificou-se outro fenômeno, o das congregações religiosas que dariam vida também às Terceiras Ordens, que envolviam muitos **leigos** numa atividade antes reservada somente aos religiosos e às religiosas e que se tornariam os pioneiros de um futuro ativismo leigo, do qual derivariam alguns movimentos que teriam seu desenvolvimento sobretudo no século XX.

Todo esse florescimento levaria também à acentuação das **intervenções pontifícias** voltadas a evitar excessiva fragmentação das congregações religiosas, ou também a modificar estatutos e regulamentos que corriam o risco de se tornarem por demais seletivos, ou ao contrário excessivamente permissivos. Uma das consequências que por decênios teria influência sobre a formação do clero dependeria do fato de que muitos seminários teriam como diretores espirituais, por razões facilmente compreensíveis, dada a preparação deles, personalidades pertencentes a Ordens religiosas, com o risco de fazer nascer uma piedade com tendências fortemente monásticas. Será preciso esperar muitos decênios antes que os **formadores dos seminários** se deem conta dos riscos que esse tipo de formação podia produzir sobre os futuros padres, cujas espiritualidade e vida de oração deveriam estar conexas com sua atividade apostólica e não desvinculadas dela.

28. O Vaticano e a unidade italiana

1. Já lembramos (item 23.1) as razões pelas quais nasceu o equívoco do papa liberal, quando da eleição de Pio IX, equívoco que seria logo superado, determinando também atitudes críticas em relação ao pontífice, que primeiro foi considerado um dos inspiradores do caminho que o Piemonte estava fazendo para chegar à unificação do país, e depois quase se tornou seu inimigo, inclusive por causa da recusa em ceder os domínios pontifícios e em aceitar a hipótese de Roma como capital do novo Estado. Tudo isso teria acentuado a divisão entre **católicos intransigentes**, duros opositores do fim do poder temporal do papa, e **católicos liberais**, ou seja, dispostos a encontrar um acordo com o futuro Estado italiano. O pontífice continuava a pensar que a eventual aceitação de um compromisso — que o teria tornado de fato cidadão de um Estado — acabaria por lhe impedir a necessária liberdade espiritual. A manutenção do poder temporal era vista como condição indispensável para conservar tal liberdade.

Nem todo o clero estava disposto a apoiar o pontífice, ou seja, não eram poucos os padres que apoiavam o movimento para a Unidade, embora não participassem diretamente dele. Em 1862 tinha havido também uma coleta de assinaturas organizada pelo teólogo que fora o mais ouvido pelo papa Pio IX, mas que depois passara para o campo dos liberais, o jesuíta Carlos Passaglia, apostas num documento no qual se pedia explicitamente ao papa que abandonasse o poder temporal, um documento que tinha reunido cerca de dez mil adesões entre os padres, muitos dos quais mais tarde teriam ou negado aquele documento ou declarado terem assinado sem considerar cuidadosamente o valor daquela assinatura.

A prova do quanto até muitos padres participaram dos movimentos de insurreição foi fornecida pelos austríacos nos dias da revolta milanesa nos "cinco dias", de 18 a 22 de março de 1848. Vários padres estimularam os insurgidos a construir as barricadas, colaborando com eles e em alguns casos participando da luta sangrenta. Pelo menos cem eclesiásticos e muitos alunos do seminário teológico estavam diretamente envolvidos na insurreição, sabendo que contavam com o apoio do arcebispo Carlos Bartolomeu Romilli (1795-1859). O que lembramos a respeito de Milão repetia-se em muitas outras cidades italianas. Muitos padres e seminaristas eram arrastados pelas ondas patrióticas, partiam como voluntários para as guerras de independência, exaltavam-se ou se deprimiam diante dos vários posicionamentos do papa.

Todos se veriam logo em dificuldade no momento da restauração e da volta dos austríacos às suas posições anteriores; foi o próprio Pio IX que fez aumentarem as dificuldades, ao decidir, tendo voltado de seu exílio voluntário em Gaeta (de 26 de novembro de 1848 a 4 de setembro de 1849), negociar com a Áustria, e não a combater. Assim, no dia 18 de agosto de 1855 foi assinada uma concordata com a Áustria, publicada como lei de Estado e declarada válida para todos os territórios do Império. O catolicismo não era declarado religião de Estado, mas a religião católica constituiria o fundamento do ensino religioso de todas as escolas sob o controle da autoridade eclesiástica, enquanto a Igreja católica gozaria de plena liberdade, embora ficasse para os novos bispos o juramento de fidelidade ao governo. A linha favorável a Roma era apoiada pelo arcebispo de Viena, o cardeal Joseph Othmar Rauscher (1797-1875), que tinha representado o imperador nas negociações para a concordata. Os anos seguintes veriam na Áustria uma situação particularmente favorável ao catolicismo, mas ao mesmo tempo os privilégios gozados pela Igreja nos territórios habsbúrgicos eram consequência de toda uma série de condicionamentos impostos pelo Estado em relação a ela (com o passar do tempo, cunhou-se o termo "cadeias de ouro", para exprimir essa situação de privilégio-controle da Igreja na Áustria-Hungria).

Ao mesmo tempo, na Itália o Piemonte promulgava leis que tolhiam ou limitavam a liberdade da Igreja e tinha aprisionado e depois enviado para o exílio na França em 1850 o arcebispo de Turim, Luís Fransoni (1789-1862). Seria possível que o pontífice aceitasse as condições propostas pelo Estado piemontês? Não faltavam os que pensavam que seria possível manter dupla fidelidade, ou seja, conciliando catolicismo e liberalismo. Mas acabavam por se tornar os verdadeiros inimigos, porque mais dissimulados e aninhados dentro da Igreja. De fato, Pio IX afirmou várias vezes que o verdadeiro inimigo da Igreja era o liberalismo católico, considerado tendência a pactuar com o diabo.

Mas nem sempre eram os católicos liberais que pactuavam com o diabo; tratava-se muitas vezes de simples **padres** que partilhavam das **aspirações de seus súditos**, sem fazer análises políticas. Explicam-se assim os vários *Te Deum*, ou cerimônias de agradecimento, que muitos padres organizam para celebrar eventos nem sempre favoráveis à Roma pontifícia, sobretudo as várias anexações que o Estado piemontês estava pondo em prática. O povo, ligado ainda a certas convicções, reconhecia um ato se fosse realizado com solenidade e aprovado pela autoridade religiosa. O padre que organiza os *Te Deum* muitas vezes o faz somente porque aquele ato religioso é exigido pelos paroquianos, não como resultado de uma escolha política. Por outro lado, não se deve esquecer que existem formas de religiosidade popular que prescindem das prescrições eclesiásticas, que se organizam sozinhas e duram no tempo, para além de eventos políticos que as poderiam envolver. Isso vale, por exemplo, para a devoção mariana, para as peregrinações para lugares de supostas ou verdadeiras aparições, para os momentos importantes da vida, sobretudo o nascimento e a morte. Trata-se de formas de religiosidade popular que envolvem também uma parte da classe dirigente. Os exemplos mais clamorosos são os de Cavour (1810-1861), o principal protagonista do caminho para a Unidade italiana, que queria receber os sacramentos às portas da morte; e o mesmo faria Vitório Emanuel II (1820-1878), apesar das excomunhões e das difíceis relações com a Igreja de Roma determinadas pela questão romana; e haveriam de encontrar algum padre ou frade que lhes conferisse os sacramentos, embora sabendo estar incorrendo nas iras ou nas intervenções disciplinares de Roma.

2. Entretanto, o **conflito** entre a Igreja e o Estado na Itália fez-se **cada vez mais rude**. No Sul, depois da ocupação de Garibaldi em 1860, seriam presos e processados sessenta e seis bispos, e nos quatro anos seguintes teriam a mesma sorte nove cardeais. Com frequência, por pretextos era negada a possibilidade dos bispos tomarem posse de suas sedes, com o resultado de que em meados dos anos 1860 estavam vacantes vinte e quatro arcebispados num total de quarenta e quatro, e oitenta e quatro bispados num total de cento e oitenta e três.

Era esse o clima que prepararia a promulgação do *Sílabo* (item 25.2), que pareceu como um ato de forte hostilidade contra a sociedade moderna. O papa estava convencido de que era preciso reconstruir uma sociedade cristã que fizesse voltar ao centro os valores religiosos; baluarte e defesa deles só o papa o poderia ser, seguro em sua liberdade espiritual pelo fato de não ser súdito de ninguém e, portanto, ter um poder temporal. Mas como as duas sociedades, a religiosa e a civil, seguiam agora caminhos divergentes, seguiu-se que a escolha da intransigência era o fator discriminante para distinguir quem estava dentro e quem se punha fora da Igreja. Era preciso reunir-se em torno do papa, último baluarte contra o avanço do inimigo. A infalibilidade pontifícia, que o Concílio Vaticano I sancionaria em 1870 (item 26.3), era a resposta àquela sociedade gerada por um Estado que naquele mesmo ano ocupava a cidade santa e obrigava o papa à prisão voluntária. Como nunca, naquele momento era necessário, para o clero intransigente e para todos os filhos devotos da Igreja, um novo e grande movimento em direção a Roma.

Em 20 de setembro de 1870, depois que em março de 1861 fora proclamado o reino da Itália, as tropas italianas tinham ocupado Roma ("brecha de Porta Pia"), apesar da última tentativa de Vitório Emanuel II para convencer Pio IX a encontrar uma solução não conflitante; com isso ficava quase completa a unificação do país, caía o poder temporal dos papas e a Itália podia agora considerar Roma a sua capital, obtida — frequentemente se esquece disso — contra qualquer norma de direito internacional. A Pio IX eram oferecidas algumas garantias (indicadas em geral com o termo "**lei das garantias**"), com uma lei aprovada no dia 13 de maio de 1871, mas o papa as recusava, como recusava a prevista dotação anual de três milhões e duzentas e vinte e cinco mil liras. O Estado, porém, não demonstrava muita benevolência em relação à Igreja, uma vez que em junho de 1873 eram estendidas a Roma as leis eversivas de origem piemontesa, e dois anos depois era aprovada a lei que previa o serviço militar para o clero.

Como já lembrado, em janeiro de 1873 suprimiam-se as faculdades teológicas nas universidades estatais, como resultado de um caminho que tinha visto a intervenção do papa em relação aos docentes eclesiásticos, ao lhes pedir que rejeitassem o ensino que significasse uma forma de reconhecimento do Estado italiano. Naquele momento as faculdades teológicas tinham um número reduzidíssimo de alunos, mas aquela medida limitaria os ensinamentos das ciências religiosas somente nas universidades pontifícias, com evidente prejuízo para a cultura italiana.

Era ainda ao Estado italiano que cabia a decisão de nomear visitadores e inspetores ministeriais que deviam visitar e, portanto, apresentar relatórios sobre a situação cultural e material dos seminários, uma disposição que teria provocado muitas polêmicas. Por outro lado, muitos seminários admitiam também alunos que não pensavam em se ordenar sacerdotes, mas frequentavam aquelas escolas, pois eram a única possibilidade de prosseguir nos estudos. O Estado italiano julgava, pois, ter o direito de intervir também nesse âmbito para verificar a situação de institutos que formavam numerosos futuros súditos.

3. O conflito entre o Estado e a Igreja influenciaria também as **organizações leigas** que estavam nascendo, como se via imediatamente do nome que se davam. Em Bolonha, por exemplo, nascia em 1865 a Associação católica italiana para a defesa da liberdade da Igreja; em Roma em 1871, a Sociedade primeira romana para os interesses católicos. Os títulos dos jornais que eram fundados não deixavam por menos: "L'Armonia della religione con la civiltà" (Turim, 1848), "L'Unità cattolica" (Turim, 1863, depois em Florença), "L'Osservatore cattolico" (Milão, 1864), "Il Veneto cattolico" (Veneza, 1867), "La Libertà cattolica" (Nápoles, 1867), "La Voce della verità" (Roma, 1871). Em 1867 nascera a Sociedade da Juventude Católica, como fruto das iniciativas tomadas por João Acquaderni (1839-1922) e Mario Fani (1845-1869), a qual em 1874 seria absorvida pela **Obra dos Congressos e Comunidades Católicas**, fundada em 1874.

Esta última organização, que nascia com o objetivo de coordenar as atividades do mundo católico, tornar-se-ia a organização oficial do próprio mundo católico; surgia sob o sinal de protesto contra o Estado usurpador e se faria paladina do "não-voto" dos católicos nas eleições políticas, dado primeiro por Roma como simples advertência (não convém — que em latim se diz com a expressão *non expedit* — participar das eleições), e que se tornou depois uma verdadeira proibição. A Obra não tinha e não queria ter características políticas, e sua ação seria muito significativa no âmbito social. Mas seguindo o exemplo também de outros países, com o passar do tempo acabaria inexoravelmente por abrir o debate sobre uma possível futura participação dos católicos na vida política. Assim, progressivamente se introduz a discussão sobre a **possível conciliação** entre o Estado italiano e a Igreja, com toda uma série de esperanças que reemergiram durante os anos 1880, destinadas, porém, ao fracasso, pelo menos na ocasião, devido também à atitude do chefe do governo italiano, Francisco Crispi. Por outro lado, a prova de que também o papado — que por várias vezes tinha pensado na possibilidade de se refugiar fora da Itália — tinha renunciado a uma conciliação com o Estado italiano vinha da condenação de um opúsculo publicado em 1887 por um beneditino, padre Luís Tosti (1811-1897), intitulado *La Conciliazione*; e dois anos depois também um bispo, o prelado de Cremona, Jeremias Bonomelli (1831-1914), via posto no Índice um artigo favorável ainda à conciliação (intitulado *Roma, l'Italia e la realtà delle cose*), publicado anonimamente na "Rassegna Nazionale".

Assim como falhavam as primeiras tentativas de propor uma solução da chamada "questão romana", do mesmo modo estavam destinadas ao fracasso as propostas de um possível partido de matriz católica, até porque na Itália nasceria com forte conotação antiestatal e sobretudo envolveria de fato somente as categorias sociais hierarquicamente mais altas.

29. O Vaticano e a situação internacional

1. Na **França** o trabalho político de Charles Forbes de Montalembert e amigos tinha obtido desde 1850 diversos benefícios para a Igreja católica, entre os quais a lei sobre a liberdade do ensino secundário, que acabaria por conceder ao clero forte influência sobre o próprio ensino. Vendo-se nessa situação, a Igreja aprovou o golpe de Estado de dezembro de 1851, com o qual Napoleão III aumentava seu poder. Esta situação favoreceria tanto o crescimento das vocações eclesiásticas e forte desenvolvimento das congregações religiosas quanto o crescimento da corrente intransigente que sonhava com o renascimento do Estado cristão; esta corrente teria seus paladinos no beneditino Prosper Guéranger e no bispo Louis Pie (1815-1880), e seu porta-voz, pouco escrupuloso na linguagem e nas ideias, em Louis Veuillot (1813-1883), ao passo que entre os opositores encontramos o decano da faculdade teológica da Sorbonne, dom Maret, apoiado, embora em termos muito moderados, pelo bispo de Orléans, dom Félix Dupanloup. Nos anos seguintes, o conflito entre a república e a Igreja levaria ao fechamento de muitos conventos e à progressiva laicização das instituições, inclusive a escola; e não teria sucesso a política do *ralliement*, ou seja, do convite feito pelo papa aos católicos franceses nos anos 1890 para que aceitassem a república. Essa política do papa teria encontrado forte oposição por parte dos católicos intransigentes, a cujos olhos Montalembert — que, lembremos, tinha sido originariamente uma de suas figuras de referência — parecia agora ter passado para a outra frente, emergindo como um dos principais expoentes do catolicismo liberal, sobretudo depois dos discursos pronunciados em Malines em agosto de 1863, dedicados a "A Igreja livre no Estado livre".

Também no mundo católico da **Bélgica**, que já tem seus representantes no parlamento, prevalece certa tendência liberal que causa alguma suspeita em Roma. No fim dos anos 1870 assistir-se-ia a fortes desacordos entre o episcopado e os liberais pelo controle da escola. Mas a vitória do partido católico nas eleições de 1884 ajudou a superar essa diferença, e durante muitos anos a questão social tornou-se o centro das atenções.

Fortes oposições em torno da questão escolar verificaram-se nos **Países Baixos**, onde, porém, o antagonista não era tanto o mundo liberal, mas os protestantes, que tinham acabado por determinar fortes fechamentos em relação ao mundo moderno por parte da hierarquia eclesiástica. O nascimento de um partido confessional, que tinha envolvido também parte do mundo protestante, permitiu enfim chegar a uma legislação escolar substancialmente neutra.

Crise muito forte viveria o catolicismo na **Suíça**, sobretudo depois de 1870, quando o governo favoreceria os "velhos católicos", dando início a um verdadeiro *Kulturkampf* (literalmente, batalha pela cultura-civilização) em relação à Igreja católica, um conflito que seria superado somente depois da morte de Pio IX.

As relações entre o Vaticano e **o Império austro-húngaro**, depois da já lembrada concordata de 1855 (item 28.1), passaram por altos e baixos até um momento de grave crise vivida nos anos 1890, depois das discussões referentes ao batismo e à educação religiosa dos filhos quando os pais pertencessem a diversas confissões ou Igrejas. Nas diferenças que se tornaram cada vez mais fortes, um papel não secundário teve o secretário de Estado, o cardeal Rampolla, que se tornou particularmente malvisto por Viena. Poderia ter sido essa uma das causas que determinaria o "veto" estabelecido no conclave de 1903 pelo cardeal arcebispo de Cracóvia, Puzyna (1842-1911), em nome do imperador Francisco José à eleição daquele cardeal ao pontificado. A partir de então nunca mais foi utilizado o *veto* na eleição de um papa.

Graças à constituição promulgada em dezembro de 1848, na **Prússia** o mundo católico podia gozar de fortes privilégios, sobretudo na escola. Além disso, os católicos tinham no cardeal de Colônia, Johannes von Geissel (1796-1864), uma personalidade de grande prestígio. A mesma coisa ocorria para o mundo católico na **Dinamarca** e nos **Países Baixos**, graças às constituições outorgadas no mesmo período, as quais permitiam profunda reorganização da Igreja.

A situação alemã foi se modificando lentamente durante os anos 1860 em razão das preocupações do mundo protestante, que temia uma excessiva influência do catolicismo também sobre os governos. A essa ofensiva responderam os bispos alemães, os quais iniciaram em 1848 suas reuniões anuais, primeiramente em Würzburg e depois em Fulda, bem como o mundo leigo, que deu vida a um partido de matriz católica, mas não confessional, o *Zentrum*. O nascimento do partido de inspiração católica, fundado na Prússia em 1870 e depois estendido a todo o país, não muito numeroso mas politicamente forte, graças sobretudo à obra de um dos seus líderes, Ludwig Windthorst (1812-1891), explica a luta que contra ele desencadeará o chanceler Otto von Bismarck. Nesta luta, praticamente toda a Igreja católica se viu envolvida, luta justificada como batalha em nome da cultura e da civilização, como indicado pelo termo com que esta atitude do chanceler foi identificada, **Kulturkampf**, e que levará à ruptura das relações diplomáticas com o Vaticano e verá, entre várias medidas e depois das leis emanadas em maio de 1873, também a expulsão dos jesuítas e a prisão de diversos bispos. Em vão a Alemanha tentou envolver também a Itália e a Áustria numa luta que duraria alguns anos antes de terminar, depois do advento de Leão XIII e com as leis de pacificação de 1886-1887, com a revogação de muitas disposições promulgadas poucos anos antes (os jesuítas, porém, foram readmitidos somente em 1917); no horizonte aparece um perigo bem maior, o socialismo, e o chanceler entendeu que não podia combater em duas frentes, o partido dos católicos e as novas forças socialistas.

2. Nos anos 1870 havia também outros problemas a serem resolvidos após as vicissitudes que envolveram a **Turquia** e todos os **países balcânicos**, e que se tornaram focos de diversos conflitos, aos quais se pensou pôr um fim, convocando a conferência de Berlim em 1884. Observemos que esta conferência acabaria por incrementar uma espécie de dupla atitude, pois alguns Estados, como a França (onde o catolicismo tinha uma vida difícil por causa da legislação antieclesiástica), desejavam forte presença nos países colonizados de missionários originários das diversas nações, de modo a facilitar a expansão da própria hegemonia e da própria cultura, e ao mesmo tempo pediam que nas colônias se praticasse a liberdade de culto. Isto aliás criaria problemas aos missionários: alguns se sentiam também representantes de sua nação, mas para muitos outros o anúncio do Evangelho prescindia do pertencimento a um determinado país. Além disso, se é verdade que lentamente cresceu a consciência da universalidade da mensagem evangélica, é também verdade que para muitas populações locais o missionário continuava a ser visto como um expoente da nação ocupante.

A participação de uma parte do clero e dos religiosos na insurreição polonesa de 1863 estimularia as autoridades russas à forte repressão, com o fechamento de muitos conventos e a deportação para a Sibéria de um alto número de padres. Foi somente a política de Leão XIII que atenuou o conflito, mas a linha que prevaleceu na **Polônia** foi todavia desfavorável tanto aos católicos como aos protestantes no âmbito escolar.

Também com a **Espanha** fora assinada uma concordata em 1851, e a hierarquia eclesiástica tinha seguido uma linha fortemente conservadora, provocando algumas crises no mundo católico. E até provocaria o ressurgimento de formas violentas de anticlericalismo. Depois de alguns anos de contestação, em 1876 a mesma concordata foi novamente aplicada, confirmando o catolicismo como religião de Estado, com uma significativa exceção: reconhecia-se o princípio da liberdade religiosa.

A **Inglaterra** tinha sofrido as consequências da Reforma e necessitava antes de tudo do restabelecimento da hierarquia eclesiástica; a isso Pio IX proveu, embora entre polêmicas e debates, desejando a reunião de congressos provinciais, enquanto aumentava consideravelmente a presença dos religiosos. Forte influência teria a revista "The Rambler" ("O vagabundo"), cuja tendência liberal teria determinado seu fechamento prematuro. Atuavam sobretudo nessa linha o futuro cardeal Newman e Lord Acton, cuja grande abertura e experiência internacional o tornariam elemento de contradição, admirado por uma parte e temido por outra, muitas vezes também pelos bispos ingleses. Verificaram-se polêmicas em especial entre católicos de linha tradicional e os convertidos do anglicanismo, muitas vezes menos preocupados com alguns aspectos do dogma católico e mais abertos à sociedade moderna. Forte influência nesta situação teve a ação do arcebispo de Westminster, o cardeal Henry Edward Manning (1808-1892), por sua vez convertido do anglicanismo.

Entre os problemas que se teve de enfrentar, houve o da possível fundação de uma universidade católica e da eventual frequência de católicos numa universidade de tendência anglicana: esse último problema foi resolvido favoravelmente em 1895 por obra do cardeal Herbert Vaughan (1832-1903). Entretanto, começara a discussão sobre a validade das ordenações anglicanas, que se encerrou com a resposta negativa vinda de Roma em 1896, enquanto apareciam no horizonte as primeiras reflexões de caráter ecumênico, voltadas à possível reunificação entre a Igreja anglicana e a católica, obra a que se dedicaram de modo particular Charles Lindley Wood, mais conhecido como Lord Halifax (1839-1934), e o religioso francês Fernand Portal (1855-1926).

O problema da frequência de uma universidade não católica fora resolvido positivamente pela **Igreja irlandesa**, embora o arcebispo de Dublin, Paulo Cullen (1803-1878), tivesse procurado fundar uma universidade católica, convidando para sua direção Newman, que logo seria demitido devido a diferenças com a linha que os bispos queriam privilegiar. Em 1879 o problema foi resolvido com a incorporação da universidade católica na nova universidade irlandesa.

3. A Igreja na **Austrália** nascera em estreita relação com a Igreja inglesa, e sobretudo irlandesa, durante o século XIX; a relação entre ingleses e irlandeses até causaria muitas dificuldades e controvérsias sobre aquele grande território pouco habitado. Os inícios foram marcados pela obra dos monges beneditinos que tiveram no arcebispo John Poldign (1794-1877) um grande organizador, que pôs as bases para a formação de uma Igreja local, sem conseguir, porém, superar os conflitos que nasciam entre um clero de origem inglesa e outro de origem irlandesa, este último destinado a forte aumento com o crescimento da emigração de católicos irlandeses para a ilha. Um dos pontos que levantaria controvérsias até em relação ao mundo anglicano e das autoridades civis seria o problema escolar, ao qual dedicaram muita atenção padres e bispos. Entre eles, a partir de 1884 emergiu a figura do arcebispo de Sydney, Patrick Francis Moran, primeiro cardeal australiano, que deu forte impulso ao clero local, fundando em 1885 um seminário. Em linha com outros episcopados da época, também dom Moran, feito cardeal poucos meses depois de sua nomeação como arcebispo de Sydney, incrementaria de modo significativo a atividade social do catolicismo australiano.

Ainda ligada à Europa, e em especial ao catolicismo francês e inglês, estaria a **Igreja canadense**, que se desenvolveu sobretudo com o crescimento da imigração irlandesa e que sentiu fortemente o problema da carência de seminário e de padres. Notável influência sobre este crescimento teve o bispo de Montreal, Ignace Bourget (1799-1885), quando foi preciso enfrentar, com resultado favorável, o costumeiro problema do ensino, e quando houve dificuldades no campo político devido à tentativa do governo de utilizar em benefício próprio a influência do mundo católico, um mundo bem dividido entre conservadores e liberais, e muitas vezes em conflito com o mundo protestante.

A forte imigração irlandesa teve consequências importantes também na Igreja dos **Estados Unidos**, constituída em grande parte por imigrantes não só irlandeses, pois de fato vinham da Alemanha, França e Itália. Houve um claro sinal disso por ocasião do primeiro congresso dos bispos em Baltimore em 1852, quando de trinta e dois participantes somente nove eram de origem estadunidense, enquanto os demais provinham de vários países de imigração.

Um dos problemas que a Igreja teve de enfrentar, o qual tinha também dividido de modo trágico a sociedade civil entre o Sul e o Norte do país, foi o da escravidão, diante da qual as posições dos bispos eram um tanto brandas e se ressentiam muito do lugar geográfico do qual eram responsáveis como pastores; tenha-se presente que essa divisão foi ainda mais acentuada no mundo protestante.

Se o problema mais premente era a escravidão, outro problema que suscitou discussões foi o escolar, o que provocou diversos posicionamentos num país onde as escolas paroquiais eram fortemente privilegiadas. Embora entre discussões e divisões também entre os bispos, chegou-se todavia à constituição de 1889 em Washington da Catholic University of America.

Enquanto isso, porém, nascia e se desenvolvia o movimento operário, que levantaria outras controvérsias e sobre o qual, como teremos ocasião de ver, tiveram forte influência a obra e o pensamento do cardeal James Gibbons.

30. Novas orientações doutrinais e emancipações religiosas

1. O ponto de chegada de um percurso teológico, mas também o início de um modo diferente de ler o cristianismo, pode ser *A vida de Jesus*, publicada por Ernest Renan (1823-1892) em 1863, traduzida para várias línguas, e que teve grande sucesso editorial. Com um estilo de grande fascínio, o historiador francês narra a vida de Jesus suprimindo qualquer forma de transcendência e lendo em perspectivas racionalistas os episódios mais significativos a partir dos milagres. O trabalho se punha num contexto de ceticismo filosófico e teológico que reavaliava os aspectos éticos do cristianismo, mais que as orientações ideais, um modelo muitas vezes seguido pelos discípulos de Albrecht Ritschl (1822-1889), ao passo que a exegese bíblica, sobretudo no âmbito protestante, dava notáveis passos adiante. Em poucos anos, todo o setor dos **estudos bíblicos** mudou profundamente, abandonando a linha tradicional, que, todavia, continuava a ter ampla aceitação no mundo católico.

Sobretudo pela ação e escritos do teólogo protestante Martin Kähler (1835-1912), foi desse período a primeira distinção entre o Cristo da história e o Cristo da fé, um modo para resolver as dúvidas que o surgimento da crítica histórica estava pondo às certezas da fé; estas últimas podiam prescindir das consequências da pesquisa histórica, que não devia pôr em dúvida a fé do crente. Chegava-se assim a criar uma dicotomia entre a fé e a história, um tema que — vivo na Igreja e na cultura do Ocidente até nossos dias — estaria no centro da atenção nos anos seguintes, sobretudo nos desdobramentos da crise modernista, que teria entre seus precursores outro teólogo e historiador protestante, Adolf von Harnack (1851-1930), do qual teremos ocasião de falar quando analisarmos a crise modernista (cap. 5, item 33.1).

A importância dos **estudos históricos** e da utilização dos documentos ficava reforçada pela publicação de uma obra que marcaria diversas gerações de estudiosos, o *Enchiridion symbolorum, definitionum et declarationum*, publicado em 1854 pelo professor de Würzburg Heinrich Joseph Denzinger (1819-1883), e indicado em geral somente com o nome do autor. Um texto que foi impresso muitas vezes e que tinha o mérito de pôr o leitor em contato direto com documentos de épocas muito diferentes. O risco era a falta de contextualização e que, portanto, o leitor utilizasse os textos sem conhecer o contexto em que tinham sido elaborados. Mas a história eclesiástica era um dos setores em que os progressos eram mais evidentes; para dar um exemplo, pensemos na importância que teria Ludwig von Pastor (1854-1928), com a sua monumental história dos papas começada em 1886.

Com o progresso dos estudos bíblicos seriam questionadas muitas certezas teológicas que se apoiavam numa leitura tradicional do texto sagrado. Para essa renovação teria contribuído também o trabalho arqueológico que levava lentamente a descobertas que contribuíam também para a renovação dos estudos bíblicos; nesse âmbito, distinguir-se-ia em Roma um estudioso italiano de grande inteligência, João Batista De Rossi (1822-1894). Ao mesmo tempo, também estavam em crise as leituras políticas da história com a chegada da modernidade, contra a qual em vão Pio IX tinha tentado lutar com suas encíclicas e sobretudo com o *Sílabo* (item 25.2).

De modo talvez menos evidente, mas fruto das mesmas preocupações, desdobrava-se o magistério de Leão XIII, o qual, embora com as grandes aberturas no âmbito social, continuava a sonhar com uma sociedade fundada nos princípios cristãos. Havia dado um claro sinal disto com a publicação da *Aeterni Patris*, a encíclica com a qual tornava obrigatória a filosofia tomista em todas as escolas católicas. Indicaria depois as características de uma sociedade cristã com diversas encíclicas, ou seja, *Diuturnum illud* (1881), *Immortale Dei* (1885), *Libertas* (1888), *Sapientiae christianae* (1890), que prepariam o terreno para a *Rerum Novarum* (1891).

2. Os anos de pontificado de Pio IX e Leão XIII foram também marcados pela **emancipação** de **grupos tradicionalmente marginalizados** ou postos de lado, particularmente na Itália. Se os estudiosos tinham conhecimento dos progressos que no âmbito teológico e bíblico estavam sendo realizados, sobretudo no mundo protestante alemão, as decisões de Carlos Alberto tinham oferecido a possibilidade de uma presença não mais clandestina aos judeus e valdenses.

Em 1848 Carlos Alberto tinha anunciado a concessão do Estatuto no Piemonte, e ao mesmo tempo também tinha assinado em 17 de fevereiro de 1848 as cartas-patentes ("*regie patenti*"), com as quais concedia a emancipação dos **valdenses**, "levando em consideração — assim se dizia — a fidelidade e os bons sentimentos" daquelas populações, e declarando que "aos Valdenses se lhes permite gozar de todos os direitos civis e políticos dos Nossos súditos; a frequentar as escolas dentro e fora das Universidades e a obter os graus acadêmicos". Mas como o Estatuto, assinado em 4 de março de 1848, indicava a religião católica como "religião de Estado", seria esclarecido a seguir, com a lei de junho de 1848, que "a diferença de culto não é exceção para o gozo dos direitos civis e políticos nem para a admissibilidade aos cargos civis e militares" (cit. in *Dalle valli all'Italia*, 77-80). Nos anos seguintes, os valdenses mostraram-se súditos fiéis à monarquia, apoiando a política liberal expressa pela "Direita histórica".

Além do Piemonte, havia a presença significativa dos **evangélicos** na Toscana, graças sobretudo à política aberta dos grão-duques. Tratava-se principalmente de pessoas provenientes da Suíça e da Inglaterra, as quais lentamente tinham agregado também italianos, com frequência convertidos do catolicismo. Foi o caso, por exemplo, de um dos maiores representantes do mundo evangélico, Piero Guicciardini (1808-1886), amigo aliás de um padre católico conhecido por sua atividade sobretudo no campo da educação, Rafael Lambruschini. A comunidade evangélica veria um discreto crescimento nos anos seguintes, até a inauguração em Florença em 1860 de uma faculdade teológica valdense e a abertura em 1863 de um local de culto. A faculdade teológica fora transferida de Torre Pellice, onde fora aberta em 1855, para Florença; em 1922 seria transferida para Roma. No mesmo ano de 1855 nasceria também a casa editora Claudiana, cujo nome fazia referência a Cláudio de Turim (?-827), um bispo reformador do século IX.

Nos mesmos anos registram-se presenças evangélicas na Lombardia e na Emília e depois na Itália meridional; em particular, um papel importante desempenhará a pregação do religioso barnabita Alexandre Gavazzi (1809-1889), que tinha abandonado o catolicismo e que seria ajudado em sua missão pela empresa garibaldina na qual ele desempenhou o papel de capelão. Em 17 de maio de 1865 o aumento dessas presenças teria levado à reunião realizada em

Bolonha da "Primeira Assembleia das Igrejas Cristãs Livres que há na Itália". Um verdadeiro salto qualitativo e quantitativo ocorreu com a queda do poder temporal, quando chegariam a Roma muitos missionários evangélicos representantes das Igrejas metodista, batista e valdense, e das chamadas "Igrejas livres", que rejeitavam qualquer entrosamento com outras Igrejas, as quais aliás tinham dificuldade em encontrar uma base comum de acordo. Um ano após a ocupação de Roma por parte das tropas italianas, já se registrava na própria Roma a presença de mais de quatro mil evangélicos. Havia já vários anos o metodismo inglês tinha posto em seus programas a evangelização da Itália.

A segunda metade do século XIX foi também o período em que no **mundo judeu** apareciam as primeiras propostas concretas para o nascimento de um Estado próprio, um problema com origens religiosas, mas abordado nos anos em que se desenvolviam os diversos nacionalismos; o retorno à Terra Santa assumia, pois, conotações religiosas e políticas. Surgiram naqueles decênios alguns livros que um dia seriam considerados os verdadeiros textos de base do futuro sionismo: *Roma e Jerusalém*, de Moses Hess (1812-1875), publicado em 1862; *Auto-emancipazione*, de Leon Pinsker (1821-1891), publicado em 1882; *Lo Stato ebraico*, de Theodor Herzl (1860-1904), publicado em 1896. Muitas vezes foram a resposta a novas formas de antissemitismo e de verdadeiras perseguições em relação aos judeus. Outros textos, como os de Joseph-Arthur Gobineau (1816-1882) ou de Édouard Drumont (1844-1917), publicados na segunda metade do século XIX e que obtiveram certo sucesso entre os católicos franceses, estabelecem as premissas para o nascimento de um verdadeiro racismo, que terá as maiores repercussões precisamente em relação aos judeus.

A questão judaica tornar-se-ia a ordem do dia na Itália não só por causa do tradicional antissemitismo, mas devido ao "affair Mortara", um menino judeu batizado clandestinamente por sua governanta e depois subtraído a seus pais em 1858 por ordem de Pio IX, o qual julgava que, tendo sido batizado, teria de ter uma educação católica, um caso que levantou vivas polêmicas na Itália. Todavia a criança, Edgard Mortara (1851-1940), optou depois por permanecer católico e, ordenado sacerdote entre os canônicos regulares lateranenses, tornou-se um conhecido pregador e professor.

Bibliografia

Fontes

COD = ALBERIGO, G. et al. (orgs.). *Conciliorum Oecumenicorum Decreta*. Bolonha: EDB, 1991.

DS = DENZINGER, H.; SCHÖNMETZER, A. (orgs.). *Enchiridion Symbolorum definitionum et declarationum*. Barcelona-Friburg im Breisgau-Roma: Herder, 1976.

Estudos

ANTONIAZZI, G.; DE ROSA, G. *L'enciclica Rerum Novarum e il suo tempo*. Roma: Edizioni di Storia e Letteratura, 1991.

ARE, G. *I cattolici e la questione sociale in Italia 1894-1904*. Milão: Feltrinelli, 1963.

AUBERT, R. *Vatican I*. Paris: Éditions de l'Orante, 1964.

BOLGIANI, F. (ed.). *Storia vissuta del popolo cristiano*. Turim: SEI, 1985.

CALVEZ, J. Y.; PERRIN, J. *Église et société économique. L'enseignement social des papes de Léon XIII à Pie XII*. Paris: Aubier, 1959.

CONFESSORE, O. *"Cattolici col papa, liberali con lo Statuto". Ricerche sui conservatori nazionali (1863-1915)*. Roma: Studium, 1973.

ROMAGNANI, G. P. et al. (orgs.). *Dalle valli all'Italia. I valdesi nel Risorgimento (1848-1998)*. Turim: Claudiana, 1998, 77-80.

DE ROSA, G. *Storia del movimento cattolico in Italia, I, Dalla Restaurazione all'età giolittiana*. Bari: Laterza, 1966.

DROULERS, P. *Cattolicesimo sociale nei secoli XIX e XX. Saggi di storia e sociologia*. Roma: Edizioni di Storia e Letteratura, 1982.

GAMBASIN, A. *Il movimento sociale nell'Opera dei Congressi (1874-1904). Contributo per la storia del cattolicesimo sociale in Italia*. Roma: Editrice Università Gregoriana, 1958.

GUASCO, M. La formazione del clero: i seminari. In: CHITTOLINI, G.; MICCOLI, G. (orgs.). *Storia d'Italia, Annali IX, La Chiesa e il potere politico dal Medioevo all'età contemporanea*. Turim: Einaudi, 1986, 629-715.

PASSERIN D'ENTRÈVES, E. (apresentação). *I cattolici liberali nell'Ottocento. Atti del Convegno internazionale di storia religiosa. Grenoble, 30 settembre — 3 ottobre 1971*. Turim: SEI, 1976.

ISAMBERT, F. A. *Christianisme et classe ouvrière*. Paris: Casterman, 1961.

LEVILLAIN, P. *Albert de Mun. Catholicisme français et catholicisme romain du Syllabus au Ralliement*. Roma: École Française de Rome, 1963.

MARTINA, G. *Pio IX*. Roma: Editrice Università Gregoriana, 1974-1990, 3 v.

MAYEUR, J. M. *Des Partis catholiques à la Démocratie chrétienne, XIX-XX siècles*. Paris: Colin, 1980.

_____. *Un prêtre démocrate. L'abbé Lemire 1853-1928*. Paris: Casterman, 1968.

ROSA, M. (ed.). *Clero e società nell'Italia contemporanea*. Roma-Bari: Laterza, 1992.

ROSSINI, G. (ed.). *Aspetti della cultura cattolica nell'età di Leone XIII*. Roma: Cinque Lune, 1961.

SAGLIOCCO, C. *L'Italia in seminario 1861-1907*. Roma: Carocci, 2008.

SCHOLL, S. H. (ed.). *150 anni di movimento cattolico nell'Europa centro-occidentale (1789-1939)*. Pádua: Gregoriana Editrice, 1962.

SPADOLINI, G. *L'opposizione cattolica. Da Porta Pia al '98*. Florença: Vallecchi, 1966.

ZAMBARBIERI, A. (ed.). *I cattolici e lo Stato liberale nell'età di Leone XIII*. Istituto veneto di Scienze. Veneza: Lettere ed Arti, 2008.

_____. *I concili del Vaticano*. Cinisello Balsamo (Milão): San Paolo, 1995.

capítulo quinto
Fermentos de renovação eclesial entre os séculos XIX e XX

31. Sintomas de novidades nas ciências bíblicas, teológicas, filosóficas e a questão social

1. Os últimos decênios do século XIX viram forte **desenvolvimento** das **ciências religiosas** na Europa. Na França nasciam as universidades católicas, cujo crescimento se tornaria difícil mas não impossível pelas leis restritivas promulgadas nos anos 1880. Aumentaram as faculdades humanísticas e científicas, ao passo que haveria dificuldades para o surgimento de faculdades teológicas, pelo menos onde não vigorava a prática, inclusive para os seminaristas, de frequentar as universidades do Estado. Em Salisburgo tinha sido reaberta a faculdade de teologia, enquanto na Alemanha se discutia sobre a oportunidade de fundar uma universidade católica. Em 1887 fundava-se a universidade católica de Washington e em 1889 abria-se a de Friburgo (Suíça). Em 1876, no entanto, nascera uma importante associação de estudiosos católicos, a *Görres-Gesellschaft*, por iniciativa de Georg von Hertling (1843-1919), professor universitário e membro do partido do Zentrum. Uma associação análoga surgiu na Áustria em 1891, enquanto a presença das faculdades de teologia nas universidades estatais da área alemã garantia à matéria um lugar de destaque no panorama científico. Tratava-se de uma medalha de duas faces: as faculdades teológicas garantiam a cientificidade, mas de certo modo corriam o risco de confirmar a autonomia da pesquisa em relação às autoridades eclesiásticas, uma atitude que se revelaria muito problemática, especialmente pelos desenvolvimentos dos estudos bíblicos e da exegese textual.

No campo dos estudos filosóficos, orientados para o tomismo pelas diversas intervenções de Leão XIII, um lugar de destaque ia adquirindo o futuro cardeal Mercier, professor em Lovaina, que tinha fundado um centro de pesquisas nessa universidade para abrir diálogo entre o tomismo e a ciência contemporânea, fundando depois em 1894 a Revue Néo-Scholastique de Philosophie. Por outro lado, a própria universidade de Lovaina ia adquirindo forte prestígio não somente no campo dos estudos filosóficos, mas também bíblicos e patrísticos.

Não se deve esquecer que enquanto os estudos bíblicos e teológicos no âmbito católico estavam ainda ligados a uma tradição que parecia imodificável, no mundo protestante tinham dado grandes passos, embora com frequência sob a influência do protestantismo liberal, que muitas vezes beirava o racionalismo. Graças às importantes descobertas que se referem às antigas civilizações, sobretudo do Oriente Médio, ao progresso do método histórico, à melhor compreensão das línguas semíticas, em poucos anos a exegese bíblica realizou progressos até então desconhecidos. Os problemas mais estudados foram: a autenticidade dos livros do Antigo Testamento, e em especial do Pentateuco, questão na qual a influência de Julius Wellhausen (1844-1918) é particularmente significativa; o valor histórico das narrações dos primeiros livros da Bíblia e o significado da inerrância da Escritura; a autenticidade e a data da redação dos Evangelhos e o problema da origem do cristianismo e da Igreja. Durante a segunda metade do século XIX desenvolver-se-ia a escola de Tubinga e, na passagem da década de 1870 para a de 1880, tinham sucesso, além das publicações de Wellhausen, também as de Theodor Zahn (1838-1933), e um sucesso ainda maior tinha tido a *Vie de Jésus*, publicada por Ernest Renan em 1863. Nos anos seguintes se desenvolveria a escola escatológica, sobretudo com Johannes Weiss (1863-1914) e Albert Schweitzer (1875-1965).

A ciência católica estava grandemente atrasada, e muitos manuais ofereciam uma interpretação literal da Bíblia, datando as origens do mundo e as diversas cronologias com base no que se afirma nos livros históricos da própria Bíblia, considerando-se que não pudesse haver erros, porquanto inspirados por Deus. Entre os primeiros a estabelecer as premissas para a renovação dos estudos bíblicos, podemos lembrar o dominicano Marie-Joseph Lagrange (1855-1938), que em 1890 tinha fundado em Jerusalém uma École pratique d'études bibliques, começando depois em 1892 a publicação da Revue Biblique. Em 1891 Fulcran Vigouroux (1837-1915), autor de um *Manuel biblique*, publicava o *Dictionnaire de la Bible*, uma obra fortemente ligada a esquemas tradicionais, mas sinal de um novo interesse para tais estudos, enquanto já em 1889 nascera em Roma uma Sociedade para os estudos bíblicos, que encerraria cedo, porém, as atividades depois que alguns de seus membros tinham defendido algumas teorias controversas.

Nos anos imediatamente seguintes, nasceria a Revue du clergé français, que contaria entre seus colaboradores com autores de textos às vezes considerados heterodoxos, e em 1900 começaria também a publicação de um dos dicionários destinados a se tornar verdadeira obra de referência para os estudiosos, o *Dictionnaire de théologie catholique*.

Em 18 de novembro de 1893, com a **encíclica *Providentissimus Deus*** o pontífice entrava no mérito de vários problemas levantados pelos estudos bíblicos. Leão XIII lembrava de modo explícito os princípios tradicionais da interpretação do texto sagrado, mas deixava em aberto algumas brechas, sobretudo sobre a possibilidade de interpretar certas narrativas da Bíblia não como verdades históricas, mas como expressão das concepções históricas e cosmológicas da época em que os textos tinham sido redigidos. Era possível ler naquela encíclica uma advertência contra as novas orientações dos estudos bíblicos aos quais muitos católicos pareciam se adequar, mas também um convite a aprofundar precisamente esse setor de estudos.

Vários estudiosos tinham então procurado programar momentos comuns de discussão e de confronto. Por iniciativa de Pierre Batiffol (1861-1929), futuro reitor do Instituto católico de Toulouse, tinham sido organizados congressos científicos internacionais que permitiam estabelecer o estado dos desdobramentos dos estudos bíblicos. Em 1894 em Bruxelas alertava-se contra os inquisidores sem mandato, prontos a denunciar qualquer um que tivesse opiniões diferentes das deles. Em 1897 em Friburgo os relatores levantavam dúvidas sobre o fato de Moisés ter sido o autor do Pentateuco, gerando polêmicas que no congresso de Munique de 1900 levariam a não programar a sessão de ciências bíblicas. Por outro lado, durante alguns anos, junto com o desenvolvimento dos estudos religiosos apareciam também as primeiras reações negativas. Em novembro de 1898 o papa tinha enviado uma carta ao geral dos frades menores e em setembro de 1899, outra carta ao clero francês, para alertar contra certas orientações perigosas dos estudos eclesiásticos.

Em 30 de outubro de 1902, com a carta *Vigilantiae*, Leão XIII havia nomeado uma "Comissão bíblica" composta por muitos consultores de diversas orientações culturais, enquanto se começava a falar de um futuro Instituto Bíblico em Roma, projeto deixado de lado com a morte de Leão XIII, mas que se tornaria a premissa do Instituto Bíblico desejado por Pio X em 1909, apresentado pela carta apostólica *Vinea electa* e confiado aos jesuítas.

Continuava, porém, a predominar, sobretudo nos **manuais de teologia**, forte tendência especulativa, carência de estudos críticos e até atitude de suspeita em relação a esse tipo de estudo. Com muita frequência, os problemas de caráter bíblico (inerrância da Escritura, cronologias, inspiração) eram resolvidos mediante raciocínios abstratos que tinham como conclusão teorias baseadas em premissas dogmáticas e sem referências históricas. No fim do século XIX, um verdadeiro mestre nisto era o jesuíta Louis Billot (1846-1931), cujos manuais eram muito difundidos em vários seminários, facilitados também pelo fato de que estavam redigidos em latim, língua em uso em quase todos os seminários. Billot tinha praticamente abandonado a base positiva e histórica que seu predecessor, João Batista Franzelin, tinha dado ao próprio ensinamento e às próprias publicações. Titular do ensino de teologia dogmática na Universidade Gregoriana de Roma por muitos anos, Billot formaria grande grupo de jovens sacerdotes destinados a se tornarem professores dessa matéria nos seminários de todo o mundo.

É bem verdade que se começava a conhecer e difundir a teoria de John Henry Newman sobre o desenvolvimento dogmático, filha do estudo da história e das várias transformações que uma doutrina podia sofrer na história, sem que mudassem seus elementos fundamentais. Mas as teorias de Newman eram vistas com suspeita já antes que alguns autores considerados modernistas as utilizassem para falar de evolução do dogma também em sentido não homogêneo.

2. Além disso, Leão XIII dava forte impulso aos **estudos bíblicos**, decidindo tornar disponíveis aos estudiosos a documentação dos arquivos vaticanos e abrindo no Vaticano uma escola de paleografia e diplomacia, dedicando a esses estudos diversos documentos. A abertura dos arquivos também teria entre suas consequências a publicação por parte de Ludwig von Pastor da monumental *Geschichte der Päpste* (*História dos papas*), iniciada em 1886. Na Bélgica desenvolvem-se a atividade dos bolandistas (como é sabido, eles iniciaram sua atividade em meados do século XVII: vol. III, cap. 7, item 33.1), peritos editores de textos, e um centro de estudos da patrística, a abadia de Maredsous, enquanto em 1880 outro conhecido estudioso, Louis Duchesne (1843-1922), professor de história eclesiástica no Institut catholique de Paris e futuro diretor da École Française de Roma, dava início à publicação de um Bulletin critique de littérature, d'histoire et de théologie.

Na Itália seguiam esses passos o erudito Francesco Lanzoni (1862-1929) e os irmãos Mercati, Ângelo (1870-1955) e João (1866-1957). Alguns de seus estudos, sobretudo de Lanzoni, seriam acusados de pôr em dúvida veneráveis tradições históricas sobre a origem de algumas antigas Igrejas. A tendência geral era de fato fortemente apologética, como se pode concluir dos manuais em uso nos seminários. Tivera sucesso a grande obra de René-François Rohrbacher (1789-1856), traduzida em várias línguas e continuada na Itália nos anos 1880. Menos vinculada a esquemas apologéticos seria a obra de Franz Xaver Funk (1840-1907) e ainda menos os escritos de Duchesne. Mas a seguir o uso nos seminários da *História da Igreja* de Funk seria proibido, e a de Duchesne levantaria várias críticas até o dia em que sua *Histoire ancienne de l'Église* seria posta no Índice.

Algumas **novidades** positivas vinham também da **América Latina**, que vivera decênios de dificuldades entre a Igreja e os diversos poderes políticos; *de per si* estas novidades não estavam ligadas ao desenvolvimento das ciências, mas, em todo caso, contribuíam para abrir os horizontes na Igreja e do papado. Em 1899 Leão XIII convocava em Roma o concílio plenário dos bispos latino-americanos, do qual teriam participado treze arcebispos e quarenta e um bispos, dos cento e quatro em atividade, dando início a um período de significativa renovação do catolicismo nos diversos países, embora entre muitas dificuldades. Convém observar que o encontro tinha se realizado no Pontifício Colégio Pio latino-americano, que fora aberto em 1858 e onde estiveram hospedados durante seus estudos romanos muitos daqueles jovens seminaristas e padres que um dia se tornariam bispos nas dioceses latino-americanas. O encontro romano fora possível também pelas mudanças que estavam em curso e tinham permitido ao papa constituir diversas novas dioceses, uma política que seria seguida por Pio X. Assistia-se aliás ao forte crescimento da população, devido em parte à emigração. Na segunda metade do século XIX, os Estados Unidos tinham acolhido dezessete milhões de migrantes, dos quais quinze milhões vieram da Europa; três milhões chegavam à Argentina e dois milhões ao Brasil. Nesses últimos países, migrantes provinham sobretudo da Itália e da Espanha. Esses números acabariam por aumentar nos primeiros anos de 1900. Em 1905, Pio X elevaria à dignidade cardinalícia o arcebispo do Rio de Janeiro; era o primeiro cardeal da América Latina.

Havia outros âmbitos nos quais o progresso dos estudos estava levando a modificações significativas. Isso vale, por exemplo, no **âmbito litúrgico**, graças também aos trabalhos cientificamente fundamentados, mas destinados a provocar polêmicas e debates, de Louis Duchesne sobre o *Liber pontificalis* e sobre as origens do culto cristão, e de Pierre Batiffol sobre a história do breviário e sobre a história das origens do cristianismo. Seriam as premissas para um desenvolvimento significativo do movimento litúrgico, que nos primeiros anos do século XX viu um verdadeiro florescimento de iniciativas que se exprimiam sobretudo na fundação de novas revistas. Nos anos imediatamente seguintes teve início a discussão sobre a renovação da **paróquia**, sobretudo nas grandes cidades, onde a situação pastoral apresentava aspectos totalmente novos. Uma pesquisa sobre a situação presente em algumas capitais europeias, conduzida pelo estudioso austríaco Heinrich Swoboda (1861-1923) em 1909 e traduzida para o italiano com o título *La cura d'anime nelle grandi città*, abriria a discussão sobre o número ideal de paroquianos que permitiria a seu pastor chegar a todos eles, dando origem nos anos seguintes ao modelo estadunidense (fundar novas paróquias, quando cresce a população) e ao francês (confiar um território, mesmo vasto, a alguns padres que vivam em comunidade).

3. Um setor de grande desenvolvimento foi o dos **estudos sociais**. A segunda metade do século XIX tinha visto o crescimento do movimento operário, graças também à ação das várias associações de socorro mútuo e, depois, à difusão dos escritos de Karl Marx. Em 1864 fora fundada a primeira Internacional operária, e poucos anos depois em Paris haveria uma tentativa, fracassada, de tomada do poder por parte da própria classe operária.

Um tanto desarmada diante desse novo contexto, a Igreja hierárquica procurava oferecer análises e remédios que provinham de sua história: incrementava, pois, uma linha paternalista, propunha respostas de caráter ético e religioso a situações que exigiriam instrumentos de análises muito mais refinados. Via nessas transformações o risco para a prática religiosa.

Todavia, no mundo católico europeu havia fermentos significativos. Nascera em 1885 a *União de Friburgo*, com o objetivo de reunir anualmente nessa cidade estudiosos de problemas sociais. Na **Itália**, a ação de dom Salvador Talamo (1844-1932) e de José Toniolo (1845-1918) tinha levado em 1889 à constituição da "União católica para os estudos sociais na Itália", seguida pela fundação em 1893 da "Rivista internazionale di Scienze sociali e discipline ausiliarie". No ano seguinte, Toniolo tinha escrito o *Programa dos católicos perante os socialistas*.

O desenvolvimento industrial tinha modificado a estrutura básica das populações, que passavam da economia predominantemente agrícola à economia industrial. Tinham se formado assim novas zonas de pobreza provocadas pelo rápido crescimento das periferias urbanas, onde com frequência tinham sucesso as diversas organizações socialistas. As autoridades religiosas manifestavam sua preocupação diante da consequente descristianização, cuja causa era atribuída sobretudo à difusão das fábricas. Mas iam se definindo também as novas fronteiras do apostolado, numa perspectiva política e social; ou seja, tratava-se de repensar o compromisso político e social do cristão. Nasciam assim obras de assistência aos operários e migrantes, e não só em perspectiva antissocialista. Para alguns a atenção aos problemas sociais tornava-se o principal elemento determinante da vida religiosa.

Na **Bélgica**, o crescimento da ação social viu entre os maiores protagonistas dom Victor-Joseph Doutreloux (1837-1901), bispo de Liège, e Antoine Pottier. A "Escola de Liège" afirma a superação do modelo corporativo e deseja associações só de operários. Pottier falava explicitamente dos direitos dos operários e fundava cooperativas. Tendo depois se estabelecido em Roma, seria o sucessor de Giacomo Radini Tedeschi (1857-1914) na cátedra de sociologia do Colégio leoniano. Dom Radini Tedeschi fora nomeado bispo da diocese de Bergamo. Aliás, teria como secretário o futuro João XXIII (1881-1963), o qual teria sempre grande devoção por seu bispo, que também considerava seu verdadeiro mestre. Entretanto, acentuava-se o conflito entre conservadores e seguidores de Adolfo Daens (1839-1907), cujas posições da defesa dos direitos dos trabalhadores tinham criado polêmicas, até provocar uma intervenção de censura por parte das autoridades romanas.

Na **Suíça**, a atividade era em parte freada pela divisão do país em cantões; mas a União de Friburgo alimentava a atividade social, na qual tinha lugar de destaque Caspar Decurtins (1855-1916), que propôs uma verdadeira legislação sobre o trabalho.

Entre outros, a **Alemanha** presenciou o empenho do arcebispo de Mogúncia, Wilhelm Emmanuel von **Ketteler**, enquanto se desenvolvia uma das mais significativas organizações do mundo operário, o *Volksverein* (Associação do povo). Ketteler defendia as reivindicações operárias e pedia uma legislação social. Em seus escritos e em sua ação, que influenciaram muitos católicos, encontram-se vários temas destinados a se tornarem determinantes para o movimento operário, mas também para o catolicismo social: aumento dos salários para que correspondam ao valor do trabalho; diminuição dos horários de trabalho e repouso dominical; proibição do trabalho infantil nas fábricas pelo menos durante a idade escolar; regulamentação e até proibição do trabalho feminino, sobretudo das mães de família, em certas fábricas. Não basta mais, insistia Ketteler, falar de caridade; é preciso falar de direitos e justiça; e, portanto, providenciar a promulgação de uma legislação operária mais equânime, que não trate o operário somente como mercadoria: seria essa uma das maiores batalhas de que se ocupou Georg von Hertling.

As posições de Ketteler chegaram à **Áustria**, graças ao discípulo Karl von Vogelsang (1818-1890), nascido na Silésia, mas depois radicado na Áustria; ele teoriza e deseja o retorno ao sistema corporativo com base no modelo medieval para superar o liberalismo e toda forma de individualismo, sua consequência lógica. Não se trata de voltar ao passado, mas de assumir um modelo anticapitalista que permita passar do individualismo à afirmação da função social dos direitos, até individuais. Seu pensamento teria forte influência sobre os movimentos sociais católicos europeus.

Na **Inglaterra**, trabalha nesse âmbito o arcebispo de Westminster, Henry Edward Manning (1808-1892). Convertido ao catolicismo, muitas vezes no centro de vivas polêmicas, demonstra o espírito de verdadeiro reformador social, com a atenção voltada para as escolas populares e o mundo do trabalho, com um olhar particular para os menos favorecidos e desempregados.

Embora com pouco sucesso, na **Espanha** tenta-se em 1895 dar início a uma organização que coordenasse as diversas associações operárias, o *Consejo Nacional de las Corporaciones Obrero-Catolicas*.

Esses temas tornar-se-iam matéria das grandes reuniões dos católicos, nas quais emergiam posições diferentes, em razão também da composição das associações, com frequência presididas por nobres, proprietários de terras ou patrões; alguns estavam dispostos a dar passos que punham em questão a condição deles, outros mais atentos aos riscos de convulsões sociais que poderiam modificar o ordenamento ao qual continuam vinculados.

Os conflitos e as contraposições são mais evidentes na **França**, onde agem, entre outros, personagens como René de La Tour du Pin (1834-1924) e Albert de Mun (1841-1914). O primeiro ainda defendia o corporativismo, o segundo, com outros companheiros, fundou em 1871 a *Oeuvre des cercles* *catholiques d'ouvriers*, que em pouco tempo se difundiria por toda a França. Em 1886 de Mun fundou a *Association catholique de la Jeunesse Française*, para a formação da juventude. Talvez mais conhecida seria a ação de Léon Harmel (1829-1915), empreendedor que pensava numa possível corresponsabilidade por parte dos operários e iniciou uma forma de mutualidade, abrindo uma caixa para garantir abonos familiares. Aderiu aos círculos operários de Albert de Mun, embora não partilhando o paternalismo dele, e fundou a Associação católica dos industriais do Norte. Organizou grandes peregrinações a Roma em 1887, 1889, 1891, e depois difundiria os grandes princípios enunciados na *Rerum Novarum*.

Em geral as associações mistas continuavam preferidas e não eram poucos a teorizar a ordem corporativa como a mais adequada para a realização do catolicismo social. Particularmente interessante parecia o desenvolvimento nos **Estados Unidos** dos *Knights of Labor*, os Cavaleiros do trabalho, defensores dos direitos dos trabalhadores, que tinham recebido o apoio do episcopado estadunidense (cap. 2, item 14.3). Vistos com forte suspeita por Roma, seriam defendidos pelo arcebispo de Baltimore, o cardeal James Gibbons. Roma permaneceria ainda com suspeitas, mas modificaria sua atitude negativa.

As várias iniciativas nacionais encontrariam um ponto de encontro na já lembrada **União de Friburgo**, nascida em 1885 depois dos encontros realizados em Roma nos anos anteriores com o objetivo de reunir anualmente estudiosos de problemas sociais para um confronto recíproco. Dessas reuniões preparatórias tinham participado também alguns estudiosos italianos, como o jesuíta Mateus Liberatore e dom Talamo, enquanto entre os protagonistas do projeto de *União* estava também Gaspard Mermillod (1824-1892), outro conhecido estudioso de problemas sociais, nomeado bispo de Genebra e Lausane em 1883 e que se tornou cardeal em 1890.

Nesse mesmo ano de 1890, vigília da *Rerum Novarum*, realizavam-se dois congressos que punham na ordem do dia alguns problemas que havia tempo provocavam divisões no mundo católico. Em Liège, em setembro de 1890, o foco estava no problema do salário e da sua determinação: individual ou familiar, suficiente para o dia a dia do trabalhador ou com inclusão também de uma parte para eventuais doenças ou invalidez? Havia os defensores do salário familiar, mas também os que se opunham; havia sobretudo os que temiam que esse problema determinasse a intervenção cada vez mais ampla do Estado na área econômica, até estabelecer as premissas para um Estado socialista.

As divisões não eram somente entre associações de países diferentes, mas também dentro de cada país.

Ainda em 1890 tinha se realizado a conferência de Berlim, na qual tinham sido abordados alguns dos problemas mais discutidos: o repouso semanal, a proibição do trabalho infantil na fábrica, a redução do horário de trabalho a dez horas diárias para os rapazes com menos de dezesseis anos e a onze horas para as mulheres.

4. A ***Rerum Novarum*** mostra-se, pois, como momento fundamental de uma reflexão já em andamento e que envolveu todo o mundo católico. Os temas abordados por Leão XIII são os que levantam maiores discussões; sobre diversos deles o papa oferece orientações que terão desdobramentos sucessivos muito interessantes, ao passo que sobre outros propõe soluções ou respostas destinadas a manter interesse e outros debates. Particular atenção é dedicada ao socialismo, que muitos católicos começavam a ver com preocupação até maior do que a que houvera em relação ao liberalismo. Considerada por muitos como a filha degenerada do liberalismo, a doutrina socialista estabelece entre suas afirmações dois elementos em total contradição com o catolicismo, um de caráter religioso, uma vez que parecia que o ateísmo era essencial para o movimento socialista, e outro de caráter social, ou seja a supressão da propriedade privada.

Não é, portanto, surpreendente que a *Rerum Novarum*, a encíclica que representa de algum modo o manifesto do catolicismo social, comece precisamente com a condenação do socialismo, mas, por outro lado, nela há também o alerta contra as tendências liberais e a clara afirmação do direito de associação. Sobre este ponto, pelo contrário, a encíclica contém uma novidade de certa importância: depois de ter lembrado que as associações operárias devem ter o primeiro lugar nas preocupações dos movimentos católicos, o papa diz ver "com prazer a formação por toda parte de semelhantes associações, quer só de operários, quer mistas, que reúnem operários e patrões" (in *Enchiridion delle Encicliche*, 3, n. 651). E ao falar do salário, embora sem abandonar uma atitude substancialmente paternalista, o papa pede que seja superada a concepção puramente econômica, para pôr em destaque o valor humano do trabalho.

O crescimento do socialismo, que passa de uma fase ideológica a uma fase prática com a constituição dos partidos, determina o desenvolvimento dos **partidos de inspiração católica**. Na Irlanda é ainda viva a ação de Daniel

O'Connell (1775-1847), que conseguiu envolver no movimento católico muitas das reivindicações populares. Na Bélgica, os católicos chegariam logo a participar diretamente da vida política do país com alinhamento e espaço político. A mesma coisa vale para a Alemanha, onde o partido católico na segunda metade do século XIX, o Centro (*Zentrum*), terá um peso significativo na vida política do país.

Na França, a opção monárquica de boa parte dos católicos, mesmo depois do fim do Império, criará uma situação delicada, ou seja, o eventual nascimento de um partido católico em que tinha pensado Albert de Mun em 1885, totalmente desaconselhado por Roma, podia significar o encontro sob o rótulo confessional de todos os nostálgicos e dos opositores da república, que aliás não tinham gostado dos repetidos convites de Leão XIII para perceberem e aceitarem a nova situação política que acabou se criando com o nascimento da república. No fim do século XIX, e sobretudo depois da *Rerum Novarum*, as diversas associações abriam-se mais às problemáticas sociais. Um de seus dirigentes seria Henri Bazire (1873-1919), que utilizaria a fórmula "sociaux parce que catholiques" (sociais porque católicos), enquanto se difundiam as posições dos que seriam definidos como os "abbés démocrates", ou seja, eclesiásticos sensíveis à participação democrática. Um deles, Paul Six (1860-1936), tinha fundado em 1894 um jornal com um título significativo, "La Démocratie chrétienne"; superaram agora a nostalgia da monarquia e pensam num verdadeiro compromisso político. Alguns foram eleitos deputados e entre eles teria um peso político importante Jules Auguste Lemire (1853-1928). Outro, Charles Calippe (1869-1947), escreveu um diário imaginário que apresenta a experiência de um suposto padre operário, diário que em 1961 seria publicado por Émile Poulat (1920-2014). Mas a tentativa feita em 1896 de fundar o *Parti démocratique chrétien* acabou num fracasso.

Também na Itália se verificava um deslocamento para o compromisso político, sobretudo com a atividade de Rômulo Murri (1870-1944) e dos jovens que partilhavam de suas posições. Em 15 de maio de 1899, oitavo aniversário da *Rerum Novarum*, foi publicado o *Programa de Turim*, que pode ser considerado um dos primeiros programas de uma possível democracia cristã. Em poucos anos, seriam vários os jovens que aderiram aos programas democráticos cristãos; entre eles, um lugar especial merece Luís Sturzo (1871-1959), que dá início na Sicília e depois em Roma à sua atividade e em 1905 pronunciará em sua cidade de origem, Caltagirone, um discurso que contém boa parte das posições que se tornariam o programa do partido popular, quando este for fundado em 1919. Mas na Itália, a ocupação de Roma ocorrida em 1870 produziu a ruptura das relações entre o Estado e a Igreja, e os católicos foram convidados a não participar da vida política, porque essa participação implicaria a aceitação do novo Estado, recusado pela autoridade eclesiástica, a qual se reservava o direito de decidir os tempos e os modos de um possível retorno dos católicos à vida política.

Com os primeiros anos do século XX, são as **várias organizações** que se tornariam protagonistas dentro do mundo católico, com momentos de grandes debates: das reuniões anuais que se tornaram logo tradicionais na Alemanha ao desenvolvimento na Itália da *Obra dos Congressos* até o nascimento na França das *Semanas sociais* (1904), uma iniciativa que servirá de modelo à Espanha, à Holanda e à Bélgica e depois à Itália, que as iniciará em 1907. Restavam os sonhos, às vezes um tanto utópicos, de retorno ao modelo medieval da corporação, um sonho partilhado por muitos. Entrementes, na França nasceram as *Bourses du travail*, imitadas na Itália pelas *Camere del lavoro*. Na Bélgica, desenvolvem-se as *Maisons des ouvriers*. Se num primeiro momento desempenham quase exclusivamente papel de mediação entre a oferta e a procura, tornar-se-iam logo lugares de verdadeira formação política ou de organização da defesa dos interesses dos trabalhadores. Sua continuação imediata seriam as **organizações sindicais**.

Seriam sobretudo elas a abrir as discussões sobre as relações entre sindicatos e partidos, enquanto emergiam as tendências do sindicalismo revolucionário; mas também nas organizações católicas havia debates e diferentes orientações. Na Alemanha, abria-se a discussão sobre a oportunidade de sindicatos interconfessionais ou confessionais; na França desenvolvia-se o movimento fundado por Marc Sangnier (1873-1950), o *Sillon*, título de um jornal fundado em 1894, que reunia consensos sobretudo no mundo dos jovens, mas foi desaprovado pela autoridade eclesiástica, como já ocorrera na Itália para a Democracia Cristã, fundada por Rômulo Murri e que viveria somente uma breve primavera. No mesmo ano da encíclica pontifícia nascera na Bélgica a *Ligue démocratique belge*, por obra de Georges Helleputte (1852-1925) e Arthur Verhaegen (1847-1917). Também na Áustria, com os primeiros anos do século XX, dá os primeiros passos o *Bund der Arbeiterjugend Oesterreichs* (Federação da juventude operária austríaca), animado por Anton Orel (1881-1959).

Muitas vezes as escolhas políticas caminham **num equívoco**, ou seja, como se Leão XIII com a *Rerum Novarum* e depois em 1901 com a *Graves* *de communi* tivesse estabelecido as premissas para uma verdadeira democracia política. Na realidade, o papa estava preocupado principalmente com os problemas sociais e tinha uma concepção paternalista do compromisso dos católicos, considerando a Democracia Cristã antes de tudo uma simples "ação benéfica em relação ao povo". Sobre esses temas seu sucessor, Pio X, seria até mais explícito, preocupado em confirmar a condenação de toda forma de atividade política do clero.

32. De Leão XIII a Pio X, um papa reformador. As premissas ao modernismo: por uma definição e o americanismo

1. Em 1903 Leão XIII morreu e foi eleito o patriarca de Veneza, Giuseppe Sarto (1835-1914), que escolheu o nome de **Pio X**. Sua eleição suscitou alguma surpresa. Parecia que o candidato mais cotado seria o secretário de Estado, Mariano Rampolla, destinado a continuar a política de Leão XIII. Como é sabido (cap. 4, item 29.1), funcionou o veto do imperador da Áustria-Hungria, embora seja muito provável que Rampolla não teria conseguido a maioria de dois terços. Em todo caso, os cardeais se voltaram para o patriarca de Veneza.

Pio X levava ao Vaticano uma experiência pastoral muito rica e uma formação cultural não muito sólida, embora não tão pobre como às vezes se quis fazer crer; uma formação cultural baseada mais em manuais e nas sínteses do que na pesquisa pessoal. Dois tipos de experiência, a pastoral e a cultural, que podem explicar as escolhas e os programas do seu pontificado: de um lado, forte atenção à pastoral, à catequese, à liturgia e à música sacra, de modo a levar os fiéis a mais profunda vida de oração e a melhor participação nos sacramentos; de outro, uma constante desconfiança em relação à pesquisa científica, com muita frequência por ele considerada desejo de evasão da submissão à autoridade e não como trabalho interior ditado por grande amor à fé e à Igreja. E tudo isso condicionado por uma concepção fortemente hierárquica da Igreja, onde a virtude suprema é a obediência, e o mal absoluto é o orgulho da mente e a soberba do estudioso que se arroga o direito de julgar o próprio superior.

O pontífice expôs seu **programa de reformas** dois meses apenas após a eleição com a encíclica *E supremi apostolatus cathedra* (4 de outubro de 1903), confirmando-o em 9 de outubro no discurso feito por ocasião do primeiro consistório, sintetizando sua vontade numa fórmula particularmente eficaz: *instaurare omnia in Christo*. Com o documento *Arduum sane munus*, em março de 1904, portanto a menos de um ano de sua eleição ao pontificado, Pio X dava início a seu programa de reformas com a nomeação da comissão encarregada de escrever o texto do Código de Direito Canônico. O responsável maior era o futuro secretário de Estado, dom Pietro Gasparri (1852-1934).

Tinha, pois, início a reforma da **Cúria romana**, organizada ainda segundo a reforma de 1588 de Sisto V (vol. III, cap. 4, item 16.3). Os novos ordenamentos entrariam em vigor em junho de 1908 com a constituição *Sapienti consilio*. As congregações romanas se reduziam de vinte para onze (Santo Ofício, consistorial, sacramentos, concílio, religiosos, *Propaganda fide*, índice, ritos, cerimonial, negócios eclesiásticos extraordinários, estudos); entre elas, assumiam muita importância a congregação consistorial, encarregada da nomeação dos bispos e do governo das dioceses, e a congregação do concílio, responsável pela disciplina do clero e dos fiéis. A congregação de *Propaganda fide* assumia a responsabilidade de todos os territórios de missão, enquanto nascia uma nova congregação para a disciplina dos sacramentos, chamada a realizar os programas pastorais dos papas. Definiam-se os três órgãos judiciários (penitenciária, sagrada rota, assinatura) e os cinco ofícios (chancelaria, dataria, câmara apostólica, Secretaria de Estado, breves aos príncipes e cartas latinas). Nova importância assumia a Secretaria de Estado, como um verdadeiro ministério do exterior, com apoio da congregação dos negócios eclesiásticos extraordinários, à qual eram confiadas as competências sobre as leis civis e o estudo das relações com os Estados. A congregação do Índice distinguia-se daquela do Santo Ofício, embora tivessem competências análogas.

Quase como coroamento da reforma, preparava-se um esboço de reorganização dos ofícios do vicariato, ou seja, das estruturas de governo da diocese de Roma, confiando maiores poderes ao cardeal vigário, ao qual o papa delegava de fato o governo da própria diocese.

Entre as primeiras medidas, o papa prescrevia **regulamentos para os jovens, seminaristas e padres**, que de todas as partes do mundo se dirigiam a Roma para completar os estudos. Já em 1904 o papa tinha decidido que todos os que iam a Roma para realizar ou prosseguir os estudos teriam de permanecer num colégio eclesiástico ou num seminário. Caso se tratasse de padres, era necessária a permissão explícita do próprio bispo, o qual além disso se comprometia a recebê-los de volta na diocese no final dos estudos. Para ter garantias da aplicação da norma, o papa obrigava também as universidades eclesiásticas a aceitar como alunos somente os que viviam num colégio eclesiástico ou num seminário. Por outro lado, em 1904 Pio X tinha estabelecido que, para ser ordenado padre, o aluno tinha de ter terminado o quarto ano de teologia e ter sido, por pelo menos três anos, aluno interno num colégio eclesiástico ou num seminário. Terminava assim a consolidada tradição dos seminaristas estrangeiros, ou seja, dos jovens que se preparavam para o sacerdócio ficando fora dos seminários. Sobretudo, embora isso pudesse parecer singular, aplicava-se a norma prevista pelo concílio tridentino, ou seja, que se devia chegar ao sacerdócio depois dos estudos nos seminários: norma que tinha muita dificuldade em ser aplicada entre os séculos XVI e XIX (vol. III, cap. 4, Inserção 2 – *A aplicação do cânon tridentino sobre os seminários*).

Justamente a falta de sólida formação cultural apresentava o risco de consequências negativas para a vida da comunidade cristã. Muitos padres tinham tido boa formação espiritual, mas escassa formação cultural, inadequada especialmente diante das novidades que a ciência ia fazendo emergir. Permanecia a mentalidade de caráter dogmático, ou seja, habituada a afirmações de uma verdade que não era submetida a nenhuma análise crítica. Não se tratava somente de pouco conhecimento, mas de um modelo cultural que devia ser modificado. Tinha havido também uma primeira e significativa crise de ingressos nos seminários. Se na França se podia atribuir a culpa dessa situação à separação entre Igreja e Estado (de 1904 a 1914, as ordenações sacerdotais caíram de mil quinhentas e dezoito a setecentas e quatro), na Itália verificar-se-ia entre os últimos decênios do século XIX e início do século XX queda de vinte e cinco por cento do clero. Na Bélgica verificava-se um fenômeno diferente, com o forte crescimento dos membros das congregações religiosas.

Ainda no âmbito da reforma dos estudos nos seminários, o papa, que tinha à disposição as conclusões das visitas apostólicas nas dioceses e dos trabalhos da "Comissão pontifícia para a reorganização dos seminários na Itália", a qual tinha trabalhado entre os anos de 1905 e 1908, publicava em janeiro de 1908 as *Normas para o ordenamento educativo e disciplinar*. Com elas promulgava um regulamento para a vida interna dos seminários, completando o *Programa geral dos estudos* publicado em maio de 1907, o qual dava indicações precisas sobre os diversos programas escolares e resolvia um dos debates mais acesos naqueles anos, pedindo que se adotassem na Itália, no ginásio e liceu, os programas governativos.

A preocupação para os que se preparavam para o sacerdócio não estava separada da preocupação com a vida espiritual do clero. Por ocasião do quinquagésimo aniversário de sua ordenação sacerdotal (4 de agosto de 1908), o papa se encarregou de escrever pessoalmente uma "exortação ao clero", publicada com o título *Haerent animo*, que ficaria por muitos anos como ponto de referência para uma reflexão sobre a espiritualidade sacerdotal.

O outro capítulo das reformas dizia respeito à **liturgia e à vida sacramental dos fiéis**, que devia ser vivificada por melhor participação na vida litúrgica, pondo no centro a devoção eucarística, e por maior conhecimento da doutrina cristã, dois capítulos que tinham preocupado o papa desde os anos da juventude em seu compromisso pastoral; talvez justamente esse tipo de preocupação fora uma das razões que tinham estimulado os cardeais a dirigir seus votos ao cardeal Sarto no momento do conclave, como sucessor de um papa que tinha estado muito mais atento à dimensão diplomática da Igreja.

Já nos primeiros meses do pontificado, Pio X tinha apresentado um documento para redefinir os objetivos do canto litúrgico e o uso da música na igreja, opondo-se a abusos muitos difundidos. Tomava medidas então para orientar a catequese, sobretudo infantil, para caminhos comuns. Com efeito, havia vários decênios estavam em uso na Itália muitos catecismos preparados por vários autores, sobretudo bispos para suas dioceses. O papa, que por sua vez tinha redigido diversos catecismos, tanto quando era pároco como nos anos do seu episcopado, ocupava-se em preparar um *Compêndio da doutrina cristã*, premissa ao ***Catecismo da doutrina cristã***, baseado numa série de perguntas e de breves respostas, publicado em 1912 e depois imposto a todas as dioceses italianas.

Em 1911 era aprovada a reforma do *Breviário*, o texto usado pelos padres para a oração cotidiana. Pio X desejaria uma reforma ainda mais significativa, projeto que não pôde realizar antes da morte. Ganhava importância o ciclo litúrgico, e a reforma punha no centro o domingo, o qual tinha a precedência sobre muitas festas ainda no calendário. E se recomendava aos fiéis a **comunhão frequente**, até cotidiana, e com o decreto *Quam singulari*, publicado pela sagrada congregação dos sacramentos em 8 de agosto de 1910, o papa indicava a idade da primeira comunhão, a qual coincidiria com a que se podia considerar o início do uso da razão, por volta dos sete anos, quando a criança seria capaz de "distinguir o pão eucarístico do pão comum".

Tais medidas alimentariam novas formas de devoção em relação à eucaristia, que se manifestaram sobretudo na organização dos congressos eucarísticos; era uma devoção que tinha sido quase uma premissa na difusão do culto ao Sagrado Coração, culto esse que tivera em Leão XIII um convicto defensor. Em meio às devoções que tiveram especial difusão entre os dois séculos pode ser lembrada a chamada "pequena via", ou seja, o modo simples e atraente com o qual Santa Teresa de Lisieux (1873-1897) viveu uma forma de religiosidade muito tradicional, a qual ficou conhecida graças ao extraordinário sucesso que teve sua *Histoire d'une âme* [*História de uma alma*], para além do fato de que as edições seguintes puseram em destaque as várias manipulações que aquele texto tinha sofrido.

Teria sido singular se o papa, apesar das contínuas tentativas de diálogo entre as Igrejas cristãs, sentisse particular propensão para o ecumenismo. Para além das tentativas que não envolviam a Igreja católica, a cultura difusa era a do **unionismo**, do qual encontraremos vestígios precisos ainda em Pio XI: a unidade das Igrejas seria o fruto do retorno ao rebanho, ou seja, à Igreja católica, por parte dos que dela tinham se afastado. O congresso de Edimburgo de 1910, considerado o verdadeiro início do ecumenismo cristão, parece não ter tido particular destaque em Roma. Naquele mesmo ano, porém, Pio X aprovava a proposta de um oitavário de orações pela unidade das Igrejas a ser realizado entre os dias 18 e 25 de janeiro, proposta que fora feita em 1907 por um anglicano, depois convertido ao catolicismo, Lewis Thomas Wattson (1863-1940).

Entre as outras decisões de Pio X, merece destaque o nascimento de uma verdadeira publicação oficial da Santa Sé. Os estudiosos dispunham das *Acta Sanctae Sedis*, iniciadas em Roma em 1865 e consideradas texto oficial já em 1904. Em primeiro de janeiro de 1909 tinham início as publicações das ***Acta Apostolicae Sedis***, nas quais são publicados todos os atos promulgados pelo pontífice e pelas várias congregações romanas.

2. Portanto, se sob muitos aspectos o pontificado de Pio X se orientava para a renovação, sob o ponto de vista cultural foi marcado por um trabalho que assumiu o nome de "crise modernista", um fenômeno histórico que para ser bem conhecido necessita de dupla premissa, uma referente à sua possível definição e outra referente ao chamado "americanismo".

Para **tentar definir a crise modernista** é preciso que nos reportemos ao **clima científico do fim do século XIX**, à nova ciência que ia se elaborando, provocando verdadeira transformação dos espíritos. O *Sílabo* de Pio IX (1864) parecia ter marcado o momento mais significativo da recusa do mundo moderno por parte da Igreja e do papado (cap. 4, item 25.2). O movimento católico oficial nascera, pois, num clima de intransigência que seria o levedo das futuras organizações, extremamente ricas e articuladas aliás. Nesse terreno não há oposição entre os vários papas que se sucedem, de Pio IX a Leão XIII e a Pio X. Se o primeiro condenou a eventual reconciliação, o segundo diria claramente que os crentes não podem aceitar o mundo moderno nascido da Revolução Francesa e formado por meio de outras revoluções. O terceiro iria além: a ciência moderna parece se opor à religião; assim, é preciso combatê-la, porque foi a primeira a combater a religião.

Em síntese, podemos assim delinear o clima em que se coloca a crise modernista e as causas que de certo modo são determinantes para ele: certa insuficiência da cultura do clero para enfrentar os novos problemas da sociedade contemporânea; a concepção do papel da teologia por parte da autoridade eclesiástica e das escolas teológicas oficiais e o novo estatuto que outros teólogos lhe gostariam de atribuir; a difusão da ciência bíblica com todas as suas implicações no âmbito exegético, crítico e histórico; e, sobretudo, a modificação do próprio conceito de ciência e das relações entre teologia especulativa e pesquisa histórica.

O ensino religioso tradicional chocava-se com as jovens ciências religiosas que iam sendo elaboradas (história das religiões, fenomenologia da religião, religiões comparadas) em diversas confissões cristãs e em diversos países da velha Europa e que se fundamentavam num princípio revolucionário, ou seja, a aplicação do método positivo em textos até então considerados totalmente fora do alcance desse método. Quando alguns estudiosos católicos recorreram a ele, primeiro provocaram diversas polêmicas e depois a condenação explícita por parte de Pio X, imposta numa encíclica que acabou por representar a única verdadeira análise das doutrinas chamadas modernistas, uma análise que se ressentia dos objetivos de denúncia pelos quais a *Pascendi dominici gregis* de setembro de 1907 foi publicada. Desta encíclica proveio uma definição de modernismo que constituiu por longos anos a referência obrigatória de todos os manuais de teologia: o modernismo não seria outra coisa senão o corpo de doutrinas condenado como tal pela Igreja; observe-se que graças ao primeiro estudioso da história do modernismo, o francês Jean Rivière (1878-1946), que em 1929 publicou um estudo muito bem documentado com o título *Le modernisme dans l'Église*, esse modo de considerar o modernismo se tornou hegemônico na linguagem teológica.

O trabalho de Rivière permaneceu por alguns decênios o único estudo a respeito. Somente a partir dos anos sessenta do século XX é que alguns historiadores, sobretudo Pietro Scoppola (1926-2007) e Émile Poulat, deram início a novas pesquisas destinadas a mudar a abordagem dos problemas levantados pelos modernistas. Procurou-se entender quais eram os erros doutrinais atribuídos aos modernistas, ou seja, se era possível identificar uma verdadeira heresia modernista, para depois lembrar que essa escolha acabava por captar somente um aspecto da história dos fermentos da pesquisa histórico-teológica dos dois decênios entre os séculos XIX e XX.

Levaremos em consideração duas definições de modernismo que não necessariamente se excluem: de um lado, uma definição mais ampla, que se estende às várias instâncias de renovação, progresso, adequação da doutrina cristã em seus aspectos filosóficos, teológicos e sociais, às exigências da sociedade moderna; de outro, uma mais específica, que se refere ao texto da encíclica *Pascendi*, e que vê naquela corrente de pensamento as premissas para a total dissolução do próprio cristianismo, reduzido a um momento da história religiosa da humanidade. A primeira definição permite recuperar o contexto cultural que dá origem à crise (por isso os historiadores preferem falar de *crise modernista*), mas também os desdobramentos positivos das disciplinas histórico-teológicas, e a segunda fará uma referência mais explícita à definição que encontramos nos documentos da autoridade eclesiástica.

Os protagonistas daqueles anos de pesquisa são agora bem conhecidos e suficientemente estudados, bem como os lugares de proveniência ou de vida deles. Alguns desses autores acabaram por dar vida a uma corrente de pensamento ou por fazer identificar suas posições com as dos países em que atuavam. Assim, ao falar de Maurice Blondel (1861-1949) e de Alfred Loisy (1857-1940), o pensamento vai sobretudo para os debates filosóficos sobre a doutrina da imanência e sobre o estudo da Bíblia, e para a França; ao falar de George Tyrrell (1861-1909), vêm à mente as correntes teológicas, e na Inglaterra; ao falar de Rômulo Murri ou de Ernesto Buonaiuti (1881-1946), pensa-se na Itália, e no caso de Murri na linha de pensamento que foi definida modernismo político.

E há os personagens dificilmente classificáveis, ou porque dotados de erudição e estilo de vida que lhes permitiam estar em contato com os diversos protagonistas, sentindo-se sempre à vontade, como o barão austríaco Friedrich von Hügel (1852-1925), ou porque estudiosos por sua vez, mas com o papel de "almas de refúgio" para os amigos em dificuldade, como o francês Paul Sabatier

(1858-1928), que também escreveria uma história do modernismo: *Les Modernistes. Notes d'histoire religieuse contemporaine*, Paris, 1909.

Os debates suscitados pelas doutrinas modernistas e a publicação da *Pascendi* atrairiam, porém, a atenção de outros estudiosos, como mostra o caso interessante e singular de Ernst Troeltsch (1865-1923). Para além do fato, também de extremo interesse, de que Karl Barth (1886-1968) considera a evolução intelectual de Troeltsch um momento fundamental para o ocaso da teologia liberal e o início de uma concepção historicista do protestantismo, temos de ter presente que Troeltsch é um dos estudiosos que melhor interpreta um dos grandes nós do pensamento modernista: a necessidade de refletir sobre a relação entre o absoluto da fé e a historicidade do cristianismo, entre religião e história, como se vê em alguns dos *Scritti scelti*, publicados na Itália por Francesco Ghia em 2005.

3. Uma segunda premissa para um conhecimento sério do modernismo ou crise modernista é dada pelo "**americanismo**" (cap. 2, item 14.3). As diversas intervenções de Leão XIII, que já lembramos, sobretudo no âmbito social, tinham alimentado a ideia de que a Igreja hierárquica convidasse a uma verdadeira viragem neste terreno, abandonando as questões prévias e as recusas que tinham caracterizado o pontificado de Pio IX. Se o novo papa tinha confirmado uma série de condenações emitidas por seu predecessor e orientado os estudos filosóficos dos seminários somente segundo os trilhos do tomismo, tinha demonstrado, porém, atenção bem diferente aos problemas sociais e políticos, chegando até mesmo a sugerir aos franceses que aceitassem uma república que, se tinha nascido de bases certamente nada favoráveis ao catolicismo, parecia destinada a durar no tempo. O chamado *ralliement* (que pode ter também o significado de "adequação") à república tinha levantado críticas e perplexidades no mundo católico, mas também um benévolo acolhimento em certos ambientes desse mesmo mundo. A intervenção do pontífice destinada aos católicos franceses podia ser considerada de certo modo a superação da linha sobre a qual tinha se situado seu predecessor Pio IX, que por várias vezes tinha afirmado que não havia nenhuma possibilidade de reconciliação da Igreja com a sociedade moderna.

Um dos mais conhecidos expoentes do catolicismo estadunidense, James Gibbons, de origem irlandesa, arcebispo de Baltimore e nomeado cardeal em 1886, tinha trabalhado para fundar uma fé religiosa adequada às novas circunstâncias. Convicto defensor de uma política eclesiástica não hostil ao governo, considerava a constituição estadunidense um texto do qual jamais seria tirado um só item, uma só palavra. Na mesma linha do cardeal Gibbons, embora em termos menos prudentes, estava o arcebispo de St. Paul, John Ireland, que mais tarde expressaria suas posições num texto que teve certo sucesso, *The Church and Modern Society*, o qual levantaria discussões, acentuadas depois de sua tradução para o francês, obra de Félix Klein (1862-1953).

Aqueles escritos pareciam defender uma concepção excessivamente ativista da vida religiosa, com prejuízo da espiritualidade tradicional e de uma concepção na qual a hierarquia punha em primeiro plano a submissão e a obediência. Parecia assim que se punha em questão a concepção tradicional da religião católica.

A prova do fundamento das acusações encontrava-se em outro livro, a biografia do padre Isaac Hecker (1819-1888), fundador dos paulistas, escrita por Walter Elliott e publicada com uma introdução elogiosa por parte de dom Ireland. Traduzida para o francês ainda por Klein, que lhe acrescentava um prefácio, suscitou forte polêmica que até obrigou o arcebispo de Paris a intervir. Os opositores encontravam naqueles escritos o elogio de uma espiritualidade ativa, sobretudo para os religiosos, que parecia contrastar com os grandes princípios da submissão passiva.

Começou-se a falar de orientações "americanistas", que logicamente não podiam provocar objeções numa situação sociopolítica como a dos Estados Unidos, mas eram fonte de polêmicas na Europa. A Igreja estadunidense tinha uma tradição de diálogo com o Estado, não queria provocar conflitos com a sociedade civil, desejava muito um regime de separação entre o Estado e a Igreja, elementos todos esses que causavam um eco bem diferente na França e na Itália, onde a cultura católica estava dominada por orientações intransigentes e pouco dispostas a aceitar a política do Estado.

Havia também outros problemas que preocupavam Roma, como o debate sobre as novas doutrinas evolucionistas, que encontravam acolhida em alguns professores da universidade católica de Washington. Assim, depois da análise confiada a uma comissão romana na qual não havia nenhum representante do episcopado estadunidense, em 22 de janeiro de 1899 Leão XIII publicou uma carta apostólica intitulada *Testem benevolentiae*, que condenava aquelas orientações doutrinais genericamente indicadas com o nome de "americanismo". Não era a condenação de todos os comportamentos próprios do catolicismo norte-americano, mas de alguns desvios doutrinais, com os quais se corria o risco de exaltar as virtudes naturais em prejuízo das sobrenaturais e os novos métodos de apostolado em desfavor dos tradicionais.

As orientações americanistas seriam muitas vezes consideradas a premissa e o caminho aberto para o modernismo. A verdadeira analogia entre os dois movimentos situava-se talvez alhures. Como sucederia com o modernismo, a primeira organização do pensamento americanista era feita por um documento pontifício e não por algum expoente daquela linha de pensamento; como para o modernismo, a condenação levava alguns, entre eles estava também dom Ireland e o cardeal Gibbons, a declarar que ninguém jamais defendera aquelas posições indicadas pelo documento pontifício.

33. O início e os desdobramentos da crise modernista na França e na Inglaterra

1. As descobertas arqueológicas e os estudos de história das religiões provocaram **dúvidas** sobre as cronologias bíblicas e consequentemente também sobre os **autores dos textos sagrados**, sobretudo os de caráter histórico. Alguns manifestaram reservas sobre o Pentateuco e suas origens mosaicas, chegando a pôr em questão a própria inspiração dos textos sagrados. Em nome dos direitos da história, parecia posta em discussão a própria presença do sobrenatural na história, propondo uma leitura numa ótica totalmente racionalista.

Como já lembrado, as primeiras respostas científicas a esse clima vieram de personalidades como o dominicano Lagrange e o sulpiciano Vigouroux (item 31.1). Neste contexto, compreendem-se também melhor as razões da publicação por parte de Leão XIII em 1893 da encíclica já lembrada *Providentissimus Deus*.

Naquele mesmo ano, um jovem filósofo, **Maurice Blondel**, tinha publicado sua tese, *L'Action*, um texto de difícil leitura, como teriam dito também os membros da comissão no momento da discussão da tese, mas destinado a abrir o debate no âmbito filosófico. De fato, parecia que se punha em questão a filosofia tomista, que Leão XIII na encíclica *Aeterni Patris* (1879) tinha sancionado como doutrina oficial a ser ensinada em todas as instituições eclesiásticas. Blondel, porém, estava preocupado em captar algumas instâncias do pensamento filosófico contemporâneo, avesso a aceitar verdades impostas de fora, e queria construir um sistema filosófico fundado na imanência, ou seja, no itinerário feito pelo homem à procura de uma verdade que satisfizesse suas aspirações profundas. Essa verdade não pode ser aceita de fora, anteriormente à procura; o homem, porém, procurando em si mesmo, pode descobrir a pergunta sobre o absoluto, que nasce em sua consciência e que fica sem resposta. Justamente a insatisfação por tal carência leva o homem à procura ulterior de uma resposta, abrindo-se assim ao sobrenatural.

L'Action apresentava-se como um momento significativo de um possível renascimento espiritualista, mas o autor teria recebido fortes críticas de diversas partes; muito religioso para os laicos, pouco ortodoxo para os católicos, Blondel seria incluído erroneamente entre os defensores do modernismo, o que seria desmentido pelas sucessivas relações com Loisy, este sim comprovadamente em posições heterodoxas. Em particular, as polêmicas levantadas pelo trabalho de Blondel e as seguintes suscitadas pelo americanismo revelar-se-iam pouca coisa diante das que acompanhariam os trabalhos de **Alfred Loisy**, sobretudo *L'Évangile et l'Église*, considerado quase o **momento originário do modernismo**.

Loisy não era um desconhecido quando publicou esse trabalho. Ordenado padre em 1879, ensinava no Institut catholique de Paris o hebraico e outras línguas antigas, e em 1884 estava também encarregado do ensino da exegese bíblica. Em 1892 tinha iniciado a publicação de uma pequena revista, "L'enseignement biblique", na qual publicava textos de seus cursos, nos quais abordava muitos dos problemas então em discussão, como o conceito de história sagrada, a mosaicidade do Pentateuco, a evolução das doutrinas religiosas. Suspenso do ensino em 1893, dedicar-se-ia totalmente ao estudo, fundando em 1896 a "Revue d'histoire et littérature religieuses" e entrando em contato com diversos estudiosos contemporâneos, entre os quais o arcebispo de Albi, Eudoxe-Irénée Mignot (1842-1918), e Friedrich von Hügel.

Entrementes, aprofundou o estudo dos Evangelhos sinóticos, aos quais dedicaria dois livros importantes, e publicou vários ensaios de história religiosa. 1902 é o ano da reviravolta. O historiador **Adolf von Harnack**, um dos mais conhecidos expoentes do protestantismo liberal, tinha publicado em 1900 um livro que reunia as dezesseis conferências feitas na universidade de Berlim dedicadas a estudar *A essência do cristianismo*, com a precisa intenção de oferecer uma análise que se situasse no terreno da história e da experiência vivida, sem adentrar o terreno da apologética e da filosofia da religião. O historiador alemão considerava que para entender o cristianismo era preciso estudar suas origens, a fim de identificar o que pode ser considerado o núcleo inicial e essencial, a ser distinguido de seus necessários e mutáveis revestimentos históricos. Mas distinguir os revestimentos históricos do núcleo originário significa estudar a própria vida cristã, como se realiza e evolui ao longo dos séculos. Isso porque o cristianismo mais que uma doutrina é uma vida, uma experiência. Todo cristão é chamado a procurar o Deus vivo, a ter a experiência dele na própria vida, como fez Jesus Cristo, anunciador do Pai, pois o Evangelho anunciado por Jesus tem como objetivo fazer conhecer o Pai, como ele o conheceu. A missão de Jesus consiste, pois, em comunicar a todos os homens, com as palavras e com as ações, o conhecimento do Pai.

Harnack abria assim uma significativa frente de discussão, atraindo a atenção sobre o elemento basilar da sua reflexão: a essência do cristianismo. Seria Ernst Troeltsch que levaria o debate para esse ponto crucial; mas outros também interviriam, envolvendo a ortodoxia russa, com Sergej Bulgakov (1871-1944) e alguns representantes da cultura hebraica.

Em **1902 Loisy decidiu responder à tese de Harnack**, colocando-se no mesmo plano do estudioso alemão, o histórico, contestando, porém, Harnack por fazer uma história fortemente influenciada pelas posições protestantes, que em nome do caráter ético da religião acabavam por privilegiar excessivamente os aspectos individuais e psicológicos. Sua resposta estava contida num pequeno livro que passou à história como *livre rouge*, devido à cor da capa, *L'Évangile et l'Église*, no qual apresenta o anúncio do Reino por parte de Cristo como o verdadeiro elemento central da mensagem evangélica.

Num primeiro momento, o texto de Loisy foi saudado como a resposta católica às teses do historiador alemão, mas algum tempo depois muitos constataram que os erros contidos nesse trabalho pareciam também piores do que os de Harnack. Com efeito, o exegeta francês foi acusado de negar a origem divina da Igreja (é conhecida a frase que se tornou célebre, "Jesus anunciou o Reino e o que surgiu foi a Igreja", o que excluiria a fundação divina da própria Igreja, organizada pelos apóstolos quando se deram conta de que as profecias de Jesus sobre o Reino iminente não se verificavam) e também a divindade de Cristo.

O livro de Loisy foi condenado pelo arcebispo de Paris. Como resposta às várias acusações, Loisy publicou outro livro, *Autour d'un petit livre*, que lhe proporcionou outra acusação, a de negar a doutrina católica dos sacramentos. Em dezembro de 1903 os dois livros, com outros escritos de Loisy, foram incluídos no Índice. Sua submissão seria posta em questão por outros trabalhos seus que dariam motivo a outras censuras eclesiásticas contra ele; depois, ele se tornará um dos maiores incriminados, quando surgirem os textos romanos de condenação do modernismo; primeiro o decreto *Lamentabili* e depois a encíclica *Pascendi* (item 36.2). Loisy não só não se submeteria, como criticaria duramente os textos pontifícios, atraindo sobre si a excomunhão maior, a ele infligida em 7 de março de 1908. Sua atividade de estudioso prosseguiria até a morte (1940), sobretudo no Collège de France e na École pratique des Hautes Études.

Von Hügel e dom Mignot continuariam por diversos anos a acreditar no papel que Loisy teria podido desempenhar, pois o consideravam o estudioso capaz de travar a batalha para refazer os atrasos acumulados pela Igreja em relação ao mundo protestante e da modernidade, capaz de recompor o relativismo, filho da perspectiva histórica, com o absoluto da fé. Eles o defenderiam diante dos maldizentes e da Cúria, até quando tiverem de reconhecer os desvios imanentistas do próprio Loisy.

2. Um dos problemas que permanecia no centro da atenção de teólogos e historiadores era o da definição do dogma; e esse problema teria provocado discussão entre Loisy e Blondel, que — tenha-se presente — eram o primeiro um padre e o segundo um leigo católico que cultivava profunda vida interior. **Blondel** procurava lançar luz sobre os riscos que as reflexões históricas de Loisy podiam representar para a teologia; num ensaio de 1904, ***Histoire et dogme***, mostrou a dificuldade de encontrar um acordo entre os que tinham uma concepção da revelação e dos dogmas como de um complexo de verdades fixadas de uma vez por todas, e os que viam ali um simples núcleo de afirmações destinadas a um desenvolvimento contínuo, sem excluir transformações substanciais. Blondel analisava em especial o conceito de tradição, o papel da Igreja e do Magistério, a relação entre a Palavra de Deus e seu desenvolvimento na história, para retomar depois sua concepção filosófica com a qual confirmava a necessidade de uma autêntica experiência cristã, em diálogo contínuo com a teologia, a fim de que ela não extraísse os elementos de sua reflexão apenas de fórmulas e fatos históricos, mas também da tradição viva da comunidade dos crentes.

O mesmo problema era depois retomado por outro estudioso, Édouard Le Roy (1870-1954), que antes se punha o problema do ensaio *Qu'est ce qu'un dogme* (1905), e depois retomava esse texto e aprofundava a reflexão no livro de 1906, *Dogme et critique*; acusado de pragmatismo, o livro seria posto no Índice. No terreno filosófico aberto por Blondel, tinha se situado também Lucien Laberthonnière (1860-1932), com dois ensaios que constituíam uma tentativa de fundar um verdadeiro sistema inspirado na doutrina da imanência: *Essais de philosophie religieuse* (1903) e *Le réalisme chrétien et l'idéalisme grec* (1904), por sua vez, condenados pelo Índice.

Se nos estudos sobre o modernismo Loisy representa o personagem francês mais significativo, a **França** é, porém, o país que registra o número mais alto de estudiosos ligados de algum modo às orientações modernistas, não somente no âmbito filosófico e bíblico, mas também teológico e no setor de estudos, no limite entre a história das religiões, a psicologia religiosa e a filosofia da religião. Sob a influência do teólogo liberal Auguste Sabatier (1839-1901), Marcel Hébert (1851-1916) elabora uma doutrina que parecia tornar vão o dogma, afirmando o valor puramente simbólico de cada enunciado doutrinal. Louis Duchesne encaminha aos estudos históricos diversos alunos seus, e de certo modo o próprio Loisy pode ser considerado seu discípulo, assim como Albert Houtin (1867-1926), estudioso pouco profundo, mas autor de livros de sucesso que, com seu tom acusatório, contribuíram significativamente para criar um clima de alarme e suspeita na Igreja.

Também do Instituto católico de Toulouse provêm estudos significativos nas várias disciplinas eclesiásticas, graças em particular à obra do seu reitor, dom Pierre Batiffol, que, no entanto, embora envolvido em diversas polêmicas suscitadas de modo especial pelos estudos bíblicos, parece muito preocupado em se defender das acusações de heterodoxia, acusações que teriam provocado sua destituição da função de reitor.

Mas nessa mesma França onde trabalham estudiosos suspeitos de modernismo encontram-se outras correntes de pensamento, homens que pensam seriamente na renovação da Igreja a partir da renovação da cultura do clero, preocupados, como o filósofo Maurice Blondel, com frequência erroneamente acusado de heterodoxia, ou o arcebispo dom Mignot, em dar sua contribuição sem criar rupturas dentro do mundo dos crentes; mas há outros personagens que, ao contrário, se dedicam de modo sistemático à polêmica destruidora em relação a qualquer tendência inovadora. A França é também o país onde alguns bispos participavam pessoalmente das discussões, como o acima lembrado dom Mignot e dom Lucien Lacroix (1854-1922), que não deixava de recorrer ao pseudônimo para publicar textos no limite da ortodoxia. É o país no qual a crise intelectual se acentua pela crise política contemporânea, com a ruptura das relações entre a Igreja e o Estado, enquanto a linha fortemente intransigente e conservadora era alimentada pela presença de intelectuais convertidos ao catolicismo porque desiludidos com o positivismo, e que em seu entusiasmo de neófitos abraçavam o intransigentismo romano sustentado pelo neotomismo.

3. A **Inglaterra** era um país que tinha recebido muita atenção, principalmente na segunda metade do século XIX, graças em particular ao trabalho no âmbito ecumênico conduzido por Lorde Charles Wood Halifax e pelo padre lazarista francês Fernand Portal, e teria depois visto a conversão e a promoção ao cardinalato de John Henry Newman. O caminho das conversões, que parecia aberto, teria recebido forte interrupção após a controvérsia sobre a validade das ordenações anglicanas, declaradas inválidas e nulas na bula *Apostolicae curae*, publicada por Leão XIII em setembro de 1896, depois de ter ouvido o parecer de uma comissão especialmente constituída. Mas depois de algumas dificuldades compreensíveis provocadas pela bula, o diálogo entre católicos, anglicanos e protestantes continuava, apesar de algumas oposições, enquanto uma forte influência sobre os estudos religiosos provinha dos trabalhos de von Hügel não só no setor da história da doutrina mística, mas também dos estudos bíblicos, em especial sobre os primeiros livros da Bíblia. Além disso, eram conhecidas sua amizade e admiração por Loisy, mesmo depois que este tinha começado a levantar muitas suspeitas sobre suas orientações no setor dos estudos bíblicos.

Também von Hügel estava fortemente preocupado com a possível reconciliação entre o catolicismo e a cultura moderna, bem como aquele que seria considerado o mais convicto dos modernistas ingleses, **George Tyrrell**. Convertido ao catolicismo e tendo entrado aos dezoito anos na Companhia de Jesus, professor por um biênio de filosofia moral e redator da revista dos jesuítas ingleses "The Month", Tyrrell tinha se aproximado das teorias imanentistas, que ele começou a expor em 1902 num opúsculo publicado sob o pseudônimo de Ernest Engels, *Religion as a Factor of Live*. O seu pensamento foi esclarecido em 1903, quando, com o pseudônimo de Hilaire Bourdon, publicou o que seria considerado o "pequeno livro cinza" do modernismo, *The Church and de Future*.

Ao se dar conta do questionamento da credibilidade dos textos bíblicos por parte da exegese contemporânea, Tyrrell pensa que se deva rever pela raiz a eclesiologia que deles derivava. A fé não pode depender de doutrinas teológicas imutáveis, e a religião não é uma doutrina, mas um espírito e uma vida. Nela a autoridade é essencialmente o *consensus fidelium* que interpreta o trabalho coletivo da Igreja. O Magistério, portanto, tem apenas a tarefa de examinar e ratificar o que a coletividade elaborou sob a inspiração do Espírito Santo, o verdadeiro mestre que age em todos os fiéis. É preciso, portanto, dirigir a Igreja para uma concepção democrática, e isso será feito por aqueles fiéis que ficarem na Igreja para modificá-la, ainda que possam sofrer perseguições e até exclusão da comunidade.

Os trabalhos de Tyrrell, que prosseguiram nessa direção, tornaram-se um caso, quando o cotidiano italiano "Corriere della Sera" publicou em 1º de janeiro de 1906 um trabalho dele não destinado ao público, *Carta confidencial a um amigo professor de antropologia*, na qual parece resolver o problema do contraste entre as verdades científicas e as verdades religiosas, afirmando a recíproca e substancial estranheza delas; assim, o cientista pode defender teses que a religião combate.

Expulso da Companhia de Jesus, ficaria de fato sem a possibilidade de celebrar a missa, situação que lhe traria grande sofrimento e até crises de depressão, como bem se vê nas cartas que naqueles anos escreve ao amigo e ex-jesuíta Henri Bremond (1865-1933), o autor da monumental *Histoire littéraire du sentiment religieux en France depuis la fin des guerres de religion jusqu'à nos jours*, que ficou incompleta. (Observe-se que o próprio Bremond incorreria na suspensão *a divinis* por ter orado publicamente durante o funeral de Tyrrell, apesar da proibição da autoridade eclesiástica). Nos últimos anos de vida, Tyrrell, não tendo encontrado um bispo disposto a acolhê-lo entre o clero da própria diocese, recolhera-se à casa de Miss Maude Petre (1863-1942), que o assistiria e se tornaria sua biógrafa.

Os escritos de Tyrrell defenderam teorias cada vez mais radicais: a vida espiritual fundada não sobre elementos objetivos, mas afetivos e volitivos; a religião caracterizada não pelo complexo de verdades objetivas, mas por símbolos de uma realidade oculta, símbolos que, além disso, têm um valor prático, pois guiam nossa vontade e conduta na direção desejada pela realidade divina. A verdade de uma religião consiste, pois, em sua utilidade para a vida eterna, ou seja, para orientar a vida em correspondência com o absoluto.

Retomando os temas da *Carta confidencial*, Tyrrell distingue nas fórmulas dogmáticas dupla verdade, a intelectual e a religiosa, a primeira relativa e mutável, a segunda absoluta e imutável. Com efeito, a verdade intelectual de uma proposição não chega à natureza das coisas e permanece confinada nas aparências, ao passo que a verdade religiosa é dada pelo sentimento religioso, parte imutável do homem. A medida da utilidade das fórmulas dogmáticas para o progresso da vida religiosa está no princípio *lex orandi, lex credendi*; a piedade e a experiência do divino feita pelos fiéis indicam o caminho da fé, diferentemente do que afirma a Igreja católica, segundo a qual é a fé em suas expressões dogmáticas que guia a vida religiosa dos fiéis.

Devido ao isolamento e a um caráter difícil, que se tornou ainda mais desafiador por uma saúde delicada, Tyrrell tornou suas posições cada vez mais radicais, até mesmo por ocasião da condenação do modernismo por parte da encíclica *Pascendi* (item 36.2) e até sua morte prematura, ocorrida em 1909, em cuja ocasião a autoridade eclesiástica proibiu o funeral religioso. Em 1908 ele tinha publicado um escrito, intitulado *Medievalism*, com polêmica resposta ao cardeal Mercier, arcebispo de Malines, que o tinha acusado de ser um dos principais expoentes do modernismo denunciado pela *Pascendi*.

A Inglaterra, porém, não viu somente a ação de Tyrrell, mas também o papel desempenhado por uma sofisticada perita em problemas religiosos, Miss Petre, que aliás tinha recebido em sua casa o próprio Tyrrell depois de sua expulsão da Companhia de Jesus. Miss Petre, superiora provincial das Filhas de Maria, uma congregação religiosa nascida na França durante a Revolução, e depois retornada ao estado leigo, se inseriria sem nenhum sentimento de inferioridade nos ambientes culturais de seu tempo, oferecendo contribuições originais e sofrendo suas consequências, até ser excluída dos sacramentos em sua diocese.

34. A crise modernista na Itália

1. É quase um lugar-comum a afirmação de que na segunda metade do século XIX a Itália vivia certo atraso nos estudos religiosos, especialmente no setor dos estudos bíblicos e teológicos. Esse juízo é influenciado pelas afirmações da cultura leiga, sobretudo de Benedetto Croce (1866-1952) e Giovanni Gentile (1875-1944), que consideraram os modernistas retardatários em relação à evolução dos estudos, e sobretudo pelos julgamentos sumários e infundados do estudioso e erudito Giuseppe De Luca (1898-1962), que diria que o modernismo italiano vivia muito de corroborações, assumindo às vezes matizes de protestos do anticlericalismo. A presença de numerosas universidades eclesiásticas não contribuiu para modificar esses julgamentos. Com efeito, os estudos filosóficos tiveram forte redimensionamento com as intervenções de Leão XIII, que orientou todos para a mesma linha tomista, causando o afastamento das universidades por parte dos que seguiam orientações diferentes. Os estudos teológicos e bíblicos talvez tenham sido dificultados pela presença da Cúria romana, ou pelo fato de que os nomes mais conhecidos eram de teólogos, como o jesuíta Louis Billot, que tendo orientação fortemente especulativa davam pouco crédito aos estudos históricos. Aliás os mesmos teólogos se ocupavam também dos estudos bíblicos — o problema, por exemplo, da inspiração —, partindo de pressupostos de caráter dogmático. Para evitar serem afastados do ensino, os poucos peritos de problemas bíblicos eram obrigados a evitar propor teses muito avançadas ou pelo menos discutíveis.

Existiam, porém, lugares ou cenáculos onde esses problemas eram discutidos sob a influência muitas vezes ou de Duchesne, que fora nomeado diretor da École Française de Roma em 1895, ou por von Hügel, muitas vezes presente em Roma. Nesses **círculos** trabalhavam alguns **estudiosos de ciências bíblicas**, como o barnabita João Semeria (1867-1931) ou o missionário do Sagrado Coração Giovanni Genocchi (1860-1926). Este último possuía significativa cultura bíblica, mas não escreveria muito, e sobretudo seria afastado do ensino que manteve por alguns meses, a partir de novembro de 1897, no Apollinare, que era na verdade o Seminário romano. Cultores de estudos bíblicos eram também o reitor do seminário de Perugia, Umberto Fracassini (1862-1974), bem como Francesco Mari (1873-1934), um padre úmbrio empregado na Biblioteca Vaticana e depois obrigado a abandonar os estudos religiosos, e o jovem e futuro conhecido historiador e jornalista Luigi Salvatorelli (1886-1974).

Um primeiro evento significativo foi a fundação da Sociedade para os estudos bíblicos em 1889. O primeiro, porém, a falar com verdadeira competência a respeito dos estudos bíblicos seria Salvatore Minocchi (1869-1943), seguido depois, embora em diferentes setores, pelos dois verdadeiros protagonistas do modernismo italiano, pelo menos segundo as opiniões dos contemporâneos, Ernesto Buonaiuti e Rômulo Murri, sobre quem teremos ocasião de voltar. Minocchi tinha participado de diversos congressos científicos e tinha publicado em 1895 uma tradução dos salmos. Depois de ter fundado em 1896 um informativo bibliográfico, a Rivista bibliografica italiana, em 1901 dava vida a "Studi religiosi. Rivista critica e storica promotrice della cultura religiosa italiana", para manter os leitores italianos a par do progresso dos estudos religiosos, publicando ensaios de caráter arqueológico, filológico, histórico e social. Entre os colaboradores da revista havia também um jovem padre das Marcas, **Rômulo Murri**, cuja amizade com Minocchi nascera nos anos dos estudos que tinham feito como companheiros no colégio Caprânica de Roma, frequentando a Universidade Gregoriana.

Depois de algumas experiências juvenis universitárias e a fundação de uma revista, "La Vita Nova", em 1908 Murri fundou uma revista destinada a ter espaço significativo no mundo católico italiano, a "Cultura sociale". Com sua incansável atividade, em pouco tempo Murri reuniria em torno de si um grupo de jovens empenhados na reflexão e ação política, inclusive com a constituição de um movimento político destinado a se tornar verdadeiro partido, a Democracia Cristã. Convencido de que o caminho das reformas passaria antes de tudo pelo clero, entre 1898 e 1900 publicara uma série de *Cartas sobre a cultura do clero*, analisando as razões históricas que explicavam a crise dessa cultura e propondo uma série de reformas dos planos de estudo que levassem em conta as novas aquisições das diversas ciências. O tema dos estudos do clero tinha recebido muita atenção naquele período, a partir de um trabalho do reitor do seminário de Boston, John Baptist Hogan (1829-1901), *Clerical Studies*, publicado em inglês em 1898, depois traduzido para o francês e em 1906 também para o italiano.

Partindo do pressuposto de que a cultura religiosa não podia deixar de lado nenhum âmbito, em 2 de agosto de 1902 Murri propunha sua síntese num discurso feito em San Marino e que receberia o nome dessa localidade. O padre das Marcas tentava apresentar o caminho para a renovação cultural, teológica, bíblica e também política como um *unicum*, reunido e canalizado num projeto unificador. Lembrando os progressos feitos pela ciência católica, graças também ao trabalho de alguns pioneiros, fazia o elogio da "picareta demolidora" da crítica, trazia a lume o frescor originário do Evangelho e do cristianismo, tecendo assim o elogio da liberdade da pesquisa. Entre os pioneiros, citava diversos estudiosos ingleses, alemães e franceses, alguns dos quais já haviam levantado algumas polêmicas por suas posições (por exemplo, George Tyrrell e Albert Ehrhard [1862-1940]).

O discurso seria objeto de censura por parte do vigário de Roma, o cardeal Respighi (1843-1913). Era de certo modo a premissa das futuras censuras, não somente em relação a Murri, acentuadas também pela passagem de pontificado, pois em 1903 Pio X sucedeu Leão XIII.

2. Os anos de governo do papa Pecci podem ser considerados uma primeira fase da história modernista: põem-se as premissas, mas o papa hesita em pronunciar condenações. A chegada de Pio X abriu a segunda fase, a das polêmicas candentes e das condenações, que culminariam em 1907 com a encíclica *Pascendi*. O terceiro período veria sobretudo a aplicação das sanções, com as excomunhões e os silêncios, às vezes por opção, outras por imposição.

Se a censura em relação a Murri podia ser considerada a premissa para as condenações que chegariam pouco tempo depois, especialmente em relação a Loisy, causou rebuliço na Itália a inclusão no Índice do romance **Il Santo, de Antônio Fogazzaro** (1842-1911), autor de ensaios e romances que lhe tinham granjeado fama internacional, de modo muito especial o romance *Pequeno mundo antigo*. Além de ser a continuação de episódios narrados nos romances anteriores, o novo romance publicado em 1905 apresentava-se com um cunho bem diferente, uma vez que abordava as várias temáticas religiosas, como que resumindo as posições de autores então suspeitos, e sobretudo apresentando a irrevogável necessidade de uma reforma da Igreja. Além disso, dava a impressão — uma vez que para alguns dos protagonistas Fogazzaro tinha se inspirado em personalidades bem conhecidas — de que se estava organizando uma verdadeira carbonária eclesiástica e leiga, com encontros secretos e programas eversivos para transformar por dentro o aparato eclesiástico.

O romance teve enorme sucesso e foi traduzido para várias línguas, merecendo os louvores de várias personalidades, de Teodoro Roosevelt (1858-1919) a Henri Bremond, atraindo, porém, a condenação por parte da autoridade eclesiástica, que em 4 de abril de 1906 pôs o romance no Índice, uma condenação destinada a levantar mais rebuliços, uma vez que Fogazzaro era membro do Conselho superior da instrução pública. A submissão anunciada por Fogazzaro faria desencadear as polêmicas por parte de muitos anticlericais que exigiam a demissão ou a destituição de Fogazzaro de seu cargo, porquanto condicionado pela Igreja, que lhe impedia a liberdade de pensamento. As polêmicas não tiveram êxito senão o de entristecer o autor, já fortemente provado pela inesperada desaprovação por parte de Roma.

A condenação de Fogazzaro foi inesperada, mas na lógica do novo pontífice, que tinha a impressão de se estar pilotando uma barca, a Igreja, atacada por todos os lados. Entrara em campo a revista dos jesuítas romanos, "La Civiltà Cattolica", que se revelaria uma das mais autorizadas vozes contra toda tendência heterodoxa. Começava também a atividade de dom Humberto Benigni

(1862-1934), um prelado da Secretaria de Estado, professor de história da Igreja no Seminário romano e destinado a se tornar o protagonista de uma verdadeira caça aos modernistas por meio de uma associação que atuaria em diversos países europeus, conhecida pelo nome de *La Sapinière*.

A condenação de Fogazzaro era só um episódio de uma **luta então aberta**: entre 1903 e 1907, a congregação do Índice condenaria trinta e duas obras. A começar por dois iniciadores do modernismo, Loisy e Houtin. Mas estavam presentes também Laberthonnière e Le Roy. Entre as várias publicações que levantavam discussões, especialmente se destinadas a difundir as posições de Loisy, apareceram obras anônimas, mas eram de João Semeria, algumas *Lettres romaines*. Elas afirmavam que as posições do estudioso Loisy tinham sido assumidas por uma inteira geração de estudiosos; mais, Loisy não fizera senão dar voz a tais orientações, acentuando assim a ideia entre as autoridades eclesiásticas de que o contágio tinha agora se espalhado.

3. Um dos instrumentos dessa difusão era o debate político aberto na Itália sobre a eventualidade de um retorno por parte do mundo católico ao compromisso político, com o abandono do *non expedit*. Os democratas cristãos, assim definidos com o nome que Murri tinha dado à sua primeira tentativa de fundar um partido com o nome de Democracia Cristã, afirmavam que as diretrizes da autoridade religiosa no âmbito político eram, sim, muito importantes, mas não representavam um vínculo absoluto, uma vez que não diziam respeito a problemáticas de caráter teológico e moral, mas exclusivamente político. Os democratas cristãos consideravam que os âmbitos de intervenção da hierarquia devessem se limitar aos problemas teológicos e bíblicos; mas a hierarquia julgava que essa atitude provinha da mesma fonte na qual iam beber aqueles que defendiam seja a autonomia da pesquisa e da ciência, seja a não competência da hierarquia eclesiástica nos diversos âmbitos científicos. Não é, pois, de espantar se a atitude dos democratas cristãos, e em particular do seu maior teórico, Rômulo Murri, fosse definida como modernismo político, uma linha de pensamento que parecia apresentar aspectos extremamente perigosos; com efeito, insistir na democratização da sociedade acabaria mais cedo ou mais tarde por levar à exigência de uma democratização da Igreja, teoria tão mais arriscada, quanto mais suscetível de envolver extratos de crentes muito mais amplos do que poderiam fazer as teorias de Loisy e de Tyrrell.

Portanto, o **modernismo político** apresentava-se como a tentativa de dar base doutrinal ao direito dos crentes de fazer escolhas políticas sem dar atenção às diretrizes eclesiásticas; antes, fazendo observar à própria autoridade que naquele âmbito não existiam doutrinas definitivas, mas apenas a livre procura dos crentes. A intervenção da autoridade devia se limitar à expressão de uma opinião, abalizada mas não vinculante.

Outra prova desse perigoso desvio ainda era Murri, que a oferecia não só escrevendo artigos para afirmar a incompetência da autoridade eclesiástica no âmbito sociopolítico e atribuindo essa atitude a Santo Tomás de Aquino, mas também fundando, depois da supressão da Democracia Cristã, um novo partido cujo nome pretendia indicar sua aconfessionalidade: Liga democrática nacional, que em 1906 teria um jornal, "L'Azione democratica". Entretanto, os numerosos alertas contra sua revista "Cultura sociale" tinham levado Murri a pôr fim à publicação, substituindo-a imediatamente por outro periódico, a "Rivista di cultura".

Tudo isso parecia pôr em questão um dos elementos fundamentais da eclesiologia da época, a obediência à autoridade eclesiástica, que Pio X lembrava continuamente. Depois de uma série de intervenções referentes à disciplina dos futuros sacerdotes e da recomendação à vigilância feita aos bispos, a fundação da Liga democrática nacional causou dura intervenção por parte do pontífice, que com a **encíclica *Pieni l'animo***, de 28 de julho de 1906, promulgava uma série de disposições de caráter disciplinar voltadas à contenção do espírito de insubordinação que se manifestava entre o clero, uma vez que, esclarecia a encíclica, se espalhavam "entre eles (os padres) novas e reprováveis teorias a respeito da própria natureza da obediência". O alerta era sobretudo em relação à Liga democrática nacional, e entre os remédios indicava-se a proibição absoluta de ler jornais e periódicos, salvo o caso — para os periódicos — dos considerados pelo bispo necessários para o estudo.

De modernismo político será acusado também Carl Sonnenschein (1876-1929), muito ligado a Murri desde os anos da permanência em Roma e que se tornou depois colaborador habitual da revista de Murri, "Cultura sociale", na qual escrevia principalmente sobre a situação alemã; ao falar dos sindicatos cristãos, declarava-se favorável aos sindicatos interconfessionais ou supraconfessionais, tema que nos anos seguintes estaria na ordem do dia e provocaria discussões candentes. Sua apaixonada defesa da Democracia Cristã teria levado dom Benigni a ver em Sonnenschein um verdadeiro "Murri alemão". O estudioso alemão teria depois oportunidade de encontrar Luís Sturzo e Marc Sangnier, fundador do movimento francês *Sillon*, que, por sua vez, seria condenado por

Pio X em 1910, devido à sua forma de modernismo político. O movimento de Sangnier era acusado de filomodernismo, emancipação da autoridade religiosa inclusive em problemas concernentes ao âmbito moral e aceitação dos grandes princípios das liberdades modernas.

Voltando às recomendações de Pio X sobre a leitura de jornais e periódicos, já estavam em vigor nos seminários regras severas sobre este assunto, as quais eram depois interpretadas de diferentes modos pelos superiores e professores. Anos mais tarde, Ernesto Buonaiuti lembrará em suas memórias (não por acaso intituladas *Pellegrino di Roma. La generazione dell'esodo*, publicadas em 1945) que o "portador de óculos e melindroso vice-reitor" do seminário tinha arrancado algumas páginas de um livro de filosofia antes de passá-lo a ele.

4. Essas memórias de Buonaiuti representam um texto de extraordinário vigor literário, talvez menos dignas de crédito sob o ponto de vista da reconstrução do seu itinerário, porquanto escritas quando todos os eventos lembrados já estavam distantes e o autor estava preocupado em dar uma imagem nem sempre correspondente à realidade. Mas **Ernesto Buonaiuti** continua um personagem de grande fascínio, como contariam muitas vezes alguns de seus alunos da universidade, os quais por sua vez se tornaram professores universitários. Ele representa talvez o personagem mais conhecido e mais culto da crise modernista na Itália, seja pelos trabalhos de caráter histórico, seja pelos escritos motivados pelas diversas condenações, publicados frequentemente sob o véu do anonimato, embora em Roma quase sempre se soubesse quem era o autor daqueles escritos.

Entre seus vinte e vinte e cinco anos, portanto entre 1901 e 1906, Buonaiuti desempenhou uma atividade de estudo intensa e frenética: dir-se-ia que estava ansioso por dar sua contribuição à renovação dos estudos religiosos, fim essencial e primeiro da ciência católica. Aluno do Seminário romano, depois do curso de filosofia entrou para o quadriênio teológico e ficou logo impressionado com a ausência nesses cursos da dimensão crítica da história, parcialmente presente nos cursos de história eclesiástica ministrados por dom Humberto Benigni a partir de 1901, e a quem o próprio Buonaiuti substituiu com apenas vinte e três anos. Em 1905 passou a dirigir a "Rivista storico-critica delle scienze teologiche", periódico surgido poucos meses antes sob a direção do padre Giuseppe Bonaccorsi (1874-1935).

Desde 1904 tinha começado a publicar artigos, notas e recensões em várias revistas, tratando de história dos dogmas, de correntes filosóficas contemporâneas, da filosofia da ação e da crise da filosofia escolástica. Nesses escritos vê-se clara a influência de Blondel, e depois de Loisy, especialmente sobre a dimensão escatológica da pregação de Cristo. Nesses escritos, Buonaiuti criticava a frieza e a aridez espiritual de Loisy, enquanto apreciava o misticismo de Tyrrell; entre 1906 e 1907 teria oportunidade de encontrar tanto um como outro. Começou também a redação de seu trabalho mais discutido, *Lettere di un prete modernista*, que publicaria em 1908.

Seus trabalhos sobre as origens cristãs, o desenvolvimento dogmático, o caráter escatológico da mensagem de Cristo, provocaram as primeiras críticas; assim, em 1906 foi-lhe retirado o cargo de professor no seminário. O padre Henrique Rosa (1870-1938), que chegara a Roma em 1905, começou em "La Civiltà Cattolica" suas críticas em relação a Buonaiuti; e o seguiria como uma sombra por toda a vida, não lhe perdoando nada que pudesse ser criticável em seus escritos. Mas não é apenas Buonaiuti que é posto em situação de acusação, pois da revista dos jesuítas provêm críticas a Loisy, Semeria, Minocchi, Blondel, Laberthonnière, Paul Sabatier, Tyrrell e Fogazzaro.

Também a autoridade eclesiástica tinha começado o trabalho que levaria às condenações. Em 1905 os bispos piemonteses, na pastoral coletiva, tinham usado o termo *modernismo* para indicar o perigo iminente. Era preciso vigiar as publicações e as revistas; além das de Murri, eram censuradas a "Rivista delle riviste per il clero", surgida em Macerata em 1903, e "Battaglie d'oggi", que tinha iniciado as publicações em Nápoles em 1904. O temor era de que aqueles livros e aquelas revistas pudessem contaminar o clima cultural sobretudo nos seminários, cujos alunos muitas vezes também eram seus leitores. As suspeitas recaíam também sobre o padre Lagrange e sua escola de Jerusalém.

5. Além disso, na eclesiologia da época não havia muito espaço para **o laicato**. As iniciativas de Murri, os escritos de Fogazzaro, algumas revistas fundadas e dirigidas por leigos, e até por mulheres, levantavam novos problemas e novas suspeitas. Entre os amigos de Fogazzaro, ia emergindo **Tommaso Gallarati Scotti** (1878-1966), um dos jovens mais preparados e em contato com personalidades da época, sendo o primeiro deles Aquiles Ratti (1857-1939), o futuro Pio XI, que naquela época era seu padre espiritual e íntimo da família milanesa; ele seguiria de perto a lida do jovem Tomás. Este conhece e encontra quase todas as pessoas então consideradas suspeitas, participa das várias iniciativas editoriais, empenha-se em facilitar o encontro entre o pensamento científico e a fé religiosa. Acredita que seja indispensável encontrar um espaço maior na Igreja para o laicato, o qual poderia contribuir para a renovação interna do corpo eclesial com uma ação de estímulo cultural e religioso. Um laicato capaz de enfrentar os problemas da época não somente por uma experiência intelectual, mas como exigência existencial e expressão da fé, capaz de ser um elemento constitutivo da própria Igreja e não somente um membro passivo e perenemente à escuta, sem direito de palavra.

Como confirmação desse desejo, em novembro de 1906 surgia em Lugano, a revista "Coenobium", aberta a todas as formas de religiosidade a partir de uma atitude aconfessional, enquanto em 1907 era fundada em Milão "Il Rinnovamento", uma revista que se colocava na tradição do catolicismo liberal, inspirada no pensamento de Fogazzaro e dirigida por expoentes da aristocracia lombarda, ligada de diversas maneiras a todas as personalidades do mundo religioso, de algum modo já suspeitas. O alerta e depois a condenação da revista por parte da autoridade eclesiástica fazem parte, como veremos no item 36.1, das medidas disciplinares que culminariam na encíclica *Pascendi*.

35. Duas situações particulares: Espanha e Alemanha

1. Dos países latinos, a **Espanha** é talvez a menos tocada pelas temáticas típicas da cultura modernista, oferecendo somente contribuições em vista de algumas reformas no plano religioso, na tentativa de dar origem a um catolicismo adaptado aos novos tempos, capaz de recuperar forte relação com o povo fiel e de recristianizar a sociedade. Mais do que um modernismo em sentido eclesial e eclesiástico, poder-se-ia falar de tendências presentes no âmbito artístico e literário, enquanto permanece interessante a influência que por razões diversas teve o pensamento de Miguel de Unamuno (1864-1936).

Em 1890 os jesuítas tinham fundado a universidade de Comillas e em 1892 fora aberto em Roma o Colégio espanhol. A Espanha, portanto, dispunha de dois centros capazes de preparar professores que levariam aos seminários um espírito fortemente ligado às orientações romanas. Nos mesmos anos e nos primeiros anos do século XX, fundavam-se algumas revistas de caráter filosófico e teológico que contribuiriam para difundir uma doutrina que se podia considerar segura.

Há, todavia, algumas figuras, sobretudo de eclesiásticos, que revelam certa sensibilidade às temáticas desenvolvidas pelo padre Lagrange, ou por Salvatore Minocchi, ou pelo estudioso alemão Hermann Schell (1850-1906). Podem assim ser lembrados personagens como Juan González Arintero (1860-1928), Pedro Martínez Velez (1869-1936) e Graciano Martínez (1869-1925), ou o galego Ángel María Amor Ruibal (1869-1930). Seria mais próprio, porém, falar — e é o caso, por exemplo, de Maximiliano Arboleya (1870-1951) — de tendências à renovação do cristianismo em função social; cabe a Arboleya a fundação da *Federación de Sindicatos Independientes* e a promoção das semanas sociais.

Há logicamente outras figuras de intelectuais preocupadas em dar ao cristianismo um rosto adequado aos tempos, mas seria impróprio ver nelas tendências especificamente modernistas. Temos uma prova disso no fato de que — quando em maio de 1907, portanto pouco antes da encíclica *Pascendi*, no momento em que muitos bispos em outros países já haviam alertado contra o modernismo — por ocasião da primeira assembleia do episcopado espanhol, nos documentos elaborados não havia nenhum aceno ao possível perigo modernista na Espanha.

Com base nos estudos do mais informado estudioso dessas temáticas, Alfonso Botti (1953-), autor do livro *La Spagna e la crisi modernista*, pode-se, portanto, afirmar que "se se entende por crise modernista a crise religiosa, houve na Espanha sintomas concretos e múltiplas manifestações; se por crise modernista se entende uma dilaceração eclesial, o modernismo na Espanha nunca pôs problemas de disciplina eclesiástica; se por modernismo se entende um movimento de reforma da Igreja, na Espanha as aspirações reformadoras presentes no clero e na classe intelectual nunca chegaram a se fundir num movimento, nem a articular um projeto, um programa de reforma [...]. Não ouve enfim um movimento de reforma da Igreja. Dos documentos, dos textos, dos programas dos reformadores do além Pirineus (Loisy, Tyrrell, Fogazzaro, Murri, Buonaiuti etc.) chegou apenas algum eco, muitas vezes tardio e geralmente fraco" (cit. in Botti-Cerrato, 406-407).

2. A **Alemanha** estava menos envolvida no período agudo da crise, mas muito presente em suas premissas. Não são poucos os que pensam que a verdadeira viragem na crise modernista seja representada pela publicação do livro de Loisy, *L'Évangile et l'Église*, e como foi lembrado (item 33.1), o escrito de Loisy foi motivado pela publicação da obra de Harnack, *A essência do cristianismo*.

Harnack é um dos maiores expoentes do protestantismo liberal e profundo estudioso das origens cristãs, e é justamente a presença do protestantismo liberal, com os debates que levanta nas faculdades teológicas alemãs, que mais marca o clima cultural na Alemanha. É interessante também observar que, se os historiadores alemães consideram próximos do modernismo principalmente Joseph Schnitzer (1859-1939) e Hugo Koch (1869-1940), os contemporâneos, sobretudo fora da Alemanha, viam tendências modernistas particularmente em Hermann Schell. Por outro lado, a presença na Alemanha de faculdades teológicas dentro das universidades estatais levava diversos estudiosos a aceitar o diálogo com as várias ciências e a não se sentir muito vinculados por aquelas orientações, sobretudo no âmbito filosófico, que Roma gostaria de impor a todos os futuros padres. A presença de faculdades teológicas nas universidades estatais teria criado também em algum momento uma situação difícil para os diversos professores, quando Pio X pediu a todos que prestassem o juramento antimodernista.

Hermann Schell pode ser considerado um dos maiores estudiosos da época e também um precursor de temáticas que depois teriam maior atenção, como a liberdade religiosa e o papel do laicato na Igreja; no âmbito filosófico, aliás, seguia com atenção a filosofia da imanência. Algumas de suas publicações, e em especial sua preocupação em abrir diálogo com as novas orientações das ciências, teriam proporcionado muitas polêmicas e enfim também a condenação, por parte do Índice, de alguns de seus escritos, entre os quais o opúsculo *Der Katholizismus als Prinzip des Fortschritts* (*O catolicismo como princípio do progresso*). Por ocasião do quarto congresso internacional dos estudos católicos, realizado em Friburgo, na Suíça, em agosto de 1897, o autor retomava muitas das ideias defendidas por vários relatores sobre problemas levantados pelo estudo do Pentateuco, e defendia sobretudo algumas das teses que logo seriam condenadas por Leão XIII como contagiadas pelo "americanismo". As polêmicas suscitadas por esse texto e alguns escritos seguintes publicados como resposta a seus críticos teriam entristecido amargamente o autor, que, porém, permaneceu sempre fiel à Igreja católica.

Ao lado de Hermann Schell, porém, havia outros estudiosos de valor que levantariam algumas suspeitas por suas posições; era o caso de Franz Xaver Kraus (1840-1901), conhecido historiador da Igreja e convicto defensor da necessidade de reforma da Cúria romana, mas também forte crítico da linha política do catolicismo conservador alemão. Aliás, mantinha relações de trabalho e amizade com diversos ambientes italianos, não somente do mundo católico.

Colaborava com "La Rassegna Nazionale", tivera ocasião de encontrar Tommaso Gallarati Scotti, e em especial Antônio Fogazzaro, que o tinha tomado como modelo para a figura do professor Dane, um dos personagens do seu romance *Piccolo mondo moderno*.

No mesmo ano da morte de Kraus, em 1901, publicava-se um amplo trabalho de pesquisa histórica com o qual se indicavam as vias para um possível diálogo entre a Igreja e a ciência moderna. Seu autor era Albert Ehrhard, professor em várias universidades alemãs e conhecido sobretudo como estudioso de literatura cristã antiga, mas considerado também por certos aspectos de seus trabalhos um continuador da obra de Kraus. Seus escritos dariam início a vivas polêmicas e até a ataques por parte de alguns expoentes da hierarquia católica. Convém notar que já nos últimos anos do século XIX quase todos esses estudiosos tinham mantido correspondência ou tinham se encontrado com alguns estudiosos de outros países que começavam a ser suspeitos de heterodoxia, e seguiam no âmbito escriturístico as teorias de Julius Wellhausen, entre outros.

Essas considerações estão na base de alguns estudos recentes mais aprofundados, sobretudo de Roger Aubert (1914-2009) e Otto Weiss (1934-2017), que deram destaque à presença em diversas universidades alemãs de autores e de temáticas próximas das orientações modernistas, antes consideradas menos significativas. Com efeito, havia mais a tendência de falar de "Reformkatholizismus", uma expressão utilizada também para outros períodos (ver, para o século XVIII, o vol. III, cap. 6, item 25.3), e, portanto, não específica para indicar a crise modernista; uma crise que, todavia, teve suas consequências também na Alemanha, embora apresentando um rosto particular, como aliás se pode dizer de todos os outros países envolvidos nesta crise. Na verdade, era justamente a presença de faculdades de teologia nas universidades do Estado que oferecia a muitos estudiosos a possibilidade de fazer pesquisas ou de seguir teorias suspeitas. Alguns deles entrariam em conflito com as autoridades romanas chegando até o afastamento do ensino ou à excomunhão. E havia algumas revistas com as quais colaboravam autores não alemães envolvidos nas condenações. Uma dessas revistas, "Hochland", teria também publicado o romance de Fogazzaro, *O Santo*. Outra seria apresentada, por determinado tempo como "Organ der deutschen Modernisten", ou seja, "Instrumento dos modernistas alemães". Muitos artigos apareciam de forma anônima, ou assinados com pseudônimos, uma prática que estava muito difundida também na Itália e na França; quem a ela recorria julgava ser esse o único método para continuar a apresentar as próprias ideias sem incorrer imediatamente nas condenações da autoridade eclesiástica.

Já tivemos oportunidade de mencionar dois autores que provieram dos contemporâneos considerados modernistas, Joseph Schnitzer e Hugo Koch. O primeiro, discípulo ou amigo de diversos estudiosos do período, sobretudo no âmbito protestante, defendeu a necessidade de se aplicar o método histórico-crítico e de falar de evolução dos dogmas, declarando-se totalmente de acordo com as teorias expostas por Loisy. Foi também um dos primeiros a publicar já em 1911 uma história do modernismo e uma antologia dos escritos dos autores mais conhecidos nesse âmbito. Hugo Koch, estudioso de literatura cristã antiga, mas também crítico severo das condições dos estudos teológicos e dos métodos eclesiásticos, teria deixado depois a Igreja, embora continuando a se ocupar de estudos sobre os fenômenos religiosos.

Convém observar que justamente a relação com a reflexão da teologia alemã marcará em parte uma das revistas mais interessantes do panorama italiano da época, "Il Rinnovamento", sobre a qual teremos ocasião de voltar. O papel de embaixador da revista em relação ao mundo cultural alemão, sobretudo protestante, era desempenhado por um de seus redatores, Stefano Jacini Junior (1886-1952), que manteve também interessante correspondência com Rudolf Eucken (1846-1926), na qual emerge a figura de um dos maiores e com frequência esquecidos filósofos italianos, Piero Martinetti (1872-1943), inspirador de Jacini, e de outro estudioso, Igino Petrone (1870-1913), perito em filosofia do direito.

Jacini e Petrone nos fazem voltar aos ambientes culturais italianos, às tendências modernistas por longo tempo consideradas de pouca importância por parte dos filósofos idealistas italianos e por alguns estudiosos católicos, pontos de vista que muitos estudos destes últimos decênios desmentiram amplamente. Graças justamente a esses estudos é que sabemos agora que, diferentemente do que aconteceu em outros países, na Itália havia certamente algumas figuras de referência, como Ernesto Buonaiuti e Rômulo Murri, mas havia também um número mais alto do que se pensava de estudiosos com bagagem de instrumentos culturais de grande importância, bem como uma base muito ampla de simpatizantes, presentes em todas as regiões, desejosos de adquirir instrumentos culturais sérios, de se porem em diálogo com a ciência que ia se renovando profundamente, como se vê claramente dos documentos publicados anualmente a partir de 1972 na revista "Fonti e Documenti".

Havia também pessoas que representam verdadeiros pontos de referência para os movimentos e as revistas lembradas acima. Pensemos, por exemplo, no padre Pietro Gazzola (1856-1915), um dos inspiradores da revista "Il Rinnovamento", mas também conhecido por sua pregação milanesa (que atraía pessoas das mais diferentes extrações), na qual falava do primado da consciência e da liberdade interior do homem de fé. Assim como atraía a admiração o padre Brizio Casciola (1871-1957), um modelo de cristianismo vivido e de autêntica pobreza franciscana.

36. As condenações romanas: reações e consequências

1. A encíclica *Pieni l'animo* de 28 de julho de 1906 marca um primeiro ponto de chegada de **uma série de medidas** com as quais Pio X decidiu barrar o mal que ia se difundindo. Em Roma, não são poucos os que pensam que algumas dessas medidas eram devidas à influência que tinham sobre o pontífice seus secretários e sobretudo os três cardeais que ocupavam postos de destaque e se tornaram os conselheiros mais ouvidos pelo sumo pontífice: seu secretário de Estado, Rafael Merry del Val (1865-1930), José de Calasanz Vives y Tutó (1854-1913) e Gaetano De Lai (1853-1928). Os documentos de arquivo demonstrariam que o papa estava bem informado sobre os acontecimentos e que as decisões eram quase sempre fruto de escolhas feitas por ele mesmo.

Havia intervenções com a intenção de melhorar a preparação dos futuros padres, sobretudo pelo estudo da Sagrada Escritura. O resultado seria a fundação em dia 7 de maio de 1909 do Pontifício Instituto Bíblico. Dá-se também início ao trabalho que levaria à fundação dos seminários regionais, com o fechamento de seminários que por suas dimensões e pobreza não eram capazes de oferecer aos alunos suficiente formação intelectual e espiritual. Mas houve também as primeiras intervenções de censura: durante o ano de 1906, Buonaiuti é afastado do ensino e uma censura em relação a Loisy o suspende de fato *a divinis*, de modo que o estudioso francês celebrou sua última missa em primeiro de novembro de 1906.

Em 17 de abril de 1907 o papa se dirigia aos novos cardeais, condenando os perigosos rebeldes que se aninhavam no seio da Igreja, difundindo teorias falsas que representam não somente uma heresia, "mas o compêndio, o veneno de todas as heresias, que tende a minar os fundamentos da fé e aniquilar o cristianismo". Esse discurso do pontífice foi pronunciado dois dias depois da suspensão *a divinis* de Rômulo Murri, causada sobretudo por alguns artigos dele sobre as relações entre o Estado e a Igreja na França, mas também ponto de chegada de uma fratura que vinha de longe.

O papa intervinha quando parecia realmente que o mal se difundia por toda parte. Como já lembramos (itens 34.4-5), nascera em Nápoles em 1904 a revista "Battaglie d'oggi", com orientação fortemente reformadora, enquanto em Lugano em 1906 surgira a "Coenobium". Em 1905 surgia em Locarno outra revista logo acusada de heresia, "La Cultura moderna", enquanto na França tinha início o "Demain", com o qual colaboravam muitos autores já suspeitos. Em 1906 abria as publicações o órgão da Liga democrática nacional, "L'Azione democratica", enquanto dom Benigni iniciava sua luta contra o modernismo com a "Corrispondenza romana". Em janeiro de 1907 Fogazzaro reafirmava numa conferência em Paris, depois repetida em Genebra, as ideias do seu romance *Il Santo*. O texto da conferência vinha publicado tanto no "Demain", como no "Il Rinnovamento".

A pedido da congregação do Índice que lhe fora feito em 29 de abril de 1907, o cardeal de Milão, Andrea Carlo Ferrari (1850-1921), intimava os diretores de "Il Rinnovamento" que parassem com as publicações. A não obediência importaria em penas severas, como de fato ocorreu em 24 de dezembro de 1907, com a excomunhão lançada contra os diretores, entre os quais estava Tommaso Gallarati Scotti, que, diferentemente dos outros dois diretores Antônio Aiace Alfieri (1880-1962) e Alessandro Casati (1881-1955), decidiu deixar a revista.

Em 17 de julho "L'Osservatore Romano" publicava o **decreto *Lamentabili***, com data de 3 de julho, emanado pelo Santo Ofício, com um elenco de sessenta e cinco proposições que se referiam a muitos temas discutidos e contestados pelos "modernistas". Não eram indicados os autores incriminados, mas até um sumário conhecimento das obras condenadas nos últimos períodos permitiria identificá-los facilmente. Loisy, que faria uma análise precisa do documento num livro de 1908, considerava que cinquenta e três proposições tinham sido tiradas de suas obras, três de Houtin, uma de dom Mignot e uma de Le Roy.

2. A encíclica *Pascendi* (8 de setembro de 1907) apresentava uma análise cruel das doutrinas modernistas. Se o decreto *Lamentabili* tinha sido apenas um elenco de proposições, a encíclica **oferecia um verdadeiro tratado sistemático**, uma síntese meticulosa de todas as posições que tinham se manifestado nos últimos anos.

Após breve introdução sobre a gravidade do mal, provindo sobretudo do fato de que os inimigos estavam escondidos no seio da Igreja, e sobre as inúteis tentativas feitas para chamá-los de volta ao reto caminho, a encíclica passava a expor o sistema modernista. Melhor dizendo, a descrever **o modernista tipo**, que se dizia compreender em si a personalidade do filósofo, do crente-teólogo, do historiador, do crítico, do apologeta e do reformador. Uma personalidade complexa, portanto, a do modernista traçada pela *Pascendi*, que desenvolve uma igualmente complexa apresentação do enfoque cultural modernista.

Quanto ao *modernista filósofo*, tendo afirmado que é impossível falar de Deus sob o ponto de vista puramente científico, e definida a fé como um sentimento que nasce, segundo os postulados da imanência vital, da necessidade interna de uma divindade, ele deduz que a revelação não é senão a expressão desse sentimento que todo fiel procura exteriorizar e conceitualizar. A expressão exterior do sentimento íntimo dá origem a uma religião, tão mais elevada quanto mais profunda é a consciência do divino daquele que deu início à própria religião. O catolicismo nasceu graças a um processo idêntico ocorrido na consciência de Cristo, modelo absoluto e inimitável. Os dados do sentimento são analisados pelo intelecto; por meio dessa análise chega-se a distingui-los do sujeito crente e a expressá-los em proposições simples que mediante ulterior elaboração serão especificadas e transformadas em proposições mais precisas, ou secundárias. Se aprovadas pelo Magistério eclesiástico, formam o dogma, o qual, porém, é chamado pelo modernista filósofo de símbolo, porquanto é expressão inadequada do seu objeto; e uma vez que não é o enunciado de uma verdade absoluta, mas uma imagem do sentimento religioso, está sempre sujeita a variação, como o próprio sentimento religioso. Esse é o sentido dado pelos modernistas à evolução dos dogmas.

O *modernista teólogo* que se declara crente difere profundamente do filósofo. Como teólogo e crente, afirma que a realidade divina existe somente na alma do crente e não se preocupa em saber se ela tem também existência própria. A afirmação baseia-se, segundo os modernistas como são interpretados pela encíclica, na experiência individual; mas ao defini-la, distanciando-se do racionalismo, sofrem a influência dos protestantes. Sob o estímulo de certa intuição do coração, o homem é posto em contato com a realidade divina, de cuja existência adquire uma certeza superior a qualquer persuasão científica. O homem torna-se crente mediante a experiência do divino. Consequentemente, toda religião deve ser considerada verdadeira, pois em toda religião se pode verificar no homem essa experiência. Quando muito, no conflito de religiões diferentes, poder-se-ia admitir que a religião católica seja mais verdadeira, porquanto é a mais viva. A tradição é, pois, somente a comunicação feita a outros da experiência original, e tal comunicação despertará em quem ouve o sentimento religioso, levando o ouvinte, por sua vez, a realizar uma séria experiência religiosa.

O *modernista histórico e crítico* explica as *relações entre ciência e fé* à luz das seguintes orientações de fundo: nenhum dissídio é possível entre ciência e fé, pois seus objetos são estranhos um ao outro, uma vez que a ciência se ocupa do fenômeno, enquanto a fé, do divino. Por consequência, no que diz respeito às fórmulas religiosas, por pertencerem ao campo dos fenômenos estarão sob o domínio da ciência com a qual se devem harmonizar; a ciência é, portanto, totalmente livre diante da fé, a qual a ela está sujeita, pelo menos no que diz respeito às fórmulas religiosas.

Esses princípios são aplicados pelo modernista à doutrina teológica, uma teologia que tem por base a imanência e o simbolismo. Para o teólogo modernista, Deus é imanente ao homem, e todas as representações da realidade divina são simbólicas, válidas à medida que nos levam a Deus. A verdade da imanência deve ser completada com a afirmação da *permanência divina*, do permanecer e do evoluir, ou seja, do gérmen divino recebido de Cristo, cuja consciência compreendia virtualmente todo futuro desenvolvimento, como a planta está contida na semente.

Entre seus principais gérmens, a fé tem os seguintes: a Igreja, o dogma, o culto e os livros sagrados. A *Pascendi* passa em revista distintamente esses assuntos como seriam entendidos pelos modernistas. O dogma nasce da necessidade que tem o crente de tornar cada vez mais clara sua consciência religiosa, bem como a dos demais. O culto se desenvolve a partir da necessidade de dar à fé uma expressão sensível: ela dá origem aos sacramentos, ritos e símbolos não privados de certa eficácia. Os livros sagrados são uma coleção das mais belas experiências do divino: a inspiração é a necessidade que o crente sente de manifestar a própria fé. A Igreja é o fruto da consciência coletiva, nascida da exigência de se reunir em sociedade, quando a fé se tornou comum a muitos. Como toda sociedade, necessita de uma autoridade; esta, porém, não vem de

Deus, mas emana virtualmente da própria Igreja, da consciência coletiva, e a ela está sujeita.

Nas relações entre a Igreja e o Estado encontra-se a própria concepção das relações entre fé e ciência. A Igreja não pode intervir em assunto civil, no qual o católico, sendo também cidadão, tem o direito e o dever de perseguir o que considera ser o bem da coletividade, não dando importância aos conselhos e às ordens da autoridade eclesiástica.

E quanto à *autoridade doutrinal e dogmática da Igreja*, para o modernista o Magistério é apresentado pela *Pascendi* como a mente à qual cabe encontrar e estabelecer a fórmula que melhor responda à consciência comum, sendo dotado de autoridade suficiente para impor à comunidade a fórmula estabelecida. Em outras palavras, o Magistério é como a fusão da mente que determina a fórmula e da autoridade que a impõe. Surgido das consciências individuais, depende delas e deve se encaminhar para formas democráticas.

Todos os mencionados gérmens da fé estão sujeitos a evolução, devendo se adaptar continuamente às condições históricas e às exigências do sentimento religioso. A evolução é o resultado do choque entre duas forças opostas, uma conservadora, representada pela tradição e exercida pela autoridade eclesiástica, a outra progressista, que trabalha nas consciências individuais. Assim, observa a essa altura a encíclica, apresenta-se uma doutrina ruinosíssima que introduz na Igreja o laicato como elemento de progresso. Com efeito, esse progresso nasce de uma espécie de compromisso entre as duas forças, a conservadora e a progressista. Pertencer a essa segunda é então — segundo os modernistas como são entendidos pela encíclica — um mérito, não uma culpa; ela é de fato indispensável para levar a autoridade dentro da Igreja às necessárias mudanças e para fazer evoluir a consciência coletiva.

Em sua obra de *historiadores*, os modernistas declaram querer ser totalmente estranhos a qualquer doutrina filosófica. Pretendem, porém, precisamente como historiadores, examinar os textos sagrados com base em suas metodologias; os textos, pois, serão datados a partir das conclusões históricas; cada escrito corresponde a uma necessidade que se manifestou na Igreja e é da idade na qual parece ter se manifestado aquela necessidade. Os livros sagrados passaram, pois, por uma evolução vital, nascida da evolução da fé e a ela correspondem; e os modernistas pretendem demonstrar isso ao recorrerem à crítica textual. Daí se torna fácil a passagem à distinção entre o Cristo da história e o Cristo da fé.

O objetivo *da apologética modernista*, também ela em relação com as premissas filosóficas, será conduzir o não crente a fazer a experiência religiosa por uma via objetiva e uma via subjetiva. A primeira via é percorrida quando se demonstra a continuidade da religião católica, que se apresenta hoje como o desenvolvimento progressivo, mediante contínua adaptação às circunstâncias, do gérmen trazido por Jesus Cristo; a via subjetiva consiste em fazer sentir ao homem que nas profundezas de sua existência oculta-se o desejo ou a exigência de uma religião, e precisamente da religião católica.

A parte expositiva da encíclica *Pascendi* termina definindo a nova doutrina como o compêndio de todas as heresias e o caminho direto para o ateísmo e a destruição de qualquer religião. Por isso, concluía o documento pontifício, será preciso ter vigilância em relação ao clero e os seminaristas, pondo em ação uma série de medidas disciplinares extremamente rígidas, que os bispos locais deveriam vigiar.

3. Os historiadores do modernismo deram destaque à **profunda estupefação suscitada pela publicação da encíclica**, tanto naqueles que por ela foram atingidos quanto nos ambientes a eles próximos.

A **primeira impressão** dos interessados era não somente de não terem sido entendidos, como do pensamento deles ter sido totalmente falsificado. Por outro lado, o modernismo jamais existira como sistema; quem lhe deu vida foi a encíclica. Os redatores tinham demonstrado conhecimento considerável das obras incriminadas e, sobretudo, extraordinária capacidade de síntese. Tendo à disposição deles um material vasto e heterogêneo, embora proveniente quase completamente de um número restrito de autores, tinham exposto a nova doutrina com uma lógica férrea, descobrindo seus poucos princípios inspiradores e as linhas predominantes, quase antecipando algumas conclusões que podiam ser tiradas daqueles princípios, mas que os autores incriminados jamais tinham tirado.

Isso explica melhor as reações de espanto de muitos que não reconheciam de modo algum na encíclica suas posições ideais, pelo menos num primeiro momento, e sobretudo por parte dos que eram mais leitores que autores dos textos. Com efeito, pouco tempo depois começavam privadamente por parte dos autores **as admissões**. Buonaiuti dizia ter encontrado na encíclica a reprodução de suas convicções científicas e filosóficas mais inabaláveis. Loisy não tinha dúvidas em admitir que parte das condenações dizia respeito a ele pessoalmente. A mesma coisa teria feito Tyrrell, talvez o mais atingido pela encíclica. Quem, porém, se declararia como estranho àquelas condenações seria Murri: sua concepção filosófica ligada à filosofia escolástica podia deixá-lo protegido a respeito da condenação. Ele teria confirmado suas convicções no livro *La filosofia nuova e l'enciclica contro il modernismo*, publicado em 1908, embora seu problema não fosse tanto teologia e filosofia, mas sua doutrina sobre as relações entre o Estado e a Igreja.

Buonaiuti assumia uma **atitude problemática**. Na "Rivista storico-critica delle scienze teologiche", declarou que se atinha às declarações da encíclica. Mas em particular dizia-se convencido de que o papa tinha amordaçado quase toda sua atividade. E publicava em novembro de 1907, apenas dois meses, portanto, depois da publicação da encíclica, um texto que apresentava uma análise muito crítica da *Pascendi*, com um título significativo: *Il programma dei modernisti. Risposta all'enciclica di Pio X "Pascendi dominici gregis"*, considerado num primeiro momento uma obra escrita por seis autores, uma vez que no lugar do nome o livro trazia na capa seis estrelas. De fato, apesar de algumas pequenas contribuições de alguns amigos de Buonaiuti, o texto final fora escrito integralmente por ele. Os supostos autores do texto foram logo atingidos pela excomunhão. Buonaiuti, porém, interpretou o decreto de modo restritivo, ou seja, considerando-o sem valor, porquanto dirigido a um anônimo e não a uma pessoa específica. Prosseguindo em sua atitude crítica, teria também publicado as *Lettere di un prete modernista*, que tinha redigido havia algum tempo e cujas posições muito radicais ele próprio teria negado em anos seguintes.

Ainda na onda da reação à encíclica, Buonaiuti, com alguns amigos, deu vida em 1908 à revista "Nova et Vetera". Os colaboradores eram em boa parte padres que deixariam depois o ministério, seguindo itinerários muito diferentes. Os artigos da revista são fortemente caracterizados pelo pragmatismo em filosofia, por forte conotação escatológica na análise da pregação de Jesus e por gradual deslocamento de ênfase sobre o anúncio do Reino, que se torna um Reino terreno de justiça e se realiza com a promoção da causa da humanidade e do progresso. A revista duraria somente um ano e provocaria várias polêmicas, criando também muitas divisões entre os próprios colaboradores. Por outro lado, justamente porque jamais existira um projeto comum nem, em última análise, uma doutrina comum, as várias tentativas de dar vida a uma verdadeira comunidade de estudiosos estavam todas destinadas ao fracasso.

A convicção muitas vezes expressa pelos polemistas, retomada pela encíclica de Pio X e alimentada pelas páginas do conhecido romance de Antônio

Fogazzaro, *Il Santo*, de uma conspiração organizada, de **uma verdadeira seita modernista** que estaria tramando contra a Igreja, **não** tem **fundamento real**. A tentativa de Sabatier de fazer um balanço da situação, reunindo em Paris em janeiro de 1907 diversos estudiosos das várias disciplinas, entre os quais também Fogazzaro — que fez uma angustiante defesa da necessidade de reforma da Igreja — não teve êxito; igualmente fracassado, no mês de agosto de 1907, revelou-se o encontro organizado na tranquila localidade nas montanhas de Molveno (Trento) por estudiosos italianos e estrangeiros em vista de uma programação comum de trabalho e estudos. Um dia se deveria constatar que as estratégias individuais prevaleceram sobre as ambições coletivas, e os historiadores de hoje se sentem mais à vontade ao escrever não tanto a história do modernismo, quanto as biografias dos vários supostos ou verdadeiros modernistas.

Tudo isso dependeu também do fato de que a **repressão** teria sido **extremamente dura**, acabando por envolver também pessoas que nunca tinham partilhado das posições mais extremas. Sofreram as consequências disso reitores e professores de seminários, afastados de seus cargos com base em simples suspeitas, muitas vezes levantadas por personagens de dúbia cultura. Desenvolver-se-ia a organização de dom Benigni, já citada como *La Sapinière*, que usufruiria de numerosos informantes espalhados por vários países europeus, enquanto as censuras eclesiásticas atingiam Murri, Minocchi, Tyrrell e Loisy. Num primeiro momento Buonaiuti foi poupado, talvez graças às proteções de que gozava em Roma. Mas nos anos seguintes teria também ele sofrido a mesma sorte.

Como conclusão das diversas medidas disciplinares, o papa fez preparar uma verdadeira confissão de fé, ou seja, um texto em que eram afirmadas as principais doutrinas católicas, com o acréscimo de alguns elementos que pareciam de modo especial postos em dúvida pelos modernistas. O texto se apresentava sob forma de juramento, que na prática devia ser prestado e assinado por todo o clero; com efeito, a ele estavam obrigados todos os professores no início do ano acadêmico, os superiores religiosos, os sacerdotes ligados à pastoral e os clérigos no momento de receberem as ordens maiores. Esse documento e o relativo juramento permaneceriam em vigor até a época do Concílio Vaticano II.

4. Nos escritos dos diversos autores da primeira metade do século XX não aparecem somente elementos discutíveis de crítica bíblica e de teologia.

Há **alguns elementos positivos** que contribuiriam para a evolução da cristologia e da eclesiologia, ligados muitas vezes à influência de von Hügel, perito especialmente da história da mística. Já foi sumariamente lembrada a emergência de um novo papel para o laicato, de novos modelos de oração litúrgica, da necessidade de uma reflexão sobre o cristianismo que fosse além — Tyrrell o lembrava — dos aspectos intelectuais do mundo religioso e pusesse em destaque suas exigências interiores. Era preciso refletir de um modo novo sobre a eclesiologia, afirmando o papel que o laicato deveria desenvolver na Igreja, uma Igreja que é antes de tudo comunhão dos fiéis, bispos, padres e leigos, que têm como fim a reprodução do espírito de Cristo em cada um dos membros.

Não eram poucos os que sentiam a exigência de uma profunda reforma da Igreja, estabelecendo também os fundamentos de uma nova espiritualidade. Pensemos nos acima lembrados padres Gazzola e Brizio Casciola, mas também nos escritos de Buonaiuti, que fundamentam a própria espiritualidade nos textos evangélicos nos quais Jesus fala do Reino futuro e já presente no mundo, retomando a linha do Evangelho de João.

Na Itália, no que diz respeito à renovação litúrgica, uma das primeiras e mais convictas autoras seria Antonietta Giacomelli (1857-1949). Suas preocupações percorrem diversos campos, bem como suas publicações, pois à renovação litúrgica ligava o retorno ao cristocentrismo, e queria ajudar os crentes a encontrar na Palavra de Deus e na liturgia a fonte primária de sua fé e devoção. Ela insiste no aspecto comunitário da eucaristia, fala dos protestantes como de "irmãos separados" e em 1907 imagina uma associação que se dedique à difusão de uma série de publicações úteis à formação das consciências; ainda afirma a íntima união entre os ritmos do ano litúrgico e a vida da Igreja. Temas esses que jamais deixaria de reafirmar, apesar das diversas censuras romanas que sofreria, sobretudo por causa de suas publicações de caráter litúrgico.

Os escritos de Loisy, e sobretudo de Fogazzaro, teriam uma influência significativa também sobre um dos autores alemães mais atentos à dimensão espiritual da religião, Philipp Funk (1884-1937), que fora afastado do seminário por causa de suas posições consideradas filomodernistas. Autor e teórico da liberdade da pesquisa também em teologia, e convicto da necessidade de uma intensa vida religiosa pessoal, incorreu na condenação do Índice devido à publicação da sua obra *Von der Kirche des Geistes* (*Sobre a Igreja do Espírito*). O seu sonho era poder ligar a interioridade mística com a cientificidade crítica.

37. A herança do modernismo e a passagem de pontificado

1. O que restou de todos aqueles debates, daquele clima, daquelas esperanças e desilusões? Para alguns estudiosos, a morte de Pio X e a chegada de Bento XV, que coincide também com o início da tragédia da Primeira Guerra Mundial, marcariam de fato o fim da história do modernismo. Para outros, as consequências e sobretudo a mentalidade, a cultura intransigente, a luta contra os heréticos terminariam somente com o Concílio Ecumênico Vaticano II (E. Fouilloux).

Sem entrar no mérito dessa discussão, observamos apenas que o estudioso católico do início do século XX via-se diante da **aparente contradição entre ciência e fé**, entre o cientista e o crente, entre o homem de ciência que não quer aceitar a intervenção acrítica de uma autoridade qualquer que não se situe no mesmo terreno científico, e o homem de fé e de Igreja que não pode se subtrair à intervenção da sua autoridade hierárquica. Tratava-se de um dilema que parecia sem saída; a nova ciência apresentava, com entusiasmo e convicções superiores ao que ela mesma merecia, dados científicos oferecidos como indiscutíveis, os quais pareciam contrastar com os sempre afirmados pela Bíblia e pela tradição. Certas soluções, e se pode pensar no que propunham Loisy e Tyrrell, se ressentiriam dessa aparente contradição e pareceriam propor quase dois mundos separados de crenças, as religiosas e as científicas.

O conflito se punha **sobretudo em dois âmbitos**, o **social** e o **bíblico-teológico**. O mundo moderno propunha uma concepção do Estado e uma ciência religiosa fora da tradição. Ultrapassava a antiga sociedade, acabava o idílio entre trono e altar, à nova sociedade laica e irreligiosa devia se opor — assim indicava a autoridade eclesiástica, o papado à frente — outra sociedade, essencialmente antimoderna, que nascia, pois, *contra* e com propostas alternativas. O movimento social, pelo menos o que será hegemônico nos decênios imediatamente seguintes ao fim do poder temporal, nasceu dessas premissas, assim como a primeira ideia de um partido católico.

A nova ciência dessacralizava a Bíblia, ou pior, submetia-a às regras da ciência crítica, tirando da Igreja o controle das regras do jogo. Corria o risco sobretudo de expulsar o sobrenatural da história, pelo menos da que se podia verificar; com efeito, falar de *fato sobrenatural* parecia uma contradição nos termos. Um fato é tal quando é experimentalmente verificável; pode-se dizer a mesma coisa do sobrenatural? E não desmoronava assim uma boa parte da apologética católica?

Mas não se deve esquecer que o novo espírito científico que ia se afirmando corria o risco de contaminar o espírito religioso. Se a crítica histórica não pode atingir o sobrenatural, ele não pode ser afirmado historicamente; ficaria, pois, confinado no domínio do que é crido, não do demonstrado, nem do demonstrável. Mas como conciliar tudo isso com a tradição da teologia católica, ligada à demonstrabilidade da existência de Deus, tema de certo modo reafirmado também pelo Vaticano I na constituição *Dei Filius* (cap. 4, item 26.2)? O problema era, pois, a possibilidade de assumir uma atitude global que introduzia uma nova racionalidade, que era, porém, própria do espírito moderno que parecia querer se introduzir na Igreja. Mas essa nova atitude, essa concepção da ciência, esse método de trabalho fundamentava-se, segundo o pensamento de Pio X, num ateísmo histórico que era a negação da própria fé cristã.

Podia-se assim assistir ao choque entre duas integralidades, entre **duas visões de mundo aparentemente inconciliáveis**: ciência e fé pareciam se mover em linhas paralelas, ou em duas linhas divergentes que tendiam a se afastar cada vez mais. Os modernistas não desejavam uma simples aquisição por parte da Igreja de elementos positivos da sociedade moderna, mas queriam reformular a fé numa linguagem e em conteúdos que levassem em conta as transformações do espírito humano produzidas pela ciência moderna. Também a Igreja teria sido chamada a operar uma profunda transformação interior, e não somente uma reforma.

O choque acabava por se verificar entre **duas intransigências**, uma em nome da fé e outra em nome da ciência; esta identificada com a modernidade. Estabelecidas as coisas assim, tratava-se de um labirinto sem saída, como teria afirmado o maior estudioso do modernismo, Émile Poulat: quem nele entrava parecia dele sair somente a preço do abandono da fé; era preciso, pois, ficar fora dele, não cometer a imprudência de se aventurar nele.

Parecia realmente que o catolicismo jamais estivera em tão grande perigo. A modernidade indicava também e antes de tudo uma organização de pensamento diferente, e os modernistas exigiam exatamente isso, ou seja, trabalhar na preparação de um novo modo de pensar a própria fé, um modo conforme as instâncias modernas; queriam que não se trocasse, com uma fórmula em uso muitos anos depois, a devoção ao passado pela fidelidade ao eterno.

2. Se Leão XIII estivera particularmente atento às **relações com os Estados**, graças até à sua experiência diplomática, Pio X na relação com os diversos Estados teria tido o mesmo rigor doutrinal e a mesma intransigência de que tinha dado provas em outros campos. O caso mais emblemático foi o francês. A **França**, que fora considerada a filha primigênia da Igreja, agia de modo não totalmente coerente com esse título. Nem tudo era negativo: se é verdade que os episódios ligados ao modernismo tinham criado no pontífice certa desconfiança em relação àquele país, é também verdade que já em 1903 os padres jesuítas tinham fundado um centro de pesquisa e de estudo dos problemas sociais de grande compromisso, *L'Action populaire*, e em 1904 tinha ocorrido a primeira semana social dos católicos franceses.

Anteriormente, Leão XIII tinha procurado por muito tempo, com intervenções nem sempre apreciadas por uma parte do mundo católico francês, estimular os católicos a procurar instaurar relações menos conflitantes com o mundo político. Mas entre 1903 e 1905 o governo francês tinha promulgado uma série de leis consideradas totalmente vexatórias: proibia-se o ensino nas congregações religiosas, provocando o fechamento de muitas escolas católicas e verdadeira perseguição em relação aos trinta mil religiosos, enquanto se reabria a discussão sobre as competências do governo na nomeação dos bispos. No dia 9 de dezembro de 1905, depois da ruptura das relações diplomáticas, o Estado declarava a ruptura das relações com a Igreja, com o consequente sequestro de todos os bens dessa última (lei de separação entre Igreja e Estado). Alguns bispos tinham procurado um possível compromisso para atenuar as consequências da ruptura. Mas o papa teria sido inabalável, e em 11 de fevereiro de 1906, com a encíclica *Vehementer nos* declarava a lei de separação uma injúria a Deus e uma iniquidade em relação à Igreja, afirmações confirmadas poucos meses depois em outro documento.

Essa atitude se repetiria diante de outras situações. Na **Espanha** alternavam-se fases de acordo e momentos de verdadeiro conflito entre o Estado e a Igreja, enquanto **Portugal**, depois da chegada da república (outubro de 1910), tinha adotado medidas restritivas em relação à Igreja, entre as quais a expulsão dos jesuítas, chegando depois em 1911 a uma lei que previa a separação entre Estado e Igreja à moda francesa; e Pio X não deixava de elevar sua voz de protesto com a encíclica *Iamdudum in Lusitania* em maio de 1911, não conseguindo, porém, evitar a ruptura nas relações com Roma.

Problemas análogos verificar-se-iam nas relações com alguns países da **América Latina**. No México, por exemplo, chegou-se em 1911 a uma verdadeira perseguição no que se referia à Igreja. Mas no continente norte-americano a situação social estava mudando rapidamente, sobretudo por causa da forte imigração por parte de países europeus, como já lembramos. Estavam nascendo diversas Igrejas nacionais, graças também à ação desenvolvida por missionários provenientes dos diversos países de origem dos imigrados. Isso, por um lado, facilitava a conservação das próprias tradições religiosas, mas tornava mais difícil tanto a inserção no contexto local como o diálogo com a Igreja local, que por sua vez tinha tradições e hábitos consolidados.

Na **Itália**, o bispo de Piacenza, João Batista **Scalabrini**, tinha fundado em 1887 os missionários de São Carlos, chamados escalabrinianos, justamente para a assistência aos emigrantes, ao passo que nos Estados Unidos a chegada em 1889 de Francisca Xavier Cabrini teria constituído um elemento de destaque para a história da emigração, mas também para a história missionária; o mesmo se aplica à obra de assistência aos emigrantes que veria na primeira linha tanto Francisca Cabrini quanto os missionários escalabrinianos, enquanto crescia também a presença dos salesianos e das salesianas, que estavam realizando o que fora por anos o sonho de dom Bosco, a difusão de sua obra na América Latina. Uma ação análoga, neste caso dirigida aos emigrantes italianos para os países europeus, estava desenvolvendo o bispo de Cremona, Jeremias **Bonomelli**, que em 1900 fundava a Obra de assistência para os italianos migrados para a Europa. A ação dos dois bispos de Piacenza e de Cremona teria provocado algumas intervenções da Santa Sé dedicadas aos problemas da emigração, estimulando também os diversos governos a intervir a respeito.

Nos mesmos anos, a França via o sucesso também no mundo católico de um movimento de extrema direita, *L'Action Française*, cujo maior expoente, Charles Maurras (1868-1952), declaradamente ateu, via na Igreja católica um dos grandes baluartes da ordem e da conservação. Mas para o movimento confluíam também os teóricos do antissemitismo e os defensores de doutrinas em total antítese com o catolicismo. Em 1912, da França era enviado a Roma o pedido de uma condenação explícita do movimento. A comissão encarregada de examinar o caso condenou cinco obras de Maurras e a revista-órgão do movimento. O documento de condenação de janeiro de 1914 era aprovado pelo idoso pontífice, que decidia, porém, não torná-lo público, talvez para não criar problemas a quem no fundo parecia um defensor do catolicismo diante dos ataques dos modernistas, e também graças a consideráveis proteções de que o movimento gozava em Roma por parte de alguns conhecidos expoentes da hierarquia eclesiástica. O texto da condenação permaneceria, pois, no estudo do pontífice até 1926, quando seria reassumido e publicado por Pio XI.

Outros conflitos, nem sempre evidentes, estavam em andamento com outras realidades e **outros países**. Pio X tinha sempre visto as diversas Igrejas protestantes, e também o mundo ortodoxo, com certa desconfiança. O encorajamento aos missionários para que difundissem também no Oriente o rito latino tinha provocado críticas por parte de católicos melquitas, coptas e armênios.

Por outras razões, mas no fundo também por certa dificuldade em entender a colaboração entre católicos e protestantes em âmbitos não estritamente religiosos, surgiu certo conflito a respeito do movimento operário alemão, em particular sobre o movimento sindical, que via duas tendências, uma mais confessional e outra mais disposta ao interconfessionalismo. Pio X, de quem eram bem conhecidas as preferências pelos movimentos confessionais, afirmou suas opções com a encíclica *Singulari quadam*, de setembro de 1912, na qual, porém, não excluía a tolerância em relação a outras formas organizativas, se as circunstâncias o pedissem. Mas o texto pontifício não teria apagado totalmente as polêmicas ligadas precisamente ao sindicalismo alemão. De certo modo, pesava também certa dificuldade do pontífice e de vários movimentos ligados à cultura intransigente em relação a associações sobretudo de caráter social que se inspirassem num modelo democrático. É significativo que naqueles anos tenham passado por momentos de forte dificuldade também os jesuítas franceses que desempenhavam várias atividades na *Action populaire*.

Tornam-se assim evidentes os **limites culturais de Pio X**, um pontífice fortemente voltado para a renovação da Igreja em todas as suas expressões, mas pouco atento a perceber as profundas transformações que a sociedade estava vivendo.

Entretanto, surgiam no horizonte os primeiros sintomas do conflito que subverteria principalmente os diversos países europeus e modificaria completamente a organização europeia. Os últimos dias de vida do papa foram marcados pelas trágicas notícias de uma guerra iminente. Pio X morreria na noite entre 19 e 20 de agosto de 1914, quase como uma primeira vítima da guerra iniciada havia apenas três semanas.

Não era, decerto, fácil a herança que deixava a seu sucessor, Bento XV, eleito justamente enquanto a guerra apresentava seus primeiros resultados deletérios. A Igreja parecia muito reforçada internamente graças à luta contra o modernismo, mas sobretudo graças a uma série de reformas que deram novo impulso à vida espiritual dos fiéis. Ao sucessor, porém, cabia enfrentar as consequências da crise modernista e uma situação não muito favorável à cultura católica. Mas durante alguns anos a guerra acabaria absorvendo boa parte das forças não somente do pontífice romano.

Bibliografia

Fontes

ARNOLD, C.; LOSITO, G. (eds.). *"Lamentabili sane exitu" (1907). Les documents préparatoires du Saint Office*. Roma: Libreria Editrice Vaticana, 2011.
Enchiridion delle Encicliche. Bolonha: EDB, 1997, v. 3.
LOISY, A. *La crise de la foi dans le temps présent. Texte inédit publié par F. Laplanche*. Turnhout: Brepols, 2010.

Estudos

ARNOLD, C. *Kleine Geschichte des Modernismus*. Friburg im Breisgau: Herder, 2007.
_____; LOSITO, G. (eds.). *La censure d'Alfred Loisy (1903). Les documents des Congrégations de l'Index et du Saint Office*. Roma: Libreria Editrice Vaticana, 2009.
_____; VIAN, G. (eds.). *La condanna del modernismo. Documenti, interpretazioni, conseguenze*. Roma: Viella, 2010.
BEDESCHI, L. *Il modernismo italiano. Voci e volti*. Cinisello Balsamo (Milão): San Paolo, 1995.
BOTTI, A.; CERRATO, R. (eds.). *Il modernismo tra cristianità e secolarizzazione*. Urbino: QuattroVenti, 2000.
CASAS, S. (ed.). *El modernismo a la vuelta de un siglo*. Pamplona: Ediciones Universidad de Navarra, 2008.
CESARINI, D. *Tra storia e mistica. Studi e documenti sul modernismo cattolico*. Assis: Cittadella Editrice, 2008.
COLIN, P. *L'audace et le soupçon. La crise moderniste dans le catholicisme français (1893-1914)*. Paris: DDB, 1997.
CONFESSORE, O. *L'americanismo cattolico in Italia*. Roma: Studium, 1984.
DIEGUEZ, A. M.; PAGANO, S. *Le carte del "Sacro Tavolo". Aspetti del pontificato di Pio X dai documenti del suo archivio privato*. Cidade do Vaticano: Archivio Segreto Vaticano, 2006, 2 v.

Forni Rosa, G. *Il dibattito sul modernismo religioso*. Roma-Bari: Laterza, 2000.

Gallarati Scotti, T. *La vita di Antonio Fogazzaro*. Milão: Mondadori, 1934 (reimpresso em 2011 com diversos ensaios anexados).

Gilbert, M. *L'Institut biblique pontifical. Un siècle d'histoire (1909-2009)*. Roma: Editrice Pontificio Istituto Biblico, 2009.

Goichot, E. *Alfred Loisy et ses amis*. Paris: Cerf, 2002.

Joassart, B. Alfred Loisy et les bollandistes. Un "absent présent" ou un "présent absent". *Revue critique d'agiographie*, (jun. 2004) 135-152.

Levillain, P. *Albert de Mun, catholicisme français et catholicisme romain du Syllabus au Ralliement*. Roma: École Française de Rome, 1983.

Mayeur, M. *Un prêtre démocrate. L'abbé Lemire 1853-1928*. Paris: Casterman, 1968.

Nicoletti, M.; Weiss, O. *Il modernismo in Italia e in Germania nel contesto europeo*. Bolonha: il Mulino, 2010.

Poulat, É. *Histoire, dogme et critique dans la crise moderniste*. Paris: Albin Michel, 1996 (é a terceira edição do livro escrito em 1962 e traduzido para o italiano por Morcelliana de Bréscia, em 1967. Contém ampla atualização bibliográfica, à qual remetemos).

Romanato, G. *Pio X. Alle origini del cattolicesimo contemporaneo*. Turim: Lindau, 2014.

Sale, G. *"La Civiltà Cattolica" nella crisi modernista (1900-1907). Fra intrasigentismo politico e integralismo dottrinale*. Roma: La Civiltà Cattolica-Jaca Book, 2001.

Sardella, L. P. *Mgr. Eudoxe Irénée Mignot (1842-1918). Un évêque français au temps du modernisme*. Paris: Cerf, 2004.

Saresella, D. *Modernismo*. Milão: Editrice Bibliografica, 1995.

Scoppola, P. *Crisi modernista e rinnovamento cattolico in Italia*. Bolonha: il Mulino, 1961.

Sorrel, C. *Libéralisme et modernisme. Mons. Lacroix (1855-1922). Enquête sur un suspect*. Paris: Cerf, 2003.

Verucci, G. *L'eresia del Novecento. La Chiesa e la repressione del modernismo in Italia*. Turim: Einaudi, 2010.

Vian, G. *Il modernismo. La Chiesa cattolica in conflitto con la modernità*. Roma: Carocci, 2012.

_____. *La riforma della Chiesa per la restaurazione cristiana della società. Le visite apostoliche delle diocesi e dei seminari d'Italia promosse durante il pontificato di Pio X (1903-1914)*. Roma: Herder, 1998.

Weiss, O. *Der Modernismus in Deutschland. Ein Beitrag zur Theologiegeschichte*. Regensburg: Pustet, 1995.

WOLF, H.; SCHEPERS, J. (eds.). *"In Wilder zügelloser Jagd nach Neuem"*. *100 Jahre Modernismus und Antimodernismus in der katholischen Kirche*. Paderborn: Ferdinand Schöningh, 2009.

ZAMBARBIERI, A. *Modernismo e modernisti*, 1, *Il movimento*, 2, *Semeria Buonaiuti Fogazzaro*. Roma: Edizioni di Storia e Letteratura, 2013-2014.

capítulo sexto
A ideologia e os movimentos políticos nacionalistas e totalitários na primeira parte do século XX

38. A complexidade dos nacionalismos entre os séculos XIX e XX

1. A ideologia nascida com a Revolução Francesa tinha inclusa uma legitimação do poder que, superando e negando a visão sagrada das dinastias europeias, baseava-se de vários modos e com diversos vieses de pensamento na ligação entre autodeterminação do povo e unidade da nação. No século XIX, com raízes tanto nas visões iluministas e revolucionárias quanto na descoberta romântica das tradições e das identidades culturais, surgiram processos políticos que, por um lado, tinham levado ao surgimento de Estados "nacionais" unitários onde antes existia fragmentação (Alemanha, Itália), e, por outro, tinham levado a grave crise as entidades estatais que poderiam ser definidas como "internacionais" ou "interculturais", como o Império habsbúrgico da Áustria-Hungria, a autocracia czarista — que se estendia do núcleo mais propriamente russo até as populações bálticas, ucranianas, polonesas, caucásicas e da Ásia central — e o Império otomano.

O **nacionalismo**, termo surgido no fim do século XVIII com conotação substancialmente negativa, lá pelo final do século seguinte compreendia um estado de ânimo patriótico difuso e facilmente levado ao extremo, um conjunto de ideologias de afirmação nacional — que iam da reivindicação de pertencimento de populações "irredentas" ao imperialismo colonial, ao racismo — e movimentos e partidos políticos; esses últimos, tendencialmente mas nem sempre de direita parlamentar, encarnavam essas ideologias em projetos precisos e muitas vezes movimentavam o clima social com o apoio de capitalistas e de empreendedores que viam na exploração colonial, na apropriação de recursos e na construção e venda de armas ótimas oportunidades de ganho. Os estudiosos afirmam que o nacionalismo, ou melhor, os vários e diversificados nacionalismos, estiveram entre as ideologias capazes de gerar pertencimento e estímulos políticos nas sociedades de massa entre os séculos XIX e XX.

Qual foi no século XX a **atitude da Igreja católica** diante desse amplo e diversificado movimento? É preciso antes de tudo fazer referência aos complexos episódios já descritos acima a respeito da unidade "nacional" alemã do segundo *Reich* e da unidade italiana, e portanto à questão romana, que não podiam deixar de ter sequelas também nos decênios seguintes. Os católicos italianos, por exemplo, eram continuamente submetidos à tensão entre um difuso sentido patriótico — o tradicional legitimismo que, no entanto, se referia em alguns às antigas dinastias, em outros, aos vitoriosos Saboia — e a reivindicação da necessidade do poder temporal para o papa; e com essas tensões os católicos chegaram ao pacto do clima nacionalista dos primeiros dois decênios do século XX. Além disso, as atitudes dos católicos estavam marcadas por algumas linhas que procuramos aqui generalizar. Uma parte consistente do clero com cura de almas, com frequência o componente mais culto, e alguns leigos católicos estavam próximos da defesa da identidade das minorias ou das nacionalidades "oprimidas" e sem autodeterminação. Da Polônia à Irlanda, das nações latino-americanas ao Tirol, da Eslováquia à Transilvânia, dos Países Bascos à Croácia, da Bélgica à Catalunha não faltam exemplos de sacerdotes, e às vezes de bispos e até de leigos dotados de liderança, que uniam estreitamente sua profissão de fé católica à recuperação e ao ensino das antigas tradições linguísticas e territoriais e à reivindicação de autonomia e independência. O nome de Daniel O'Connell, defensor político da população irlandesa discriminada no Reino Unido, era apresentado como exemplo para os católicos com responsabilidades sociais.

Por outro lado, a tradição diplomática da Santa Sé e, em vários casos, o pertencimento dos episcopados ao mundo aristocrático tendiam a não liquidar o legitimismo monárquico e de Estado senão por mudanças graves e cuidadosamente consideradas. O temor de que o abandono da legitimidade sagrada das monarquias e dos Estados tradicionais levasse à anarquia e à difusão dos movimentos ateístas de esquerda casava-se com grupos monárquicos cheios de expoentes católicos, como na Espanha ou na França; em certos contextos a existência de Estados supranacionais era possibilidade de hegemonia dos católicos, como na Áustria-Hungria, em outras situações era garantia de tutela das minorias, como nos territórios governados pelo sultão e, em menor medida, pelo czar. Essa atitude diplomática não podia deixar de se chocar com as exigências de autodeterminação e independência, como ocorreu na Polônia do século XIX.

Também o nacionalismo em sua roupagem **colonialista** foi muitas vezes valorizado pelos episcopados nacionais como instrumento de difusão do cristianismo e de defesa dos empreendimentos missionários, com desconfianças e distinções, como se viu no capítulo 2. Os *slogans* "fé e civilização" e "içar a cruz de Cristo onde antes tremulava a meia-lua do islã" acabavam por criar vínculos sólidos entre governos europeus, área católica e movimentos nacionalistas e imperialistas. Não esqueçamos também o patriotismo implícito no empenho de dar assistência e acompanhamento pastoral aos emigrantes.

Enfim — não, porém, como vaga ideia, mas como causa importante tanto do magistério como do pensamento de teólogos, pastores de almas e leigos — o universalismo cristão destoava inevitavelmente das ideologias que muitas vezes se autodefiniam como (por exemplo, com Enrico Corradini [1865-1931], fanático nacionalista italiano) "egoísmo nacional". A recusa de Pio IX em entrar oficialmente em guerra contra o Império austríaco católico, na célebre alocução de abril de 1848, não era ditada somente pelo perigo de um cisma, mas também por uma linha de pensamento que esteve sempre presente no mundo católico e que não deixou de ter interessantes emersões nos pontificados do século XVIII; por exemplo, com a tentativa de Clemente XI de mediar e de não se alinhar entre França e Espanha, por um lado, e Áustria, por outro, na guerra de sucessão espanhola (1700).

2. Entre o fim do século XIX e a Primeira Guerra Mundial, as ideologias nacionalistas tiveram um vigor capaz de sacudir as massas, tanto e talvez mais do que as reivindicações sociais dos operários. As políticas de rearmamento, de colonização, de reivindicações de territórios foram constantemente alimentadas por propaganda que se apoiava nesses **sentimentos profundos**. Expressões retóricas como "terras irredentas", que aliás ecoam termos teológicos, enchiam os jornais e davam movimento às manifestações. Se na Itália a ponta de lança do nacionalismo era o partido republicano, duramente anticlerical, na França a reivindicação da Alsácia e da Lorena contra os alemães unia todos os partidos, mas era vivida de maneira particularmente dramática pela mentalidade legitimista e conservadora que marcava muitas famílias católicas, daquelas em que havia "tantas túnicas quantos quepes" — ou seja, tantos filhos e filhas no convento, quantos no exército —, como se disse dos parentes do padre Marie-Joseph Lagrange, dominicano e biblista, fundador da École Biblique precisamente em Jerusalém, ou seja, no "ultramar", mas num território, a Síria-Palestina, em que o controle político otomano era contrabalançado pelo protetorado francês, inglês e russo sobre os cristãos locais e no qual estavam crescendo movimentos nacionalistas árabes.

Os diversos nacionalismos estavam em rota de colisão entre si, como se viu com frequência no cenário colonial, mas também entre os Estados europeus, nos quais a tradicional diplomacia do equilíbrio sucumbia sob os golpes da política de poder. Além disso, com frequência a ideia de reivindicar a unidade nacional estava baseada em objetivos incoerentes e de pouca consistência; presumia-se um sentido de unidade entre falantes da mesma língua que às vezes não correspondia a vínculos verdadeiros, e ao mesmo tempo se apontavam para reivindicações territoriais com fins exclusivamente militares (pensemos na ideia do "divisor de águas", segundo o qual se eu controlo as cristas mais altas dos Alpes posso defender o solo sagrado, pisoteando a presença de outras populações, culturas e línguas) ou supondo poder "purificar" um território historicamente "reivindicado" em relação a presenças antigas e enraizadas de diferentes populações e de famílias mistas. Até todo o século XIX, a Europa era composta de **territórios multiculturais**, sobretudo no Leste, mas não raro também nos Estados "nacionais" do Ocidente; pensemos nas muitas Espanhas, nas minorias difusas pela Itália, nas identidades de várias regiões francesas (Bretanha, Languedoc, Gasconha), na Bélgica e na Suíça. O nacionalismo está na base das terríveis limpezas étnicas do século XX, do genocídio armênio (que teve seu ápice em 1917) à ação da Grécia e da Turquia, que entre 1920 e 1923 expulsaram as respectivas minorias, centenas de milhares de pessoas, para o território adversário, da tentativa dos ustashas croatas de eliminar de suas terras os sérvios, os muçulmanos e os judeus durante a Segunda Guerra Mundial ao deslocamento forçado de milhões de alemães, poloneses e ucranianos, entre crueldades e privações inenarráveis, depois do segundo conflito, sem esquecer as deportações em massa de Stalin e outras tragédias análogas, se não por grandeza, pelo menos por violência. O próprio "holocausto" (*Shoah*), que teve como vítimas milhões de judeus e de outras etnias, como rom e sintos, embora com outras motivações ideológicas, pode-se inserir sob certos aspectos nessa tentativa de cancelar a diferença para criar "nações" e territórios etnicamente homogêneos. Outros grupos foram submetidos a projetos de assimilação forçada: lembremos somente as tentativas de italianização de eslovenos e tiroleses por parte do regime fascista.

A atitude dos católicos diante da ideologia nacionalista foi, especialmente no início, **complexa e incerta**, às vezes abertamente favorável, pelos motivos que lembramos acima. Se os acontecimentos seguintes da difusão dos totalitarismos e das guerras mundiais, bem como da descolonização, levaram a um esclarecimento teórico e a atitudes concretas mais coerentes, algumas ambiguidades, hesitações e compromissos não faltaram tanto na população católica como nos episcopados e no clero. Mas vejamos algumas passagens dessas vicissitudes.

39. A Primeira Guerra Mundial e suas consequências

1. As causas de um conflito de dimensões até aquele momento inéditas, e que se exacerbou oficialmente devido a um atentado bem-sucedido contra o herdeiro do trono habsbúrgico por parte de um grupo nacionalista sérvio, são tema de amplos debates revividos pelas comemorações centenárias da deflagração. Diferentemente da Segunda Guerra Mundial, o *focus* bélico foi principalmente europeu, com alguns episódios médio-orientais, ao passo que as colônias se envolveram em operações militares limitadas. Percebe-se uma multiplicidade de motivos econômicos, ideológicos (nacionalismos em conflito, militarismo, expansão colonial...), de política externa (reivindicações, política de poder...), interna (movimentos nacionalistas e comunistas no Império russo e no ex-Império otomano, conflitos entre partidos...) que os historiadores têm dificuldade em dominar, como provavelmente ocorreu para os políticos. Para compreender a posição das Igrejas, convém em primeiro lugar lembrar o clima, ou melhor, o sonho de "**despertar espiritual**" que a guerra parecia gerar numa Europa moralmente enfraquecida pelos fastos e pelas facilidades da *Belle Époque*. O mito de uma guerra regeneradora difundiu-se para além do movimento futurista, que dele se tornou de algum modo porta-bandeira. "Quando em agosto de 1914 os cerrados vapores que passavam sobre as almas sensíveis como insuportável ar sufocante acabaram em tempestade infernal, era óbvio pressentir um despertar religioso" (cit. in *Cattolicesimo e totalitarismo*, 257), assim escreve em 1923, *a posteriori*, portanto, mas não sem uma firme lembrança, o padre Brizio Casciola, a princípio próximo do modernismo (cap. 5, itens 35.2

e 36.4) e depois intérprete literário de um catolicismo filofascista; mas acentos análogos se encontram num escrito de 1914 do cientista e pensador jesuíta francês Pierre Teilhard de Chardin (1881-1955). Da guerra voltaria uma juventude nova, forjada e purificada finalmente pelo sacrifício. Não poucos católicos (e bispos) se iludiram com esse mito, do qual aliás se fazem narradoras algumas simpáticas páginas dos romances do escocês Bruce Marshall (1899-1979). Unido às simpatias por alguns aspectos do nacionalismo, já descritos no item anterior, esse mito acabou por favorecer uma espécie de acolhida positiva do fenômeno bélico por parte do mundo católico em geral.

Esse aspecto mais contextual e sempre impalpável, mas documentado, deve se unir depois à situação dos **católicos em cada país**. Na **França** o catolicismo "de direita" via na guerra a ocasião para proclamar as virtudes patrióticas da *vieille France* e do exército cheio de oficiais católicos, o "de esquerda", que se alinhara ao Estado republicano, não via a hora de mostrar a lealdade dos católicos à Terceira república. Na **Alemanha** os católicos por sua vez tinham muitos motivos para mostrar sua adesão à solidariedade nacional, também para superar o preconceito anticatólico difundido num *Reich* unificado com o compromisso da Prússia protestante: a guerra podia ser a superação definitiva da *Kulturkampf* (cap. 4, item 29.1). A **Itália**, que entrou na guerra cerca de dez meses mais tarde, viu muitos católicos aproveitarem a ocasião do conflito para sancionar com clara demonstração de patriotismo e sentido do dever seu ingresso no cenário social e político, depois do tácito e progressivo fim do *non expedit* e do isolamento institucional que se seguiu à queda do poder temporal do papa e na esteira do que já fora experimentado durante o empreendimento colonial líbio de 1911. Talvez a situação do catolicismo **austríaco** era mais desconexa por causa dos impulsos nacionais de cada componente do Império, mas em geral a maioria católica com seus pastores, tradicionalmente dócil à instituição imperial e ligada à figura paternalista do monarca Francisco José, optou pela lealdade com a mobilização geral. Convém lembrar, por exemplo, que Józef Klemens Pilsudski (1867-1935), futuro líder da Polônia independente, começou a guerra organizando na Galícia austríaca as legiões polonesas que combateram com austríacos e alemães contra os russos, com a esperança de que no fim da guerra houvesse espaço para um Estado polonês.

Aliás não faltaram católicos que diante da perspectiva do conflito mostraram perplexidade. Na Itália, alguns dos deputados eleitos entre as fileiras do movimento católico, em especial aqueles que estavam mais ligados a um eleitor camponês, como Giuseppe Micheli (1874-1948), de Parma, e Guido Miglioli (1859-1954), de Cremona, opuseram-se à perspectiva de entrada da Itália na guerra. Em geral, pois, na Itália como alhures o sentido do dever e do serviço à nação em guerra foram as atitudes declaradas e seguidas pelos líderes católicos durante o conflito. Não se registrou nenhum caso significativo de objeção de consciência ao serviço militar no teatro da guerra: a teologia moral daquele tempo previa a utilização das armas no caso de "guerra justa", mas a avaliação sobre a justeza da posição nacional estava confiada totalmente aos responsáveis políticos, impondo aos crentes uma convicta obediência às autoridades.

De fato, a **opção lealista** do mundo católico teve como consequência o reconhecimento do papel da Igreja no esforço bélico de cada nação. Na Itália, depois das vicissitudes da unidade que tinha acabado por excluir um serviço pastoral voltado aos militares e para submeter os clérigos ao recrutamento obrigatório, a Primeira Guerra Mundial viu o restabelecimento oficioso mas eficaz da figura do capelão militar, a alocação de grande parte dos sacerdotes ocupados nas seções de saúde (não faltaram aliás padres inseridos em corpos de excelência e de primeira linha), enquanto alto número de seminaristas empunhou as armas com apreço geral pela presença do clero na linha de frente. No governo da guerra, pela primeira vez depois da unidade da Itália, entrou como ministro o católico milanês Filipe Meda (1869-1939). Também na França depois das leis de separação, sacerdotes e clérigos foram convocados e tiveram oportunidade de entrar em contato com muitos jovens que estavam afastados da vida eclesial, e os heróis da resistência aos alemães eram muitas vezes altos oficiais com sólida prática religiosa, de Ferdinand Foch (1851-1929) a Philipp Pétain (1856-1951).

Mas o patriotismo dos católicos chocava-se com um dado muito simples: eles, como todos os outros cristãos europeus, combatiam entre si em linhas opostas; quem estava certo? A essa situação objetivamente chocante juntou-se logo a consciência de que a guerra seria longa, feita com modalidades e tecnologias muito mais destruidoras do que tudo o que se tinha visto até então no cenário europeu: que moralidade podia haver no uso de gases tóxicos, no bombardeamento aéreo de cidades, na evacuação forçada de civis das áreas do *front* e em geral na guerra de trincheira?

2. O choque de ver exércitos em massa repletos de cristãos e católicos a se combaterem com excepcional violência foi posto em evidência precocemente pelo papa Pio X, que, já idoso e experimentado, teve tempo de lançar um angustiado apelo à paz nos meses estivos de 1914, para depois falecer na noite entre o dia 19 e 20 de agosto, cerca de três semanas depois da declaração da guerra da Áustria-Hungria à Sérvia e duas semanas depois da invasão alemã da Bélgica neutra. Do conclave que se abria no dia 31 de agosto seguinte participavam cardeais franceses, ingleses, alemães, austríacos e húngaros, bem como Désiré-Joseph Mercier, arcebispo de Malinas, que será, como mencionaremos mais adiante, um símbolo da Bélgica ocupada.

Foi eleito papa Giacomo Della Chiesa (1854-1922), arcebispo de Bolonha desde 1908, mas cardeal havia apenas três meses, o qual escolheu o nome de **Bento XV**. Proveniente da nobreza genovesa, homem de oração e cultura, tinha desempenhado grande parte de seu ministério no ambiente diplomático da Cúria romana, onde tinha colaborado com Mariano Rampolla del Tindaro, secretário de Estado de Leão XIII, excluído do pontificado no conclave de 1903 pelo veto austríaco (cap. 4, item 29.1). Della Chiesa tinha sido afastado da Secretaria de Estado com a honrosa nomeação para Bolonha, devido às suas reservas em relação à dura luta antimodernista posta em prática por Pio X e colaboradores. Sua robusta experiência diplomática e a percepção de que se devia virar a página depois dos anos da campanha contra os modernistas tinham logo feito convergir os votos para ele.

As **escolhas** de Bento XV diante do primeiro conflito mundial foram substancialmente quatro: a posição de neutralidade em relação às partes em causa, a condenação clara e repetida da guerra, a abertura de canais de caridade em apoio às vítimas do conflito e o desdobramento paciente e reservado de ações diplomáticas.

A bem conhecida expressão da guerra como "massacre inútil" contida na nota diplomática de 1º de agosto de 1917, de que se falará mais adiante, não está isolada no código linguístico utilizado pelo papa Della Chiesa: "fantasma escuro" (1914), "horrível carnificina que desonra a Europa" (1915) não são imagens atenuadas. Segundo os documentos oficiais do papa, a raiz da guerra deve ser buscada no abandono da fé cristã por parte da Europa e na consequente queda da moralidade; se assim quisermos, uma consideração clássica no magistério papal da época, mas com a novidade de que no papa Bento não se descobrem nem uma saudade ou um projeto de retorno a idealizados regimes teocráticos, nem uma visão do conflito como purificação do mundo, inspirações essas, porém, presentes em consistentes áreas católicas. Igualmente incisiva e repetida foi a condenação do egoísmo nacionalista, do ódio racial e da luta de classe. O protesto contra alguns abusos, como o da invasão da Bélgica neutra por parte dos alemães, é declarado, mas construído com atenta linguagem diplomática, típica do estilo de Della Chiesa, para evitar a acusação de parcialidade. Descobre-se no magistério pontifício dos anos 1914-1922 a emergência de uma posição nova em relação aos eventos bélicos, que terá consideráveis repercussões sobre a doutrina pontifícia do século XX.

Em paralelo, Bento XV punha em prática uma série de intervenções, às vezes públicas e outras reservadas, a favor dos prisioneiros e das populações envolvidas no conflito; uma densa rede de informações, uma espécie de serviço postal paralelo que na Itália remontava a Pietro Maffi (1858-1931), arcebispo de Pisa, permitiu que notícias sobre os prisioneiros de todas as frentes chegassem às famílias; negociações com vários Estados, diretas ou mediante canais informais, levaram à troca de determinadas categorias de prisioneiros militares (civis, inválidos, tuberculosos); a Suíça, que foi contatada diretamente por meio de um enviado papal junto ao chefe do Estado federal, tornou-se lugar de recuperação dos feridos de todos os exércitos; mas sobretudo o papa, também convidando publicamente à coleta de fundos, interveio a favor das populações civis mais atingidas pelo conflito: na Bélgica, na Polônia, mas também no Montenegro, na Armênia, na Síria e na Rússia.

A ação diplomática para uma solução urgente e positiva do conflito teve diversas realizações. Na ausência de canais diplomáticos oficiais, o papa Bento XV tentou apoiar até o fim por vias reservadas a neutralidade da Itália, fazendo ao mesmo tempo pressões sobre Francisco José de Habsburgo para uma negociação com Roma. Certamente o risco mais importante foi o itinerário que conduziu à comunicação às potências beligerantes de 1º de agosto de 1917. Nos meses anteriores tinha ocorrido a entrada dos Estados Unidos na guerra, ao lado da Aliança, mas também o progressivo enfraquecimento do exército russo causado pelos movimentos políticos que levarão à chamada "revolução de outubro", com a subida ao poder dos bolchevistas. Mas em dezembro de 1916 registrava-se uma nota dos Impérios Centrais da Aliança, rejeitada pela última coalizão, e um apelo à paz do presidente americano Thomas Woodrow Wilson (1856-1924). Depois de ter apoiado a tentativa dos Impérios, a diplomacia vaticana se empenhou em identificar as condições necessárias e até algumas propostas práticas que pudessem ser aceitas pelas partes em causa. Em Munique da Baviera trabalhava o novo núncio Eugênio Pacelli (1876-1958), com contatos até com o imperador da Áustria, Carlos, sucessor de Francisco José (morto em 21 de novembro de 1916), enquanto na frente oposta o Vaticano tinha relações oficiais somente com Londres.

Por instância de Pacelli, que temia que na Alemanha os militaristas tivessem mais influência sobre o monarca do que os políticos dispostos à negociação, em **1º de agosto de 1917** foi entregue aos beligerantes, como texto de não divulgação, a nota diplomática que previa: a diminuição dos armamentos, o instituto da arbitragem internacional, a liberdade de navegação, o perdão recíproco dos prejuízos bélicos, a evacuação da Bélgica e das colônias alemãs. Entre as perspectivas fundamentais da nota estava a valorização das aspirações nacionais e da dignidade dos povos, de modo que a independência da Bélgica é de certo modo o elemento principal, e atenção especial está reservada também à Alsácia-Lorena, aos Estados balcânicos, à Polônia, à Armênia. Na nota, a tudo isso junta-se, sem hesitações e temores da origem maçônica da ideia, o apreço da hipótese de uma futura sociedade das nações com tarefas de arbitragem.

Diante dessas propostas papais, a Alemanha teve uma consciente atitude dilatória, enquanto a Aliança teve ocasião de acusar a contraparte de insinceridade, e assim a nota caiu no vazio, até porque ambas as partes estavam seguras de sua vantagem militar. O ministro do exterior italiano, Sidney Sonnino (1847-1922), chegou a dizer num discurso à Câmara dos deputados que na posição papal se divisava "a mesma indeterminação que caracteriza as comunicações vindas da parte inimiga" (cit. in *Enciclopedia dei papi*, Fondazione Treccani, Roma, 2000, v. 3, 612). As opiniões públicas dos vários países foram levadas a conhecer a nota de maneira distorcida e parcial, o que desencadeou a hostilidade anticlerical; na França, Bento XV foi definido por alguns como "le pape boche", com o adjetivo violentamente depreciativo que se usava em relação aos alemães ("o papa alemão").

Enquanto a Santa Sé optava por essa posição articulada contrária à guerra, os católicos dos diversos países beligerantes entravam na esteira da retórica patriótica daqueles anos. O episcopado italiano viu algumas posições de tom nacionalista, por exemplo no já citado Maffi, viu alguns expoentes convictamente neutralistas, sobretudo na Toscana, bem como a maioria que procurava manter juntos um patriotismo voltado a reafirmar a ligação dos católicos com a Itália, o convite a cumprir até o fim o próprio dever e o respeito pelos decididos posicionamentos do papa. Entre os franceses e os alemães houve ainda menos hesitações: a maioria dos bispos e dos católicos alemães considerava que a causa do seu Império era justa e que a derrota levaria a secularizada França para os caminhos de Deus; os franceses, bispos, professores, como Henri-Marie-Alfred Baudrillart (1859-1942), e pregadores, como o dominicano Antonin-Dalmace Sertillanges (1863-1948), acusavam os alemães de barbáries e de terem invadido a neutra Bélgica. À nota papal de 1º de agosto de 1917, Sertillanges, de acordo com o governo e com o arcebispo de Paris, respondeu publicamente: "Santidade, não podemos neste momento ouvir as vossas palavras de paz!" (cit. in Martina, 139). Uma posição particularmente difícil era a da **Bélgica**, país de esmagadora maioria católica que se declarara neutra, mas que foi invadida traiçoeiramente pelos alemães que tentaram desse modo surpreender franceses e ingleses, enganando-os. Grande parte das terríveis batalhas da frente ocidental ocorreu entre o norte da França e Flandres; um dos gases tóxicos utilizados na Primeira Guerra Mundial tomou o nome da cidade belga de Ypres, a iperita, ou gás mostarda. Os alemães governavam militarmente a Bélgica ocupada, explorando seus recursos. O governo tinha se transferido para Le Havre, no território francês, mas o episcopado belga, guiado pelo cardeal Mercier, permaneceu na sede e encarnou a resistência moral e civil dos belgas à dura ocupação alemã. No fim da guerra, os próprios germânicos renderam homenagem ao arcebispo de Malinas, que fora antes um importante filósofo neotomista e tinha dado nova vida à universidade de Lovaina. Na alocução de 22 de janeiro de 1915 Bento XV tinha condenado a agressão à Bélgica com uma alusão diplomática, mas clara.

3. Sobre a atitude de Bento XV, e em particular a nota de 1º de agosto de 1917, abriu-se um **debate historiográfico** de certo interesse. Muitos historiadores, sobretudo os mais atentos às fontes diplomáticas, acusam o papa e seus colaboradores de ingenuidade, de ter tentado um golpe mal preparado e apressado. Outros, e nisso as insinuações do ministro Sonnino fizeram escola, consideram que o motivo principal da ação diplomática papal fosse a tentativa de manter vivo o Império da Áustria-Hungria, Império que garantia um catolicismo de Estado sobre territórios que viam a presença de ortodoxos, protestantes e muçulmanos para além do poder favorável ao Vaticano no xadrez internacional. Ao contrário, vários historiadores dão destaque ao papel profético de Bento XV, talvez contrapondo-o a uma atitude mais diplomática do núncio na Alemanha, Pacelli. Uma consideração mais global, quer do contexto, quer da documentação, mostra que sob o ponto de vista técnico a nota foi atentamente predisposta; que, por discipulado em relação a Rampolla, o

papa Della Chiesa podia estar mais bem disposto em relação à França que em relação à Áustria, e por convicções pessoais não nutria nostalgias do *Ancien Régime*, e que toda a obra do papa Bento durante a guerra estava inspirada em seu estilo diplomático, não menos que em seu espirito, o qual via com realismo os horrores do conflito e suas trágicas consequências. Seus colaboradores, Eugênio Pacelli e o secretário de Estado Pietro Gasparri, educados na mesma escola da cúria vaticana, trabalharam sempre em plena sintonia com o papa. A própria rapidez com que depois da guerra o papa deu ordem de tentar manter relações com os novos Estados nascidos do colapso da Áustria-Hungria mostra não só o estilo clássico da diplomacia vaticana, mas o afastamento substancial de uma instituição tradicionalmente eivada de jurisdicionalismo, como fora o Império austro-húngaro.

Talvez melhor que muitos católicos, o papa Bento percebeu a tragicidade das consequências do conflito. Além do peso da morte, da invalidez e dos danos econômicos e sociais — a Itália teve o mesmo número de vítimas no *front* e de mortes civis devido à epidemia da gripe "espanhola" que grassou no final da guerra — e além da mentalidade de violência e crueldade que sobretudo os jovens levaram para casa depois de anos de guerra de trincheira, o nacionalismo exacerbado da propaganda bélica semeou fortes ressentimentos e exageradas reivindicações que os políticos da época tinham todo interesse de alimentar. Para os territórios da Europa oriental que caminhavam para uma mudança institucional profunda devido à queda dos três Impérios — russo, otomano e habsbúrgico — a Santa Sé enviou pessoas de alto nível com a missão de abrir vias de socorro para as populações, estreitar relações diplomáticas com as novas entidades e salvaguardar a situação das comunidades cristãs em territórios desde sempre marcados pela mescla de culturas. O prefeito da Biblioteca Vaticana, Aquiles Ratti, foi enviado à nascente Polônia, enquanto Giovanni Genocchi, biblista e missionário — na época acusado de modernismo (cap. 5, item 34.1) —, foi enviado à Ucrânia. As tensões entre os alemães derrotados, os poloneses vencedores mas exaltados por um projeto expansionista exagerado e os lituanos levaram essas missões a um fracasso substancial. Progressivamente, porém, os novos Estados surgidos das cinzas da Áustria-Hungria teceram relações diplomáticas com a Santa Sé.

4. Nesse ínterim, entre o último ano de guerra e os primeiros anos de 1920, na **Rússia** afirmara-se o novo Estado bolchevista, que desejava realizar os ideais do marxismo e da ditadura do proletariado. Depois da terrível guerra civil e do desastre econômico que a Santa Sé tentou aliviar (parecem confirmados também casos de antropofagia por fome; daí a famosa lenda segundo a qual "os comunistas comem criancinhas"), a nova União Soviética impôs seu domínio sobre o leste do Império russo, foi contida pelos poloneses de Pilsudski na Europa central, mas se tornou o símbolo de um novo regime que catalisou as energias da esquerda europeia; em vários Estados, como a Alemanha e a Hungria, houve tentativas revolucionárias, e alhures, como na Itália, arrebentaram violências operárias em nome dos *soviet* (comitês democráticos de fábrica) que deixaram a marca na memória coletiva. Entrementes, o governo ditatorial de Vladimir Il'ič Ul'janov, chamado Lenin (1870-1924), tinha desencadeado na Rússia uma dura perseguição contra os cristãos, quer a maioria ortodoxa, a qual teve de se submeter e não sem vítimas, quer as minorias, como os católicos orientais ucranianos e rutenos ou os pequenos grupos protestantes. O "bolchevismo" tornou-se a ameaça que continha todas as piores consequências da revolução, e também entre os católicos europeus isso levou a uma reação defensiva aproveitada pelos movimentos de direita.

Nessa situação muitíssimo tensa desdobraram-se as negociações que levaram ao tratado de paz firmado em **Versalhes** e aos outros tratados assinados aos poucos no período seguinte. Não é aqui o lugar para avaliar a importância política e diplomática desses pactos que nos decênios seguintes revelaram sua fragilidade e seu desequilíbrio; não somente entre os vencidos se alastravam o descontentamento e o ressentimento, mas também entre os vencedores houve quem, como na Itália, tenha falado de "vitória incompleta". A Santa Sé fora excluída das futuras negociações de paz pelo pacto de Londres de 1915, que tinha levado a Itália à guerra: o governo de Roma não queria que uma participação vaticana no que estava sendo negociado trouxesse de novo à tona a questão romana. Também uma tentativa de Gasparri para dar uma formulação diferente à cláusula apoiada por Londres foi recusada *a priori* pela Itália. Todavia um colaborador de Bento XV, Bonaventura Cerretti (1872-1933), foi enviado à França com o mandato de garantir a catolicidade das missões nas ex-colônias alemãs e entrou em negociações com o chefe do governo italiano, Vitório Emanuel Orlando (1860-1952), para uma sistematização do contencioso entre Itália e Vaticano, que previa termos muito semelhantes aos que seriam assinados nos pactos lateranenses de 1929. Interpelado reservadamente, o rei Vitório Emanuel III ameaçou abdicar se as negociações continuassem, mas dez anos depois não se opôs a que Mussolini aceitasse as mesmas condições (item 41.1). Já a França, que desde a lei de separação de 1905 não tinha mais contatos com a Santa Sé, restabeleceu as relações diplomáticas com o Vaticano. No final do pontificado de Bento XV, as representações diplomáticas junto à Santa Sé tinham passado de catorze para vinte e sete. Entre os conteúdos da encíclica *Pacem Dei munus*, escrita depois de terem cessado as hostilidades, é interessante ressaltar o apreço de Bento XV pela formação da Sociedade das Nações, em coerência com o que já fora acenado na nota de agosto de 1917.

Outras **consequências** pesavam ainda sobre a Europa depois da guerra: nações empobrecidas e à mercê de uma instabilidade econômica que ameaçava sua frágil democracia; atitudes difusas de violência instrumentalizadas por partidos antidemocráticos; rivalidades étnicas não resolvidas pelas novas fronteiras, que muitas vezes se refletiam também sobre a vida eclesiástica: a diocese de Bressanone tinha sido dividida em duas pela fronteira do Brennero; em várias dioceses polonesas tinham de conviver alemães e poloneses, ambos católicos; na Ístria, agora italiana, pediam-se sacerdotes a todas as dioceses italianas, mas os eslovenos, muito praticantes e ligados às suas tradições, eram objeto de discriminação... Além disso, nos Estados envolvidos a guerra tinha deixado uma situação desastrosa no âmbito do clero: seminários esvaziados, interrupção das ordenações, alto número de sacerdotes vítimas e também de padres que abandonaram o ministério; Primo Mazzolari (1890-1959), capelão militar no *front*, refere isso em alguns de seus breves escritos (*Tra l'argine e il bosco* e *L'uomo di nessuno*). Também o trabalho pastoral cotidiano nas regiões distantes do *front* e o associacionismo católico masculino ficaram reduzidos devido ao recrutamento militar, às medidas de ordem pública e à penúria dos bens. Aliás, alguns movimentos espirituais e algumas devoções tinham tido uma imponente difusão durante os anos do conflito: a consagração ao Sagrado Coração de Jesus tornara-se um instrumento de evangelização entre os militares, e vários monumentos a essa forma revitalizada de espiritualidade foram ligados à memória dos caídos; Agostinho Gemelli (1878-1959), franciscano e mais tarde fundador da universidade católica (precisamente "do Sagrado Coração"), e Armida Barelli (1882-1952), fundadora da juventude feminina da Ação Católica, estiveram entre os propagadores da devoção, com alguns aspectos de tipo político. Mas temos de lembrar que a espiritualidade da reparação, típica da devoção ao Sagrado Coração, está muito presente nos textos do papa Della Chiesa. Aliás em plena guerra, no neutro e atrasado Portugal, governado por anticlericais, uma sequência de aparições marianas a três pobres crianças do campo, na localidade de Fátima, tinha evocado uma conversão da Rússia (da qual os três não tinham conhecimento) que se tornou uma profecia e um ideal que facilmente ecoava com as terríveis notícias que chegavam dos territórios ex-nazistas. Nesse clima, com algumas vibrações apocalípticas, teve de se recuperar a vida pastoral cotidiana. Sob certos aspectos, é surpreendente que nesse contexto Bento XV tenha promulgado o primeiro Código de Direito Canônico, proposto um importante impulso missionário com a *Maximum illud* e projetado um cuidado especial em relação às Igrejas orientais católicas particularmente atingidas pelas mudanças provocadas pelo nacionalismo e pelo conflito (pensemos no Médio Oriente, nos armênios, na Ucrânia) e em relação ao mundo da ortodoxia.

40. O pós-guerra, com as principais orientações do complexo pontificado de Pio XI

1. Os transtornos que se seguiram à Primeira Guerra Mundial levaram duríssimas **tensões** a muitas nações de presença ou de maioria católica. Nos escritos dos bispos, e também em outros traços da mentalidade difusa, o temor da violência e da anarquia e os fenômenos de degradação dos costumes se entrelaçam com a repulsa ao "bolchevismo", revolucionário e perseguidor do cristianismo. Temos de lembrar que de fato não faltaram explosões de violência ligadas à difusão dos movimentos marxistas, então hegemônicos no panorama da esquerda política. Além disso, com uma perseguição que continuou para além da Segunda Guerra Mundial, o comunismo era com frequência associado ao hebraísmo, e de fato alguns líderes e quadros marxistas provinham de famílias israelitas, embora tendo abandonado completamente a fé dos pais. À angustiante teoria da conspiração judeu-maçônica associava-se agora uma espécie de confirmação: o comunismo soviético como arma da conspiração para destruir o cristianismo.

Não foi somente essa sombra de terror que promoveu uma espécie de **aliança** entre instituições e forças conservadoras, nacionalismo e catolicismo. Antes de tudo, é preciso lembrar que no plano político os católicos não estavam ausentes na Europa. Formações dotadas de longa história, como o *Zentrum* alemão ou os cristãos sociais na Áustria ou os partidos católicos na Bélgica e na Holanda, reuniam importantes consensos e desenvolviam papéis de liderança na inquieta política do imediato pós-guerra, aceitando com sinceridade o modelo democrático-parlamentar. Mais jovem e nascido das experiências dos diversos ambientes católicos sociais italianos, surgira em 1919 o partido popular italiano (PPI), guiado por um sacerdote siciliano, Luís Sturzo. O PPI nascera sem uma intervenção por parte do Vaticano: Gasparri falava a seguir de sua perplexidade em relação à opção do PPI não ser confessional, mas parece que Bento XV não seria contrário. Quase de imediato o partido tinha obtido sucesso eleitoral discreto, mas internamente sentia a convivência de diversos modos de pensar, mantidos juntos pela liderança sturziana. Pode-se acenar também para a breve experiência (1922-1924) do *partido social popular* espanhol. Portanto, sob o ponto de vista político os católicos não estavam alinhados com um modelo conservador, mas no pós-guerra a vida política estava cheia de tensões. Os regimes parlamentares, que bem ou mal tinham suportado o impacto da guerra, viviam profunda crise de eficácia: a fragmentação dos partidos levava a instabilidades governativas (Itália, França, Alemanha, Espanha), emergiam escândalos e corrupção que faziam a opinião pública reagir violentamente (França, Bélgica), e a organização cada vez mais eficiente dos partidos que se reportavam à experiência da União Soviética levava ao temor de uma revolução iminente (Alemanha, Áustria, Hungria). Sobretudo a instabilidade política da jovem democracia alemã, a chamada república de Weimar, não conseguia responder à pesada crise econômica que se seguiu ao conflito mundial.

A perspectiva de que um **governo forte** e autoritário restabeleceria a ordem, daria prestígio à nação, eliminaria a corrupção e afastaria as tentativas revolucionárias emergiu por várias vezes em muitos Estados europeus, de Portugal à Polônia, da Grécia à Bélgica. Bem cedo alguns desses movimentos apelaram, por convicção ou tática, às tradições cristãs. O fascismo italiano, fundado por personagens estritamente ligados ao mais vulgar anticlericalismo, cobriu-se de bom grado de apelos à hierarquia religiosa e ao catolicismo; o rexismo belga de Léon Degrelle (1906-1994), um populismo agressivo e faccioso, descendia da Ação Católica local e fazia referência a Cristo Rei; e assim por diante.

Um dos fenômenos mais complexos foi o da **Action Française**, antes manchete jornalística e depois movimento de direita que conheceu sucesso eleitoral discreto e atraiu a adesão de parte consistente do mundo católico francês, sobretudo da *vieille France* legitimista e reacionária que inspirava muitas famílias. O fundador, Charles Maurras, pessoalmente era agnóstico, mas professava publicamente respeito pela tradição católica francesa, fundamento da grandeza nacional e da legitimidade monárquica. Difundiam-se nos escritos do movimento e nas afirmações públicas as teorias de conspiração que alimentavam um surdo antissemitismo. Até Jacques Maritain (1882-1973) no início da sua reflexão sofreu a influência da *Action Française*, e o célebre professor da Gregoriana e cardeal Louis Billot, bem como o reitor do seminário francês em Roma, o espiritano Henri Le Floch (1862-1950), eram abertamente simpatizantes, e o jovem estudante Marcel Lefebvre (1905-1991) foi por ele fortemente influenciado.

Nos anos vinte e trinta do século XX, em momentos diferentes e por diversas motivações muitos países da Europa escolheram governos de forma ditatorial ou autoritária: Itália (1922), Bulgária, Espanha (1923), Polônia, Portugal, Lituânia (1926), Iugoslávia (1929), Romênia (1930), Alemanha, Áustria (1933), Estônia, Letônia (1934), Grécia (1936). Em diversos casos, os ditadores faziam referência às boas relações com as Igrejas ou até, como em Portugal, à ab-rogação das leis anticlericais.

2. Nesse contexto, com a morte de Bento XV em janeiro de 1922 foi eleito papa **Aquiles Ratti (Pio XI)**, nascido em Desio, burgo de um território marcado por radical tradição religiosa, homem de estudo, que teve a breve experiência diplomática de que se falou acima, à qual seguiu sua nomeação a arcebispo de Milão, ministério que desempenhou por menos de seis meses, de setembro de 1921 a janeiro de 1922.

As orientações de seu governo configuraram um projeto orgânico de amplo fôlego. Como pano de fundo, um projeto fundamentado na influência marcante da Igreja sobre a vida social e política, evocada pelo conceito ao qual se tentou dar um valor teológico: "**reino social de Cristo**". O mote papal, *Pax Christi in Regno Christi* identifica o motivo deste projeto na necessidade de estabelecer uma paz duradoura depois das convulsões da guerra. Para instaurar o reino social de Cristo, os católicos eram chamados a se comprometerem diretamente na sociedade e não só na política (encíclica *Ubi arcano*, 1922), mas também no âmbito econômico e profissional, educativo (encíclica *Divini illius Magistri*, 1929), na escolha de uma vida de família em plena coerência com as normas morais (encíclica *Casti connubii*, 1930) e até no cinema e nos novos meios de comunicação social (encíclica *Vigilanti cura*, 1936). Portanto, um horizonte muito amplo, e sob certos aspectos inovador; por outro lado, proveniente de uma visão decididamente crítica da sociedade moderna, confirmada pela tragédia bélica e pelo bolchevismo, repetidamente condenado em seu ateísmo teórico e prático (encíclica *Divini Redemptoris*, 1937). O empenho dos católicos no mundo para a instauração do reino social de Cristo devia ser guiado sem desvios pela hierarquia eclesiástica mediante o instrumento da Ação Católica, difundido sistematicamente no Ocidente e também nos territórios de missão e ligação fundamental entre o papa e o clero, de um lado, e leigos, de outro.

É sobretudo nesse quadro que se compreende a rígida condenação da *Action Française*, tolerada por Bento XV para não comprometer ainda mais o clima já pesado em relação ao papado do catolicismo francês durante a guerra. O movimento não era guiado nem pelos bispos nem pelos leigos católicos de fé provada, não se inseria na Ação Católica, não tinha os mesmos objetivos confiados por Pio XI aos cristãos.

O projeto de Pio XI, por sinal aqui sintetizado e simplificado, previa onde fosse possível a instauração de acordos favoráveis com os Estados para permitir que o laicato católico e os bispos trabalhassem na maior liberdade possível e consolidassem a liderança católica e a formação de uma sólida classe dirigente. O desejo havia decênios cultivado pela Santa Sé de ser reconhecida como atriz internacional em relação aos Estados teve um impulso e uma série de concretizações graças à assinatura de várias **concordatas** e acordos análogos. Isso contribuiu para a estruturação centralizada da Igreja de Pio XI, pois agora era a Santa Sé que tratava diretamente com os governos, e não os episcopados, quando muito chamados a apoiar e a pôr em prática os acordos. A breve mas intensa e sob muitos aspectos dolorosa experiência diplomática de Ratti confirmava a busca do pontífice por garantias precisas para o mundo católico, uma espécie de "divisor de águas defensivo" mantido pela Igreja na sociedade.

3. A encíclica **Quadragesimo anno** "sobre a restauração da ordem social", promulgada em 1931, quarenta anos depois do documento social de Leão XIII *Rerum Novarum*, reafirmando a continuidade da que agora se define doutrina social da Igreja, assume posição para dar uma linha completa da ação política dos católicos. Além de confirmar alguns conceitos já consolidados na elaboração teórica e nas experiências práticas de quatro decênios, algumas passagens da encíclica propõem uma visão das relações sociais que, embora tradicional, assume no contexto do pós-guerra um significado mais preciso. Os católicos, e os papas com eles, tinham sempre rejeitado a luta de classe como princípio de mudança da sociedade. Isso tinha criado repetidamente desconfianças em relação aos sindicatos, embora a *Rerum Novarum* tivesse admitido de forma significativa a possibilidade de associações só de operários, e os católicos mais avisados tivessem aderido ao compromisso sindical (cap. 4, itens 23-24). Agora, a *Quadragesimo anno* repropunha a possibilidade de uma estrutura corporativa, não somente como sonho de restabelecimento do mito medieval, mas numa mais ampla teoria da sociedade que não se reconhecia na estrutura liberal na qual o indivíduo-cidadão se punha diretamente diante do Estado parlamentar. A sociedade era composta de pessoas e de "corpos intermédios" (famílias, associações, territórios e municípios...), nos quais se podiam inserir as corporações, superando a luta de classe e vendo um Estado que harmonizava e apoiava com o princípio de subsidiariedade os "corpos", sem os abolir. Embora as corporações fascistas fossem totalmente diferentes em relação a essa teoria social, abriam-se sintonias com diversos regimes autoritários que tinham retomado as corporações da experiência fascista. Na América Latina muitos católicos tentaram projetar uma sociedade diferente em relação aos Estados liberais, considerados inadequados ao contexto e opressores das massas camponesas. O católico Engelbert Dollfuss (1892-1934) instaurou na Áustria um regime autoritário, tentando realizar o ideal descrito pelo magistério. Leve-se em consideração aliás que já em 1929, depois de um choque entre uma associação de industriais católicos do norte da França e um sindicato cristão, Pio XI tinha aprovado a existência de sindicatos só de operários, bem como só de industriais, definindo algumas linhas normativas e encerrando um debate que se prolongava desde os tempos da *Rerum Novarum*.

A encíclica, e mais em geral o magistério de Pio XI, prestou-se oportunamente a certa variedade de interpretações, das mais favoráveis aos regimes de direita às críticas e inovadoras. Com efeito, as mensagens de Pio XI são de interessante complexidade e o ideal da "realeza de Cristo", encarnado também liturgicamente na solenidade de Cristo Rei, talvez seja, já no papa Ratti, mais profundo do que certa leitura simplesmente intransigente oferecida por certo número de católicos da época e por diversos historiadores de hoje. Houve no magistério papal tanto os defensores das ditaduras, figuras como o padre Agostinho Gemelli, fundador da universidade católica de Milão, quanto personalidades que articularam em diferentes níveis sua perplexidade em relação à adesão aos regimes ditatoriais: de Jacques Maritain a Emmanuel Mounier (1905-1950) e à sua revista "Esprit", surgida em 1932, de Luís Sturzo a Igino Giordani (1894-1980), de Maurice Vaussard (1888-1978) ao padre bresciano

Giulio Bevilacqua (1881-1965), do já citado padre Primo Mazzolari ao jovem Giuseppe Lazzati (1909-1986); é significativo que essas figuras tenham estado em relação com João Batista Montini (1897-1978), diplomata e colaborador de Pio XI e mais tarde seu sucessor com o nome de Paulo VI (1963-1978), um papa plenamente disponível a se confrontar com a modernidade.

41. Igreja italiana e fascismo

1. A eleição de Pio XI antecipou em alguns meses a tomada do poder por parte do **fascismo** na Itália em 1922. Precisamente os acontecimentos italianos tiveram certa influência inspiradora em vários movimentos e regimes na Europa e na América do Sul. O movimento fascista, oriundo da cultura da insatisfação social e política que se seguiu à Primeira Guerra Mundial, do mal-estar dos veteranos de guerra que retornavam a uma sociedade que não lhes dava trabalho e não estava disposta a reconhecer seus méritos e sofrimentos, logo apoiado para diversos fins pelos grandes proprietários de terras paduanas, pelos industriais e pelos setores importantes do exército (e também, como se sabe, por uma parte do mundo judaico italiano), depois de sonoros insucessos iniciais ganhou impulso como catalizador das inseguranças diante do espectro bolchevista a partir de métodos violentos e intimidatórios e da comunicação eficaz de seu líder, Benito Mussolini, um jornalista ex-socialista (foi diretor do cotidiano do partido socialista "Avanti!") e anticlerical que passou para o intervencionismo e para a retórica da guerra. O clima generalizado de ilegalidade, com assassínios, ferimentos, ciladas e intimidações de tribunais, tornava muitas vezes ineficazes as medidas de ordem pública dos fracos governos liberais, enquanto os "populares" católicos tentavam encontrar um espaço político autônomo num clima difícil. Como já se dizia, a origem de Mussolini e dos primeiros "hierarcas" (pensemos no jovem de Ferrara, Ítalo Balbo [1896-1940]) estava misturada ao anticlericalismo mais vulgar. Mas por tática os apelos à tradição e à pátria por parte da retórica de direita incluíram o proclamado respeito pela religião.

Uma vez no poder, Mussolini alternava o uso da violência à imagem que se conferia de ser o único capaz de conter as "intemperanças" de seus jovens seguidores. As agressões aos socialistas, mais ainda, porém, aos populares, considerados verdadeiro inimigo perigoso para a hegemonia fascista, foram acompanhadas pela anexação da parte mais conservadora do PPI. A legalidade constitucional formal casava-se com a progressiva eliminação das garantias para as oposições. À luta contra os antifascistas católicos, Mussolini juntou uma série de medidas que pretendiam criar junto ao clero uma opinião favorável: a colocação da imagem do Crucifixo nos lugares públicos, o aumento da contribuição estatal aos estipêndios dos párocos pobres ("côngrua"), o restabelecimento do ensino obrigatório da religião católica nas escolas elementares.

A essa altura, o ditador sugeriu a possibilidade de **negociações para uma concordata**, à qual a política de Pio XI era sensível. O campo ficou livre do obstáculo constituído pelo que restava do PPI com o exílio do padre Sturzo para a Grã-Bretanha, favorecido pela Santa Sé e aceito por obediência. Com vários mediadores e peritos, entre os quais destacamos o jesuíta Pedro Tacchi Venturi (1861-1956), que sempre foi uma espécie de embaixador informal entre o papa e Mussolini, chegou-se a uma conjunto de instrumentos jurídicos que definiam a posição internacional da Santa Sé (tratado), o apoio estatal à Igreja italiana e as condições de sua operação (concordata), bem como um ressarcimento econômico pela expropriação praticada pelo Estado unitário em relação aos domínios pontifícios (convenção econômica). Concordata, tratado e convenção econômica formaram juntos os "pactos lateranenses", assinados pelo chefe do governo italiano e pelo secretário de Estado Pietro Gasparri em 11 de fevereiro de 1929. Graças a isso ocorreu a chamada "conciliação", ou seja, o renovado acordo entre a Igreja católica e a Itália unitária, dessa vez não liberal-risorgimental mas fascista.

Alcides De Gasperi (1881-1954), político católico trentino duramente perseguido pelo fascismo e acolhido na Biblioteca Vaticana por Pio XI, assim comentava numa carta escrita no dia seguinte, 12 de fevereiro de 1929, ao padre Simone Weber (1859-1945): "Consolei assim alguns amigos que vieram desabafar: que nessas transações justamente os fidelíssimos permaneçam com a boca amarga não é novidade, nem se pensarmos bem fora da lógica das coisas", e De Gasperi citava a concordata com Napoleão, "general libertino e blasfemador nascido da revolução" e o acordo com Bismarck para concluir o *Kulturkampf*, com o qual os católicos resistentes tiveram de dar um passo atrás para chegar a uma pacificação. E continuava:

> Creio que também hoje, diante de Mussolini que batia forte na porta de bronze, o papa não podia deixar de abrir e, uma vez liberada a conversa

e encontrado o terreno do acordo, seu alto senso de responsabilidade e o peso da questão o levavam a concluí-la. Vista hoje na Itália, a conclusão é um sucesso do regime, mas vista na história do mundo é uma libertação para a Igreja e uma sorte para a Nação Italiana.

De Gasperi, que à experiência política e ao sentido das instituições sempre uniu uma notável intuição histórica, assim concluía: "Não se podia hesitar e creio que teria assinado, mesmo que o padre Sturzo fosse papa" (cit. in De Gasperi, *Lettere sul concordato*, 48). Tenha-se presente que em 1946 De Gasperi, com a oposição das antigas forças liberais e de esquerda, mas com o apoio determinante do partido comunista, conseguiu que essa mesma concordata fosse inserida na constituição da Itália republicana mediante o artigo 7 da carta constitucional.

Além de dar sanção internacional a um novo microestado independente, a "Cidade do Vaticano", reduzida ao mínimo aliás e desprovida de "saída para o mar", que naquela época parecia determinante para a segurança, e, portanto, com o reconhecimento formal das representações internacionais entre a Santa Sé e muitas potências soberanas, os pactos confirmavam conceitos tradicionais: o catolicismo como "religião de Estado", a defesa dos ministros do culto por parte das instituições, isenções fiscais e do serviço militar e até um resto de *privilegium fori* mediante a comunicação prévia ao superior religioso no caso de intervenções da autoridade judiciária em relação a clérigos. Pio XI obtinha a obrigatoriedade do ensino da religião católica também nas escolas superiores, uma grande batalha do catolicismo italiano, e a remoção dos dispositivos de 1866-1867 contra as Ordens religiosas. Em compensação, além do sucesso político Mussolini garantiu que a Ação Católica estaria longe do compromisso político e, embora aceitasse a livre eleição dos bispos por parte do papa, obtinha que, mediante a comunicação prévia ao governo, não fossem nomeados para as sedes episcopais italianas sacerdotes considerados importunos pelo regime. Um parágrafo do artigo 5 da concordata previa que "os sacerdotes apóstatas ou sob censura não poderão ser admitidos nem mantidos em algum ensino, num ofício ou emprego em que estejam em contato imediato com o público"; essa passagem é conhecida como o "parágrafo Buonaiuti", assim chamado polemicamente porque parecia dirigido ao ex-sacerdote modernista professor universitário (cap. 5, item 34); na realidade, foi rara a aplicação do parágrafo e o próprio Ernesto Buonaiuti foi afastado do ensino por seu antifascismo e não devido à concordata.

A opinião pública em geral, quer católica, quer leiga, aceitou de bom grado o acordo que encerrava um contencioso que tinha se revelado negativo tanto para a Igreja italiana como para a sociedade. No senado, somente o venerável estudioso liberal Benedetto Croce teve coragem de afirmar seu repúdio de princípio, ao passo que Vitório Emanuel III, em 1919 opositor do acordo (item 39.4), agora o aceitou sem dizer uma palavra. Os bispos elevaram um coro unânime de consenso e convidaram os católicos a votar no "plebiscito" de 1929, o qual substituía as livres eleições e, destituído de democracia e segredo do voto, era uma farsa formal, mas segundo a leitura do episcopado italiano seria uma confirmação unânime do povo italiano a favor da conciliação.

2. Os dois protagonistas do pacto, Pio XI e Mussolini, estavam de acordo quanto ao conteúdo, mas tinham **objetivos profundamente diferentes**, para não dizer opostos, dos quais ambos estavam pelo menos parcialmente conscientes. O objetivo do papa Ratti era a instauração de um Estado católico que facilitasse a realização do projeto do reino social de Cristo na Itália. Portanto, havia acordo num conjunto de garantias, reconhecimentos, direitos e até de privilégios para a Igreja, a qual estava agora livre para formar uma classe dirigente que conquistaria o regime por dentro, convertendo-o aos valores cristãos — como muitos então se iludiam — ou substituindo-o por uma crise inevitável. Mussolini, ao contrário, visava a obter com os pactos lateranenses o consenso dos católicos sobre seu regime, uma espécie de delegação ao poder e de proclamação do "duce" como salvador da pátria e da Tradição cristã, sem querer aliás ceder uma fatia sequer de poder e muito menos permitir uma penetração de uma classe dirigente que não fosse obediente a seu autoritarismo.

A aparente confiança e harmonia entre os dois líderes ocultava uma profunda distância e desconfiança, que não obstante os bons encargos do padre Tacchi Venturi não podiam deixar de explodir, e acabaram por emergir sobretudo em **dois momentos**, ou seja, antes na publicação por parte da Itália da regulamentação, entre recíprocas ameaças de denúncia dos pactos, e depois em 1931 no desentendimento sobre a **Ação Católica**. Na Itália, a associação juvenil originária, nascida em 1867-1868, tinha se articulado numa multiplicidade de setores, incluindo não só os jovens, mas também as jovens e adultos, homens e mulheres, especializando-se no ambiente estudantil, universitário (FUCI), de ensino (mestres católicos), profissional, esportivo, de escoteiros... O regime pretendia instaurar um monopólio educativo que tinha como objetivo a formação ideológica das jovens gerações e o enquadramento militar desde a infância (Obra Nacional Balilla). Pio XI tinha sempre apoiado a Ação Católica como instrumento de contribuição dos leigos para a instauração da realeza social de Cristo. Depois das provocações, intimidações e rixas por parte das "camisas pretas" fascistas e depois de buscas e sequestro de documentos pela polícia, Pio XI protestou com a encíclica, escrita em italiano, *Non abbiamo bisogno* (29 de junho de 1931): à rejeição da "estadolatria pagã" unia-se a oposição a subordinar a educação da juventude ao regime. No mês de setembro seguinte chegou-se a um acordo, graças ao qual cessaram os ataques à Ação Católica, a qual, porém, estava reformada em seus estatutos para depender diretamente dos bispos e evitar por completo qualquer compromisso diretamente social ou político. Já o escotismo foi supresso.

A Ação Católica continuou a desempenhar papel educativo independente do regime; discutiu-se se tenha tido um verdadeiro poder crítico em relação ao fascismo; isso dependeu provavelmente das figuras dos "assistentes eclesiásticos", escolhidos pelos bispos com papel importante de controle e direção. Segundo alguns historiadores, os fatos de 1931 foram uma passagem decisiva na relação entre Pio XI e os regimes que se punham como totalitários. O papa Ratti recusava-se a aceitar o totalitarismo político em nome de um "totalitarismo cristão", embora não renunciasse a instrumentos jurídicos de acordo e garantia, como as concordatas.

Seria interessante aprofundar um tema que aflora aqui e ali nas correspondências e na publicidade ligada ao clero referente à **prática religiosa** durante a época fascista. Com o advento do regime, e mais ainda com os pactos lateranenses, a Igreja pôde realizar alguns eventos religiosos públicos, do jubileu de 1925 aos congressos eucarísticos diocesanos e nacionais muito em voga naquele período. Dir-se-ia que essas grandes manifestações teriam conseguido certa retomada da prática religiosa. "Continuam os bons efeitos produzidos pelo nosso Congresso Eucarístico. Todo dia há Crismas e primeiras comunhões de crianças e de pessoas de vinte, vinte e cinco e até de trinta anos de idade [...]", escrevia em 1924 Guido Maria Conforti (1865-1931), depois canonizado, bispo de Parma (*Lettere ai Saveriani 3: Uccelli e casa apostolica di Vicenza...*, Procuradoria-geral xaveriana, Roma, 1977, 50). Alguns jovens que nos primeiros anos do século XX, época de difusão do socialismo na planície paduana, não tinham sido levados aos sacramentos retornavam agora à prática. Desilusão da política revolucionária, conformismo imposto pelo nascente regime, sincera adesão à religião? No clero, certamente essa onda de retorno terá facilmente provocado a impressão de que a nova situação política fosse favorável, aceita e apoiada. Ao contrário, porém, já nos anos 1920 e até plena Segunda Guerra Mundial, nas homilias e nos escritos pastorais voltam os petardos contra comportamentos morais, modas, danças e espetáculos considerados corruptores da juventude. Dir-se-ia haver um retorno da contestação, do ambiente sociocultural ao moral; na realidade, as coisas são mais complexas. Amiúde, nas atividades do regime em relação aos jovens e às classes populares (o "pós-trabalho") e no clima dos jovens que frequentavam as associações fascistas, muitas vezes marcado pelo machismo e pela exaltação do físico, percebia-se um estilo distante das indicações eclesiais. Muitos hierarcas locais eram na realidade figuras ambíguas que tentavam se reciclar e não brilhavam por transparência pessoal.

Nos anos 1930 e depois do esmorecimento do feroz conflito com a Ação Católica, boa parte do **episcopado** estava em sintonia com o crescente consenso sobre o regime, em particular os bispos recém-nomeados, não malvistos pelo regime. Nas intervenções em relação às outras nações, por exemplo na condenação da *Action Française*, e com o apoio do cotidiano oficioso do Vaticano, o "Osservatore Romano", Pio XI fazia críticas à chamada "estadolatria" difusa, implícita condenação do totalitarismo, um termo que ia se difundindo e se definindo nesse período. Não faltam tensões com os mais fanáticos entre os fascistas, como o cremonense Roberto Farinacci (1892-1945), e desabafos privados de Mussolini contra o "Osservatore". A propaganda do regime ressalta as conquistas coloniais e econômicas, e silencia o que pudesse gerar perplexidade, como o massacre dos monges na Etiópia depois da conquista italiana e a caça do *negus*: foram mortos às centenas no mosteiro de Debra Libanós, e muitas outras vítimas houve em todo o antigo reino da África oriental.

À grande parte da opinião pública italiana substancialmente favorável ao fascismo ou pelo menos às suas afirmações de segurança interna e de prestígio internacional, bem como a uma parte importante do clero e do mundo dos religiosos abertamente alinhada com o regime, contrapunha-se um grupo não desprezível de ex-populares e de sacerdotes (em geral, constituído pela geração que crescera no compromisso social dos primeiros vinte anos do século), que longe das alavancas do comando das dioceses, mas presente nas paróquias, entre os jovens e nas associações, mantinha uma **atitude crítica** em relação ao fascismo e a seu progressivo alinhamento, depois de desconfianças iniciais, ao nazismo alemão.

Em resumo, o catolicismo italiano estava silenciosamente dividido entre filofascistas — pensemos em frei Agostinho Gemelli, fundador da universidade católica, e no abade Emanuele Caronti (1882-1966), beneditino, artesão do movimento litúrgico na Itália; até as leis raciais de 1938, também o beato Alfredo Ildefonso Schuster (1880-1954), arcebispo de Milão, foi favorável ao regime — e antifascistas, como o já citado Primo Mazzolari, pároco e orador, os padres brescianos do oratório da Paz, amigos e formadores de João Batista Montini e muitos outros, muitas vezes conhecidos no âmbito local.

3. O **debate** não somente entre os historiadores **sobre os pactos lateranenses** ainda está em aberto e muitas vezes se ressente das posições ideológicas. A tradição liberal na Itália identifica ainda hoje conciliação e regime autoritário e de privilégio e faz uma leitura substancialmente negativa do acordo, quer em relação ao conteúdo, quer sobre o instrumento concordatário em si e por si. Uma visão mais geral e de longo prazo, não viciada pelos preconceitos, mostra a substancial lucidez do diagnóstico degasperiano, citado mais acima, e particularmente perspicaz porque expresso já naqueles dias. Para além das diferentes intenções e sob certos aspectos contraditórias dos dois protagonistas, Pio XI e Mussolini, a relação entre a Santa Sé, o catolicismo italiano, a sociedade e as instituições encontrou na conciliação uma saída dos obstáculos de um conflito que afastava o mundo católico e grande parte da população da vida da nação, privando a Itália de recursos e energias vitais.

Sobre os termos concretos dos pactos, trata-se de avaliar quanto se deve à tradição político-diplomática da Santa Sé, com seus objetivos claros e sua flexibilidade, quanto a situações historicamente contingentes e destinadas a cair — e muitas vezes superadas e removidas das atualizações sucessivas das relações —, e quanto aos cálculos mais ou menos clarividentes de Pio XI e de Mussolini. Decerto pode-se pensar que os dois contendentes, para além da linguagem medida da estipulação, da diplomacia e da retórica muitas vezes agressiva e desdenhosa do "duce" durante a implementação, tivessem consciência da profunda distância e até mesmo da contradição entre seus objetivos recíprocos. Talvez ambos, numa atitude de recíproca instrumentalização, miravam taticamente ao acordo, pensando que depois dos primeiros episódios cada qual veria o predomínio da própria força sobre o outro. Na realidade, em vez de fazer prevalecer uma posição sobre a outra, os acontecimentos seguintes puseram em contínua tensão os dois interlocutores. Em particular, as declarações públicas de Pio XI sobre as questões raciais desqualificaram o regime e encorajaram os bispos italianos a se afastarem do fascismo, quando na Itália se promulgaram em novembro de 1938 as leis contra os judeus; desse modo, terminou a disponibilidade de uma parte dos eclesiásticos em relação ao regime, como ocorreu com o arcebispo de Milão, Schuster. Em todo caso, o fato do acordo ter durado para além de seus dois protagonistas, dando abertura a outras negociações e desdobramentos em épocas completamente diferentes, mostra que a escolha amadurecida em 1929 estava fundada em bases historicamente mais amplas e sólidas com relação às expectativas imediatas do papa e do "duce".

42. Igreja e nazismo

1. O mais sólido e militarmente preparado entre os Impérios centrais da pré-guerra (Alemanha, Áustria-Hungria, Império turco) saiu do conflito mantendo certa consistência nacional, embora com amputações de áreas bilíngues ou de cultura mista, como a Alsácia e a Lorena ou parte da Prússia; com relação à divisão dos aliados austro-húngaros e otomanos, já foi uma conquista. Mas sob o ponto de vista estrutural e econômico, a Alemanha do imediato pós-guerra era uma **nação em crise**. São conhecidos o desemprego e a inflação, ligados ao peso das "reparações de guerra" aos vencedores, que de vários modos tinham feito valer uma espécie de vingança; além disso, depois de 1930, sobre a economia alemã em recuperação pesou a crise internacional, a qual levou a tensões sociais altíssimas. O governo republicano democrático, surgido depois da guerra e com a ameaça da instauração de um regime comunista, estava fragmentado em vários partidos, entre os quais o tradicional partido católico do *Zentrum*, rico de experiência, mas impossibilitado de chegar à direção do país como partido de representação dos católicos, que, todavia, eram minoria. A instabilidade jogou a favor do Partido nacional-socialista dos trabalhadores (NSDAP), de extrema direita, guiado por **Adolf Hitler** (1889-1945) — convém lembrar que não era alemão por nascimento, mas um austríaco —, o qual já havia tentado se assenhorear do poder na Baviera com um golpe em 1923, que lhe custara um ano de prisão. De maneira análoga sob certos aspectos ao que tinha feito Mussolini na Itália dez anos antes, Hitler conquistou o poder entre 1932 e 1933 e, de fato, esvaziou e suspendeu a constituição, unindo legalidade formal e violências terroristas.

Quando já em 1930 os nacional-socialistas tinham chegado a trinta por cento do consenso popular, os bispos alemães tinham proibido os católicos de aderirem a eles, seja por solidariedade ao *Zentrum*, seja pelas atitudes violentas e declaradamente hostis ao cristianismo por parte da ideologia nazista. Mas depois da vitória nazista no início de março de 1933, em apenas um mês se chegou por parte do *Zentrum* à aprovação dos plenos poderes ao novo governo presidido por Hitler, o qual tinha como vice-chanceler Franz von Papen (1879-1969), católico da ala direita do *Zentrum*; o episcopado emitiu uma declaração de espera prudente. Ainda na primeira parte de 1933, von Papen, portador de uma **proposta de acordo** entre o Estado alemão e a Santa Sé, chegava ao Vaticano, onde era secretário de Estado Eugênio Pacelli, que conhecia bem a situação alemã, pois antes tinha sido núncio em Munique (1917-1925) para depois ser transferido para a nunciatura em Berlim, na qual permaneceu de 1925 a 1930. Em julho de 1933 a concordata estava pronta e assinada.

A rapidez de decisão tanto do episcopado alemão quanto da Santa Sé — comparada com a lentidão das negociações que somente quatro anos antes tinham levado aos acordos lateranenses — é ainda hoje, entre os historiadores, objeto de um debate de que falaremos mais adiante. Os dados certos são, antes de tudo, a adesão do secretário do *Zentrum*, dom Ludwig Kaas (1881-1952), ao compromisso, com a aceitação, análoga à de Sturzo, do exílio que o levou ao Vaticano (na Alemanha fora colaborador e amigo de longa data de Pacelli). O exílio de Kaas foi a premissa para a desagregação e a dissolução do partido católico. Em segundo lugar, diante das forças do nazismo o episcopado acabou por se dividir em **duas linhas**: a representada pelo arcebispo de Breslávia, cardeal Johannes Adolf Bertram (1859-1945), que visava a não se encontrar publicamente com o regime e a reivindicar os limites postos pelas garantias legais; e a encarnada por Michael von Faulhaber (1869-1952), de Munique, Konrad von Preysing (1880-1950), bispo de Eichstätt e depois de Berlim, e mais tarde por Clemens August von Galen (1878-1946), de Münster, os quais, porém, não hesitavam em se contrapor às perseguições nazistas. O risco de divisão dentro do catolicismo alemão estava bem claro para Pio XI e para Pacelli, que deviam evitar que o nazismo levantasse a bandeira do sentimento antirromano, presente na secular tradição alemã, e do cisma.

Além disso, estavam em andamento manobras dos nazistas sobre as Igrejas alemãs, com o objetivo de as controlar; convém não esquecer que entre agosto e setembro de 1933 Ludwig Müller (1883-1945), dos "cristãos alemães" filonazistas, tornou-se "bispo do *Reich*" luterano, de modo que a maioria da confissão esteve submetida ao nazismo, enquanto a minoria antinazista deu origem em 1934, com o sínodo de Barmen, à "Igreja confessante". Aliás, o próprio Hitler proclamava a importância das Igrejas cristãs para o novo *Reich*, negando em parte seu anterior e conhecido anticristianismo, embora se multiplicassem violências e incriminações de sacerdotes e de crentes; é provável que o episcopado, ou parte dele, se agarrasse de certo modo à "viragem" da propaganda nazista, esperando (ou preferindo se iludir) que um acordo permitisse defender as posições essenciais.

Em relação aos pactos lateranenses e a outras concordatas, o que foi assinado com o *Reich* em 20 de julho de 1933 parece muito mais plasmado pela **lógica do mal menor**, pelo menos sob o ponto de vista da Santa Sé. Os acordos anteriores com cada um dos *Länder*, que muitas vezes garantiam as tradicionais nomeações episcopais com o concurso dos capítulos canonicais locais, eram mantidos em vigor. A concordata garantia o reconhecimento estatal das faculdades teológicas nas universidades e das escolas confessionais, e garantia o ensino da religião nas outras escolas em que fosse solicitado. O *Reich* reconhecia a liberdade de associação com finalidades religiosas, culturais e educativas, inclusive as que tivessem também objetivos sociais e profissionais. Esta era certamente uma importante conquista para a Igreja, que, por outro lado, aceitava que o clero não fosse inscrito em nenhum partido; inicialmente esta última norma era contra Kaas e o *Zentrum*, na realidade, com a abolição de todos os partidos exceto o NSDAP, evitou compromissos perigosos. Todavia, a lista das associações católicas "permitidas" nunca foi redigida.

Como mencionado anteriormente, o debate sobre a concordata e seu significado ainda está em aberto. Os historiados bem informados excluem a conexão entre o fim do *Zentrum* e a concordata, como se a dissolução do partido católico fosse o preço a ser pago para chegar ao acordo concordatário. Há quem proponha uma simpatia substancial de Pio XI, e mais ainda de Pacelli pelos nazistas, diante do temor de uma ascensão revolucionária dos bolchevistas. É contra essa posição aqueles que acentuam o aspecto das pressões e intimidações em relação aos católicos e a consciência do extremismo e da ilegalidade da nova liderança alemã, o que levou o episcopado, por um lado, e o Vaticano, por outro, a pelo menos garantir um acordo que "salvasse o salvável". Esta última interpretação teve o crédito da Santa Sé desde o início, mesmo perante fontes diplomáticas; todavia, a lógica do "salvar o salvável" é compreendida no fim das negociações, quando Hitler já estava no poder, um pouco menos nas semanas iniciais, nas quais o nazismo tinha necessidade de se consolidar e, portanto, interesse de negociar com os católicos. Aliás, de modo mais amplo, a escolha concordatária que a Santa Sé tinha sempre em mente naqueles decênios visava a obter uma base jurídica de defesa, como mais tarde afirmou Pio XII, até na esteira dos sofrimentos pelos quais passaram os católicos no século anterior durante o *Kulturkampf* (cap. 4, item 29.1). Certamente, completando a reconstrução dos fatos acima feita, é preciso ter presente que tudo se deu num clima de rápida e complexa evolução, no qual o próprio episcopado tinha dificuldade de se orientar. Naqueles meses agitados da primeira parte de 1933, juntaram-se decisões e medidas que deram o que pensar: 28 de março de 1933, carta coletiva do episcopado, que, embora mantendo a rejeição da ideologia nazista, revogava os impedimentos eclesiásticos à inscrição dos católicos no NSDAP; 30 de março a 7 de abril, início da legislação racista; 5 de julho, dissolução do *Zentrum*; 14 de julho, lei sobre a esterilização dos incapacitados; 20 de julho, assinatura da concordata.

2. Aliás, depois de firmado o acordo, não acabava para a Igreja católica alemã uma longa **fase de perseguição**, muitas vezes mascarada com acusações de crimes comuns atribuídos aos cristãos, intimidações, inquéritos, controle policial de um Estado que logo assumiu sua completa face totalitária. Apesar dos protestos dos bispos e do Vaticano, as liberdades das associações eram continuamente violadas, as escolas católicas foram progressivamente sendo fechadas, vários professores foram destituídos, como mostram os casos do patrologista Berthold Altaner (1885-1964) já em 1933 e de Romano Guardini (1885-1968) em 1939. Entretanto, a legislação antissemita se articulava e envolvia também israelitas convertidos ao cristianismo, como Edith Stein (1891-1942), que perdeu a cátedra em 1933, retirando-se ao Carmelo em 1934, e Hubert Jedin (1900-1980), sacerdote diocesano e grande historiador, filho de mãe judia batizada.

Enquanto, como se dizia acima, a maioria da Igreja luterana se alinhou ao nazismo, os católicos, junto com o grupo da "Igreja confessante" protestante, conseguiram substancialmente não serem vítimas de infiltrações, mas se viram diante das alternativas: ou a **máxima prudência** no agir e no falar ou a repressão. As diferenças internas do episcopado emergiram entre as duas cartas, a coletiva de 1935, que protestava com dureza contra as pressões nazistas, e a de

1936, que estendia a mão ao regime para uma luta comum contra o bolchevismo, invocando o respeito dos acordos concordatários. Entrementes, com homilias e escritos algumas personalidades de referência procuravam contestar a insistente propaganda ideológica nazista. As prédicas e os livros de Guardini, as homilias do pároco berlinense Bernhard Lichtenberg (1875-1943) e de outros sacerdotes e religiosos e os posicionamentos públicos de von Galen em Münster — que em 1941 obrigaram Hitler a declarar suspenso o programa de eutanásia nazista — estavam muitas vezes entre as poucas vozes corajosas no clima de controle instaurado por Hitler. Em Guardini e no pároco Franz Weiss teriam se inspirado os jovens católicos e protestantes da *Weisse Rose* (Rosa branca), um grupo estudantil de resistência antinazista na universidade de Munique que foi sufocado de forma sangrenta no inverno de 1942-1943.

Entretanto, a Santa Sé continuava a expedir notas de protesto e a reunir informações por meio dos bispos Faulhaber, von Galen e von Preysing, que fizeram parte da redação da encíclica **Mit Brennender Sorge** (Com ardente preocupação). Essa primeira encíclica em língua alemã, com data de 14 de março de 1937, tem como subtítulo "sobre a situação da Igreja católica no *Reich* alemão". Depois de ter lembrado a concordata de 1933, assinada para "poupar […] as tensões e tribulações que […] com certeza eram de se esperar" — volta a ideia do "salvar o salvável" —, o documento protesta que a ausência de paz entre o *Reich* e a Igreja católica não se deve a esta última, mas aos "semeadores de cizânia" e a seus "protetores, ocultos ou manifestos", e se propõe dar aos cristãos perseguidos "uma palavra de verdade e de encorajamento" (cap. 1 da encíclica: *Enchiridion delle Encicliche*, 5, nn. 1077-1079, 1081), palavra que se torna antes de tudo ampla e articulada resposta às teses nazistas sobre um Deus "nacional" e racista, uma reflexão sobre a genuinidade da Palavra confiada no Antigo Testamento, sobre Jesus Cristo contra novos messianismos políticos, sobre a liberdade que compete à Igreja, sobre o primado papal e sobre o uso nazista da terminologia religiosa. Depois Pio XI argumenta contra a intervenção do Estado totalitário no campo moral e contra a pretensão de que "o que é útil à nação" sufoque os direitos da pessoa humana. A encíclica conclui com apelos à juventude, aos sacerdotes e religiosos e fiéis leigos. O texto foi transmitido de maneira secreta aos bispos e por eles aos párocos e foi lido em todas as santas missas do domingo de Ramos de 1937, pegando de surpresa a polícia e as hierarquias nazistas, que optaram pela estratégia de dar um peso relativo ao documento com algumas repreensões na imprensa oficial e depois sufocar no silêncio esse episódio; convém notar que no plano internacional, sobretudo nos Estados Unidos, onde existia uma importante comunidade católica alemã, a encíclica teve ampla ressonância.

3. A partir daquele momento, entre a Santa Sé e o episcopado alemão, por um lado, e o nazismo, por outro, houve plena ruptura, embora a nunciatura em Berlim tenha sido mantida. Notemos que nos mesmos dias (14-19 de março de 1937), publicou-se também a encíclica *Divini Redemptoris* contra o comunismo ateu: como para dissipar equívocos e instrumentalizações e para corroborar com esse duplo posicionamento, a única condenação do totalitarismo, embora sobre a relação entre as posições do Vaticano a respeito do nazismo e do comunismo não faltem debates.

Um ano depois (março de 1938), após pressões exercidas pela Alemanha sobre a **Áustria** mediante os nacional-socialistas, as tropas alemãs invadiam sem resistências a nação de origem de Hitler, de modo a torná-la sujeita à anexação (*Anschluss*) ao *Reich*. A nunciatura de Viena pediu aos bispos que não se expusessem, mas o cardeal Theodor Innitzer (1875-1955), arcebispo de Viena, bem como outros bispos austríacos apoiaram publicamente a anexação, com grandes saudações nazistas. O "Osservatore Romano" desaprovou a postura do arcebispo, que teve de sofrer severa admoestação por parte de Pio XI. Innitzer evitou a destituição porque a Santa Sé não queria agravar a situação. Dois meses depois, Hitler em visita a Roma não procurou entrar em contato com Pio XI, o qual, por sua vez, nos dias da presença do *Führer* em Roma permaneceu não no Vaticano, mas no palácio de Castelgandolfo.

Naqueles meses (fim de junho de 1938), o papa pediu a alguns teólogos jesuítas, o estadunidense John LaFarge (1880-1963), o francês Gustave Desbuquois (1869-1959) e o alemão Gustav Gundlach (1892-1963), que redigissem o texto de uma **encíclica sobre o nazismo**, cujo conteúdo indicou em grandes linhas. No início de setembro, ao falar diante de peregrinos belgas, Pio XI protestou abertamente contra as leis raciais fascistas, tendo como referência a passagem dedicada ao sacrifício de Abraão "nosso pai na fé", conforme o Cânon romano, a oração litúrgica que então era lida durante a celebração de todas as missas: "O antissemitismo não é compatível com o pensamento e a realidade sublimes que se expressam neste texto. É um movimento antipático, no qual não podemos, nós cristãos, ter parte [...]. Espiritualmente, somos todos semitas" (cit. in Miccoli, *I dilemmi e i silenzi di Pio XII*, 308). Entre outubro e janeiro o esboço da encíclica sobre o racismo permaneceu nas mãos do geral dos jesuítas, Wlodzimierz Ledóchowski (1866-1942), e foi pedida por Pio XI, o qual, porém, não conseguiu publicá-la, pois faleceu no dia 10 de fevereiro de 1939, pouco depois de ter recebido o texto. Seu sucessor julgou não ser oportuno torná-la pública. Igualmente, os protestos contidos num discurso que o papa pronunciaria no décimo aniversário da conciliação permaneceram na gaveta e só se tornaram conhecidos anos depois durante o pontificado de João XXIII. Todavia o claro posicionamento de Pio XI contra o racismo encorajou o episcopado a fazer a mesma coisa, como foi referido no item anterior em relação à Itália.

Durante a Segunda Guerra Mundial e a realização da "solução final" (*Endlösung*) do nazismo e do sistema relativo aos campos de concentração para judeus, ciganos e opositores políticos, os católicos foram substancialmente leais ao dever bélico, mas ficaram distantes do fanatismo nazista, com os primeiros casos de **objeção de consciência** (o austríaco Franz Jägerstätter [1907-1943], o tirolês do sul Josef Mayr-Nusser [1910-1945] que pagaram com a vida) e a presença dentro dos movimentos de resistência antinazista; por exemplo, era católico praticante Claus Schenk von Stauffenberg (1907-1944), o autor do atentado contra Hitler, em julho de 1944, conspiração na qual estava também envolvido o jesuíta Alfred Delp (1907-1945). Milhares de sacerdotes e de leigos católicos alemães, juntamente com confrades de toda a Europa e com pastores da Igreja confessante, foram internados nos campos de concentração.

Inserção 1
A Igreja e os israelitas entre o fim do século XIX e a Segunda Guerra Mundial

Da questão tão complexa e debatida a respeito da relação entre Igreja e judeus — levando em consideração as dimensões e os objetivos deste livro, bem como os muitos temas ainda não definidos no âmbito historiográfico —, queremos identificar os pontos principais e propor algumas pistas de aprofundamento pessoal.

Os israelitas na Europa moderna estavam submetidos a um estatuto jurídico não somente de discriminação — condição comum a todas as minorias religiosas —, mas de verdadeira **segregação** em muitos países onde estavam presentes, inclusive não em último lugar o Estado pontifício, nos quais aliás a comunidade judia era numerosa e estava presente havia séculos (vol. III, cap. 3, Inserção 1 – *Os judeus na Itália entre os séculos XVI e XVIII*). A condição de segregação e a falta de direitos tinham poucas exceções, como a Polônia até o fim da sua independência, algumas regiões europeias do Império otomano e cidades de "refúgio", como Livorno. Com o despotismo iluminado no fim do século XVIII, e depois com a Revolução Francesa, os judeus nos Estados europeus chegaram à emancipação e à plenitude dos direitos civis e políticos, em períodos e modos progressivos e com alguns retrocessos, no tempo da restauração. No Estado pontifício do século XIX continuava a condição discriminatória: enquanto o gueto foi supresso em 1846, um caso clamoroso com protestos no plano internacional, o do pequeno Edgard Mortara, judeu batizado durante uma grave doença por uma serviçal católica e depois, quando a notícia foi divulgada, arrancado da família aos sete anos e educado no catolicismo, mostrava a persistência da velha mentalidade em Pio IX e no seu governo. Os judeus de Roma tiveram a emancipação em 1870.

Enquanto os liberais faziam da igualdade das minorias uma de suas bandeiras, os católicos intransigentes viam na emancipação judaica um perigo: temia-se em primeiro lugar a difusão do **indiferentismo religioso**. A essa visão teórica e nostálgica da concórdia religiosa das nações juntaram-se logo outros motivos ligados à mentalidade profunda. Muitas vozes católicas (e não só, porque a hostilidade antijudaica era partilhada pelos protestantes e ortodoxos) ressaltavam o **poder econômico** dos israelitas; o próprio Pio IX teve de recorrer a empréstimos financeiros da família Rothschild. Com o crescimento da questão social, o capitalismo judaico foi visto como um dos protagonistas do empobrecimento de amplas faixas da população e das injustiças que se difundiam. Além disso, denunciava-se o vínculo entre mundo judaico e maçonaria latina anticlerical. Dessas duas acusações nasceu a mentalidade de conspiração, a qual foi progressivamente se difundindo entre os católicos intransigentes, bem como em outros setores — por exemplo, na Rússia ortodoxa czarista. Surgiu o teorema da conspiração judeu-maçônica para destruir o cristianismo, tomando o poder por meio do dinheiro e da corrupção. Um dos frutos dessa mentalidade são os chamados "*Protocolos dos sábios de Sião*", uma mistura literária nascida de obras romanescas francesas do século XIX, uma falsificação propagada pela polícia secreta czarista no início do século XX que valoriza a conspiração judaico-maçônica para o domínio do mundo.

O que dizer dessas acusações às quais ainda hoje se dá ouvido por parte de alguns? Desde os anos 1830, Carlos Cattaneo (1801-1869) tinha mostrado o mecanismo econômico que tinha levado alguns dos judeus segregados e impossibilitados de investir em bens imóveis a estarem entre os banqueiros mais dotados de liquidez. O mesmo mecanismo, mais generalizado, faz de uma minoria — embora muitas vezes aculturada graças ao estudo das Escrituras, apesar da proibição de frequentar a universidade — um grupo consciente da própria identidade e competente sob vários pontos de vista. Com a emancipação, a liquidez se torna aquisição de bens imóveis (entre os quais, na Itália, herdades de propriedade monástica adquiridas em leilões a preços convenientes e sem o temor da excomunhão *latae sententiae*) e permite uma importância econômica cada vez maior, enquanto os israelitas mais preparados fazem carreira na universidade, nos jornais, na política: Alessandro Fortis (1841-1909) e Sidney Sonnino na Itália, Walther Rathenau (1867-1922) na Alemanha, Benjamin Disraeli (1804-1881) no Reino Unido são alguns dos exemplos no âmbito parlamentar. A presença de alguns israelitas nos centros do poder econômico e social e o rumo que a maçonaria assume nos países latinos, por um lado voz de certo anticlericalismo, por outra camarilha de notáveis, fizeram com que na Itália, por exemplo, certo número de judeus da alta sociedade se filiasse à maçonaria até chegar ao cargo de grão-mestre com Ernesto Nathan (1845-1921), prefeito de Roma de 1907 a 1913. Mas nem todos os judeus eram maçons, e pouquíssimos maçons, como o toscano Adriano Lemmi (1822-1901), se tornaram israelitas. Portanto, alguns dados de fato, como a riqueza de certas famílias judaicas e alguns contatos com a maçonaria, explicáveis sob o ponto de vista sociológico, foram ampliados e generalizados até a conspiração. Aliás, em toda a Europa, da Polônia a Roma e do Piemonte à Bósnia e à Grécia, a maioria dos judeus era composta por camponeses, negociantes, pequenos artesãos, nem mais nem menos do que a massa cristã desses mesmos países. Talvez com cultura mais desenvolvida graças ao contato com a Torá e o *Talmud*.

A essa hostilidade antijudaica — com frequência justificada no âmbito teológico e homilético por conceitos tradicionais, como "povo deicida", e apoiada por campanhas na imprensa desprovidas muitas vezes de verdadeira profundidade científica — junta-se o surgimento no âmbito positivista das **teorias racistas**. Outros escritores bem distantes muitas vezes da vida religiosa, abertamente ateus e anticlericais, expressam a ideia de uma incompatibilidade entre o judaísmo e as nações europeias, de uma estranheza insuperável. São essas últimas duas posições que geram o antissemitismo do século XX, de que a grande maioria dos cristãos, porém, não partilha.

Entretanto, nas comunidades judaicas que chegavam à emancipação emergiam **diferentes linhas de tendências**: um fechamento identitário, presente em diversos grupos observantes na Europa e na América; a escolha da assimilação, até abandonar a prática religiosa e querer cancelar os sinais do pertencimento a um grupo diferente; em terceiro lugar, uma integração sem assimilação. Também o mundo judaico não era nada compacto e certamente vivia importantes tensões diante das mudanças de época. Note-se que os israelitas que administravam as maiores riquezas, muitas vezes com espírito selvagemente capitalista, eram com frequência também não observantes. Enquanto na Europa e na América os Estados passavam para a emancipação das minorias religiosas, a Rússia dos czares, que compreendia as importantes comunidades polonesas, estava ainda marcada por amplo espaço de intolerância em relação aos judeus, chegando à perseguição: o período mais feroz dos *pogrom* ("devastação") foi de 1881 ao início do pós-guerra.

Nesse contexto, com o mundo judaico em pleno movimento, mas também em tensão, e vários mundos (católicos, protestantes, ortodoxos...) ressentidos e amedrontados pelo fim da segregação, explodiu o **caso Dreyfus** na França. Alfred Dreyfus (1859-1935), alsaciano de origem israelita, capitão do exército e figura eminente na carreira, em 1894 foi acusado de alta traição por ter passado papéis secretos à Alemanha, que — não nos esqueçamos — tinha se apoderado em 1870 da Alsácia e da Lorena. Depois de condenações, protestos, contrainvestigações, mas também a degradação de Dreyfus e sua prisão na terrível colônia penal da Guiana, na América do Sul, em 1906, o oficial foi completamente absolvido. Nos doze anos do *affaire*, entre os que o consideravam culpado contavam-se católicos monarquistas, os assuncionistas (agostinianos da Assunção, ordem religiosa clerical fundada na França em 1845) editores do jornal "La Croix" (mas também na Itália, a "La Civiltà Cattolica"), os nacionalistas e os oficiais do exército, enquanto os que o consideravam inocentes foram os radicais e os políticos de esquerda, bem como o escritor Émile Zola (1840-1902), célebre por seu título no jornal socialista "Aurore": *J'accuse — Eu acuso*. O pior da conspiração, por um lado, e do anticlericalismo, por outro, ficou demonstrado, e parte da hostilidade antijudaica confluiu para a *Action Française*.

Precisamente nos mesmos anos (1895-1910), firmou-se na **Áustria** o partido cristão social, que teve como líder Karl Lueger (1844-1910), prefeito de Viena por muitos anos, em que promoveu uma política eficaz sob o ponto de vista da população operária no plano urbanístico. O partido provinha de uma notável elaboração teórica do mundo católico austríaco e europeu, mas, diante da consistente minoria judaica presente no Império, ressaltava em sua propaganda política o peso econômico do judaísmo e se propunha a conter seu poder; era, portanto, uma expressão completa e muitas vezes rígida da hostilidade antijudaica movida por motivações econômicas. Ao partido pertencia também Theodor Innitzer, ministro dos processos sociais de 1928 a 1930, antes de ser nomeado arcebispo de Viena. Desde 1895 a Santa Sé tinha conduzido uma pesquisa em relação aos cristãos sociais, concluindo pela improcedência jurídica para a condenação: o partido não odiava "os judeus como tais, mas o sistema econômico opressivo do povo, ao qual os judeus costumam se dedicar com frequência" (cit. in Martina, *Il problema ebraico nella storia della Chiesa*, para uso dos alunos, Roma, Gregoriana, 1996, 112).

Um jornalista judeu austríaco, Theodor Herzl, convidado como correspondente na França sobre o caso Dreyfus, elaborou um projeto de constituição de um Estado judaico onde não houvesse mais discriminações em relação aos israelitas. A partir também das ideias de outros expoentes do judaísmo europeu, o projeto se tornou o **movimento "sionista"** (primeiro congresso em Basileia em 1897) que apoiou um fluxo contínuo de emigração judia para a Palestina. O sionismo e o ideal de um Estado judaico, mas também a migração para o Oriente Médio, foram em certo sentido evoluções da linha identitária e não assimilativa do judaísmo pós-emancipação, ou seja, da corrente dentro dos grupos judaicos que recusava se integrar nas sociedades nascidas da Revolução Francesa, como vimos acima. Aliás, convergiam para o sionismo grupos judeus, quer religiosos, quer secularizados, de simpatias socialistas, em parte. Por outro lado, o crescimento da comunidade judaica na Palestina entrou em choque com o mundo árabe autóctone, parcialmente cristão, gerando novas polêmicas. O sionismo foi muitas vezes identificado como a central de operação da "conspiração".

Depois da "revolução de outubro" de 1917 e o surgimento dos partidos comunistas bolchevistas, às tradicionais acusações contra os israelitas por parte de uma fatia consistente de cristãos (católicos, mas também protestantes e ortodoxos) juntou-se a de chefiar a revolução vermelha: efetivamente, de 1920 a 1940 não faltava nos partidos comunistas certa presença de judeus secularizados, mas, além de Rosa Luxemburgo (1870-1919) na Alemanha e de Bela Kun (1886-1938: sobrenome original Cohen) na Hungria, não se registra uma verdadeira liderança judaica. Também Lenin era de origem judaica, mas remota, e tinha crescido na ortodoxia como Stalin (1878-1953).

Com o advento do nacional-socialismo, que tinha feito do antissemitismo um fator central da própria ideologia, estava difundida em vastas áreas católicas e protestantes europeias a aversão ao judaísmo, mais como uma espécie de abafado clima de mentalidade do que como verdadeiro antissemitismo. O antissemitismo nazista, derivado dos escritos de Alfred Rosenberg (1893-1946) e de outros, era racista e nacionalista e tinha pretensões científicas e mitológicas; assim, sob o ponto de vista do pensamento, era totalmente diferente do clima hostil entre os cristãos, que tinha suas raízes na mentalidade segregativa do *Ancien Régime* e no medo do indiferentismo. Mas os dois antissemitismos tinham como ponto comum o **conspiracionismo**; e isso não deixou de gerar equívocas alianças e simpatias. Aliás, no mundo teológico e da cultura, em especial nos mais perspicazes exegetas protestantes e católicos, o respeito pelo pensamento judaico e os contatos no estudo do texto bíblico tinham difundido uma posição totalmente distante do antissemitismo: Jacques Maritain e sua esposa, os biblistas Joseph Bonsirven (1880-1958) e Erik Peterson (1890-1960), além do teólogo Charles Journet (1891-1975), o pároco berlinense Bernhard Lichtenberg, são um exemplo disso. Mas também na população católica mais em contato com as comunidades judaicas menos poderosas, no sul da Polônia, por exemplo, a convivência tinha entrelaçado na época amizades e diálogos que eram totalmente estranhos ao antissemitismo: testemunha disso é o jovem Karol Wojtyla (1920-2005), embora no clima hostil daqueles anos de crise econômica também.

Justamente nesse período, Aquiles Ratti (que, como estudioso da Biblioteca Ambrosiana e professor de hebraico no seminário de Milão, tinha estreitado laços de amizade com os judeus milaneses, a começar pelo rabino Alessandro Da Fano [1847-1935]), núncio na Polônia e alto comissário eclesiástico para o plebiscito na Alta Silésia, atribuía aos grupos judeus a hostilidade aos projetos dos católicos poloneses: a tensão entre os dois grupos existia e tinha diversas motivações radicadas no contexto econômico-social imediato.

Note-se que em 1928, quando o antissemitismo nazista estava ainda numa posição marginal, por um lado, o Santo Ofício condenava a associação "Amici di Israele" que tinha reunido sacerdotes e também cardeais, e, por outro, "*maxime damnat*" o antissemitismo. Mas Gemelli, Giovanni Papini (1881-1956) e o convertido Cesare Algranati (1865-1925; com o pseudônimo Rocca d'Adria) dão voz à insolente e ressentida hostilidade antijudaica.

Bem diferente seria a posição de **Pio XI** em relação ao recrudescimento antissemita nazista e, a reboque, fascista de 1938; à *Kristallnacht* e ao decreto "em defesa da raça", de novembro, já havia respondido com o discurso aos peregrinos belgas, substancialmente omitido aliás pela imprensa vaticana, sinal da persistência de um antijudaísmo curial. Pio XI fez seguir às notas de protesto a ideia da encíclica sobre o racismo, que, como se disse acima (item 42.3), não teve oportunidade de promulgar.

No debate estão ainda em aberto hoje muitas **questões**: que repercussão teve a posição clara de Pio XI entre os católicos que tiveram de tomar partido a favor ou contra o antissemitismo logo no início do pós-guerra na França, Alemanha, Polônia, Áustria e Itália? Quantos deles se comprometeram com o racismo ou com os grupos autoritários que ostentavam a hostilidade contra o judaísmo? Como muitos sacerdotes e religiosos passaram de uma desconfiança fundamental em relação ao mundo judaico ao empenho antinazista e a favor dos judeus perseguidos durante a Segunda Guerra Mundial? Quanto a opção a favor ou contra os judeus dividiu as comunidades cristãs? Um interessante debate diz respeito ao uso do termo "antissemitismo", que não é apenas uma questão formal: a hostilidade antijudaica difundida e ligada aos temas econômicos, mas totalmente estranha a posições racistas e de "não assimilabilidade" dos israelitas, pode ser chamada de antissemitismo? Não é anacronismo e banalização da tragédia da *Shoah*? (G. Campanini, Y. Ledure).

Depois de tantos anos de suspeita e hostilidade, jamais proclamadas pelo magistério, mas sempre difundidas como se fossem um ruído de fundo, o nazismo e a sua perseguição contra os israelitas levaram dramaticamente à luz as tensões e exigiram uma resposta que subverteu completa e profundamente a mentalidade, pelo menos em alguns. Também os debates sobre a posição de Pio XII, sobre a explosão do antissemitismo nos anos terríveis que se seguiram à Segunda Guerra Mundial e sobre a relação entre o novo estado de Israel, os católicos e a Santa Sé, devem levar em consideração o que tinha se sedimentado no decorrer dos séculos.

> Nota bibliográfica
>
> BIDUSSA, D.; LUZZATTO, A.; LUZZATTO VOGHERA, G. *Oltre il ghetto. Momenti e figure della cultura ebraica in Italia tra l'Unità e il fascismo*. Bréscia: Morcelliana, 1992.
> FABRIS, R. Ebrei e cristiani nel mondo contemporaneo. In: GUASCO, M. et al. (orgs.) *Storia della Chiesa. I cattolici nel mondo contemporaneo (1922-1958)*. Turim: SAIE, 1991, v. 23: Fliche Martin, 518-530.
> FUMAGALLI, P. F. Achille Ratti e gli amici ebrei. In: CAJANI, F. (org.) *Pio XI e il suo tempo. Atti del Convegno. Desio, 4-12 febbraio 2012*. Desio: CISD, 2012, 307-310.
> LEDURE, Y. (org.). *Antisemitismo cristiano? Il caso di Leone Dehon*. Bolonha: EDB, 2009.
> MARTINA, G. *Il problema ebraico nella storia della Chiesa*. Roma: PUG, 1996 (fascículo para uso dos alunos).
> PIERRARD, P. *Les Chrétiens et l'affaire Dreyfus*. Paris: Éditions de l'Atelier, 1997.

43. Anticlericalismo latino e temor do bolchevismo: México e Espanha

1. A Santa Sé e todos os episcopados não cessavam de reafirmar a distância entre o cristianismo e o comunismo que tinha assumido o poder na Rússia, fundando a União das Repúblicas Socialistas Soviéticas (URSS) e fomentando de vários modos os movimentos operários e revolucionários na Europa. Aliás, deve-se dizer que a primeira encíclica que assume uma posição direta contra o comunismo ateu é a já citada *Divini Redemptoris*, com data de cinco dias depois da *Mit Brennender Sorge*. Na verdade, o espectro da revolução marxista, agitado de vários modos pelos próprios bolchevistas, era o iminente temor de grande parte dos crentes no Ocidente. Por isso, numa referência *a posteriori* sobre as perseguições dos cristãos no México contida na *Divini Redemptoris* (n. 19), Pio XI põe o comunismo na origem dos acontecimentos mexicanos. Na realidade, mesmo com a presença de bom número de refugiados marxistas no México — o mais famoso dos quais Lev Trockij (1879-1940), que lá encontrou a morte por obra de um assassino stalinista e com a participação dos comunistas mexicanos na frente popular anticlerical —, a onda anticatólica no México nos anos 1920 não teve a inspiração primariamente marxista, mas se enraizava no anticlericalismo das classes dirigentes locais.

Os que predominaram na fase da chamada **revolução (1911-1920)** eram figuras do exército e da alta burguesia provenientes do norte do país; em contato com a mentalidade estadunidense, tinham concebido uma visão de Estado moderno inspirada num protestantismo que via a Igreja romana e a religião católica popular como inimigas do progresso. A ditadura do general Porfírio Díaz, o chamado "porfirismo", que tinha levado a Igreja católica a um *modus vivendi* com o regime, mesmo sem a ab-rogação das leis anticlericais dos tempos de Benito Juárez (cap. 2, item 13.3), tinha visto o surgimento e a consolidação de um importante fenômeno de associacionismo católico social e juvenil, sobre o modelo italiano, que desembocara na constituição de um partido católico. Desde 1911, com a queda de Porfírio Díaz, o país foi atormentado por uma sequência de desordens, assassínios de presidentes (nenhum dos eleitos entre 1911 e 1928 morreu de morte natural, exceto Plutarco Elías Calles [1877-1945], do qual falaremos mais adiante) e revoltas — míticas a de Francisco *Pancho* Villa (1878-1923) no norte e de Emiliano Zapata (1879-1919) no sul — que, contudo, viram a persistente influência estadunidense sobre um país considerado estratégico até para a exploração de jazidas petrolíferas.

Em 1917 em Querétaro, perto da Cidade do México, foi aprovada uma **nova constituição** que continha um conjunto de princípios e afirmações do mais extremo anticlericalismo. Pio XI sintetizará seus termos uma dezena de anos mais tarde na encíclica *Iniquis afflictisque* de novembro de 1926: Igreja sem reconhecimento civil, só sacerdotes mexicanos em número reduzido e sem direitos políticos, proibição dos votos religiosos e das congregações, confisco de todos os bens imóveis, inclusive as igrejas, matrimônio somente civil, proibição de intervenção do clero no ensino. Na realidade, os dois generais-presidentes que governaram o país de 1914 a 1924, Venustiano Carranza (1859-1920) e Álvaro Obregón (1880-1928), não puseram em prática todas as normas contidas na constituição de Querétaro, reafirmando, porém, o anticlericalismo da classe dirigente e ameaçando os católicos até por temor de que o partido deles pudesse se tornar uma realidade política alternativa. O sucessor Calles, de fato controlado ainda por Obregón, depois de uma tentativa fracassada de constituir uma igreja cismática promoveu com uma espécie de fanatismo apocalíptico a prática dos princípios constitucionais com várias disposições, entre as quais a lei que leva o seu nome e que foi aprovada em junho de 1926: ela impunha que se realizasse o culto católico somente nas igrejas e proibia aos sacerdotes, já limitados em seu número e controlados pelo Estado, usar hábito religioso. Esses atos simbólicos eram de grande alcance numa terra onde os santuários, como o dedicado à Virgem de Guadalupe na Cidade do México (vol. III, cap. 7, itens 30.2-3) ou o de Zapopan em Guadalajara, reúnem imensas peregrinações e danças populares; assim a lei Calles desencadeou a reação dos bispos que, apoiados por Pio XI, decretaram o fechamento a partir de 31 de julho de 1926 das igrejas e a possibilidade somente do culto privado.

Contra a repressão do governo, a Igreja mexicana reagiu de **dois modos diferentes**, com uma divisão do episcopado. Por um lado, a maioria dos bispos e da liderança católica social apoiou o protesto legalista, até por meio da *Liga nacional defensora da liberdade religiosa*, e um boicote econômico. Por outro, três bispos (Francisco Orozco [1864-1936], de Guadalajara, José María González y Valencia [1884-1959], de Durango, e José Manriquez y Zárate [1884-1951], de Huejutla) e os católicos, sobretudo na zona em torno de Guadalajara, nos Estados de Jalisco, Colima e Guanajuato (ao noroeste da Cidade do México, a mais rica em vocações e vitalidade religiosa), apoiaram uma insurreição de *campesinos*, mal armada mas aguerrida, que tomou a forma de uma cruzada. Devido ao grito de batalha, rico de evocações, *Viva Cristo Rei*, o movimento armado foi chamado de **Cristeros**. Em novembro de 1926 a encíclica *Iniquis afflictisque* não fez referência à revolta, mas apoiou incondicionalmente as ações de protesto do episcopado e da *Liga*. Entre 1926 e 1928 a guerra *cristera* fez cerca de oitenta mil vítimas, pelo menos segundo o cômputo mais moderado. Os *campesinos* não estavam em condições de vencer, embora o exército regular não conseguisse fechar a partida militar, mesmo utilizando formas proverbialmente brutais.

Entretanto, algumas dezenas de sacerdotes e muitíssimos leigos em geral não comprometidos com a revolta foram assassinados ou condenados à pena capital depois de julgamentos sumários: citemos o jesuíta Miguel Agostinho Pró Juárez (1892-1927), beatificado em 1988. No início de 1928, por meio dos bons serviços do delegado apostólico nos Estados Unidos, Pietro Fumasoni Biondi (1872-1960), e do governo estadunidense, que não queria um vizinho inquieto, a Santa Sé entrou em contato com Calles e com seu sucessor provisório, Emílio Portes Gil (1891-1978; entrementes, Obregón, reeleito presidente, fora assassinado num atentado *cristero*), obtido por meio do bispo de Morelia e do novo delegado apostólico no México os **arreglos** (acordos) de junho de 1929: os *cristeros* deporiam as armas, os três bispos solidários com os revoltosos seriam enviados para o exílio, o governo promulgaria a anistia e algumas das disposições mais odiosas eram ab-rogadas. Na realidade, os revoltosos, desarmados, foram objeto de pesada repressão, de modo que a Santa Sé e a parte mais possibilista do episcopado foram acusadas por vários católicos intransigentes mexicanos de terem traído a resistência.

Pio XI — antes na *Acerba animi* de setembro de 1932 e depois na *Firmissimam constantiam* de 28 de março de 1937 (duas semanas depois da *Mit Brennender Sorge* e nove dias depois da *Divini Redemptoris*; naquelas semanas a produção magisterial teve um surpreendente pico de produtividade) — justifica as negociações dos *arreglos*, mas rejeita o reconhecimento da legitimidade das leis anticatólicas e faz a defesa do episcopado, do Clero e da Ação Católica ainda marginalizados e perseguidos. Na *Acerba animi* citam-se os regulamentos daqueles anos que limitam o número do clero, já historicamente escasso na federação:

> No Estado de Michoacan, foi estabelecido um sacerdote para cada trinta e três mil fiéis; no Estado de Chihuahua, um para cada quarenta e cinco mil; no Estado de Chiapas, um para cada sessenta mil, enquanto no de Vera Cruz deveria exercer o ministério somente um sacerdote para cada cem mil habitantes (*Enchiridion delle Encicliche*, 5, n. 930).

Contemporaneamente à *Firmissimam constantiam*, o presidente mexicano Lázaro Cárdenas Del Río (1891-1970; no governo de 1934 a 1940) dava início a uma guinada moderada para a Igreja, consolidada depois nos anos 1940: as leis não foram ab-rogadas, mas sua execução ficava substancialmente suspensa. Também atualmente no México não é aconselhado que sacerdotes e missionários usem em público o hábito eclesiástico.

Na linha de Pio XI, com os *arreglos* a Santa Sé tentou evitar que o choque fosse colocado no plano político e militar: como na Itália depois de 1931, a Ação Católica devia trabalhar a longo prazo. Isso, porém, não foi facilmente compreendido pelos *cristeros* e simpatizantes. Sobretudo no plano popular e camponês, eles são objeto de interessantes estudos nos últimos anos: como é possível que o *campesino* submisso tenha se transformado num guerrilheiro disciplinado e entusiasta? Que significado teve para essas populações impregnadas de uma visão religiosa da vida, na qual o catolicismo tradicional estava entrelaçado com outras tantas e até mais tradicionais mentalidades religiosas pré-cristãs, encontrar-se sem sacramentos e sem sacerdotes e viver uma espécie de sacrifício cruento? Nesse quadro profundamente emotivo, um sentimento de traição depois dos *arreglos* cruza-se com uma convicta devoção ao papa.

A tentativa das elites dominantes de laicizar o México foi então um fracasso substancial no âmbito popular, pois a adesão à **religiosidade tradicional** se manteve forte; todavia, a organização eclesiástica permaneceu frágil e o clero escasso, e às vezes de baixo nível moral. As tensões entre o México laico e a hierarquia levaram os bispos a uma atitude de grande prudência e o clero a se fechar no tocante a um diálogo, privilegiando uma atitude de cruzada. O crescimento demográfico e a organização serão fenômenos difíceis de serem enfrentados por parte da Igreja mexicana.

2. Enquanto a situação no México ia finalmente se acalmando, e enquanto na Europa o nazismo exacerbava sua hostilidade em relação aos católicos, alastrava-se pela **Espanha** a guerra civil (1936-1939). Com a queda do ditador militar Primo de Rivera (1903-1936), em 1930 o rei Afonso XIII procurou administrar uma nação inquieta, mas teve de ir para o exílio no início de 1931, embora sem abdicar. Nascia uma república parlamentar numa nação que tinha perdido grande parte de seu prestígio internacional e colonial, estava economicamente atrasada e via o surgimento dos movimentos de independência nos países bascos e na Catalunha. À Espanha da religiosidade de massa e da influência social e política dos bispos e do clero contrapunha-se a Espanha dos novos intelectuais — a geração que se seguiu à derrota na guerra com os Estados Unidos de 1898 — francamente anticlericais, como Salvador de Madariaga (1886-1978), ou tragicamente cristãos, como Unamuno, e dos movimentos extremistas comunistas e anárquicos. Linhas intermediárias, como algumas tentativas de sindicato católico moderno, não tinham peso nem consistência. A nova constituição era fortemente separatista, hostil às Ordens religiosas poderosas na Espanha e introduzia o matrimônio civil e o divórcio. À primeira legislatura republicana de centro (1931-1933) seguiu-se a vitória da coalizão de direita (1933-1936), depois a dissolução do parlamento e a conquista do poder por parte da Frente Popular, de esquerda. Centenas de igrejas foram saqueadas e algumas dezenas de sacerdotes assassinados. Em julho de 1936, depois do assassinato de um deputado de direita, insurgiram-se as tropas sediadas no Marrocos do norte e a seguir outros generais, guiados por Francisco Franco y Bahamonde (1892-1975), que logo controlaram parte da Andaluzia e do antigo núcleo do reino: Astúrias, Galícia, León e Velha Castela, reivindicando para si a imagem da *reconquista*.

Entretanto, nos primeiríssimos meses da guerra civil, foi posta em prática uma verdadeira **perseguição** contra o clero, os religiosos e as religiosas: contam-se, com bastante precisão, 4.184 sacerdotes diocesanos e seminaristas,

2.365 religiosos homens e 283 irmãs, além de milhares de leigos. Grandíssima parte das vítimas perdeu a vida entre julho de 1936 e janeiro de 1937. Os protagonistas dos massacres foram certamente grupos anárquicos, mas não faltou a colaboração por parte dos marxistas. Em algumas regiões, tem-se a impressão, pela documentação, de que tenha havido um projeto preciso de extermínio sistemático. Todavia, a situação escapara às mãos do governo republicano, ou melhor, foi apoiada abertamente por uma parte dele. Muitos bispos tiveram de fugir, vários se refugiaram na zona controlada pelos rebeldes de direita sob a guia de Franco. Não faltaram violências contra as religiosas, profanações da eucaristia e dos falecidos, fuzilações de estátuas e de obras de arte, sobretudo da imagem do Sagrado Coração, velha insígnia dos carlistas do século XIX.

A posição de Pio XI, primeiro de duro protesto contra as leis anticlericais e as desordens iniciais contra a Igreja, e depois contra as perseguições, mas também de não compromisso com o *levantamiento* de Franco, foi acompanhada por **documentos episcopais**, os quais, porém, apoiam a revolta franquista, dando-lhe a imagem de cruzada das forças do bem contra o bolchevismo. Somente alguns bispos, em particular o arcebispo de Tarragona Francisco Vidal y Barraquer (1868-1943), se recusaram a se posicionar a favor de Franco. À atitude da maioria dos bispos espanhóis, mais que à prudência de Pio XI, se juntou grande parte dos episcopados europeus, sobretudo os bispos italianos, no período no qual o fascismo tinha atingido o máximo da popularidade. Mussolini e Hitler apoiaram também militarmente Franco, a URSS enviou tropas e armas aos republicanos, que foram apoiados por voluntários democratas e marxistas de muitos países ocidentais; lembremos o escritor estadunidense Ernest Hemingway (1899-1961) que em seu *Por quem os sinos dobram* descreve o assassinato de um pároco. Uma parte do mundo leigo católico, sobretudo na França (Georges Bernanos [1888-1948]), manteve-se distante de Franco, que saiu vitorioso na sangrenta guerra civil, concluída em 1939, e instaurou uma ditadura pessoal de caráter autoritário, prudentemente benévola em relação ao nazifascismo, mas neutra na Segunda Guerra Mundial, que deu prestígio e apoio ao clero, mas não hesitou em fuzilar sacerdotes bascos próximos aos independentistas.

O **regime franquista**, que durou até 1975, manteve a Espanha numa situação de grande atraso e isolamento, conseguiu, mediante a concordata de 1953, garantir o pleno controle do episcopado e viu a integração no poder de uma parte do laicato católico. À desconfiança de Pio XI seguiu-se depois da vitória franquista um efetivo reconhecimento do novo governo por parte da Santa Sé. No fim da guerra civil, bispos, clero e religiosos lançaram campanhas de missões populares que deram a ideia de uma plena reconstituição da Espanha católica, não sem instrumentos de pressão: "Partia-se do princípio de que todos os espanhóis seriam católicos; quase não podiam deixar de sê-lo. E se considerava não somente lícita, mas santa toda pressão moral legal para que o fossem sempre" (Vincent Enrique y Tarancón [1907-1994]). Mas tudo isso deixou apenas na surdina a profunda e violenta tensão entre as duas Espanhas.

44. Considerações conclusivas

1. No nível historiográfico parece serem duas as temáticas mais debatidas: a **continuidade ou descontinuidade entre os pontificados** de Bento XV e Pio XI, e a seguir o de Pio XII, e as vicissitudes do projeto de "reino social de Cristo" do pontificado de Aquiles Ratti.

A tese de uma descontinuidade substancial entre o papa Dalla Chiesa e o papa Ratti é hoje posta em crise por muitos como simplista, por estar baseada em impressões de imagem. A colaboração entre os dois é inegável, bem como o comum empenho pela paz diante da catástrofe da Primeira Guerra Mundial, a escolha tradicional do canal diplomático e das concordatas, a distância de ambos do antimodernismo mais fechado. A própria ideia da "Igreja dos três Pios" (Pio X, XI e XII), se ressalta uma tendência centralizadora que tem seu apogeu imediatamente antes do Vaticano II, não respeita estilos e sensibilidades diferentes, bem como o papel, ainda em parte a ser investigado, do breve mas importante governo de Bento XV. Algumas posições, por exemplo a de Daniel Menozzi (1947-), enfatizam as diferenças de posição, embora na grande sintonia e colaboração entre Ratti e Pacelli. O debate está aberto e aguarda o estudo e o aprofundamento de vasta documentação.

Em segundo lugar, é útil retomar aqui o que já foi referido acima (item 40.2) em relação ao projeto do "**reino social de Cristo**", que se identifica, de modo especial na Itália, e pelo menos numa fase do pontificado de Pio XI, na tentativa de reconstituir um Estado católico em substituição ao fascismo. Portugal de Antônio Salazar (1889-1970) ou a Espanha dos anos 1940 de diferentes modos parecem ser outras tantas provas de concretização do "reino social". Mas a crescente e cada vez mais aberta oposição de Pio XI ao fascismo e a distância inegável em relação ao franquismo põem a questão se efetivamente tenha sido esse o objetivo de Aquiles Ratti, ou se terá havido mudanças ao longo do tempo. Alguns autores, entre os quais Giacomo Martina (1924-2012), propuseram uma mudança no papa, coincidente com os últimos anos marcados pelo sofrimento físico, mas também pela trágica experiência dos totalitarismos e das perseguições; de um projeto de tipo político, Pio XI teria passado à identificação do Reino de Cristo com a cruz e o sofrimento, optando assim pela denúncia aberta das injustiças e pela farta defesa dos direitos da pessoa humana. Outros contestam uma mudança tão radical: Pio XI teria contestado o totalitarismo nazista e fascista a partir de outro pressuposto que o próprio papa define como "totalitário" num discurso de setembro de 1938: "Se há um regime totalitário, de fato e de direito, é o regime da Igreja, porque o homem pertence totalmente à Igreja" (Pio XI à federação dos sindicatos católicos franceses, setembro de 1938, cit. in *Cattolicesimo e totalitarismo*, 8). Portanto, o absolutismo da concepção de Pio XI, que carrega consigo um desígnio "hierocrático", acaba por chegar ao choque com Hitler e Mussolini, com continuidade substancial de posição fundamental no papa: é a posição de Menozzi e Renato Moro (1951-), que, aliás, insinuam:

> Uma igreja que se autopercebe como "totalitária", o que entende da realidade efetiva do totalitarismo do século XX? [...] Ela não leva, então, apesar da condenação dos totalitarismos políticos existentes [...], certo apoio à difusão e à legitimação de uma cultura totalitária? (in *Cattolicesimo e totalitarismo*, 11).

O tema é de grande interesse e deve ser percorrido a partir não das simplificações, mas da atenção à complexidade tanto da doutrina de Pio XI, que é difícil de ser classificada simplesmente como uma hierocracia e uma nova proposição em termos um pouco atualizados do "mito da cristandade", quanto do mundo católico envolvido por essas dinâmicas.

Como já se viu acima, a ideia de reino social de Cristo no magistério dos anos 1922-1938 é muito ampla e articulada. Em primeiro lugar, nasce como resposta, que procurou estar teologicamente fundamentada, à crise dos nacionalismos da guerra e do pós-guerra: para construir uma paz duradoura, deve-se pôr Jesus Cristo e sua lei no centro da sociedade. Em segundo lugar, a ideia de reino social não se limita ao âmbito político, mas se estende a todos os níveis da cultura e da vida social, comprometendo os católicos nas diferentes vertentes e abrindo a Igreja às novas realidades da cultura e da ciência, inclusive o cinema e o rádio. Em terceiro lugar, a responsabilidade confiada aos leigos está, sim, estreitamente ligada à submissão deles ao Magistério eclesiástico hierárquico, mas isso não prejudica a variedade de experiências e de exposição dos leigos no campo social e cultural, concebido como lugar próprio de seu "apostolado" (palavra que naqueles anos tem grande sucesso). Considerem-se as diferenças e contaminações entre os dois mais importantes estilos de Ação Católica, o italiano, mais centralizado e generalista, e o francês, especializado, os quais foram transplantados para todo o mundo, da Argentina à China, da África equatorial francesa ao Médio Oriente.

2. Ao procurar compreender a figura e as escolhas de Pio XI, não devem ser esquecidos os horizontes amplos do seu governo, com importante atenção quer à formação do clero, insistindo, por exemplo, na instituição de seminários regionais e melhorando os estudos teológicos (constituição apostólica *Deus scientiarum Dominus* de 1931), quer às missões e ao desenvolvimento do clero e do episcopado das jovens Igrejas, quer ao mundo cristão oriental; e com a dimensão espiritual, até pessoal, na qual emerge a ligação com a figura de Teresa do Menino Jesus e da Sagrada Face, portadora de um cristianismo não do triunfalismo, mas da pequenez e da cruz. Além disso, deve-se ter presente a importância dada pelo papa Ratti ao fenômeno da santidade, graças também às muitas beatificações (quatrocentos e noventa e seis novos beatos) e canonizações (trinta e três novos santos) por ele realizadas. Igualmente importante é o empenho abundante a favor da cultura, graças também à sensibilidade que tinha cultivado durante sua longa vida de estudioso, e das ciências; para esse último caso, basta pensar na fundação da Academia Pontifícia das Ciências em 1936, com a inserção de cientistas de calibre internacional e de variadas orientações religiosas e ideológicas, entre os quais, Guilherme Marconi (1874-1937), ao qual o papa tinha antes confiado a tarefa de criar a Rádio Vaticana (primeiras transmissões no dia 12 de fevereiro de 1931). Mais, temos de nos lembrar da capacidade comunicativa de um papa que sabia se dirigir aos peregrinos mediante as principais línguas modernas que, sempre graças à sua atividade de estudioso, tinha aprendido a cultivar desde a juventude.

Todos esses aspectos, aqui apenas relacionados e que deveriam ser aprofundados, indicam que há de se lidar com um pontífice e um pontificado diante dos quais a chave de leitura da hierocracia política da cristandade parece realmente limitadora e não plenamente capaz de iluminar a documentação. Essa última, aliás, graças à abertura em 2006 dos arquivos vaticanos para os documentos do período do pontificado de Pio XI, é estudada, a partir desse ano, de maneira intensa, fazendo emergir as riquezas, as muitas facetas, as evoluções, os contextos da personalidade, do pensamento, da atividade do papa e de seus colaboradores; estes últimos, por sua vez, eram personalidades de grande inteligência, como os lembrados secretários de Estado Gasparri e Pacelli e dom Domenico Tardini (1888-1961), que desde 1935 desempenhou o papel de substituto dentro da Secretaria de Estado, tendo em suas dependências dom João Batista Montini.

A referência a tais personalidades abre a outra perspectiva, ou seja, o aprofundamento das ligações entre o projeto do papa e os muitos pensadores e realizadores desse projeto, quer no âmbito hierárquico, quer no leigo. Fora dos ambientes vaticanos, figuras mais diversas daqueles anos partilharam do ideal do reino social de Cristo, dando origem a experiências cristãs muito diferenciadas, da *Opus Dei* à Ação Católica de Luigi Gedda (1902-2000), às posições de Lazzati, de Mazzolari, de Giorgio La Pira (1904-1977) e assim por diante. A mesma imagem de Cristo Rei inspira o providencialismo dos bispos italianos em relação a Mussolini e dos espanhóis em relação a Franco, e a resistência das figuras mais conscientes da Igreja alemã ao nazismo; gera uma pastoral de *reconquista* na Espanha dos anos 1940 e uma crítica atenta dos manuais do regime para o ensino da religião num Guido Maria Conforti; organiza manifestações em massa às vezes úteis aos regimes, como no *Valle de los Caídos*, às vezes propositalmente alternativas; faz do movimento litúrgico ora a estrada para recristianizar a sociedade com o apoio do regime (Caronti), ora o espaço de liberdade e de reflexão na Alemanha dos funestos anos da ditadura nazista.

A complexidade das questões já levantadas pelo imperialismo e pela Primeira Guerra Mundial, depois levadas ao extremo pelos regimes totalitários e por sua influência em escala mundial, gera uma complexidade de resposta no mundo católico. Temos de nos perguntar sempre se ele terá estado à altura de seu papel histórico daqueles duros anos.

Bibliografia

Fonte

Enchiridion delle Encicliche. Bolonha: EDB, 1995, v. 5.

Estudos

BENDISCIOLI, M. *Germania religiosa nel Terzo Reich. Conflitti religiosi e culturali nella Germania nazista*. Bréscia: Morcelliana, 1977.

BOUTHILLON, F.; LEVANT, M. (orgs.). *Pie XI, un pape contre le nazisme? L'encyclique Mit brennender Sorge (14 mars 1937)*, s.l., Dialogues, 2016.

CÁRCEL ORTÍ, V. *La persecución religiosa en España durante la II República (1931-1939)*. Madri: Rialp, 2010.

Chiesa, Azione Cattolica e fascismo nel 1931. Roma: AVE, 1983.

DE GASPERI, A. *Lettere sul concordato*. Gênova: Marietti, 2004.

GENTILE, E. *Contro Cesare. Cristianesimo e totalitarismo nell'epoca dei fascismi*. Milão: Feltrinelli, 2010.

MARTINA, G. *Storia della Chiesa da Lutero ai nostri giorni*. Bréscia: Morcelliana, 1995, v. 4: L'età contemporanea, 129-218.

MENOZZI, D. La Chiesa cattolica. In: FILORAMO, G. et al. (orgs.). *Storia del cristianesimo*. Roma-Bari: Laterza, 1997, v. 4: L'età contemporanea, 129-257, 193-210.

_____; MORO, R. (eds.). *Cattolicesimo e totalitarismo. Chiese e culture religiose tra le due guerre mondiali (Italia, Francia, Spagna)*. Bréscia: Morcelliana, 2004.

MORO, R. *La formazione della classe dirigente cattolica (1927-1937)*. Bolonha: il Mulino, 1979.

PECORARI, P. (org.). *Chiesa, Azione Cattolica e fascismo nell'Italia Settentrionale durante il pontificato di Pio XI (1929-1939)*. Milão: Vita e Pensiero, 1979.

PERI, V. *La Pira Lazzati Dossetti. Nel silenzio la speranza*. Roma: Studium, 1998.

PESIN, R. Le Chiese, le guerre mondiali, i totalitarismi. In: VIAN, G. (org.). *Storia del Cristianesimo, IV: l'età contemporanea*. Roma: Carocci, 2015, 245-317.

RICCARDI, A. *Il secolo del martirio*. Milão: Mondadori, 2000.

ROSSINI, G. (org.). *Benedetto XV, i cattolici e la prima guerra mondiale*. Roma: Cinque Lune, 1963.

SALE, G. *La Chiesa di Mussolini. I rapporti tra fascismo e religione*. Milão: Mondadori, 2011.

VALVO, P. *Pio XI e la Cristiada. Fede, guerra e diplomazia in Messico (1926-1929)*. Bréscia: Morcelliana, 2016.

capítulo sétimo
Pio XII e a Igreja do seu tempo

45. Enquadramento historiográfico e biográfico

1. O longo e intenso pontificado de Pio XII (1939-1958) situa-se numa das épocas mais dramáticas do Ocidente, entre o opressivo clima provocado pelos totalitarismos (sobretudo o soviético e o nazista), o transtorno gerado pelo segundo conflito mundial, o ressurgimento de muitos países extraeuropeus da longa sujeição colonial e o irrefreável avanço da secularização. As profundas mudanças em andamento provocaram fortemente a Igreja católica, acelerando seu caminho de ajustes diante da crescente complexidade do mundo contemporâneo, sob a guia de um homem — como Eugênio Pacelli — de indubitável grandeza intelectual e espiritual, pastoral e política, confirmada também pela admiração que soube angariar e pela respeitabilidade que lhe foi reconhecida em vida no âmbito eclesial e no plano mundial. Todavia, a dificuldade objetiva daqueles "agitados anos" (DRM, 23 de dezembro de 1950) — como os definiu ele próprio — e os problemas sem precedentes que surgiram tiveram forte peso não somente sobre as escolhas do papado e da Igreja naquela contingência histórica, mas também sobre as interpretações que até agora foram propostas no plano historiográfico.

São duas as principais **reduções perspectivas da historiografia** com relação à amplitude de horizontes do período pacelliano. Em primeiro lugar, a figura de Pio XII foi grandemente condicionada, em sentido negativo, pela concentração na atitude assumida pelo papa diante do massacre de judeus perpetrado pelo nazismo e, de forma mais geral, no papel por ele assumido durante o conflito mundial, segundo um típico e injustificado predomínio dos aspectos políticos na reconstrução histórica das vicissitudes eclesiais: tratava-se aliás de um debate marcado por protestos jornalísticos mais que elaborado com adequados instrumentos críticos. Em segundo lugar, caiu-se muitas vezes no erro de avaliar a Igreja daquele tempo à luz do período histórico seguinte, caracterizado pela profunda reviravolta impressa pelo Concílio Vaticano II. Consequentemente, o pontificado de Pio XII, em particular em sua segunda parte, foi qualificado redutivamente como expressão culminante da época tridentina, ou até da mais longa fase constantiniana; as avaliações a esse respeito foram evidentemente afetadas pelas oscilações e discussões em torno do valor do evento conciliar e de suas consequências. Considerações, enfim, ainda muito condicionadas por conflitantes sensibilidades eclesiais (e políticas) para dispor da serenidade de julgamento necessária a uma reconstrução histórica tão atenta quanto possível à realidade dos fatos e à condição dos tempos.

Para uma avaliação correta dos limites observados na historiografia sobre Pio XII e a Igreja de sua época, deve ser considerada a questão das **fontes**, ainda em grande parte **não disponíveis**. Tampouco poderá bastar, até mesmo para evitar a lembrada tendência a privilegiar os episódios político-diplomáticos, a valiosa — todavia incompleta — publicação dos onze volumes das *Actes et documents du Saint-Siège relatifs à la Seconde guerre mondiale* (ADSS, a partir de então), realizada por vontade de Paulo VI entre 1965 e 1981. Por outro lado, isso leva a manter bem vivas a prudência e a consciência do limite — que em geral caracteriza a historiografia — particularmente exigido ao se tratar dos episódios da época contemporânea.

2. A família Pacelli, na qual nasceu Eugênio, terceiro de quatro filhos, em 2 de março de 1876, residia no centro histórico de Roma e pertencia à **pequena nobreza pontifícia** comprometida com o serviço da Santa Sé: o pai, Filipe (1837-1916), era advogado junto à Sagrada Rota. Perto da habitação da família, a igreja de Santa Maria della Vallicella (ou "Igreja nova"), sede da congregação do Oratório de São Filipe Neri, ofereceu ao jovem Eugênio um lugar ideal para cultivar e aprofundar a fé transmitida a ele pela família. E foi na família que, por causa de sua saúde precária, se desenvolveu predominantemente sua formação ao sacerdócio, mantida pela frequência aos cursos de filosofia na Gregoriana, como aluno do Colégio Caprânica, e depois dos teológicos e jurídicos no Seminário romano, com sede no Apolinário.

Depois da ordenação sacerdotal e a obtenção das licenciaturas em teologia e direito, o jovem padre Eugênio entrou para o **serviço da Santa Sé** como "minutador" na congregação dos assuntos eclesiásticos extraordinários, tornando-se subsecretário em 1911, depois secretário em 1914; como tal, ao lado do cardeal Pietro Gasparri, secretário de Estado, participou das iniciativas tomadas por Bento XV com o objetivo de evitar o primeiro conflito mundial, depois de contê-lo dentro de determinados limites; aliás, o substancial fracasso da mediação no âmbito internacional orientou de forma ainda mais decidida os líderes vaticanos a se ocuparem da assistência às vítimas da guerra. Além disso, colaborou com o cardeal Gasparri na redação do *Código de Direito Canônico* publicado em 1917. No fim do conflito, Pacelli, sagrado bispo — em singular coincidência com a primeira aparição de Fátima (13 de maio de 1917) —, foi destinado a dirigir a **nunciatura** de Munique, na Baviera, a única existente no delicadíssimo contexto dos territórios alemães, para passar depois, em 1925, para a de Berlim, de recente instituição. Ao todo, Pacelli permaneceu na Alemanha por mais de doze anos — "entre os melhores da nossa idade madura" (DRM, 2 de junho de 1945), dirá ele próprio —, um período de tempo que lhe permitiu adquirir notável conhecimento da sociedade e da cultura (além da língua) alemãs, às quais permanecerá sempre particularmente ligado. Foi ainda na Alemanha que o futuro Pio XII conheceu o jesuíta Robert Leiber (1887-1967), seu fiel secretário.

Tendo voltado a Roma e agraciado com a púrpura cardinalícia, em fevereiro de 1930 foi elevado por Pio XI **ao vértice da Secretaria de Estado**, vacante depois da saída do cardeal Gasparri. Foram os anos em que se instalaram na Europa os principais regimes totalitários (na Itália, na Alemanha, na Espanha) e é com esses governos que a Secretaria de Estado teve de lidar, com a preocupação principal — como se evidencia também no caso da **concordata com o Terceiro *Reich* (1933)**, agora nas mãos de Hitler — de salvaguardar as prerrogativas das Igrejas locais, sobretudo a respeito de associações e escolas católicas, embora com o risco de apoiar indiretamente um regime opressivo dos direitos civis (cap. 6, itens 41-42). Junto com Pio XI, Pacelli estava bem consciente desse risco, como demonstra também a sua colaboração pessoal na redação da encíclica *Mit Brennender Sorge* (1937), com a qual o papa Ratti assumiu firme posição contra a prepotência do nazismo, pelo menos em relação à Igreja católica.

Consciência menor talvez tenha havido — por parte da Secretaria de Estado guiada por Pacelli, bem como do episcopado alemão — do caráter novo e radical do nazismo, com sua política sem escrúpulos de prevaricação do direito internacional, de violência contra judeus e outras minorias. Aliás já em 1938 — somente um ano depois do protesto vaticano contra as violações dos direitos da Igreja católica — o caráter radical e dramaticamente novo do nazismo parecia bem claro, tanto na anexação forçada da Áustria à Alemanha (embora formalmente aprovada por um plebiscito) e a seguir de uma parte da Checoslováquia quanto no início das violências contra os judeus, com a famosa *Kristallnacht* (o nome deriva da destruição das vitrines de muitas casas comerciais de judeus e prisões de pessoas e deportações em massa), entre 9 e 10 de novembro de 1938. A atitude amplamente dominante naqueles anos no episcopado alemão e na Secretaria de Estado foi de espera prudente, inclusive baseada na confiança, provavelmente excessiva, no recurso oferecido pelos vínculos concordatários.

Houve, porém, um nítido distanciamento com relação a essa linha prudencial — e, portanto, da orientação do próprio secretário de Estado — por parte de **Pio XI**, que, todavia, também pela idade e doença, não conseguiu se impor aos mais íntimos colaboradores, o primeiro deles Pacelli; em particular temos de lembrar sua **encíclica**, que ficou **incompleta**, com o objetivo de protestar não somente contra a política *eclesiástica* de Hitler, mas contra sua ação opressiva em relação aos direitos humanos, em especial os do povo judeu. Um primeiro esboço do documento, intitulado *Humani generis unitas*, fora preparado, desde o verão anterior, por um jesuíta estadunidense, John LaFarge, e continha também uma passagem explícita em defesa dos judeus como vítimas de uma "perseguição" que atingia "milhões e milhões de pessoas", privadas "dos mais elementares direitos e privilégios do cidadão" (Passelecq-Suchecky, 218-221). O atraso na transmissão do texto ao papa fez com que ele não o pudesse fazer próprio nem muito menos publicá-lo devido à doença e à morte ocorrida em 10 de fevereiro de 1939.

Que o cardeal **Pacelli** preferisse uma **linha mais temporizadora** em relação ao regime de Hitler mostra-se com clareza nas próprias reflexões autobiográficas confiadas como papa aos cardeais reunidos por ocasião de seu onomástico no fim da guerra. Com efeito, naquela circunstância afirmaria que a tentativa paciente da Santa Sé para limitar o poder brutal do regime nazista tinha se protraído "até quando não se tivesse perdido ainda qualquer indício de esperança de que aquele movimento não tomaria uma orientação diferente e prejudicial, seja pelo arrependimento de seus membros mais moderados, seja pela oposição eficaz da parte não consenciente do povo alemão" (DRM, 2 de junho de 1945).

Nos nove anos passados na Secretaria de Estado, o cardeal Pacelli teve outras possibilidades de se fazer conhecer no âmbito internacional, em particular como legado apostólico em dois congressos eucarísticos — em Buenos Aires (1934) e em Budapeste (1938) —, bem como em Lourdes, para o encerramento do jubileu da Redenção (1935), e em Lisieux, para a consagração da basílica dedicada a Santa Teresa do Menino Jesus (1937), uma santa muito cara a Pio XI, que a tinha elevado a patrona das missões (1927). Muito significativa foi a viagem de Pacelli, embora de modo particular, aos Estados Unidos (1937), onde pôde encontrar o presidente Franklin Delano Roosevelt (1882-1945) e tecer relações pessoais com bispos e expoentes do catolicismo local.

46. A Segunda Guerra Mundial

1. A sucessão de Pio XI por parte de uma personalidade tão proeminente como era Pacelli foi, pois, totalmente natural e, portanto, rápida sua eleição para o sólio de Pedro, ocorrida em 2 de março de 1939, depois de apenas três escrutínios. Em homenagem a seu predecessor, o novo papa assumiu o nome de Pio XII. Já na encíclica programática, *Summi pontificatus*, publicada em 20 de outubro daquele mesmo ano, apareceram com clareza algumas **linhas dominantes do seu ministério**. Em primeiro lugar — relançando a orientação fundamental de Pio XI — o apelo feito "com apostólica firmeza" à soberania universal de Cristo, ao lado da consequente reproposta da missão da Igreja, exercida de modo peculiar pela cátedra de Pedro, como guarda e intérprete da Revelação divina, bem como dos fundamentos do direito natural. A hora trágica que a humanidade estava vivendo — com um segundo e terrível conflito mundial que arrebentara pouco menos de dois meses antes — veio confirmar ainda mais as solenes declarações do papa, evidenciando a seus olhos o fruto último da orientação incorreta que a sociedade moderna tinha assumido havia tempo, afastando-se da doutrina cristã e, com isso, perdendo de vista a própria lei natural. Aparece bem presente em Pio XII também a consciência do distanciamento da Igreja de inteiras "massas populares"; e é interessante que para as reconduzir a Cristo ressalte como indispensável a contribuição dos leigos, embora na modalidade da colaboração ao único apostolado atribuído aos bispos e aos sacerdotes.

No momento em que o novo papa iniciava o próprio ministério, adensavam-se havia muito sobre a Europa e o mundo as ameaças do **iminente conflito**. Em particular, tornava-se explícita a política de expansão hitleriana na perspectiva de reunificar todos os alemães numa "grande Alemanha". Precisamente naquele março de 1939 que tinha visto a eleição de Pacelli ao sólio pontifício, Hitler ocupava partes consistentes da já desmembrada República Federal Checoslovaca, assim como no ano anterior tinha conseguido a anexação da Áustria à Alemanha. Depois de ter assinado acordos com a Rússia em agosto de 1939, que incluía um pacto secreto pela divisão da Polônia, em primeiro de setembro Hitler lançou o ataque contra aquele país — a seguir, invadido também pela Rússia —, provocando a reação da França e da Inglaterra, as quais declararam guerra à Alemanha. Começava o segundo conflito mundial. Depois da tentativa fracassada de encontro a cinco (Alemanha, França, Inglaterra, Polônia e Itália), Pio XII tinha podido apenas lançar um **angustiado apelo à paz**, sem conseguir todavia esconjurar a guerra. Com pretexto de rejeição contraposta a algumas pretensões territoriais, no mês de novembro seguinte Hitler atacou também a Finlândia, superando sua resistência na primavera de 1940, juntamente com a ocupação da Dinamarca. Não restava, pois, ao papa senão assistir — impotente e "com indizível angústia" — a uma guerra que já se tornara "trágica realidade" e se voltar para um projeto das condições de uma "paz justa e honrosa", uma vez terminado o conflito (DRM, 24 de dezembro de 1939). Mais a fundo, intui-se o **grave mal-estar de Pio XII** diante de uma guerra que ia se delineando de modo radicalmente diferente em relação a todos os esquemas tradicionais, tanto no desejo declarado do regime hitleriano de aniquilar todos os direitos internacionais como no transtorno que o acordo entre Alemanha e Rússia introduzia na distinção ideal entre a civilização cristã (da qual a nação alemã era considerada parte integrante) e a ameaça do bolchevismo ateu. O nazismo já tinha revelado sua face totalitária, inteiramente semelhante, sob esse ponto de vista, à ditadura de cunho comunista.

Também nessa profunda desorientação pessoalmente sofrida pelo papa, pôde encontrar origem, embora não declarada, a **rigorosa neutralidade assumida pela Santa Sé** diante dos diferentes contendentes, bem como a imediata e constante atenção das intervenções papais para apresentar desde o início do conflito **critérios e modalidades da paz** que deveria ser sancionada *no fim da guerra*. Parece que se pode perceber aqui um primeiro e sofrido "recuo" do papa diante de um drama que não conseguira evitar, apesar de sua grande experiência diplomática, e que logo considerou difícil até mesmo limitar seus efeitos devastadores. Na verdade, algo parecido já ocorrera por ocasião do início do primeiro conflito mundial, quando a Santa Sé — Pacelli era então secretário da congregação dos assuntos eclesiásticos extraordinários — tinha assumido uma linha de rigorosa imparcialidade. Decerto era uma opção motivada por exigências de ordem espiritual e pastoral, mas também com o objetivo de reafirmar um papel *super partes* para a Igreja, e em particular para o papado, embora — ou precisamente enquanto — tal posição fosse cada vez menos reconhecida no campo internacional, como se vê depois na humilhante exclusão da Santa Sé das negociações de paz de 1919.

Tendo se tornado papa, Pacelli retomava a mesma posição sistemática de reserva e neutralidade, **evitando** pronunciar as **condenações explícitas e fortes** que às vezes lhe eram solicitadas — até por membros de grande respeitabilidade no episcopado, como o cardeal Suhard (1874-1949), arcebispo de Paris — diante das agressões nazistas a diversos Estados europeus. Agora, porém, a multiplicada complexidade política e bélica do novo conflito corria o risco de tornar fortemente abstrata (além de objetivamente insustentável) a alta concepção de uma Igreja pacificadora universal, da qual Pio XII estava e estaria até o fim plenamente convencido e pela qual se empenharia com todas as suas forças. Com efeito, temos de reconhecer que para a Santa Sé era realmente difícil intervir, se não impossível, sendo necessário antes de tudo avaliar atentamente a proporção entre vantagens e riscos; por exemplo, na situação dramática da Polônia, onde os nazistas tinham começado uma violenta perseguição contra a Igreja católica: uma condenação pública da Santa Sé poderia ter causado uma exacerbação ainda maior.

Em maio de 1940 a agressão alemã voltou-se decididamente para o Ocidente, com a invasão dos Países Baixos e a ocupação da França. Enquanto a guerra começava a se estender numa proporção agora incontrolável, a Santa Sé tentava pelo menos evitar a entrada da Itália na guerra, já estando ela ligada à Alemanha por um "pacto de aço" assinado em 1939 e que tinha confirmado o "eixo" (para usar a linguagem de Mussolini) entre Roma e Berlim estabelecido em 1936. Foi outra tentativa diplomática fracassada, apesar do trabalho de convicção exercido pessoalmente pelo papa quer sobre o rei Vitório Emanuel III, quer sobre o chefe de governo, Benito Mussolini. Em junho a Itália entrou na guerra contra uma França agora pronta a capitular sob a prepotência alemã. Tratou-se de outra passagem problemática para a política da Santa Sé, e para o papa em particular; com efeito, ficava prejudicada ainda mais não só sua efetiva capacidade de mediação no conflito em andamento, mas também sua divulgada neutralidade, dada a estreita ligação entre o Vaticano e a Itália. Mais em geral, tendo fracassado toda possível mediação e tendo já se alastrado em toda sua amplitude e violência o conflito, tendo chegado até a envolver o norte da África e a península balcânica, a Santa Sé começou a dirigir maciçamente as próprias energias e o próprio prestígio na **linha do compromisso humanitário**, na assistência às populações atingidas pela guerra, aos prisioneiros, refugiados, feridos e dispersos. De novo, repetia-se o que já ocorrera durante o primeiro conflito mundial: o notável empenho da Santa Sé na assistência às vítimas da guerra constituía indubitavelmente uma ação meritória, mas isso parecia também como um evidente e novo **recuo** em relação às intenções e às perspectivas iniciais da diplomacia vaticana. O próprio Pio XII reconhecia isso já em dezembro de 1940, numa carta ao secretário de Estado, cardeal Luigi Maglione (1877-1944). Constatando que muitos de seus esforços tinham "se chocado com dificuldades de todo tipo, mais graves ainda do que na passada Guerra Mundial", a ponto de ser necessário se reduzir a "inertes testemunhas de tão deplorável situação", concluía: "O que podemos fazer mais uma vez ainda é convidar todos à oração propiciadora e à ação benéfica" (como apêndice do DRM 1940).

2. O avanço da Alemanha, que até aquele momento parecia irrefreável, encontrou um primeiro obstáculo na resistência da Grã-Bretanha, a qual, guiada por Churchill, conseguiu evitar a invasão do próprio território. Todavia, a verdadeira e decisiva interrupção, com a consequente e progressiva reviravolta no êxito dos conflitos, aconteceu — já a partir do fim de 1941 — quando Hitler, passando por cima do próprio pacto de aliança assinado apenas dois anos antes com a Rússia, imaginou poder ocupar também aquele imenso território com a força das armas. A subestimação da Armada russa e das estratégias características que outrora tinham neutralizado a força militar empregada por Napoleão num empreendimento análogo levou o exército alemão ao desgaste, seja pelas imensas distâncias, seja pela "terra arrasada" que ia sendo encontrada, prolongando as operações bélicas até os insuportáveis dias de inverno, para depois ser rechaçado em 1942 e início de 1943.

Entrementes, tinham entrado em campo também os Estados Unidos, sobretudo como resposta à política de expansão na Indonésia por parte do Japão, aliado da Alemanha desde 1940. O fato dos Estados Unidos se alinharem com a Rússia comunista empenhada em resistir ao ataque nazista criou um **problema de consciência para os católicos** dos Estados Unidos, com consequentes dificuldades políticas para o presidente Roosevelt. Com efeito, alguns anos antes Pio XI, na *Divini Redemptoris* (1937), julgando que "os chefes do comunismo fingem ser os mais zelosos promotores e propagadores do movimento pela paz mundial", mas, na realidade, visam perigosamente aos objetivos da luta de classe, tinha excluído rigorosamente qualquer tipo de colaboração com o comunismo, considerado "intrinsecamente perverso" (Pio XI, *Divini Redemptoris*, 57-58, in *Enchiridion delle Encicliche*, 5, nn. 1254-1256).

Agora o novo xadrez bélico e a nova posição da Rússia na linha de frente das nações que se opunham à fúria nazista desconcertavam inesperadamente a visão vaticana de uma sociedade internacional dividida entre civilização cristã e comunismo, como seria depois reproposta também no pós-guerra. Na prática, depois das conversas entre o enviado de Roosevelt ao Vaticano, Myron Taylor (1874-1959), foi encontrado um modo de contornar a rígida prescrição de Pio XI: um bispo estadunidense teria oferecido publicamente uma interpretação do texto papal não contrária à intervenção dos EUA ao lado da Rússia.

3. Foi ainda durante a invasão da Rússia em 1941 que a "questão judaica" — ou seja, a sistemática eliminação de uma estirpe considerada pela ideologia nazista verdadeiro perigo para a Europa e um obstáculo ao necessário e exclusivo domínio da raça ariana — foi posta mais em evidência em razão dos numerosíssimos judeus presentes naqueles territórios: foram fuzilados em massa e lançados em fossas comuns que eles próprios tiveram de cavar; depois de apenas alguns meses, as vítimas somaram um milhão. No início de 1942 os chefes nazistas projetaram uma ***Endlösung*** ("solução final" ou "definitiva") da "questão judaica". Dito de modo extremamente simples e arrepiante, julgava-se que o "problema" estaria resolvido quando o povo judeu, até seu último membro, tivesse sido eliminado da Europa. Foram realizados, portanto, "campos de concentração" (*Lager*) específicos — na realidade, verdadeiros campos de extermínio —, muitos dos quais situados na Polônia — entre os quais Auschwitz, o tristemente mais famoso —, em áreas bem marginais, por óbvios motivos de segredo, mas ligados entre si por ferrovias, a fim de facilitar o transporte dos prisioneiros. O trabalho imposto aos deportados em condições desumanas, seja quanto a excessivas fadigas, seja quanto à higiene e alimentação totalmente insuficientes, acabava constituindo outro método de extermínio. De fato, os *Lager* desempenharam sua macabra função mediante a introdução de técnicas de envenenamento em massa até o fim da guerra: como se sabe, os portões de Auschwitz foram reabertos pelos soldados russos em 27 de janeiro de 1945. Segundo a estimativa mais comum (e ainda provisória), o número final do genocídio foi confirmado em cerca de seis milhões de mortos.

As notícias relativas ao extermínio dos judeus não tardaram a chegar à Santa Sé de modo bem consistente e com suficiente grau de credibilidade, até pelo fato de que provinham de uma pluralidade de fontes entre si independentes. Já no outono de 1941 as primeiras notícias sobre o extermínio ocorrido nas retaguardas da campanha da Rússia filtravam por meio do encarregado dos negócios da Santa Sé na Eslováquia, dom Burzio (1901-1966) (ADSS, 8, 327-328); no mês de julho seguinte era o visitador apostólico na Croácia, abade Marcone (1882-1952) que soube do chefe local da polícia que dois milhões de judeus tinham sido mortos depois de terem sido deportados para a Alemanha (ADSS, 8, 601-602). Até o prudentíssimo núncio em Berlim, César Orsenigo (1873-1946), fazia referência no mesmo período a "boatos, difíceis de verificar, de viagens desastrosas e de mortes em massa de judeus" (ADSS, 8, 608). Dom Montini, substituto na Secretaria de Estado, tinha reunido informações tais sobre a situação na Polônia que pôde escrever sobre "massacres sistemáticos de judeus" em "proporções e formas execrandas e espantosas" (ADSS, 8, 665, nota 2). A própria nunciatura de Berlim informava a Secretaria de Estado em dezembro de 1942 sobre a existência de "imensos campos de concentração, onde eles [os judeus] levam uma vida duríssima; é-lhes dado pouco alimento; são submetidos a trabalho extraordinariamente pesado; causas todas que logo levam muitos à morte [...]. Desses infelizes não se quer somente o fim, mas se quer saborear também, com gosto satânico, a morte lenta e atrocíssima dos outros" (ADSS, 8, 740-741).

A própria Secretaria de Estado podia chegar, portanto, na primavera de 1943 à redação de um *memorandum* que descrevia de maneira bem informada a "situação horrenda" dos judeus sob a perseguição nazista na Polônia (ADSS, 9, 274). É, portanto, impossível afirmar, como às vezes se fez, que a Santa Sé não estivesse suficientemente informada. Põe-se a esta altura a interrogação relativa à atitude do papa e à falta de denúncia de uma situação tão grave para a qual muitos esperavam e exigiam explicitamente uma intervenção pública. É a chamada questão dos **"silêncios" de Pio XII**: um problema real, embora muitas vezes exagerado por uma historiografia preconceituosamente hostil a Pio XII. A essa posição supercrítica em relação ao papa contrapõe-se uma historiografia apologética, que chegou até a afirmar a inexistência da questão, uma vez que o papa teria denunciado abertamente a opressão praticada contra os judeus. Ora, a referência mais próxima das dramáticas situações em andamento pode ser encontrada na radiomensagem para o Natal de 1942, quando o papa acena às muitas pessoas que "somente por razão de nacionalidade ou de estirpe são destinadas à morte ou a um progressivo definhamento" (AAS, 1943, 23). Não se pode negar que se tratava de uma referência muito genérica. Ela correspondia perfeitamente ao estilo diplomático de aludir às questões sem nunca as nomear explicitamente e estava em linha com a rigorosa opção de reserva assumida, como visto, por Pio XII no início do conflito e em relação à qual ele jamais quis transigir. Acrescente-se a isso também a convicção — indubitavelmente sincera — do papa de agir "no interesse dos próprios perseguidos, para não tornar, embora sem o querer, mais grave e insuportável a situação deles" (DRM, 2 de junho de 1943). Ademais não se deve esquecer o forte empenho da Santa Sé em acolher e em socorrer uma quantidade extraordinária de judeus perseguidos e o convite dirigido nesse sentido às diversas instituições eclesiásticas e às casas de vida religiosa, a começar pelas presentes em Roma.

Uma vez reconhecida serenamente a opção do papa — assumida com conhecimento de causa, ainda que possam ser discutidas naturalmente as motivações apresentadas, e fortemente dolorida (de "amargas experiências, que fizeram sangrar nosso coração", falava o próprio Pio XII no discurso acima citado) —, devem ser firmemente excluídas supostas causas que não encontram nenhum fundamento. Por exemplo, julgar que tal atitude deva se reduzir a alguma forma de simpatia por Hitler e seu regime, ou até à uma tendência antissemita de Pio XII. A primeira hipótese é claramente insustentável, a ponto de estar agora comprovado que o papa vira favoravelmente um golpe de Estado para a eliminação (pelo menos política) do ditador. A segunda está nitidamente desmentida pelas já referidas iniciativas no socorro de judeus praticadas ou encorajadas pela Santa Sé, ainda que esse empenho assistencial não possa decerto substituir a falta de uma denúncia nem permita reduzir essa escolha a uma atitude de indiferença em relação aos judeus. Por outro lado, tampouco se pode dizer que essa opção tenha sido necessariamente a única e a melhor possível; outros, mesmo dentro da Igreja e da própria Santa Sé, eram de opinião diferente. Foi a escolha fortemente pessoal e certamente muito sofrida de Eugênio

Pacelli. É a conclusão a que chegou significativamente também um autor que até fora muito crítico de Pio XII: "A decisão de calar foi por ele tomada em consciência, depois das dramáticas lutas interiores [...]. Pio XII não foi um medroso" (cit. in Falconi, 442).

4. Como já foi dito, a desastrosa campanha da Rússia e a entrada na guerra por parte dos Estados Unidos foram dois fatores determinantes para o início de uma **reviravolta nos destinos do conflito**. A Alemanha tinha perdido grande parte do próprio potencial bélico e seu ímpeto agressivo inicial tinha se enfraquecido notavelmente; ao mesmo tempo, as forças aliadas começaram a reagir com determinação, atacando em vários pontos a densidade das conquistas territoriais nazistas. Isso ocorreu em primeiro lugar na África setentrional, onde em maio de 1943 foram subjugadas, depois de longa resistência, as forças do Eixo ítalo-alemão. No mês de julho seguinte, o desembarque dos aliados na Sicília e o progressivo avanço sobre a península italiana — acompanhado pela constituição de núcleos de resistência antifascista dentro do país (os "partigiani") — levaram ao colapso o regime de Mussolini e o próprio aparato do Estado. Com o rei em fuga, depois do armistício de 8 de setembro houve a dispersão do exército: tendo se recusado a continuar a combater por Mussolini, grande parte dos militares foi deportada para os campos de concentração, ao passo que alguns se voltaram para formações paramilitares da Resistência. A precária instituição da República de Saló ao norte da Itália, guiada por Mussolini, e a ocupação militar da península por parte da Alemanha não conseguiram deter o avanço dos anglo-americanos, os quais, depois de outro desembarque em Anzio e a ruptura da linha alemã em Cassino, entravam em Roma em 5 de junho de 1944.

Diante da rápida mudança no cenário bélico, a **Santa Sé** foi posta **de novo à prova**, em particular pela manutenção coerente da sua escolha inicial de rigorosa neutralidade. Com efeito, por um lado, ela estava indubitavelmente atraída — e em parte envolvida — pelo novo protagonismo estadunidense. Aos olhos do papa, este constituía uma garantia contra o perigo de que a agora prevista vitória aliada teria como consequência o transbordamento do poder bolchevista sobre o continente europeu, o que significaria passar de uma ditadura a outra, ou de mal a pior, visto o caráter "intrinsecamente perverso" atribuído pelo Magistério da Igreja ao regime comunista. Por outro lado — precisamente em nome da sua posição *super partes* —, Pio XII se declarava contrário à perspectiva de uma "rendição sem condições" que humilhasse a Alemanha, de novo com toda a dificuldade de fazer entender que esse apoio não se dava ao *regime* nazista, mas ao *povo* alemão (e italiano). Assim, referindo-se explicitamente à posição assumida no começo da guerra, o papa pedia agora aos próximos vencedores que agissem de modo que "os povos menos favorecidos, num dado momento, pelas sortes da guerra possam acreditar no renascimento e no crescimento de um novo sentimento de justiça e comunhão entre as Nações [...], sem ter de temer o comprometimento da conservação, integridade ou honra de seus países" (DRM, 1 de setembro de 1943). Isso significava aplicar em relação à Alemanha (sobretudo) e à Itália os princípios de justiça e o espírito de moderação que tinham sido voluntária e violentamente esmagados pelos dois regimes totalitários (pelo alemão, sobretudo) em relação às nações agora vencedoras.

Outra grande e premente preocupação de Pio XII foi a **defesa da integridade de Roma**, quer em relação à ocupação alemã começada em setembro de 1943, quer a respeito dos possíveis bombardeamentos dos aliados em vista de sua libertação. O constante empenho do papa em defesa da Urbe assumiu às vezes os tons de retórica exagerada — "Quem quer que ousasse levantar a mão contra Roma seria réu de matricídio perante o mundo civil e no juízo eterno de Deus" (DRM, 2 de junho de 1944) —, bem mais estridente se confrontada com o silêncio mantido, como já vimos, diante das aberrações bem mais graves e da própria deportação para os campos de extermínio de um milhar de judeus romanos. Todavia, o empenho pela tutela da cidade — no clima de desorientação difusa numa capital abandonada a si mesma pelas autoridades políticas — mereceu ao pontífice o elogio de *defensor civitatis* e o sincero reconhecimento da multidão aglomerada na praça São Pedro logo após a libertação. Nesses mesmos dias, com o desembarque na Normandia (6 de junho de 1944), os Aliados abriam outra ofensiva — determinante — que desmantelaria definitivamente o poder nazista.

O conflito ainda continuou até a metade do ano seguinte, com pesados bombardeios sobre a Alemanha para fazê-la se dobrar depois da ruína ocorrida na frente oriental por parte da Rússia. Entre fim de abril e início de junho de 1945 a libertação da Itália setentrional, o suicídio de Hitler e a tomada de Berlim sancionaram a vitória aliada e a consequente rendição da Alemanha. A última e terrível violência bélica foi o desmembramento do Japão da aliança com a Alemanha por parte dos Estados Unidos, com o emprego da bomba atômica lançada sobre as cidades de Hiroshima e Nagasaki (6 e 9 de agosto de 1945). Agora a guerra tinha realmente acabado, e do pior modo. Num espectral cenário de ruínas acumulavam-se dezenas de milhões de cadáveres (as contas, complexas e incertas, oscilam entre os cinquenta e setenta milhões de vítimas, entre militares e civis): a humanidade sofria a mais devastadora derrota da própria história.

5. Quanto à ação da Igreja católica nessa dramática contingência, é **difícil** fazer um **balanço**. Em primeiro lugar, porque seria necessário conhecer e avaliar a presença e o comportamento de milhões de pessoas, ativas cada uma em frentes e papéis diferentes, e pelo menos fazer emergir as orientações das diversas Igrejas nacionais, bem como a ação de uma miríade de instituições periféricas, grupos e associações. Limitando-nos por óbvios motivos às escolhas de Pio XII, com base em sua própria reflexão autobiográfica no fim da guerra, podemos confirmar o que pode parecer como um progressivo "recuo" para horizontes cada vez mais limitados, como em parte já destacamos acima. Dirigindo-se aos participantes do primeiro congresso das ACLI em 29 de setembro de 1946, o papa relacionou uma série de objetivos perseguidos pela Santa Sé durante o conflito: "Impedir a guerra; abreviá-la; manter longe dela as Nações que, como a Itália, no início tinham ficado imunes a ela; salvar da morte e dos sofrimentos as pessoas, e as cidades, da destruição; remediar as desastrosas consequências do conflito atroz [...] com a mais alta contribuição de socorro caritativo; promover e elevar as condições espirituais e materiais do povo trabalhador" (DRM, 29 de setembro de 1946).

Todos os objetivos relacionados (exceto o último, ligado mais aos destinatários específicos do discurso) podem ser interpretados — sem manipulações — precisamente como uma série de iniciativas fracassadas e, portanto, substituídas com a indicação de outro objetivo mais modesto. Ou seja, passou-se da tentativa inicial de "impedir a guerra" à de "abreviar a guerra", e depois de limitá-la, evitando a participação de nações que até aquele momento tinham ficado alheias a ela, em primeiro lugar a Itália. Frustrados todos esses objetivos — como visto —, abre-se então a frente do compromisso humanitário. Nisso se pode certamente notar uma conduta "sempre constante, coerente, retilínea", como reivindicado pelo papa, sempre no mesmo discurso, embora a enorme complexidade da situação em seu mutável desdobramento tenha obrigado a Santa Sé a uma contínua adequação ou, com mais precisão, a um progressivo redimensionamento das próprias intenções. Era uma experiência de limite, às vezes até notável, que a Igreja católica, em especial o papado, já tinha vivido na Primeira Guerra Mundial e que continuará a caracterizar a condição da comunidade eclesial no mundo contemporâneo. Temos de observar também que o evidente isolamento político-diplomático da Santa Sé encontrou na ampla e generosa ação humanitária promovida pelo pontífice nova fonte de prestígio, sobretudo perante as massas. Mais: já durante a guerra, o papa instaurou uma relação direta com elas, em particular durante as periódicas aglomerações de fiéis na praça São Pedro, um lugar que justamente durante esse pontificado começa a ser grande sala a céu aberto, onde o papa exerce pessoalmente seu ministério de ensino e exortação.

47. O pós-guerra e as novas relações internacionais

1. É o amplo magistério de Pio XII sobre guerra e paz que constitui provavelmente a ligação mais importante entre a primeira parte do pontificado, que coincide com os anos do conflito mundial, e a do pós-guerra. Com efeito, desde o início das operações bélicas, e durante todo seu desenvolvimento, Pio XII preparou ampla e articulada reflexão — exposta sobretudo nas anuais radiomensagens natalícias — precisamente na perspectiva da reconstrução seguinte.

Retomando uma análise já característica do Magistério papal entre os séculos XIX e XX, Pio XII visava a identificar **a causa fundamental da profunda crise** que o Ocidente atravessava — manifestada primeiramente com a afirmação dos regimes totalitários, e depois com a irrupção do espantoso conflito — com o afastamento da sociedade humana da referência própria e originária ao Transcendente. O elemento novo que emergia na linha desta leitura bastante consolidada era a focalização da consequente perda de centralidade da pessoa humana; era preciso, pois, recuperar essa centralidade, como a que subsiste na ordem natural estabelecida por Deus como reflexo e efeito de seu desígnio salvífico: "A origem e o objetivo essencial da vida social significam a conservação, o desenvolvimento e o aperfeiçoamento da pessoa humana" (DRM, 24 de dezembro de 1942). A partir daí, se, por um lado, ficava em evidência a **função fundamental da Igreja** como enviada para fazer conhecer e tutelar essa **ordem natural** — como um "farol esplendente que lembra constantemente essa ordem divina" (DRM, 24 de dezembro de 1944) —, por outro, emergia a exigência de elaborar um direito universal que orientasse e unificasse também no campo internacional as diversas perspectivas políticas e sociais. Nesse sentido, o magistério de Pio XII — que à primeira vista pode parecer completamente alinhado à leitura tradicional da decadência da civilização contemporânea como "apostasia" do cristianismo e distanciamento da tutela eclesiástica — abre-se de maneira inovadora à exigência de construir um ordenamento jurídico amplamente partilhado, justamente por ser edificado sobre uma base considerada "natural". E que essa ordem somente deva ser plenamente realizada — na visão proposta por Pio XII — na "civilização cristã" ("voltar a um verdadeiro cristianismo de Estado e entre os Estados": DRM, 24 de dezembro de 1945) isso não tira nada da sua universalidade; antes, significa que a "civilização cristã" deve ser vista como cumprimento de uma perspectiva natural, como tal acessível, mesmo fora do mundo cristão.

2. De fato, a vasta perturbação do mundo causada pela guerra estabelecia a necessidade de construir **nova ordem internacional** que consolidasse a paz e evitasse o surgimento de outros desequilíbrios e contraposições, como ocorrido no fim do conflito anterior. Nesta perspectiva, Pio XII considerava que a Igreja podia oferecer um contributo significativo, antes de tudo, com a própria participação magisterial, seja como guardiã do direito natural, seja como anunciadora da mensagem de Cristo, fonte de reconciliação universal.

A situação pós-bélica na Europa e no mundo caracterizou-se, sobretudo, pelo predomínio das duas principais protagonistas da vitória sobre a Alemanha nazista, ou seja, a União Soviética e os Estados Unidos; agora, ambas brigavam pelo controle político-territorial do mundo com base em suas respectivas esferas de influência estabelecidas na conferência de Yalta (Ucrânia), realizada em fevereiro de 1945 entre Estados Unidos, União Soviética e Grã-Bretanha. A União Soviética tinha formado um amplo cordão de segurança em torno das próprias fronteiras, ligando fortemente a si uma série de países (Bulgária, Checoslováquia, Alemanha Oriental, Polônia, Romênia, Hungria, Iugoslávia) guiados pelos respectivos partidos comunistas coligados entre si pelo *Cominform* (1947) — coordenação das informações entre partidos comunistas — e pelo *Comecon* (1949), conselho para a política econômica; em momentos e maneiras diferentes, a essas organizações aderiram vários países europeus e até extraeuropeus. Da outra parte do mundo, além de conter e contestar a expansão soviética segundo a linha ditada em 1947 pelo presidente Harry Spencer

Truman (1884-1972), os Estados Unidos estavam empenhados em difundir em escala mundial um modelo baseado em dois pilares: a livre-troca, no âmbito econômico, e o sistema democrático-parlamentar, no âmbito político. Tanto o lançamento do "plano Marshall" (do sobrenome do secretário de Estado, que o propôs num famoso discurso na universidade de Harvard em 1947) —, ou seja, uma programação orgânica de ajuda para a reconstrução pós-bélica e o desenvolvimento econômico dos países europeus — quanto a assinatura do Pacto Atlântico em Washington (1949) e a relativa organização internacional (mais conhecida pela sigla NATO), mediante a qual muitas nações europeias se associaram aos Estados Unidos num organismo de colaboração político-comercial e de defesa comum, pareciam funcionais à ampliação da liderança estadunidense sobre o Ocidente, em evidente contraposição com o expansionismo soviético sobre a Europa central.

Foram constituídos, portanto, **dois blocos** de países profundamente diferentes entre si, caracterizados por **visões opostas** do homem e do mundo: a soviética, dominada pela ideologia comunista, com a primazia do Estado que planificava também a economia e impunha um estilo de vida uniforme e disciplinado aos próprios cidadãos; a estadunidense, com base na liberdade e na iniciativa individual, quer no campo político, quer no campo econômico.

Nessa situação bipolar do mundo, **o papel** que Pacelli tinha delineado para a **Igreja**, ao mesmo tempo anunciadora da vocação sobrenatural do homem e guardiã do direito natural, só poderia ser desempenhado, antes de tudo, numa rejeição radical do comunismo, negador do Transcendente por sua ideologia materialista e opressor da dignidade da pessoa humana, impedida na própria livre iniciativa pela rígida disciplina imposta pelo Estado. Esta oposição de princípio entre a visão cristã do homem na sociedade e o comunismo que estava na origem de "um Estado materialista, sem ideal ultraterreno, sem religião e sem Deus" (DRM, 1 de junho de 1946) confirmava-se e depois se agravava pela política de agressão contra as instituições católicas posta em prática na União Soviética e nos países satélites. Efetivamente, havia motivo para pensar que Moscou quisesse vergar o cristianismo para suas próprias exigências na forma de Igrejas nacionais, como ocorrera na própria União Soviética, onde a única forma de cristianismo aceito era o ortodoxo, porquanto pronto a se alinhar às exigências do nacionalismo, com uma atitude que foi duramente definida por Pio XII como "dependência servil" (DRM, 24 de dezembro de 1948). Com efeito, o patriarcado de Moscou apoiava a política internacional soviética, assumindo ousada iniciativa de submeter a si as diversas Igrejas dos países agregados ao bloco soviético e às vezes até incorporando de modo autoritário Igrejas de rito bizantino em comunhão com Roma, como as da Ucrânia e da Romênia. Nos países da área comunista não faltaram verdadeiros episódios de violência contra eclesiásticos católicos de primeira linha, como a prisão do arcebispo de Zagreb, Alojzije Stepinac (1898-1960), em 1946, e do cardeal primaz da Hungria, József Mindszenty (1892-1975), em 1948. Opositores do nazismo, eram agora acusados de traição contra o regime comunista e passaram longos anos na prisão. É diferente a situação na Polônia, onde o primaz Stefan Wyszynski (1901-1981) — também ele prisioneiro do regime por três anos — conseguiu fazer um acordo com o governo, obtendo algumas garantias para a Igreja. Em todo caso, a vida e a própria existência da Igreja católica nos países do bloco comunista sofreram pesados condicionamentos, a ponto de se começar a indicá-la como "**Igreja do silêncio**", expressão retomada depois pelo próprio Pio XII numa oração de 1957 (*Preghiera per la "Chiesa del silenzio"*, in DRM, 16 de julho de 1957).

E havia a situação particularmente trágica da **Igreja da China**. No fim da guerra civil entre nacionalistas e comunistas (1945-1949), a nova República popular chinesa, guiada por Mao Tsé-Tung (1893-1976) e aliada à União Soviética, tinha assumido uma política de radical contraposição a toda influência estrangeira: atitude recorrente na história do grande país, mas conexa neste caso com a afirmação dos princípios marxista-leninistas. Naturalmente quem pagou a conta foram as Igrejas cristãs, consideradas cúmplices do imperialismo ocidental. Uma brusca parada teve de sofrer sobretudo a Igreja católica local, que acabara de ser organizada em arquidioceses e dioceses (1946), enquanto em Pequim tomava posse como arcebispo o primeiro cardeal chinês de toda a história da Igreja: Thomas Tien Ken-sin (1890-1967). O regime de Mao quis que a comunidade cristã chinesa cortasse todas as relações com o exterior: opção claramente impraticável para uma Igreja que se define como "católica", ou seja, "universal" e "romana". A resistência dos católicos chineses suscitou dura perseguição, enquanto todos os missionários estrangeiros (mais de cinco mil) foram expulsos. Depois, nos primeiros anos de 1950, seria instituída uma Igreja católica separada de Roma e submetida ao regime político local.

A determinação de Mao em querer realizar uma Igreja de Estado ofereceu à Santa Sé uma dramática confirmação da periculosidade do sistema comunista, motivando ainda mais sua radical rejeição. Mais, impressionado pela gravidade destes e de outros fatos, Pacelli assumiu a contraposição entre Igreja e comunismo dentro de uma visão apocalíptica, como batalha final entre bem e mal, uma "luta titânica entre os dois espíritos opostos que disputam o mundo" (DRM, 24 de dezembro de 1947). Ateu e totalitário, o sistema comunista parecia aos olhos do papa como oposto ao mesmo tempo à primazia de Deus e à centralidade do homem, que seu magistério constantemente indicava como os dois eixos da ordem universal.

3. Sob essa luz deve ser visto e considerado o famoso **decreto** com que em **1º de julho de 1949** o **Santo Ofício** proibiu aos católicos de aderirem aos partidos comunistas, de colaborarem e até de lerem publicações inspiradas no comunismo, excluindo dos sacramentos quem tivesse transgredido essas indicações e cominando a excomunhão aos cristãos que professassem o comunismo, considerado "doutrina materialista e anticristã". Além disso — lê-se no texto —, a conduta concreta dos dirigentes comunistas, embora acompanhada às vezes por afirmações de respeito da religião e da Igreja, mostra de fato como eles são, ou seja, inimigos da verdadeira religião e da Igreja de Cristo (AAS, 1949, 334). A iniciativa, atribuída à decisão imprevista e pessoal do papa, e não totalmente partilhada — por exemplo, pela Secretaria de Estado —, refletia claramente a nítida distinção de campo entre "civilização cristã", ou melhor, entre civilização enquanto tal e "barbárie", entre bem e mal, acima indicada: oposição tão radical que não permite espaço de manobra, mas apenas exige firme condenação. A medida tinha a intenção também de sacudir as consciências de todos os que no Ocidente tinham se deixado atrair pelo comunismo, aumentando o risco da sua expansão também nesta parte do mundo.

O duro posicionamento vaticano suscitou muitas perplexidades, não mostrando tão nítida a distinção, em cada uma das pessoas e nas concretas situações locais, entre a efetiva adesão ao comunismo em seus conteúdos ideológicos e sua consideração como projeto ou pelo menos como aspiração para maior justiça social. Daí as dificuldades de aplicação do decreto por parte de muitos bispos e as frequentes crises de consciência para muitos católicos. De resto, o próprio Pio XII, anunciando em 1952 a consagração por ele feita de "todos os povos da Rússia" ao Coração Imaculado de Maria, adotava a famosa distinção entre "erros" — especificamente os do comunismo ateu — e "os que erram", ou seja, entre as doutrinas e as pessoas (Pio XII, *Sacro vergente anno*, 7 de julho de 1952, n. 6, in *Enchiridion delle Encicliche*, 6, n. 2004).

Decerto, a linha de firme contraposição ao comunismo delineada por Pio XII para a Igreja partia da sugestão de consistentes motivos de caráter, quer teórico, quer prático. Todavia se punha, como dito, num mundo já nitidamente dividido em dois, entre bloco liberal-ocidental e bloco comunista-soviético. Consequentemente, a posição da Santa Sé via-se apoiada na análoga iniciativa estadunidense de conter a influência soviética, com o risco de induzir possível confusão. O **equívoco** de uma **imposição da Igreja ao Ocidente** podia vir seja da convergência ideal e prática entre a visão cristã da sociedade fundada nos direitos — como esboçada no magistério de Pio XII — e muitos elementos da visão ocidental, seja da contraposição política, econômica e militar que os Estados Unidos defendiam em relação à ameaça soviética na Europa e no Sudeste asiático. De resto, nos últimos anos da guerra e logo no pós-guerra, houve contato frequente e bom entendimento entre Pio XII e os presidentes dos EUA, Franklin Delano Roosevelt (no cargo de 1933 a 1945) e Harry Truman (no cargo de 1945 a 1953), com a recíproca convergência, além de alguns princípios fundamentais, também sobre a avaliação da contingência política, em especial sobre a necessidade de conter e neutralizar a expansão comunista.

Apesar da presença dentro da própria **Cúria romana** de tendências favoráveis, mais do que à aliança preferencial com o bloco ocidental, a uma **linha alternativa** e autônoma da Igreja, à procura de uma "terceira via" (Montini), Pio XII — embora com a consciência da distância entre ideais cristãos e valores do Ocidente e na constante reivindicação à Igreja de um papel próprio e superior em relação à política dos Estados — naquele momento histórico julgou necessário **alinhar-se com o Ocidente como *meio*** para se aproximar e/ou para tutelar a ordem universal da qual ele se fazia primeiro defensor. Vice-versa — e de novo reaparece de forma complementar o equívoco —, os Estados Unidos viam no papel da Igreja na Europa um meio eficaz para ligar mais as populações ao alinhamento liberal e anticomunista. Não se deve esquecer também o apoio econômico estadunidense às instituições eclesiásticas na fase da reconstrução pós-bélica. Daí também a acusação dirigida ao papa de "colaborar com Potências 'imperialistas'" (DRM, 23 de dezembro de 1950), que deve ser interpretada evidentemente como leitura simplificadora (não isenta de tendenciosidade) em relação ao compromisso da Santa Sé em se opor à difusão do comunismo, apresentado pela relativa propaganda como defensor da paz, diferentemente de um Ocidente descrito pela propaganda comunista como belicista.

48. O projeto de uma sociedade cristã e o avanço da secularização

1. Pio XII se dava conta do risco que a Santa Sé corria de ser identificada com o Ocidente sob a guia estadunidense; e estava também bem consciente da distância existente entre a visão cristã da justiça e muitos componentes da tradição liberal, seja pela origem histórica do liberalismo — longa e duramente rejeitado pelo magistério pontifício entre os séculos XIX e XX —, seja por alguns de seus conteúdos, como o individualismo, o utilitarismo e a excessiva autoridade conferida ao Estado.

Pacelli supera essa possível assimilação ao Ocidente, insistindo na **construção de uma "civilização *cristã*"**, uma alternativa, portanto, quer ao bloco comunista, quer ao Ocidente, até pelo fato de constituir, como já vimos, uma civilização universal, e portanto não redutível a uma parte (embora eventualmente melhor) do mundo. Essa civilização cristã — segundo o magistério de Pio XII — devia se edificar, como dissemos, a partir do reconhecimento de Deus como fundamento da ordem *universal*, e indiretamente no reconhecimento da centralidade da pessoa humana. E do fato de que, sempre na perspectiva indicada pelo papa, somente a Igreja seria a verdadeira guardiã dessa visão, seguia-se o necessário reconhecimento da centralidade da instituição eclesiástica, e em particular da guia magisterial por parte do papa. Tudo isso se unia à visão, também típica de Pacelli, de uma Igreja doutrinalmente autossuficiente, bem como à altíssima concepção que ele tinha do próprio papel.

Na realidade dos fatos, semelhante perspectiva de centralidade da Igreja e do magistério pontifício mostrou logo todos os seus limites, até terminar por ser **ingênua e ilusória**. Com efeito, a Santa Sé permanecera totalmente excluída dos acordos pós-bélicos que tinham equacionado a divisão do mundo em dois blocos, ainda que a proposta magisterial do papa, mesmo ampla e insistente, justamente por motivo do "caráter absoluto" metafísico que a caracterizava em suas próprias intenções, acabava por estar inevitavelmente distante das perspectivas concretas da política e da economia. O único âmbito no qual parece ter havido uma aproximação, pelo menos parcialmente significativa, entre a Santa Sé e grandes iniciativas internacionais foi a progressiva construção de uma Europa unida: a imposição de figuras significativas de católicos em algumas das nações protagonistas da unidade europeia (Konrad Adenauer [1876-1967] na Alemanha, Robert Schuman [1886-1963] na França, Alcides De Gasperi [1881-1954] na Itália) favoreceu o apoio da Santa Sé ao ideal europeísta. Isso se tornou manifesto pelo próprio papa já em novembro de 1948 — quando recebeu em audiência os participantes do terceiro congresso internacional, convocado para dar vida à união federal europeia —, enquanto parecia que tal união correspondesse, pelo menos em parte, à perspectiva de uma sociedade cristã não reduzida ao Ocidente liberal e filo-americano.

2. A dificuldade mais geral da Santa Sé em se inserir como voz respeitável no quadro político internacional não passou despercebida a Pio XII, o qual, analogamente ao que ocorreu durante a guerra, pôs em prática um primeiro "recuo **estratégico**" para objetivos mais práticos, embora sempre de notável compromisso e pensados como via diferente em relação à recuperação de um papel central da Igreja na convivência humana. Ou seja, no caso específico, o início de uma grande mobilização das massas católicas, às quais dar ao mesmo tempo diretrizes doutrinais e estruturas organizativas com o objetivo precisamente de estabelecer — na Europa, e de modo particular e exemplar na Itália e em Roma — uma sólida "sociedade cristã".

Aliás, também esse projeto pacelliano se chocou com o pluralismo político-cultural induzido pela ideia de sociedade que prevaleceu no Ocidente. Com efeito, como liberal e pluralista, essa visão se opunha claramente à perspectiva de construir uma sociedade cristã; daí uma indisfarçável saudade, no âmbito católico, de formas estatais nas quais permanecessem ainda em vigor o princípio da religião de Estado e o reconhecimento de alguns privilégios e papéis públicos para a Igreja. Como na Espanha franquista, a qual, embora constituísse um regime opressivo dos direitos civis, era apresentada pela "Civiltà Cattolica" como um governo que "se inspira em toda a sua ação política e social, sem fazer mistério, nos princípios da moral católica e tende com todas as suas forças à restauração das tradições cristãs seculares e católicas do seu povo" (A. Messineo, *La seconda assemblea generale delle Nazioni Unite*, in "La Civiltà Cattolica", 1947, 1, 105). O próprio Pio XII, coerentemente com sua aceitação da civilização ocidental na perspectiva de uma civilização cristã, considerava somente **instrumental o compromisso democrático**. Ou seja, a democracia não era reconhecida em seu valor intrínseco de regime político, mas enquanto (e até quando) admite a centralidade da pessoa humana na sociedade e se move dentro das margens das diretrizes eclesiásticas.

Também na **Cúria romana** as **posições** — com referência principal à situação italiana — **eram divergentes**: o secretário da congregação dos negócios eclesiásticos extraordinários, Tardini, era orientado a um comportamento inspirado no realismo e na prudência, pensando, por exemplo, num retorno somente progressivo da democracia na Itália; em todo caso, a Igreja não devia se ligar a nenhum partido. A maior parte da Cúria romana era contrária à ideia de um partido único dos católicos, preferindo uma variedade de escolhas possíveis, sempre no âmbito da direita conservadora. Foi João Batista Montini, substituto da Secretaria de Estado, quem apoiou a fundação, guiada por Alcides De Gasperi, de **um partido católico** (a "Democracia Cristã": DC), o qual, remetendo-se idealmente ao partido popular fundado por Luís Sturzo em 1919, assumia uma linha de autonomia em relação à Igreja. Apesar das fortes oposições curiais, prevaleceu afinal a linha de Montini, e de fato o partido de De Gasperi pareceu ser a única força política capaz de unir os católicos, mais do que se inserir no âmbito internacional no bloco ocidental. A escolha nesse sentido foi consolidada mediante a nítida recusa de reconhecer outras formações políticas católicas orientadas à esquerda, como o "movimento cristão social", depois "partido cristão-social", fundado por Giraldo Bruni (1876-1975) em 1944, e que se apresentou nas eleições para a Constituinte de 1946 e nas eleições políticas de 1948, depois dissolvido após os escassíssimos resultados eleitorais obtidos. Outra formação política, nascida do movimento dos católicos filocomunistas ativos nos anos da guerra e da resistência antifascista em torno das figuras de Franco Rodano (1920-1983) e Adriano Ossicini (1920-2019), foi o "partido da esquerda cristã", fundado oficialmente em 1944, e que migrou no ano seguinte para o partido comunista italiano.

A essa altura, todas as forças do **laicato católico** — em geral enquadradas na Ação Católica — deviam estar envolvidas no apoio do partido unitário, o qual, por sua vez, deveria se alinhar numa política de nítida contraposição ao comunismo. Se essa era a linha ditada por Pio XII, em plena coerência com o próprio magistério doutrinal, não foi, porém, posta em prática pela DC. Com efeito, para ela — como já se disse — De Gasperi reivindicava autonomia política, não se alinhando às diretrizes eclesiásticas e se recusando a fazer dela um partido confessional; ele chegara mesmo a tecer uma aliança de governo com os partidos de esquerda (que durou até maio de 1947). Depois, mesmo na contraposição às esquerdas, o partido católico interpretará as exigências das classes médias e da burguesia, mais do que as dos católicos. Isso ocorreu especialmente nas **eleições políticas de 1948**, ou seja, enquanto a união dos partidos comunista e socialista na "frente popular" fazia emergir como realista a vitória das forças de esquerda, o sucesso da DC esconjurou esse resultado, temido pelos componentes sociais médio-altos mais do que pelos católicos. Se bem repararmos, nem a Ação Católica tinha aderido plenamente à mobilização provinda do papa: a presidência de Vittorino Veronese (de 1946 a 1952), homem próximo a Montini, orientava-a mais na direção de mantê-la distante do direto compromisso político.

Foi então que surgiu de dentro da própria associação dos católicos italianos a figura de Luigi Gedda (1902-2000). Era um médico, estudioso de genética, presidente nacional dos jovens da Ação Católica, depois chefe da união dos homens da mesma associação. Em 1946, Gedda deu início à mobilização de forças católicas (os "**comitês civis**" capilarmente difundidos por todo o país), precisamente com a finalidade de construir um consenso eleitoral anticomunista, em estreita dependência das diretrizes eclesiásticas. À organização eleitoral de Gedda juntaram-se ações de caráter religioso, como a pregação do jesuíta Ricardo Lombardi entre 1946 e 1948 — definida por ele mesmo como "um som de trombeta que percorra a península como um eco do céu [...] para [...] a mobilização geral das forças católicas" (R. Lombardi, *Rilievi sulle forze cattoliche in Italia [Per una mobilitazione generale]*, in "La Civiltà Cattolica" 3 [1947], 23) — com o objetivo de presença visível e organizada das massas católicas na sociedade. A "cruzada da bondade", lançada pelo padre Lombardi, caracterizava-se por nítidas posições anticomunistas, acompanhada pela idealização do cristianismo como uma solução para todos os problemas. Além disso, foi posta em prática uma série de **manifestações cultuais e devocionais**, com particular desdobramento de iniciativas marianas, como "Nossa Senhora peregrina" — ou seja, o transporte de uma estátua de Nossa Senhora de Fátima de paróquia em paróquia, acompanhada por pregação e celebrações, na perspectiva de ampla conversão das populações locais, inclusive em seus componentes social-comunistas — e o destaque dado a manifestações "sobrenaturais" (ou supostamente tais), como aparições ou lacrimejamentos da Virgem.

De fato, nessa decidida orientação à (re)conquista das massas, era **difícil**, se não impossível, **distinguir a dimensão religiosa da política**. O já lembrado sucesso eleitoral democrata-cristão de 1948, superior às expectativas mais otimistas (embora sem esquecer que um terço dos votos foi para as esquerdas), reanimou a esperança de realizar, pelo menos na Itália, a "sociedade cristã" tão desejada por Pio XII; todavia, o sujeito político que tinha concretamente conseguido aquela vitória era a mesma Democracia Cristã que o papa não tinha desejado, pelo menos nas modalidades nas quais o partido se propusera e que mantinha um espírito de independência tal que não podia fazer dele o instrumento operativo dócil às diretrizes magisteriais que Pio XII imaginava. Dito com outras palavras, enquanto, sob o ponto de vista do papa, o partido católico devia ser um dos componentes da vasta mobilização que ele pretendia pôr em prática na sociedade italiana, sob o ponto de vista de De Gasperi o novo partido se inseria mais no panorama da vida política do país, na perspectiva de sua democratização e assimilação às outras nações ocidentais. Em suma, o projeto de uma sociedade cristã de Pacelli não foi partilhado por uma parte significativa dos que tinham sido protagonistas da afirmação dos católicos no governo da Itália, porquanto orientados mais para a construção de um **Estado laico** e para escolhas de governo identificadas e perseguidas com base em avaliações autônomas, embora numa **inspiração com base nos princípios cristãos**. Também em outros países europeus nasceram autonomamente partidos de inspiração cristã — como o *Mouvement Républicain Populaire* (MRP) na França, ou a *Christlich Demokratische Union* (CDU) na Alemanha —, reconhecidos e apoiados pelos bispos locais, sobretudo em função anticomunista; fora da Itália, no entanto, os católicos optaram por uma linha pluralista. Por parte da Santa Sé, a atitude em relação a esses partidos foi uma oscilação contínua e prudente entre apoio e distanciamento, simpatia e reserva.

3. Sendo impraticáveis ou excessivamente complexas as possibilidades de assumir uma posição no plano político em cada uma das nações ocidentais e no âmbito internacional, restava outro caminho a seguir para restaurar a vitalidade e a força pública da Igreja católica, tendo em vista a construção de uma civilização cristã, ou seja, a da **mobilização de massa**, à imitação dos grandes movimentos sociais contemporâneos. Seu protagonista foi novamente o próprio Pio XII, com seu carisma pessoal, sua figura hierática, sua eloquência fluente e o conteúdo enciclopédico de seu magistério. Recorrendo também ao emprego de instrumentos midiáticos — como a apresentação cinematográfica da figura e da obra do papa no filme *Pastor angelicus* de 1942, realizado por ocasião dos seus vinte e cinco anos de episcopado — acabou favorecendo a exaltação de Pio XII como personagem de referência universal, seja para as massas, seja para as classes de governo; isso na fase de passagem da guerra à nova ordem e quando vieram a faltar algumas das grandes personalidades que tinham guiado as respectivas nações durante o conflito. Para essa enfatização da figura papal contribuíram fortemente as reuniões periódicas de grandes multidões na praça

de São Pedro, bem como as numerosas audiências de categorias específicas de profissionais ou de grupos nacionais. Encontros todos eles preparados com extrema diligência por parte do papa, que a cada vez aprofundava pessoalmente — com impressionante capacidade de assimilação e síntese — as temáticas específicas relativas ao âmbito de interesse de seus visitantes, fossem atletas, ferroviários ou pesquisadores no campo científico.

As entusiásticas manifestações de massa e as solenes declarações oficiais não puderam, no entanto, evitar completamente a constatação de **resultados** em substância **amplamente inferiores** aos esperados. No fundo, a própria insistência na *mobilização* dos católicos, generosamente apoiada pelo empenho pessoal do papa, denunciava indiretamente uma situação de cansaço que não seria correto atribuir unicamente à preguiça de cada um. Além disso, essa mobilização era entendida predominantemente na perspectiva de um envolvimento como apoio e sob as diretrizes do papa (é recorrente a imagem das "falanges" alinhadas às quais se assegura "a unidade de comando": DRM, 8 de dezembro de 1953). Aparentemente, portanto, se tratava de um *novo* modo de posicionar a Igreja numa situação social e cultural profundamente alterada; na realidade, confirmava-se e se reforçava uma **eclesiologia romanocêntrica**, fortemente estruturada em torno da primazia hierárquica do papa, segundo a visão tridentina, e mais ainda gregoriana (século XI). A mobilização dos católicos verificava-se predominantemente — e muitas vezes confundia-se — com a afirmação pública da Igreja, com sua capacidade de controle e de orientação da política, com a insistência sobre uma presença quantitativamente maciça e nitidamente visível.

Naqueles mesmos anos, sobretudo nos contextos urbanos e industriais, já ia diminuindo significativamente a consistência numérica das comunidades cristãs e se expandindo progressivamente entre as populações de antiga tradição católica a área da indiferença, quando não também da hostilidade em relação à prática religiosa e às instituições eclesiásticas. Com efeito, a retomada econômica depois do conflito e o enorme emprego da indústria na reconstrução aceleraram a **transformação da sociedade**, corroendo as estruturas tradicionais da vida cotidiana nos campos, e subvertendo profundamente a organização urbana e social das cidades; em torno delas cresceram desmedidamente periferias desordenadas nas quais se apinhavam em condições desfavoráveis massas de empregados nos grandes complexos industriais. Uma das consequências mais significativas desta situação era precisamente constituída pelo abandono dos costumes religiosos e da referência às instituições religiosas locais, em primeiro lugar a paróquia, codificada e difundida por toda parte pela reforma tridentina e qualificada precisamente pela continuada cura de almas de uma população estável, em geral camponesa. Agora a Igreja católica não podia mais envolver de maneira constante aqueles que estavam inseridos numa sociedade cada vez mais móvel e diversificada, como era a urbana e industrial.

É típica a esse respeito a situação da **Igreja francesa**, que se tornou um ponto de referência também para outras nações precisamente em sua tentativa de enfrentar a inédita situação que se criara. Os padres aos quais o arcebispo de Paris, cardeal Emmanuel Suhard, tinha permitido seguir os trabalhadores franceses enviados à força para a Alemanha durante os anos da guerra e da ocupação nazista do país puderam viver em estreito contato com operários e expoentes dos relativos movimentos sindicais, trabalhando eles próprios nas fábricas e continuando às vezes a fazê-lo também mesmo depois de terem voltado da Alemanha. Em todo caso, puderam experimentar uma nova forma de ministério, feita antes de tudo de presença silenciosa e partilha concreta; ela foi retomada na volta à pátria e cultivada como uma modalidade de ação pastoral particularmente adequada aos ambientes secularizados, como as periferias operárias das metrópoles francesas. Em 1943 o relatório apresentado por dois jovens padres, Henri Godin (1906-1944) e Yvan Daniel (1909-1986), a respeito da descristianização e da inadequação das estruturas pastorais tradicionais confirmou ao arcebispo Suhard a necessidade de realizar novas iniciativas pastorais a partir da hipótese, nada irrealista, expressa pelos autores do relatório: não devia talvez também a França ser considerada então um "país de missão"? (Godin-Daniel, *La France pays de mission?*). Numa linha análoga, encontramos também outras reflexões contemporâneas, a de Georges Michonneau (1899-1983), por exemplo, a respeito da "paróquia comunidade missionária" (1946); a mesma consciência do estado de "missão" em que devia se colocar a Igreja na sociedade contemporânea foi reconhecida também na **Alemanha**, por ocasião da primeira *Katholikentag* ("assembleia dos católicos") do pós-guerra em 1948. E como em 1941 tinha tido início a *Mission de France* — com a fundação em Lisieux de um seminário para formar padres a serem destinados às dioceses mais pobres de clero, preparando-os também para a ação nos ambientes secularizados —, assim em 1943 Suhard dava início à *Mission de Paris*, com um grupo de padres (e leigos), os quais, livres dos vínculos paroquiais, puderam se inserir na *banlieu* parisiense. Alguns deles, começando a partilhar mais intensamente da vida cotidiana dos operários, entraram nas fábricas como trabalhadores, dando origem ao movimento dos "**padres operários**". Ainda o mesmo Suhard publicou em 1946 uma carta pastoral à sua diocese (*Essor ou declin de l'Église: Progresso ou declínio da Igreja*), que faria escola também fora da França, em referência à tentativa de interpretar a dramática situação do catolicismo. O vasto fermento de **renovação pastoral que percorreu** a França no segundo pós-guerra foi validamente apoiado também por importantes **desenvolvimentos** culturais e especificamente **teológicos** sobre os quais voltaremos mais adiante (item 50).

Já no primeiro pós-guerra, muitos desses fermentos pareciam dificilmente compatíveis com o enfoque eclesiocêntrico e com a estratégia de forte reafirmação da presença da Igreja na sociedade como era indicada e pessoalmente guiada por Pio XII; não por acaso algumas dessas tentativas pastorais, como a opção dos padres operários, no início dos anos 1950 serão rejeitadas por parte de Roma. Todavia, uma situação análoga à francesa estava agora ganhando espaço também na **Itália** e era reconhecida pelo menos por alguns espíritos mais sensíveis, limitados em número, mas com boa bagagem cultural. Daí também a difusa atenção às iniciativas e aos textos de Suhard já no final da década de 1940 e o emergir da análogas reflexões por parte, por exemplo, do padre Primo Mazzolari, pároco de Bozzolo (Mântua), o qual no periódico "Adesso", por ele fundado em 1949, refletia criticamente sobre as dificuldades já crônicas da pastoral tradicional, sobretudo em referência aos chamados "afastados", cada vez mais numerosos, a respeito dos quais já havia escrito antes da guerra (*Lettera sulla parrochia*, 1937; *I lontani*, 1938). Outras considerações críticas sobre a pastoral tradicional viriam, embora alguns anos mais tarde, de um padre muito diferente sob certos aspectos de Mazzolari: Lorenzo Milani (1923-1967), que dos Apeninos toscanos difundia suas inovadoras *Esperienze pastorali* (1958). Aliás, logo após o Ano Santo o próprio Pio XII lembrava aos párocos de Roma "a urgente necessidade [...] de reconquistar espiritualmente as almas debilitadas, lânguidas ou vacilantes da fé" (DRM, 6 de fevereiro de 1951).

49. O Ano Santo de 1950: o desejado "grande retorno" e o aparente apogeu de um papado

1. Enquanto surgiam aqui e ali posições críticas, como as acima indicadas a título de exemplos, a principal linha assumida por Pio XII continuava a ser a da mobilização de massa, com a intenção de realizar uma sistemática "missão" de recuperação (quanto possível) no terreno cada vez mais vasto da incredulidade; uma renovação da cristandade que, partindo de Roma e da Itália, reconquistasse o mundo. Foi esse o objetivo declarado do **Ano Santo de 1950**, pensado precisamente como ocasião do "**grande retorno**" da humanidade que tinha se afastado de Cristo e de sua Igreja: retorno dos "incrédulos", pecadores, "dissidentes" (ou seja, os cristãos de outras confissões), "de toda a humanidade aos desígnios de Deus" (DRM, 23 de dezembro de 1949). E foi como preparação e na perspectiva deste resultado desejado para o incipiente Ano Santo que na Itália Luigi Gedda, dede 1949 vice-presidente da Ação Católica, imaginou uma "Cruzada pelo Grande Retorno e o Grande Perdão" (originárias e significativas são estas mesmas maiúsculas usadas com abundância), plenamente correspondente aos objetivos principais indicados por Pio XII para o Ano Santo. Segundo um primeiro programa, tal "cruzada" deveria se encerrar na Páscoa de 1950, com a participação nos sacramentos de todos os que a mobilização dos católicos conseguisse justamente trazer de volta à Igreja.

Em geral, a afluência dos peregrinos a Roma foi considerada pelo papa superior ao "que as imaginações mais otimistas jamais teriam podido prever" (DRM, 10 de janeiro de 1951). O momento culminante das celebrações jubilares foi a proclamação do **dogma da Assunção de Maria ao céu** em 1º de novembro de 1950. No cumprimento longamente preparado por Pio XII de um amplo desígnio de exaltação da Virgem, iniciado quase cem anos antes com a definição da Imaculada Conceição de Maria (1854) (cap. 4, item 25.1), exprimia-se também uma solene afirmação do triunfo final da Igreja contra os perigos que a insidiavam, tendo como pano de fundo apocalíptico uma época trágica, num verdadeiro apogeu da autoridade pontifícia, que na definição dogmática da Assunção pela primeira vez exerce solenemente a prerrogativa da infalibilidade afirmada no Concílio Vaticano I (1870). Como outro reforço do prestígio papal, no final daquele mesmo ano intervinha também uma descoberta arqueológica que, como conclusão de pesquisas específicas, confirmava a correspondência entre a colocação do altar-mor da basílica de São Pedro (chamado também "da Confissão") e o sepulcro do Apóstolo. Não pôde se realizar, porém, um **projeto** que tinha sido proposto em vista do jubileu de 1950, ou seja, a convocação de um **concílio ecumênico**, como se esperava desde 1870 quando o Vaticano I fora suspenso (depois da ocupação de Roma por parte do reino da Itália) e jamais concluído (cap. 4, item 26.3). Uma comissão foi constituída para esse fim e — sob a presidência de dom Ottaviani (1890-1979), assessor do Santo Ofício — desenvolveu também certo trabalho preparatório entre 1948 e 1949, mas depois a ideia do concílio foi primeiro adiada, e a seguir abandonada, uma vez concluído o Ano Santo. Parece ter sido muito condicionante o temor de que a assembleia universal dos bispos — a qual seria aliás muito numerosa, inclusive depois da recente instituição das hierarquias eclesiásticas em muitos países extraeuropeus — constituiria ocasião de possíveis dissídios, mais que o oferecimento de uma manifestação da adesão unânime e pronta do episcopado à autoridade pontifícia, a qual correspondia bem à mentalidade de Pio XII e à ideia romanocêntrica de Igreja que a celebração jubilar tinha mais uma vez solenemente reproposto.

Quanto ao resultado, porém, do auspiciado "grande retorno", para além da avaliação obviamente impossível de efeitos que permanecem ocultos ao olhar humano, há de se registrar pelo menos a consideração do próprio papa, o qual no encerramento de um ano tão intenso de acontecimentos e de ocasiões propícias observava: "O número dos cristãos espiritualmente desnutridos, enfraquecidos ou vacilantes na fé é ainda tal que a solicitude materna da Igreja deles não pode se desinteressar" (DRM, 23 de dezembro de 1950). A ação para o retorno dos muitos "afastados" empenharia ainda por muito tempo, portanto, e penosamente, a Igreja guiada por Pio XII.

2. Ainda não tinham se passado dois anos desde as pomposas celebrações jubilares e em 10 de fevereiro de 1952 Pacelli constatava com "coração inquieto" a permanência de uma condição que ele não duvidava chamar de "explosiva". Identificando a causa dessa situação num "muito difuso torpor que detém muitos de empreender o retorno a Jesus Cristo, à Igreja, à vida cristã que muitas vezes indicamos como o remédio resolutivo da total crise que agita o mundo", o papa lançava um doloroso apelo para uma **nova iniciativa de despertar geral da fé**. "É todo um mundo — dizia — que é preciso refazer a partir dos fundamentos, que é preciso transformar de selvagem em humano, de humano em divino, quer dizer, segundo o coração de Deus". Aos romanos — aos quais se dirigia, com a ideia de que de Roma devia partir esse despertar geral — pedia antes de tudo que se fizessem "arautos de um mundo melhor", empenhando-se "na linha de frente da renovação total da vida cristã, na defesa dos valores morais, na realização da justiça social, na reconstrução da ordem cristã" (DRM, 10 de fevereiro de 1952). Era ainda, portanto, o mesmo projeto de reconstrução da sociedade cristã lançado mediante a mobilização das massas logo após a guerra que o papa repropunha depois das primeiras tentativas, que evidentemente não foram bem-sucedidas, e depois do próprio grandioso Ano Santo, que não tinha apresentado os frutos esperados. Daí uma nova mobilização geral dos católicos por uma sistemática ação "missionária" no âmbito local e nos diversos ambientes sociais e de trabalho, a partir precisamente de Roma e da Itália, ainda sob a guia de Luigi Gedda, alçado precisamente naquele ano à presidência geral da Ação Católica, e com o impulso do padre Ricardo Lombardi (1908-1979) que lançava o "**Movimento por um mundo melhor**", caracterizado pelo ativismo "missionário" de padres e leigos formados em cursos específicos nos quais aprendiam conteúdos e métodos com modalidades paradoxalmente (mas decerto não casualmente) semelhantes às da ação propagandista usada naqueles mesmos anos pelos partidos social-comunistas.

Esse impulso colossal de todos os católicos foi, na verdade, mais projetado do que realizado de modo concreto, e isso justamente por causa da falta da densidade que toda mobilização exige para ser eficaz; mas era justamente essa perspectiva de eficácia exterior que não era aceita por parte de católicos mais sensatos e orientados para uma presença discreta e para um testemunho evangélico na partilha das situações comuns da vida. Com efeito, houve um **significativo movimento minoritário**, quase clandestino, durante os anos de Pio XII, que se punha em atitude crítica diante do enfoque exterior e triunfalista dominante nas diretrizes papais e de um catolicismo incapaz de promover autêntica renovação social e espiritual da sociedade, apesar (ou talvez justamente por causa) da sua força numérica de disponibilidade de estruturas e da sua considerável influência política e social.

É significativo que essas sensibilidades apareçam difusamente também na Itália, onde, porém — segundo o projeto de Pacelli, com Lombardi e Gedda —, deveria antes de tudo criar raízes aquela grandiosa reconstrução da cristandade, destinada depois a se difundir também para outras partes. Além das reflexões dos já citados Milani e Mazzolari, devem ser lembradas revistas, como "Il gallo", de Gênova (desde 1946), atenta ao diálogo entre crentes e não crentes e, portanto, também com pertencentes aos movimentos social-comunistas, abertura essa depois explicitamente proibida pelo Santo Ofício, com a já lembrada intervenção de 1949. E ainda deve ser lembrada a presença, no vértice mesmo da Ação Católica, de espiritualidades alternativas à da "conquista" das massas, orientadas mais para uma recuperação do espírito evangélico originário e nutridas pelas pesquisas teológicas da área francesa, com os textos de Marie-Dominique Chenu (1895-1990), Yves Congar (1904-1995) e Henri de Lubac (1896-1991). Podemos lembrar, por exemplo, o padre Arturo Paoli (1912-2015), vice-assistente nacional da juventude da Ação Católica, que aderirá depois à espiritualidade e ao instituto dos "pequenos irmãos", originados da experiência de Charles de Foucauld. A todos esses católicos parecia inaceitável sobretudo o alinhamento da Igreja ao lado de uma parte política, com grave risco de equivocar o próprio sentido do anúncio cristão.

3. Além disso, ao mesmo tempo em que existia a concentração na luta ao comunismo, ganhava espaço um "inimigo" bem mais insidioso, em boa parte induzido pelo próprio sistema liberal e pelo protetorado político estadunidense que combatia o comunismo (bem como pelo empenho econômico direto de institutos bancários católicos e do próprio Vaticano): **o "consumismo"**, que induzia uma mentalidade secularizada, superficial, até vulgar muitas vezes. Bem distante, porém, da "civilização cristã", das tradições culturais de que a Itália era herdeira e que eram levadas de roldão pelo tumultuoso desenvolvimento industrial, o qual cancelava progressivamente boa parte da sociedade camponesa com a sua enraizada religiosidade. Pareciam claros os sinais de indiferença religiosa e de relaxamento dos costumes. **O caso de Roma** foi **emblemático**: a obsessiva preocupação em evitar que a cidade passasse às mãos das esquerdas favoreceu acordos e relações entre mundo o católico (bem como os próprios ambientes eclesiásticos e vaticanos) e as sociedades econômicas, avidamente projetadas num desenvolvimento edilício exagerado, devastador não somente sob o ponto de vista urbanístico, paisagístico e artístico, mas também cultural, social e religioso, com a transformação, por exemplo, dos bairros populares da capital em vastas periferias degradadas.

Parecia, portanto, ter começado a fracassar também o grandioso projeto pacelliano de reconstrução da sociedade cristã. Uma reflexão amarga publicada em 1954 sob pseudônimo ("Sigma") na revista católica "Studium" fazia um balanço substancialmente negativo a propósito de tantas, "tão frequentes e tão clamorosas batalhas em defesa da fé e da civilização cristã" que se sucederam no primeiro decênio pós-bélico, que culminou no Ano Santo de 1950. O autor constatava nítida desproporção "entre o volume dos esforços feitos e dos recursos de todo tipo prodigados na luta e a exiguidade geral dos resultados obtidos"; e concluía: "Quem ousaria dizer que o resultado geral de tantas mobilizações vitoriosas seja uma situação de maior segurança e de maior confiança?" (*Difesa della religione*, in "Studium" [1954], 141-142). Antes, pode-se dizer que houve notável crescimento da imoralidade, não apenas nos fenômenos mais comumente denunciados pelas hierarquias eclesiásticas (como os costumes sexuais, a pornografia etc.), mas também na cada vez mais difundida corrupção no âmbito político e econômico. Já nos primeiros anos 1950 as perspectivas otimistas e as proclamações solenes pareciam, pois, dar lugar a desilusões e permanente incerteza. Aliás, naquele mesmo ano de 1954 consumava-se em Roma a ruptura definitiva entre as duas almas dentro da Ação Católica e da própria Santa Sé: depois da polêmica saída do presidente dos jovens da Ação Católica, Mario Rossi (1925-1976; precedida dois anos antes pelas demissões do homólogo Carlos Carretto [1910-1988] e acompanhada por aquela do vice-assistente, padre Arturo Paoli), houve a "promoção" de João Batista Montini a arcebispo de Milão.

Ainda em 1954 se concluiu de maneira dramática a questão dos **padres operários**. Como lembramos acima (item 48.3), a experiência nascera na esteira do novo impulso pastoral promovido pelo cardeal Suhard, arcebispo de Paris, em busca de uma aproximação com a ampla faixa da população, sobretudo operária, que não tinha mais contato — ou em medida muito escassa — com a Igreja. Com a aprovação do arcebispo, desde o início do pós-guerra alguns padres tinham começado a passar períodos de trabalho nas fábricas como operários. Isso tinha modificado profundamente não só algumas modalidades, mas o próprio sentido de seu ministério; alguns padres tinham se inserido ativamente nos sindicatos ou nos movimentos políticos de esquerda, alinhados com os operários e seus direitos. Era uma experiência que ia claramente em direção oposta ao enfoque dado por Pio XII. Também ele tinha promovido um empenho missionário em relação à sociedade descristianizada, mas o tinha entendido como tentativa de *reconduzir* as massas *à Igreja*; com sua própria escolha, os padres operários expressavam claramente a ideia de uma Igreja disponível a *ir ao encontro* das massas operárias, a se tornar presente *no meio* delas, sem nenhuma preocupação de "fazer conquistas". Além disso, a natural associação e a necessária colaboração entre padres e expoentes dos sindicatos e dos movimentos operários próximos das posições políticas sociocomunistas, além de infringir o decreto do Santo Ofício de 1949, rompia perigosamente a densidade da frente católica que, segundo a linha pacelliana, devia se alinhar contra o comunismo. Vindo a faltar depois da morte do cardeal Suhard em 1949 a proteção de um eclesiástico estimado no Vaticano, além de antigo conhecedor do próprio pontífice, a Santa Sé pensou em encerrar a experiência: no início de 1954 estabeleceu um prazo para os padres operários deixarem o trabalho nas fábricas. Somente cerca da metade deles se submeteu: de fato, todos tiveram de renunciar, pelo menos no momento, à possibilidade de ser ao mesmo tempo fiéis à Igreja e à classe operária, ou seja, de pôr em prática a síntese que fora origem e substância de sua escolha de vida.

50. A renovação teológica e seu reconhecimento parcial

1. Nos primeiros anos do pós-guerra tinham amadurecido muitos **fermentos de novidade teológica** presentes na Igreja desde os anos 1930, depois congelados após a brutal e prolongada interrupção causada pelo conflito. Alguns desses fermentos foram **acolhidos** e frutificaram já no pontificado e sob a tutela direta do próprio Pio XII, constituindo uma interessante integração com a visão predominante no próprio magistério e governo pontifício; outros, porém, foram adiados para uma fase seguinte de aprofundamento que confluiria na viragem realizada pelo Concílio Vaticano II.

Na **encíclica *Mystici Corporis*,** de 1943, Pio XII fazia, com autoridade, um longo itinerário de reflexão sobre a Igreja iniciado desde os anos 1920 e 1930 na França e na Alemanha, caracterizado pela redescoberta de sua dimensão vital e interior, muito além da visão redutiva da Igreja como *societas perfecta*. A concepção da comunidade eclesial como Corpo de Cristo, assumida como título e tema principal da encíclica de Pacelli, tinha de fato origem bíblica e, embora com todas as limitações e correções em sentido fortemente institucional apresentadas pelo documento, gozava de amplo fôlego teológico, porquanto punha no centro e na base a relação vital com Cristo, na linha de uma espiritualidade cristocêntrica já muito difundida nos anos 1930, abrindo à perspectiva da Igreja como "mistério" de Graça, ou seja, âmbito e instrumento de acesso à revelação e à vida divina manifestada e comunicada em Cristo.

Ligada indiretamente a essa teologia, precisamente no destaque da relação vital entre Cristo e *todos* os fiéis — portanto novamente na linha da superação da concepção predominantemente societária e jurídica da Igreja —, estava também a espiritualidade havia muito tempo promovida pelo **movimento litúrgico**, porquanto punha no centro dos gestos e das celebrações litúrgicas a ação sobrenatural de Cristo que constitui o elemento fundamental e vital da comunidade eclesial.

Deve ser posta sob essa luz a intensa atividade de reforma litúrgica promovida por Pio XII e — antes ainda — sua autorizada aprovação dos desdobramentos do movimento litúrgico na encíclica *Mediator Dei* de 1947, com a intenção fundamental de restabelecer e desenvolver a participação mais intensa de todos os fiéis na ação sacramental. Se é verdade que as mais conhecidas medidas reformadoras de Pio XII no âmbito litúrgico tomariam corpo somente na primeira metade dos anos 1950 — o restabelecimento da Vigília pascal (1951) e a reorganização da Semana Santa (1955-1956) —, temos de nos lembrar de que desde o imediato pós-guerra Pio XII tinha promovido a nova versão latina dos salmos, realizada pelo Pontifício Instituto Bíblico de Roma. Com isso, ele deu início a uma reflexão mais ampla de toda a liturgia católica, confiada antes à seção histórica da congregação dos ritos, e depois, desde 1948, a uma comissão especial para a reforma, que trabalhou na revisão de quase todos os livros litúrgicos.

Desde a encíclica programática do seu ministério petrino, a *Summi pontificatus* (1939), Pio XII tinha feito um apelo ao **laicato católico** a fim de que assumisse generosamente a própria tarefa de "valioso auxílio na obra dos sacerdotes"; tratava-se, portanto, de "colaboração no apostolado", atribuída ainda exclusivamente aos ministros ordenados, para remediar em primeiro lugar a diminuição numérica do clero. Na Ação Católica, explicitamente indicada como a "falange" de militantes à disposição da hierarquia para pôr em prática as diretrizes com docilidade, Pacelli reconheceu a primeira e principal realização dessa missão do laicato, embora não única; por exemplo, na constituição apostólica *Bis saeculari* (1948) reconheceu também às antigas "congregações marianas" um papel de colaboração com o apostolado hierárquico, em particular no âmbito social. Além disso, foi Pio XII que concedeu o primeiro reconhecimento oficial aos "institutos seculares" (*Provida mater*, 1947), ou seja, a associações particulares de fiéis que se consagram na profissão dos conselhos evangélicos (pobreza, castidade, obediência) vivendo de forma anônima nos contextos sociais ordinários, o que lhes permite que se tornem presentes também em ambientes e circunstâncias normalmente impraticáveis a sacerdotes ou a religiosos.

É possível ainda identificar no magistério de Pio XII a convicção de um valor não somente instrumental das forças leigas para a ação da Igreja, no momento em que deseja que tenham a consciência "não apenas de pertencer à Igreja, mas de ser a Igreja" (DRM, 20 de fevereiro de 1946). Esta intuição amadurecerá mais no início dos anos 1950. Durante o primeiro congresso internacional do laicato realizado em Roma logo após o Ano Santo, Pio XII, embora reafirmando a necessária e insuperável submissão dos leigos à hierarquia, falou de um apostolado leigo específico, estreitamente ligado ao estado de vida e à profissão. Entrementes, a reflexão teológica contemporânea — especialmente com a obra do dominicano Yves Congar —, partindo da renovada visão da Igreja como "mistério" de graça, chegava à progressiva descoberta do envolvimento originário e pleno de todos os fiéis na missão eclesial em virtude do batismo, que torna todo cristão "sacerdote, rei e profeta" (*Jalons pour une théologie du laïcat*, 1953).

Se as aberturas iniciais para uma concepção do apostolado leigo, que fosse além da simples "colaboração" com o apostolado hierárquico, podiam ser pelo menos encorajadas pelo reconhecimento do pleno pertencimento do laicato ao Corpo místico de Cristo, expresso pelo próprio magistério papal, **outras perspectivas** de renovação nascidas da redescoberta visão teológica da Igreja **não** tiveram **igual apoio**; antes, foram longamente mantidas às margens da linha traçada por Pio XII para a Igreja do seu tempo.

Isso vale em primeiro lugar para a atitude em relação às **comunidades cristãs não católicas**. Na área reformada, desde o início do século ganhara vida um movimento de diálogo e colaboração ecumênica que deu origem a duas organizações principais (*Life and Work* e *Faith and Order*), confluídas desde 1937 para o *World Council of Churches*. O estouro da guerra fez com que fosse adiada sua constituição oficial: a primeira assembleia do novo organismo realizou-se em Amsterdã em 1948. Nessa frente, a pesquisa teológica católica tinha registrado também avanços significativos, graças novamente à obra de Congar: já em 1937, em *Chrétiens désunis* ele lia de maneira positiva o movimento ecumênico, como procura obrigatória de "plena catolicidade" mediante a recuperação, no confronto recíproco entre os cristãos das diversas confissões, dos elementos negligenciados por cada uma das partes.

Daí proveio uma série de iniciativas e encontros ecumênicos com a participação também de expoentes católicos; a estes, todavia, o Santo Ofício, numa intervenção de 1948, manifestou aberta negativa, salvo uma nesga de licitude para confrontos que não se referissem a questões propriamente de fé. Dois anos depois, uma instrução publicada pelo mesmo organismo vaticano (*De motione oecumenica*, 20 de dezembro de 1949, in AAS, 1950, 142-147), referindo-se aos numerosos encontros interconfessionais que eram continuamente organizados, limitava-se a recomendar uma "singular vigilância e moderação". Pela primeira vez se reconhecia significativamente no movimento ecumênico uma inspiração sobrenatural (*afflante Spiritus Sancti gratia*). Todavia a posição predominante da Santa Sé diante de tais iniciativas permanecia substancialmente a que fora assumida por Pio XI (*Mortalium animos*, 1928), ou seja, a afirmação da Igreja católica como única verdadeira Igreja; consequentemente, a única possibilidade oferecida aos "não católicos" era a do *retorno*. Portanto, também os cristãos das diversas confissões foram postos na lista dos que, como os não crentes ou os "afastados", eram esperados para o "grande retorno" auspiciado e promovido sobretudo por ocasião do Ano Santo de 1950.

2. Apesar dos pesados condicionamentos da situação existente, também durante o conflito mundial prosseguia intensa pesquisa teológica, rica de fermentos, estimulada, por sua vez, pelo desenvolvimento dos **estudos bíblicos** — cujo valor teve importante reconhecimento por Pio XII com a encíclica *Divino afflante Spiritu* (1943) — e pelo intenso trabalho de recuperação das **fontes patrísticas**, em especial com a nova coleção *Sources chrétiennes*, iniciada em 1943 aos cuidados dos jesuítas da residência de estudantes de Fourvière, em Lyon. O recurso aos métodos críticos no âmbito histórico e literário exigido pelos estudos bíblicos e patrísticos favoreceu por sua vez a reflexão sobre o método teológico numa dupla e complementar direção: para a recuperação de algumas características originais do dado cristão e em resposta às exigências do pensamento moderno. Essa orientação da teologia correspondia — segundo as observações de um dos jesuítas de Lyon, Jean Daniélou (1905-1974), num famoso artigo de 1946 (Daniélou, *Les orientations*) — à crescente necessidade de um nutrimento adequado aos diversos protagonistas da reencontrada vitalidade eclesial, em particular do novo ativismo leigo.

Aliás, naquele segundo pós-guerra emergiam debates teológicos já presentes nas áreas francesa e alemã a respeito da necessidade de um pluralismo teológico que, superando o longo monopólio detido pela **teologia neoescolástica**, permitisse justamente tanto encontrar maiores pontos de contato com o contínuo e diversificado desenvolvimento do pensamento moderno quanto respeitar melhor a centralidade e a vitalidade da Revelação. Esta não podia se reduzir às cristalizações conceituais incorporadas — muitas vezes também na forma de pura citação como prova de afirmações teóricas — no sistema teológico neoescolástico, confirmado depois da encíclica *Aeterni Patris* (1879) de Leão XIII (cap. 4, item 27.1).

Entre os protagonistas da busca de um novo método para a teologia, desde os anos 1930 encontramos os dominicanos de **Le Saulchoir**, na Bélgica, entre os quais se destaca Marie-Dominique Chenu. Foi no início do segundo pós-guerra que eclodiu a viva controvérsia apoiada respectivamente por alguns jesuítas (como o já citado Daniélou ou Henri de Lubac) — empenhados na busca de um novo enfoque teológico caracterizado mais pela dimensão histórica, sugerida também pela descoberta em andamento das antigas fontes cristãs — e alguns dominicanos (por exemplo, Réginald Garrigou-Lagrange [1877-1964]), rigidamente fiéis à própria tradição neotomista, que julgava ser a única "verdadeira" teologia, justamente enquanto caracterizada por fórmulas perenes e universais, consideradas, portanto, mais correspondentes à própria verdade de Deus. Nesta perspectiva, tinha evidentemente um sentido polêmico também a definição de *nouvelle théologie* que se começou a atribuir às propostas de mudança provenientes dos teólogos franceses, tendencialmente consideradas e temidas como revivescência do modernismo, firmemente rejeitado pelo Magistério eclesiástico (cap. 5, itens 36.1-2). Da outra parte da barricada, os defensores da renovação teológica denunciavam na atitude de seus acusadores a repetição passiva de esquemas de pensamento que, enquanto produzidos num determinado momento histórico, acabavam — uma vez tornados absolutos — por cair no mesmo relativismo que pretendiam combater; já o desejado encontro entre a teologia e o novo pensamento moderno e contemporâneo não era senão a imitação retomada e atualizada do que tinha feito o próprio Santo Tomás com as orientações filosóficas de *seu* tempo (vol. II, cap. 7, item 29.5).

Em setembro de 1946, mês no qual irrompera a controvérsia, a questão já fora praticamente definida a favor da posição neotomista pelo próprio Pio XII. Num discurso dirigido aos jesuítas, a perplexidade manifestada pelo papa a respeito de uma "nova teologia" empreendida "não com suficiente aprofundamento" (AAS, 38 [1946], 384-385) soou de fato como nítida chamada à ordem, ou seja, à doutrina "imutável" de Santo Tomás, exceto para introduzir, se e onde necessário, algumas "adaptações" à mentalidade contemporânea. O posicionamento do papa chegou a assumir contornos bem mais solenes e importantes em 1950, com a **encíclica *Humani generis***. Nela, Pio XII condenou as principais linhas de reflexão dos defensores da *nouvelle théologie*, embora sem jamais os citar explicitamente, reafirmando, ao contrário, a ligação necessária, e portanto indivisível, entre linguagem teológica, fórmulas dogmáticas tradicionais e Magistério: a primeira deve se adequar totalmente às segundas, guardadas e defendidas pelo Magistério. Qualquer possibilidade de proceder na reflexão da teologia, já em andamento havia meio século, ficava cortada pela raiz.

Segundo algumas interpretações provenientes de dentro da Santa Sé, a intervenção do papa — indubitavelmente cordial nos tons e até compreensiva em relação às boas intenções de quem tentava novos caminhos — tinha a intenção de evitar a exacerbação das posições e em certo sentido "proteger" os próprios teólogos de futuras condenações. De fato, depois do posicionamento pontifício, alguns expoentes da nova teologia sofreram **medidas repressivas**: foram suspensos do ensino ou viram as próprias obras retiradas de circulação; Congar e Chenu foram afastados da Le Saulchoir e confinados num verdadeiro exílio, em sentido geográfico e eclesial.

51. Aberturas universais e lento declínio de um pontificado

1. Outro imponente fenômeno histórico que caracterizou em sua primeira fase os anos do pontificado pacelliano, interpelando e envolvendo profundamente a própria Igreja católica, foi o progressivo surgimento de muitos povos em vastas regiões da Ásia e na quase totalidade da África com autonomia política em relação às respectivas potências colonizadoras. O que contribuiu para tornar ainda mais complexo este vasto processo de mudança no mundo foi tanto o caráter às vezes violento assumido pelas lutas contra a sujeição colonial — até a eclosão de verdadeiras guerras locais — quanto a forte ligação entre muitas iniciativas de luta pela independência e as concepções marxistas que viam no sistema colonial uma das prevaricações praticadas pelo capitalismo. Aliás, a difusão do comunismo arrastava consigo a ampliação da influência política da União soviética, com os consequentes desequilíbrios no campo internacional. No imediato pós-guerra, uma primeira fase do **processo de descolonização** envolveu o sudeste asiático com a libertação das Filipinas (1946) e da Índia (1947), bem como com o início dramático da independência da Indonésia, originando guerras que se prolongariam até a metade dos anos 1950 e além. A África veria o início da descolonização apenas na segunda metade daquele decênio, para depois se desenvolver principalmente nos anos 1960 e 1970.

Para além dos aspectos propriamente característicos da ação missionária da Igreja, considerados em outra parte deste livro (cap. 9), importa destacar aqui em que sentido e em que medida as novidades de dimensão mundial em andamento no segundo pós-guerra tenham influenciado a orientação que Pio XII estava traçando para a Igreja naquela complexa passagem de época.

Em primeiro lugar, no magistério de Pio XII esse fenômeno novo e significativo foi assumido como outra peça da ordem mundial que a Igreja pretendia promover e guardar, em coerência com a própria missão universal: também **a autodeterminação dos povos** de fato foi reconhecida pelo papa como um direito, ainda que somente a partir da metade dos anos 1950, com certa lentidão portanto, suficientemente motivada — aliás — pelo temor da **propaganda comunista**, capaz de instrumentalizar para os próprios fins as justas reivindicações de muitos países pela autonomia. Preocupação nada infundada, até pelas consequências diretas sobre as condições das Igrejas locais, como o caso da China tinha dramaticamente demonstrado com a instituição de uma Igreja nacional subtraída a qualquer ligação com Roma (item 47.2).

Em segundo lugar, depois da colonização a ampla reorganização das relações internacionais favoreceu a linha de **universalização da Igreja** já iniciada por Pio XI (cap. 6, item 44.2 e cap. 9, item 65.1). Isso em duas direções diferentes e complementares: de um lado, a transformação das iniciativas missionárias nos diversos países em autênticas Igrejas, mediante a instituição de uma hierarquia local, possivelmente atribuída a clérigos autóctones; de outro, uma primeira internacionalização do centro romano, sobretudo mediante a nomeação de cardeais extraeuropeus. Anunciando o consistório de 1946 para a nomeação de novos purpurados, Pio XII declarava abertamente que a escolha de alguns eclesiásticos extraeuropeus — entre os quais o primeiro cardeal originário da China, Thomas Tien Ken-sin, o armênio Gregório Pietro Agagianian (1895-1971) e alguns latino-americanos — correspondia à precisa intenção de que o colégio cardinalício fosse "uma imagem viva da universalidade da Igreja" (DRM, 24 de dezembro de 1945). No consistório seguinte de 1953 apareceu o primeiro cardeal originário da Índia, Valerian Gracias (1900-1978).

Indo além das já significativas aberturas do seu predecessor e retomando uma linha tradicional de *Propaganda fide*, Pio XII orientava a missão para uma renovada **atenção às culturas** locais, num progressivo desatrelamento por parte da Igreja universal da exclusiva referência ocidental, até por meio da atribuição dos papéis hierárquicos ao clero autóctone. A expressão ampla e clara desta visão universalista foi a **encíclica *Evangelii praecones*** de 1951. Publicada por ocasião do vigésimo quinto aniversário da *Rerum Ecclesiae* de Pio XI, ela se colocava na série das grandes encíclicas missionárias dos pontífices da época contemporânea a partir da *Probe nostis* de Gregório XVI (1840). Precisamente esta continuidade com o magistério anterior, e mais ainda com a longa experiência adquirida nos mais de três séculos de vida de *Propaganda fide*, permitiu à Igreja de Pio XII chegar suficientemente preparada para a passagem histórica da descolonização; mais, a perspectiva da missão como situação transitória à espera de passar à instituição de uma Igreja local autônoma confiada a pastores autóctones fornecia, em certo sentido, um modelo também para o caráter temporário da tutela colonial, à qual deveria se seguir a autonomia política dos países já submetidos.

A isso se acrescente a reflexão e a obra inteligente do secretário da congregação vaticana para as missões entre 1935 e 1953, Celso Costantini (1875-1958): nomeado por Pio XI, foi confirmado por Pio XII. A experiência como delegado apostólico na China nos anos 1920 fazia com que ele tocasse com a mão os prejuízos causados à missão pela tutela ocidental, convencendo-o sobre a necessidade de profundo enraizamento local da Igreja. Com sua contribuição decisiva, a congregação de *Propaganda fide* tinha resolvido em 1939 a longuíssima e angustiante questão dos "ritos chineses" (vol. III, cap. 6, item 27.1 e cap. 7, item 32.2), eliminando todas as proibições anteriores em relação à prática de atos de homenagem a Confúcio e aos antepassados previstos em algumas cerimônias públicas, porquanto considerados gestos de significado puramente civil e não religioso (AAS, 1940, 24-26). A saída de cena de Costantini, que deixou o cargo de secretário de *Propaganda fide* em 1953 depois da promoção cardinalícia, nos últimos anos do pontificado de Pio XII foi acompanhada por certa **involução** em relação à linha de superação dos condicionamentos ocidentais na ação missionária da Igreja na Ásia, a favor de uma ligação maior com o empenho estadunidense no combate à expansão comunista que pareceu evidente, por exemplo, na situação da Coreia. Dividido em dois Estados, Coreia do Norte e Coreia do Sul, sob a tutela respectivamente da União Soviética e dos Estados Unidos, o país foi envolvido numa dramática guerra (1950-1953) depois da ocupação do Estado meridional por parte do setentrional e filossoviético.

Na linha de frente missionária, o pontificado de Pio XII encerrou-se com a assunção de novas perspectivas, como aparecem na **encíclica *Fidei donum*** de 1957, dedicada em particular à situação da África. Partindo da constatação da concreta impossibilidade de pôr em prática, sobretudo naquele continente, a desejada autonomia das Igrejas locais devido à escassez do clero local, o papa chegava a propor uma **cooperação** direta **entre as Igrejas** mediante a disponibilidade, por períodos limitados, de padres e leigos das dioceses de antiga tradição a serviço das comunidades cristãs da África. Em suma, era a ideia já realizada por Suhard na *Mission de France*, agora feita pelo próprio papa e aplicada ao horizonte mais vasto da missão universal. Deste modo, o fôlego universal assumido pela Igreja durante o pontificado de Pio XII permitiu também uma recuperação da **corresponsabilidade** do **colégio episcopal** no governo universal que ficara bem obnubilada diante da figura autoritária e cada vez mais isolada do pontífice.

2. É como se nos últimos anos do pontificado de Pio XII os enormes problemas vividos pelo mundo e pela Igreja fossem se acumulando e se agravando. No campo internacional, a contraposição entre Ocidente e bloco soviético — com suas extensões nas vastas áreas de respectiva influência no Sul do mundo — gerava o clima gélido de uma trégua nas armas, ou seja, uma "**guerra fria**" na iminência de se precipitar num novo conflito global. Em resumo, o mundo vivia uma coexistência fundada no "temor" recíproco, como observava o próprio Pio XII no Natal de 1954: "Não é um estado de guerra, mas tampouco de paz: é uma calma fria. Em cada um dos dois grupos é obsessivo o medo do poder militar e econômico do outro, em ambos é viva a apreensão pelos efeitos catastróficos das novíssimas armas" (DRM, 24 de dezembro de 1954). O resultado era uma angústia difusa que se refletia na própria Igreja. A brutal repressão soviética da revolta húngara em 1956 confirmava a dramaticidade da situação, levando Pio XII a publicar uma breve mas amargurada encíclica (*Luctuosissimi eventi*) na qual pedia uma "cruzada de orações" pela Hungria.

Não menos angustiante era o progressivo e inevitável avanço da **secularização**, de que já se falou, quer na Europa, herdeira de grandes tradições cristãs, quer na Itália e até em Roma, uma situação lucidamente reconhecida pelo papa em diversas intervenções. De outro lado, a crescente presença e influência dos católicos no âmbito social e político, intensamente solicitada e promovida pelo próprio pontífice, não tinha podido evitar os fenômenos de corrupção ou de decadência dos costumes civis dos quais a Itália e a própria Roma ofereciam um exemplo bem emblemático. Em essência, parecia terem sido bem ineficazes seja o insistente e amplo magistério pontifício, seja o empenho prodigalizado pelo papa na tentativa de reconstrução de uma sociedade cristã.

Essas situações, já *de per si* gravosas, iam pesando sobre os ombros já muito cansados de um homem em idade avançada e com a saúde comprometida. A reação de **Pio XII** — que pode parecer paradoxal, mas é compreensível à luz da missão suprema de que ele se sentia investido — foi a de assumir **modos de governo ainda mais personalistas**, isolando-se progressivamente da própria Cúria, por sua vez reduzida ou enfraquecida em seus órgãos devido à diminuição ou até da falta de novas nomeações. É clamoroso o caso do secretário de Estado, não mais substituído depois da morte do cardeal Maglione, ocorrida em 1944: este trabalho importante foi desempenhado, por assim dizer, pelo próprio papa, que se valia da colaboração de dois pró-secretários de Estado, Tardini e Montini, este destinado em 1954 à direção da arquidiocese de Milão. Rarefeitos também os contatos institucionais entre o papa e os responsáveis pelos diversos dicastérios, Pio XII governou de maneira cada vez mais solitária, centralizando a administração de toda a máquina curial, com as consequentes e inevitáveis lentidões e ineficiências, num ambiente cada vez mais restrito e gerido por poucas pessoas diretamente ligadas ao papa, até por parentesco, como o sobrinho Carlos Pacelli (1903-1970), conselheiro geral da Cidade do Vaticano, o médico pessoal Ricardo Galeazzi Lisi (1891-1968) e a "governanta" irmã Pascalina Lehnert (1894-1983). Era inevitável então que surgissem boatos e bisbilhotices, como acontece em todos os ambientes fechados.

Foi nesse clima de isolamento e de lenta decadência que a morte colheu Pio XII em Castelgandolfo em 9 de outubro de 1958. No **testamento**, redigido dois anos antes, evitando acrescentar outras palavras com respeito aos "muitos atos e discursos [...] promulgados e pronunciados" durante os anos do seu governo, ele declarava humildemente o sentido da própria inadequação em relação ao cargo de um "tão longo pontificado [...] numa época tão grave" (em apêndice em DRM, 1956). Parece-nos poder ver nessas expressões os elementos principais, embora reduzidos ao essencial, de uma **lúcida síntese** do pontificado de Pio XII por parte de seu próprio protagonista. Um homem indubitavelmente de grande estatura moral e intelectual, investido de uma missão universal de altíssima responsabilidade (segundo a profunda consciência que ele era o primeiro a ter), fora posto em confronto com um mundo que tinha assumido características inéditas quanto a dimensões, complexidade e dramaticidade.

Esse homem colocara-se na direção de uma Igreja atravessada por intensos fermentos de renovação, provenientes por sua vez da ainda mais ampla confrontação que havia séculos estava em andamento entre a grande estrutura católica e um mundo que há muito não lhe pertencia mais, embora tendo recebido tanto dela. A descoberta de características originais e de recursos próprios do cristianismo, em parte esquecidos, que as novas exigências dos tempos tinham provocado e favorecido na Igreja, o desejo sincero e generoso de muitos componentes eclesiais de retomar o contato de maneira nova e eficaz com a humanidade destinatária do Evangelho: tudo isso foi apenas em parte assumido e positivamente interpretado por Pio XII. Ele correu o risco, portanto, de ser vítima da própria grandeza, mas sempre necessariamente inadequada para **um papel substancialmente insustentável**, justamente na pretensão de concentrar numa só pessoa responsabilidades tão vastas.

O fim do pontificado pacelliano significava, portanto, também o **ocaso de um modelo de Igreja** que ele tinha considerado e apresentado em grande parte como totalmente autossuficiente; uma Igreja posta no centro do mundo e como guia da humanidade, dotada de um magistério capaz de interpretar também as situações contingentes mais complexas com base nas próprias referências absolutas. Tudo isso tinha mostrado profundos limites, justamente num momento no qual era máxima a convicção daquele papel único e universal. Era preciso, pois, estar agora à **procura de uma nova atitude** que caracterizasse a comunidade eclesial, obviamente em coerência com sua missão originária. Era essa a difícil herança que Pio XII deixava à Igreja com a qual tinha generosa e inteiramente se comprometido.

Bibliografia

Fontes

AAS = *Acta Apostolicae Sedis*.
ADSS = Blet, P. et al. (orgs.). *Actes et documents du Saint Siège relatifs à la Seconde guerre mondiale*. Cidade do Vaticano: Libreria Editrice Vaticana, 1965-1981, 11 vol.
DRM = *Discorsi e radiomessaggi di Sua Santità Pio XII*. Milão-Cidade do Vaticano: Vita e Pensiero-Tipografia Poliglotta Vaticana, 1941-1961, 20 vol.
Enchiridion delle Encicliche, 5. Bolonha: EDB, 1995.
Enchiridion delle Encicliche, 6. Bolonha: EDB, 1995.

Estudos

AUBERT, R. Pio XII. In: _____ et al. (dir.). *Nuova storia della Chiesa*. Turim: Marietti, 1979, v. 5/2: La Chiesa nel mondo moderno, 35-47.

BUGNINI, A. *La riforma liturgica (1948-1975)*. Roma: Centro Liturgico Vincenziano, 1997.

BUONAIUTI, E. *Pio XII*. Roma: Editrice universale, 1946.

CAPRILE, G. Il nuovo progetto di concilio al tempo di Pio XII. In: *Il concilio Vaticano II*, I/1, *L'annunzio e la preparazione. Parte prima*. Roma: Edizioni La civiltà cattolica, 1966, 15-35.

CHENAUX, PH. *Pio XII. Diplomatico e pastore*. Cinisello Balsamo: San Paolo, 2004.

_____ (org.). *L'eredità del magistero di Pio XII*. Cidade do Vaticano: Lateran University Press, 2010.

DANIÉLOU, J. Les orientations présentes de la pensée religieuse. *Études* 79 (1946; aprile-maggio-giugno) 5-21.

FALCONI, C. *Ritrattazioni*. Milão: Rusconi, 1973.

GODIN, H.; DANIEL, Y. *La France pays de mission?* Paris: Cerf, 1943.

GUASCO, M. *Chiesa e cattolicesimo in Italia (1945-2000)*. Bolonha: Dehoniane, 2001.

Il dibattito storiografico sulla figura di Pio XII. Punti di arrivo e problemi aperti. *Annali dell'Istituto storico italo-germanico in Trento* 31 (2005) 225-394.

JEDIN, H. Pio XII. In: _____ (dir.). *Storia della chiesa*. Milão: Jaca Book, 1980, v. 10/1: La chiesa nel ventesimo secolo (1914-1975), 32-36.

MERLE, M. (dir.). *Les Églises chrétiennes et la décolonisation*. Paris: Librairie Armand Colin, 1967, v. 3: Cahiers de la fondation nationale des sciences politiques.

MARGOTTI, M. *Preti e operai. La Mission de Paris dal 1943 al 1954*. Turim: Paravia scriptorium, 2000.

MAZZONIS, F. La chiesa di Pio XII: dalla riconquista alla diaclasi. In: *Storia della società italiana*. Milão: Teti, 1989, v. 23: La società italiana dalla Resistenza alla guerra fredda, 129-228.

MICCOLI, G. *Il dilemmi e i silenzi di Pio XII*. Milão: Rizzoli, 2000.

NAPOLITANO, M. L. *Pio XII tra guerra e pace. Profezia e diplomacia di un papa (1939-1945)*. Roma: Città Nuova, 2002.

PASSELECQ, G.; SUCHECKY, B. *L'enciclica nascosta di Pio XI. Un'occasione mancata dalla Chiesa nei confronti dell'antisemitismo*. Tr. it., Milão: Corbaccio, 1997.

PINCHERLE, A. Intorno a Pio XII (a proposito di alcune pubblicazioni recenti). *Rivista di storia e letteratura religiosa* 3 (1967) 55-133.

RICCARDI, A. (org.). *Pio XII*. Roma-Bari, Laterza, 1985.

_____. *Le Chiese di Pio XII*. Roma-Bari: Laterza, 1986.

TRANIELLO, F. Pio XII. In: *Enciclopedia dei papi*. Roma: Istituto della Enciclopedia italiana, 2000, v. 3, 632-645.

XERES, S. *Il sofferto silenzio di Pio XII*. Milão: Vita e Pensiero, 2010.

ZIZOLA, G. *Il mocrofono di Dio. Pio XII, padre Lombardi e i cattolici italiani*. Milão: A. Mondadori, 1990.

capítulo oitavo
O Concílio Vaticano II e a sua aceitação

52. Os anos de João XXIII: preparação, início, primeiro período

1. Em 11 de outubro de 1962, João XXIII (1881-1963) inaugurava oficialmente o vigésimo primeiro Concílio Ecumênico com um **discurso de abertura** preparado pessoalmente por ele, dirigido aos padres conciliares que tinham entrado em procissão na basílica de São Pedro, e pela primeira vez na história com transmissão televisiva. Entre as muitas expressões que compõem o discurso, uma delas teve um eco particular, porque de certo modo dava uma orientação específica ao concílio. O papa dizia: "No exercício cotidiano de nosso ministério pastoral, chegam às vezes a nosso ouvido sugestões de pessoas de zelo ardoroso, mas não dotadas de muito sentido de discrição e medida. Nos tempos modernos não veem senão prevaricação e ruína; ficam dizendo que em confronto com o passado nosso tempo foi piorando; e se comportam como se nada tivessem aprendido da história, a qual, no entanto, é mestra da vida, e como se no tempo dos Concílios Ecumênicos anteriores tudo caminhasse plenamente no triunfo da ideia e da vida cristã, bem como da justa liberdade religiosa. Parece-nos ter de discordar desses profetas da desgraça, que anunciam eventos cada vez mais infaustos, como se estivesse iminente o fim do mundo" (EV 1, nn. 40*-41*).

Ao anoitecer daquele mesmo dia, assomando à janela e diante da grande multidão que tinha se reunido na praça de São Pedro, teria dito outras frases que talvez tenham ficado mais memoráveis que as primeiras para quem as ouviu diretamente ou depois nas gravações: "Caros filhinhos, ouço vossas vozes. A minha é apenas uma, mas resume a voz do mundo inteiro. Aqui o mundo todo está representado. Dir-se-ia que até a lua se apressou nesta noite: observai-a lá no alto a olhar para este espetáculo [...]. Ao voltarem para casa, encontrareis as crianças. Acariciai vossos filhinhos e dizei: 'Trago o carinho do papa!'. Encontrareis algumas lágrimas para enxugar. Dizei uma boa palavra: 'O papa está conosco, especialmente nas horas de tristeza e amargura'" (cit. in Caprile, 2,7-8).

Os temas presentes no discurso de abertura podem ser encontrados em várias intervenções do pontífice, quando fala do futuro concílio. No discurso dirigido aos membros da comissão central, durante o segundo período da preparação, realizado de 7 a 17 de novembro de 1960, ele já havia feito observar que não faltam pessoas que falam e se lamentam, como se no mundo não houvesse senão o mal.

O papa que tinha anunciado e inaugurado o concílio não veria sua conclusão, como inicialmente tinha esperado. O anúncio fora feito na sala capitular do mosteiro de São Paulo em 25 de janeiro de 1959, no término do oitavário de oração pela unidade dos cristãos. Dirigindo-se a dezessete cardeais e apresentando tudo como fruto de uma improvisa inspiração, o papa anunciava sua tríplice intenção de promulgar um sínodo para a diocese de Roma (o qual seria celebrado entre 24 e 31 de janeiro de 1960), confirmando, pois, querer dar sentido a seu papel de bispo de Roma, de convocar um concílio geral (depois se disse ecumênico), de preparar um novo Código de Direito Canônico (que seria promulgado em 1983).

Feito o anúncio, que tinha despertado esperanças e perplexidades (o próprio pontífice haveria de lembrar que os cardeais presentes acolheram seu anúncio com "um impressionante e devoto silêncio"), tratava-se agora de dar início ao **trabalho de preparação**; enquanto alguns sugeriram sem sucesso ao papa João utilizar os textos não discutidos durante o Vaticano I, devido à ocupação de Roma por parte das tropas italianas (cap. 4, item 26), prevaleceu a orientação de preparar novos documentos, sem se deixar dissuadir pela dificuldade do trabalho, como talvez tinha sucedido com seus predecessores. De fato, Pio XI tinha imaginado anunciar um concílio, consultando até o episcopado, e Pio XII tinha também providenciado entre 1948 e 1951 o início dos trabalhos para um concílio, nomeando uma comissão que deveria prepará-lo. Por diversas causas, os trabalhos foram interrompidos.

A escolha do nome, Concílio Ecumênico Vaticano II, superava as várias propostas que foram feitas por quem pensava que poderia se chamar

Ostiense I, ou Lateranense, dos lugares nos quais fora anunciado. Não tinham faltado os que lembravam que o Vaticano I fora interrompido por causa da iminente ocupação de Roma por parte das tropas italianas e nunca mais fora retomado. Poder-se-ia assim pensar o concílio anunciado pelo papa João como a continuação do anterior. Mas foi o próprio pontífice que encerrou a discussão. Em 17 de julho de 1959, durante uma reunião dos diretores das três Faculdades teológicas romanas, o secretário de Estado, cardeal Tardini, comunicava que o papa lhe tinha feito saber que o próximo concílio ecumênico seria chamado *Vaticano segundo*.

Pouco depois do anúncio feito pelo pontífice, constituía-se uma comissão encarregada de consultar os bispos sobre os temas que o concílio teria de abordar. Depois de propostas e perplexidades, o papa decidiu confiar a presidência dessa comissão, composta predominantemente por curiais romanos, ao secretário de Estado, o cardeal Domenico Tardini, exercendo o papel de secretário aquele que seria depois o secretário-geral do concílio, dom Pericle Felici (1911-1982), perito em direito canônico. Decidiu-se então não enviar um questionário predeterminado, mas uma carta, datada de 18 de junho de 1959, com a qual se pedia aos interlocutores que indicassem os temas que desejavam pôr na ordem do dia: isso permitiu que muitos se expressassem livremente, causando também em alguns a impressão de que o concílio tivesse começado com liberdade excessiva concedida aos bispos.

No entanto, o papa indicava o que se esperava do concílio, como ocorrera em junho de 1961, quando se dirigiu aos membros da comissão central: "O objetivo principal deste Concílio não é a discussão deste ou daquele tema da doutrina fundamental da Igreja, numa repetição difusa do ensinamento dos Padres e dos teólogos antigos e modernos, como se supõe estar sempre bem presente e familiar ao espírito [...]. Com efeito, uma coisa é o próprio depósito da fé, quer dizer, as verdades contidas em nossa doutrina, e outra é a forma com que são anunciadas, mantendo nelas todavia o mesmo sentido e alcance". Para João XXIII era preciso, pois, aprofundar a doutrina e apresentá-la segundo as exigências dos tempos modernos, distinguir nitidamente entre forma e conteúdo das doutrinas, para depois apresentá-las, sabendo que o magistério deve ter um caráter eminentemente pastoral. Por isso, embora tenha consciência de que existem erros, a Igreja "prefere usar a medicina da misericórdia, mais que a da severidade [...], quer se mostrar mãe amorosa de todos, benigna, paciente, cheia de misericórdia e de bondade, até em relação a seus filhos separados". Além disso, o concílio deveria favorecer o caminho da unidade em vários níveis: "a unidade dos católicos entre si, que deve se manter exemplarmente sólida; a unidade de oração e de ardentes desejos com os quais os cristãos separados desta Sé Apostólica aspiram unir-se conosco; enfim, a unidade na estima e no respeito pela Igreja católica por parte dos que seguem religiões ainda não cristãs" (*Discorsi messaggi colloqui del Santo Padre Giovanni XXIII*, 3, Tipografia Poliglotta Vaticana, 16-26; 322-332, *passim*).

Entretanto, tinham início **as consultas** que envolveriam 2.594 bispos, 156 superiores de Ordens e congregações religiosas, 62 universidades, faculdades pontifícias de teologia e direito canônico, bem como os membros das congregações romanas. Teriam chegado respostas de cerca de oitenta por cento das pessoas consultadas.

Com base nas respostas que chegaram, muitas das quais levantavam principalmente problemas de ordem canônica e litúrgica, em 5 de junho de 1960 era publicado o documento pontifício *Superno Dei nutu*, com o qual eram nomeados os organismos que deviam presidir a preparação dos trabalhos, e entre eles as **dez comissões** encarregadas de redigir os esquemas sobre os quais haveriam de trabalhar os padres conciliares, coordenadas por uma comissão central nomeada e presidida pelo próprio pontífice. Depois ele nomearia uma undécima comissão, à frente do cerimonial, presidida pelo cardeal Eugène Tisserant (1884-1972).

Nas comissões havia forte predomínio de europeus; mas não faltavam membros de outros continentes, inclusive patriarcas e bispos do rito oriental. O papa tinha expresso claramente seu desejo de reabrir o diálogo com as várias Igrejas cristãs, e por isso foi instituído um **Secretariado para a unidade dos cristãos**, confiado ao reitor do Instituto Bíblico de Roma, o jesuíta alemão Agostinho Bea (1881-1968), nomeado cardeal pelo próprio João XXIII e que se tornou depois um dos maiores protagonistas dos trabalhos conciliares. Nomeado presidente, Bea escolheu como secretário um holandês, dom Johannes Willebrands (1909-2006). Durante os trabalhos do concílio, o Secretariado para a unidade dos cristãos seria equiparado às comissões conciliares. Note-se que se tratava decerto de um concílio "ecumênico", mas da Igreja católica, e portanto não diretamente referente às várias Igrejas cristãs; por isso, era preciso evitar um equívoco — que aliás, se verificou em certos ambientes e meios de comunicação, em parte causado também por algumas expressões usadas pelo próprio pontífice — sobre o envolvimento efetivo das outras Igrejas cristãs no concílio.

De fato, no período de preparação o secretariado organizou diversos encontros com representantes das Igrejas cristãs não católicas, chegando depois a pedir às outras Igrejas cristãs que enviassem seus observadores, que depois seriam autorizados a assistir aos trabalhos conciliares. Entre eles, tiveram papel de grande importância para abrir um diálogo entre as Igrejas os dois representantes da comunidade de Taizé, Roger Schutz (1915-2005) e Max Thurian (1921-1996). Desde a Páscoa de 1959 o papa também tinha tomado medidas para tirar das orações da Sexta-feira Santa o termo "pérfidos" referido aos judeus, e em 13 de junho de 1960 teria recebido um dos mais conhecidos expoentes do mundo judaico, Jules Isaac (1877-1963), que teria pedido ao pontífice que o concílio, ao tratar do judaísmo, colaborasse para a superação do antissemitismo.

Enquanto isso, as diversas comissões trabalhavam para a preparação dos esquemas a serem submetidos aos padres conciliares. Foram redigidos **setenta e cinco esquemas**, depois reduzidos ou porque se tratava de cópias ou de partes que podiam ser inseridas em outros esquemas ou a eles anexadas.

No Natal de 1961, com a constituição apostólica *Humanae Salutis*, João XXIII anunciava oficialmente o concílio, fixando sua data de início: 11 de outubro de 1962. A um mês da abertura, dirigiria uma **radiomensagem** a todos os fiéis do mundo, cujo título, *Ecclesia Christi lumen gentium*, é semelhante ao de um dos mais importantes documentos conciliares dedicados à Igreja (embora o documento conciliar indicasse como *Lumen Gentium* não a Igreja, mas Cristo). Neste discurso, o papa acenava também a **um possível programa dos trabalhos**, que se inspirava parcialmente na carta pastoral que o cardeal Suenens (1904-1996) tinha escrito na Quaresma de 1962, na qual o arcebispo de Malinas-Bruxelas descrevia uma Igreja que se apresentava em sua essência (*ad intra*) e em suas relações com o mundo (*ad extra*) e insistia sobre a necessidade dos católicos olharem para o que os unia aos não católicos, e não ao que os dividia. De novo, encontra-se aqui uma ligação direta com um momento importante do concílio, ou seja, a intervenção feita pelo cardeal Suenens em 4 de dezembro de 1962, no fim do primeiro período dos trabalhos conciliares, cujas afirmações sobre a Igreja *ad intra* e *ad extra* seriam feitas no dia seguinte pelo cardeal Montini, o futuro Paulo VI (item 52.4). Nota-se, portanto, a existência de sintonia entre homens de primeiríssimo plano do concílio, ou seja, na prática os dois papas e aquele que será um dos quatro *moderatores* (junto com os cardeais Giacomo Lercaro [1891-1976], Julius August Döpfner [1913-1976] e Agagianian) escolhidos por Paulo VI (item 53.1).

A uma semana da abertura do concílio, o papa fazia um gesto que teria ampla ressonância: em 4 de outubro, João XXIII foi em peregrinação a Loreto e Assis para orar pela boa realização do Vaticano II. Aliás, desde a fuga de Pio IX para Gaeta em 1848-1849 (cap. 4, item 28.1), um papa não saía da cidade de Roma.

2. Em 11 de outubro de 1962 abria-se o concílio, com grande procissão de bispos que atravessavam a praça de São Pedro e se dirigiam para a basílica, para ouvir o discurso de João XXIII. Diferentemente do Concílio de Trento, que no momento da abertura contava com a presença de poucas dezenas de bispos (vol. III, cap. 4, item 15.2), e do Vaticano I, que reuniu em Roma menos de setecentos bispos (cap. 4, item 26.2), agora **os participantes** representavam quase todo o mundo: os bispos europeus eram cerca de um terço da assembleia, ao passo que a África e a Ásia estavam representadas por cerca de quinhentos bispos. Na abertura do concílio estavam presentes também o presidente da República italiana, Antônio Segni (1891-1972), e os representantes de setenta e nove Estados. Somando cardeais e patriarcas, arcebispos e bispos residenciais e titulares, superiores de Ordens e de congregações admitidos em São Pedro, os que tinham direito à participação eram 2.778. Excluídos muitos anciãos e muitos bispos residentes nos países comunistas, estavam presentes naquele dia 2.381 prelados, para uma média seguinte de presenças, no primeiro período, de cerca de 2.150 participantes. A seguir, com as novas nomeações episcopais, os que tinham direito de participar superaram os três mil, dos quais somente um terço, fenômeno novo na história da Igreja, era de origem europeia. A eles deviam-se acrescentar, embora sem direito a voto, cerca de duzentos peritos, que depois se tornaram mais de quinhentos, os observadores não católicos, que passaram de quarenta a mais de cem (estavam representadas quase todas as grandes Igrejas cristãs), alguns padres e leigos; entre estes, o primeiro a ser convidado foi o filósofo francês Jean Guitton (1901-1999), e depois foram admitidas também treze leigas e dez religiosas. As nomeações de novos bispos compensavam as mortes ocorridas. Levando em conta a idade média dos participantes, no início das sessões era bem frequente o secretário-geral convidar para uma oração de sufrágio pelo finado bispo fulano de tal, provocando sempre com esse anúncio alguns momentos de mal-estar muito evidente na assembleia.

Depois de várias discussões, havia sido decidido que se utilizaria o latim como língua oficial. Por outro lado, no período de preparação do concílio

João XXIII tinha reafirmado a importância do latim para a Igreja na constituição *Veterum sapientia* (22 de fevereiro de 1962). Aliás muitos padres tinham feito seus estudos nas universidades pontifícias, onde as aulas eram dadas em latim. Alguns, porém, o tinham esquecido, outros o conheciam pouco, e assim às vezes não eram capazes de entender bem o que se lhes dizia. Com frequência, eram seus assessores, chamados *assignatores locorum*, que proviam à tradução, sobretudo dos diversos avisos dados pelo secretário-geral, dom Felici. Este bispo, exímio conhecedor da língua latina, parecia se divertir ao inventar neologismos: por exemplo, para avisar os padres — os quais muitas vezes andavam à procura de algum colega ou ocupados nos dois cafés à disposição deles —, pedindo que voltassem a seus lugares, a frase clássica era: "Velint patres ad loca sua remeare".

Em 13 de outubro de 1962 os trabalhos tinham sido iniciados com a celebração da santa missa e a entronização do Evangelho, eventos que seriam repetidos no início de cada sessão. Devia-se prover à **eleição** dos membros componentes das **diversas comissões**, os quais deveriam ser escolhidos a partir de uma lista preparada pela Cúria romana e distribuída aos padres conciliares. O cardeal Achille Liénart (1883-1973), arcebispo de Lille, pediu o adiamento das votações, para que os bispos pudessem se conhecer melhor, e assim votar depois de terem esse conhecimento; outros cardeais (em especial Joseph Frings [1887-1978], de Colônia, Döpfner, de Munique, Franz König [1905-2004], de Viena) aderiram a esta iniciativa. A proposta, que fora combinada anteriormente entre alguns bispos, foi aceita e as eleições foram adiadas para o dia 16, provocando assim a preparação e a difusão de várias listas de nomes por parte de diversos episcopados. Pode-se dizer que tinham início as atividades paralelas que marcariam o desenvolvimento dos trabalhos, enquanto no horizonte aparecia também certa desconfiança em relação à Cúria romana, cujos membros estavam talvez iludidos sobre seu poder de orientar o concílio segundo suas expectativas.

Entre **os grupos** mais conhecidos e parcialmente estruturados, podem ser lembrados o grupo de bispos considerados progressistas, que se reuniam periodicamente na *Domus Mariae*, e os conservadores mais ativos, reunidos em torno do *Coetus internationalis patrum*. Estes grupos acabavam por valorizar também os chamados *peritos*, a ponto de algum bispo dizer que certos teólogos eram os verdadeiros protagonistas do concílio, ainda que de modo oculto. Além de colaborar para a redação das intervenções, quase todos os teólogos ou estudiosos de matérias teológicas eram muitas vezes convidados para fazer conferência aos bispos, livres das reuniões oficiais na parte da tarde, a respeito das diversas matérias que eram objeto de discussão. Esse método de trabalho acabaria por valorizar também a presença dos observadores das diversas Igrejas cristãs; estes, além de assistirem às sessões em São Pedro, onde podiam encontrar muitos bispos, podiam expressar suas opiniões e discutir com bispos e teólogos nas tardes das terças-feiras em encontros especiais realizados numa hospedaria de Roma.

Em 16 de outubro de 1962 aconteceram as eleições, as quais confirmaram em parte os nomes já presentes nas listas, mas juntaram outros, com forte tendência à internacionalização. As **comissões** previstas eram **dez**, todas presididas por cardeais da Cúria romana: comissão doutrinal para a fé e os costumes, tendo como presidente o cardeal Alfredo Ottaviani; comissão dos bispos e do governo das dioceses, presidente o cardeal Marcello Mimmi (1882-1961), e depois o cardeal Paulo Marella (1895-1984); comissão para a disciplina do clero e do povo cristão, presidente o cardeal Pietro Ciriaci (1885-1966); comissão dos religiosos, presidente o cardeal Valério Valeri (1883-1963); comissão dos sacramentos, presidente o cardeal Bento Aloisi Masella (1879-1970); comissão litúrgica, presidente o cardeal Arcadio Larraona (1887-1973; tinha assumido o lugar do cardeal Gaetano Cicognani, morto em 1962); comissão dos estudos e dos seminários, presidente o cardeal Giuseppe Pizzardo (1877-1970); comissão das Igrejas orientais, presidente o cardeal Amleto Cicognani (os cardeais Cicognani eram dois, Amleto [1883-1973] e Gaetano [1881-1962]); comissão das missões, presidente o cardeal Gregório Pietro Agagiannian; comissão para o apostolado dos leigos, presidente o cardeal Fernando Cento (1883-1973). Ao mesmo tempo, o papa ampliava o elenco dos subsecretários de dois para seis, prestando atenção, também nesse caso, à internacionalização, e dava ao Secretariado para a unidade dos cristãos o mesmo papel das comissões de trabalho acima indicadas.

Em 20 de outubro foi também apresentado o texto de uma "mensagem ao mundo", que os padres aprovaram com cerca de 2.272 votos favoráveis e 72 contrários, cuja publicação não despertou eco particular nos meios de comunicação. Estes, como jamais tinha acontecido nos concílios anteriores, todos os dias mantiveram viva na opinião pública a atenção ao concílio (eficacíssima foi a difusão das imagens televisivas, com as quais a cerimônia de abertura teve cobertura mundial) e não somente informaram, de maneira cuidadosa e com crescente competência, mas, como se verá mais abaixo, tornaram-se um fator característico do Vaticano II.

3. O **primeiro esquema discutido** pelos padres foi sobre a **liturgia**. Os problemas levantados eram numerosos e iam da conservação ou não do latim nas celebrações à possibilidade de adaptar os diversos ritos às tradições locais. Como era previsível, diante do desejo de vários bispos de manter a forma tradicional dos ritos, foram sobretudo os bispos dos países não latinos a pedir uma séria revisão e não apenas alguns retoques e a possibilidade de uma significativa adaptação às diversas culturas. No fundo, era o grande problema da inculturação do cristianismo, com frequência apresentado pelo mundo das missões, que recebia a maior atenção.

Todavia, o voto de caráter de orientação, ou seja, sobre a possibilidade de manter o esquema inicial, introduzindo, porém, modificações significativas, obteve grandíssima maioria: houve 2.162 *placet* (ou seja, votos favoráveis) e 46 *non placet*. Cabia então à comissão especial prover às modificações exigidas.

O clima de unidade fundamental da assembleia conciliar ficou em **crise** nos dias seguintes, quando se começou a discutir sobre o **esquema** dedicado às fontes da **Revelação**. Emergiram logo as diversas orientações, ou melhor, as diversas culturas de base às quais se referiam os vários interlocutores. Quase uma antecipação do que ocorreu no concílio havia acontecido um pouco antes, quando alguns exegetas da universidade lateranense atacaram de modo muito polêmico outros exegetas e estudiosos, sobretudo do Instituto Bíblico mantido pelos jesuítas, acusando-os abertamente de seguir teorias muito perigosas no estudo da Bíblia; e os acusados responderam em tons decerto não irênicos. Diz-se que o debate foi encerrado por intervenção do próprio pontífice, mas as diferenças dos modelos culturais eram bem evidentes.

Com efeito, nem todos os bispos tinham seguido a evolução dos estudos a esse respeito, de modo que para muitos o conceito das "duas fontes", surgido após o Concílio de Trento, era uma pedra miliar além da qual não se podia ir. Mas a renovação dos estudos bíblicos tinha origens distantes, em especial na segunda metade do século XIX, e passava pelos estudos de Alfred Loisy, sobretudo do padre Marie-Joseph Lagrange e da sua escola de Jerusalém, que tinha falado explicitamente de "método histórico" e tinha se manifestado de maneira clamorosa com o modernismo (cap. 5, itens 33-35); também os estudos de Rudolf Bultmann (1884-1976), certamente discutíveis, obrigavam todos a repensar os modos de estudar a Palavra de Deus, repondo-a em seu contexto para melhor compreendê-la. E havia desdobramentos mais recentes: dos papiros encontrados, os quais abriam novos horizontes nos estudos sobre o Evangelho de João, à contribuição dada pelos textos encontrados em Qumran e às longas discussões sobre o problema sinótico, e por conseguinte sobre o problema das fontes nas quais os diversos evangelistas se inspiraram.

Muitos desses debates eram conhecidos somente pelos encarregados dos trabalhos, com frequência os mesmos que tinham sido chamados como peritos ao concílio e que poucos anos antes eram vistos com desconfiança pela Cúria romana. Isso explica por que as discussões levantadas pelo texto dedicado à Revelação e à Escritura se tornaram motivo de preocupação e às vezes de temor de heresia por parte de alguns padres. Outros, porém, de orientação contrária, temiam que um texto ligado a orientações parcialmente superadas não só produziria um relaxamento nos estudos, mas tornaria ainda mais difícil o diálogo ecumênico.

A discussão sobre o esquema proposto revelou, pois, as duas almas que estavam presentes no concílio: uma mais ligada ao ensino tradicional, da qual entre outros se fizeram porta-vozes os cardeais Alfredo Ottaviani e Giuseppe Siri (1906-1989), e outra mais atenta à evolução recente dos estudos. Alguns teólogos já tinham até preparado esquemas alternativos. Por isso, o debate assumiu logo certo andamento polêmico, até se passar ao voto de orientação, ou seja, que devia decidir se o esquema poderia constituir a base para a discussão. Segundo o regulamento do concílio, a maioria exigida para rejeitar um esquema era de dois terços da assembleia; o resultado consolidava de certo modo os conservadores, os quais obtiveram 822 votos contra os 1.368 dos que pediam profunda revisão do texto. Era evidente, todavia, que a maioria dos padres gostaria de discutir sobre um esquema profundamente renovado. Tratava-se de um momento particularmente importante na história do concílio, com uma minoria que temia um desvio protestante, e uma maioria que pensava ser muito difícil discutir um esquema rejeitado por número tão alto de padres. Foi assim que, pondo em jogo as próprias prerrogativas superiores ao regulamento, **João XXIII interveio**, pedindo a retirada do esquema para uma revisão radical a ser feita em colaboração entre a comissão teológica (guiada pelo cardeal Ottaviani) e o Secretariado para a unidade dos cristãos (guiado pelo cardeal Bea).

O **terceiro esquema** apresentado, que tratava dos **meios de comunicação**, não levantou objeções particulares e foi aprovado como base para a discussão, embora com a proposta de modificações, com 2.138 votos favoráveis e

15 contrários. Análoga maioria se teve no voto de orientação sobre o esquema dedicado à unidade dos cristãos: 2.068 votos favoráveis e 36 contrários. Neste caso, porém, se tratava de rever profundamente — até chegar a uma verdadeira reformulação — o texto, considerado de pouco valor, fundindo-o depois com as propostas da comissão teológica e do Secretariado para a unidade dos cristãos.

4. Um **problema mais significativo** seria apresentado quase em seguida, quando se passou a discutir sobre o **esquema dedicado à Igreja**, aprovado como base de discussão por 2.138 votos favoráveis e somente 15 contrários. Pedia-se, porém, que o esquema modificasse o cunho excessivamente jurídico, quando continuava a falar da igreja como sociedade perfeita, para apresentar, em vez disso, o mistério da Igreja, sua essência antes de tudo missionária e povo de Deus, a cujo serviço devia se pôr o Magistério. Enfocado assim o estudo da Igreja, apareciam claramente alguns pontos cruciais que acompanhariam os futuros trabalhos dos padres conciliares: a relação entre a colegialidade episcopal e o primado pontifício (alguns temiam que se acabasse por abolir o Concílio Vaticano I), a presença dos leigos na Igreja a se definir a partir do conceito teológico de "povo de Deus", o espaço a ser dedicado à Virgem Maria, com um esquema específico ou com um capítulo dentro do esquema sobre a Igreja.

O fato de que se caminhava para o encerramento do primeiro período sem se aprovar nenhum esquema levava alguns bispos a lamentar a pouca produtividade, a quase inutilidade daquelas semanas. Talvez alguma dúvida ocorreu também a João XXIII, superada logo por seu otimismo habitual. O papa tinha se dado conta de que o sonho de presidir um concílio breve ia se esvanecendo. Pensava, no entanto, poder ainda concluí-lo num prazo curto, num segundo período previsto para os meses de maio e junho de 1963. As datas foram depois adiadas para o outono desse mesmo ano, até para dar às diversas comissões um tempo maior para a revisão dos esquemas. O papa nutria ainda a esperança de concluir os trabalhos precisamente no outono, junto com o quarto centenário do encerramento do Concílio de Trento. Depois teve de se dar conta de que, até por causa do câncer no estômago que ia se manifestando e do qual tinha plena consciência, não haveria de ver a conclusão do concílio que havia promulgado.

Foram as já mencionadas (item 52.1) **intervenções dos cardeais Suenens e Montini** em 4 e 5 de dezembro de 1962 (o primeiro período terminaria no dia 8 de dezembro de 1962), já acordadas com o próprio pontífice e outros cardeais, que orientaram os trabalhos seguintes. O cardeal belga propôs que todos os trabalhos fossem marcados por um discurso sobre a Igreja: *ad intra*, ou seja, o que a Igreja diz de si mesma, e *ad extra*, ou seja, em suas múltiplas relações com as diversas realidades com as quais devia dialogar. Essa orientação foi apoiada pelo cardeal Montini em sua intervenção do dia seguinte. Menor sucesso teve a proposta do cardeal Lercaro, que aprovava as orientações indicadas pelos dois cardeais, mas acrescentava privilegiar, até numa perspectiva ecumênica, um dos elementos-chave do Evangelho, o discurso sobre a pobreza e sobre os pobres, os quais representavam larga parte da sociedade contemporânea.

Para melhor pôr em prática as propostas de Suenens e Montini, o papa nomearia uma **comissão de coordenação** composta pelos cardeais Liénart, Spellman (1889-1967), Suenens, Döpfner, Confalonieri (1893-1986) e Urbani (1900-1969), presidida pelo secretário de Estado, com a colaboração do secretário do concílio e dos diversos vice-secretários.

Temos de notar também que durante o segundo período, quando Paulo VI sucedera João XXIII e depois de uma fase inicial na qual as sessões tinham sido dirigidas por turnos pelos diversos cardeais, por razões de organizacionais facilmente compreensíveis, teriam sido nomeados pelo papa Montini quatro cardeais com a missão de dirigir os trabalhos da assembleia (item 53.1). Depois de longas discussões sobre seu papel e seus poderes, foram considerados de fato simples ***moderadores***: eram os cardeais Lercaro, Suenens e Döpfner (logo definidos por alguns padres conciliares, com o humor que não estava ausente da assembleia, os três evangelistas sinóticos) e o cardeal Agagianian, patriarca da Cilícia dos armênios e prefeito da congregação de *Propaganda fide*, ao qual se atribuía o papel do evangelista João. Durante as reuniões periódicas, graças à sua experiência política e de direção, desempenharia o papel de secretário o padre Giuseppe Dossetti (1913-1996), na época homem de confiança de Lercaro; essa função não durou muito, pois o regulamento previa que o secretário-geral é quem deveria desempenhar esta atividade. E dom Felici, cujo papel se tornava dia a dia mais significativo, não era homem de abdicar facilmente de suas prerrogativas.

Problemas e mudanças análogas se verificariam em relação à **imprensa**, e portanto à opinião pública. Num primeiro momento, a Sala de Imprensa vaticana emitia comunicados que definir como reticentes e desprovidos de conteúdos significativos é apenas um eufemismo. Os jornalistas tinham de recorrer então a fontes privadas e seguras; isso se tornava um verdadeiro privilégio para quem tinha informantes e protagonistas dispostos a comunicar os elementos essenciais dos trabalhos da manhã, mas deixava muitos sem informações significativas. Depois de polêmicas e discussões, chegou-se a uma escolha importante. O secretário da Sala de Imprensa, dom Vallainc (1916-1986), após a sessão da manhã apresentava um comunicado sintético à imprensa; depois, haveria uma entrevista coletiva mais ampla, dividida por grupos linguísticos, e o debate que se seguia podia durar muito tempo; isso permitiu aos vários jornalistas obter informações adequadas sobre os trabalhos do concílio.

Vários estudos sobre o Vaticano II revelaram o papel desempenhado por alguns cotidianos, cujos jornalistas tinham fontes privilegiadas, ou seja, os relatórios fornecidos por bispos ou cardeais amigos. Esse papel talvez tenha sido exagerado, mas sem dúvida não era raro o caso de bispos que somente pela leitura das reportagens de alguns jornais tinham melhor conhecimento dos trabalhos realizados no dia anterior, aos quais até tinham assistido. Pensemos, para citar apenas dois casos emblemáticos, nas correspondências do jornal italiano "L'Avvenire d'Italia", escritas pelo diretor Raniero La Valle (1931-), e do francês "Le Monde", com os artigos de Henri Fesquet (1916-2011).

53. De João XXIII a Paulo VI: retomada, continuação e cumprimento em três períodos

1. Em 20 de maio de 1963, João XXIII recebia o cardeal Wyszynski e outros quatro bispos poloneses que ao se despedirem marcavam encontro na reabertura do concílio com um "até setembro". O papa, que estava bem consciente de sua situação, respondia: "Em setembro encontrarão a mim ou a outro papa. Em um mês, já sabem, se faz tudo: funerais de um e eleição de outro" (cit. in L. Algisi, *Giovanni XXIII*, Casale, Marietti, 1964, 369). De fato, o papa João, que esperava assistir à conclusão do concílio, jamais tinha pensado que este pudesse ser interrompido por causa de sua morte, o que de fato ocorreu em 3 de junho de 1963. Tampouco Montini, que o sucederia, jamais tinha posto em dúvida a oportunidade de lhe dar continuidade, talvez melhorando a organização dos trabalhos e eventualmente apresentando aos padres textos amplamente revisados.

Não houve, pois, nenhuma surpresa quando, tendo sido eleito e assumido o nome de Paulo VI, Montini anunciou a continuação do concílio. Quem tivesse ouvido sua última intervenção na assembleia conciliar em 5 de dezembro de 1962 saberia que ele tinha apresentado um programa, partilhado pelo cardeal Suenes e outros bispos, para a retomada dos trabalhos conciliares. Em vista deles, no lapso de tempo entre os dois períodos de trabalho, as diversas comissões fizeram **ampla revisão dos textos**, segundo as sugestões recebidas. Numa fase de preparação remota, os esquemas previstos eram setenta e cinco, mas depois gradualmente reduzidos ou fundidos segundo seus conteúdos, até se tornarem vinte e um. Depois de outra revisão, de vinte e um se tornaram dezessete. Aliás uma atenção particular era dada ao esquema sobre a Igreja, que tinha provocado diversas críticas, enquanto se começava a falar de um texto dedicado à presença da Igreja no mundo, também à luz do que tinha escrito o papa João na encíclica *Pacem in terris* publicada em 11 de abril de 1963, acolhida com atenção e consenso em muitos ambientes distantes do mundo católico; um consenso semelhante ao que foi concedido ao papa João na intervenção que contribuiu para a solução da crise de Cuba, quando por um momento se temeu que pudesse realmente eclodir a Terceira Guerra Mundial.

Como já enfatizado, depois da morte do papa João, foi eleito Paulo VI em 21 de junho de 1963, que, depois de ter trabalhado de 1924 a 1954 na Secretaria de Estado, como cardeal arcebispo de Milão fora agregado à comissão central encarregada de preparar o concílio. O cardeal Montini desempenhou relevante papel durante o primeiro período conciliar, também graças ao apoio recebido do padre Carlos Colombo (1909-1991), teólogo milanês, depois bispo, que Paulo VI confirmará como seu teólogo de referência. Ao escolher o nome de Paulo, o papa Montini tomou como modelo o apóstolo, o qual — teria dito o pontífice em 30 de junho de 1963 para explicar a escolha — "amou de modo supremo Jesus Cristo, em sumo grau desejou e se esforçou por levar o Evangelho de Cristo a todos os povos e pelo nome de Cristo ofereceu a vida" (cit. in *La Chiesa del Vaticano II [1958-1978]*, Guasco M. et al. [orgs.], Cinisello Balsamo, San Paolo, 1994, 54, v. I).

No **discurso de abertura do segundo período** em 29 de setembro de 1963 o novo pontífice indicou quatro pontos sobre os quais o concílio devia se pronunciar e orientar os trabalhos: "O conhecimento ou, como quisermos, a consciência da Igreja, a sua reforma, a recomposição de todos os cristãos na unidade e o colóquio da Igreja com o mundo contemporâneo" (EV 1, n. 148*). Voltaria a esses temas durante a viagem à Terra Santa em janeiro de 1964, quando encontrou o patriarca Atenágoras (1886-1972). Em 6 de janeiro, em Belém, afirmou: "Temos de levar até o fim o nosso Concílio Ecumênico, temos de dar à vida eclesial novidades de sentimentos, de propósitos, de costumes, de beleza de espírito, em todos os sentidos, no pensamento, na palavra, na oração, nos métodos educativos, na arte, na legislação canônica" (cit. in *La Chiesa del Vaticano II*, 56). Tanto João XXIII como Paulo VI tinham consciência de que decerto não se podia imaginar que aquele concílio levaria à unidade entre os cristãos. Mas tinham também consciência — e a nomeação dos observadores provenientes de diversas Igrejas cristãs era prova disso — que se podia dar um passo significativo adiante no diálogo, na compreensão mútua em uma estima renovada.

Em 29 de setembro de 1963 tinha início o segundo período do concílio, e Paulo VI, que diferentemente de João XXIII teria seguido atentamente e às vezes orientado os trabalhos dos padres, apresentava o itinerário que deveriam realizar, depois de terem ouvido palavras de comovida recordação de seu predecessor; em particular, o papa Montini se declarou fiel a algumas intervenções de seu antecessor, sobretudo aquela com a qual o papa João tinha inaugurado o concílio em 11 de outubro de 1962, com os caminhos ali abertos, embora os tons do novo pontífice fossem certamente menos otimistas do que os usados por João XXIII. Paulo VI fez **modificar o regulamento** na tentativa de tornar os trabalhos mais eficientes. Entre as novas normas havia a já lembrada nomeação, que teria levantado discussões sobre as competências perante as outras instituições, dos quatro "moderadores" que em turnos deveriam dirigir os trabalhos, coordenando as intervenções. Todavia, esta nomeação teria um impacto importante sobre os trabalhos dos padres. Outra novidade era a possibilidade de juntar peritos às diversas comissões e admitir alguns deles em São Pedro para assistir às sessões cotidianas.

Os temas submetidos à discussão eram vários: a liturgia, o governo das dioceses, o ecumenismo, os meios de comunicação social; mas foi sobretudo o **documento sobre a Igreja** que catalisou as intervenções, depois de ter sido aceito por ampla maioria como base de discussão o texto preparado pela comissão especial, na qual desempenhou papel relevante o teólogo belga dom Gérard Philips (1899-1972). Surgiram logo **duas orientações diferentes**; uns consideravam necessário não modificar a doutrina tradicional, outros insistiam na necessidade de sair de uma concepção excessivamente jurídica para apresentar, em vez disso, a Igreja como o conjunto do povo de Deus que vive na história, mas sente forte dimensão escatológica. E permanecia aberta a proposta de inserir no texto sobre a Igreja um capítulo dedicado à Virgem Maria (como de fato ocorreu, embora com grande diferença de votos: 1.114 favoráveis e 1.074 contrários) como parte essencial da própria Igreja. E foi o próprio Paulo VI quem declarou durante o discurso de encerramento do terceiro período (21 de novembro de 1964) "Maria Mãe da Igreja", apesar do parecer contrário de numerosos padres que temiam que esse título dado a Maria pudesse trazer consequências negativas, como de fato ocorreu no caminho ecumênico.

Outro tema discutido foi a definição da **pertença à Igreja**: incluía somente aqueles que reconheciam a doutrina eclesiológica da Igreja de Roma, ou seja, os católicos, ou todos aqueles que tinham recebido o batismo e, portanto, tinham sido incorporados a Cristo, embora seu pertencimento à Igreja pudesse ser considerado não perfeito?

O tema, porém, que provocaria as maiores discussões era o da **colegialidade episcopal**. Não se tratava somente de aclarar a identidade dos sucessores dos apóstolos, ou seja, os bispos, mas de definir sua relação com o bispo de Roma. Isso punha em confronto duas perspectivas muito diferentes em relação à origem dos poderes dos bispos, pois uma coisa era dizer que os bispos recebem seus poderes do papa, outra era dizer que são investidos desse poder por direito divino. Alguns temiam que reemergissem as antigas doutrinas que previam a superioridade do concílio sobre o pontífice, outros procuravam um difícil equilíbrio entre a *potestas ordinis* e a *potestas jurisdictionis*. Neste segundo caso, tratava-se de uma questão fundamental já presente no Concílio de Trento, mas lá não resolvida (vol. III, cap. 4, item 15.4), de modo que nos debates conciliares um grupo significativo de padres defendeu que a ordenação episcopal conferia ao bispo plenos poderes para a administração dos sacramentos, mas eles estavam vinculados ao assentimento do pontífice; além disso, afirmavam que o poder conferido pelo papa era indispensável a todo bispo para ensinar e governar; em outros termos, os bispos agiam não *cum Petro*, mas *sub Petro*. Esta afirmação, defendiam eles, era a doutrina do Vaticano I, da qual não se podia prescindir. Todavia, nos debates do Vaticano II surgiu outra perspectiva, pois alguns padres, e entre eles destacava-se particularmente o novo auxiliar de Bolonha, dom Luigi Bettazzi (1923-2023), afirmavam que a tradição dizia uma coisa bem diferente do que afirmavam os chamados "tradicionalistas"; com efeito, por muitos séculos se considerava que a jurisdição colegial universal seria de direito divino. Nessa perspectiva, todos os bispos gozam dos mesmos poderes pelo fato de fazer parte, graças à ordenação, do colégio episcopal (herdeiro do colégio apostólico) e é dentro desse colégio que o bispo de Roma, ou seja, o papa, tem um papel específico de serviço e de autoridade para o bem de toda a Igreja, caracterizado pelo primado e pela infalibilidade. Aos poucos, essa perspectiva foi partilhada por um número cada vez maior de bispos presentes no concílio.

Alguma divisão surgiu também quando se tratou de propor o restabelecimento do **diaconato permanente**; isso significava considerar o diaconato não mais, como ocorria havia séculos, o último passo para o sacerdócio, mas uma condição, selada por um sacramento, que uma pessoa podia escolher para desempenhar um serviço eclesial, sem prever a ordenação sacerdotal. Havia um consenso muito amplo sobre essa escolha, mas os padres se dividiam diante da proposta de ordenar como diáconos também homens casados. Temia-se que isso fosse a gazua para abrir a porta à ordenação sacerdotal de homens casados. A escolha feita foi de fato um compromisso: eram admitidos à ordenação diaconal homens já casados, mas mantinha-se a lei do celibato para os que fossem ordenados diáconos quando estivessem ainda na condição celibatária.

Todas essas discussões, portanto, dividiam os ânimos, e para remediar isso, em 15 de outubro de 1963, foi anunciado aos padres que receberiam um questionário (composto de quatro quesitos), cujas respostas permitiriam conhecer melhor as orientações gerais para prosseguir na discussão. O questionário, porém, não foi distribuído e até foram destruídas, a pedido do papa, as cédulas já prontas; mas depois de longos debates entre as diversas comissões foi distribuído outro em 29 de outubro, talvez análogo, embora composto de cinco quesitos, o qual deu origem a diversas interpretações. A votação sobre os **cinco quesitos** ocorreu no dia seguinte, 30 de outubro. Tratava-se de conhecer as orientações dos padres sobre a afirmação do episcopado como grau supremo do sacramento da ordem e saber se todo bispo legitimamente consagrado — com o papa como chefe e princípio de unidade — se tornava "membro do corpo episcopal"; em ambos os casos houve amplo consenso. Os três quesitos seguintes, que tiveram respostas positivas em sua maioria, mas com forte aumento dos votos contrários, perguntavam se o "colégio episcopal" deveria ser considerado sucessão do colégio dos apóstolos e gozaria do poder supremo sobre todas as Igrejas junto com o pontífice e jamais sem ele; se esse poder, do qual gozavam todos os bispos como membros do colégio episcopal, seria de direito divino; e enfim se era oportuno restaurar o diaconato como grau distinto do ministério.

O texto seguinte submetido à atenção dos padres seria o texto sobre os bispos e o governo das dioceses, que abria também o discurso sobre as conferências episcopais. O texto era considerado por muitos inadequado, e portanto a ser reescrito. Durante o debate, houve duas polêmicas que vale a pena lembrar como prova de um clima de **notável liberdade de expressão**, bem como do fato, inútil negá-lo, de que nem sempre as discussões se mantiveram nos termos de grande respeito mútuo. O patriarca melquita de Antioquia na Síria, Maximos IV Saigh (1878-1967), que não era um novato em intervenções interessantes e provocadoras (note-se que era o único a se recusar falar em latim: suas intervenções eram em francês e depois traduzidas para o latim), propunha que existisse em Roma, auxiliando o papa que seria o árbitro com direito à última palavra, um conselho executivo e de decisão do qual deveriam depender todos os dicastérios romanos. A esta proposta respondia, entre outros e de modo muito firme, o arcebispo de Palermo, o cardeal Ernesto Ruffini (1888-1968): era evidente que tal conselho acabaria por tirar a autoridade da Cúria romana. Quem retomou de certo modo esses temas foi o arcebispo de Colônia, o cardeal Frings, atacando duramente os métodos de trabalho do Santo Ofício, os quais muitas vezes eram "causa de escândalo para muitos não católicos" (cit. in Alberigo, *Storia del Concilio Vaticano II*, 3, 144); esta intervenção provocou uma resposta igualmente dura por parte do cardeal Ottaviani, que lembrava que os ataques ao Santo Ofício eram de fato ataques ao próprio pontífice, que era o prefeito daquele organismo.

Nos dias seguintes foi apresentado brevemente o **texto sobre o ecumenismo**, que compreendia um capítulo sobre os judeus e um sobre a liberdade religiosa, a serem depois incorporados. Os padres tiveram de levar em conta a reação do mundo árabe quando se falou de um texto relativo ao povo judeu; este mesmo texto e o que falava da liberdade religiosa provocariam uma dura polêmica entre os cardeais Ottaviani e Bea.

Entretanto, seguiam-se as votações sobre os vários capítulos do texto sobre a liturgia e os meios de comunicação social. Foram **os primeiros dois documentos promulgados** pelo concílio (4 de dezembro de 1963), o primeiro (*Sacrosanctum Concilium*) aprovado definitivamente com apenas quatro votos contrários, ao passo que o segundo (*Inter mirifica*), que a muitos pareceu bem fraco, teve ainda no momento da promulgação cento e sessenta e quatro votos contrários. Mas foi deixada de lado a proposta de enviar uma mensagem de encorajamento aos sacerdotes que pareciam ser os excluídos da atenção dos padres.

O segundo período se encerrava assim entre as críticas de alguns pela lentidão dos trabalhos e o otimismo de outros pelos notáveis passos dados; aliás, em perspectiva ecumênica assumia forte significado, e como tal foi acolhido, o anúncio do papa de realizar proximamente (o que de fato ocorreu em janeiro de 1964) uma viagem à Terra Santa, como se quisesse indicar que a Igreja católica voltava às suas origens.

2. Não eram poucos os padres que temiam que os trabalhos se estendessem por muito tempo e pediam que se pensasse num prazo maior de suspensão, durante o qual se proveria a uma reorganização dos vários documentos, juntando alguns e eliminando outros, de tal modo que fosse possível concluir o concílio uma vez por todas.

Mas essa não era a opinião de **Paulo VI**, que prosseguia em **sua estratégia**, a qual o levava a fazer com que as distâncias entre os vários componentes da assembleia se reduzissem, mesmo a custo de algum compromisso na redação dos textos. Nesta ótica e para evitar que certos pronunciamentos do concílio se esvaíssem, foi criada uma comissão para a aplicação da reforma litúrgica; a maioria de seus membros não vinha da Cúria, e ao lado do cardeal Lercaro, presidente, estava como secretário Annibale Bugnini (1912-1982), totalmente convencido da necessidade da reforma e muito pouco apreciado pela Cúria romana. Ao mesmo tempo, o papa publicava dois textos que não poderiam deixar de influenciar os trabalhos do concílio: com a carta *Spiritus Paraclitus* de 30 de abril de 1964 reafirmava aos bispos de todo o mundo a grande importância do concílio, e com a encíclica *Ecclesiam suam*, de 6 de agosto de 1964, dia em que a liturgia celebra a Transfiguração (que em 1978 seria também o dia da morte de Paulo VI), apresentava uma profunda reflexão sobre o diálogo que a Igreja devia abrir, em diversos níveis, com o mundo inteiro.

Nos meses entre o segundo e o terceiro período, as **comissões** trabalharam muito na **reorganização dos diversos esquemas** e foi dedicada atenção particular ao texto referente à Igreja, o qual levantaria as maiores discussões. De fato, o texto estava destinado a influenciar temáticas fundamentais, transversais a muitos documentos em preparação, como a que se refere aos bispos e ao governo das dioceses, com a possível definição do significado do colégio dos bispos como sucessor do colégio apostólico, do papel e do alcance do primado pontifício; a temática do ecumenismo, com o problema da unicidade da Igreja católica como via de salvação e das relações com as outras Igrejas cristãs; a temática sobre o papel dos leigos na Igreja e sobre o sentido a ser dado ao "sacerdócio comum" dos fiéis e a temática sobre a presença da Igreja no mundo contemporâneo.

Entre abril e julho de 1964 os vários esquemas foram reelaborados e transmitidos aos bispos retornados às suas sedes, a fim de que enviassem suas observações para poder chegar ao início do terceiro período, previsto para 14 de setembro de 1964, com textos que já tivessem tido uma aprovação de princípio por parte dos participantes do concílio. A partir de várias observações e de alguns posicionamentos até públicos, ficou muito claro que uma parte dos padres estava muito preocupada diante da apresentação da colegialidade episcopal, como se estivesse em contraposição ao primado pontifício; por isso, essa minoria pedia ao pontífice que reservasse exclusivamente para si as afirmações referentes e esse assunto.

Em 14 de setembro de 1964 abria-se, pois, o **terceiro período**, com uma novidade significativa: a missa celebrada a cada dia no início dos trabalhos era agora concelebrada, segundo a orientação da reforma litúrgica. Junto com o papa havia vinte e quatro concelebrantes, entre os quais dois religiosos. Muitos padres auguravam que aquele fosse o período conclusivo do concílio, desejo que não se realizou, uma vez que o material a ser estudado e os esquemas a serem aprovados eram ainda numerosos. A assembleia, entretanto, ia aumentando, pois eram admitidos em São Pedro mais trinta e nove párocos, além de alguns patriarcas, alguns leigos e algumas leigas e religiosas. Pode-se dizer que a partir desse momento estavam presentes entre os observadores e ouvintes os representantes de todas as partes do mundo.

Os trabalhos tornaram-se cada vez mais exigentes e densos. Começou-se pelo texto sobre a Igreja, para depois passar ao governo das dioceses por parte dos bispos e aos referentes ao ecumenismo e à liberdade religiosa, tema esse particularmente delicado. Veio depois o exame dos textos sobre os judeus e o laicato, o ministério sacerdotal e as Igrejas orientais, enquanto voltava à assembleia, para ser revisto e eventualmente aprovado, o texto sobre a Revelação. Enfim, começava-se a discutir sobre um texto substancialmente novo: a Igreja no mundo contemporâneo.

O **texto sobre a Igreja** estava destinado a fazer **reemergir a divisão** que de fato agora estava presente no concílio quando eram apresentados documentos aparentemente novos: neste caso, o problema não era somente a definição da Igreja, fundada ou não em premissas de caráter jurídico, mas era preciso encontrar um equilíbrio entre, por um lado, as verdades indicadas pelo Vaticano I, especialmente a infalibilidade pontifícia, e, por outro, a colegialidade episcopal, de modo a reafirmar o papel dos bispos sem diminuir a autoridade pontifícia. Paulo VI interveio a propósito no discurso de abertura do terceiro período, utilizando explicitamente a expressão "colégio episcopal". Mas suas palavras podiam ser interpretadas de diversos modos, pois, se é verdade que fazia própria a controversa expressão, é também verdade que ao mesmo tempo parecia tranquilizar aqueles bispos que temiam pôr em discussão, ao se dar espaço à colegialidade, o que fora definido sobre a infalibilidade pontifícia no Vaticano I. Observe-se, entretanto, que das primeiras votações de caráter orientativo emergia forte maioria favorável à colegialidade, mas havia também mais de trezentos padres perplexos diante de algumas afirmações do esquema.

A mesma coisa se pode dizer do texto sobre a **liberdade religiosa**. Permanecia em muitos a convicção da unicidade da verdadeira religião e, portanto, do risco de uma forma de relativismo se fosse afirmado o direito de cada qual de aderir, caso assim lhe sugerisse a consciência, a outras religiões que não fossem a católica romana. Somente esta, pois, tinha direito à liberdade, ao passo que as outras podiam apenas ser toleradas.

Algumas objeções se referiam ao **texto sobre os judeus**, mais de caráter político que teológico; com efeito, alguns padres orientais continuavam a temer que o texto pudesse determinar uma atitude negativa por parte do mundo árabe. Esperava-se também uma referência aos não cristãos, com os quais era cada vez mais necessário abrir um verdadeiro diálogo. Decidiu-se, então, não dedicar um texto ao mundo judaico, mas tocar nesse assunto num capítulo a ser inserido no esquema sobre a Igreja; mas no final essa solução também foi descartada e se proveu à preparação de um novo texto dedicado às relações da Igreja com as religiões não cristãs, onde se falasse não somente do mundo judaico, mas também, embora de modo breve, do hinduísmo, do budismo e do islamismo.

Intervenções em sentido contrário provocariam a apresentação feita pelo bispo de Livorno, Emílio Guano (1900-1970), do texto referente à Igreja no mundo contemporâneo, que depois se tornaria conhecido como "**esquema XIII**". Aliás, era previsível que este assunto provocasse análises muito diferentes com base na proveniência e lugar de exercício das próprias tarefas pastorais dos diversos bispos que intervinham no debate; houve até quem propusesse adiar por alguns anos a aprovação desse texto, depois de nova redação confiada a um grupo de peritos.

Enquanto isso, as polêmicas iam se exacerbando, embora depois tenham se amainado devido a algumas intervenções do pontífice, que enviava aos padres um texto a ser inserido como premissa no documento sobre a Igreja, em forma de "*Nota explicativa praevia*", em defesa das prerrogativas do pontífice em relação ao que podia parecer, sob o nome de colegialidade episcopal, quase uma delimitação do primado pontifício. As discussões que se seguiram (seja no concílio, seja nos anos seguintes sobre a interpretação do texto) acabaram por chamar aqueles dias, com certa ênfase, de "semana sombria" (16-21 de novembro de 1964) do concílio; até porque nesses mesmos dias chegava aos padres uma série de pequenas mas significativas correções aos documentos sobre a liberdade religiosa e sobre o ecumenismo, indicadas como provenientes do pontífice, as quais tendiam a atenuar algumas afirmações consideradas muito abertas sobre aquelas problemáticas.

Tudo isso, porém, não impediu a **aprovação de três documentos** ocorrida em 21 de novembro de 1964, dia em que se concluía o terceiro período do concílio; eram a constituição dogmática sobre a Igreja (***Lumen Gentium***), com 2.251 votos favoráveis e 5 contrários; o decreto sobre as Igrejas orientais católicas (***Orientalium ecclesiarum***), com 2.110 votos favoráveis e 39 contrários; o decreto sobre o ecumenismo (***Unitatis redintegratio***), com 2.137 votos favoráveis e 11 contrários.

3. Em 4 de janeiro de 1965 o pontífice fazia saber que o concílio teria seu último período de trabalho a partir de 15 de setembro daquele ano. Era preciso, portanto, chegar à data com textos tendencialmente definidos, já submetidos aos bispos nos meses que intercorreriam antes da retomada dos trabalhos (com efeito, boa parte dos textos foi enviada aos padres durante o mês de junho), de modo que as várias comissões já pudessem revê-los, levando em conta as sugestões feitas. Quase **todos os textos** sofreram **profundas modificações**, devidas a cada bispo ou a conferências episcopais nacionais ou regionais.

O texto que exigiria o maior volume de trabalho, e que de fato teve diversas redações, foi o final, dedicado à **Igreja no mundo contemporâneo**. Entre outros, nele trabalhavam o arcebispo de Cracóvia, Karol Wojtyla, futuro João Paulo II, e sobretudo Pierre Haubtmann (1912-1971), do Institut Catholique de Paris: o texto preparado por ele seria depois adotado como base da redação final do documento. Outros textos também sofreriam profundas mudanças, como o dedicado às missões, sobre o qual tiveram influência os progressos significativos da teologia na reflexão sobre a missionariedade da Igreja; e o texto sobre a vida religiosa foi notavelmente modificado, seja porque muitos bispos provinham de Ordens religiosas, seja porque o tema das relações entre bispos residenciais e religiosos que trabalhavam em suas dioceses tinha se tornado um assunto com frequência estudado e discutido.

Algo de análogo sucederia com o **texto sobre a liberdade religiosa**. Neste caso, foram as posições do teólogo estadunidense John Courtney Murray (1904-1967), consideradas perigosas e censuráveis poucos anos antes, que mais influenciaram o texto final, em cuja redação tinham trabalhado o próprio Murray e o italiano Pietro Pavan (1903-1994), que fora um dos maiores colaboradores de João XXIII, sobretudo na redação da encíclica *Pacem in terris*. Falar de liberdade religiosa significava reconhecer os valores presentes nas outras religiões, superar o modelo de cristianismo intransigente que fora o mais difundido entre os cristãos nos últimos decênios. O esquema tinha passado por várias redações e tinha visto desde junho de 1962 o confronto de dois modelos de pensamento e também dois esquemas, um fundado num confronto com a sociedade contemporânea, o outro que retomava o modelo tradicional fundamentado no dever do poder civil de dar apoio à religião e no conceito do mal menor, ou seja, um Estado católico podia "tolerar" outras confissões religiosas para esconjurar um mal maior. O debate na assembleia foi muito aceso, o esquema teve várias redações e houve a intervenção de Paulo VI. Por outro lado, era preciso afirmar o direito à liberdade religiosa, sem dar a impressão de negar os posicionamentos típicos dos pontífices do século XIX. Isso explica por que numa primeira votação sobre o esquema os votos negativos tenham sido 249, que se tornaram depois 70 na votação final de 7 de dezembro de 1965.

Durante o debate, o grupo que então era considerado **a minoria** do concílio protestava porque os padres estavam aprovando textos excessivamente "avançados", talvez por causa — pelo menos alguns observavam — da forte influência de alguns teólogos provenientes de territórios onde era historicamente forte a presença da Reforma e dos observadores protestantes: temia-se que, para não desagradar a esses últimos, a Igreja católica acabasse por adotar posições no limite da ortodoxia. Observe-se que entre os que exprimiam tais dúvidas e protestos estava o bispo italiano Luigi Carli (1914-1986), conhecido por suas posições severas em relação a qualquer abertura doutrinal, e dom Marcel Lefebvre, que logo se tornaria um dos maiores expoentes da oposição ao concílio e à sua aceitação, até atrair sobre si a excomunhão em 1988, por ter ordenado, sem a autorização de Roma, quatro bispos destinados a governar o grupo por ele fundado. Seu afastamento de Roma já tivera início com a fundação de um seminário em Écone, na Suíça, em 1970, para formar sacerdotes que constituiriam depois a "Fraternidade Sacerdotal Internacional São Pio X", cujas atitudes seriam cada vez mais críticas em relação às reformas conciliares.

No **discurso de abertura do quarto período**, Paulo VI tinha comunicado aos padres duas novidades importantes. A primeira era a criação de um sínodo dos bispos, que se apresentava quase como a realização da colegialidade episcopal: com efeito, boa parte dos membros seria nomeada pelas diversas conferências episcopais. O papa, porém, esclarecia logo os limites daquela nova instituição, que teria um papel não deliberativo, mas consultivo. A segunda novidade era a decisão do papa Montini de ir à sede das Nações Unidas (ONU), em Nova York, por ocasião do vigésimo aniversário desta instituição. Foi justamente no **discurso à ONU**, pronunciado em 4 de outubro de 1965, que Paulo VI, depois de ter definido a Igreja perita em humanidade, lançou como um grito que teria amplo eco em todo o mundo: "Não mais a guerra, não mais a guerra!" (EV 1, n. 384*).

Durante o último período (14 de setembro-8 de dezembro de 1965), os padres realizaram **verdadeira corrida contra o tempo**. Os esquemas ainda a serem aprovados eram onze, embora muitos deles já tivessem sido revistos nos meses anteriores por todos os bispos, que puderam enviar suas observações às várias comissões relativas aos diversos documentos. Era preciso, porém, aprovar cada capítulo e depois os esquemas em seu conjunto, o que requer um número muito alto de votações, que ocorriam enquanto os relatores apresentavam os próprios esquemas e os padres propunham outras emendas. Precisamente para dar às comissões tempo para rever os esquemas e aos bispos a possibilidade de relê-los antes de sua aprovação final, decidiu-se suspender os trabalhos por alguns dias, precisamente de 17 a 24 de outubro e de 30 de outubro a 8 de novembro.

Foram finalmente **aprovados** os **seguintes documentos**: cinco em 28 de outubro de 1965, ou seja, o decreto sobre os bispos (*Christus Dominus*, 2.319 votos favoráveis e 2 contrários); a vida religiosa (*Perfectae caritatis*, 2.321 favoráveis, 4 contrários); a formação sacerdotal (*Optatam totius*, 2.318 votos favoráveis, 3 contrários); as declarações sobre a educação cristã (*Gravissimum educationis*, 2.110 favoráveis, 39 ontrários) e as religiões não cristãs (*Nostra Aetate*, 2.221 favoráveis, 88 contrários). Dois textos foram aprovados em 18 de novembro de 1965: o decreto sobre o apostolado dos leigos (*Apostolicam actuositatem*, 2.340 votos favoráveis, 2 contrários) e a constituição sobre a divina Revelação (*Dei Verbum*: 2.344 votos favoráveis, 2 contrários). Na constituição, destinada a se tornar um dos documentos mais significativos do concílio, fora encontrado um equilíbrio interessante entre as orientações tradicionais e os elementos derivados das novas pesquisas, em particular sobre a relação Tradição-Escritura-Magistério, a inspiração dos textos, a inerrância, os gêneros literários, ao passo que era recomendada a leitura da Palavra de Deus, quer na Igreja, quer por parte de cada fiel. Enfim, outros quatro documentos foram aprovados no mesmo dia no qual se concluía o concílio, 7 de dezembro de 1965: sobre as missões (*Ad gentes*, 2.394 votos favoráveis, 5 contrários), cuja redação inicial tinha atraído muitas críticas, e sobre o ministério sacerdotal (*Presbyterorum ordinis*, 2.390 votos favoráveis, 4 contrários). Como era previsível, os textos que suscitaram as maiores discussões e certo número de votos contrários foram a constituição pastoral dedicada à Igreja no mundo contemporâneo (*Gaudium et Spes*, 2.309 votos favoráveis, 75 contrários) e a declaração sobre a liberdade religiosa (*Dignitatis Humanae*, 2.308 favoráveis, 70 contrários).

Durante os trabalhos, alguns padres falaram da possibilidade de ordenar como padres homens casados; isto, contudo, abriria o debate sobre o celibato eclesiástico. Em termos de grande cordialidade, o papa pediu e obteve que o tema não fosse posto na ordem do dia. Depois do elogio do celibato eclesiástico feito por alguns padres, sentiu-se no dever de elogiar também o trabalho e as escolhas feitas pelos padres casados da Igreja oriental. Muito apreciada foi a intervenção de dom Michele Pellegrino (1903-1986), que Paulo VI nomeara havia pouco como arcebispo de Turim, em cuja universidade ele ensinara por longo tempo: lembrou a necessidade dos padres adquirirem sólida formação cultural.

No dia conclusivo do concílio, realizou-se também um desejo que já se tornara comum para a Igreja de Roma e as Igrejas ortodoxas: **o cancelamento** por parte de Paulo VI e do patriarca Atenágoras das **excomunhões recíprocas** proclamadas em 1054 (vol. II, cap. 5, item 19.3), selada pelo abraço entre o pontífice e o delegado de Constantinopla.

Em 8 de dezembro, na praça de São Pedro, realizou-se a **cerimônia de encerramento** do concílio. Estavam presentes os delegados de algumas organizações internacionais e de oitenta e um governos. Terminada a missa, procedeu-se à leitura de algumas mensagens endereçadas pelo papa e pelo concílio aos governos, aos homens de ciência, aos artistas, aos operários, às mulheres, aos jovens, aos pobres, aos doentes. De modo simbólico, cada mensagem era entregue a uma pessoa que representava as diversas categorias. Como destinatário da mensagem aos homens de ciência foi escolhido o filósofo francês Jacques Maritain, de quem Paulo VI fora e era grande admirador. Tratava-se de um dos gestos de que Paulo VI era mestre; justamente naqueles anos, as obras de Maritain tinham sido fortemente criticadas em Roma, e o próprio filósofo corria o risco de uma condenação por parte do Santo Ofício. O fato de Paulo VI escolher Maritain como destinatário da mensagem aos homens de ciência tinha um significado que ia muito além do próprio gesto.

Em 26 de outubro de 1965, numa intervenção na assembleia sobre a missão do sacerdócio, dom Michele Pellegrino faria algumas afirmações que pareciam antecipar o que sucederia nos anos imediatamente após o concílio: "Podem ser facilmente previsíveis [...] dois perigos opostos que se apresentarão no período pós-conciliar: haverá a tentação de enfraquecer e esvaziar as normas do Concílio que alteram os antigos costumes; ao contrário, outros se persuadirão de que tudo o que é velho é passado e aceitarão o que é novo somente enquanto é novo" (cit. in "La Civiltà Cattolica" 2, 2 [1966], 181).

54. Os documentos conciliares

1. O Vaticano II promulgou **quatro constituições**. A primeira delas é a *Sacrosanctum Concilium*, dedicada à liturgia. Entre as decisões do concílio, ela veicula a que envolveu mais a comunidade dos crentes, inclusive por sua imediata visibilidade e praticidade: a reforma litúrgica, que aliás produziu a passagem do latim para as línguas locais. É verdade que nos decênios anteriores houve muitas experimentações nesse âmbito, seja em gestos, seja em reflexões teológicas e eclesiológicas; o concílio, porém, oferecia um elemento de grande novidade, até na linguagem. Falando da comunidade dos fiéis como do povo de Deus que caminha para o Reino, introduzia um elemento totalmente novo: se o povo de Deus é antes de tudo o conjunto dos filhos de Deus, atenuam-se os elementos hierárquicos para dar lugar a relações diversas, de tipo fraterno, e as diferenças não são mais indicadas pelo poder, mas pelos serviços que se prestam ao povo de Deus. Além disto, o texto insiste mais na natureza da liturgia do que nas reformas práticas, embora necessárias, as quais são indicadas e dizem respeito à missa, aos sacramentos, à liturgia das horas, ao ano litúrgico; é deixada ampla liberdade às conferências episcopais no setor da arte sacra e da música, embora se lembre a primazia do canto gregoriano na ação litúrgica.

A insistência sobre a Igreja-povo de Deus acabaria por atribuir um significado particularmente forte à própria reforma. Os fiéis eram chamados a uma participação diferente na ação litúrgica, sobretudo na celebração do rito eucarístico, no qual se tornavam inseparáveis a forma ritual e a participação ativa; essa participação destinava-se a atingir a própria essência da oração e a interpelar os crentes a uma revisão em profundidade do seu modo de viver as múltiplas expressões litúrgicas, com longos períodos de tempo e com a adequada formação pessoal e comunitária que tudo isso implica.

Aliás, modificar a *lex orandi* significa modificar a *lex credendi*, embora certas crenças se modifiquem quase imperceptivelmente. Ou seja, modificando os modos de orar, modificam-se lentamente os modos de crer. Isso vale, por exemplo, para as devoções populares, tão importantes na América Latina, mas também alhures: o modo de alimentá-las e de lhes dar importância é um instrumento direto na comunicação da hierarquia das verdades. Os fiéis acabam por acreditar com base nos modos como oram e são recomendados a orar. E se envolve também o uso das línguas locais, premissa fundamental para o nascimento de autênticas Igrejas locais.

A reforma litúrgica torna-se assim um dos momentos fundamentais do concílio, até porque nela se recupera a centralidade da Palavra de Deus. O livro sagrado, meio determinante para o acesso à Palavra de Deus, é posto no centro da vida cristã e lido pelos teólogos de modo diferente de quando o texto bíblico servia somente como suporte para suas teses. A Palavra de Deus volta a se tornar o centro da ação litúrgica, e a liturgia renovada permite captar nela as premissas de cada eclesiologia.

Também a possibilidade da concelebração, prevista no texto, era outro sinal da fraternidade, neste caso entre os sacerdotes, sobre a qual os padres conciliares tinham insistido muitas vezes.

O decreto sobre a liturgia foi aprovado em 4 de dezembro de 1963, numa votação que viu o assenso da quase unanimidade dos padres (como já lembrado, houve 2.147 votos favoráveis e somente 4 contrários).

A **Lumen Gentium** é a constituição dogmática dedicada à Igreja. Estruturada em oito capítulos, apresenta desde as primeiras páginas a Igreja "em Cristo como sacramento, ou seja, sinal e instrumento da íntima união com Deus e da unidade de todo o gênero humano" (n. 1). A partir desta densa afirmação, a constituição dogmática ajuda a superar certa forma de eclesiocentrismo, um tanto difuso no século XX, superando uma descrição de caráter sociológico para dar lugar à reafirmação dos fundamentos bíblicos e focalizando a Igreja em Jesus Cristo (pode-se falar de "apelo cristocêntrico"); ao mesmo tempo, é superada a tentação de partir de uma definição de Igreja que quase se identifica com o Reino de Deus, enquanto se lembra que a missionariedade é a essência da própria Igreja.

Confirma-se depois, com uma fórmula que acabaria levantando muitas discussões, que a Igreja "subsiste" (n. 8b) na Igreja católica, confiada ao sucessor de Pedro e aos bispos em comunhão com ele; o que não significa negar a presença de gérmens de verdade e de santificação fora dela, que tornarão possível a futura unidade.

Na constituição, faz-se explícita referência ao sacerdócio comum e universal dos fiéis graças ao batismo, confirmando-se, porém, a distinção do sacerdócio ministerial: uma distinção que não é apenas de grau ou de caráter sociológico, mas de natureza teológica. Isto leva a precisar o papel do episcopado (e indiretamente do presbiterado), lembrando que a hierarquia está antes de tudo a serviço do povo de Deus; e justamente a partir desta constatação é restabelecido o diaconato permanente, reforma partilhada por todos os padres, enquanto — como já foi lembrado — durante o debate tinham sido manifestadas opiniões diferentes sobre a possível concessão do diaconato também a homens casados. As afirmações sobre os bispos visavam também completar a doutrina do Concílio Vaticano I, que tinha acentuado o papel do papado; os bispos, afirma-se, não têm somente o poder de ordem, mas também o de jurisdição, embora seu exercício seja conferido pela autoridade pontifícia em vista da condução do povo de Deus. Este fora um dos temas mais discutidos e o próprio pontífice tinha intervindo com a *nota praevia* que tinha provocado muitas discussões, mas que de certo modo tinha tranquilizado os que temiam que o Vaticano II acabasse por negar o Vaticano I, reconhecendo aos bispos um poder que parecia quase ter a força de se contrapor ao poder do pontífice.

Páginas de grande importância são depois dedicadas ao papel dos leigos na Igreja e à participação deles do sacerdócio de Cristo, com a valorização da vocação universal à santidade, sem nada tirar aos conselhos evangélicos que especificam a vocação dos religiosos. Enfim, é dedicado amplo capítulo, o último da constituição, à Virgem Maria, como jamais se fizera num concílio. A colocação no texto sobre a Igreja permitia valorizar a presença de Maria na própria Igreja e sua ligação com a cristologia.

A constituição foi aprovada em 21 de novembro de 1964, com 2.151 votos favoráveis e 5 contrários.

É também constituição dogmática o texto sobre a divina Revelação (***Dei Verbum***), que teve diversas redações devido às muitas objeções feitas pelos padres. Em sua redação definitiva, apresenta-se como um dos textos mais importantes e significativos e oferece uma breve mas eficaz síntese dos progressos e das orientações da exegese contemporânea. Em particular, são bem estabelecidas as relações entre Escritura e Tradição e toda a discussão conexa com o princípio das "duas fontes" da Revelação, tornando também mais fácil o diálogo ecumênico, sem por isso diminuir o papel do Magistério eclesiástico e sem entrar em questões ainda livremente discutidas entre os peritos. Além disso, com esse texto abandona-se um estilo de condenação a respeito dos vários erros inerentes às questões tratadas, para favorecer o estilo pastoral próprio do concílio.

No proêmio, lembra-se que o objetivo da constituição é pôr em destaque o encontro de todo crente com Cristo para ter uma relação privilegiada com Ele. São apresentadas, portanto, a natureza e o objeto da Revelação e o modo como ela se realiza no tempo. Deus revela a si mesmo no Cristo, com gestos e palavras, para permitir aos homens que cheguem à íntima comunhão com Ele; e o objeto da Revelação é o próprio Deus e a ação salvífica oferecida aos homens em Cristo. São apresentados depois os momentos significativos da Revelação: da preparação mediante a história dos patriarcas até a realização em Cristo, o qual aparece, pois, como a manifestação do Pai, mediador e ao mesmo tempo plenitude da Revelação. O que habitualmente era definido como "o depósito" da Revelação é agora apresentado como uma pessoa. Cristo aparece, pois, como o ponto de chegada de toda a Revelação e é enviado pelo Pai para transformar em filhos as criaturas humanas, de modo que sua missão é essencialmente salvífica, como o são toda sua vida e seus atos. Cristo, portanto, é em si mesmo a plena manifestação da presença do Pai e resume em si toda a economia salvífica. Cristo, portanto, não é apenas um momento da história da Revelação, mas a resume e a conclui; por isto, não haverá mais nenhuma revelação pública, pois o Pai, em Cristo, disse a palavra definitiva aos homens.

O texto parece, pois, como ótima reflexão sobre a Palavra de Deus, e ao mesmo tempo não só não pretende entrar no cerne de alguns debates (por exemplo, sobre a doutrina tradicional do conceito de inspiração), mas deixa aos estudiosos a liberdade de pesquisa.

O texto conclui lembrando a importância da Escritura na vida da Igreja e pedindo aos fiéis que leiam e meditem com frequência a Palavra de Deus.

A constituição foi aprovada em 18 de novembro de 1965, com 2.344 votos favoráveis e 6 contrários.

A constituição pastoral sobre a Igreja no mundo contemporâneo, ou seja, a *Gaudium et Spes*, teve uma história um tanto movimentada e passou por várias redações depois que alguns esquemas tinham sido incorporados em outros documentos; com efeito, o esquema seria indicado como "esquema XIII", depois de ter sido "esquema XVII" e seria escrito e reescrito por várias comissões antes de chegar à última redação. O resultado final foi um texto talvez não totalmente coerente com as expectativas dos bispos, como demonstra também o número relativamente alto de votos contrários.

Ao longo de sua composição foi lançada a acusação de ver o mundo com olhar por demais otimista e de pôr em destaque sobretudo os elementos positivos, evitando qualquer condenação. Não se deve esquecer que as premissas das disposições fundamentais da *Gaudium et Spes* também se encontram em duas encíclicas que tinham tido exatamente esse olhar sobre o mundo: a *Pacem in terris* (11 de abril de 1963), de João XXIII, e a *Ecclesiam suam* (6 de agosto de 1964), de Paulo VI. Precisamente a referência a Paulo VI ajuda a superar outra objeção ao texto, considerado muito marcado pela "viragem antropológica". Mas se trata de compreender claramente a que humanismo os padres conciliares se referiram, lembrando o que Paulo VI afirmou na homilia na conclusão do quarto período dos trabalhos conciliares, afirmando que no concílio o humanismo tinha assumido as categorias da cristologia, depois que Cristo tinha tomado sobre si a condição humana (EV 1, nn. 456*-458*).

Outra crítica dizia respeito ao cunho fortemente pastoral da constituição, que, no entanto, era exatamente o que desejava quem anunciou o concílio, João XXIII. Enfim, superava-se a acusação secular feita aos cristãos e ao cristianismo de ser o ópio dos povos, responsável pela recusa de qualquer forma de consciência revolucionária, uma vez que na *Gaudium et Spes* o cristão de *spectator* se torna *faber*, considerando Deus o senhor da história que confia ao homem a tarefa de ser seu construtor.

Desde o início, a constituição nos lembra que a Igreja se sente em comunhão com toda a família humana e se põe em atitude de serviço em relação ao mundo. E a apresentação de alguns dos valores fundamentais do cristianismo leva a falar dos que não creem, do ateísmo e de suas causas, entre as quais é lembrado também o modo morno como os próprios cristãos vivem os valores evangélicos. Essa análise permite falar de ordem social, fruto da colaboração de todos, introduzindo uma verdadeira teologia do trabalho, como prolongamento da obra criadora de Deus.

Uma parte essencial é também dedicada a analisar a contribuição que a Igreja pode oferecer ao crescimento da humanidade. Situam-se aqui os capítulos dedicados à família, à cultura, lembrando a necessária relação entre as ciências humanas e as ciências religiosas, na falta das quais podem surgir formas de fideísmo. É depois analisado o ordenamento social e político, lembrando com vigor que a pessoa vem antes do mercado. No âmbito político, lembram-se a necessidade e a possibilidade de um necessário pluralismo político e da paz, com referências à lembrada encíclica de João XXIII e também ao discurso de Paulo VI na ONU (4 de outubro de 1965). Ou seja, a Igreja não partilha de um sistema político determinado, mas "todos os cristãos [...] devem admitir a legítima multiplicidade e diversidade das opções temporais e respeitar os cidadãos que, também em grupo, defendem de maneira honesta seus pontos de vista" (EV 1, n. 1577).

O texto final foi aprovado na vigília da conclusão do concílio, 7 de dezembro de 1965, com 2.309 votos favoráveis e 75 contrários.

2. Além das quatro constituições fundamentais, o concílio produziu **nove decretos** de importância desigual. O texto menos significativo talvez seja o dedicado aos meios de comunicação social (***Inter mirifica***), discutido e aprovado quando ainda não tinham sido elaborados os outros textos; foi como um expediente para evitar a impressão de que os padres não conseguiam aprovar o recebido das diversas comissões. Certa pobreza do texto explica as razões pelas quais houve um número relativamente alto de votos contrários.

Numa primeira parte são apresentadas as razões pelas quais o concílio decidiu dar atenção ao assunto, apresentando depois uma série de normas para o uso dos meios de comunicação no respeito da ordem moral, sem lesar o direito de todos à informação. São lembrados os deveres dos que administram os meios de comunicação, os autores, e dos que são seus beneficiários, os receptores, mas também os deveres da autoridade pública, que deve vigiar para que esses meios sejam ordenados em vista do bem comum.

O capítulo segundo apresenta a doutrina da Igreja sobre os meios de comunicação, lembrando que podem se tornar instrumentos de comunicação da Palavra de Deus, se forem utilizados respeitando os critérios de verdade e de justiça. Depois da exortação à criação e difusão de uma imprensa "genuinamente católica", lembram-se a seguir as oportunidades oferecidas ao mundo católico, o qual, porém, deve prover à formação tanto de autores como de receptores; por isso, torna-se necessário um trabalho conjunto da autoridade religiosa central e dos bispos, que deverão também prover à instituição dos "serviços nacionais para a imprensa, o cinema, o rádio e a televisão" (EV 1, n. 279).

O texto foi aprovado em 4 de dezembro de 1963, com 1.960 votos favoráveis e 164 contrários.

Não foram poucos os bispos europeus que pensaram não ser o caso de preparar um decreto dedicado às Igrejas orientais católicas (**Orientalium ecclesiarum**), pois parecia quase dar a impressão de interferência na vida interna daquelas Igrejas, ou de considerá-las simples apêndice das Igrejas ocidentais. Mas foram os próprios patriarcas e bispos do Oriente que defenderam a oportunidade de um decreto deste tipo, o qual poderia confirmar e reconhecer a disciplina específica de tais Igrejas. Afirmou-se assim a igual dignidade entre as Igrejas do Oriente e as do Ocidente, e foram reconhecidos o patrimônio doutrinal e as antigas tradições das Igrejas do Oriente, ressaltando-se que a variedade dos ritos não constitui um obstáculo à unidade. E se recorda que as Igrejas orientais têm um patrimônio espiritual que não só deve ser conhecido, como sobretudo conservado e valorizado.

Entra-se a seguir no mérito de uma das discussões, que muitas vezes era reaberta, referente ao papel e à dignidade dos patriarcas orientais, para depois analisar a disciplina dos sacramentos e alguns aspectos e momentos do culto sagrado (a celebração da Páscoa, os dias festivos, o Ofício divino, a língua litúrgica). Enfim, dão-se indicações sobre os modos para promover a unidade com os irmãos das Igrejas separadas e da "comunicação nas coisas sagradas", lembrando-se que "às Igrejas orientais que estão em comunhão com a sede apostólica romana compete a tarefa especial de promover a unidade de todos os cristãos, especialmente orientais" (EV 1, n. 485).

O decreto foi aprovado em 21 de novembro de 1964, com 2.110 votos favoráveis e 39 contrários.

Com a **Unitatis redintegratio**, o decreto dedicado ao ecumenismo, estamos diante de um documento que oferece muitas novidades, graças sobretudo ao trabalho feito por dom Willebrands. No prólogo, é lembrado de modo positivo o trabalho feito pelo movimento ecumênico (que tinha se desenvolvido independentemente da Igreja católica) e se recorda que uma das tarefas do concílio era precisamente a de preparar os tempos nos quais se realizaria a unidade de todas as Igrejas cristãs. E é lembrado depois que "por movimento ecumênico se entendem as atividades e as iniciativas que, de acordo com as várias necessidades da Igreja e a oportunidade dos tempos, são suscitadas e ordenadas a promover a unidade dos cristãos" (EV 1, n. 509).

São apresentados a seguir os princípios católicos do ecumenismo, lembrando que alguns elementos fundamentais da Igreja católica podem estar presentes também fora de suas fronteiras e que a Igreja católica "abraça com respeito e amor fraterno" aqueles que "agora nascem e são instruídos na fé de Cristo" (n. 503), até porque "não podem ser acusados de pecado de separação" (n. 503); antes, não se pode esquecer que "os que creem em Cristo e receberam devidamente o batismo são constituídos numa certa comunhão, ainda que imperfeita, com a Igreja católica" (n. 503).

Depois os católicos são convidados a participar do caminho do ecumenismo, com a oração comum e colaborando com todos os cristãos nas várias atividades de caráter social. Isso, porém, implica uma reflexão contínua sobre a reforma da Igreja e sobre a conversão do coração de cada crente. A seguir, as várias divisões são então lembradas, tanto no que diz respeito às Igrejas orientais, como às Comunidades eclesiais separadas no Ocidente. Deseja-se, portanto, melhor conhecimento entre os membros das várias Igrejas, enquanto é apresentado um elemento de grande importância, ou seja, a necessidade de ter presente que existe uma ordem e uma hierarquia também nas verdades afirmadas pela Igreja católica.

O decreto foi aprovado em 21 de novembro de 1964, com 2.137 votos favoráveis e 11 contrários.

O decreto sobre o ofício pastoral dos bispos, intitulado ***Christus Dominus***, que assumia particular importância à luz dos debates suscitados pelo texto sobre a Igreja e a relação entre episcopado e papado, passou por diversas redações. Numa primeira parte é apresentado o papel dos bispos em relação à Igreja universal, um dos elementos que tinha tido grande atenção nos últimos anos e até durante o concílio, quando se tratava de lembrar os deveres dos bispos, de modo solidário, na evangelização do mundo; por isso, o decreto lembra a necessidade de maior participação no governo da Igreja universal, programando a necessidade de uma reforma da Cúria romana.

Menção especial vai para os bispos que sofrem perseguições ou até estão na prisão ou são impedidos de exercer seu ministério. Fala-se depois dos bispos em suas respectivas dioceses, onde reside a parte da Igreja universal confiada aos cuidados de um bispo, o qual tem o dever de ensinar, santificar e governar. Confirma-se a necessidade da liberdade na nomeação dos bispos por parte da autoridade eclesiástica em relação aos Estados.

Afirma-se depois a necessidade de repensar as dimensões das dioceses, de modo que seja possível melhor ação pastoral de cada pastor, em colaboração com os outros agentes pastorais, em particular os coadjutores e os auxiliares dos bispos diocesanos, a cúria e os conselhos diocesanos, o clero (abre-se aqui o complicado problema da nomeação e da transferência dos párocos), os religiosos e os leigos, chamados a colaborar na constituição de conselhos pastorais, recuperando também a antiga tradição dos sínodos provinciais e diocesanos.

O terceiro capítulo dedica atenção às conferências episcopais e às regiões eclesiásticas, esclarecendo quais são as respectivas competências e lembrando a necessidade da colaboração dos bispos no âmbito das diversas conferências episcopais, sobretudo as nacionais.

O decreto foi aprovado em 28 de outubro de 1965, com 2.319 votos favoráveis e 2 contrários.

São sobretudo três as afirmações e reflexões do decreto *Perfectae caritatis* que podem facilitar forte renovação da vida religiosa, uma renovação que não podia se dar "sem a colaboração de todos os membros do Instituto" (EV 1, n. 715), para evitar as prováveis resistências por parte daqueles que estavam mais ligados às antigas tradições das Ordens religiosas. A primeira diz respeito ao carisma de cada uma das congregações, que deve ser lido à luz das exigências da sociedade contemporânea, embora sem abandonar a inspiração originária dos fundadores. Vem depois o desejo de uma colaboração maior entre todas as congregações, sem excluir a eventualidade de uma supressão das congregações marcadas pela escassez das vocações ou da mudança das condições que tinham determinado seu nascimento. Em terceiro lugar, eram lembrados os diversos papéis desempenhados pelos institutos inteiramente dedicados à contemplação e dos dedicados ao apostolado.

Sugeria-se a seguir que se refletisse sobre o problema da isenção, junto com a comissão dos bispos e do governo das dioceses, dando algumas normas para um fenômeno muito novo, os chamados institutos seculares. E se fazia referência a um dos problemas que tinham levantado e estavam provocando discussões, o do hábito religioso: "Como sinal da consagração, o hábito religioso seja simples e modesto, pobre e ao mesmo tempo decoroso, bem como correspondente às exigências da saúde e adequado tanto aos tempos e aos lugares, como às necessidades do ministério" (n. 755). Era preciso, pois, prover à mudança dos hábitos que não correspondessem a tais normas. Auspiciava-se uma nova releitura dos votos religiosos, da castidade, da pobreza, da obediência, e se sugeria forte reflexão sobre a vida comum dos religiosos e das religiosas. Logicamente, tudo isso exigiria a renovação profunda também da formação dos membros das congregações, para prosseguir depois organizando a formação permanente.

O decreto foi aprovado em 28 de outubro de 1965, com 2.321 votos favoráveis e 4 contrários.

O decreto sobre a formação sacerdotal (*Optatam totius*) vale tanto para o clero secular como para os religiosos. Os padres se limitaram a sugerir algumas orientações gerais; deixa-se a cada conferência episcopal a tarefa de adaptar as orientações gerais aos tempos e lugares, convidando as próprias conferências a elaborar um "Regulamento de formação sacerdotal" a ser revisto periodicamente, submetendo-o depois à aprovação da Santa Sé.

Os bispos lembravam, então, que a formação do futuro ministro de Deus não era somente tarefa dos incumbidos dos trabalhos, mas de toda a comunidade cristã, com particular responsabilidade das famílias, das paróquias e das associações católicas. A seguir afirmavam a oportunidade de manter os seminários menores, mas também a faculdade de discernimento dos bispos de prover a outras formas para quem ainda jovem manifestasse a vontade de seguir o caminho do sacerdócio; lembrando, porém, a necessidade de conservar os seminários maiores como lugar privilegiado para a formação sacerdotal.

Tratava-se, porém, de formar pessoas equilibradas, tendentes à maturidade humana, capazes de adquirir o espírito de oração com exercícios específicos, mas sobretudo de viver segundo o Evangelho e bem enraizados nas virtudes teologais, aprendendo o espírito de obediência sem ir atrás de cargos e honras, embora sem prejuízo de uma educação para a liberdade, desenvolvendo o espírito de iniciativa e a capacidade de colaborar com os confrades e com os leigos.

A seguir davam-se algumas normas referentes aos estudos, acrescentando que o jovem devia ser formado de modo a saber olhar não somente para a própria diocese, mas para as necessidades da Igreja inteira. E fazendo referência a algumas experiências em andamento, lembrava-se que os bispos também podiam aceitar uma interrupção temporária dos estudos em vista de um conveniente tirocínio pastoral. Insistia-se, pois, na necessidade de não limitar a formação aos anos do seminário, mas de pensar numa verdadeira formação permanente para todos os padres.

A discussão sobre o texto se encerrou em 28 de outubro de 1965, com 2.318 votos favoráveis e 3 contrários.

O elemento central do decreto sobre o apostolado dos leigos (*Apostolicam actuositatem*) é o conceito de vocação, ou seja, todo batizado tem uma vocação, uma tarefa a ser desenvolvida na Igreja, e isto por força do batismo e não por um chamado especial por parte da hierarquia eclesiástica. Esta é responsável pela organização do apostolado, pode pedir ao leigo de se juntar a associações a fim de desempenhar melhor sua tarefa, mas o leigo não vive uma espécie de subordinação à hierarquia; sua missão deriva diretamente de Cristo, em virtude do batismo e da crisma e com o alimento da participação ativa na vida litúrgica.

O leigo tem como tarefa específica orientar a ordem temporal à realização do Reino de Deus, usando bens materiais como meios e não como fins. A missão não é tarefa dos que se dedicam aos trabalhos na Igreja, mas é a própria Igreja em seu conjunto que é missionária.

Em geral, para o leigo as realidades de referência são a paróquia e a diocese, mas também todos os âmbitos da comunidade cristã: a família, os jovens, o ambiente social em seu todo, que o leigo é chamado a animar cristãmente, antes de tudo vivendo com coerência a relação entre fé e vida. Tudo isto não exclui profunda abertura ao contexto nacional e internacional, em vista também da promoção da dignidade de todo ser humano. A tarefa dos leigos se torna, pois, de particular importância nas regiões em que a liberdade da Igreja e a obra dos sacerdotes são gravemente impedidas.

Entre as associações, o concílio parece indicar de modo privilegiado a Ação Católica, graças especialmente à sua longa experiência; mas não pretende excluir outras formas de associação nascidas em anos mais recentes. Os leigos permanecem verdadeiramente responsáveis por elas, embora com a aprovação da hierarquia. Sobre esse aspecto, Paulo VI expressou algumas preocupações, pedindo que o termo *ius* (direito dos leigos para criar novas agregações na Igreja) fosse substituído pelo termo *facultas*. No texto permaneceu o primeiro termo, com o acréscimo "salvo a devida ligação com a autoridade eclesiástica" (EV, n. 1003).

O decreto lembra também algumas das formas de participação a serem instituídas e valorizadas, como os conselhos pastorais diocesanos e paroquiais, ou também nacionais, nos quais possam colaborar o clero, os religiosos e os leigos em vista de um trabalho apostólico mais eficaz.

Pede-se depois à Santa Sé que institua um secretariado especial que esteja a serviço do apostolado dos leigos, no qual estejam representados os diversos movimentos eclesiais.

O decreto foi aprovado em 18 de novembro de 1965, com 2.340 votos favoráveis e 2 contrários.

Depois das afirmações sobre a Igreja como essencialmente missionária, tornava-se muito importante o texto dedicado de modo específico às missões, ou seja, o decreto **Ad gentes**; nele colaboraram diversos bispos do chamado "Terceiro Mundo", locais ou missionários. Era importante fundar uma verdadeira teologia da missão, que permitisse superar o papel desempenhado, por razões históricas facilmente compreensíveis, pela congregação de *Propaganda fide*.

Lembrava-se que uma autêntica teologia da missão está fundada essencialmente no desígnio de Deus Pai, na missão do Filho e na missão do Espírito Santo. São lembradas depois as razões da obra missionária da Igreja e apresentadas as diversas etapas da obra missionária, em vista da formação de uma autêntica Igreja local fundada no testemunho da caridade e no diálogo com as populações locais, no respeito de sua cultura e vida. Tudo isto em vista da formação de uma comunidade cristã, da qual se tornassem responsáveis — e era preciso formá-los — o clero autóctone e os catequistas. Isso logicamente necessitava de um pessoal missionário adequado ao objetivo, com as qualidades de espiritualidade específica e vocação.

Um capítulo era depois dedicado aos institutos que trabalham nas missões, acenando à sua organização e pondo em destaque a necessidade de coordenação entre os institutos que trabalham no mesmo território.

Todo o povo de Deus devia sentir o dever de ser missionário, em particular cada comunidade cristã, os padres, os institutos de perfeição e os leigos.

Todo o colégio episcopal era, pois, chamado a participar da grande obra missionária da Igreja, com a qual deviam colaborar não somente todos os membros da Igreja católica, mas também os das diversas Igrejas cristãs. O concílio confirmava a essa altura que "todos os bispos, enquanto membros do corpo episcopal que sucede ao colégio apostólico, foram consagrados não apenas para uma diocese, mas para a salvação de todo o mundo" (EV 1, n. 1220).

O texto foi aprovado em 7 de dezembro de 1965, com 2.394 votos favoráveis e 5 contrários.

Os padres se empenharam na redação de um decreto especial dedicado ao ministério e à vida sacerdotal (***Presbyterorum ordinis***), no qual lembravam que o padre diocesano não devia recorrer a espiritualidades tiradas de ordens monásticas ou religiosas. Afirmava-se, porém, que "os presbíteros atingirão a santidade a seu modo próprio, se no espírito de Cristo exercerem as próprias funções com empenho sincero e incansável" (EV 1, n. 1286). Ou seja, a atividade pastoral é o terreno de cultura da espiritualidade sacerdotal. Superava-se a concepção de que o padre era tal porque exercia uma série de funções que as congregações romanas tinham relacionado. Em vez disso, afirmava-se a unidade do presbitério em torno do bispo, sendo o presbitério em seu todo responsável solidariamente pela evangelização de um território. Precisamente em vista do anúncio evangélico, as tarefas de cada padre podiam também ser diversificadas. Essa afirmação negava um texto escrito em 1959, no qual se afirmava que a Santa Sé considerava o trabalho em fábricas ou empresas de construção totalmente incompatível com a vida e as obrigações sacerdotais (pareciam assim definitivamente concluídos os altos e baixos dos padres operários). Os padres conciliares diziam que, se fosse útil à ação pastoral de um determinado lugar e com o consentimento do próprio bispo ou superior religioso, os padres podiam também optar por "partilhar das condições de vida dos operários" (n. 1267).

Afirmava-se assim que não existia um único modo de exercer o ministério sacerdotal e que a mudança das condições de vida de um presbítero não punha em questão sua identidade sacerdotal. No texto estavam presentes duas concepções do papel do presbítero, diferentes mas não em contradição entre si: uma privilegiava o padre como o homem do sagrado e o deputado ao culto; a outra o sentia mais sensível aos problemas do anúncio e da evangelização do mundo. Uma parecia mais adequada a um regime de cristandade, a outra mais atenta a um contexto completamente mudado.

Superava-se também a concepção amadurecida na reflexão teológica pós-tridentina, a qual tinha de certo modo identificado o padre com o homem que preside a eucaristia, ou, talvez melhor, o homem do sacrifício eucarístico. Essa reflexão tornava rígida a posição do Concílio de Trento, que quisera reagir à concepção da Reforma, lembrando que o sacerdócio ministerial se distingue do sacerdócio dos fiéis. Somente o padre preside a eucaristia, tinham esclarecido os padres no Tridentino, e não como delegado da comunidade. Os padres do Vaticano II reafirmavam que o sacerdote é antes de tudo aquele que preside a eucaristia, mas superavam o dualismo entre o homem do culto e o homem da missão. Seria o debate pós-conciliar que acentuaria essa distinção.

O decreto seria aprovado em 7 de dezembro de 1965, com 2.390 votos favoráveis e 4 contrários.

3. A última série dos documentos conciliares é constituída por **três declarações**. A dedicada à educação cristã (*Gravissimum educationis*) não foi de fácil redação. O texto lembra que todos os homens têm "o direito inalienável a uma educação que responda ao próprio fim, convenha à própria índole, à cultura e às tradições de seus países, e ao mesmo tempo seja aberta à convivência fraterna com outros povos" (EV 1, n. 822). São sobretudo os jovens que "devem ser ajudados a desenvolver harmonicamente suas capacidades físicas, morais e intelectuais, a adquirir gradualmente um sentido mais maduro de responsabilidade na elevação ordenada e incessantemente ativa da própria vida e na procura da verdadeira liberdade, superando os obstáculos com coragem e perseverança" (n. 823).

Da educação cristã os padres conciliares destacam os métodos e acenam especialmente para o papel dos responsáveis dessa educação. Particular importância tem a escola, e os genitores "devem gozar de real liberdade na escolha da escola" (n. 832); a isso devem prover antes de tudo os poderes públicos, os quais devem "estar atentos a que as subvenções públicas sejam distribuídas de maneira que os genitores possam escolher as escolas para os próprios filhos com plena liberdade, segundo sua consciência" (n. 832). A seguir o texto analisa as diversas escolas católicas até as universidades; estas são chamadas a trabalhar a fim de que os estudantes "se tornem homens verdadeiramente insignes por saber, prontos a desempenhar tarefas de responsabilidade na sociedade e testemunhar sua fé diante do mundo" (n. 843). Os padres lembram que nas universidades católicas onde não exista uma faculdade teológica deve-se instituir uma cátedra de teologia "na qual haja aulas adequadas também para os estudantes leigos" (n. 844).

É ainda afirmada a importância fundamental da escola católica de todo tipo e grau, para depois dedicar a atenção à educação cristã, que deve se valer não só da escola, mas da família, da comunidade dos crentes e do Estado.

O texto foi aprovado em 28 de outubro de 1965, com 2.110 votos favoráveis e 39 contrários.

Duas afirmações fundamentais abrem a **Nostra Aetate**, a declaração sobre as relações da Igreja com as religiões não cristãs: todos os povos têm uma só origem e, portanto, constituem uma única grande comunidade; os homens esperam das várias religiões alguma resposta às grandes interrogações da condição humana. A Igreja católica, portanto, respeita as várias religiões que muitas vezes "refletem um raio da verdade que ilumina todos os homens" (EV 1, n. 857).

A seguir, há explícitas referências ao hinduísmo, ao budismo, ao islamismo e ao judaísmo. O primeiro estimula o homem a procurar a libertação das angústias da nossa condição "quer mediante formas de vida ascética, quer na meditação profunda, quer no refúgio em Deus com amor e confiança" (n. 856). O budismo reconhece a total insuficiência das realidades humanas e oferece vias de libertação e de iluminação, tanto por meio de esforços pessoais quanto com a ajuda vinda do alto. Também as outras religiões procuram superar a inquietude do coração humano, propondo preceitos de vida e ritos sagrados. Se, como foi lembrado, a Igreja católica respeita todas as religiões, é também verdade que é obrigada a anunciar incessantemente Cristo, que é via, verdade e vida.

A própria Igreja vê com estima a religião muçulmana, que estimula os seres humanos a adorar um só Deus, reconhece em Jesus um profeta e tem em grande consideração sua mãe, Maria. Trata-se agora de procurar juntos a justiça social e os valores morais de paz e liberdade, esquecendo um passado de lutas e procurando sinceramente uma compreensão mútua.

A Revelação compreendida no Antigo Testamento representa um elemento precioso para os católicos, que dele se nutrem. À religião judaica, não podemos esquecer, pertencem os apóstolos, Maria e o próprio Jesus Cristo; e muitos dos que no primeiro período da história da Igreja anunciaram ao mundo o Evangelho. O concílio, pois, auspicia que cristãos e judeus aprofundem os estudos daquele patrimônio comum representado pela Palavra de Deus. Enfim, é evidenciado que não se pode imputar a todo o povo judeu de ontem e de hoje a condenação de Jesus em particular, a Igreja "deplora o ódio, as perseguições e todas as manifestações do antissemitismo dirigidas contra os judeus em todos os tempos e por quem quer que seja" (n. 867).

A declaração foi aprovada em 28 de outubro de 1965, com 2.221 votos favoráveis e 88 contrários.

A declaração **Dignitatis Humanae** aborda a liberdade religiosa. Com base nos tradicionais pronunciamentos da hierarquia eclesiástica sobre esse tema, não é de espantar se a discussão a propósito tenha sido candente: foram algumas intervenções de Paulo VI que levaram a um resultado positivo, embora com prejuízo de algumas expressões que se encontravam nos vários textos preparatórios e que foram retiradas precisamente para não criar excessiva oposição por parte da minoria conciliar. Os padres afirmavam, portanto, que toda pessoa tem direito à liberdade religiosa e que "todos os homens devem estar imunes à coerção por parte de indivíduos, de grupos sociais e de qualquer poder humano que seja" (EV 1, n. 1045).

As discussões e as consequentes divisões tinham sido sobretudo entre os que pensavam que o direito à liberdade religiosa se fundamentasse no direito natural e os que gostariam de fazê-lo emergir de elementos tirados da Bíblia. Prevaleceu, então, a ideia de não elaborar uma verdadeira teologia da liberdade religiosa, mas apelar para elementos de caráter jurídico-racional. Por isso, foram expostos quais são o objeto (a garantia absoluta da não constrição em matéria religiosa) e o fundamento (a dignidade da pessoa humana) da liberdade religiosa, mas também seus limites, ou seja, a procura sincera da verdade, em especial a religiosa, e a plena disponibilidade para dispor da própria vida segundo as exigências da verdade encontrada. Observa-se que a liberdade religiosa tem as suas raízes na Revelação, e especificamente na liberdade do ato de fé; e isso tem a própria origem no agir de Cristo, que jamais exerceu alguma coerção em relação a seus discípulos. "A Igreja, portanto, fiel à liberdade evangélica, segue o caminho de Cristo e dos apóstolos, quando reconhece a forma de liberdade religiosa como correspondente à dignidade do ser humano e à revelação de Deus e a favorece" (n. 1073); e isso no reconhecimento sincero e leal de que na vida do povo de Deus, houve de quando em quando um comportamento menos conforme ao espírito evangélico e até contrário.

É lembrado a seguir o dever dos Estados de proteger a liberdade religiosa, acenando à relação orgânica que existe entre esse direito e a liberdade cristã, de que falam as Escrituras. Uma relação orgânica que, porém, é claramente lembrada, mas não aprofundada.

A declaração foi aprovada em 7 de dezembro de 1965, com 2.308 votos favoráveis e 70 contrários.

4. Os vários documentos foram o resultado de um **caminho nem sempre linear**, até porque em alguns casos se tratava de enunciar doutrinas que dependiam do **desenvolvimento da mais recente reflexão teológica**, sobre a qual muitos bispos tinham muito pouco conhecimento. Muitos deles tinham completado seus estudos nas universidades pontifícias romanas vários anos antes, muitas vezes com professores que, por sua vez, eram expressão de doutrinas um tanto superadas. Pensemos, por exemplo, no **debate** que levou à redação do texto dedicado à Palavra de Deus, a *Dei Verbum*, certamente um dos textos mais significativos, e também inovadores, elaborados pelo concílio. O próprio título já era a indicação de uma doutrina.

Até para se oporem à *sola Scriptura* do mundo luterano, os padres do Concílio de Trento tinham afirmado venerar com igual piedade e reverência a Escritura e a Tradição (vol. III, cap. 4, item 15.2). A reflexão teológica seguinte perguntava se era concebível que alguns elementos fundamentais da Revelação estivessem ocultos na Palavra escrita, para serem depois explicitados somente pela Tradição, na qual um amplo espaço era dado ao Magistério da Igreja, configurando **a teoria das "duas fontes"**. Porém, a mais recente pesquisa histórica tinha levado a identificar **a unicidade da fonte da Revelação**, graças à *Traditio* apostólica: trata-se de um dinamismo rico, mediante o qual a Palavra de Deus, que é o que permite o encontro de Deus com os homens, se transmite de geração em geração; tendo como fundamento a plena manifestação de Deus na pessoa e nas obras de Jesus Cristo, esse dinamismo é continuamente vivificado na história pelo Espírito Santo, mediante o envolvimento de diversos sujeitos (inclusive o Magistério e o povo de Deus) e múltiplas modalidades de expressão.

Aliás, esse enfoque permite valorizar a pregação dos apóstolos, ou seja, a tradição oral, posta por escrito somente depois com a produção dos textos do Novo Testamento, em primeiro lugar entre todos os quatro Evangelhos; além disso, a passagem da tradição oral aos escritos neotestamentários dá destaque à fase redacional, aos ambientes nos quais ela tinha ocorrido, aos que a tinham praticado, aos gêneros literários utilizados (a encíclica de Pio XII *Divino afflante Spiritu* de 1943 tinha encorajado os estudos dedicados a todos estes aspectos: cap. 7, item 50.2). Este enfoque, que a grande maioria dos exegetas tinha progressivamente acolhido também no âmbito católico, não era, porém, familiar aos padres conciliares ainda ligados à perspectiva pós-tridentina das duas fontes da Revelação, de modo que para alguns bispos o abandono dessa perspectiva suscitava a impressão de uma discutível vontade de questionar o Concílio de Trento.

A mesma coisa vale para **outras temáticas**: para alguns bispos, tratava-se de problemas abertos e muitas vezes discutidos em suas comunidades; para outros, porém, eram novidades quase absolutas, destinadas a causar espanto e até rejeição. Pense-se, por exemplo, na colegialidade episcopal, no ecumenismo e na liberdade religiosa. O problema ecumênico, ou seja, o possível diálogo entre as Igrejas cristãs, desejado a tal ponto por João XXIII, que na vigília do concílio constituiu um Secretariado especial para a unidade dos cristãos dirigido pelo cardeal Bea, representava para muitos uma novidade: não estavam habituados a falar de diálogo e o termo costumeiramente usado era "unionismo". O termo queria dizer que o problema da unidade dos cristãos seria resolvido com o retorno à Igreja católica por parte dos que dela tinham se afastado. A encíclica *Mortalium animos* publicada por Pio XI em 1928, que apresentava essa doutrina, permanecera para muitos um ponto de referência significativo. A mesma coisa se diga da liberdade religiosa, uma vez que a eventual afirmação dessa doutrina significava para muitos padres cair no relativismo, ou seja, afirmar que todas as religiões podem oferecer uma via para a salvação, anulando assim o velho ditado "*extra Ecclesiam nulla salus*"; ademais significava afirmar que o erro e a verdade, esta última identificada com a doutrina católica, tinham os mesmos direitos.

Algumas diferenças, para não dizer divergências, derivavam da diferente organização das **conferências episcopais nacionais**: em alguns países elas já eram portadoras de uma boa tradição; em outros, como a Itália, eram de fato inexistentes ou estavam nascendo precisamente graças ao concílio. Isto permitiu que durante o concílio alguns episcopados fizessem intervenções que eram expressão de muitos bispos; em outros casos, os bispos falavam ou em nome próprio ou em nome de poucos confrades. O caso italiano permaneceu emblemático, pois alguns bispos tiveram efetivamente um papel importante no

Vaticano II, com intervenções até significativas, muitas vezes na mesma linha, embora conservadoras; nesse sentido, basta pensar nos cardeais Siri e Ruffini, respectivamente arcebispos de Gênova e de Palermo, ou em dom Carli, bispo de Segni e autor de intervenções muitas vezes fortemente críticas em relação à maioria conciliar. Outros bispos italianos, porém, expressavam opiniões diferentes e alguns deles declarariam explicitamente que o concílio tinha contribuído para sua verdadeira "conversão".

Todavia, depois de um período inicial que poderíamos definir como período de ajustes, marcado também por polêmicas e rejeições dos textos elaborados pelas diversas comissões, os bispos encontraram **um terreno de entendimento**, deram-se conta de que não era apropriado acusar uma parte da assembleia de heresia, pois todos estavam preocupados em anunciar a Palavra eterna de Deus numa linguagem adequada ao próprio tempo. Ia se verificando um fato inesperado até mesmo pelos bispos, que muitas vezes saíam incomodados mas também transformados por aqueles debates. Descobriam a catolicidade da Igreja, abriam seus horizontes, conheciam diretamente situações nas quais nunca tinham pensado, confrontavam-se com diferentes modos de viver a mesma fé por parte de outros bispos e comunidades cristãs. Descobriam a humanidade da Igreja junto com sua constante e profunda referência ao Espírito e à comunidade dos crentes como lugar em que se ouve a Palavra de Deus, a qual é discutida e lida quanto possível à luz das diversas culturas, das diversas mentalidades, e se aceita o fato de que a fidelidade da doutrina exige a evolução do anúncio.

Portanto, para a grande parte dos bispos o concílio foi um **grande evento de libertação**; e perceberam melhor o que João XXIII pretendia quando dizia que o concílio queria antes de tudo ser um evento pastoral, pois não se limitava a confirmar doutrinas já consolidadas, mas se questionava como transmiti-las, como fazê-las penetrar em todas as culturas, recuperando um dos aspectos essenciais da missão da Igreja, o do anúncio. Tratava-se de um concílio que via o mundo para entendê-lo, não para condená-lo; com um olhar otimista, cheio de simpatia, como de quem olha a história não com a impressão de se encontrar diante de uma lista de aberrações, mas na presença do lugar em que se realiza e age a Palavra de Deus, até que ela seja cada vez mais compreendida pelos cristãos e, desse modo, possa melhor libertar, graças à disponibilidade dos cristãos, a própria força salvífica em relação a todas as pessoas em todos os contextos humanos.

55. A aceitação institucional, litúrgica, bíblica-teológica

1. Em 18 de novembro de 1965, Paulo VI anunciava, entre outras, algumas novidades destinadas a ter importantes consequências pós-conciliares: a vontade de reformar a Cúria romana, e sobretudo o Santo Ofício, a necessidade de continuar o diálogo ecumênico e a convocação em 1967 do sínodo dos bispos.

Contudo, o papa não tinha esperado o fim do concílio para iniciar sua aplicação. Com o objetivo de **aplicar a reforma litúrgica**, em janeiro de 1964 era criado um *consilium ad exsequendam constitutionem de sacra liturgia*, encarregado da revisão dos diversos textos litúrgicos, e também do cumprimento das normas de imediata aplicação, como o uso das línguas nacionais na liturgia e a possibilidade da participação dos fiéis. Observemos que do *consilium* foram excluídos alguns membros influentes da congregação dos ritos e foram chamados a dirigi-lo dois dos maiores defensores da reforma, o cardeal Lercaro e Annibale Bugnini, o qual desempenhou o decisivo papel de secretário do *consilium*. Logo depois foi criada uma comissão para os meios de comunicação social, para elaborar um documento que podia ser considerado um cumprimento do documento conciliar, que a muitos parecera bastante fraco. No mesmo ano de 1964 era criado o secretariado para os não cristãos e o secretariado para os não crentes.

A menos de um mês do encerramento do Vaticano II, em 3 de janeiro de 1966 o papa instituía cinco comissões pós-conciliares encarregadas de preparar os decretos de regulamentação dos textos conciliares referentes aos bispos, aos religiosos, às missões, à educação cristã e ao apostolado dos leigos, enquanto o Secretariado para a unidade dos cristãos se tornava um órgão da Cúria romana. Em 6 de agosto de 1966 era então publicada a carta apostólica *Ecclesiae sanctae*, que continha uma série de normas capazes de permitir melhor aplicação das reformas contidas em alguns dos textos conciliares.

Porém, a obra maior seria a própria **reforma da Cúria**, cujos regulamentos remontavam a 1908, quando Pio X (1835-1914) tinha promulgado a constituição apostólica *Sapienti consilio* (cap. 5, item 32.1). Em 15 de agosto de 1967, mediante a constituição apostólica *Regimini ecclesiae universae*, Paulo VI apresentava algumas escolhas de qualidade, ou seja, a internacionalização dos dicastérios romanos e a nomeação nas congregações de bispos residenciais, como prova da linha conciliar que lembrava que todos os bispos tinham a responsabilidade do anúncio do Evangelho a todo o mundo. Previa-se também a temporaneidade dos cargos (as nomeações eram por um quinquênio, eventualmente renováveis) e a possibilidade de recorrer em cada caso às opiniões de membros externos, padres ou leigos. Depois os bispos residenciais eram convidados a apresentar as demissões ao completarem setenta e cinco anos de idade. Em 1970 haveria também a deliberação de uma inovação para o colégio cardinalício: atingida a idade de 80 anos, os cardeais perdiam o direito de participar do conclave, ou seja, de serem eleitores do papa.

Ainda graças à *Regimini ecclesiae universae*, a Secretaria de Estado adquiria um papel central no governo da Igreja, ou seja, a ela se submetia também o conselho para os negócios públicos da Igreja. Confirmavam-se os novos secretários, enquanto nos anos seguintes seriam instituídos um conselho dos leigos e a pontifícia comissão de estudos *iustitia et pax*. Ao tribunal da Assinatura apostólica (o análogo da Justiça nas organizações italianas) era confiada a tarefa de dirimir os conflitos de competência entre as várias congregações, enquanto era instituída a prefeitura para os assuntos econômicos, bem como um ofício geral de estatística. Entre as várias disposições curiais, já houvera a reforma do Santo Ofício, comunicada com o *motu proprio Integrae servandae*, de 7 de dezembro de 1965: a instituição assumia o nome de Congregação para a Doutrina da Fé. Outras instituições nasceriam nos anos seguintes, até a nova e mais geral reforma curial, a qual seria decidida por João Paulo II com a constituição *Pastor bonus*, de 28 de junho de 1988.

Com o concílio já terminando, em 14 de setembro de 1965 Paulo VI instituía, com o *motu proprio* intitulado *Apostolica sollicitudo*, o sínodo dos bispos, um organismo que deveria colaborar com o papa no governo da Igreja universal. Depois seriam especificadas as modalidades para sua convocação e suas prerrogativas: era totalmente evidente, porém, que se tratava de um organismo consultivo e não deliberativo; porém, realizava a comunhão entre as Igrejas, que fora um dos elementos mais significativos do concílio. Os encontros dos bispos podiam ser em forma de assembleia geral, com a presença de membros eleitos pelas diversas conferências episcopais ou pelo pontífice, ou também de caráter local. Em 1971 seriam indicados de modo detalhado os procedimentos para sua convocação e seu desenvolvimento.

Uma forma de implementação da colegialidade episcopal já havia sido experimentada com o nascimento, ou a nova regulamentação para os países nos quais já existiam, das **conferências episcopais nacionais**. De um organismo de certo modo voluntário, tornavam-se verdadeira instituição de Igreja, expressão da nova eclesiologia definida pelo Vaticano II. Já no concílio, e mais ainda a seguir, este organismo levantaria diversas objeções: de um lado, os que viam nas conferências episcopais — quando tivessem exercido um poder excessivo — a limitação dos poderes de cada bispo; e de outro, os que lembravam o risco de criar uma possível alternativa à autoridade do pontífice. Os poderes das conferências episcopais e dos vários órgãos de direção seriam, todavia, esclarecidos pelo Código de Direito Canônico seguinte, promulgado em 25 de janeiro de 1983. Entrementes, Paulo VI solicitaria às conferências episcopais que assumissem algumas responsabilidades. Era o caso, por exemplo, da suspensão, ocorrida em 1954 e confirmada em 1959 por decisão romana, da presença dos padres operários nas fábricas. Em 1965 esta experiência foi relançada, e o papa confiava à conferência episcopal francesa o poder de decisão.

Sempre em vista de maior coparticipação na vida da Igreja, eram instituídos nas dioceses e nas paróquias alguns **organismos representativos**, com diversos poderes: o conselho presbiteral diocesano, como estrutura obrigatória, embora com objetivos e poderes definidos por cada bispo, e o conselho pastoral, para melhor participação na vida da Igreja local por parte dos fiéis leigos. Ao lado do bispo, e com poderes superiores aos do conselho presbiteral, constituía-se depois o colégio dos consultores, muitas vezes chamado a substituir o papel que antes era desempenhado pelos cônegos do capítulo da catedral. Tratava-se de uma estrutura ágil, menos numerosa do que o conselho presbiteral e não vinculada a ele, que o bispo podia reunir com maior frequência do que o próprio conselho presbiteral.

Analogamente, o bispo podia pedir aos párocos que instituíssem nas próprias paróquias um conselho pastoral paroquial e um conselho para os assuntos econômicos.

2. Junto com as várias estruturas externas, era preciso pensar na renovação interior das consciências, e um elemento fundamental podia ser **a reforma litúrgica** decidida e organizada pelo concílio e que estava destinada a ter o maior e mais visível impacto na vida dos fiéis. Pensemos somente na passagem do latim para as línguas nacionais, antes para uma parte e depois para todo o rito da missa, o que ocorreu na Itália no primeiro domingo da Quaresma de 1965. Seria decerto um erro pensar que se tratasse de uma novidade absoluta. Havia decênios, o movimento litúrgico, especialmente em alguns países europeus, como Alemanha, Holanda e França, tinha preparado o terreno para a maior participação dos fiéis na liturgia; e já em 1955-1956 acontecera a renovação dos ritos da Semana Santa e depois, em 1958, do rito da missa (cap. 7, item 50.1).

Em muitos países a participação dos fiéis na ação litúrgica era muito escassa. Os fiéis eram convidados a ocupar o tempo da celebração da missa com devoções privadas de todo tipo, enquanto no altar o celebrante cumpria por conta própria os ritos; mais ainda, nos seminários o ensino neste âmbito tinha como objetivo principal a aprendizagem dos diversos ritos e de suas modalidades, com forte preocupação de sabor rubricístico. Somente nos anos imediatamente anteriores ao concílio é que em alguns seminários, como o milanês de Venegono, se passaria do ensino das "sagradas cerimônias" ao ensino da "liturgia", ou melhor, ao sentido teológico da liturgia, como afirmava no título um conhecido livro editado em 1957 por Cipriano Vagaggini (1909-1999). Havia um pequeno grupo de estudiosos totalmente preparados para a mudança, ao passo que um número muito alto de bispos, padres e fiéis, principalmente ocidentais, estavam fortemente ligados à liturgia tradicional.

Durante os trabalhos conciliares já houvera forte convergência sobre os temas da reforma; tratava-se agora de aplicá-la concretamente nas várias Igrejas, começando também o trabalho indispensável da preparação dos novos textos litúrgicos. Isso permitiria à Igreja italiana, como já lembramos, começar a celebrar parte da missa em italiano em 7 de março de 1965. Os tempos de preparação dos textos litúrgicos foram relativamente breves, inclusive pelas numerosas intervenções de Paulo VI, que convidava a aplicar a reforma, e pela decisão da Congregação dos ritos, sob a direção de Bugnini, de confiar aos episcopados locais as edições dos novos livros litúrgicos. Assim, a partir de 1970 estariam prontas as edições nas línguas nacionais dos vários lecionários e dos vários ritos e logo se chegou ao uso das línguas nacionais também no cânon da missa, para o qual inicialmente se conservara a língua latina.

A publicação dos textos litúrgicos nas línguas locais confirmou e consolidou uma das maiores modificações para as quais o concílio tinha contribuído de modo significativo: a Bíblia era colocada nas mãos do povo de Deus, superando a prática de utilizá-la sobretudo como suporte para as teses teológicas. Na Igreja católica, a leitura e a interpretação da Bíblia tinham provocado fortes divergências durante a época moderna e isso tinha se refletido nos debates conciliares por ocasião da preparação da *Dei Verbum*. Além disso, convém lembrar que pouco antes do concílio tinha havido fortes polêmicas entre os exegetas da universidade lateranense e os do Instituto Bíblico, sem solução, apesar da intervenção do Santo Ofício (item 52.3).

O concílio contribuiu em parte para acalmar os ânimos e sobretudo teria dado forte impulso à **redescoberta da Bíblia**. Tratava-se de prover a novas traduções, preparando textos cuja linguagem fosse mais compreensível aos fiéis, sem trair o original. Revigoravam-se as diversas escolas bíblicas, em particular uma das mais conhecidas, a de Jerusalém (cap. 5, item 31.1), ao passo que o estudo da Bíblia e sua interpretação viam grandes progressos sobretudo por parte de exegetas de língua alemã, inglesa e francesa. Ganhava espaço também outra exigência, ou seja, a de não se limitar ao estudo científico, mas contribuir para o uso da Bíblia em perspectiva pastoral. O mesmo problema surgiria quando, em diversos contextos, se começou a falar de modo explícito de problemáticas sociais que exigiam forte compromisso também por parte dos católicos: a Bíblia se tornava o centro da reflexão, com o risco, porém, de instrumentalizá-la.

Tudo isso não aconteceu pacificamente, mas foi preciso superar **muitas oposições**, em especial relacionadas à reforma litúrgica, que muitas vezes vinham da Cúria romana. Por exemplo, depois da publicação do novo *Rito da missa*, ocorrida em 3 de abril de 1969, em 5 de junho era publicado um texto intitulado *Breve exame crítico do Novus Ordo Missae*, no qual, ao se analisar o novo rito da missa, se salientava os muitos riscos e, na prática, os erros e as quase heresias presentes no novo rito; este libelo teve ampla ressonância, até porque feito próprio e recomendado por dois cardeais, Antônio Bacci (1885-1971) e Alfredo Ottaviani. O abandono do latim e as novas disposições no âmbito litúrgico se tornariam uma das razões do lento mas inexorável afastamento da Igreja católica por parte de um bispo, dom Lefebvre, e do movimento que se reportava a este mesmo bispo, conhecido pelo nome de "Fraternidade São Pio X". Forte oposição à reforma veio também de outro movimento nascido em 1965 com o nome de "Uma Voz". Por outro lado, certa interpretação da reforma litúrgica, sobretudo por parte de grupos jovens e das comunidades de base, acabava por fazer o jogo dos opositores, que viam em certos abusos os inevitáveis desvios da própria reforma litúrgica.

Em pouco tempo, porém, amadureceram **os frutos** da reforma, que levara também à revisão do breviário, para que se tornasse realmente a expressão da oração pública da Igreja, bem como dos ritos sacramentais. Em 1972 era publicado o *Rito da iniciação cristã dos adultos*, seguido depois por vários textos relativos a cada sacramento. A Palavra de Deus volta a ser o centro da ação litúrgica, e a liturgia renovada permitia perceber na celebração litúrgica um modo cada vez mais autêntico de ser Igreja, criando um círculo virtuoso entre liturgia e eclesiologia. Tudo isto contribuía para fazer cair a divisão entre momento teológico e momento litúrgico, o qual de modo geral se reduzia antes a mero elenco de cerimônias e devoções. A ênfase colocada na Palavra de Deus teria também favorecido o diálogo com as outras Igrejas cristãs, considerado particularmente difícil nos anos anteriores ao concílio. Entre os teólogos abria-se o discurso da relação entre a reflexão puramente abstrata e a relacionada com a própria experiência do crente, evidenciando a necessidade de encarnar a Palavra de Deus na realidade cotidiana. Isto levaria depois a uma reflexão sobre a religiosidade popular, que não era somente uma forma de superstição, mas com frequência um dos modos como o fiel exprimia a própria fé.

3. Entretanto, torna-se evidente a possível dicotomia, que o concílio quis decididamente superar, entre uma eclesiologia jurídica e outra de comunhão. Falar-se-ia de modo diferente a respeito das relações entre Igreja e mundo, sociedade civil e sociedade religiosa, bem como da contribuição que a Igreja pode dar à sociedade na qual é chamada a viver. Crescia a atenção às ciências humanas, enquanto a indiferença religiosa levava os teólogos a refletir sobre as teses weberianas, ou seja, apoiadas no sociólogo Max Weber (1864-1920), teses do "desencanto", ou também de "eclipse do sagrado na civilização industrial", como se expressava Sabino Acquaviva (1927-2015) num ensaio que teve certo sucesso (publicado em 1961, na vigília do concílio), dando origem também a **correntes teológicas** antes impensáveis: a teologia da secularização, a teologia política, a teologia feminista e, sobretudo, a teologia da libertação.

Esta nascia na **América Latina** no início dos anos 1970 por mérito de Gustavo Gutierrez (1928-) e acabaria por provocar debates e polêmicas de vários gêneros, mas estimulantes para a teologia. Verificava-se assim certa transição da prioridade do narrado para a do vivido. Havia o risco de transformar a teologia em autobiografia, mas se superava também a prática de tornar a teologia pura ciência das essências. Isso implicava que do singular, *a teologia*, se passasse ao plural, *as teologias*; sem com isso pôr em questão as verdades reveladas e as afirmações dogmáticas. Como consequência, era lentamente modificado o curso da apologética, fortemente endereçado à defesa contra os "adversários", para dar lugar aos cursos de teologia fundamental; e isso dava mais espaço à relação profunda que deve haver entre fé e história, bem como ao papel de mediador, operador de sínteses, que o teólogo deve desempenhar, redescobrindo, e também ajudando a redescobrir a experiência de fé como lugar teológico. Junto com os grandes protagonistas da teologia europeia, os quais serão em breve lembrados, seriam sobretudo os teólogos do que é definido como "Terceiro Mundo" que iriam provocar uma mudança de método também na teologia e pôr em primeiro plano a história como lugar teológico fundamental. A interpretação da Bíblia torna-se fecunda e parece totalmente lógica devido à contínua mudança da realidade presente, individual e social. A nova realidade obriga a reinterpretar a Palavra de Deus, e esta, por sua vez, leva a submeter ao crivo da crítica a situação em que se vive, numa espécie de circularidade contínua.

Refletindo sobre os debates do concílio, não seria de espantar que um dos âmbitos de maior reflexão teológica na **Europa** fosse o eclesiológico. A estas problemáticas estavam dedicados diversos ensaios por parte de quem havia anos refletia sobre esses temas, como o dominicano Yves Congar, ou o jovem teólogo e futuro papa Joseph Ratzinger (1927-2022), enquanto insistia sobre a dimensão histórica da teologia outro dominicano, nem sempre benquisto em Roma, Marie-Dominique Chenu. Reapareciam em outro contexto as reflexões que tinham dado lugar à *nouvelle théologie* (cap. 7, item 50.2), com as publicações de Henri de Lubac e Jean Daniélou. Enquanto o teólogo suíço Hans Küng (1928-2021), também ele destinado a provocar discussões, reabria o diálogo ecumênico com sua tese de doutorado dedicada ao problema da justificação, pondo em confronto a doutrina tridentina com a de Karl Barth, Johannes Baptist Metz (1928-2019), iniciava sua reflexão sobre a teologia política e o teólogo belga Edward Schillebeeckx (1914-2009) abria novas frentes para a reflexão teológica. Retornava também a reflexão sobre um dos temas que tinham estado no centro dos debates no início do século, ou seja, a relação entre Escritura e Tradição, e igual atenção era posta sobre o problema da evolução do dogma, tema conexo com a redescoberta da dimensão histórica da teologia.

Aliás era sabido que uma das razões do desentendimento entre Pio XII (1876-1958) e Alcides De Gasperi nos anos em que este era presidente do conselho italiano era o possível renascimento na Itália de um Estado católico, fortemente apoiado pelo pontífice (cap. 7, item 48.2). Era um dos temas ligados à permanência do que se definia como a era constantiniana. Fora Chenu quem pusera em discussão sua permanência, falando precisamente do fim da era constantiniana num ensaio de 1961. Isso daria início a um debate sobre a secularização, um problema que tinha envolvido teólogos católicos, como Karl Rahner (1904-1983), mas também teólogos do mundo reformado: em 1965 publicava-se um livro do estudioso Harvey Cox (1929-), dedicado precisamente à *Cidade secular*.

Em posições diferentes alinhavam-se a respeito disso outros dois conhecidos teólogos, Jean Daniélou e Hans Urs von Balthasar (1905-1988). Esse teria entrado em choque com Rahner sobre uma orientação teológica, a chamada "viragem antropológica", que o próprio Rahner tinha proposto para superar a teologia neotomista, ainda muito difundida, surgida depois da encíclica *Aeterni Patris* (1879) de Leão XIII (cap. 4, item 27.1). Balthasar censurava Rahner por ter reduzido a teologia à antropologia e, portanto, ter transformado a teologia num humanismo cristão. Aliás, depois do concílio nascera uma revista teológica que pretendia difundir as novidades conciliares, como já indicava o título, "Concilium", que contava com um número muito alto de teólogos. Em 1972, porém, por divergências sobretudo ideológicas alguns deles se separaram do grupo fundador e fundaram uma nova revista, a "Communio". O maior responsável era von Balthasar, mas o novo grupo compreendia também Joseph Ratzinger e Henri de Lubac.

Discípulo de Rahner, Metz teria deslocado a atenção da teologia para as problemáticas sociais, a fim de evitar a redução da teologia, e portanto também da fé, a assunto privado e sem influência sobre a sociedade civil. Dessa viragem teriam se tornado protagonistas em especial alguns teólogos da América do Sul, como teremos ocasião de ver (item 59.2). A teologia política, como foi denominada a reflexão de Metz, tivera precedentes na teologia das realidades terrenas e na teologia do trabalho inaugurada por Chenu, enquanto no início dos anos 1970 teria dado os primeiros passos também a teologia feminista, expressão dos novos papéis que a mulher estava assumindo, ou esperava assumir, dentro da Igreja.

A reflexão eclesiológica teria dado também origem a orientações destinadas a provocar algumas **preocupações na autoridade religiosa**. Em março de 1967, com a encíclica *Populorum progressio* Paulo VI parecia esposar uma visão otimista do desenvolvimento mundial, convidando os católicos a se envolverem em questões sociais e políticas para colaborar para a diminuição da dualidade Norte-Sul do mundo, seguido nisso por alguns episcopados nacionais. Estes entusiasmos deviam logo dar lugar a algumas desilusões, uma vez que se delineavam reflexões eclesiológicas que assumiam muitas das formas democráticas que iam se difundindo e que a Igreja não podia aceitar. Entravam em crise muitas associações católicas e nasciam diferentes formas de teologias políticas.

O papa, que em 1967 já havia levantado algumas polêmicas ao publicar a encíclica *Sacerdotalis coelibatus*, com a qual reafirmava a doutrina tradicional da relação indivisível entre sacerdócio e celibato (observemos que o sínodo dos bispos de 1971 confirmaria essa doutrina), provocava polêmicas ainda maiores na Igreja com a encíclica *Humanae Vitae* (1968), que, entre outras coisas, condenava os métodos de controle da natalidade não baseados na lei natural; e diante da elaboração de teologias políticas, em 1971 lembrava com a carta apostólica *Octogesima adveniens* que o papel do cristão não era o de fundar novas ideologias para substituir as que estavam em crise, mas o de se tornar a consciência crítica de qualquer ideologia, sabendo que nenhuma delas exprime completamente o anúncio evangélico e que a própria fé religiosa pode levar a escolhas políticas diferentes.

Tratava-se de temáticas complexas e que podiam provocar reações diferentes em relação aos lugares específicos em que eram apresentadas; isto explica as razões pelas quais diversos episcopados publicaram documentos para esclarecer os termos do debate: em 1973 intervieram os bispos franceses com o documento *Para uma prática cristã da política*; em 1974, os portugueses com o documento *A contribuição dos cristãos à vida política e social*; em 1976, os bispos dos Estados Unidos com o documento *O papel dos cristãos nas eleições*.

56. A renovação conciliar no clero, nos religiosos, nos leigos

1. Acompanhada pelo forte vento da contestação (conhecida também como "sessenta e oito": item 61.1), a renovação da teologia parecia questionar as orientações e estruturas seculares da Igreja; logo foram envolvidos também os seminários e o sacerdócio, não somente sob o ponto de vista numérico, mas também sob o ponto de vista da reflexão sobre a identidade sacerdotal. Mediante produção teológica e sociológica de valor desigual, essa crise determinaria uma reflexão que se desenvolveria especialmente na França e na Alemanha, mas que teria reflexos profundos também na Itália, enquanto em Roma se procurava remediá-la com uma série de intervenções referentes à formação do clero e dos religiosos.

Dois anos antes que se levantasse o vento da contestação, o secretário de Estado, Amleto Cicognani, em nome do pontífice enviava em 21 de junho de 1966 uma carta à Congregação dos seminários, pedindo que as várias conferências episcopais preparassem um "**Regulamento da formação sacerdotal**", adequado às diversas situações locais. Teriam de traçar também as linhas fundamentais para a formação ao sacerdócio, redigindo uma *Ratio fundamentalis institutionis sacerdotalis*; esta, porém, foi preparada em Roma e depois enviada aos bispos em 6 de janeiro de 1970, para que sugerissem eventuais modificações. Durante o ano de 1971, diversas conferências episcopais tinham provido a redigir a própria. Nesse ínterim, porém, em pleno clima de contestação, não eram poucos os países nos quais os seminaristas pressionavam para mudar os itinerários de formação, tanto que alguns deles pediam para poder residir fora do seminário, outros, para interromper os estudos por um período de trabalho nas fábricas, impelindo a Congregação dos seminários (que se tornara *Sacra congregatio pro institutione catholica*, acrescentando aos seminários uma seção para as escolas católicas) a intervir para sugerir normas para as novas situações.

Com o início dos anos 1970 verificava-se, porém, uma **grave crise numérica**. Passados cinco anos, os seminaristas no mundo tinham caído de setenta e três mil para sessenta mil e era modificada a geografia vocacional: à forte queda nos países europeus e nos Estados Unidos contrapunha-se o crescimento na África, na América Latina e nas Antilhas. Além disso, mudava também o tipo de cadastro, ou seja, aumentavam as vocações adultas, tornando indispensável a abertura de seminários especiais, o que obrigava, porém, a refletir sobre a formação; com efeito, se antes os jovens chegavam ao seminário maior com uma formação substancialmente análoga, agora entravam para os seminários maiores jovens das mais diversas extrações. Logicamente, tudo isso traria problemas antes desconhecidos até sobre o futuro exercício do ministério sacerdotal. A crise numérica obrigava, então, a fechar ou a fundir muitos seminários. Um caso emblemático é o francês, dado que em 1960 estavam em funcionamento 16 seminários interdiocesanos para 41 dioceses, os quais se tornaram 31 para 81 dioceses em 1969, estas passando poucos anos depois para 93 dioceses.

Cresciam, entretanto, os **movimentos de contestação do estatuto sacerdotal**, pondo em questão as regras de vida, como o celibato obrigatório, a proibição do engajamento sindical e as regras a serem seguidas no caso de ingresso no mundo do trabalho. Entre o fim dos anos 1960 e início dos anos 1970 tinham nascido vários movimentos de contestação: "Échanges et dialogue" na

França, "Arbeitsgemeinschaften von Priestergruppen" na Alemanha, "Septuagint" na Holanda, "Présence et témoignage" na Bélgica, "7 novembre" na Itália. Precisamente o nascimento destes movimentos acabaria por favorecer o desenvolvimento de orientações de sinal oposto, que acusariam o concílio de ser a causa da crise na Igreja, exigindo também o restabelecimento de algumas normas em vigor antes dele, principalmente no âmbito litúrgico. Como se sabe, seria sobretudo o bispo Marcel Lefebvre que se tornaria o maior opositor do concílio, até levar Paulo VI à decisão de suspendê-lo *a divinis* em 1976.

A todos esses problemas procurou dar uma resposta o sínodo dos bispos em 1971, que confirmava a respeito dos pontos controversos a doutrina tradicional sobre o sacerdócio, ao passo que muitos países elaboravam a solicitada *Ratio fundamentalis* para a formação ao sacerdócio. Aliás, desde o início dos anos 1970 chegavam a Roma os textos da *Ratio fundamentalis* provenientes do Brasil, Equador, Cuba, Honduras, Filipinas, Irlanda, Venezuela, Haiti, Nicarágua, Porto Rico, República Dominicana, Peru, Hungria, Itália, Uruguai, Malta, México, Áustria, França, Estados Unidos e Bolívia.

Também os **religiosos** eram convidados por Roma a rever as próprias constituições, preparando um texto provisório a ser submetido depois à Congregação dos religiosos. Havia problemas menores, como o do hábito ou dos modos de vida das comunidades. Mas o problema maior era outro e dizia respeito ao carisma originário: era um dado histórico, a ser repensado com a mudança dos tempos, ou um dado estrutural, a ser mantido sempre, apesar das mudanças das circunstâncias históricas?

Algumas formas de contestação se verificaram entre os religiosos sobre alguns pontos significativos, como a vida de comunidade e a especificidade de cada uma das vocações, uma vez que não eram poucos os religiosos e as religiosas que pediam para viver fora de suas comunidades, muitas vezes em pequenas moradias inseridas nos diversos bairros, e às vezes também com a presença de religiosos de congregações diferentes; era o caso, por exemplo, da França, onde no início dos anos 1970 existiam algumas pequenas comunidades que partilhavam da vida dos moradores do bairro no qual estavam inseridas.

A crise numérica atingia também as congregações religiosas. Em 1973 os religiosos no mundo eram cerca de cento e sessenta e seis mil, mas em 1974 e nos anos imediatamente seguintes verificava-se uma diminuição anual deste número para mil e quinhentas unidades, enquanto as religiosas, que em 1973 eram no mundo pouco mais de um milhão, perdiam em cerca de dez anos por volta de cem mil membros. No fim dos anos 1970 essa situação terminava, enquanto de fato todas as congregações tinham terminado a revisão de suas constituições.

No mesmo período verificavam-se fatos análogos aos do clero: mudava tanto a geografia vocacional quanto a média de idade, especialmente entre as religiosas. A idade média das irmãs europeias tendia a subir, ao passo que aparecia muito mais baixa a das irmãs de origem extraeuropeia, o que implicava fortes mudanças dentro das congregações e nos territórios de missão, também sob o estímulo da chegada de jovens provenientes de países de evangelização recente.

Os mesmos fenômenos se verificam entre **os padres seculares**. Se depois de 1975 ocorre certa retomada dos ingressos nos seminários e diminuem os abandonos do ministério, o fenômeno novo é o deslocamento numérico da Europa para as Igrejas da América Latina, da África e da Ásia, ou seja, do Norte para o Sul do mundo. Entre os países europeus, o caso mais interessante era o da Polônia: se no início dos anos 1970 nos seminários maiores desse país havia doze por cento dos seminaristas europeus, no início dos anos 1980 essa percentagem tinha subido para mais de vinte e oito por cento, também como consequência da forte diminuição nos outros países europeus.

Nesses mesmos anos podia-se observar uma série de fenômenos positivos. Nascia ou melhorava a reflexão sobre a vida religiosa e sobre os diversos carismas, eram modificados para melhor os caminhos de formação, aumentavam as pessoas interessadas na reflexão teológica, a qual envolvia — fenômeno antes muito raro — também freiras e leigos, admitidos nas faculdades teológicas pontifícias, onde bem cedo teriam também papéis importantes no ensino, provocando assim uma reflexão antes pouco presente sobre o papel da mulher, religiosa e leiga, na Igreja.

2. A **valorização do laicato** foi um dos frutos da eclesiologia conciliar, que imaginava uma Igreja em que todos estivessem empenhados no anúncio da Palavra de Deus, embora com papéis e tarefas diferentes. Paulo VI já havia confirmado tudo isto por ocasião do III Congresso do apostolado dos leigos, realizado em Roma em outubro de 1967. Falara-se do papel dos leigos na renovação da Igreja, mas no horizonte já apareciam os primeiros sinais da contestação (seria conclamada no ano seguinte, dando vida ao chamado "sessenta e oito") que levara o papa a manifestar temores pelo possível nascimento de um povo fiel tendente a se emancipar da direção do Magistério, o qual, porém, devia continuar a ser guia para a comunidade dos crentes e ao qual se devia obediência.

O nascimento dos vários **conselhos diocesanos e paroquiais** permitia, porém, uma participação maior do laicato na vida da Igreja local. Os inícios foram promissores, embora em muitos casos se tratasse de organismos pouco representativos, e muitas vezes também pouco ativos. Analisável sob diversos ângulos, uma exceção foi a evolução da Igreja holandesa, na qual os leigos tiveram cargos significativos, se discutiu livremente sobre o papel da Igreja como instituição, a presidência da eucaristia, o celibato eclesiástico, oferecendo a Roma graves motivos de preocupação, acentuados quando em 1966 foi publicado um catecismo conhecido como "catecismo holandês".

Mas não foram poucos os países que viram nascer **grupos** que viviam **às margens da Igreja**, grupos da dissensão ou também comunidades de base, em cuja origem, como ocorreu na Itália, havia quase sempre um padre ou um religioso. A contestação envolveu com certa frequência o âmbito político: na Itália se verificava a crise de uma das instituições mais conhecidas, as ACLI (Associações Cristãs dos Trabalhadores Italianos), enquanto no Chile nascia em 1972 o movimento dos "cristãos pelo socialismo". Com frequência, na origem das críticas à Igreja hierárquica havia o seu envolvimento na esfera política; na Itália, em particular, a lenta crise da Democracia Cristã, o partido que sempre teve maioria parlamentar desde o nascimento da República, estava criando muitos problemas a um mundo católico habituado havia alguns decênios a considerar aquele partido um ponto de referência político.

Não se deve esquecer, porém, que em outros âmbitos os leigos se tornavam valiosos colaboradores, como ocorria com a catequese, especialmente da infância, na qual se verificava forte aumento das presenças leigas, sobretudo de mulheres: em outros termos, enquanto diminuía a influência da família sobre a primeira educação à fé, era forte o papel dos leigos, que muitas vezes eram os verdadeiros protagonistas da iniciação cristã.

Quem passava, porém, por forte **crise** era uma das organizações leigas historicamente de grande interesse, a **Ação Católica**. Antes do concílio esta organização tivera um momento de forte expansão na Itália, permanecendo, para além de várias modificações estatutárias, uma organização fortemente centralizada, embora subdividida em vários ramos, diferenciando-se nisto de outros países europeus, nos quais se preferia a especialização por ambientes.

Durante os anos 1950 verificara-se na França forte crise, tanto numérica quanto doutrinal. No início dos anos 1970 a ACO (*Action Catholique Ouvrière*), ramo adulto nascido da JOC (*Jeunesse Ouvrière Chrétienne*), apresentava um programa muito próximo ao socialismo, precisamente quando na Itália as ACLI se orientavam para uma hipótese socialista, determinando um distanciamento do mundo católico leigo. Também na Alemanha as associações católicas tradicionais estiveram envolvidas na contestação, enquanto nos Estados Unidos nascia uma única organização para o mundo masculino e feminino. Sob o ponto de vista doutrinal, o desenvolvimento da teologia sacramentária, que fundamentava no batismo e na crisma a missão eclesial dos leigos, ofuscava o conceito de mandato, ou seja, uma espécie de "*missio canonica*" que a hierarquia dava ao leigo quando entrava numa organização específica, reconhecendo-lhe o papel de colaborador no anúncio da Palavra de Deus. De problema teológico, o mandato se tornava um dado puramente sociológico, organizativo. Era o batismo, confirmado pela crisma, que fazia de cada cristão sujeito da evangelização, não o mandato. O pertencimento a uma organização tornava-se útil para programar melhor sua atividade.

O crescimento de outros movimentos e organizações tornava lentamente a Ação Católica uma das muitas organizações leigas; e esta linha parecia também mais clara com a internacionalização dos vários movimentos, os quais recebiam confirmação e estímulo do já mencionado III Congresso do apostolado dos leigos (outubro de 1967). Uma pesquisa feita naqueles anos em todo o mundo teria demonstrado a pluralidade e heterogeneidade das organizações leigas. Em alguns países (Itália, Áustria, Espanha, Portugal, Suíça italiana) existia uma organização nacional unitária, modelada sobre a estrutura italiana; num outro grupo de países (França, Bélgica, Luxemburgo) prevalecia a Ação Católica especializada; num terceiro grupo de países (Holanda, Baviera, Suíça romanda) não existia a Ação Católica propriamente dita, mas uma federação de organismos heterogêneos; em outros, enfim, a locução Ação Católica tinha um significado muito elástico, ou não era usada de modo algum (Alemanha ocidental, Suíça alemã, países de língua inglesa).

Não havia motivo de espanto a respeito das modificações pelas quais estava passando uma organização que nascera para envolver o leigo numa atividade eclesial que supunha uma sociedade cristã em seu todo. A crise do modelo de cristandade acabaria por criar problemas também para os movimentos nascidos naquele contexto. Era preciso, pois, recomeçar a partir dos novos modelos sociais para criar organismos que correspondessem às novas exigências que provinham de um contexto significativamente alterado.

Era o que ia se verificando em muitos países que viam a formação de novos organismos, muito atentos, por exemplo, à pastoral familiar, e de **movimentos** que iam se difundindo no mundo católico, tendo muitas vezes como origem o forte carisma do fundador. Na Itália, em 1970 a "Juventude estudantil" tornava-se, por obra do padre Luigi Giussani (1922-2005), "Comunhão e Libertação", um movimento que teria nos anos seguintes um desenvolvimento extraordinário, mesmo fora da Itália, bem como o movimento dos Focolares, iniciado em 1943 e fundado formalmente em 1948 por uma leiga, Chiara Lubich (1920-2008). Um leigo espanhol, Kiko Argüello (1939-), estava na origem do "movimento neocatecumenal", enquanto se difundia outro movimento nascido nos Estados Unidos, a "Renovação do Espírito" ["Renovação carismática"].

Nascido nos anos 1930, mas destinado a amplo desenvolvimento nos anos seguintes, temos o movimento denominado *Opus Dei*, fundado por um padre espanhol, Josemaria Escrivá de Balaguer (1902-1975), assim como um forte desenvolvimento teria a comunidade de Santo Egídio; esta, nascida depois das experiências de 1968 por estímulo de um estudante romano, Andrea Riccardi (1950-), e dedicada de modo especial à assistência aos mais pobres, estaria, mais tarde, fortemente empenhada também no plano internacional, como mediadora em vários conflitos. Nasciam ou se consolidavam os institutos seculares (como os *Milites Christi*, que tinham como personalidade de referência Giuseppe Lazzati, reitor da universidade católica de Milão nos difíceis anos da contestação estudantil), formados predominantemente por leigos que atuavam na sociedade civil, ou seja, sem abandonar o mundo, embora ligados pelos votos próprios das Ordens religiosas.

57. A aplicação do concílio na missão e no ecumenismo

1. A descoberta de uma Igreja essencialmente missionária renovaria a **reflexão sobre a missão e sobre a teologia sacramentária**, restituindo valor ao sacramento do batismo que convida à missão não somente os especialistas, mas todo o povo de Deus. Aprofunda-se o estudo da relação entre Reino de Deus, Igreja e salvação. A Igreja é apresentada como instrumento universal de salvação, mas se sente a necessidade de reler o velho adágio "*extra ecclesiam* *nulla salus*" a partir de uma perspectiva diferente. Ou seja, reabre-se a reflexão sobre a salvação dos não cristãos, dos que não foram atingidos pelo anúncio evangélico, um tema abordado sobretudo pela reflexão dos teólogos dos países em desenvolvimento, onde a presença cristã é minoritária; além disso, para muitos bispos europeus a participação diária no concílio com os confrades que viviam em situações antes somente imaginadas estimulou muitos deles a refletir de modo novo sobre o problema missionário.

Uma novidade substancial era apresentada também pelos primeiros retornos à pátria dos **padres *Fidei donum***. A encíclica de Pio XII publicada em abril de 1957, cujo título passou a ser utilizado para designar os padres diocesanos que partiam para os territórios de missão, pedia aos bispos europeus que colocassem alguns de seus padres diocesanos a serviço das Igrejas africanas, sobretudo em vista da formação dos futuros padres locais que pudessem dar origem a autênticas Igrejas locais (cap. 7, item 51.1). Esta encíclica tinha tido profunda ressonância em muitas Igrejas e diversos padres diocesanos tinham ido para a África e depois sobretudo para a América Latina (cap. 9, item 70.1). Tudo isto tinha provocado algumas perplexidades nas congregações religiosas missionárias, cujos membros faziam uma escolha tendencialmente perpétua, aos quais se juntavam agora padres que levavam em consideração a possibilidade de dedicar somente alguns anos de ajuda à jovens Igrejas. Superadas, todavia, as dificuldades, e enquanto para alguns padres diocesanos a escolha se tornava de fato definitiva, pois não voltavam às dioceses de origem, outros seguiam a linha ditada por Pio XII e depois de certo período voltavam às próprias dioceses. Abria-se assim o problema, que é apenas lembrado aqui, dos modos de reinserção nas realidades locais no momento do retorno. A presença na missão dos padres *Fidei donum* tivera efeitos muito positivos: muitas vezes eles ficavam em contato com as dioceses de origem, determinando forte crescimento do espírito missionário nas comunidades de onde tinham saído; alguns bispos, e também padres e leigos, iam visitar "seus" padres e na volta se tornavam eles próprios os primeiros "missionários" das respectivas dioceses.

Ia sendo superado assim um conceito de missão essencialmente como ajuda financeira a ser dada aos missionários. Isto era essencial e diversas organizações, sobretudo na Alemanha, proviam a tais finalidades; e se difundia uma nova consciência missionária, fundada sobretudo numa eclesiologia orientada ao anúncio do Evangelho, que devia envolver toda a comunidade dos crentes, qualquer que fosse o país a que pertenciam. Antes considerada quase exclusiva dos países ocidentais, a missão devia se tornar mundial, como afirmaram os participantes da conferência de Bangkok (1973). Justamente a experiência dos padres *Fidei donum* contribuiria para modificar também a linguagem, de modo que se começou a falar não de "missão", mas de "intercâmbio entre Igrejas", num plano de igualdade.

Desse modo, **as jovens Igrejas**, antes objeto da missão, tornavam-se por sua vez sujeitos missionários e isto implicou profunda modificação no modo de enfocar a reflexão teológica. Se antes eram as Igrejas da antiga cristandade que difundiam seu modo de interpretar o cristianismo, agora os cristãos das Igrejas mais recentes contribuíam para a reflexão teológica também sobre a missão numa Igreja que em sua essência era toda ela missionária.

Podemos dizer, portanto, que, depois do concílio teria havido uma forte modificação na consciência missionária das dioceses europeias; no entanto, as comunidades locais, que na prática eram as paróquias, pouco se ressentiriam dos diversos debates, como, por exemplo, as discussões sobre "moratória missionária", ou seja, a suspensão de toda forma de ajuda às missões.

Convém observar também que justamente a atividade missionária acabaria por tornar mais visível o **papel da mulher na Igreja**, um aspecto da eclesiologia que nos últimos decênios deu um passo decisivo adiante, embora permaneçam resistências e rejeições. Entre fins de 1960 e o início dos anos 1970 nasceria uma verdadeira teologia feminina, ou talvez seria mais próprio dizer *feminista*. Mostra-se claramente o papel cada vez maior de que se reveste a mulher também na pesquisa teológica, e não é de espantar que se tenha aberto o debate sobre a eventualidade do sacerdócio feminino, que aliás dava origem lentamente, mas de forma clara, a uma nova prática em algumas Igrejas cristãs, com a admissão das mulheres nas responsabilidades e no compromisso pastoral. Num documento de outubro de 1976 e com sucessivos pronunciamentos, a Igreja católica teria excluído totalmente a possibilidade de admitir as mulheres ao ministério ordenado.

Trata-se de discussões que periodicamente retornam. Não se deve esquecer, porém, que na comunidade dos crentes e nas missões o papel feminino se tornou essencial. Nos lugares mais remotos, nos trabalhos mais humildes, mas também nos que exigem forte capacidade organizativa, encontram-se sempre freiras e leigas. São elas que garantem presença capilar, que se tornam presentes e enfrentam os maiores trabalhos. A presença do padre é fundamental porque somente ele preside a eucaristia, mas a presença das freiras e das leigas numa missão é igualmente fundamental: a catequese, a liturgia, a visita aos doentes, a assistência às mulheres, a visita às famílias, os dispensários são quase sempre geridos e organizados por freiras e voluntárias leigas. Aliás não se deve esquecer que a história da Redenção começa com um gesto feminino de disponibilidade à Palavra do Senhor, o de Maria no dia da anunciação; e as primeiras missionárias que descobrem o sepulcro vazio e o vão anunciar aos apóstolos são mulheres.

    2. Ia se transformando também o **diálogo entre as Igrejas cristãs**. Em 2 de dezembro de 1965, poucos dias antes do encerramento do Vaticano II, Oscar Cullmann (1902-1999) fizera uma conferência na qual declarou, em nome dos observadores protestantes presentes no concílio, que o concílio fora bem além de suas expectativas. Como selo dos progressos no diálogo, dois dias depois haveria em São Paulo fora dos muros uma oração ecumênica com a presença do papa e dos representantes das várias Igrejas cristãs, um evento que constituía uma absoluta novidade; até porque a Igreja católica não tinha participado do nascimento em 1948 do Conselho Ecumênico das Igrejas, ao qual tinham aderido os representantes de cento e quarenta e cinco Igrejas.

    Em 7 de dezembro de 1965, no mesmo dia em que era aprovada no concílio a declaração sobre a liberdade religiosa, as Igrejas católica e ortodoxa tinham anunciado a retirada das excomunhões recíprocas. No ano seguinte, em 23 de março de 1966 o primaz da Igreja anglicana, Michael Ramsey (1904-1988), era recebido no Vaticano. Em 10 de junho de 1969, Paulo VI visitaria em Genebra a sede do Conselho Ecumênico das Igrejas. Entretanto, em 1965 tinha sido constituído um grupo misto de trabalho entre o próprio conselho e o secretariado romano para a unidade, enquanto durante os anos 1970 se realizaria uma tradução interconfessional da Bíblia. Sob o ponto de vista teológico, uma crescente atenção à cristologia permitia tomar como referência da reflexão não tanto a Igreja, mas a figura de Cristo e o confronto com a Palavra de Deus.

    Os anos 1970 veriam momentos de forte crise também do diálogo ecumênico, apesar dos precedentes esforços do cardeal Bea (morto em novembro de 1968) e do secretário do Secretariado para a unidade dos cristãos, Johannes Willebrands. De Roma, porém, chegavam outros sinais positivos. Em 1968 alguns teólogos católicos começaram a fazer parte da sessão doutrinal de Genebra, "Fé e Constituição", enquanto se iniciaram diversos diálogos bilaterais entre o Vaticano e algumas Igrejas cristãs e ia se difundindo a semana de orações pela unidade dos cristãos, que se realiza anualmente no mês de janeiro.

O caminho ecumênico estava **condicionado pela contestação de "sessenta e oito"**, que punha em segundo plano os debates doutrinais para privilegiar a atividade prática; diversos membros das várias Igrejas se deixaram envolver por este enfoque, deslocando a própria atenção do âmbito religioso ao político em nome do empenho no social, cujos fundamentos, mesmo teóricos, encontravam no Evangelho. Isto levou muitos teólogos e pastores ao que um dos maiores estudiosos do ecumenismo, Étienne Fouilloux, chamou de "dobrar-se sobre a identidade", ou seja, certa tendência das várias Igrejas a reafirmar a própria identidade, inclusive doutrinal, diante da linha que privilegia a ação e deixa um pouco de lado as diferenças doutrinais. Um momento de crise do movimento ecumênico ocorreria quando diversas Igrejas reformadas admitiriam também as mulheres ao ministério ordenado.

Essa orientação explica certa leitura crítica do que estavam fazendo em Taizé alguns monges de confissão luterana, entre os quais os fundadores Max Thurian e Roger Schutz, que suscitavam críticas tanto no mundo protestante como no mundo católico. Em 1940, em plena guerra, tinham pensado que se pudesse fazer nascer um lugar onde se falasse de reconciliação. Depois de algumas tentativas feitas em 1940 e em 1944 em Taizé, em 1949 começaram a vida em comum, comprometendo-se também no celibato e dando origem a uma comunidade destinada a se tornar ponto de referência para muitos jovens e menos jovens de várias Igrejas cristãs, bem como ponto de referência para vários bispos, com a presença discreta mas importante no concílio como observadores.

Não faltaram outros **sinais positivos**: em 1968 realizava-se em Uppsala a assembleia ecumênica, que tinha visto a convergência sobre temas comuns às várias Igrejas, como a missionariedade e a questão social; em 1975, por ocasião da assembleia ecumênica de Nairobi, surgira a ideia de redigir uma confissão de fé comum às diversas Igrejas cristãs. Esta ideia foi parcialmente realizada em 1980, quando o grupo misto de trabalho entre a Igreja católica e o Conselho Ecumênico das Igrejas subscreveu um documento intitulado *Para uma profissão de fé comum*. Enfim, em 1982, por ocasião da conferência de Lima, era preparado um documento assinado por todas as Igrejas referente a três dos elementos fundamentais da doutrina cristã, ou seja, o batismo, a eucaristia e os ministérios (das iniciais de cada um dos três termos, o documento seria habitualmente indicado como BEM); trata-se de um passo significativo adiante, embora na ocasião não tivesse tido muita influência sobre os desdobramentos do diálogo ecumênico.

É certo, porém, que o diálogo ecumênico acabou por modificar muitas atitudes das várias Igrejas, as quais aprenderam a se conhecer, a dialogar e sobretudo a orar juntas pela unidade. Foram precisamente os progressos obtidos no diálogo ecumênico, e em especial no diálogo entre a Igreja católica e as Igrejas reformadas, que estariam entre as razões que levariam o bispo Lefebvre e seguidores a acusar as consequências do concílio.

58. A aceitação do concílio na Europa e no Oriente Médio

1. Nos decênios que se seguiram ao concílio, a **Europa** viveu uma **profunda transformação** das crenças e das práticas religiosas. Os sociólogos falam de "secularização", que em si não significa descristianização, mas antes uma forma de reorganização da própria fé religiosa. Sob o ponto de vista numérico, quase todas as pesquisas que aconteceram naqueles anos davam destaque à forte queda da prática religiosa, que era comum, embora de modos diversos, a quase todos os países europeus, inclusive em áreas em que a prática religiosa e a adesão à própria Igreja eram tradicionalmente muito sentidas. A diminuição não se dá apenas na frequência à missa dominical, mas envolve também os batismos, os matrimônios e os funerais. Note-se que esse fenômeno não é típico da Igreja católica, mas se verifica também nas Igrejas cristãs nascidas da Reforma do século XVI. E ia se difundindo um fenômeno parcialmente novo que a socióloga inglesa Grace Davie define como "crença sem participação", ou seja, enquanto antes se encontravam muitas vezes cristãos que participavam dos ritos, embora se declarando pouco crentes, agora há quem se declara crente sem participar dos ritos da própria Igreja.

Segundo o espírito da *Gaudium et Spes*, o documento conciliar que desejava mudança da Igreja em relação às realidades terrenas e à sociedade civil, **Paulo VI** teria auspiciado com frequência uma Europa unida, que não se esquecesse de suas origens cristãs, que se fundamentasse antes de tudo na redescoberta da sua cultura e do seu papel de educadora dos povos. Por isso, embora agindo para manter distintos os assuntos da Igreja e do Estado, em 1970 o Vaticano participou da "conferência sobre a segurança e a cooperação na Europa", em 1975 assinou os acordos de Helsinque, que convidavam todos os países signatários a respeitar os direitos do homem e suas liberdades fundamentais e continuou a auspiciar o nascimento de uma Europa que não excluísse os países do Leste e que trabalhasse para que em todo lugar fosse reconhecido o princípio da liberdade religiosa. Ao mesmo tempo, as diversas conferências episcopais nacionais procuravam pôr em prática maior colaboração entre si, dando origem em 1971 ao Conselho das conferências episcopais europeias, para cuja presidência seria eleito o bispo que mais se empenhou para o nascimento deste organismo, o francês Roger Etchegaray (1922-2019).

Paulo VI agiu sem pressa mas constantemente para ter bispos mais convencidos da necessidade de aplicar o concílio e, ao mesmo tempo, para dar sinais de menor envolvimento da Igreja nas políticas dos Estados. No primeiro caso, nomeou como bispos alguns eclesiásticos que tinham mostrado conhecer e entender as orientações conciliares, e no segundo, agiu sobre as nomeações dos núncios apostólicos. Nesse sentido, parecia emblemática a mudança do núncio apostólico na Espanha; dom Ildebrando Antoniutti (1898-1974), muito favorável ao regime franquista, era substituído por outro núncio menos envolvido nessa linha política, dom Antônio Riberi (1897-1967). Tratava-se de um exemplo desta nova estratégia. Nos anos seguintes, o lento distanciamento da política franquista seria confirmado com uma cautelosa escolha dos novos bispos. A mesma coisa teria feito o papa em relação ao episcopado italiano, provendo às novas nomeações em algumas cidades de particular importância, como Milão, Turim e Nápoles. Em 1968, porém, causariam grande impacto as demissões claramente solicitadas do cardeal Giacomo Lercaro, então titular da diocese de Bolonha. As interpretações dessas demissões receberam explicações bem diferentes.

A linha conciliar tem menos dificuldade em prevalecer na **Bélgica e na Alemanha**, sob a liderança de bispos e teólogos que no concílio não tinham escondido suas posições um tanto avançadas. No espaço de poucos anos, porém, os católicos alemães reunidos em suas assembleias exigiram maior participação na Igreja, indo mais além, segundo a leitura que dela fizeram em Roma, das conclusões do concílio.

Surgiram também muitas dificuldades na **Holanda**, o que constituiu verdadeiro caso entre os países europeus. Eram bem conhecidas as posições de abertura do cardeal Bernard Alfrink (1900-1987), bem como a força do catolicismo holandês. A Holanda era um dos países que tinham número muito alto de padres, religiosos e religiosas, e entre eles um número também muito alto de missionários. A prática dominical era ainda significativa, muito mais do que na maioria dos países europeus.

Os anos que se seguiram ao concílio veriam, no entanto, o surgimento de nítida dissensão em relação às instituições religiosas em geral, devido também ao forte sentido de participação que se desenvolveu no mundo católico, no qual ia aumentando a intolerância em relação a Roma. O sinal mais evidente das posições que o catolicismo holandês estava adotando foi a publicação, como já lembramos, de um *Catecismo* destinado aos adultos e que teve enorme sucesso na Holanda, bem como em outros países, graças às traduções feitas. O texto suscitou perplexidades e Roma obrigou os bispos a prover a uma série de correções.

Mas a **crise** era agora evidente. Em poucos anos os **seminários** foram fechados, com o convite aos futuros padres para que seguissem as aulas nas universidades; nasceram muitíssimas comunidades de base com o objetivo claro de criar um modelo de Igreja mais popular e menos dirigida por outros. A crise envolveu especialmente o **clero**, fazendo com que entre o fim dos anos 1960 e início dos anos 1970 um número muito alto de padres abandonasse o ministério, seja por razões teológicas, seja para contestar o celibato eclesiástico. Sobre este ponto aliás, em 1970 o concílio pastoral holandês, que foi ativo por diversos anos, manifestou-se a favor da distinção entre celibato e sacerdócio, sem que houvesse oposição por parte do episcopado. Essa orientação provocou a intervenção direta de Paulo VI que reiterou a doutrina do celibato eclesiástico, e nos anos seguintes proveu em parte a uma política de nomeações episcopais em sentido contrário à anterior, promovendo ao episcopado ou deslocando para dioceses importantes alguns prelados de orientação oposta à dos bispos que substituíam.

O problema de uma formação diferente do clero, e também das modificações na concepção do sacerdócio, ficou evidente num texto publicado em 1968, o qual teve grande difusão, obra do teólogo suíço Hans Küng, *Veracidade — O futuro da Igreja*. Notemos que um fenômeno análogo se verificaria também nas Igrejas da Reforma. Na França, por exemplo, onde trabalhavam cerca de mil pastores, o abandono, especialmente entre os últimos anos de 1960 e início de 1970, foi de cerca de dez por cento, uma quantidade análoga à do mundo católico.

O concílio, porém, estava produzindo **frutos muito positivos**. Se a prática religiosa diminuía, aumentavam os católicos que fundamentavam sua vida espiritual no texto bíblico, bem como aumentava o sentido de pertencimento à Igreja, facilitado também por vários organismos de participação, criticáveis e muitas vezes só de fachada, mas sinal de um desejo de participar da vida da Igreja. Com a forte diminuição da entrada nos seminários contrastava um relativo (os números são importantes, mas muitas vezes propostos de modo excessivamente otimista) crescimento das vocações masculinas e femininas à vida contemplativa. Se isso podia indicar certa vontade de desligamento da ação no mundo, indicava também forte descoberta dos fundamentos da vida cristã, ou seja, o sentido da oração e da contemplação.

Embora entre dúvidas e dificuldades, em 1975 Paulo VI anunciou um **Ano Santo**. O sucesso imprevisto desta iniciativa era um sinal de que alguma coisa estava realmente mudando na Igreja. O papa proporia fundamentais e proféticas reflexões sobre a vida da Igreja e sobre a evangelização na exortação apostólica *Evangelii nuntiandi*, publicada em 8 de dezembro de 1975; além disso, este texto representava quase uma reflexão sobre seu pontificado, sobre seu desejo jamais ocultado de levar a Igreja à unidade, apesar de tantas dúvidas e dificuldades.

2. Muito mais difícil parece falar da aceitação do concílio nos países da **Europa do Leste**, que se encontravam sob o rígido controle do regime comunista soviético, isolados do resto do mundo (constituindo a chamada "cortina de ferro"). Talvez o único país do qual se possa falar de aceitação do concílio seja a Polônia, graças também à sua história e à presença de um catolicismo forte e bem apoiado na tradição. Nos outros países havia duas prioridades que o Vaticano queria garantir, muitas vezes contra a própria vontade dos bispos e das populações residentes: certa liberdade religiosa e a possibilidade de nomear livremente os bispos, para garantir a continuidade da Igreja e, sobretudo, para substituir os muitos bispos mortos ou presos pelos regimes comunistas.

Até mesmo em Moscou, a figura de João XXIII tinha suscitado forte simpatia, consolidada por sua intervenção a favor da paz no outono de 1962, por ocasião da grave crise determinada pela instalação de mísseis soviéticos em Cuba. Interrompia-se assim uma situação de total fechamento que remontava aos tempos de Pio XI e Pio XII, e neste quadro se insere a política desejada por **Paulo VI**, conhecida como ***Ostpolitik*** (política do leste), que teve em **Agostinho Casaroli** (1914-1998), primeiro como enviado e depois como secretário de Estado de João Paulo II, seu maior executor; essa política daria frutos nem sempre agradáveis aos episcopados locais. Consideravam totalmente inútil e até perigoso tratar com uma classe dirigente, comunista e ligada fortemente a Moscou, que consideravam totalmente inconfiável. O papa pensava que a longo prazo e, quem sabe, como teve ocasião de dizer muitas vezes Casaroli, mediante o "martírio da paciência" se conseguiriam os resultados de certo modo já prenunciados no fato de que, apesar de muitos pedidos, o concílio não tinha condenado explicitamente o comunismo ateu.

Por outro lado, mais que estudar a aceitação do concílio, é importante estudar os **diversos modos** como a **Igreja católica** atuou em cada país obrigado a se submeter ao domínio de Moscou — da **Polônia**, que instaura relações não totalmente conflitantes com o regime comunista graças ao trabalho do cardeal Wyszynski (que também sofreria a prisão), muitas vezes desaprovado pelo Vaticano, à Albânia, que declararia o ateísmo como "religião" do Estado, excluindo qualquer ato contrário a essa escolha; à Iugoslávia, que representa um caso à parte, devido sobretudo à presença de diferentes formas religiosas e de forte sentido de pertencimento nacional, muitas vezes fundamentado justamente na fé religiosa. Um tanto diferente das outras Igrejas, a situação polonesa tinha permitido aos bispos locais participar do concílio, no qual se distinguiu em particular o futuro João Paulo II, dom Karol Wojtyla, então jovem bispo com pouco mais de quarenta anos, que teve papel importante na redação dos textos sobre as relações da Igreja com o mundo e sobre a liberdade religiosa, bem como teria papel importante na aceitação do concílio em seu país.

Um caso à parte é a **Hungria**, devido à presença do cardeal József Mindszenty em exílio voluntário na embaixada estadunidense, onde se refugiara depois da dura repressão por parte da União Soviética da "revolução" não anticomunista mas antissoviética de novembro de 1956. Com o passar dos anos, por um lado, esta presença tornou-se um problema devido à recusa do primaz húngaro em aceitar qualquer compromisso, por outro, pela impossibilidade de Roma nomear um sucessor. Certamente a contragosto, em 1974 Paulo VI seria obrigado a declarar vacante a diocese de Esztergom, da qual Mindszenty era titular, podendo assim nomear um sucessor; o cardeal sempre considerou que este gesto do papa fora um erro. O Vaticano poderia, pois, estabelecer alguns acordos com o governo que dariam ao catolicismo diversas possibilidades, acordos, porém, que uma parte da Igreja local não aprovaria.

Uma situação muito difícil foi também a da **Checoslováquia**, onde havia um regime muito repressivo em relação à Igreja. Aliás, nos vários países sob regimes comunistas formaram-se muitas vezes Igrejas que gostariam de estar em comunhão com Roma, ainda que bispos e padres fossem obrigados a aceitar formas de sujeição em relação aos governos. A parte da Igreja que não aceitava esses compromissos era forçada à clandestinidade, a qual era mais proclamada que vivida; num regime submetido à vigilância rigorosa, era evidente que os governos não tinham dificuldade em conhecer quem se ocultava nessa forma da assim chamada clandestinidade. O termo simplesmente indicava as comunidades cristãs que não tinham aceitado nenhuma forma de compromisso com a classe dirigente, sabendo que com a escolha feita se expunham a dura repressão. Não obstante, porém, a presença de padres e de organizações eclesiais ligadas aos governos, nunca se chegou a fazer nascer uma verdadeira Igreja de Estado, como sucederia — teremos ocasião de lembrar — na China. O governo chinês, e com frequência também os diversos governos comunistas dos países do Leste europeu, consideravam as nomeações dos bispos feitas por Roma uma ingerência indevida nos negócios internos do Estado, e portanto não as aceitavam. Das difíceis relações com os Estados, tinha-se tido um sinal quando fora convocado o concílio, uma vez que vários bispos dos países do Leste europeu foram impedidos de participar dele pelos governos desses países. A alguns bispos foi concedida depois a possibilidade de participar, graças precisamente aos desdobramentos da política que foi definida como *Ostpolitik*, da qual foram protagonistas dom Casaroli e o arcebispo de Viena, Franz König.

3. Um capítulo à parte mereceria a análise das diversas situações que acabaram se verificando no imediato pós-concílio nos países do **Oriente Médio**. Nestes países o cristianismo estava representado sobretudo pelo mundo da ortodoxia, separada da comunhão com Roma; os católicos orientais não eram muito numerosos e se encontravam dispersos de modo não uniforme pelas diversas regiões. Por sua vez, viviam muitas vezes com certo mal-estar as relações com Roma, seja pelo forte centralismo exercido pela Cúria romana, seja pela dificuldade em aceitar o primado pontifício do modo como era entendido e realizado pelo mundo ocidental, seja por certa forma de superioridade manifestada pelos católicos latinos em relação a eles. Antes e depois do concílio foram muitas vezes mal interpretadas as decisões romanas de inserir no colégio cardinalício alguns patriarcas de antigas Igrejas. O que em Roma era considerado promoção, no Oriente, porém, era lido, como diminuição, uma vez que muitos patriarcas tinham origens antigas e seus titulares podiam se considerar historicamente bem superiores aos cardeais. Neste âmbito, um precedente bem conhecido fora o do patriarca dos sírios católicos, Inácio Gabriel I Tappouni (1879-1968), que se tornou patriarca em 1929 e depois cardeal em 1935. Mas as nomeações cardinalícias dos patriarcas, especialmente depois do Vaticano II, em alguns casos tinham levado alguns patriarcas à ameaça de demissão.

As Igrejas orientais católicas tinham cerca de um milhão e duzentos mil fiéis, divididos em diversos patriarcados e pertencentes a ritos diferentes: maronitas, melquitas, caldeus, coptas, sírios, armênios. A eles temos de acrescentar os membros das Igrejas emigradas para os países europeus e para as Américas, e portanto os católicos de rito latino presentes em diversos países do Oriente Médio.

As vicissitudes dessas minorias estavam estreitamente ligadas ao suceder-se dos governos, e com frequência as escolas, dirigidas em geral por membros de congregações religiosas, provocavam uma série de crises. Um problema à parte representava a presença dos católicos, e sobretudo a Custódia franciscana na Terra Santa, onde conviviam os pertencentes às três grandes religiões do Livro, judeus, cristãos e muçulmanos. Aliás, no concílio a proposta de redigir um texto especificamente dedicado ao mundo judaico tinha suscitado os protestos de quase todos os bispos residentes nos territórios árabes ou de maioria muçulmana. A solução veio do decreto *Nostra Aetate*, no qual se lembravam juntas as diversas religiões. No concílio, um dos patriarcas mais ativos e combativos foi o patriarca melquita Maximos IV Saigh (1878-1967); ele interveio muitas vezes para defender as prerrogativas dos patriarcas, criticar o excessivo centralismo romano e a má intepretação do primado pontifício. Por coerência, sempre recusou apresentar suas intervenções em latim, usando regularmente o francês, como já lembramos.

No pós-concílio, quase todos os patriarcas se viram diante da dificuldade de prover a certa atualização em suas Igrejas, sem com isso renunciar às ricas tradições e aos ritos milenares, reivindicando a igual dignidade de suas Igrejas, e em especial de seu sacerdócio, diante da Igreja romana.

59. A aceitação do concílio na África e nas Américas

1. Alguns números nos introduzem no estudo do **catolicismo africano** pós-conciliar, que se desenvolveu nos anos em que estava em curso um processo de forte descolonização em quase em todos os países, embora em muitos casos os países africanos continuem dependentes das nações que os tinham ocupado e colonizado.

Em 1900 os cristãos nos países africanos ao sul do Saara eram cerca de oito por cento da população; em 1990 seriam cerca de trinta e oito por cento. Em termos numéricos, em 1951 os católicos na África eram cerca de nove milhões e meio, e em 1961, vinte e um milhões e meio, que se tornaram depois mais de cento e seis milhões em 1991. Forte crescimento, sobretudo depois dos anos 1950, aconteceu também entre o clero. Havia 800 padres africanos em 1950, e em 1961 seriam 2.277, ou seja, quase dezenove por cento dos pouco mais de doze mil padres que trabalhavam naqueles países, embora distribuídos de modo pouco homogêneo. Em 1957 havia treze bispos negros residentes; dez anos depois seriam 97 bispos africanos perante 132 bispos não africanos. No concílio, os bispos negros de rito latino eram 61, e entre eles havia um cardeal, Laurean Rugambwa (1912-1997), bispo de Bukoba, na Tanzânia. As nomeações dos bispos tinham sido numerosas, pois Pio XII temia que, com a descolonização e o consequente afastamento dos europeus, também os bispos não africanos pudessem ter a mesma sorte. Por diversos anos, os bispos africanos seriam sobretudo auxiliares dos bispos europeus ou ocidentais. Depois teriam início as nomeações de bispos autóctones como titulares das sedes, muitos dos quais bem jovens (ou seja, entre trinta e cinco e quarenta e cinco anos).

Observemos que o desenvolvimento da presença cristã ocorria ao mesmo tempo em que crescia a presença do islã: em 1900 os muçulmanos eram trinta e dois por cento da população, e em 1990 seriam quarenta e dois por cento. Também cresceu muito a presença de "Igrejas livres", ou seja, de Igrejas que se afastaram do mundo missionário. São vários milhares, filhas de movimentos surgidos na Europa, ou do caminho da descolonização, ou nascidas em forma de sincretismo religioso que insere em tradições locais elementos novos da doutrina cristã. Um dos mais conhecidos desses movimentos é o que foi fundado por Simon Kimbangu (1889-1951), cuja pregação alarmou as autoridades, que o mantiveram na prisão por muitos anos. Depois de sua morte, sua mensagem continuou a se difundir e hoje é um dos movimentos mais conhecidos, embora não muito numeroso e não de fácil interpretação, visto as várias leituras que dele foram feitas pelos que se consideram seus seguidores.

Enquanto cresciam os movimentos religiosos, ia mudando também a distribuição demográfica do país, pois a população urbana, que representava onze por cento em 1950, tornou-se trinta e um por cento em 1990, e cerca de vinte cidades superaram um milhão de habitantes.

Entrementes, já antes do concílio tinha início **a reflexão teológica** por parte de autores não europeus. Talvez o texto que pode ser considerado o início de uma nova fase seja o livro coletivo publicado em Paris por Cerf em 1956, *Des prêtres noirs s'interrogent*. Entre os muitos problemas, emerge o da possibilidade do surgimento de uma Igreja africana, ou seja, de uma Igreja encarnada nos lugares em que nasce, que assume sua história, suas tradições e seu rosto. Tema este que estaria no centro do colóquio realizado em Kinshasa em 29 de janeiro de 1960, que veria entre seus protagonistas um jovem padre e teólogo africano, Tharcisse Tshibangu, nascido em 1933, o qual se tornaria logo um dos pontos de referência de outros africanos antes de ser nomeado bispo. Seria ele que apresentaria o modo como a África aceitou o concílio, no livro *Le concilie Vatican II et l'Église 1960-2010*.

Os problemas que os estudiosos católicos africanos pretendiam enfrentar eram claros: apoio à descolonização, nascimento de Igrejas autenticamente locais, ou seja, capazes de exprimir um pensamento que se situe na tradição africana; reflexão sobre a possibilidade de serem verdadeiros católicos sem renunciar à própria identidade africana. Isso levaria, quase naturalmente e em geral sem atitudes polêmicas, a superar uma teologia muito devedora à Europa da qual os missionários se tornaram portadores. Não se tratava de condenar esse pensamento, mas simplesmente de superá-lo. Logo se encontraria o termo que exprimia esta orientação, ao se iniciar a falar de *inculturação* do Evangelho, um neologismo que seria difundido especialmente pelos jesuítas que trabalhavam no Japão. Não se tratava simplesmente de adaptar o anúncio do Evangelho aos costumes e às tradições locais, mas de repensar o Evangelho e a fé a partir das diferentes culturas, de enraizar a mensagem evangélica na cultura de um povo, de comunicar essa mensagem usando os modelos culturais e sobretudo a língua daquele povo.

Era preciso então fazer surgir também uma verdadeira teologia africana, como tentaria Vincent Mulago (1924-2012), ao publicar em 1965, portanto no ano de encerramento do Vaticano II, *Un visage africain du christianisme*, um texto que marca o início de uma reflexão, ou talvez mais propriamente de uma teologia africana. Com frequência, os diversos autores que seguiam essa linha foram formados na universidade de Lovaina, devido à falta de locais de formação universitária em seus países, e depois completaram os estudos e as pesquisas em seus países. Alguns, como veremos, chegariam também a desejar, ainda que depois essa linha fosse abandonada, uma verdadeira "moratória missionária", ou seja, a partida dos missionários europeus, para permitir que os teólogos locais desenvolvessem melhor sua reflexão.

Um dos pontos de chegada dessa orientação seria o surgimento, com a primeira assembleia que se realizou na Tanzânia, em Dar-es-Salaam, em agosto de 1976, da Associação Ecumênica dos Teólogos do Terceiro Mundo (EATWOT: *Ecumenical Association of Third World Theologians*), que pode ser considerada a certidão de nascimento de uma teologia do Terceiro Mundo. Desta assembleia participaram sete teólogos africanos, três católicos, três protestantes e um ortodoxo. Isto ocorreu no fim de um período trágico da história africana, pois a descolonização foi muitas vezes acompanhada por **sangrentas lutas internas**, que em certos casos levaram a verdadeiros genocídios, com o envolvimento também de missionários católicos e pastores das Igrejas reformadas. De fato, quanto mais forte o enraizamento dos missionários na história e nos costumes locais, mais difícil era ficar neutro diante das numerosas guerras tribais. Se não houve um envolvimento nessas lutas, tampouco houve muitas vezes uma explícita condenação delas. Essa situação torna compreensíveis as numerosas intervenções de bispos africanos que convidavam os cristãos a não se deixarem envolver na luta política, mas a colaborar para a redação de constituições que respeitassem alguns dos grandes princípios da democracia. Os próprios bispos tinham se reunido em 1969 em Kampala para refletir sobre o papel que os cristãos deveriam ter nas diversas lutas pela libertação.

O nascimento de uma autêntica Igreja africana devia envolver também uma reflexão sobre a **linguagem litúrgica**, fundamentada numa profunda reforma dos ritos, no respeito pelas diversas tradições locais e também numa arquitetura que não fosse simplesmente a repetição em terras africanas de estruturas e de modelos típicos dos países ocidentais, ou melhor, dos países de origem dos missionários. Havia decerto um risco que não podia ser evitado, ou seja, do cristianismo simplesmente ocupar o lugar das tradições locais, às quais boa parte dos novos convertidos não pretendia renunciar. Teve, pois, impulso significativo o catecumenato, e a presença decisiva de catequistas favoreceu uma reflexão sobre os ministérios leigos.

Por ocasião da conferência realizada em Lusaka em 1974, o forte e constante crescimento dos cristãos na África levaria algumas igrejas protestantes a propor que pelo menos durante certo período as Igrejas africanas não aceitassem mais o envio de ajuda por parte dos países ocidentais, ou seja, de missionários e meios financeiros; esta proposta foi feita também por alguns teólogos católicos, suscitando, porém, dúvidas e perplexidades entre os bispos africanos (era a "**moratória missionária**" de que já falamos). Se essa podia ser uma perspectiva para o futuro, decerto não se podia imaginar que já fosse possível desde então. A missão devia continuar a contribuir também para a promoção humana. Paulo VI reafirmou isto na constituição apostólica de 8 de dezembro de 1975, *Evangelii nuntiandi*. Por ocasião de uma conferência que se realizou no Quênia, em 1976 Paulo VI pediu que os países ricos pensassem pelo menos em aliviar as dívidas que os países pobres tinham com eles.

Certamente, as **vocações sacerdotais** cresciam fortemente na África. É verdade que em 1973 havia na África negra cerca de quinze mil e quinhentos padres e deles somente três mil e setecentos eram africanos, e continuava o fluxo de pessoas do ocidente; mas os padres africanos iam aumentando, e sobretudo aumentavam os seminaristas. Não se deve esquecer que em muitos casos se verificavam situações análogas às europeias antes do desenvolvimento da sociedade industrial: muitos seminaristas pensavam no sacerdócio, mas muitos estavam somente à procura de uma situação melhor que a que lhes podia oferecer seu vilarejo; e o número de padres que abandonavam o ministério era bem elevado. A distribuição do clero também era muito pouco homogênea nos vários países. Isso explica tanto o fato de que muitas vezes as religiosas assumiam papéis pastorais significativos quanto também o grande crescimento de leigos empenhados, por exemplo, como catequistas. E explica também por que não eram poucos os bispos que pediam a Roma poder ordenar também homens casados.

Um dos setores de maior compromisso da Igreja era **a escola**. Com frequência, boa parte da instrução básica era gerida pelos missionários, de modo que por muitos anos, sobretudo no período da descolonização, boa parte da classe dirigente africana foi formada nas escolas mantidas pelas diversas congregações religiosas ou abertas pelas diversas Igrejas protestantes. Podem ser lembrados, só para dar alguns exemplos, alguns personagens conhecidos pelo grande público, como Léopold Sédar Senghor (1906-2001) no Senegal, Julius Nyerere (1922-1999) na Tanganica, Nelson Mandela (1918-2013) na África do Sul. Depois de uma formação cristã, alguns deles abandonariam a Igreja, abraçando em certos casos uma linha marxista. Isso estaria muitas vezes na origem dos contrastes entre as Igrejas e os Estados, sobretudo a respeito da direção e administração das escolas, até chegar à expulsão dos missionários e à nacionalização das próprias escolas.

Para os missionários criaram-se muitas situações difíceis, como ocorreu em Moçambique e Angola a partir de 1975, após a declaração de independência em relação a Portugal e a eclosão de sangrenta guerra civil. Já nos anos anteriores tinham se verificado contrastes também dentro das Igrejas entre as diversas linhas que eram seguidas pelos missionários e pelo clero autóctone, de apoio ou de críticas ao governo português, com religiosos e até bispos submetidos a regimes de vigilância e de suspeita por parte da classe dirigente. Problemas semelhantes e conflitos com a classe dirigente verificar-se-iam na Rodésia (atual Zimbábue), onde vigorava um regime de separação entre brancos e negros e as Igrejas frequentemente se mobilizavam para defender os direitos da população negra.

Ao mesmo tempo, em muitos países fundavam-se institutos e escolas de teologia em redor de alguns estudiosos locais, preparando o terreno para o nascimento da *Association Oecuménique des Théologiens Africains* (AOTA), constituída em dezembro de 1977. Embora em outro setor, de certo modo tratava-se de uma forma de descolonização. Definitivamente, nos anos que se seguiram ao Vaticano II a Igreja africana procurou seu próprio caminho, em meio a problemas de caráter social, político e religioso.

2. Alguns estudiosos peruanos consideram a conferência de **Medellín**, que se realizou entre agosto e setembro de 1968 na cidade colombiana e que foi inaugurada por Paulo VI, o verdadeiro início da história da Igreja na **América Latina**. Trata-se evidentemente de uma provocação, mas não há dúvida de que de certo modo Medellín pode ser considerada o monumento fundamental da aceitação do concílio na América Latina e o ponto de partida para uma renovação das Igrejas latino-americanas, temas que serão substancialmente confirmados, embora entre vários contrastes, na conferência seguinte realizada em **Puebla**, no México, entre janeiro e fevereiro de 1979, da qual participou João Paulo II, eleito alguns meses antes.

Ganharam novo impulso as comunidades de base, ganhou vigor a leitura popular da Bíblia, abandonou-se lentamente a *teoria do desenvolvimento* diante da elaboração da *teoria da dependência*. A primeira tinha uma matriz fortemente ocidental, era filha de certo otimismo geral: o desenvolvimento dos países ocidentais arrastaria consigo quase inexoravelmente o desenvolvimento dos países mais atrasados. A teoria da dependência, de matriz socioeconômica, mas que influenciaria fortemente também os teólogos, apresenta dados menos otimistas, pois o desenvolvimento dos países ricos não somente não leva os países pobres ao desenvolvimento, como é fruto do subdesenvolvimento deles. Somente saindo desse sistema de dependência orgânica é que se poderia falar de um desenvolvimento autêntico. Por ocasião da preparação para a conferência de Puebla, seriam justamente os bispos latino-americanos que lembrariam que o desnível entre ricos e pobres não só não estava diminuindo, como tendia a se tornar cada vez maior.

Temos aqui um dos elementos que levariam à criação da **teologia da libertação**, na qual a análise econômica e a pesquisa sociológica são determinantes para a elaboração teológica. Fica em segundo plano um dos debates fundamentais daqueles anos no mundo ocidental, o da secularização e da "morte de Deus", de como anunciar Deus num mundo que se tornou adulto — segundo a fórmula de Dietrich Bonhoeffer (1906-1945) —, para dar lugar à teologia da morte do homem. Considerado pai da teologia da libertação, Gustavo Gutierrez escreveria num de seus muitos artigos: "Num continente como a América Latina, o desafio não vem principalmente do *não crente*, mas do *não homem*, ou seja, de quem não é reconhecido como homem por parte da ordem social imperante. [...] Portanto, a pergunta não será sobre como falar de Deus num mundo adulto, mas antes sobre como anunciá-lo Pai num mundo não humano, nas implicações que comporta dizer ao não-homem que ele é filho de Deus" (cit. in G. Canobbio [ed.], *Teologia e storia: l'eredità del'900*, Cinisello Balsamo, San Paolo, 2002, 137-138).

Havia anos os bispos e religiosos sul-americanos tinham criado estruturas de colaboração. Em 1955 realizara-se no Rio de Janeiro a primeira reunião do Conselho Episcopal Latino-Americano (CELAM), e em 1959 nascia a Conferência dos Religiosos da América Latina (CLAR).

O clima político daqueles anos não era certamente dos mais fáceis. Gutierrez começou sua reflexão específica sobre a teologia da libertação em 1968, e em 1971 publicou o livro cujo título *Teologia da Libertação* acabaria por indicar também a linha teológica. Outros, porém, estavam refletindo sobre os mesmos temas. Por exemplo, desde 1965 começavam a refletir sobre a teoria da dependência, e portanto sobre uma mudança do paradigma teológico, Fernando Henrique Cardoso (1931-) e Enzo Faletto (1935-2003), que em 1970 publicaram o livro *Dependência e desenvolvimento na América Latina*. Em 1968 Rubem Alves (1933-2014), da Igreja presbiteriana, defendeu sua tese de teologia, que tem como título *Towards a Theology of Liberation*. Em 1969 Hugo Assmann (1933-2008) publicou um pequeno texto com o título *Teología de la liberación. Una evaluación perspectiva*. Em 1972 surgiam no Chile os "cristãos para o socialismo", enquanto se desenvolvia uma teologia da revolução (que não deve ser confundida com a teologia da libertação), acabando por provocar preocupações tanto na Igreja como nos Estados, muitos dos quais viverão períodos difíceis devido às diversas ditaduras militares que governariam muitos países latino-americanos.

Cuba, e a seguir a Nicarágua, são exceções porque a mudança de regime levou a governos de extrema esquerda. Em Cuba, onde em 1959 subira ao poder Fidel Castro (1926-2016), viveu-se um primeiro e breve período de boas relações entre a Igreja e o regime, mas essas relações mudariam rápido, e em poucos anos seriam expulsos — por serem estrangeiros — ou exilados quinhentos padres dos setecentos e vinte e três presentes.

Mas também as ditaduras de direita organizaram uma luta cruel contra tudo o que parecesse emanação do marxismo ou do comunismo, muitas vezes com envolvimento de expoentes do mundo católico. E de fato alguns deles passaram para a clandestinidade e organizaram a **luta contra as ditaduras**, como ocorreu com Camilo Torres (1929-1966), padre colombiano e professor universitário que passou para a luta armada e foi morto em combate um ano depois da conclusão do concílio; mas nesta história não se pode esquecer que o cardeal primaz da Colômbia, Luis Concha (1891-1975), tinha aderido a uma linha fortemente conservadora. Então, muitas vezes o "caso Torres" tornou-se pretexto para a luta contra certo mundo católico, de tal modo que seriam presos, aprisionados e até mortos alguns bispos e padres. Na Argentina, foi morto dom Enrico Angelelli (1923-1976), alguns anos depois seria a vez de dom Oscar Romero (1917-1980) em São Salvador. Nesses mesmos anos, Ivan Illich (1926-2002) fundava um centro em Cuernavaca, no México, onde muitos padres estrangeiros eram de certo modo reeducados para se tornarem, em muitos casos, protagonistas da opção preferencial pelos pobres. Todavia, em 1973 no Chile o general Augusto Pinochet (1915-2006), depois da morte do presidente Salvador Allende (1908-1973), tinha estabelecido uma ditadura de direita particularmente cruel em relação aos opositores.

Como na África, também o catolicismo na América Latina se ressentia da **carência de sacerdotes autóctones** e da excessiva extensão de certas dioceses e paróquias. Em 1963, para uma população que superava os duzentos milhões, havia pouco mais de vinte mil padres diocesanos e vinte e um mil religiosos. Em 1976 os habitantes tinham se tornado 276 milhões, e os padres e os religiosos eram 47 mil, sendo que entre eles quarenta por cento não eram latino-americanos.

Os religiosos, porém, estavam fortemente envolvidos com a administração das escolas de diversos tipos; somando colégios e escolas primárias, cerca de um terço da instrução era controlada pela Igreja católica.

3. Também nos **Estados Unidos da América**, os anos 1960 marcariam fortes modificações nas Igrejas cristãs, as quais tinham vivido por muito tempo a situação de **segregação racial**. Sobre este ponto precisamente desenvolver-se-ia a obra do pastor batista Martin Luther King (1929-1968), que levaria e quase forçaria todo o povo estadunidense, em especial os cristãos, a refletir sobre o racismo e a necessidade de modificar as leis do Estado; aliás, ele pôs em relação racismo e pobreza, declarando que era preciso fazer uma revolução no sistema de valores. O problema da pobreza dizia respeito também aos novos imigrantes. Depois de um período no qual os imigrantes provinham em especial da Irlanda e da Europa Oriental, começaram as levas provindas do México e da América Central, criando problemas também nas paróquias muitas vezes envolvidas na assistência a esses novos pobres. Observe-se que o forte crescimento do número das paróquias é devido à prática estadunidense, que privilegia a formação de uma nova paróquia quando cresce a população residente, diferentemente de certa prática presente em especial na França, a qual privilegia o aumento do número de padres designados para um território, quando cresce o número de habitantes de uma determinada paróquia.

Ao lado das reflexões de Luther King desenvolver-se-ia a discutida *black Religion* numa linha indicada como *black Power*, que rejeitava do modo mais categórico a religião dos brancos, provocando amplos debates em vários níveis, inclusive teológico. Isso contribuiu para acentuar as dificuldades dentro das Igrejas cristãs nas relações entre pastores e padres brancos e pastores e padres negros.

Entrementes, a Igreja católica, que cresceu num contexto bem diferente do europeu, vivia sem traumas as relações ecumênicas e não se opunha de modo algum aos debates sobre a **liberdade religiosa**, que até auspiciava, principalmente por obra de um jovem jesuíta que seria protagonista no concílio depois de ter sofrido algumas censuras por parte de Roma, John Courtney Murray (item 53.3). A própria Igreja partilhava em grande parte da atitude anticomunista fortemente presente no país. Os outros estudos religiosos altamente desenvolvidos eram os bíblicos, embora os estudiosos estadunidenses logo encontrassem dificuldades, sobretudo quando iniciaram as censuras em relação a alguns docentes das universidades pontifícias romanas.

Dos Estados Unidos chegaram **ao concílio** 266 bispos, responsáveis pastoralmente por cerca de 36 milhões de católicos, numa população de cerca de 160 milhões. Entre eles, teve papel importante em Roma, mas também na pátria, o arcebispo e cardeal de Nova York, Francis Spellman. Antes do concílio, os padres eram cerca de 51 mil, os seminaristas, 37 mil, as religiosas, 164 mil e os religiosos, cerca de 10 mil, ocupados em grande parte na gestão das numerosas escolas e de outras atividades dirigidas justamente pela Igreja católica. No período de preparação do concílio, a própria Igreja viu seu membro, John Fitzgerald Kennedy (1917-1963), tornar-se presidente dos Estados Unidos, primeiro católico a chegar a este cargo.

Uma das **orientações conciliares** de maior impacto em quase todos os países, a aplicação da reforma litúrgica se iniciou com a rápida introdução do inglês na liturgia eucarística. Também nos Estados Unidos se verificou certa oposição com o nascimento do "movimento católico tradicionalista" que pedia o retorno à língua latina. Os bispos decidiram criar alguns organismos novos e renovar a *National Conference of Catholic Bishops* (NCCB), enquanto parte do clero e dos religiosos foi muito ativa, tanto na luta pelos direitos civis, e portanto também pela plena cidadania à população negra, quanto contra o empenho dos Estados Unidos na guerra no Vietnã, combatida de 1960 a 1975. Aliás, sobre este ponto distinguir-se-ia uma leiga particularmente ativa em todas as campanhas pelos direitos civis, Dorothy Day (1897-1980); como ela, muitos outros cristãos se empenharam contra aquela guerra, entre eles um monge trapista, cujos livros tiveram especial sucesso entre os leitores norte-americanos, Thomas Merton (1915-1968).

Como em muitos outros países, a publicação pelo papa em 1968 da *Humanae Vitae*, a encíclica que, entre outras coisas, reafirmava a doutrina tradicional da Igreja em matéria de controle de nascimentos, suscitou muitos debates e até protestos na comunidade católica. Os bispos publicaram um texto de submissão, mas adotaram atitudes quase sempre tolerantes em relação aos padres que tinham expresso publicamente sua dissensão. Entre o fim dos anos 1960 e os primeiros anos 1970, também entre o clero e os religiosos norte-americanos verificaram-se numerosos abandonos do ministério: um fenômeno certamente grave, mas de fato análogo, até mesmo nos números, ao que estava acontecendo em outros países ocidentais, nos quais abandonaram o ministério cerca de dez por cento de padres, religiosos e religiosas. Nos Estados Unidos suscitou certo clamor a notícia do matrimônio de um bispo.

Também sofreram grande impacto da crise religiosa geral as escolas, um dos setores em que a presença católica era mais significativa, a tal ponto que nos anos seguintes ao concílio quase quarenta por cento das escolas católicas foram obrigadas a fechar. O outro âmbito que deu o que falar foi o movimento feminino, que começou a ser chamado de feminista: eram particularmente ativas nele as religiosas, que em 1971 renovariam sua organização, dando vida à *Leadership Conference of Woman Religious*, que poria no próprio programa também o pedido do sacerdócio feminino.

Enquanto isso, muitas reivindicações propostas pelos diversos movimentos que iam se renovando atingiam seu fim: um dos sinais mais evidentes seria a nomeação de bispos negros ou hispano-americanos não somente como auxiliares, como em alguns casos já ocorrera, mas como titulares de algumas dioceses.

Nos anos do concílio a situação religiosa no **Canadá** mantinha-se constante e favorável à Igreja católica, embora com diferenças sensíveis nas regiões de língua francesa e inglesa. Sob o ponto de vista cultural, o mundo católico no Canadá estava muito mais preparado do que o mundo estadunidense, seja pela presença de bispos que conheciam muitas obras dos teólogos europeus que, de suspeitos, se tornariam os peritos do concílio (como de Lubac, Congar, Chenu, Rahner), seja graças à ação que em certos círculos desenvolveriam os filósofos franceses Jacques Maritain e Étienne Gilson (1884-1978), com suas obras e sua presença. Um papel relevante, pois, desempenharia no concílio o arcebispo de Montreal, Paul-Émile Léger (1904-1991), em particular na primeira fase, quando se tratou da decisão de remeter às comissões os textos escritos em preparação do concílio.

Embora não na mesma medida do que ocorreu nos Estados Unidos, a Igreja canadense sofreu as consequências das fortes mudanças sociais e políticas que marcaram a história do país, bem como das discussões veementes depois da publicação da *Humanae Vitae*. A encíclica de Paulo VI foi muito discutida nas reuniões dos bispos, que depois publicaram um documento que era ao mesmo tempo gesto de aceitação do texto pontifício, mas também de reafirmação da liberdade de consciência à qual nem os pastores nem os fiéis podiam renunciar.

60. A aceitação do concílio na Ásia e na Oceania

1. A presença da Igreja na Ásia é muito diferenciada e depende do modo como os Estados viveram a descolonização, sobretudo a partir do segundo pósguerra. E não se pode esquecer que a Ásia é também a terra onde nasceram quase todas as grandes religiões da humanidade e que o cristianismo quase sempre se difundiu num pequeno percentual da população.

Nos **anos do concílio**, o continente asiático representava quase a metade do gênero humano, enquanto a presença da Igreja não ia além dos dois por cento da população. E se considerarmos que boa parte do mundo católico se concentra nas Filipinas, pode-se dizer que os católicos em seu conjunto representavam pouco mais de um por cento da população. Também a liberdade religiosa era praticada de diversos modos e não eram poucos os países em que a religião católica era de fato proibida, embora sem chegar às atitudes da China maoísta, na qual em 1957 nascera a Associação Patriótica Católica, ou seja, uma verdadeira Igreja de Estado, criando depois de 1958 graves dificuldades para as hierarquias e para os fiéis que tinham mantido seu vínculo com Roma e não aceitavam as nomeações dos bispos feitas pela autoridade política; de fato, naquele ano de 1958, com a encíclica *Ad Apostolorum principis*, Roma condenou as ordenações episcopais ocorridas sem o acordo do Vaticano. Além disso, as decisões do governo chinês e as reações do Vaticano demonstraram quão sólidas eram as bases cristãs daquele país, tendo em vista a capacidade de resistência da comunidade — embora pequena — dos crentes fiéis a Roma.

Mas havia também situações positivas. Já nos anos 1950 alguns religiosos europeus tinham fundado alguns mosteiros que contavam com a presença, num silêncio contemplativo, de católicos e hindus, enquanto outros tentavam um diálogo entre as diversas filosofias, sobretudo nas universidades católicas, que no Japão gozavam de ótima fama. Já antes do concílio, muito apreciada era a forte atividade social desenvolvida tanto pela Igreja católica como pelas várias Igrejas reformadas.

Havia, pois, em diversos países instituições e atividades que se reportavam aos bispos ou às recém-nascidas conferências episcopais e que desempenhavam intensa atividade principalmente no âmbito social, bem como estava muito presente a preocupação pela formação de um clero e de um laicato autóctone. A Coreia, por exemplo, se distinguiria pela obra que lá desenvolvia a JOC (mas na própria Coreia difundir-se-ia a "Igreja pela unificação do cristianismo mundial", fundada em 1951 pelo reverendo Moon [1920-2012], que em anos mais recentes daria muito que falar de si), enquanto a partir de 1966 uma atividade intensa se desenvolvia na Índia pelo "centro catequético e litúrgico nacional", dirigido pelo teólogo indiano Duraisamy Simon Amalorpavadass (1932-1990), um dos estudiosos que teve maior influência na reflexão sobre os problemas da inculturação (suas contribuições estão resumidas em seu estudo de 1978, *Gospel and Culture, Evangelization and Inculturation*).

2. Nos **anos que se seguiram imediatamente ao concílio**, as Igrejas asiáticas se perguntaram sobre possíveis mudanças, sobretudo no âmbito litúrgico, provindas dos diversos decretos conciliares, organizando em vários países momentos de debate e de reflexão. Como em muitas outras regiões, também na Ásia, e sobretudo na Índia, surgiram movimentos contrários à aplicação das normas conciliares. Afirmavam que uma excessiva indianização da liturgia acabaria por criar forte divisão em relação a Roma. Além disso, eles não eram poucos, incluindo alguns bispos que temiam que um cristianismo que assumisse valores e tradições muito ligadas ao território correria o risco de fazer nascer uma forma de religiosidade muito distante daquela que Roma avalizava.

E logicamente era posto também o problema da **relação com a teologia ocidental**, a qual, julgando ser a reflexão sobre uma religião que devia ser considerada a única verdadeira, seria apresentada às outras religiões não em atitude de diálogo, mas de procura de conversão. Com efeito, o diálogo põe cada religião em atitude de escuta das outras, de suas experiências espirituais, ao passo que um modo redutivo de entender a evangelização (com forte tendência a chegar quanto antes à conversão, com prejuízo da paciente obra de compreensão e valorização do interlocutor, de modo que quem evangeliza seja capaz de entender de modo mais genuíno o Evangelho) parte do pressuposto da superioridade de uma religião sobre outra. Ademais, a dificuldade dos católicos de entrar em diálogo com outras expressões religiosas acabara às vezes por transformar as minorias católicas em pequenas comunidades fechadas em si mesmas. Além disso, o problema do diálogo punha-se também no mundo cristão, dada a presença minoritária de ritos orientais, que temiam ter de renunciar às suas tradições.

Nos anos 1970, enquanto as Igrejas se perguntavam sobre seu papel, verificavam-se na Ásia fortes mudanças de caráter político, provocando também muitas lutas internas nos Estados onde conviviam etnias e religiões diferentes.

Entretanto, boa parte das conferências episcopais dava origem a uma verdadeira federação (FABC: *Federation of Asian Bishops' Conferences*); ratificada por ocasião do encontro dos bispos asiáticos com Paulo VI em visita a Manila em novembro de 1970, a FABC apresentaria os próprios programas na primeira assembleia plenária realizada em Taiwan em 1974.

Nesses mesmos anos, ocorreriam encontros entre teólogos europeus e asiáticos à procura de uma **teologia contextualizada** e de uma nova reflexão sobre o problema da **missionariedade da Igreja**. Crescia, entretanto, uma reflexão local, graças à obra de muitos teólogos, os quais em 1976 fundaram a Associação teológica indiana. Era preciso evitar que a fidelidade às próprias tradições entrasse em conflito com a fidelidade à Igreja católica.

Mas em diversos países, mesmo onde as constituições permitiam certa liberdade às religiões, o crescimento dos vários nacionalismos, e mais ainda dos fundamentalismos de matriz religiosa, levaria a novas formas de intolerância, sobretudo onde iam crescendo movimentos fundamentalistas de origem islâmica.

No âmbito teológico, emergiu lentamente o problema que nos anos seguintes estaria no centro das atenções dos teólogos asiáticos, ou seja, a unicidade da via de salvação representada por Cristo, único mediador entre Deus e os homens, ou a possível existência de outras vias de salvação; em particular, a primeira perspectiva punha o problema da salvação daqueles que, sem culpa, não tinham tido a possibilidade de conhecer o cristianismo e aderir a ele. Este problema estava destinado a levantar discussões, sobretudo com a emergência de uma teologia cada vez mais contextualizada, ou seja, que levasse em consideração contextos doutrinais e humanos dos lugares nos quais era elaborada e que não via mais entre os autores somente teólogos europeus, mas estudiosos nascidos e formados fora da Europa.

Assim, de uma teologia exclusiva (fora da Igreja não há salvação) e depois de ter elaborado uma teologia inclusiva (há várias religiões, mas a única via de salvação permanece a referência, explícita ou implícita, ao único salvador que é Jesus Cristo), a reflexão de alguns teólogos hoje voltou-se para os novos contextos pluralistas, inclusive para um pluralismo religioso, que leva a novos modelos de pensamento e também a teologias cada vez mais contextualizadas, levantando discussões e críticas, e talvez lançando algumas condenações. Seria um exemplo disso um teólogo nascido no Sri Lanka, Tissa Balasuriya (1924-2013), que em sua reflexão procurou superar tanto o modelo exclusivista quanto o inclusivista, afirmando que as outras religiões são capazes de dar a salvação por seus próprios meios, sem fazer referência a Jesus Cristo. É uma proposta — é ainda Balasuriya a lembrá-lo — que reconhece os valores das outras religiões como capazes de guiar os homens à vida eterna; com isto, porém, põe-se em questão a referência a Jesus Cristo como única via de salvação, o que explica os diversos documentos emanados de Roma para confirmar a unicidade dessa via.

3. Uma situação totalmente diferente verifica-se nas **Filipinas**, um país que tivera na segunda metade do século XX um enorme crescimento demográfico. Por antiga tradição, o país era substancialmente católico (vol. III, cap. 7, item 30.4), embora sofresse de grave carência de clero, e só a influência estadunidense privaria do monopólio a Igreja católica, sobretudo no mundo da escola. Graças aos bispos e aos institutos religiosos, o concílio encontrou um terreno fecundo no qual aplicar uma verdadeira atualização numa Igreja capaz de envolver o laicato, distinguindo-se sobretudo por sua obra no âmbito social. Nos anos 1970, justamente esta atenção, quando o governo se tornou de fato uma ditadura, acabaria por estimular o mundo católico a se posicionar, determinando, de um lado, certa retirada do compromisso político e, de outro, a passagem de muitos católicos para o marxismo, enquanto se difundiam as comunidades de base e nascia o movimento dos *Cristãos pela libertação nacional*. Muitos católicos encontraram, porém, no arcebispo de Manila, o cardeal Jaime Sin (1928-2005), uma valiosa ajuda, tanto ao criar uma oposição não violenta ao regime como pela retomada de impulso do compromisso social.

Torna-se, porém, mais complexo falar da significativa presença do cristianismo entre os cerca de trinta milhões de habitantes nas muitas ilhas da **Oceania**, metade dos quais residentes na Austrália e outros na Nova Zelândia e que, diferentemente das Filipinas ligadas ao catolicismo, são em sua maioria aderentes das diversas Igrejas reformadas. Esta situação depende também do fato de que, seja a Austrália, seja a Nova Zelândia, foram em grande parte povoadas pelos imigrantes provenientes dos países de cultura inglesa. Forte crescimento do mundo católico verificou-se recentemente na Austrália, novamente devido às imigrações, provenientes sobretudo da Itália e da Grécia. O compromisso social e a defesa dos direitos humanos das populações autóctones puseram com frequência o mundo cristão na primeira fila; um impulso a tudo isso foi dado quer pela visita e pelos discursos de Paulo VI em Sydney em 1970, quer pela visita ocorrida em 1981 de uma delegação do Conselho Ecumênico das Igrejas.

Também na Papua-Nova Guiné a população é quase totalmente cristã, em sua maioria protestante, enquanto vai se acentuando a presença de várias pequenas Igrejas autóctones. As diversas Igrejas serão, pois, chamadas a refletir sobre uma nova evangelização, que envolva grande esforço de inculturação, um problema que os modelos missionários do século XIX levavam em pouca consideração.

61. Sobre o concílio e a sua aceitação à luz dos últimos anos de Paulo VI e do pluralismo teológico

1. Não era simples a tarefa diante da qual o papa Montini se viu, ou seja, dar continuidade ao concílio e principalmente gerir a aplicação no âmbito mundial. **As dificuldades** aumentaram devido ao fato de que nos anos que se seguiram imediatamente ao concílio se verificou uma das maiores agitações do século XX, provocada não por alguma guerra, mas pelos focos de revolta que eclodiram em diversos países, sobretudo ocidentais, e que muitas vezes viram envolvidas também as Igrejas. Trata-se da chamada "contestação" ou também do chamado "sessenta e oito", do ano no qual essa contestação se difundiu em várias sociedades ocidentais. Homem de grande espiritualidade e dotado também de boas capacidades organizativas, não muito preocupado com sua pessoa, mas profundamente convencido do papel atribuído ao papado, Paulo VI viveu com aparente sentido de angústia alguns momentos de seu pontificado, caracterizado, entre outras coisas, pelo esforço de deixar emergir o papel espiritual que competia ao pontífice, abandonando lentamente os resíduos de poder temporal ainda ligados à tradição romana: colocam-se nessa ótica a modificação de suas relações com o patriciado romano, e mais ainda a renúncia e a doação da tiara para que se conseguisse dinheiro para os pobres (a tiara fora um presente dos católicos milaneses e por isso podia dispor dela pessoalmente).

Viveu com particular amargura a acusação de ser quase um herético, feita a ele por alguns católicos, entre os quais dois cardeais, no momento da publicação do novo *Ordo Missae*, ocorrida em 28 de abril de 1969 (item 55.2). Viveu também com grande sofrimento a recusa de demissão por parte de alguns bispos dos países do Leste europeu, quando teve início o tipo de política voltada a abrir canais de comunicação com os governos comunistas (*Ostpolitik*).

Durante os anos 1970, algumas escolhas que se verificaram na comunidade católica italiana trouxeram-lhe outros sofrimentos; basta pensar nos debates provocados pelo referendum sobre o divórcio, em 12 de maio de 1974, e pela opção por parte de alguns católicos que exerciam papéis importantes na Igreja de se apresentar nas eleições políticas em listas comunistas, ou como membros efetivos ou como colaboradores. Além disso, o referendum segundo o qual poderia ser ab-rogada a lei sobre o divórcio (o que não aconteceu) ocorreu num momento de crise aguda na Itália, causada pelos diversos atentados que deixaram atrás de si um rastro de sangue. Nos mesmos meses do referendum e enquanto as Brigadas Vermelhas (movimento de luta armada de inspiração marxista) realizavam diversos atentados e sequestros, verificavam-se as matanças — que ao que parece tinham outra matriz ideológica — em Bréscia (28 de maio de 1974) e no trem "Italicus" (4 de agosto de 1974). Na véspera do referendum ocorrera a revolta do cárcere de Alexandria, que provocou sete mortes.

Mas nem tudo era negativo na história do mundo e da Igreja. Paulo VI foi também o papa das **grandes reformas** em vista da aplicação do concílio. Reformavam-se ou modificavam-se várias instituições da Cúria romana, tinham surgido os três secretariados (para a unidade dos cristãos, para os não cristãos e para os não crentes). Indicava-se a idade na qual os bispos residentes deveriam se demitir de seu cargo, e também a idade além da qual os cardeais não poderiam mais participar da eleição do papa. Sem muitos clamores, Paulo VI praticava uma cuidadosa política de nomeações, enviando para diversas dioceses, no momento das demissões ou da morte dos titulares, personalidades muito mais próximas de sua linha de governo, que queria ser a linha indicada pelo concílio.

A experiência de trinta anos adquirida especialmente na Secretaria de Estado (item 53.1) levava-o a tecer relações de fraternidade com as várias Igrejas cristãs, quer ocidentais, quer orientais, e com os vários organismos internacionais. O elenco dos encontros e das trocas de visitas parece particularmente significativo. Nesta ótica podia também ser lida a presença do Vaticano na Conferência de Helsinque em agosto de 1975, na qual os Estados signatários se empenharam em promover os direitos humanos.

Teórico do diálogo em todos os níveis, Paulo VI se dava conta de que o **diálogo** se tornara **difícil dentro da Igreja**. Precisamente essas dificuldades o levaram a uma verdadeira ruptura com um bispo, dom Lefebvre, que não aceitava as decisões conciliares. Mas participava também de acontecimentos de sinal oposto. Em 1968 tinha presenciado o grande encontro da Igreja sul-americana que ocorria em Medellín, onde condenou a violência revolucionária, mas reafirmou também a necessidade dos católicos enfrentarem com seriedade a questão social, sobretudo nos países pobres. Retomaria depois estes temas na carta ao cardeal Maurice Roy (1905-1985), *Octogesima adveniens*, de maio de 1971, escrita para comemorar a *Rerum Novarum*. Entretanto cresciam suas preocupações com a difusão na América Latina de alguns aspectos da teologia da libertação que pareciam provindos do marxismo.

Num momento de particular desconforto, devido aos desdobramentos da contestação ao concílio provenientes principalmente de dom Lefebvre, o papa denunciou "a fumaça de Satanás" que parecia ter se insinuado na Igreja. Os sinais eram numerosos e entre eles uma forte crise do mundo eclesiástico e religioso em geral, que tinha a maior manifestação no abandono do ministério sacerdotal por parte de muitos padres, a ponto de o papa ter simplificado as normas que permitiam a redução dos padres ao estado leigo, justamente para evitar que jovens ou não jovens padres se vissem numa situação de irregularidade em relação à instituição eclesiástica. Todavia, apesar de várias leituras que eram feitas então e que seriam feitas depois de seu ânimo atormentado, ao fazer referência aos diversos modos como era chamado em vários momentos ele escrevia num apontamento de 1975 publicado pelo Instituto Paulo VI de Bréscia: "Meu estado de ânimo? Hamlet? Dom Quixote? Esquerda? Direita?... Ninguém acerta. São dois os sentimentos dominantes: '*Superabundo gaudio*'. Estou cheio de consolação, tomado de alegria em todas as minhas tribulações (2Cor 7,4)" (cit. in *La Chiesa del Vaticano II [1958-1978]*, Guasco, M. et al. [orgs.], 1, Cinisello Balsamo, San Paolo, 1994, 94).

Havia a contestação, mas havia também razões de **consolação**. O papa tinha amplamente relançado a problemática missionária, publicando em 8 de dezembro de 1975 a exortação apostólica *Evangelii nuntiandi*, mas sobretudo estava assistindo ao extraordinário sucesso do Ano Santo por ele promulgado para o ano de 1975, entre a surpresa e até o ceticismo de boa parte da comunidade dos crentes.

O ceticismo sobre algumas iniciativas de Paulo VI deu lugar à **admiração** em relação a um papa cujos últimos meses de vida revelaram inteiramente sua dimensão profundamente espiritual, espiritualidade de tons até dramáticos, como o que aconteceu por ocasião do sequestro e funeral do amigo Aldo Moro (1916-1978), que ele conhecia desde os tempos em que nos anos 1930 fora assistente da FUCI (Federação Universitária Católica Italiana). Depois da carta enviada em 21 de abril de 1978 aos "homens das Brigadas Vermelhas", na qual pedia "de joelhos" a libertação do expoente da Democracia Cristã, o papa concluía a celebração do funeral em 13 de maio com uma oração na qual exprimia publicamente o dramático sentimento da impotência humana, quase que censurando Deus por não ter ouvido as orações que lhe tinham sido dirigidas; de certo modo, acabava assim por questionar publicamente certa concepção religiosa, ou seja, a que pretende que a relação com Deus seja como uma relação de troca, de dar e receber, e não de absoluta gratuidade. Não podia deixar de impressionar o fato de ter sido um papa a sentir e denunciar o dramático silêncio de Deus: "E agora os nossos lábios, fechados por um enorme obstáculo semelhante à grande pedra rolada na entrada do sepulcro de Cristo, querem se abrir para exprimir o *De profundis*, ou seja, o grito e o choro da inefável dor com a qual a tragédia presente sufoca a nossa voz. Senhor, ouve-nos! Quem pode ouvir o nosso lamento, senão somente Tu, ó Deus da vida e da morte? Tu não ouviste nossa súplica em favor da incolumidade de Aldo Moro, desse homem bom, manso, sábio, inocente e amigo; mas tu, ó Senhor, não abandonaste o seu espírito imortal, marcado pela fé no Cristo, que é a ressurreição e a vida. Por ele, Senhor, ouve-nos! […] Entretanto, ó Senhor, faz com que, aplacado pela virtude da tua cruz, o nosso coração saiba perdoar o ultraje injusto e mortal causado a esse homem caríssimo e aos que sofreram a mesma sorte cruel; faz com que todos nós busquemos no puro sudário da sua nobre memória a herança que nos fica da sua consciência reta, seu exemplo humano e cordial, da sua dedicação à redenção civil e espiritual da dileta nação italiana! Senhor, ouve-nos!" (cit. in *I papi del ventesimo secolo*, número especial da revista "Jesus", 1987, 165).

Poucos meses depois morreria também Paulo VI. Era o dia 6 de agosto de 1978, festa da Transfiguração: para o papa da profunda e atormentada espiritualidade não havia um dia melhor para passar, como os três apóstolos no Tabor, de uma visão "como num espelho" (1Cor 13,12) ao encontro com Cristo em sua divina realidade.

2. O primeiro dado que se apresenta a quem estuda a história da Igreja nos anos seguintes aos do concílio é de caráter teológico, ou seja, **a passagem do singular para o plural**, *da* teologia *às* teologias. O que de modo algum surpreende o historiador. Se a teologia é a reflexão sobre a Palavra de Deus em vista de sua comunicação, ela deve se adaptar continuamente aos contextos em que vive. De imutável há somente a Palavra de Deus, não os modos de anunciá-la. Num mundo profundamente variegado, no qual todas as culturas têm direito de se exprimirem, parece totalmente lógico que também a teologia siga esses parâmetros. Foi o padre Chenu que falou de historicização da reflexão teológica. Um convite que não é ainda totalmente acolhido e aceito, mas que não deveria criar problemas ao historiador.

Nesse sentido, não nos surpreenderíamos se a uma reflexão essencialmente eclesiológica tenha se contraposto uma reflexão cristológica. Decerto as duas reflexões não estão em conflito entre si. A Igreja deve se estruturar de modo a anunciar cada vez melhor nas línguas e nas culturas às quais é enviada o Reino de Deus pregado por Jesus Cristo. Isso acabará por multiplicar os modos como Cristo será anunciado. Mas o pluralismo, que parecia um perigo, pode ser considerado uma riqueza hoje.

Certa forma de regionalização da teologia é demonstrada também pelo recente surgimento de diversas faculdades teológicas em vários países. No mundo ocidental, quase todas tinham desaparecido em 1931, depois da constituição apostólica de Pio XI *Deus scientiarum Dominus*, que continha uma série de normas indispensáveis para que uma instituição teológica pudesse conferir os títulos acadêmicos. O texto de Pio XI teve como consequência o desaparecimento de quase todas as faculdades teológicas. O recente renascimento delas é sinal de uma nova época de reflexão teológica, embora muitas vezes os teólogos do mundo em desenvolvimento considerem os colegas ocidentais como estudiosos de gabinete e de cátedra e não expressão das populações a que são enviados e a cujo serviço deveriam estar. Não se trata aqui de reabrir antigas polêmicas, mas somente de constatar que os modos de fazer teologia podem ser os mais diversos e não existem paradigmas e modelos únicos.

A mesma coisa deveria valer para os modos como o concílio foi acolhido nos vários contextos geográficos. Houve e haverá **diversas leituras do concílio**, fenômeno que se verificou também por ocasião do concílio de Trento e do Vaticano I. Também nestes anos houve duas leituras diferentes do Vaticano II, uma que privilegia os elementos de continuidade entre os textos conciliares e a tradição da Igreja, e outra que destaca os novos elementos que podem se encontrar nos diversos documentos, até a afirmar que em alguns pontos tenha havido uma verdadeira ruptura entre o passado recente e as inovações introduzidas pelos textos conciliares. É interessante notar que esta interpretação é apresentada por polos opostos, pelos chamados progressistas e pelos seguidores de Lefebvre, cuja separação da Igreja católica foi motivada precisamente pelo fato de que o concílio em muitos pontos ter-se-ia distanciado da melhor tradição católica.

Deve-se observar, porém, que esse debate, ou seja, entre os que falam de ruptura e os que falam de continuidade na tradição, é para o historiador um falso problema. É muito difícil afirmar que existam na história momentos e elementos que não tenham tido alguma premissa nas épocas anteriores, e ao mesmo tempo é difícil afirmar que a história seja imutável e que não existam momentos que representam um verdadeiro salto qualitativo com relação ao passado. Quando o historiador fala de ruptura não põe em questão a continuidade da tradição, mas lembra que a própria tradição inclui muitos elementos que mudam com a mudança dos tempos. É justamente a carência da dimensão histórica e a extensão de uma mentalidade dogmática, pela qual por muitos anos foi marcada a cultura católica, que transformou em verdades imutáveis elementos totalmente sujeitos ao fluir da história, o que tornou muitas vezes difícil o diálogo com a modernidade.

Trata-se, portanto, de estudar o concílio como um momento de uma história mais ampla, sabendo que muitas afirmações conciliares foram possíveis graças ao trabalho de muitos estudiosos nos anos anteriores.

Não é mais possível hoje ignorar as diversas situações locais, como se a Igreja vivesse num mundo isolado, fora da história, imutável no tempo e no espaço; de fato, a aceitação do concílio foi e será sempre fortemente influenciada pelas diversas situações locais.

O historiador trabalha tendo em mente as palavras ditas um dia pelo papa que desejou o concílio, João XXIII, o qual afirmava ter se tornado papa não para conservar a Igreja como um museu, mas para cultivá-la como um jardim, o qual foi feito fecundo pela ação contínua no curso da história do Espírito de Deus, cuja beleza é dada pela diversidade das cores.

62. Para uma primeira orientação sobre a passagem entre os séculos XX e XXI no longo pontificado de João Paulo II (1978-2005)

1. A morte de Paulo VI, e mais ainda a de Moro, marcavam o fim, ainda que tenham acontecido pouco depois, da fase italiana que tomaria o nome da aliança de governo, cujo autor fora precisamente o próprio Moro, a do "compromisso histórico", ou seja, do encontro e confronto entre uma cultura de matriz marxista e a cultura católica.

Como sucessor de Paulo VI foi eleito em 26 de agosto de 1978 o patriarca de Veneza, Albino Luciani (1912-1978), de 66 anos, o qual assumiu o nome de **João Paulo I**, como a indicar que desejava exercer o poder com a simplicidade e a bondade de João XXIII e a profunda dimensão espiritual de Paulo VI. O novo papa — que entrou para o seminário depois da quarta série elementar, e como padre fora professor e vice-reitor no seminário, depois pró-vigário geral da diocese de Belluno-Feltre (além de, entre outros encargos, ter sido pregador, jornalista, responsável da seção catequética), para ser a seguir bispo de Vittorio Veneto (1959-1969) e finalmente patriarca de Veneza — apresentava-se com um estilo isento de ênfase, angariando as simpatias universais com seu sorriso. Mas não teve tempo de programar seu pontificado, pois morreu 33 dias depois de sua eleição.

Em 16 de outubro foi chamado a sucedê-lo o cardeal de Cracóvia, **Karol Wojtyla** (tinha completado havia pouco 58 anos), cuja nomeação rompia o costume secular de eleger papas italianos. Sua carreira apresentava elementos totalmente diferentes do habitual, também pelo fato de ter crescido num país, a Polônia, que, embora mantendo certa autonomia, estava na esfera de influência do comunismo soviético. Tendo crescido numa digna pobreza, órfão de mãe desde a infância, tinha passado pelo sofrimento da Segunda Guerra Mundial e obrigado a trabalhar como operário por alguns anos. Escritor e poeta, amante do teatro, e por sua vez ator amador, poliglota, tornou-se depois professor universitário; fora ordenado bispo e depois cardeal ainda bem novo. Ao lado do cardeal arcebispo de Varsóvia, Wyszynski, tinha vivido longos anos de confronto com o regime comunista num país como a Polônia, que tinha feito do próprio catolicismo uma bandeira e um sinal de resistência contra o opressor soviético.

O novo papa conhecia a Itália e fora um dos bispos mais ilustres durante o Concílio Vaticano II. Não estava condicionado pelas vicissitudes políticas italianas, mas escolheria logo fazer-se peregrino pelo mundo, para anunciar a todos Jesus Cristo, de quem não se tinha de ter medo ("Não tenhais medo! Antes, deixai as portas escancaradas para Cristo!", exclamou de maneira enfática na homilia da missa de início do pontificado em 22 de outubro de 1978), e também para pôr em prática as decisões do Vaticano II, no qual dizia querer constantemente se inspirar. Habituado a ter de defender a própria identidade de crente e com forte experiência de conflito com o comunismo, e logicamente menos afeito a se confrontar com uma cultura, como era a da sociedade ocidental, secularizada e mais indiferente do que hostil em relação ao cristianismo, exortaria logo os católicos a não se deixarem envolver por aquela mentalidade, a encontrar as próprias raízes cristãs, a recuperar visibilidade e presença significativa na sociedade e nas instituições.

O **magistério** de João Paulo II foi de amplos horizontes, que à primeira vista parece marcado por algumas **referências fundamentais**. Há antes de tudo as **três encíclicas** dedicadas a cada uma das pessoas da Trindade, o Filho (*Redemptor hominis*, 1979), o Pai (*Dives in misericordia*, 1980), o Espírito Santo (*Dominum et vivificantem*, 1986), das quais a segunda é a mais ligada ao papa polonês que, também pela influência da espiritualidade de Faustina Kowalska (1905-1938), por ele canonizada em 2000, reputava que a humanidade na passagem dos dois milênios tivesse sobretudo necessidade de conhecer e de viver a misericórdia divina; de fato, esta mensagem levou seu segundo sucessor, o papa Francisco, a anunciar um Ano Santo extraordinário da misericórdia (2015-2016). Igualmente caras a João Paulo II foram as **catequeses** realizadas por ele nas audiências gerais das quartas-feiras (de setembro de 1979 a março de 1984), dedicadas ao **amor humano**, com um cunho teológico original referente ao corpo e à sexualidade, para sua melhor valorização; a exortação apostólica *Familiaris consortio*, publicada em 1981 depois do sínodo dos bispos sobre a família (setembro-outubro de 1980), é outro documento no qual emerge quanto o papa levava em grande consideração o amor entre homem e mulher e a transmissão da vida, sobre a qual ele voltou por diversas vezes, em especial com a encíclica *Evangelium vitae* de 1995. Novidade absoluta foi um documento publicado no dia 15 de agosto de 1988, já que nenhum papa tinha até então dedicado uma reflexão especial e orgânica sobre as mulheres; algo que, porém, João Paulo II fez com a carta apostólica *Mulieris dignitatem*, texto no qual não só é apresentado, mas exaltado o que o papa chamou de "o gênio feminino".

Inspirando-se muito em sua própria história de vida, o papa polonês deu importantes contribuições magisteriais em três âmbitos referentes, respectivamente, às **temáticas sociais** — em especial à economia e ao trabalho (como foi referido anteriormente, ele tinha trabalhado numa fábrica quando jovem) —, à promoção da unidade da Europa e à compreensão cristã do sofrimento humano. No primeiro caso, foram publicadas três encíclicas, ou seja, a *Laborem Exercens* (1981), a *Sollicitudo rei socialis* (1988) e a *Centesimus annus* (1991), a primeira e a última publicadas nos aniversários da *Rerum Novarum* de Leão XIII de 1891 (cap. 4, item 23.3 e cap. 5, item 31.4).

Como se aludirá mais abaixo, para favorecer a **união europeia** o papa deu uma contribuição decisiva para pôr em crise a divisão ("cortina de ferro") entre Estados ocidentais e Estados orientais mantidos sob rígido controle pela União Soviética comunista e, ao mesmo tempo, concebeu a perspectiva da Europa chamada a respirar, como ele disse, a "plenos pulmões", ou seja, valorizando as riquezas das tradições dos países ocidentais e dos países orientais, unificados entre si pela mesma opção religiosa cristã. Esta perspectiva encontra-se, por exemplo, na encíclica *Slavorum apostoli*, de 1985, dedicada aos Santos Cirilo e Metódio (século IX), proclamados copatronos da Europa, junto com São Bento (c. 480-c. 546), o pai do monaquismo ocidental, que já em 1964 Paulo VI tinha proclamado patrono da Europa. Mais tarde, em 1999 João Paulo II enriquecerá o patronado europeu, confiando-o a três santas mulheres, Brígida da Suécia (1303-1373), Catarina de Sena (1347-1380) e Edith Stein; com essa última se recuperava a contribuição judaica à constituição da Europa e se lançava luz sobre a necessidade da reconciliação dos povos, já que Stein era de origem judaica e vítima do Holocausto no campo de extermínio de Auschwitz-Birkenau. Edith Stein foi beatificada (1987) e canonizada (1998) com o nome de Santa Teresa Benedita da Cruz, por João Paulo II, o papa que absolutamente realizou o maior número de beatificações (1.345) e canonizações (483).

O fato mais clamoroso do pontificado foi o atentado sofrido por ele em 1981, motivo pelo qual seu físico, até aquele momento com ótima saúde, até atlético, começou a sofrer uma série de contragolpes (é conhecida a atividade física de Karol Wojtyla como bispo, com suas andanças pelos montes, seus passeios de canoa, saídas pelos campos de esqui, que ele manteve mesmo como papa, a mais famosa das quais ocorreu com o presidente da República italiana, Sandro Pertini, nas neves da Adamello em 1984). A progressiva decadência física, que se acentuou nos últimos anos de pontificado (por muitos foi criticada a exposição midiática que acompanhou o papa gravemente doente nos últimos meses da sua vida), favoreceu uma série de reflexões sobre o modo cristão de conceber e viver **o sofrimento**, reflexões que se unem em torno da *Salvifici doloris*, carta apostólica publicada em 1984, no dia dedicado a Nossa Senhora de Lourdes, a quem a Igreja confia as pessoas doentes.

Entre outras relevantes temáticas do magistério de João Paulo II, temos de ressaltar a referente às relações entre **fé e razão**; a encíclica *Fides et ratio* de 1998 é o documento em que esta questão é tratada de maneira mais completa e o tema é pesquisado com sutileza também pelo cardeal Joseph Ratzinger, que o papa polonês quis, a partir de novembro de 1981, como prefeito da Congregação para a Doutrina da Fé; Ratzinger sucederia Wojtyla, com o nome de Bento XVI, em 2005 e exerceria seu ministério até fevereiro de 2013, quando, para surpresa geral, anunciaria sua renúncia.

Outro importante aspecto do magistério de João Paulo II foi sua disponibilidade para rever o **exercício do primado pontifício**: disponibilidade expressa de maneira clara e pública pela primeira vez em maio de 1995 com a encíclica *Ut unum sint* e retomada depois várias vezes com as admissões dos obstáculos que no curso da história o exercício concreto do poder papal pôs à unidade da Igreja. Semelhantes admissões de culpa foram estendidas por João Paulo II à obra da Igreja católica no decorrer da história (pensemos no que foi chamado de "revisão do caso Galileu", ocorrida entre 1979 e 1983), com os relativos pedidos de perdão. Estas foram algumas das escolhas que caracterizaram o **Ano Santo de 2000**, ou seja, o "grande jubileu", por ocasião do qual o papa, em particular na carta apostólica *Tertio millennio adveniente* (1994), anunciou a necessidade de fazer um exame de consciência sobre o passado da Igreja para realizar uma série de gestos de perdão, depois efetivamente assumidos ("purificação da memória histórica"); esse enfoque foi criticado por alguns, pelo arcebispo de Bolonha, por exemplo, o cardeal Giacomo Biffi (1928-2015), que numa carta pastoral lembrou o quão delicado era realizar tal operação, que podia ser fonte de mal-entendidos. No final do Ano Santo, o papa publicou em 6 de janeiro de 2001 a carta apostólica *Novo millennio ineunte*, na qual está presente o forte apelo dirigido aos cristãos à "**nova evangelização**" (cap. 9, item 70.2). Este é o último grande legado do magistério de João Paulo II, o qual desde o início e continuamente confiou seu pontificado à proteção materna de Nossa Senhora; tanto assim que o mote por ele escolhido para seu brasão, "*Totus tuus*", é endereçado a ela.

2. Se à primeira vista o magistério de João Paulo II põe em evidência a riqueza de seu **longo pontificado**, o mesmo acontece ao relembrarmos **alguns de seus momentos significativos**. Na Itália, seus primeiros anos foram marcados pela estratégia da tensão, com atentados e homicídios que culminaram, em 2 de agosto de 1980, no massacre na estação de Bolonha, quando uma bomba causou a morte de oitenta e cinco pessoas e feriu outras duzentas. Como referido acima, o próprio pontífice sofria as consequências desse clima de violência: em 13 de maio de 1981 foi atingido à queima-roupa por uma série de tiros disparados pelo terrorista de origem turca Ali Ağca (1958-), na praça de São Pedro, um **atentado** ainda envolto em mistério, mas que fazia pensar na responsabilidade dos serviços secretos soviéticos, uma vez que sua nomeação como pontífice tornava mais difícil a presença comunista na Polônia. No período de alguns anos, o **sistema comunista entrou em colapso**, e nos últimos meses de 1989 grande parte dos Estados da Europa oriental readquiriu a própria autonomia, libertando-se do jugo soviético; entre os diversos assuntos que levaram a este processo temos de incluir certamente a personalidade e a ação de João Paulo II, que, por exemplo, em 1º de dezembro de 1989 tinha se encontrado no Vaticano com o presidente da União Soviética, Mikhail Gorbachev (1931-2022).

O desejo de João Paulo II de uma **presença visível dos cristãos** no mundo seria realizado, pelo menos em parte, pelos diversos movimentos que iam se difundindo na Igreja justamente nos anos 1980, provocando certo conflito com a Ação Católica e sua opção religiosa — havia decênios a Ação Católica era considerada a organização mais difundida dentro do mundo católico. Os vários movimentos pareciam afirmar a necessidade de retornar a algumas formas de cristandade, embora devendo se atualizar continuamente com base no contexto histórico no qual podia se realizar. Neste âmbito, temos de lembrar outra contribuição magisterial oferecida por João Paulo II com a exortação apostólica *Christifideles laici*, publicada em 1988, a um ano de distância do sínodo dos bispos dedicado aos leigos cristãos e a seu papel na Igreja e no mundo.

Entretanto, embora com dificuldade as várias **Igrejas locais** estavam procurando realizar algumas das indicações pastorais do Vaticano II, e é significativo que a direção da importante arquidiocese de Milão estava confiada de 1980 a 2002 a uma grande personalidade, o cardeal Carlo Maria Martini (1927-2012), enviado a Milão por João Paulo II diretamente da Universidade Gregoriana, da qual Martini era reitor. Na Itália e no exterior, suas opções, seu estilo pastoral, sua capacidade de ler e atualizar a Palavra de Deus tiveram amplíssima repercussão não só na Igreja católica, mas entre as diversas Igrejas cristãs e até entre os não crentes. Entretanto a Igreja universal e a **Cúria romana** iam se modificando de maneira significativa com a promulgação, em 25 de janeiro de 1983, do novo Código de Direito Canônico, enquanto em 1988 os dicastérios vaticanos foram reestruturados à luz das linhas mestras oferecidas pela constituição apostólica *Pastor Bonus*. Dois outros acontecimentos importantes marcaram o ano de 1983, ano em que em comemoração ao 1950º aniversário da Redenção era promulgado um Ano Santo extraordinário; em segundo lugar, dava-se outro passo na reforma litúrgica com a publicação da segunda edição italiana do *missal romano*, com uma exposição pormenorizada das normas e rubricas referentes à celebração eucarística.

Em 1984 chegavam também à sua conclusão as várias negociações referentes à revisão da concordata italiana assinada pela Igreja e pelo regime fascista em 1929. Era um fato interno à Igreja italiana, mas nascia com uma anomalia que de certo modo indicava que o caminho para as Igrejas locais ainda era difícil. Com efeito, as assinaturas à nova concordata eram apostas pelo presidente do Conselho italiano, que naquele ano era o socialista Bettino Craxi (1934-2000), e pelo secretário de Estado vaticano, o cardeal Agostinho Casaroli, e não pelo representante da Igreja italiana.

Assistia-se lentamente a uma forma de personalização do catolicismo: o grande impacto do pontífice sobre a *mídia* de todo o mundo corria o risco de reduzir o catolicismo a seu chefe supremo; isto, no entanto, tinha também algumas vantagens, por exemplo sobre as **relações ecumênicas** e o **diálogo inter-religioso**. Se já era significativa a participação das delegações católicas às assembleias ecumênicas, foi ainda mais significativa a assinatura aposta em 16 de junho de 1997 por parte das respectivas autoridades ao *Texto comum para uma orientação pastoral dos matrimônios entre católicos e valdenses ou metodistas*. Também com o mundo hebraico seriam estabelecidas novas relações depois do encontro ocorrido dez anos antes, em 13 de abril de 1986, na sinagoga de Roma entre o pontífice e o rabino Toaff (1915-2015); sinal do novo clima seria a decisão de escolher o dia 17 de janeiro para uma "Jornada anual pelo diálogo judeu-cristão". Não obstante alguns empecilhos por parte da Cúria romana, na mesma direção caminhava o encontro inter-religioso de Assis (27 de outubro de 1986), desejado pelo papa: pela primeira vez muitos líderes de diversas religiões se viram juntos a orar na pátria de São Francisco pela paz no mundo, cada qual segundo suas modalidades. Além disso, as muitas viagens por quase todos os países do mundo que o pontífice programava e fazia davam de novo a muitos cristãos marginalizados, e muitas vezes perseguidos, o sentido do pertencimento à religião cristã e ofereciam ao pontífice numerosas oportunidades de diálogo com líderes de países e de fés religiosas diferentes do cristianismo.

Aliás, isso permitia retomar o discurso sobre a **missionariedade** da Igreja; João Paulo II dedicava ao assunto uma encíclica muito significativa

(*Redemptoris missio*, 7 de dezembro de 1990) e muitas de suas viagens eram precisamente destinadas a encontrar cristãos esparsos naqueles países ainda considerados "de missão".

Durante o pontificado de João Paulo II realizava-se de modo ainda mais evidente a **difusão do cristianismo** no Sul do mundo. Os cristãos aumentavam nas Américas cerca de quarenta e cinco por cento, sobretudo na América Latina; na África, cerca de cento e cinquenta por cento; na Ásia, setenta e quatro por cento, na Oceania, cinquenta por cento, ao passo que na Europa aumentavam somente cinco por cento. Temos, pois, um cristianismo cada vez menos europeu, como mostrará o capítulo seguinte, mas desde já não se deve esquecer que nos números estão incluídas as várias seitas de matriz cristã que tiveram um aumento muito relevante. O pontífice, porém, estava absolutamente convencido de que a Europa, berço do cristianismo, tinha ainda um papel muito importante em sua difusão.

Nos anos seguintes ao concílio, o mundo ocidental teve de lidar com uma fortíssima diminuição do pessoal religioso, padres, religiosos e religiosas. Uma tendência que continuou durante os anos de João Paulo II, quando, entretanto, nesse mesmo tempo se registrou um evidente crescimento das vocações em muitos países do Terceiro Mundo: isso levantava e levanta problemas consideráveis e forçará a Igreja a fazer escolhas impensáveis havia cerca de poucos decênios sobre a distribuição e a utilização, com as responsabilidades conexas, do clero, dos religiosos e das religiosas em escala mundial, bem como o envolvimento dos leigos na condução das comunidades eclesiais.

João Paulo II teria tido algumas dificuldades em relação a certa forma de teologia proveniente da América Latina, a teologia da libertação. Como já lembramos, uma teologia que pensava poder separar a análise sociológica, que ela deduzia do marxismo, das consequências que o próprio marxismo dela extraía, chegando à afirmação do ateísmo. Para muitos observadores essa separação era impossível, ou seja, caso se utilizasse este tipo de análise, as consequências seriam inexoráveis, inclusive o ateísmo. O pontífice tinha bem presente este problema, ficando um tanto perplexo diante da teologia da libertação. Neste contexto, suas viagens à América Latina suscitaram as mais diversas interpretações sobre como o papa avaliava o desenvolvimento da Igreja católica nesse continente. Uma prova desta ambiguidade teria ocorrido quando João Paulo II esteve em 1983 em San Salvador, onde em março de 1980 fora assassinado por sicários ligados ao governo o arcebispo Oscar Arnulfo Romero enquanto celebrava missa em sua diocese (cap. 9, item 69.2). Era conhecida certa hostilidade do episcopado salvadorenho, e talvez também da Cúria romana, em relação a dom Romero. João Paulo II tinha recebido em Roma a dom Romero, que saíra da audiência convencido de que o papa não entendia sua situação. Mas durante a visita a San Salvador o pontífice quis modificar o programa, para ir orar sobre o túmulo de dom Romero. Havia, pois, por parte do pontífice grande admiração pelo bispo morto, embora o processo de beatificação de dom Romero não caminhasse; talvez houvesse apenas a vontade de não ferir o episcopado daquele país, mais que uma suposta hostilidade de João Paulo II.

Menos significativa era a relação com o cristianismo asiático: o problema não nasce tanto da presença escassa de cristãos naquele vasto continente, quanto da dificuldade que o cristianismo encontra quando deve se confrontar com culturas milenares e pouco abertas a influências externas. No fundo, o mesmo problema se põe, ao contrário, com a penetração do cristianismo na África, o continente que nos decênios anteriores teve o mais amplo incremento de conversões ao cristianismo. Talvez tudo isso dependa do fato de que as culturas e as religiões africanas são menos fortes e mais facilmente influenciáveis. Todavia, o cristianismo presenciou notável inculturação graças também a algumas reformas do Vaticano II, como a possibilidade de utilizar a língua local para a liturgia: o que, entre outras coisas, produziu forte tendência de pôr à disposição de todos as traduções dos textos mais importantes, e em especial da Bíblia. Temos de nos dar conta, porém, de uma distância sempre crescente entre o prescrito e o vivido, ou seja, do fato de que os católicos tendem a conhecer as leis eclesiásticas, mas não estão muito dispostos a praticá-las.

Todavia, a Igreja permanece como um ponto de referência fundamental para uma parte consistente da humanidade: esses eventos, como as **Jornadas Mundiais da Juventude** (iniciadas em 1985 por intuição de João Paulo II, a mais memorável das quais ocorreu em Roma por ocasião do Ano Santo de 2000), são ainda capazes de envolver massas consistentes de pessoas. A Igreja se vê diante de situações novas, de pessoas que tendem a pôr de lado as pertenças eclesiais e institucionais, embora conservando um sentimento religioso vago e não facilmente definível. Em certos casos, privilegiam-se os aspectos consoladores e milagreiros. Ao mesmo tempo, não se deve esquecer que cresceram os crentes que têm nova consciência de sua crença e do fato de serem cristãos numa Igreja que se torna cada vez menos clerical. Cresceu também a consciência da relevância da própria fé nas escolhas políticas, ao passo que paralelamente faltou o conceito de obrigação e condicionamento do sentimento religioso, provocando o surgimento de uma fraqueza, tanto dogmática quanto ética. Justamente por isso, João Paulo II ofereceu, como já lembrado, como legado à Igreja (ele morreu em 2 de abril de 2005) um conceito aparentemente antigo, o de "nova evangelização", como a reconhecer que não existem mais terras onde o cristianismo permanece bem sólido: também os países de antiga cristandade se apresentam hoje como verdadeiros países de missão.

Bibliografia

Fontes

EV 1 = *Enchiridion Vaticanum*. Bolonha: EDB, 1981, v. 1: Documenti del Concilio Vaticano II.
Acta et documenta Concilio Oecumenico Vaticano II apparando. Cidade do Vaticano: Typis Vaticanis, 1960-1995, duas séries.
Acta Synodalia Sacrosancti Concilii Oecumenici Vaticani II. Cidade do Vaticano: Typis Vaticanis, 1970-1999, 6 v.
CAPRILE, G. *Il Concilio Vaticano II*. Roma: La Civiltà Cattolica, 1966-1969, 5 v., 6 tomos.
CONGAR, Y. *Diario del Concilio*. Cinisello Balsamo: San Paolo, 2005, 2 v.
DE LUBAC, H. *Quaderni del Concilio*. Milão: Jaca Book, 2009.
FAGGIOLI, M.; TURBANTI, G. *Il Concilio inedito. Fonti del Vaticano II*. Bolonha: il Mulino, 2001.
FESQUET, H. *Diario del Concilio*. Milão: Mursia, 1967.
LA VALLE, R. *Coraggio del Concilio*. Bréscia: Morcelliana, 1964.
_____. *Fedeltà del Concilio*. Bréscia: Morcelliana, 1965.

Estudos

ACCATTOLI, L. *Karol Wojtyla. L'uomo di fine millennio*. Cinisello Balsamo: San Paolo, 1998.
ALBERIGO, G. (ed.). *Chiese italiane e Concilio*. Gênova: Marietti, 1988.
_____ (ed.). *Storia del Concilio Vaticano II*. Lovaina-Bolonha: Peeters-il Mulino, 1995-2001, 5 v.
_____; JOSSUA, J. P. (eds.). *Il Vaticano II e la Chiesa*. Bréscia: Paideia, 1985.
BURIGANA, R. *Storia del Concilio Vaticano II*. Turim: Lindau, 2012.

Chenaux, P. *Il Concilio Vaticano II*. Roma: Carocci, 2012.
Cuminetti, M. *Il dissenso cattolico in Italia, 1965-1980*. Milão: Rizzoli, 1983.
Doré, J.; Melloni, A. *Volti di fine concilio. Studi di storia e teologia sulla conclusione del Vaticano II*. Bolonha: il Mulino, 2000.
Fisichella, R. (ed.). *Il Concilio Vaticano II. Recezione e attualità alla luce del Giubileo*. Cinisello Balsamo: San Paolo, 2000.
Grootaers, J. *I protagonisti del Vaticano II*. Cinisello Balsamo: San Paolo, 1994.
Il Vaticano II nella Chiesa italiana: memoria e profezia. Assis: Cittadella, 1985.
Latourelle, R. (ed.). *Vaticano II: bilancio e prospettive venticinque anni dopo (1962-1987)*. Assis: Cittadella, 1987, 2 v.
Le deuxième Concile du Vatican (1959-1965). Roma: École Française de Rome, 1989.
Levillain, P. *La mécanique politique de Vatican II: la majorité et l'unanimité dans un Concile*. Paris: Beauchesne, 1975.
Marchetto, A. *Il Concilio ecumenico Vaticano II. Per la sua corretta ermeneutica*. Cidade do Vaticano: Libreria Editrice Vaticana, 2012.
Melloni, A.; Ruggieri, G. (eds.). *Chi ha paura del Vaticano II?*. Roma: Carocci, 2009.
Menozzi, D. *Giovanni Paolo II. Una transizione incompiuta? Per una storicizzazione del pontificato*. Bréscia: Morcelliana, 2006.
_____. (org.); Perrin, L. *Il caso Lefebvre*. Gênova: Marietti, 1991.
Miccoli, G. *In difesa della fede. La Chiesa di Giovanni Paolo II e Benedetto XVI*. Milão: Rizzoli, 2007.
_____. *La Chiesa dell'anticoncilio. I tradizionalisti alla riconquista di Roma*. Bari-Roma: Laterza, 2011.
O'Malley, J. W. *Che cosa è successo nel Vaticano II*. Milão: Vita e Pensiero, 2010.
Perroni, M.; Melloni, A.; Noceti, S. (eds.). *"Tantum aurora est". Donne e Concilio Vaticano II*. Zurique-Berlim: Lit Verlag, 2012.
Pesch, O. H. *Il Concilio Vaticano Secondo. Preistoria, svolgimento, risultati, storia post-conciliare*. Bréscia: Queriniana, 2005.
Roy-Lysencourt, P. *Les membres du Coetus Internationalis Patrum au Concile Vatican II*. Lovaina: Maurits Sabbe Library, 2014.
Routhier, G. *Il Concilio Vaticano II. Recezione ed ermeneutica*. Milão: Vita e Pensiero, 2007.
Scatena, S. *La fatica della libertà. L'elaborazione della dichiarazione "Dignitatis humanae" sulla libertà religiosa del Vaticano II*. Bolonha: il Mulino, 2003.
Theobald, C. *La recezione del Vaticano II*. Bolonha: Dehoniane, 2011, v. 1: Tornare alla sorgente.
_____. *Vatican II sous le regard des historiens*. Paris: Médiasèvres, 2006.

VALERIO, A. *Madri del Concilio. Ventitré donne al Vaticano II*. Roma: Carocci, 2012.

VELATI, M. *Una difficile transizione. Il cattolicesimo tra unionismo e ecumenismo (1952-1964)*. Bolonha: il Mulino, 1996.

WEIGEL, G. *Testimone della speranza. La vita di Giovanni Paolo II*. Nova ed. Milão: Mondadori, 2005.

ZAMBARBIERI, A. *I Concili del Vaticano*. Cinisello Balsamo: San Paolo, 1995.

capítulo nono
As dimensões mundiais da Igreja no século XX

63. Santa Sé, Ocidente e missões de 1914 a 1962

A **estratégia missionária** da Igreja católica teve em **Bento XV (1914-1922)** não somente um continuador dos projetos dos predecessores, mas ainda mais um inovador de visões e métodos. A carta apostólica *Maximum illud* (1919) foi a síntese e a proclamação pública de uma visão mais ampla da missionariedade que o papa Della Chiesa desenvolveu nos anos de serviço da diplomacia pontifícia e nos contatos com as figuras mais representativas do setor. No documento, Bento XV relançava um aspecto tradicional, mas na prática frequentemente suavizado, se não esquecido, ou seja, a nítida distinção entre o anúncio da fé cristã e as mentalidades que hoje chamaríamos de eurocêntricas; a perspectiva aberta pelo papa era também uma consequência da Primeira Guerra Mundial, que tinha comprometido amplamente aos olhos das classes cultas extraeuropeias a ideia de superioridade da civilização do velho continente. O papa confirmava e defendia o movimento missionário popular e canonizava a experiência italiana da união missionária do clero, associação que devia promover entre os sacerdotes diocesanos dos países da "antiga cristandade" uma tarefa de animação missionária entre os fiéis. O clero "autóctone" era, porém, o elemento crucial da mensagem do papa, que sabia bem quanto o vago ideal da formação de sacerdotes locais era de vários modos concretamente abrandado e, quando muito, interpretado pelos missionários europeus como recrutamento de auxiliares de segunda ordem. Bento XV insistia que se devia formar com rapidez e pôr em campo um clero autóctone ao qual confiar todos os encargos, inclusive os de direção.

As declarações do papa Della Chiesa caminhavam *pari passu* com realizações práticas. O colégio urbano da praça de Espanha teve uma nova e ampla sede no Gianicolo, concluída em 1926, e se tornou universidade para todos os efeitos, lugar de formação para os futuros formadores do clero de todo o mundo. A escolha de Pio XI de impor às regiões italianas com maior dificuldade de clero que erigissem seminários regionais foi projetada em escala mundial, exigindo que todo grupo de distritos missionários fundasse um seminário maior. Um ato de grande importância sobretudo jurídica, mas com amplos aspectos simbólicos e operativos, foi a separação das circunscrições eclesiásticas orientais unidas a Roma em relação à jurisdição de *Propaganda fide* e a criação de uma congregação cardinalícia independente para as Igrejas orientais.

Entretanto, além da difusão em alguns países europeus da união missionária do clero, o movimento missionário popular assumiu formas cada vez mais difusas e modernas. Os católicos dos Estados Unidos fundaram uma organização de apoio às missões dotada de recursos importantes. Também na Europa o movimento popular se difundiu de maneira capilar, com amplo uso da imprensa, e experimentou vias e metodologias inovadoras. Por exemplo, depois da Segunda Guerra Mundial, na Alemanha que saíra empobrecida do conflito a Igreja católica investiu forças relevantes nas organizações *Misereor* e *Adveniat*, que administram as coletas dos períodos da Quaresma e do Advento para projetos específicos, acompanhados passo a passo por técnicos e inspetores na realização deles em favor dos países pobres.

As ideias e as opções de Bento XV foram levadas adiante com decisão pelo sucessor **Pio XI (1922-1939)**, que, além da mencionada difusão dos seminários regionais e apoiado pela congregação de *Propaganda*, fez importantes escolhas no âmbito missionário. As dilações diplomáticas em relação à abertura de sedes de representação pontifícias nos grandes países extraeuropeus foram progressivamente superadas. Dom Celso Costantini, mais tarde secretário de *Propaganda* e cardeal, foi o primeiro delegado apostólico na China desde 1922 e impôs, muitas vezes com o descontentamento dos pioneiros missionários europeus, a fundação de seminários regionais. A Santa Sé continuava na política de multiplicação dos distritos (duzentas e onze novas circunscrições nos anos do pontificado de Pio XI), e o papa, com escolhas altamente simbólicas, consagrava pessoalmente **os primeiros bispos não europeus**: em 1926, os primeiros seis chineses, em 1927, o primeiro japonês, depois indianos, anamitas, coreanos... Com Pio XII (1939-1958), o caminho prosseguiu na mesma direção, tanto que de 1949 (ereção da hierarquia regular na China) até o fim dos anos 1950 muitos "territórios de missão" foram transformados em províncias eclesiásticas e dioceses *pleno iure*, embora permanecendo sob o controle de *Propaganda*.

O empenho pela formação do clero autóctone, unido à mais madura elaboração do pensamento missionário depois das experiências pioneiras do século XIX, deu início à **missiologia católica**. Em alguns institutos teológicos protestantes (por exemplo, em Halle, na Alemanha), no fim do século XIX fora elaborado um pensamento específico de teologia da missão que, contudo, estava substancialmente ausente no campo católico. Alguns missionários de particular perspicácia e capacidade crítica, como Paulo Manna (1872-1952) do PIME e o lazarista Vincent Lebbe (1877-1940), eram os precursores de uma reflexão não somente do método, mas de toda estrutura teórica da missão, enquanto Charles de Foucauld permanecia uma testemunha extraordinária, mas substancialmente desconhecido durante sua vida e nos primeiros anos depois da morte. Por volta dos anos 1920, em algumas faculdades teológicas católicas nasceu a missiologia: em Münster (Josef Schmidlin [1876-1944]), em Lovaina (Pierre Charles [1883-1954]), mas também em alguns poucos números da revista missionária "culta" da união missionária do clero italiano (onde se destacam os artigos de Paulo Manna e Giovanni Battista Tragella [1885-1968]). Um grupo de oblatos de Maria Imaculada guiados pelo Pe. Robert Streit (1875-1930) deu início a uma formidável obra bibliográfica, a *Bibliotheca Missionum*, que foi reconhecida como instrumento de trabalho fundamental até pelos protestantes.

Um dos elementos críticos que logo surgiu no debate católico sobre as missões foi a **relação com os protestantes**, tidos até aquele momento e ainda por longos anos como concorrentes. Os missionários mais avisados compreenderam que um cristianismo que se apresentava dividido perdia sua incidência e eficácia evangelizadora. Como no mundo protestante anglo-saxão a experiência missionária contribuiu para uma linha que levou depois ao nascimento do Conselho Ecumênico das Igrejas, assim também no mundo católico a experiência missionária deu os primeiros passos para uma atitude ecumênica em sentido moderno.

64. Católicos e Santa Sé no Oriente Próximo e Oriente Médio

1. Com base num sistema criado nos séculos anteriores (vol. III, cap. 7, itens 28-29), no século XIX os cristãos no Império otomano eram representados no âmbito político-administrativo pelos respectivos patriarcas (*millet*). Isto dava ao patriarca ortodoxo de Constantinopla e à sua cúria de eclesiásticos e notáveis do bairro grego da cidade, o *Fanar*, uma espécie de controle sobre todos os ortodoxos submetidos ao sultão. Uma força análoga era a do patriarca copta de Alexandria, num Egito que, porém, era de fato uma realidade quase independente. Os outros hierarcas, unidos a Roma ou separados, tinham mais ou menos relevância. Nessa situação, explica-se em parte a influência da classe dos notáveis leigos das várias confissões cristãs na eleição dos diversos patriarcas, às vezes marcada por clientelismo, dinastias familiares, trânsito de dinheiro.

Com a guerra da Crimeia (1856), a legislação otomana não só dava maior liberdade aos súditos cristãos da Sublime Porta, mas acabou por consolidar uma espécie de **protetorado** do Império russo sobre os ortodoxos e da França sobre os católicos latinos e orientais unidos, ao passo que a Alemanha e a Inglaterra favoreciam o empenho de alguns grupos missionários protestantes que tiveram aqui e ali algum sucesso no intrincado mosaico confessional oriental.

Na segunda metade do século XIX os cristãos do Império otomano viviam uma fase de notável **vitalidade**. Economicamente, pelas ligações com os Estados europeus, os cristãos, muitas vezes comerciantes em todos os níveis ou profissionais, atravessavam um período de prosperidade. Culturalmente, as escolas abertas pelos europeus, quase sempre missionários, formavam uma classe burguesa culta, disponível às influências europeias, mas pronta também para aderir ao movimento cultural do **despertar árabe** contra a hegemonia turca, com veios nacionalistas. Estes cristãos abastados veem-se assim lado a lado com os intelectuais muçulmanos no sonho de uma nova situação política que superasse o atrasado Império otomano. Alguns desses grupos burgueses e intelectuais cristãos viram-se convivendo em realidades urbanas cosmopolitas, como o Cairo, onde muçulmanos, judeus, europeus de diversas proveniências tinham contínuas relações; ali, por exemplo, a comunidade italiana era muito influente e era composta por judeus e, em parte, por maçons e anticlericais convictos. Outros grupos de cristãos tiveram certa influência no despertar do movimento teológico e monástico das respectivas Igrejas.

Portanto, os cristãos orientais chegaram com dinâmicas vivas à Primeira Guerra Mundial. Os católicos, em especial os das diversas Igrejas de rito oriental unidas a Roma, passam de períodos em que a Santa Sé e seus agentes — como o patriarca latino de Jerusalém, Valerga — pressionam pela latinização, às vezes de modo brutal, a períodos de maior atenção às originalidades rituais e canônicas por parte do Vaticano (pontificado de Leão XIII). Com a lembrada criação de uma **congregação especial para os orientais**, agora totalmente independente em relação à *Propaganda fide*, Bento XV consolidou a atitude de respeito e valorização das comunidades unidas. Às vezes com dificuldade, às vezes com entusiasmo, os missionários latinos deviam aderir a esses mundos teológicos, litúrgicos e culturais totalmente originais.

A Primeira Guerra Mundial trouxe consigo a explosão de um conjunto de dinâmicas e tensões. O fim do Império otomano e a proclamação da república laica por parte de um grupo de oficiais nacionalistas guiados por Mustafa Kemal (1880-1938) Atatürk, ou seja, "pai dos turcos", não comportaram uma segurança maior para os cristãos; durante a Guerra Mundial, as acusações segundo as quais a população armênia do Império otomano seria favorável aos inimigos russos geraram, com terríveis massacres, a deportação em massa dos **armênios**; estes eram cristãos, em parte unidos a Roma, os quais do Cáucaso e da Cilícia foram deslocados à força para o deserto sírio, onde a grande maioria morreu.

A guerra entre Grécia e Turquia (1920-1923) gerou, por sua vez, uma das mais imponentes operações de "limpeza étnica" do século XX, pois quase um milhão e meio de gregos cristãos, residentes havia gerações na Anatólia, foram obrigados a emigrar para a Grécia (e quase meio milhão de turcófonos foram transferidos à força da Grécia para a Turquia); a população cristã da Ásia Menor, berço dos grandes concílios da Antiguidade, passou de cerca de vinte por cento a números irrisórios. O resto do antigo Império otomano foi confiado ao protetorado das potências europeias, ou seja, a Síria à França, enquanto a Cisjordânia, a Transjordânia e o Iraque foram atribuídos à Inglaterra.

2. No período entre as duas guerras, o **movimento sionista**, nascido na Europa no fim do século XIX (cap. 6, Inserção 1 – *A Igreja e os israelitas entre o fim do século XIX e a Segunda Guerra Mundial*), favoreceu a imigração judaica para a Cisjordânia, a fundação de colônias agrícolas, às vezes com regimes internos socialistas (*kibbutz*), e a expansão de territórios habitados e possuídos pelos judeus. Durante as perseguições nazistas e logo depois da Segunda Guerra Mundial, o fluxo dos prófugos judeus tornou-se imponente. A emigração sionista mudou o rosto da presença judaica, até então limitada às grandes cidades e a grupos de comerciantes e notáveis, e se inseriu numa outra variável no complexo xadrez do Oriente Médio. A Inglaterra afirmou publicamente a possibilidade de um Estado confessional-étnico judaico (Declaração Balfour

1917), que tomou corpo em 1948 com a proclamação do Estado de Israel, entre a hostilidade dos Estados árabes surgidos havia pouco graças à conclusão dos "mandatos" anglo-franceses.

A guerra árabe-israelita que se seguiu à proclamação de Israel viu a ocupação judaica de grande parte da Cisjordânia até Jerusalém, que foi dividida em duas pelo "cessar-fogo", e a ocupação da Cisjordânia de maioria árabe por parte do reino hachemita da Transjordânia. A esta altura, os árabes habitantes na Cisjordânia (palestinos) estavam em parte dentro do Estado de Israel (triângulo Nazaré-Haifa-Hafula), parcialmente ocupados pelos jordanos, em grande parte refugiados na zona não ocupada por Israel. Entre eles havia uma consistente minoria cristã, composta por ortodoxos, católicos orientais, latinos, armênios... Os cristãos palestinos revestiram-se de uma importância pública superior a seu peso numérico. Eles e seus líderes religiosos condenaram a ocupação israelita.

Entrementes, ao norte de Israel, também por influência francesa, nascera em 1943 outro estado pluralista mas confessional, o **Líbano**. O grupo étnico cristão, em grande parte composto por maronitas unidos a Roma (mas não faltam ortodoxos e armênios), tinha a garantia de eleger o presidente da república, enquanto o primeiro-ministro era muçulmano sunita e o presidente do parlamento, xiita.

Nos outros países árabes afirmou-se o movimento nacionalista árabe laico encarnado pelo partido Baath, filossoviético, mas no qual geralmente os cristãos se integravam e muitas vezes chegavam a cargos de governo de certa influência (veja-se o exemplo de Tarek Aziz [1936-2015], um dos principais colaboradores de Saddam Hussein [1937-2006] no Iraque, destituído e morto pelas tropas americanas em 2003). Portanto, os cristãos, e em torno deles os católicos, não necessariamente pressionavam por estruturas confessionais, optando muitas vezes por partilhar das dinâmicas político-sociais dos respectivos Estados árabes. Isso significava que a grande maioria dos católicos do Oriente Médio via o Estado de Israel como um inimigo, seja pela solidariedade em relação aos palestinos correligionários refugiados, seja por partilhar da política dos Estados árabes.

A Santa Sé não pôde deixar de levar em conta essa posição, da qual partilhavam as hierarquias locais, todas de origem árabe, exceto o patriarca latino de Jerusalém, cargo ocupado por decênios por franciscanos italianos até 1988, com a nomeação de Michel Sabbah (1933-), árabe do clero local. Outra questão candente para a Santa Sé foi o controle de **Jerusalém** e dos lugares sagrados depois da Guerra dos seis dias (1967), na realidade completamente nas mãos dos israelitas. Sobretudo com Pio XII, o Vaticano repetidamente desejou que Jerusalém pudesse ter um estatuto internacional que garantisse às três grandes religiões (cristianismo, islamismo e judaísmo) o acesso aos lugares sagrados, uma proposta desde sempre rejeitada *a priori* por Israel, para quem Jerusalém é capital única e indivisível. Isto levou a um clima de substancial hostilidade entre Israel e Santa Sé, clima que talvez não fosse estranho às acusações lançadas por uma parte do mundo intelectual judaico contra Pio XII. Os passos de aproximação dados por João Paulo II em relação ao mundo judaico (visita à sinagoga de Roma em 1986, visita a Jerusalém e oração junto ao Muro das Lamentações em 2000) estabeleceram as condições para a abertura de relações diplomáticas (1993), embora as relações atravessem momentos de tensão nas diversas fases de um quadro de conflito substancial permanente.

O cristianismo do Oriente Médio, e nele o catolicismo com a crise dos regimes laicos, o surgimento dos movimentos muçulmanos integralistas, a duração do conflito que no Líbano pôs até cristãos contra cristãos, está vivendo uma **fase extremamente crítica**, que favorece a emigração para condições melhores de vida, para as grandes cidades estadunidenses ou outros Estados ocidentais. O risco é que pouco a pouco os lugares sagrados cristãos não sejam mais inseridos em contextos comunitários também de minorias, mas se tornem, como na Turquia, museus sem cristãos. Outro risco, especialmente nas comunidades mais importantes, como os coptas do Egito, é chamado de "comunitarismo": os cristãos se fecham em mundos eclesiais que oferecem espaço de encontro, formação e assistência, renunciando a uma cidadania comum, exceto o pertencimento religioso, e abrindo fossos cada vez mais amplos em relação às maiorias muçulmanas que paralelamente assistem a processos de radicalização.

65. O cristianismo "marginal" na Ásia

No continente mais populoso, o cristianismo, e em especial o catolicismo, presencia uma indubitável **expansão** em termos absolutos, mas, salvo algumas áreas, é percentualmente marginal. O crescimento não foi constante no século XX. A uma primeira fase substancialmente expansiva, que é também um resultado de longo período da hegemonia político-militar ocidental, seguiu-se um momento traumático, correspondente à Segunda Guerra Mundial. E a esses poucos anos de *shock* seguem-se episódios que dividem entre si os países asiáticos. Uma dinâmica parcialmente diferente é a que se registra no subcontinente indiano, do qual falaremos no item seguinte.

1. A **China**, que se libertou do decrépito Império Manchu e se deu um governo republicano, foi certamente o país com maior investimento de forças missionárias nos anos 1910-1940. Os batizados católicos passaram de pouco mais de setecentos mil em 1900 a três milhões e duzentos mil em 1947. Onze institutos missionários em 1914 tornam-se vinte e sete em 1934; os padres estrangeiros passaram de 1.300 no início do século a 3 mil depois da Segunda Guerra, aos quais se juntaram 2.500 padres, 600 religiosos e 4 mil irmãs chinesas. A jovem república se confiou aos institutos católicos e protestantes para modernizar sua classe dirigente, embora no território os "senhores da guerra" causassem muitas dificuldades e vítimas nos anos 1920. O representante pontifício Costantini convocou um concílio plenário em 1924, que é o início de uma decidida política de "chineização" dos católicos. Nasceu a Ação Católica, no espírito de Pio XI. Naqueles anos, um jovem jesuíta francês, paleontólogo e filósofo, realizava suas pesquisas no coração da China: Pierre Teilhard de Chardin. Numa China voltada ao futuro, com nova classe dirigente, não faziam mais sentido as hesitações em relação a alguns ritos tradicionais de homenagem aos falecidos, que tinham forçado os cristãos a viver às margens do mundo familiar e social: Pio XII cancelou a proibição dos "ritos chineses" (vol. III, cap. 6, item 27.1 e cap. 7, item 32.2) em 1935 (cap. 7, item 51.1).

Embora sendo numericamente minoria, o cristianismo estava em pleno crescimento na China e parecia ter grande futuro numa estrutura ainda sacudida por desordens fomentadas pela Rússia soviética. A desastrosa guerra sino-japonesa que desembocou na Segunda Guerra Mundial atingiu duramente as missões, com destruições, refugiados e episódios de perseguição e martírio. Todavia, no fim do conflito as energias da organização católica, que recebeu a hierarquia ordinária em 1947, pareciam capazes de recomeçar. O destino seria bem diferente. Mao Tsé-Tung e os comunistas assumiram o poder. O cristianismo, seja católico, seja protestante, foi considerado religião estranha à China, e os católicos foram considerados subalternos de uma potência estrangeira. O núncio, oficializado havia pouco, e todos os missionários estrangeiros foram expulsos em poucos meses. Muitos padres europeus passaram por processos populares humilhantes, alguns sucumbiram às violências. Os sacerdotes católicos chineses foram perseguidos e presos. O movimento protestante se adaptou ao novo regime, parte do clero e alguns bispos católicos fundaram **a Associação Patriótica** ("Igreja patriótica"), formalmente autônoma em relação à Santa Sé: Pio XII a condenou, mas jamais utilizou o termo "cisma". Os outros bispos, sacerdotes, fiéis foram cruelmente perseguidos, de muitos deles se perderam os vestígios durante anos. Mas também a "Igreja patriótica" passou por fases de dura perseguição, sobretudo nos anos 1960 com a "revolução cultural".

Somente depois de 1976, com a morte de Mao e a subida ao poder de Deng Xiaoping (1904-1997) e Hua Guofeng (1920-2008), é que se teve alguns primeiros sinais de diminuição do aperto comunista contra os cristãos. Lentamente e com momentos de volta a condenações, sobretudo nas zonas rurais mais remotas, tanto a Igreja patriótica quanto a Igreja católica clandestina fiel a Roma retomaram algumas atividades, a formação do clero, um cuidado pastoral dos fiéis, graças também ao ativismo da pequena mas organizada comunidade de Hong Kong que, favorecida pela liberdade concedida pelo domínio britânico, desde 1997 é "região administrativa especial" dentro da República Popular Chinesa. Com João Paulo II (1978-2005) e Bento XVI (2005-2013), a Santa Sé tentou entabular um diálogo com as autoridades e recompor a divisão interna, com pouco sucesso. Alguns missionários católicos entram na China como estudiosos ou para administrar casas para portadores de deficiência. Parece que alguns milhões de fiéis e até algumas congregações femininas dos quais se tinham perdido os vestígios tenham sobrevivido e tido uma retomada com algumas vocações. Centenas de missionários ocidentais obrigados a deixar a China empenharam-se nas missões no Japão, Taiwan, Indonésia, Bengala e na América Latina. As trágicas vicissitudes da Igreja na China condicionaram o catolicismo em toda a Ásia.

2. Na **Indonésia**, nos anos 1920 e 1930 continuava o controle governamental holandês sobre as missões, com rígida divisão dos territórios e algumas permissões de entrada de novo pessoal. Bem cedo os católicos deram vida a um **partido** empenhado na independência, no qual os colonos holandeses tiveram papel secundário. Em 1942 a invasão japonesa levou ao confinamento em condições difíceis para os missionários e a uma pressão duríssima e persecutória contra as comunidades, embora alguns sacerdotes japoneses tenham sido enviados para garantir um mínimo de vida pastoral. As convulsões bélicas

levaram a uma mais rápida atribuição de responsabilidades a hierarquias de origem local, as quais junto com o clero apoiaram lealmente o partido católico aliado ao líder independente Sukarno (1901-1970). No momento da independência (1949), os católicos estavam, pois, em posição favorável e de prestígio em relação a seu número (cerca de um e meio por cento da população nos anos 1960). O apoio constante do episcopado ao homem forte Sukarno estava declaradamente em função anticomunista, dada a ameaça chinesa de contágio político. Muitos chineses imigrantes passaram para o catolicismo. Entre 1975 e fins dos anos 1990, o sucessor do pai da independência, general Suharto (1921-2008), impediu a pregação dirigida aos aderentes de outras religiões não cristãs reconhecidas pelo Estado e impôs rígidas restrições ao ingresso dos missionários estrangeiros, enquanto procedia à ocupação da ex-colônia portuguesa de maioria católica de Timor Leste com violenta repressão e violações dos direitos humanos. A queda de Suharto levou à melhora parcial da situação, com uma Igreja indonésia necessariamente mais confiada ao clero nativo e uma taxa de difusão e de vocações em crescimento.

Por sua vez, a **Indonésia francesa** foi atingida pela invasão japonesa ocorrida em 1941, que pôs as comunidades cristãs a dura prova. Apesar da ligação dos missionários com a França colonial, muitos católicos aderiram sinceramente ao movimento de independência Viet-Minh, logo dominado, porém, pelos aderentes do comunismo. Os acordos que se seguiram à evacuação francesa de 1954 levaram a um governo filochinês ao norte, onde vivia a maioria dos católicos, e a um governo filoamericano ao sul, guiado por certo período por um católico. Vilas católicas inteiras se transferiram para o sul, mas com a derrota definitiva do regime sulista de Saigon (1975) e a conquista comunista, o êxodo dos prófugos, entre os quais muitos cristãos, ocorreu por mar e levou à formação de comunidades de imigrados na Austrália, Nova Zelândia, no Canadá e nos Estados Unidos. Os católicos que permaneceram no Vietnã foram rigidamente controlados pelo poder marxista, mas conseguiram sobreviver e nos últimos anos a diminuição parcial da tensão mostra uma Igreja em plena retomada. Estando ainda em vigor as normas que limitam o acesso aos seminários, muitos jovens vietnamitas se transferem para outros países asiáticos, onde sustentam o número do clero. Uma personalidade se distinguiu na Igreja vietnamita, François-Xavier Nguyen Van Thuân (1928-2002), que em 1975 fora nomeado arcebispo da Saigon. Passou treze anos em duro cárcere e se tornou o símbolo da catolicidade vietnamita perseguida.

A difusão do catolicismo no **Laos e Camboja**, em geral ligada a grupos vietnamitas, foi impedida nos anos de predomínio comunista, sobretudo no Camboja dos "Khmer vermelhos" de Pol Pot (1925-1998), quando os cristãos estiveram entre as vítimas da experimentação "autogenocida" (1976-1979) que matou cerca de um terço da população cambojana.

Junto com grupos protestantes, o catolicismo na **Coreia** tornou-se um **espaço de identidade** durante a longa ocupação japonesa (1905-1945). A divisão em dois Estados depois da Segunda Guerra Mundial levou à guerra da Coreia, com a intervenção dos Estados Unidos e aliados e da China. No **Norte**, onde uma florescente missão alemã de cunho beneditino tinha levado a certa difusão do catolicismo, as missões foram zeradas, e de comunidades católicas não se têm mais notícias certas até hoje. No **Sul**, as minorias cristãs levaram adiante uma posição crítica em relação aos regimes ditatoriais filoamericanos e estiveram entre os componentes mais importantes que favoreceram a passagem à democracia efetiva. As Igrejas coreanas estão em plena expansão no país, embora não sendo ainda majoritárias e devam lidar com uma poderosa organização sincretista nascida de um pastor presbiteriano, o "reverendo Moon", fundador da "Igreja da Unificação". O cristianismo difundido entre as classes médias não tem falta de vocações. Tanto na Igreja católica como em algumas denominações protestantes vai se elaborando uma teologia da pobreza e dos pobres a partir da experiência histórica do sofrimento do povo coreano.

3. Às nações nas quais o cristianismo, embora sendo minoria, está em crescimento, como a Indonésia, a Coreia do Sul, o Vietnã, e também Taiwan e Singapura, de certo modo podemos contrapor as realidades em que a missão cristã permanece sempre **às margens**, embora sendo levada adiante por longo tempo por institutos missionários ocidentais. Na **Tailândia e Birmânia** (Myanmar), às quais podemos juntar o Camboja, a afirmação do budismo na forma *theravada*, sentido como componente essencial da identidade nacional, não dá lugar a conversões das populações majoritárias (tailandeses, birmaneses, khamer). As missões registram algum sucesso nos grupos definidos como "tribais", com frequência em áreas montanhosas ou descentralizadas, como os *karen* e os *shan* da Birmânia, onde por um século e meio trabalharam os missionários italianos do PIME; ou nos grupos de imigrantes vietnamitas, chineses ou indianos. Da mesma forma, na **Malásia** e em algumas ilhas indonésias, o islamismo parece impermeável à missão.

O **Japão** viveu uma história totalmente original. À parte as comunidades originárias dos arredores de Nagasaki — herdeiras dos "cristãos ocultos" (*kakure kirishitan*) dos anos das perseguições da primeira parte do século XVII (vol. III, cap. 7, item 31.4) e duramente atingidas pela explosão da segunda bomba atômica em agosto de 1945, ocorrida praticamente sobre o bairro católico de Urakami —, a adesão ao cristianismo é individual, primeiro pelo prestígio do mundo ocidental (início do século XX), depois pela "vitória" de nações "cristãs" na guerra (uma breve onda de conversões depois de 1945). Oficialmente, está garantida no Japão a liberdade religiosa, mas os católicos são apenas 0,2% (e da mesma ordem de grandeza são os protestantes). Os bispos, todos japoneses havia decênios em razão da legislação nacionalista anterior à guerra, governam pequenas comunidades com pouco clero local e um bom número de missionários ocidentais que se dedicam especialmente ao ensino. As escolas católicas de toda ordem (a universidade *Sophia* de Tóquio nasceu em 1922) têm prestígio, mas não parecem envolver nem os estudantes nem as famílias numa aproximação pessoal ao cristianismo.

O catolicismo na Ásia está numericamente em crescimento, proporcionalmente numa situação estável, mas em muitos casos, atendendo desdobramentos da situação da China, permanece uma **religião estranha** às estirpes nacionais mais importantes e às culturas: uma fé e uma religião dos ocidentais, dos imigrados, das minorias étnicas.

66. O subcontinente indiano; a Oceania, onde o cristianismo é maioria

1. Uma história parcialmente diferente do resto da Ásia é a do catolicismo no império colonial britânico da **Índia**. Como se viu no cap. 2, item 10.1, a Igreja católica se expandiu, não obstante as tensões entre os missionários dos "vicariatos apostólicos" e a Igreja "portuguesa" de Goa, até se chegar a um *modus vivendi* precário que permitia a constituição da hierarquia regular em toda a vasta região (1886). O "patronato" sobre Goa foi ulteriormente reestruturado e redimensionado (1928 e 1950) até o fim do regime colonial português (1961). O governo colonial inglês favorecia ao máximo as Igrejas protestantes, mas não criava obstáculos particularmente graves aos missionários católicos. Como em muitos países do vasto domínio inglês, as missões se dedicaram de modo particular à **escolarização**, com relevante contribuição das congregações femininas, que presenciaram assim um desenvolvimento vocacional promissor. Os institutos superiores católicos foram frequentados pelas castas médias e altas dos vários territórios indianos, criando uma corrente de simpatia em relação às comunidades e um prestígio da Igreja católica superior ao peso numérico efetivo dos convertidos.

Nesse quadro, que se prolonga antes e depois da independência (1948), situa-se a história de Anjezë Gonxhe Bojaxhiu, nascida na Macedônia de uma família albanesa do Kosovo, mais conhecida como Madre Teresa de Calcutá (1910-1997), jovem irmã professora na Índia em 1929, diretora em 1944 da Saint Mary's High School de Entally, subúrbio de Calcutá. Madre Teresa seria uma das milhares de irmãs ocidentais dedicadas ao ensino, se não tivesse iniciado em 1948 uma aventura de quase cinquenta anos de serviço aos pobres da Índia e que repercutiu em todo o subcontinente e no mundo inteiro.

Os católicos indianos aderiram ao movimento de independência guiado pelo antigo *Indian National Congress*, de inspiração social-democrática, surgido em 1885 e desde 1915 animado por Gandhi (1869-1948). A independência indiana levou consigo a separação entre a federação indiana e o Paquistão, ou seja, os dois territórios de maioria muçulmana, um a leste, no golfo de Bengala, que por sua vez mais tarde se tornaria independente com o nome de Bangladesh, e outro a oeste. Na federação indiana os católicos continuaram a obra de expansão das missões e de organização escolar. Algumas missões jesuítas levaram à adesão coletiva de grupos tribais não hindus no Nordeste (Estados de Bihar e Jharkhand). Apesar da constituição garantir a liberdade de religião, alguns territórios, entre os quais os confinantes (Orissa, Madhya Pradesh) dessas áreas de evangelização massiva, aprovam legislações que impedem o "proselitismo", ou seja, a conversão ao cristianismo.

Não só nessas áreas tribais, mas também nas zonas de antiga evangelização do Kerala (sudoeste da Índia, onde prevalecem as Igrejas de rito oriental em parte unidas a Roma, em parte não), o cristianismo tem sucesso em especial entre as **castas inferiores** e os fora das castas ou *dalit*, os "intocáveis", tornando-se uma forma de resgate social e identitário. Mas os católicos indianos devem se confrontar repetidamente com o problema das castas. Incitar ao apoio aos fora das castas significa tentar chegar à abolição do sistema de castas, uma mentalidade que parece ainda profundamente enraizada na Índia, a qual dá grandes passos no quadro do progresso econômico e tecnológico. E alinhar-se com as castas inferiores significa diminuir a probabilidade de conversão nas classes médias e dirigentes. Adequar-se ao sistema das castas significa enfrentar graves problemas na distribuição do clero e na sagração episcopal: basta pensar que bispos de castas inferiores foram rejeitados por católicos e sacerdotes de castas superiores.

À questão das castas liga-se o desafio da inculturação, que também foi enfrentada no plano teológico. Simplificando muito o tema, pode-se dizer que a "teologia indiana", que teve um alto exponente em Raimon Panikkar (1918-2010), levanta o problema da possibilidade ou não das escrituras da tradição hindu serem inspiradas de algum modo pelo Espírito Santo, e se pode haver uma salvação trazida pelo "Cristo total" para quem não conhece (ou reconhece) a vida histórica e a pretensão salvífica de Jesus Cristo. Outra via promissora de inculturação é levada adiante por alguns *ashram* (mosteiros) cristãos, mas com formas análogas às indianas tradicionais. Um dos primeiros foi fundado pelo padre Jules Monchanin (1895-1957) em Shantivanam em 1950.

O catolicismo indiano, que numericamente assume um peso sempre crescente na Igreja mundial, e proporcionalmente na Cúria romana, no colégio cardinalício, nas Ordens religiosas, viu-se no fim do século XX diante de uma retomada da **identidade hindu** no âmbito político (o *Bharatiya Janata Party*, partido do povo indiano, venceu as eleições em 1998) e cultural, com manifestações de intolerância, no Estado de Orissa, por exemplo. Também na Índia, como em outras regiões da Ásia antes lembradas, embora com diferenças devidas aos episódios históricos particulares e às peculiaridades culturais, surge o problema de um cristianismo difuso entre os marginais: pescadores do Kerala, tribais, castas inferiores e intocáveis; o que levanta a questão da estranheza do mundo cristão em relação à cultura indiana.

A dificuldade da missão, inclusive por causa da retomada de movimentos identitários, islâmicos nesse caso, nos últimos decênios do século XX, repete-se no **Paquistão**, e em menor medida, pelo menos até pouco tempo, em Bangladesh. Aí a tolerância britânica tinha permitido abrir missões em contexto muçulmano, embora na realidade esses territórios não estivessem totalmente islamizados, mas vissem a copresença do hinduísmo. A independência levou a um gigantesco êxodo de hindus para a Índia e de muçulmanos para os dois Paquistões. As Igrejas se organizaram e viram a entrega da hierarquia ao clero local, ainda que numa importante presença missionária inclusive de regressados da China. No Paquistão, o governo de Ali Bhutto (1971-1977), posteriormente deposto por um golpe militar, procurou impor a lei islâmica. A seguir, em 1985 a influência do integralismo e as vicissitudes do vizinho Afeganistão levaram à aprovação de uma lei "contra a blasfêmia", que na realidade pode ser fácil e indiscriminadamente usada contra os cristãos, que são ínfima minoria, muitas vezes formada por pessoas de classes pobres ou empobrecidas pela discriminação da maioria muçulmana. No entanto, muitas vezes estão presentes no governo ministros cristãos, entre os quais o católico Shahbaz Bhatti (1968-2011), ministro das minorias, militante contra as discriminações, morto num atentado em março de 2011.

Na ilha do **Ceilão**, em 1960 os cristãos, sempre minoritários, tinham uma hierarquia local inteiramente autóctone e estavam difundidos por todos os estratos da população, tanto entre a maioria singalense quanto na minoria tâmil. Além da retomada do fanatismo, budista desta vez, o cristianismo se viu alvo das consequências da guerra civil entre singalenses e tâmiles (1983-2009). A Igreja, e até o episcopado, formado de singalenses e tâmiles, viram-se segregados de acordo com o pertencimento étnico.

2. Também no imenso teatro da **Oceania**, que se considera um "continente", mas na realidade é geograficamente um espaço de mar habitado em poucas grandes ilhas e numa infinidade de pequenas ilhas, a cesura político-militar da Segunda Guerra Mundial foi relevante para as missões. Grande parte dos pequenos atóis do Pacífico foi conquistada pelos japoneses, que pela Papua tentaram invadir a Austrália, chegando muito perto do sucesso (Guadalcanal e Mar dos Corais, maio de 1942-fevereiro de 1943). A catolicidade de **Papua** teve um mártir no catequista Peter To Rot (1912?-1945). Muitas vezes os japoneses perseguiram os missionários e as comunidades como possíveis espiões e traidores. A retomada da vida normal com a reconquista aliada levou a cabo a aventura missionária iniciada no século XIX: calcula-se que nas **ilhas do Pacífico** três quintos da população tenham sido medianamente cristianizadas, com certo predomínio dos protestantes de várias denominações em alguns arquipélagos e áreas quase unanimemente católicas, como Wallis e Futuna, as ilhas Gambier e Marquesas (Polinésia francesa), o Havaí. As diversas expedições de evangélicos e católicos fizeram da Oceania insular um mosaico variado de pertenças e convivências, muitas vezes com alta participação nos ritos religiosos. Nesses mundos o cristianismo tem mostrado capacidade notável de **experimentações**; por exemplo, a catequese ocorre em certos casos sobretudo mediante a dança e o canto e com menor espaço deixado à palavra escrita e ao raciocínio tipicamente "europeu". A população é fruto de uma mixagem entre estirpes tradicionais, com frequência muito diferentes entre si, grupos de chineses e de indianos imigrados para o comércio e o trabalho, e colonizadores europeus agora transplantados definitivamente nos "mares do sul".

Aliás, a difusão célere e eficaz da cristianização comportou dois fenômenos: a tentativa, logo abortada, de instaurar em algumas ilhas teocracias católicas (ou protestantes), ou seja, cristandades paternalisticamente guiadas pelos próprios missionários; e a persistente competição entre católicos e protestantes, superadas apenas nos últimos decênios pelo diálogo ecumênico, não fácil até pelas grandes distâncias.

As Igrejas conservam nesses Estados, por vezes muito pequenos (Vanuatu tem pouco mais de duzentos mil habitantes, e cem mil os Estados federados da Micronésia), quase o monopólio da instrução e da assistência, às vezes em situações de evidente precariedade econômica da população. Os protestantes foram mais rápidos em conferir aos pastores autóctones as responsabilidades, ao passo que os católicos foram mais lentos em formar e passar a gestão dos episcopados ao clero local. A hierarquia estável ordinária foi implantada em 1966, pouco depois do Concílio Vaticano II, durante o qual os vigários apostólicos da Oceania tiveram peso decididamente secundário. Nos últimos decênios, os católicos, junto com os protestantes, escolheram em vários casos uma militância aberta no campo ecológico e na contestação das experiências nucleares, sobretudo francesas.

Nos dois grandes Estados "ocidentais" da **Austrália** e da **Nova Zelândia**, o catolicismo de estrutura "irlandesa" fez a transição entre os séculos XIX e XX. Os católicos são minoria bem pequena, mas bem-organizada na Nova Zelândia, com clero abundante, Ação Católica de cunho europeu e difusão do movimento escotista eclesial. Na Austrália, o catolicismo assume numericamente o papel de segunda confissão cristã, depois da anglicana, atingindo cerca de vinte e cinco por cento da população, chegando a superá-la por volta dos anos 1990. Como no Canadá e na Austrália, o catolicismo irlandês tem forte sensibilidade em relação aos problemas operários e sociais, com posicionamentos e certo prestígio no campo do *Welfare* para os bispos católicos (hospitais e acolhimento dos refugiados).

Depois da Segunda Guerra Mundial, as várias **ondas migratórias** modificaram profundamente o mapa religioso australiano e neozelandês. Os italianos aumentaram o número e a importância dos católicos, muitas vezes organizando-se espontaneamente em cidades e bairros homogêneos (como Freemantle, perto de Perth, na Austrália ocidental, sede do empresariado apuliano do peixe) e depois em paróquias "nacionais". Os gregos, chegados quase simultaneamente, constituíram uma pequena mas organizada Igreja ortodoxa. No fim dos anos 1970, chegaram os refugiados vietnamitas, depois da conquista comunista, com frequência católicos com seus sacerdotes na comitiva. A Igreja australiana-irlandesa transformou-se em Igreja multicultural, com algumas tensões devidas à diversidade e com uma cada vez mais visível carência de clero, enquanto as escolas paroquiais desempenhavam um serviço de diálogo e de amálgama cultural.

Enquanto isso, primeiro na Nova Zelândia e depois na Austrália, as dioceses procuraram aumentar a missão em relação às **populações aborígenes**, depois das tentativas pioneiras do século XIX. Em 1944 foi ordenado o primeiro sacerdote de etnia Maori na Nova Zelândia; bem mais tarde, em 1976, a Austrália viu seu primeiro sacerdote aborígene. As missões entre essas populações, frequentemente dizimadas por doenças e por uma legislação anglo-saxã discriminatória por muitos anos, tiveram eficácia limitada na parte católica.

Mas o fenômeno mais relevante, mais precoce ou mais incisivo sob certos aspectos, em relação à Europa e ainda mais aos Estados Unidos, é o abandono da prática constante que atingiu todas as denominações cristãs e que logo se transformou em declarado **não pertencimento religioso**. Hoje, a sociedade australiana, talvez mais que a neozelandesa, está marcada pela ausência de referências visíveis à religião.

67. O cristianismo na África

1. Apesar da incerteza das estatísticas para o continente negro, pode-se afirmar com segurança que o século XX foi o tempo da **difusão massiva** do cristianismo na África. De 1900 a 1970 estima-se que os cristãos, católicos e protestantes, tenham passado de oito por cento a trinta e cinco por cento da população africana, enquanto nesse mesmo período o islã teria aumentado de trinta e dois por cento para quarenta por cento, ou seja, tenha podido ganhar o crescimento demográfico, ou talvez menos. Exceto na África ao norte do Saara, agora o cristianismo está presente com grupos consistentes em todo o continente e é maioria numa faixa que vai dos dois Congos (Brazzaville e República Democrática) a Uganda e Tanzânia.

O crescimento que se tornou fenômeno de massa especialmente nos anos 1950 foi preparado pelas experiências missionárias do século XIX (cap. 2, item 11), com o alto custo do pessoal eclesiástico que as primeiras tentativas comportaram, e pela continuação do empenho de cristianização na época colonial (1914-1960). Como na China, também na África as Igrejas católicas ocidentais investiram forças significativas mediante os institutos missionários, alguns dedicados exclusivamente ao mundo negro, como os combonianos, os padres brancos, as missões africanas de Lião, e outros amplamente presentes, como os espiritanos.

As **metodologias** tentadas no século XIX se aperfeiçoaram com a experiência e se racionalizaram. Um caminho difuso por toda a África negra é a da escolarização, quer rural, quer nos ambientes urbanos, seja dirigida aos pobres, seja ainda dirigida à formação das classes dirigentes na universidade. Muitas vezes, católicos e protestantes foram os fundadores dos primeiros ateneus em alguns Estados até muito grandes. Além de empregar missionários, freiras e irmãos leigos nas escolas, os institutos formaram mestres locais que, junto com os oficiais e suboficiais dos exércitos coloniais, mais tarde se tornaram a classe dirigente da independência. As escolas estavam obviamente abertas também aos não batizados e muitas vezes eram o espaço de recrutamento e formação dos catequistas leigos que nas missões foram os auxiliares fundamentais dos missionários, seja para chegar a todas as aldeias e populações mais distantes, seja como intérpretes, seja para um anúncio acessível do Evangelho. O empenho pela construção e manutenção das escolas foi um dos principais investimentos dos fundos que as obras missionárias, os benfeitores e os institutos fizeram no território africano. Também no norte muçulmano, muitas vezes a escola foi a única ou uma das poucas iniciativas possíveis numa cultura impermeável ao cristianismo e, na realidade, como as do Egito, onde as leis até coloniais impediam o proselitismo entre os muçulmanos para evitar sublevações e rebeliões por parte dos islâmicos majoritários.

Junto com a escola, outro campo típico da missão africana do século XX foi a saúde, com a difusão de estruturas mínimas (os "dispensários") no território, a assistência em relação às doenças mais graves, como a lepra ou alguns tipos de cegueira trazidos por insetos palustres, a assistência às parturientes e uma obra difundida de educação sanitária. Para este trabalho, sempre voltado também aos não cristãos, distinguiram-se gerações de freiras europeias e estadunidenses e alguns missionários médicos, além de muitos irmãos leigos enfermeiros.

Como já foi dito no capítulo 2, as relações com os **regimes coloniais**, que cobriam praticamente toda a África, se descrevem num *continuum* que vai do extremo da total e consciente colaboração entre missionários e autoridades europeias para a difusão da "civilização" ao outro extremo de atitudes críticas e contestatórias, no qual os missionários, muitas vezes à custa de perseguições e transferências forçadas, criavam um espaço alternativo ao poder colonial. Todavia, não se têm notícias de missionários que colaboraram de fato com movimentos violentos de luta anticolonial. Frequentemente os líderes independentistas, provenientes de escolas cristãs ou até batizados, foram apoiados por uma parte dos missionários quando optavam por caminhos colaborativos e não violentos. Os próprios regimes coloniais tiveram estilos diferentes, ordinariamente tolerantes nas colônias inglesas e alemãs (que duraram até a Primeira Guerra Mundial), mais rígidos e propensos à exploração nas colônias francesas e belgas. Enquanto os missionários do Congo belga contestavam muitas vezes os métodos de alguns oficiais da mãe-pátria e, por sua vez, eram criticados no parlamento de Bruxelas, muitos missionários franceses estavam mais próximos dos compatriotas que governavam nas colônias, muitas vezes oficiais que provinham de famílias católicas da *vieille France*, como os próprios missionários. A Itália, que na Eritreia apoiou missões de certa eficácia, e na Líbia e Somália permitiu aos missionários se instalarem em mundos muçulmanos praticantes, foi culpada de atitudes cruéis em relação aos cristãos e monges autóctones no breve domínio colonial da Abissínia (1936-1941). Foram enforcados dois bispos da Igreja ortodoxa etíope e os monges dos mosteiros de Debra Libanós (duzentos e noventa e sete, com vinte e três leigos) e de Zena Marcos foram todos mortos, junto com muitos padres e leigos e até etíopes protestantes, com o silêncio da Igreja italiana; poucos se lembram desses massacres, esquecidos e cobertos pelo mito totalmente fascista, mas resistentes até hoje dos italianos, "brava gente", mesmo quando eram colonialistas.

O movimento das conversões ao cristianismo ultrapassou o período colonial, sinal de que se tratava de um fenômeno substancialmente independente dos interesses do domínio europeu. Nos anos 1940-1960, em algumas áreas da África os missionários e o clero local se sentiram inteiramente insuficientes em relação às necessidades da massa de novos batizados, e de fato foram obrigados a interromper o trabalho de aproximação aos não cristãos. Uma impressionante fotografia reproduzida na *Histoire universelle*, de Delacroix (quadros 1954-1955), mostra a massa de cristãos participantes da procissão de *Corpus Christi* de 1945 numa paróquia "média" de *Urundi* (agora Burundi), com a afirmação legendada: vinte e seis mil cristãos praticantes, três missionários. Entrementes, cresceu também o recrutamento do clero africano, embora com alguns decênios de atraso em relação às indicações da *Maximum illud* (item 63) e com várias desconfianças por parte do clero missionário, que considerava os jovens sacerdotes africanos ainda inadequados para assumir responsabilidades de governo. Um dado de fato, nos anos 1950 o número de batizados na África dobrou. Este fenômeno aguarda aprofundamentos de leitura sob o ponto de vista da "reação" das culturas locais ao encontro com o cristianismo ocidental.

Outro aspecto da "reação-aceitação" da proposta cristã na África vem da difusão e multiplicação de "**profetismos**" cristãos e paracristãos. No início se pensava que esses fenômenos variados se referissem principalmente aos cristãos que se filiavam às confissões protestantes; com efeito, boa parte dessas "igrejas" ou "seitas" provinha de âmbitos evangélicos. Todavia, o catolicismo, embora sendo menos exposto ao nascimento destes movimentos, não se pode dizer que dele tenha sido completamente isento. Já nos anos do colonialismo surgiram alguns dos grupos principais, como a comunidade, agora afiliada ao Conselho Ecumênico das Igrejas, do profeta Simon Kimbangu, congolês, perseguido pelas autoridades belgas.

2. Como é sabido, à parte alguns organismos que anteciparam a autonomia com relação aos Estados coloniais, os anos por volta de 1960 viram a **independência** da maior parte dos territórios africanos. O cristianismo acabou por estar particularmente em vista, pois vários dos primeiros governantes desses novos Estados eram batizados ou provinham de escolas cristãs, mesmo em países nos quais os cristãos eram minoria, como o poeta e presidente do Senegal, Léopold Sédar Senghor. Na realidade, porém, nem sempre este prestígio político dos cristãos correspondeu a um apoio dos Estados às Igrejas. Antes, com o passar do tempo, em diversos casos as opções autoritárias dos chefes de Estado, ou o apoio dado pela União Soviética e China, tendiam a medidas se não de perseguição, pelo menos de pressão, como a nacionalização das escolas (que frequentemente, depois de alguns anos, foram restituídas às Igrejas capazes de as fazer funcionar) e a expulsão de missionários europeus. Nos momentos de desordem e guerrilhas que marcaram os quarenta anos da independência africana, os religiosos e as religiosas foram com frequência vítimas de violências gratuitas, sob o pretexto do antieuropeísmo, ou de um comunismo africano pouco claro, ou também de movimentos proféticos, como o do exército de resistência do Senhor, ativo desde 1987 entre Uganda, Sudão, República Centro-Africana e Congo, liderado pelo "profeta" Joseph Kony (1961-), de etnia Acholi, que recrutou suas crianças-soldados com uma mistura de misticismo, álcool e droga.

No início dos processos de independência das colônias europeias na África, a Santa Sé procurou imediatamente instalar uma hierarquia autóctone que fosse interlocutora dos novos governos, juntamente com os diplomatas vaticanos enviados em correspondência ao reconhecimento dos Estados. Na realidade, o processo exigiu tempo, de modo que no Vaticano II havia somente um cardeal negro, Laurean Rugambwa, da Tanzânia, e não muitos bispos negros. Tratava-se de bispos jovens, às vezes muito jovens, como — e já estamos no decênio após o concílio — Emmanuel Milingo, nascido em 1930, aos trinta e nove anos arcebispo de Lusaka, capital da Zâmbia, personagem discutida por suas atitudes de curandeiro, depois passado para a "Igreja da Unificação" do reverendo Moon e, mais tarde, cismático. Muitos outros foram pastores de grande destaque. Não faltaram resistências ao processo de africanização da hierarquia eclesial dos novos Estados por parte dos missionários ocidentais, com alguns episódios marcantes, como as demissões do missionário espiritano Marcel Lefebvre, delegado apostólico (desde 1948) e depois arcebispo de Dakar, no Senegal (1955-1962), que se exonerou por sua oposição à descolonização. De Lefebvre já se tratou em vários lugares, a propósito do Vaticano II e sua aceitação (cap. 8, itens 53.3, 54.2, 55.1, 57.2 e 61).

A difusão do cristianismo, o prestígio de muitos bispos, o empenho contínuo dos missionários ocidentais mesmo depois do fim do regime colonial, deram às Igrejas africanas o papel de espaços de liberdade e alternativa diante de poderes estatais que muitas vezes se tornavam autoritários, militaristas, neocolonialistas, ou seja, ligados a Estados estrangeiros que economicamente continuavam a explorar os países africanos. Alguns arcebispos, como Philippe Kpodzro (1930-2024), de Lomé, em relação ao presidente-senhor do Togo Eyadéma (no poder de 1967 a 2005), foram as figuras mais importantes da oposição. Assim, em momentos de tensão, sobretudo nos anos 1980-1990, foram criadas **conferências nacionais** da sociedade civil, muitas vezes presididas por bispos católicos, para transições democráticas. Em várias ocasiões as conferências tiveram sucesso imediato, mas depois o processo democrático acabava por ser interrompido ou para dar origem a regimes militares ou corruptos. O papel social e político da Igreja na África ainda não encontrou uma realização coerente e positiva entre figuras de leigos muito equívocas (por exemplo, Félix Houphouët-Boigny [1905-1993], católico, pai-senhor da Costa do Marfim por decênios), tentações teocráticas por ocasião das lembradas conferências ou transições, substancial impotência em promover instituições democráticas, representativas de todas as etnias, não entregues à corrupção nem ao familismo.

Um fenômeno extremo e trágico emergiu no contexto da região chamada "dos grandes Lagos", entre Congo, Burundi, Ruanda, Uganda e Tanzânia, área de alta difusão do cristianismo. Em partiçular, o catolicismo é majoritário em Ruanda e Burundi. Mas repetidos episódios de massacres étnicos entre Hutus e Tutsi, e sobretudo o terrível **genocídio** de Ruanda em 1994, no qual em cerca de três meses foram mortas centenas de milhares de pessoas, viram cristãos, e até sacerdotes e religiosos comprometidos com os massacres, e sacerdotes, freiras, missionários cruelmente martirizados por não quererem aceitar as violências étnicas. O massacre ruandês, que se insere num contexto de violências que dura por decênios, levanta o problema da eficácia da cristianização de um dos territórios de maior difusão do cristianismo de alta prática religiosa.

3. O desafio do **papel dos cristãos nas sociedades africanas** é um dos aspectos da complexidade do cristianismo no continente negro. Outras questões se delineiam, também em conexão com esse desafio: em primeiro lugar, o tema da pobreza, ainda difusa, e da exploração neocolonial das áreas mais ricas de minerais (urânio no Níger e Mali; área dos grandes Lagos, com vários tipos de riqueza do subsolo: ouro, diamantes, coltan…); a questão de um desenvolvimento africano com linhas e mecanismos que não transtornem as sociedades e as mentalidades tradicionais; a difusão da AIDS (África do Sul e Nigéria são os Estados com o maior número de pessoas contaminadas) num contexto de rápida e desordenada urbanização (em 2011, sessenta e dois por cento de sul-africanos, cinquenta e oito por cento de angolanos e camaronenses, cinquenta por cento dos nigerianos, ganeses e marfinenses vivem em cidades). Outro grande desafio é o das relações entre cristãos e muçulmanos: as violências na Nigéria e em outros Estados são um sinal de alerta da difusão de um islamismo integralista que muitas vezes afronta as comunidades cristãs de tipo sectário e pentecostal que praticam um proselitismo mais agressivo. A difusão desses grupos cristãos "independentes", muitas vezes atomizados no pertencimento, mas capazes de coagular grandes massas, vincula-se com a questão da inculturação, que entre os demais aspectos carrega consigo a verificação de quanto as Igrejas provenientes do Ocidente sabem interpretar os sentimentos e estilos africanos e, por outro lado, de quanto os movimentos "locais" também exprimem aspectos inumanos, como a caça às meninas "bruxas", com frequência promovida pelos "pastores" sectários. A **teologia africana** passou pela articulação de diferentes posições; fala-se, por exemplo, de teologia da identidade, ou seja, uma releitura do cristianismo com categorias africanas e não ocidentais, bem como de teologia da contextualização, mais atenta às graves situações sociais, na esteira das teologias da libertação de origem latino-americana; além disso, há uma teologia da reconstrução, que procura unir as duas primeiras perspectivas. Muitas vezes não faltaram, com resultado positivo e aceitação também por parte dos organismos da Santa Sé, experiências de liturgias africanas: provavelmente a liturgia é o espaço de inculturação mais imediata.

Em pleno desenvolvimento de difusão e vocações, as Igrejas africanas foram chamadas nesses anos a enfrentar desafios importantes, e podemos nos perguntar se a elaboração cultural e as atitudes práticas do clero africano tenham sido capazes de continuar o confronto com os não cristãos, evitando a tentação de um fechamento no pequeno e fervoroso mundo comunitário da aldeia cristianizada.

Inserção 1

O catolicismo no norte da África

Quando entre meados do século XIX e início do século XX, França, Itália e, de modo mais limitado, Espanha, dividiram entre si os restos do Império otomano no norte da África (conquista da Argélia em 1830 por parte dos franceses), as guerras de conquista foram justificadas até como triunfo "da cruz sobre a meia-lua" e como possibilidade dos missionários católicos iniciarem a evangelização de terras até aquele momento totalmente proibidas à penetração cristã. Em 1838 foi criada a sede episcopal de Argel, em 1866, as dioceses de Orano e Constantina, em 1884 foi confiada ao cardeal francês Lavigerie, um dos "agentes" de Leão XIII para as missões africanas, a ressurgida sede de Cartago, com uma grande catedral, uma sede episcopal e estruturas escolares e assistenciais colocadas praticamente entre o mar e o deserto. À conquista da Líbia por parte da Itália correspondeu em 1913 a instituição do vicariato apostólico da Líbia, desdobrado depois em 1927 entre Cirenaica e Tripolitânia.

Essas últimas circunscrições foram confiadas aos franciscanos, presença tradicional no Oriente Médio, mas com figuras de provada fé nacionalista, as quais não faltavam entre os seguidores italianos do pobrezinho de Assis naquele período. O clero diocesano e os padres brancos de Lavigerie, porém, ficaram encarregados dos territórios franceses de ultramar. Mas as sedes episcopais, as francófonas dioceses *pleno iure*, dedicavam-se de fato a funcionários, soldados e colonos europeus que em grupos muito consistentes se transferiram para o norte da África. Os muçulmanos locais permaneciam substancialmente impermeáveis à missão. Somente dos orfanatos é que saíam jovens cristãos de etnia árabe e berbere, com tentativas mais ou menos bem-sucedidas de criar algumas aldeias com camponeses cristãos que cultivassem as terras ao lado das aldeias islâmicas.

A descolonização nos países do *Maghreb* foi mais precoce do que no resto da África e mais dolorosa, especialmente no que diz respeito à Argélia, que era considerada parte integrante da mãe-pátria francesa. O movimento independentista surgiu em 1946-1947, a guerra de libertação se prolongou de 1954 a 1962. Primeiro, um golpe de mão dos paraquedistas em 1958, e depois uma revolta dos franceses da Argélia em 1961, procuraram bloquear o processo de independência. Nestes episódios, o bispo de Argel, Léon-Etienne Duval (1903-1996, cardeal em 1965), foi um dos primeiros a utilizar o termo "autodeterminação", suscitando escândalo entre os católicos de direita e entre os colonos franceses, os quais a certa altura realizaram a "greve das igrejas" contra o bispo. Também o arcebispo de Dakar, Marcel Lefebvre, declarou publicamente sua oposição à descolonização.

No ato da independência, com os bispos de Orano e Constantina, Duval optou por permanecer na Argélia, enquanto noventa por cento de cerca de um milhão de colonos franceses abandonaram a África. Teve início a história de uma Igreja "marginal", não mais apoiada e favorecida pelo poder colonial, decidida a partilhar com a esmagadora maioria muçulmana as vicissitudes econômicas e sociais do país. A missão na Argélia tornou-se de "colonial" à de uma "**Igreja de testemunho**", mediante pequenas comunidades cristãs, grupos de religiosos, de monges, de irmãs. O Estado laico tolerou esta presença. Contemporaneamente, o golpe de Estado de Muhammar Gheddafi (1942-2011) de 1969 obrigou a comunidade italiana remanescente na Líbia, composta de agricultores, comerciantes, profissionais liberais, a ir embora rapidamente. Também a Igreja líbica se viu como marginal e testemunha, uma Igreja de estrangeiros, muitas vezes de petroleiros.

O lento processo de integração das pequenas comunidades católicas do norte da África nos Estados independentes, favorecido pela relativa tolerância de regimes "laicos" como o algeriano, passou por uma fase de aguda tensão com a guerra civil entre as tropas governativas e os guerrilheiros muçulmanos fundamentalistas (1992-2002). Além dos atentados contra as estruturas governativas, os militantes islâmicos atingiram com atos altamente simbólicos algumas realidades cristãs que estavam se esforçando pelo diálogo. Em agosto de 1996 uma bomba matou o bispo de Orano, Pierre-Lucien Claverie (1938-1996), francês de família, mas argelino de nascimento. No mesmo período ocorreu o rapto dos monges trapistas de *Notre Dame* de Atlas, em Thibirine, nas montanhas próximas de Medea; algumas semanas depois do rapto, os sete monges foram encontrados degolados. A comunidade de Thibirine trabalhava por um diálogo islâmico-cristão e era muito estimada pela população circunstante. Na realidade, os culpados do ato criminoso continuaram desconhecidos. Outros religiosos e freiras foram mortos junto com trabalhadores cristãos imigrantes.

A presença católica nos países do *Maghreb* constitui um desafio nas várias frentes: pede a superação de ressentimentos históricos entre cristãos e muçulmanos no Mediterrâneo, propõe-se como missão "ineficaz" de longo período, oferece a possibilidade de **diálogo** entre cristianismo e islã no plano cultural, da ação caritativa, da oração, com a consciência de permanecer como comunidade inevitavelmente "estrangeira". As agitações da chamada "primavera árabe" (o bispo de Trípoli, Giovanni Martinelli [1942-2019], em março de 2011 pediu publicamente a suspensão dos bombardeios NATO) repropõem na tensão o possível papel dos cristãos na região.

Nota bibliográfica

DE CHERGÉ, CH. *Più forti dell'odio*. Magnago: Qiqaion, 2010.
IMPAGLIAZZO, M. *Duval d'Algeria. Una chiesa tra Europa e mondo arabo (1946-1988)*. Roma: Studium, 1994.
RICCARDI, A. *Il secolo del martirio*. Milão: Mondadori, 2000, 310-317.
_____. *Mediterraneo. Cristianesimo e Islam tra coabitazione e conflitto*. Milão: Guerini e Associati, 1997.

68. A Igreja católica na América anglo-saxã

1. Entre os séculos XIX e XX o catolicismo continuou a crescer, tanto numericamente quanto proporcionalmente, nos Estados Unidos e no Canadá. O motor fundamental desse crescimento foi a **imigração**. Entre esses dois séculos, milhões de italianos, poloneses e emigrantes de outras nações eslavas europeias chegaram à costa atlântica. A explosão urbana do Canadá depois da Segunda Guerra Mundial atraiu contingentes de italianos, aos quais mais tarde se juntaram vietnamitas que fugiam dos vietcongues marxistas. O fenômeno mais evidente dos últimos decênios nos EUA foi o incessante crescimento da comunidade estadunidense *latina*, em sua maioria imigrantes provenientes do vizinho

México, mas com grupos de quase todos os Estados da América Central e do Sul. Como se sabe, a percepção da classe dirigente e da comunidade anglo-saxã, principalmente estadunidense, contra essas ondas de imigrantes católicos foi frequentemente negativa: tratava-se de grupos de miseráveis, considerados incultos e fracassados, ineficientes e improdutivos, além disso "papistas", e portanto supersticiosos e portadores de uma cultura religiosa que os submetia a uma figura estranha à América e à sua concepção democrática. Para o ambiente calvinista do núcleo anglo-saxão americano, frequentemente a pobreza era considerada sinal de punição divina, ao passo que a riqueza e a força o eram da predestinação salvífica ("vocação"). De fato, os irlandeses, emigrados para a América após a carestia das batatas, mais tarde os sicilianos, calabreses e vênetos que desembarcavam em Ellis Island, a ilha de quarentena diante de Nova York, enfim os mexicanos que procuram com alto custo de vidas humanas ultrapassar clandestinamente as fronteiras pelo Rio Grande ou o deserto do Arizona, são grupos que chegam aos territórios dos EUA em condições de precariedade econômica.

É mérito histórico da Igreja católica americana ter trabalhado para a **integração** dessas populações nos contextos americano e canadense, oferecendo formação concreta e eficaz ao típico espírito de democracia, voluntariado, empreendimento, sem anular uma concepção eclesial convictamente "romana", ou como se diria na Europa "ultramontana" (cap. 3, item 17.1), na teologia e na prática.

Um componente desta obra de integração é certamente a difusão das escolas paroquiais. Nos últimos decênios está em andamento um debate historiográfico importante com referência à incidência da estrutura escolar católica. Uma primeira leitura dos anos 1960-1970 (por exemplo, J. T. Ellis), segundo a qual a proliferação das escolas, colégios e seminários em toda a América do Norte levou a enorme dispêndio de forças perante um nível modesto de desenvolvimento intelectual e acabou por lançar no gueto os católicos — que eram desencorajados pelo púlpito a inscrever os filhos em escolas e universidades não católicas —, vai sendo substituída por uma posição oposta ou pelo menos mais articulada (Ladous, 888-891 e D. N. Doyle em *L'Europa e la sua espansione*, 2, 449-469), que mostra as diversas posições dos bispos em relação à escolarização confessional e o valioso papel formativo básico desenvolvido pelo sistema escolar católico.

A partir da escola, sem nela se exaurir, emerge o papel determinante das **congregações religiosas**. As congregações femininas, em parte dependentes da Europa, em parte nascidas no continente americano, dedicaram-se massivamente à instrução, e deste modo tiveram um peso determinante na vida das paróquias multiétnicas dos EUA e do Canadá (mas também nas comunidades francófonas de Quebec), vivendo um longo período de afluxo vocacional. Também alguns institutos masculinos, em especial os jesuítas, ao se dedicarem à formação assumiram no século XX um papel de destaque no catolicismo americano e uma força numérica evidente no plano mundial, que se traduziu num investimento de forças estadunidenses ou canadenses no apoio a Igrejas sul-americanas e nas Filipinas. Mas deve ser lembrado também o fenômeno da difusão dos mosteiros contemplativos: o caso mais conhecido, mas não o único, é o dos trapistas, descrito por dentro por Thomas Merton (*A montanha dos Sete Patamares, As águas de Siloé*) e com perspicaz olhar externo por Henry Jozef Machiel Nouwen (1932-1996) (*O silêncio*). Trata-se de um fenômeno que dá o que pensar, ou seja, que na eficiente e *afluente* sociedade americana, numa Igreja projetada no empenho social e educativo, possam surgir e se difundir rapidamente lugares que remetem à história monástica medieval europeia.

Outro traço característico do catolicismo norte-americano é o do **compromisso social**, como um sonho de realizar concretamente a doutrina social cristã na América, correspondente católico do "destino evidente" da América para os protestantes, ou seja, da mentalidade profundamente enraizada que afirma que os EUA em sua história carregam consigo uma vocação à construção de uma espécie de reino de Deus na terra. A tradição sindical, nascida no mundo operário irlandês e desenvolvida pelos *Knights of Labor* (Cavaleiros do trabalho, sodalício católico semissecreto entre os operários), transformou-se num conjunto de associações de trabalhadores muitas vezes interconfessional, apesar das desconfianças de Roma (cap. 5, item 31.3). A elaboração de pensamento por parte de alguns teólogos, paralela ao cristianismo social de alguns professores protestantes, levou a um catolicismo tendencialmente sensível aos motivos do *Welfare*, em sintonia com o *New Deal* ("novo início") promovido pelo presidente Franklin Delano Roosevelt depois da grande crise econômica de 1929: alguns sacerdotes foram envolvidos pelo presidente na participação de comissões governativas. A linha de pensamento social foi levada adiante pelos jesuítas, com o pensamento antirracista do padre John LaFarge (cap. 6, item 42.3) e a aquisição no plano teológico da prática de liberdade religiosa por parte de John Courtney Murray, por certo tempo marginalizado do ensino por ciúmes de colegas e depois empenhado no Vaticano II para a elaboração da *Dignitatis Humanae*, a declaração conciliar sobre a liberdade religiosa (cap. 8, item 53.3).

2. Nos anos 1960 o catolicismo estadunidense enfrentou uma determinante reviravolta. Um católico, **John F. Kennedy**, candidato do Partido Democrata à presidência da república, foi eleito. Durante a campanha eleitoral, os adversários levantaram um debate sobre a capacidade de um católico guiar os Estados Unidos, dada a tradição católica de teocracia política e a submissão devida por um católico à infalibilidade papal; ou seja, em síntese se discutia sobre a possibilidade de coexistirem catolicismo e liberdade religiosa concedida a todas as confissões pela primeira emenda da constituição federal de 1787 (vol. III, cap. 5, item 23.5). Explica-se assim a obstinação dos bispos estadunidenses em defender no concílio a *Dignitatis Humanae*. A obra de *lobbying* do episcopado estadunidense em relação a esse documento, com o apenas lembrado papel de Murray na redação, foi quase o único momento de destaque dos bispos americanos no concílio.

Sobre o **episcopado** estadunidense, desde os anos 1970 o já citado historiador Ellis (*La Chiesa nella società liberale*, 380-383) destacava a escolha como bispos — além de serem majoritariamente irlandeses — de figuras de sacerdotes que se destacavam como hábeis administradores, mas não se distinguiam por particular competência doutrinal. Sem dúvida, as dioceses americanas tinham se tornado estruturas complexas, dotadas de bens consistentes, muitas vezes dedicados também a apoiar a Santa Sé, as missões, ou as nações europeias depois da Segunda Guerra Mundial. À necessidade de administração cautelosa e de boas relações com o mundo circunstante se juntava substancial fidelidade, talvez um tanto acrítica, à tradição romana. Esta figura de episcopado eficiente, mas com horizontes às vezes limitados, com algumas exceções, como Joseph Bernardin, arcebispo de Chicago (1928-1996), de origem trentina, talvez tenha sido um dos componentes da origem da **crise** do catolicismo americano, com um declínio acentuado na prática eclesial que se mantinha até os anos 1960 bem acima dos cinquenta por cento, com importante hemorragia vocacional e sobretudo com a emergência devastadora de casos de pedofilia entre o clero, que com frequência remontavam aos anos 1950, nos quais se mostrou com clareza que os bispos que tinham conhecimento das violências tendiam a fazer passar sob silêncio esses casos, deslocando os padres culpados de uma paróquia para outra. Os processos em cadeia promovidos por associações de vítimas agora adultas levaram a remoções e demissões de figuras importantes de prelados e a perdas econômicas enormes.

Com algumas diferenças, dá-se o fenômeno de secularização no **Quebec** francófono. Esta "província" da federação do Canadá até os anos 1960 configurava-se como uma cristandade de "velho estilo", com a Igreja que detinha o monopólio da educação (a universidade Laval, de Quebec, era um espaço consolidado do mais puro neotomismo) e da assistência, e guiava a vida familiar e social também graças ao massivo número de sacerdotes e de irmãs presentes. A "revolução silenciosa" viu nos decênios 60-90 do século XX o evidente afastamento das jovens gerações da prática litúrgica, o abandono das regras tradicionais e a difusão de uma mentalidade "liberal" dos costumes e das escolhas concretas da maioria, que não repudiou a identidade *québecoise* com algumas tentativas de secessão por ora sempre fracassadas, mas que não une mais o sentido de identidade nacional francófono com o catolicismo.

69. A complexidade da Igreja latino-americana no século XX

1. Seja na área católica, seja fora do mundo eclesial, na visão europeia por diversos anos o catolicismo latino-americano desempenhou uma espécie de papel mítico, ainda presente em vários âmbitos, em sentido positivo ou negativo. As polarizações ideológicas — pelas quais as Igrejas da América Latina eram a realização plena do concílio com a teologia da libertação e as comunidades de base ou, ao contrário, eram o sinal da penetração do marxismo e da degeneração pós-conciliar — foram alimentadas às vezes por algumas vozes latino-americanas ligadas a uma visão maniqueia e simplificadora, não necessariamente marxista (os cristianismos de "direita" não são menos maniqueus...). No espaço necessariamente limitado de um manual, além do mais conscientemente de origem europeia, e portanto distante das experiências e dos pontos de vista de um mundo diferente, procurar-se-á evitar pelo menos as simplificações excessivas e pôr algumas questões que a historiografia está desenvolvendo com o passar do tempo e a aquisição de dados cada vez mais precisos.

Parece óbvio declarar que o catolicismo na América Latina não nasce com os movimentos conciliares e pós-conciliares, mas talvez seja útil descrever uma situação que na realidade não estava apenas parada pelo imobilismo até os anos 1960. No capítulo 2 (item 13.1) procurou-se mostrar que no século XIX a cristandade colonial passara por longa fase crítica ligada ao fim do patronato dos reinos católicos ibéricos, à difusão de mentalidade e de práticas políticas iluministas, à dissolução da estrutura política unitária que, com exceção do imenso Brasil e alguns territórios insulares e continentais das Antilhas, ia da Califórnia à Terra do Fogo. Todavia, já no século XIX não faltavam vários sintomas de retomada e despertar.

O nascimento dos seminários latino-americanos e brasileiro em Roma, e mais tarde o afluxo de jovens sacerdotes a Lovaina e à Alemanha para a formação de professores; o surgimento de universidades católicas em diversos Estados, muitas vezes com elevado nível de qualidade; a tradução de textos filosóficos e sociais: todas essas linhas deram origem a grupos de clero e de leigos com um *standard* formativo excelente e inspirado na neoescolástica (Maritain foi um autor de muita difusão entre os católicos latino-americanos, mais tarde seguido por Mounier) e ao pensamento social católico. Nas universidades, não só católicas, o pensamento "espiritualista", com várias inspirações não necessariamente neoescolásticas, contrapunha-se com sucesso ao positivismo e ao darwinismo social que tinham servido de suporte para a política liberal entre os séculos XIX e XX. Na época de Pio XI (1922-1939), a Santa Sé promoveu em todo o mundo o surgimento de movimentos de Ação Católica, que na América Latina tiveram certa eficácia, inicialmente com o modelo "italiano" unitário (sobretudo na Argentina), mais tarde com as especializações de tipo francês/belga (JOC, *Juventude Operária Católica*).

A inspiração desses grupos se distanciava profundamente do antigo modelo conservador do catolicismo, que tendia a manter o *status quo* numa aliança entre o episcopado e os notáveis, para favorecer uma legislação distante do anticlericalismo liberal e paternalista em relação às massas dos pobres do campo. Nascia na América Latina um **catolicismo social**, que se enraizava ainda num certo paternalismo e numa visão "orgânica" e não centralizada da sociedade, no qual tinham espaço os "corpos intermédios" (aldeias, associações...); uma linha desse catolicismo era corporativa e não escondia certa simpatia pelos fascismos europeus, mas outras posições estavam mais desvinculadas da ideologia de direita e tomaram como exemplo os partidos democráticos cristãos da Europa (Itália, Alemanha, Bélgica). Surgiram assim importantes grupos sindicais confessionais, com a criação de uma federação continental, e partidos democratas cristãos que tiveram sucesso sobretudo no Chile e na Venezuela. Às vezes o episcopado via com simpatia, e outras vezes com desconfiança, o catolicismo do "desenvolvimento" que se difundiu entre as elites cultas e no clero entre os anos 1920 e 1950. Um discurso à parte deverá ser feito para o partido católico no México e para a explosão da guerra civil (cap. 6, item 43.1). O historiador Henrique Dussel (*Storia della Chiesa in America Latina*, 177), mesmo sendo crítico em relação a este catolicismo social que definiu "desenvolvimentista", assim se exprime:

> As elites exercem uma função fundamental na história latino-americana; e a Ação Católica constituiu certamente, embora com maior ou menor êxito, uma pequena elite consciente. Pode-se assim afirmar que não existe na América Latina nenhuma outra elite que a iguale em número, coordenação e formação. Pensemos, por exemplo, na Juventude Agrária Chilena (JAC), que em menos de dez anos desenvolveu um trabalho imenso. Talvez tenha sido no mundo a melhor JAC a serviço da Igreja; melhor ainda do que a francesa.

Nesse mesmo período, a América Latina conheceu um **desenvolvimento demográfico** impressionante. Basta pensar que o México passou de treze milhões de habitantes em 1928 (com talvez um milhão de vítimas da guerra civil), aos atuais cento e vinte milhões de habitantes. Todos os países do continente atravessaram formidável fase de crescimento, em parte devido aos imigrantes provenientes da Europa (Itália e Alemanha, sobretudo), e em grande parte às altas taxas de natalidade nas famílias. Ao enorme incremento demográfico correspondeu só raramente (de modo especial na Argentina e no Uruguai) um verdadeiro e generalizado crescimento econômico; a agricultura ainda dependia dos mercados da Europa e da América do Norte, a indústria ficava por longos decênios no estado embrionário, os recursos estavam nas mãos da oligarquia liberal e conservadora, em alguns países uma minoria de famílias detinha as rédeas das exportações e do poder político. Essa situação levou ao progressivo empobrecimento de grande parte da população e ao fenômeno da urbanização com os casos extremos da Cidade do México — talvez vinte ou mais milhões de habitantes num território que de norte a sul cobre a distância de cento e vinte quilômetros —, ou de São Paulo, no Brasil, e de Lima. Nestas grandes cidades a frágil e rarefeita rede paroquial rural fica completamente destruída, com a queda da prática tradicional e o fim da religiosidade popular, as duas pilastras da presença eclesial na América do Sul.

É nesse contexto que se forma uma geração de sacerdotes "sociais", atentos ao problema da miséria e do desenvolvimento. Para dar dois exemplos, Manuel Larraín Errazuriz (1900-1966), bispo de Talca, no Chile, estava próximo das posições dos católicos franceses da *Mission de France* (Pe. Louis-Joseph Lebret [1897-1966], François Houtart [1925-2017]), promoveu estudos sociais e propôs distribuir às cooperativas de camponeses as terras de propriedade das dioceses. No nordeste do Brasil dos anos 1930, Dom Hélder Pessoa Câmara (1909-1999) organizou e levou à vitória a Liga Eleitoral Católica, depois se dedicou aos problemas da educação e se tornou vice-assistente nacional da Ação Católica. Dom Hélder foi secretário da Conferência Nacional dos Bispos do Brasil (CNBB) em 1955 e promoveu o nascimento do CELAM (Conselho Episcopal Latino-Americano), do qual Larraín se tornou presidente em 1963. Nestas duas figuras se veem algumas das várias inspirações do catolicismo da elite: o chileno se inspirou na Ação Católica francesa, o brasileiro, no início teve simpatia por certo corporativismo.

Nessa fase iniciaram-se programas de **educação popular** promovidos pelos episcopados, nos quais uma parte do clero e alguns leigos, especialmente jovens, se empenham em enfrentar um dos mais graves problemas da sociedade latino-americana, o analfabetismo. Estes grupos de elite entraram em contato com os bairros pobres das cidades, com os povoados de camponeses, com a piedade popular. Neste contexto, são desenvolvidos métodos e linhas de ação, como a "pedagogia dos oprimidos" do brasileiro Paulo Freire (1921-1997).

A partir dos anos 1950, também graças à intervenção de Pio XII, muitas congregações religiosas europeias, estadunidenses e canadenses enviaram pessoal para a América Latina, para suprir um clero que, embora em crescimento, ainda era escasso e, devido ao desenvolvimento demográfico, não conseguia cobrir as necessidades em contínuo aumento. A estes religiosos uniram-se sacerdotes diocesanos, provindos sobretudo da Itália e da Espanha, também pela facilidade do aprendizado da língua. Essas novas forças, com frequência jovens, empenharam-se em todos os âmbitos da vida eclesial, da pastoral rural e nas regiões da periferia à formação do clero, da imprensa às associações juvenis. No pós-concílio, o clero e os religiosos europeus estiveram entre os protagonistas dos fenômenos — que mais abaixo analisaremos —, às vezes, talvez de modo inconsciente, vendo ainda o clero local e o laicato com certa superioridade e paternalismo.

2. Os historiadores estão de acordo em situar uma fase determinante de evolução da Igreja latino-americana entre 1955 e 1968. A primeira data é precisamente o **nascimento do CELAM**, organismo que reconstrói em termos eclesiais a unidade da América Latina, une as diversas federações da Ação Católica, sindicais, de estudos do continente, e promove com notável protagonismo análises e reflexões. As circulares de Dom Hélder a partir do Vaticano II mostram o papel de alguns bispos sul-americanos — coordenados entre si justamente como federação de conferências dos bispos — na redação e aprovação da *Gaudium et Spes*, da *Lumen Gentium* e de outros documentos. Para realizar o concílio na América Latina, em 1968 foi convocada em Medellín, na Colômbia, a conferência geral do episcopado latino-americano, que, embora sem determinar inovações particulares nos textos, tem uma influência de promoção de experiências pastorais em todas as direções.

Nesses mesmos anos, no âmbito social e político, a América do Sul foi atravessada por tensões que desembocaram numa série de eventos, dos quais lembramos apenas os mais importantes. Caem alguns antigos ditadores, símbolos da oligarquia tradicional, como Fulgêncio Batista (1901-1973), em Cuba, derrubado por um grupo de guerrilheiros quase todos de formação católica, mas que logo se ligariam ao comunismo soviético (1959). Temendo que de Cuba o marxismo se alastrasse pelo resto do continente, os Estados Unidos apoiaram a tomada do poder por parte de regimes militares onde a situação política se degenerava por lutas civis ou corrupção. Formados nas academias estadunidenses, os militares sul-americanos sentiam-se guardiões da civilização e da tradição e se inspiravam no nacionalismo típico dos Estados latino-americanos.

Surgiu assim a "**doutrina da segurança nacional**", que pode ser sintetizada nas palavras ditas em 1976 por um dos ditadores, o chileno Augusto Pinochet:

> A civilização ocidental e cristã, da qual fazemos parte de modo irrenunciável, é enfraquecida por dentro e agredida de fora. A guerra ideológica, que compromete a soberania dos Estados livres e a dignidade essencial do homem, não deixa espaço para neutralismos convenientes. Já na ação política interna, estamos, em diversos países, a constatar a agressão ideológica e social de uma doutrina que, sob a máscara de uma suposta

redenção proletária, esconde o objetivo de implantar a tirania comunista (cit. in Dussel, 397).

As ditaduras militares afirmaram-se no Brasil em 1964, na Argentina, em 1966, no Peru, em 1968, no Chile, em 1973. O caso chileno é diferente: em 1964, pela primeira vez, tinha vencido a DC (Democracia Cristã), que conquistara a presidência. O moderado reformismo democrático-cristão tinha criado tensões e expectativas sociais, enquanto os bispos estavam divididos sobre a relação com o governo. Em 1970 as eleições tinham sido vencidas pelo bloco da esquerda da qual participava uma cisão da DC. Três anos mais tarde, o presidente socialista Salvador Allende defendeu-se com as armas e foi morto durante o golpe de Estado de Pinochet.

É importante articular e, embora de modo muito breve, tentar analisar nas vicissitudes históricas concretas essa fase de fermento e de tensão da Igreja da América Latina que gerou o "mito".

Um primeiro aspecto determinante da Igreja católica latino-americana é a experiência de novas **formas de pastoral popular** no âmbito rural e urbano. A expressão mais conhecida e emblemática é dada pelas "comunidades de base". Grupos de adultos e de jovens de um vilarejo ou povoado reúnem-se, geralmente na ausência do sacerdote, para ler juntos a Bíblia, orar, discutir problemas do povo, levar adiante o trabalho de educação popular. As conferências episcopais e as dioceses estabelecem uma estrutura de formação de líderes leigos, de metodologia, de produção dos textos. A *conscientização* torna-se a palavra-síntese de muitas destas pequenas comunidades que — teoriza-se — constroem desde a base a "paróquia". Em vários casos, as comunidades de base tornaram-se lugares de elaboração de respostas sociais, sindicais, assistenciais, às vezes políticas, considerando-se uma alternativa em relação aos centros de poder dominados pelo clientelismo ou pelos militares. Um cálculo confiável para a fase culminante das comunidades de base no Brasil, lugar de eleição deste fenômeno, afirma que elas atingiam cerca de cinco por cento da população, e portanto jamais foram um fenômeno de massa, mas provavelmente deram origem a uma elite popular e tentaram ver de modo novo a relação entre paróquias tradicionais e território.

Além das comunidades de base, vários bispos da América do Sul tentaram experimentar formas de aproximação e de catequeses das **populações nativas**, em geral batizadas, mas bem pouco formadas na fé cristã. Este confronto, apoiado pelas elaborações da missiologia contemporânea, trouxe a lume pelo menos três questões: o valor da religiosidade popular, até então gerida de modo um pouco utilitarista pelo clero tradicional ou considerada com desconfiança e desprezo pelos níveis mais cultos ou pelo clero de origem europeia, uma vez que estaria marcada pelo "sincretismo"; a possibilidade de criar um clero "autóctone", desde sempre (vol. III, cap. 7, item 30.2) pouquíssimo contemplada pelas dioceses (a esse propósito, tenha-se presente que se tentaram seminários especiais, como o de Latacunga, nos Andes do Equador, e se propôs a possibilidade de ordenar presbíteros alguns adultos casados, o que foi sempre impedido pela Santa Sé); enfim, sobretudo no Brasil, também depois da volta à democracia, emergiu o tema da utilização do território, onde os camponeses trabalhavam de forma servil e os indígenas se viam expropriar de acordo com os interesses da mineração ou florestais por grupos econômicos (a pastoral dos *Sem Terra*).

A partir da prática pastoral e formativa praticada por alguns bispos, sacerdotes e religiosos, bem como pelas categorias propagadas pelos jovens professores formados na Alemanha ou em Lovaina, na Bélgica, surgiram propostas teológicas sob o rótulo de "**teologia da libertação**", na realidade com várias diferenças, mas com momentos de encontro e diálogo entre os expoentes destas linhas de pensamento. Situa-se em 1971 o surgimento da expressão, graças ao título de um texto de Gustavo Gutiérrez, que logo suscitou debates e polêmicas. Talvez falte ainda uma análise histórico-teológica serena desta forma de teologia que influenciou as teologias "contextuais" da África e da Ásia. Parece que a identificam estes componentes determinantes: "beber do próprio poço", expressão bíblica que, como um *slogan*, significa a exigência de construir o pensamento teológico não a partir de categorias europeias, mas desenvolver novas de acordo com a história, as experiências, o pensamento da América do sul (e portanto recuperar a pedagogia dos oprimidos, a religiosidade popular e assim por diante); teologia "prática", ou seja, que se constrói pela prática pastoral (e depois pela prática política), relida a partir da Escritura (daí também o uso amplo do *Livro do Êxodo* e dos profetas bíblicos); em muitos autores, mas com significados e nuanças diferentes, o uso das categorias marxistas como instrumentos "científicos" de leitura da realidade social latino-americana.

No plano histórico, deve-se dizer que a teologia da libertação jamais foi condenada em bloco pela Santa Sé. Em 1984 o então prefeito da Congregação romana para a Doutrina da Fé, Josef Ratzinger, fez publicar um documento de esclarecimento e pediu à Conferência episcopal do Peru que aprofundasse as teses de Gustavo Gutiérrez, um dos primeiros expoentes dessa constelação de pensamento. Já o franciscano brasileiro Leonardo Boff (1938-), depois da imposição de se abster de expor seu pensamento, deixou o ministério. Não há dúvida de que em Roma e na América Latina a teologia da libertação teve adversários e aliados. O debate está em aberto: a observação segundo a qual ela seria uma união original entre modernidade "crítica" e "científica", de um lado, e intransigência oitocentista antiliberal, de outro, é provavelmente excessiva, mas não deixa de ter pertinência sob o ponto de vista histórico.

Outro aspecto das vicissitudes latino-americanas na segunda metade do século XX foi a relação entre os Estados, em grande parte marcados durante muitos anos pela ideologia da "segurança nacional", e as Igrejas, e nessa relação de modo especial o papel dos **episcopados**. Os governos militares e os partidos conservadores que os apoiavam reivindicavam como inspiração a luta contra o marxismo e a defesa da tradição católica, como se viu pela citação acima referida do ditador chileno Pinochet. Os movimentos populares e o clero mais empenhado socialmente mostravam a opressão gerada pelos grupos oligárquicos, a intervenção das multinacionais, a sistemática violação dos direitos humanos perpetrada pelos soldados e pelos corpos paramilitares de direita. Com frequência os episcopados estavam divididos. O argentino, formado em boa parte por descendentes de italianos e muito próximo por recrutamento e cultura das classes altas, depois de ter simpatizado com o populismo de direita de Juan Domingo Perón (1895-1974), encontrou majoritariamente um tácito acordo com as ditaduras militares que exerceram terríveis formas de tortura e de eliminação dos expoentes da oposição. O chileno, ao contrário, salvo algumas exceções, pôs-se como alternativa à ditadura de Pinochet e, junto com os protestantes, criou um "vicariato" para defender as vítimas até perante os tribunais. No Brasil, a maioria se inspirava na opção pelos pobres, com os bispos Hélder Câmara, do Recife, e Aloísio Lorscheider (1924-2007), de Fortaleza, mas não faltavam os conservadores e até os simpatizantes do tradicionalismo litúrgico e anticonciliar, como Geraldo De Proença Sigaud (1909-1999), bispo de Diamantina, favorável à doutrina da segurança nacional.

Um caso emblemático que se abre a um novo tema é o de **El Salvador**. Na situação de tensão e violência por parte dos militares e esquadrões da morte, com grupos de esquerda que estavam organizando uma guerrilha, o arcebispo Oscar A. Romero Galdámez (1917-1980), formado em Roma e inicialmente apreciado pelos conservadores, não só se posicionou contra todas as violências, mas também denunciou com vigor a opressão dos militares que comprometiam a frágil democracia e organizou formas de apoio aos pobres e detentos. A maioria dos bispos de El Salvador se alinhou ao exército e denunciou Romero à Santa Sé. Em 1980, depois do enésimo domingo no qual a longa homilia do arcebispo relacionava todas as vítimas da semana e pedia aos militares que não usassem as armas contra o povo, Romero foi morto por um sicário enquanto celebrava a missa na casa de repouso onde escolheu viver com os doentes e as freiras. A situação de El Salvador acabaria por degenerar numa verdadeira guerra civil.

Nesses períodos de violência sistemática praticada quer pelas forças da polícia, quer por corpos paramilitares, quer por organizações comunistas, as Igrejas latino-americanas acabaram vivendo experiências de **martírio** e tiveram milhares de vítimas. Trata-se de bispos, como o já citado Romero e Juan Gerardi (1922-1998) da Guatemala, de religiosos, como os jesuítas da Universidade Centro-Americana (UCA), mortos por um comando em 1989, de religiosas e de centenas de leigos, catequistas, agentes pastorais, voluntários ocidentais e até de inteiras vilas de camponeses, homens, mulheres e crianças. Em muitos destes casos, os responsáveis das mortes não foram identificados ou punidos. Muitos sacerdotes, religiosos e leigos sofreram torturas e sequestros. Em alguns casos, os ativistas não se referiam diretamente à situação política, mas à luta pela defesa dos homens do campo ou dos indígenas, como no caso da religiosa estadunidense Dorothy Stang (1931-2005), morta na Amazônia em 2005.

Foram muito raros os casos de expoentes do clero que se alinharam de fato com os movimentos revolucionários de esquerda. O mais marcante diz respeito ao sacerdote colombiano, Camilo Torres Restrepo, que tinha estudado sociologia em Lovaina e que acabou morto em 1966 num encontro armado entre o exército regular e o *Exército de Libertação Nacional* no qual ele tinha entrado. Em 1989, o próprio ELN matou o bispo de Arauca, Jesús Emilio Jaramillo Monsalve (1916-1989), comprometido com a promoção social dos camponeses. Em Cuba, nos anos 1950 os bispos contestaram abertamente a ditadura conservadora de Batista e saudaram calorosamente a tomada do poder por Fidel Castro, ex-aluno de um colégio jesuíta, mas passaram à oposição quando Castro, depois de ter se livrado de alguns seus companheiros antimarxistas, optou pelo apoio soviético. A partir daquele momento, a Igreja cubana, já onerada pela escassez do clero, passou a sofrer a expulsão de todos os religiosos estrangeiros e uma condição de controle comparável às dos regimes comunistas do leste europeu. Na Nicarágua, vários católicos entraram para a guerrilha "sandinista" contra o ditador Somoza (1925-1980) e, com a queda dele em 1980, alguns religiosos fizeram parte do governo, apesar do pedido em sentido contrário feito por João Paulo II e o enviesamento para Cuba por parte do novo governo, que se destacou por importante obra de alfabetização e se empenhou em eleições livres que em 1990 levaram à vitória da oposição.

3. Com a queda do muro de Berlim (1989), o fim da ameaça comunista que motivava os governos militares de segurança nacional, a difusão de certo desenvolvimento econômico, embora entre momentos críticos ainda muito extensos e uma situação generalizada de pobreza, o cenário da Igreja latino-americana foi mudando. Os **desafios** que se delinearam nos últimos decênios dizem respeito à exploração do território, às florestas e à poluição, junto com a ameaça de destruição de alguns grupos de indígenas. Outros desafios se referem tanto à organização e à mudança de mentalidade que ela comporta no plano da religiosidade e do consumismo quanto ao crime organizado, muitas vezes ligado ao tráfico de drogas, que assedia grandes nações, como o México e a Colômbia. Outro desafio ainda vem da relação com governos democraticamente eleitos que reivindicam uma posição de esquerda, mas que tendem a comprometer os mecanismos democráticos já frágeis pelo clientelismo e pela corrupção, como no caso de Hugo Chávez (1954-2013) na Venezuela.

No âmbito pastoral, o maior desafio parece ser a difusão das chamadas "seitas". Trata-se de **movimentos independentes de inspiração pentecostal** e de proveniência estadunidense, pelo menos na origem. Em alguns países, como o Brasil, esses grupos, caracterizados por uma visão fundamentalista e literal da Escritura, por relações humanas muito calorosas e por uma fragmentação da organização, estão hoje em pleno crescimento. A tradicional visão de uma América Latina "católica", embora pouco evangelizada, está mudando. Quando o fenômeno das "seitas" começou a se tornar visível, a difusão delas foi interpretada por parte dos católicos como uma operação organizada por grupos econômicos dos EUA para diminuir o apoio popular de uma Igreja alinhada contra as estruturas anticomunistas. Na realidade, caso esse "complô" ou fenômenos mais ou menos organizados de financiamento tenham havido, hoje a questão dos movimentos neopentecostais está aberta a vários tipos de leitura mais complexos, nos quais parece que a escassez do clero e o costume de uma religiosidade sem sacerdotes, mas emotivamente calorosa, é que estão na base da difusão dos grupos.

É inegável que dentro das Igrejas católicas do continente tenha ocorrido por volta do fim dos anos 1970 uma mudança de geração e de inspiração. Uma maioria do CELAM ligada a uma leitura social do concílio foi progressivamente substituída por uma presença cada vez mais forte de bispos e de clero de disposições diferentes, com frequência provenientes dos movimentos de *reconquista* católica de origem ibérica, como o *Opus Dei*, os *Cursillos de Cristianidad* e mais recentemente a congregação messiânica dos Legionários de Cristo, mergulhada numa dura crise pela emersão de erros até degradantes, inclusive com o uso de drogas, do fundador Marcial Maciel Degollado (1920-2008). Parece um exagero falar de um fechamento a partir do alto da experiência de uma "Igreja da libertação". Certamente os novos fenômenos (pensemos, somente para o Brasil, na conquista do poder de 2003 a 2011 por parte de um católico formado nas comunidades eclesiais de base, como Lula da Silva [1945-], no crescimento econômico surpreendente, na difusão dos grupos neoprotestantes) exigem novas leituras da situação e novas intervenções, embora não se diga que as posições contrárias à pastoral e à teologia da libertação sejam mais eficazes. Provavelmente, como sempre, uma revisão das fases anteriores, nas quais se recuperam os elementos mais válidos das propostas dos anos 1970-1980, seria um processo mais útil e sereno.

Entretanto, restam abertos à reflexão histórica alguns caminhos de mais pesquisa; por exemplo, se a Igreja latino-americana terá vivido uma fase de descontinuidade em relação à sua história colonial e pós-colonial, ou se os elementos de permanência, como a religiosidade popular, terão sido mais fortes do que os elementos de "novidade"; e quanto a fase democrático-cristã dos anos 1930-1950 tenha influenciado a sucessiva leitura do Vaticano II. Com referência à teologia da libertação, pode-se perguntar se se deva falar no singular ou no plural, de "teologias", e quanto a experiência dos anos 1970 tenha possibilidades de continuar com vivacidade ou se estará inevitavelmente ligada ao "contexto" do qual partia, ou talvez a algum "apriorismo" ainda muito eurocêntrico. Também sobre o papel de João Paulo II na vida da Igreja latino-americana desde 1978, a pergunta é se se pode falar de uma evolução, que parte da profunda desconfiança em relação às infiltrações comunistas de quem vinha da Polônia totalitária, para depois se envolver numa devida abertura, por exemplo ao encontro com Romero e com seu martírio, até à visita a Cuba em 1998. Certamente uma análise aprofundada exige ir além das polarizações ideológicas que marcaram a história latino-americana deste século e, inevitavelmente, também a vida da sua Igreja.

70. A "missão", do concílio ao pós-concílio, e considerações sintéticas

1. Depois da Segunda Guerra Mundial, a Santa Sé viu-se diante de novos desafios provocados pela descolonização, pelo desenvolvimento econômico e demográfico, no contexto da "guerra fria" e da divisão do mundo em dois blocos contrapostos. A antiga intuição de formar "clero autóctone", que remontava a alguns memoriais escritos pelo primeiro secretário de *Propaganda fide* na primeira parte do século XVII (vol. III, cap. 7, item 32.1) e realizada por Bento XV e Pio XI, foi retomada tanto na teoria quanto nos fatos por Pio XII, com a criação de hierarquias ordinárias na China, na África britânica (1950-1951), na África francesa e em Madagascar (1955), a multiplicação das circunscrições, as primeiras nomeações de bispos locais. Historicamente, porém, quem abriu uma nova fase foi a encíclica ***Fidei donum* (1957)**, que aliás se limitava a examinar as condições das missões na África (cap. 7, item 51.1). Pela primeira vez na história, o papa fazia um apelo aos bispos para que enviassem sacerdotes seculares às "jovens Igrejas" que deles tinham necessidade, superando o conceito que durou pelo menos um século e meio de que somente missionários "especializados", religiosos ou de institutos análogos, fossem idôneos para desempenhar a obra do primeiro anúncio. As dioceses "missionárias" com escassez de clero não estavam somente na África, mas em grande parte da América Latina. De países ocidentais mais ricos de clero, como Itália, Espanha, Estados Unidos, Holanda, Bélgica, partiram sacerdotes que desde então foram chamados "*Fidei donum*".

Nasceu nesse contexto e foi aprofundado nos debates conciliares o conceito de "**cooperação entre as Igrejas**"; portanto, não mais Igrejas "ricas" que ajudam as pobres, mas apoio recíproco, porquanto pelo menos teoricamente os "*Fidei donum*" deveriam retornar aos países de origem e trazer um estilo e um espírito missionário para as dioceses ocidentais. O estudo sistemático destes intercâmbios, os quais para Itália, França, Alemanha e Suíça foi desenvolvido até 2007, mostra diversas fases de andamento numérico; depois de um início definido como "difícil", verificou-se um crescimento muito intenso e em contratendência em relação ao recrutamento vocacional das dioceses italianas, e depois uma estabilização. É interessante também o dado de que os sacerdotes *Fidei donum* italianos em grande maioria prestaram serviço na América Latina (67,8%, seguida pela África com 23,9%), enquanto em relação aos leigos o dado é quase exatamente inverso (África 59,9%, América 32,9%).

O Concílio Vaticano II foi até agora o consenso episcopal católico mais universal: os bispos provinham de quase todas as nações, exceto os países do Leste da Europa nas primeiras sessões e a China. O episcopado latino-americano, quase inteiramente "crioulo" (com poucas exceções de bispos europeus e estadunidenses de dioceses "missionárias"), teve peso numérico estimado em torno de vinte a vinte e cinco por cento e uma capacidade decididamente eficaz de se mover em grupo, votando quase unanimemente com a maioria e propondo um estilo de concertamento por nações e continentes que foi imitado por uma parte do episcopado asiático (Índia) e pelo africano, ainda em grande parte de origem europeia, mas em que o peso dos franceses se unia às orientações dos teólogos e dos bispos da mãe-pátria. Como se viu acima, o episcopado estadunidense teve papel importante no que diz respeito à declaração *Dignitatis Humanae* sobre a liberdade religiosa. O amplo decreto *Ad gentes*, promulgado no fim da IV sessão (7 de dezembro de 1965), foi o resultado de uma complexa mediação. Por exemplo, a afirmação de que o fim da missão é "a evangelização e a fundação da Igreja" (n. 6) une duas linhas missiológicas até aquele momento dialéticas entre si. Afirma-se a necessidade do "clero autóctone" (n. 16) e dos catequistas (n. 17), enquanto, na esteira das tentativas mais ou menos exitosas de exportar o modelo da Ação Católica para os países extraeuropeus, se acena à formação dos leigos (nn. 15, 21). As novidades são o conceito de responsabilidade de todo o episcopado na difusão do Evangelho e no cuidado das Igrejas particulares (nn. 29, 38; cf. *Lumen Gentium*, n. 23), a expressão "jovens Igrejas" que tende a substituir o termo "Igrejas de missão" (n. 19) e o conceito de "cooperação entre as Igrejas" (nn. 35-41).

2. Quando o concílio foi encerrado, oferecendo aos bispos uma experiência de confronto e de colegialidade inédita, debatia-se na França havia cerca de vinte anos sobre um *slogan* que fora o título de um livro de sucesso: *France pays de mission?* Com essa interrogação, o conceito de missão se estendia às áreas descristianizadas da Europa ocidental. Entravam em crise as certezas de um século e meio de relações entre "cristandade" e "missão", ou seja, a certeza de que havia países "católicos" que tinham o dever de enviar e apoiar "missionários" (religiosos especializados) para uma obra de "missão" totalmente diferente da "pastoral" em terras cristãs. Agora se falava de "jovens Igrejas", que eram comunidade para todos os efeitos, muitas vezes nem mais que uma minoria; de "cooperação", e portanto de protagonismo também das jovens Igrejas; da necessidade de "fazer missão" nos países "cristãos", e não mais com as "missões populares" da era moderna, que tinham vagas analogias com as missões de "ultramar". E os fenômenos ligados à contestação juvenil e cultural de 1968 realçavam a progressiva difusão de comportamentos e ideias que rompiam radicalmente com a tradição dos países católicos.

Corajosamente, e depois de um dos primeiros sínodos dos bispos, **Paulo VI** assumiu o desafio da reflexão com a exortação apostólica *Evangelii nuntiandi* (1975) que chamava a atenção para o termo "**evangelização**", já utilizado pelo concílio, mas agora esclarecido em suas linhas de força, ao passo que com a encíclica *Populorum progressio* (1976) se falava da questão social como questão "mundial", de desenvolvimento e de "povos pobres", sem, contudo, utilizar a expressão "Terceiro Mundo", que por muito tempo foi termo de moda também entre os católicos e acabou por substituir o antigo dualismo cristandade/missão por uma nova polaridade, desta vez mais geográfico-econômica, entre "primeiro" e "terceiro" mundo.

Três opções de **João Paulo II** podem ser ressaltadas a respeito da Igreja extraeuropeia. A primeira é o lançamento da categoria de *nova evangelização* (cap. 8, item 62.1), que assume acepções variadas nos muitos textos do papa Wojtyla, impulsionando a reflexão teológica para ampla análise, ainda hoje em andamento. Uma segunda opção feita no longo pontificado de João Paulo II foram as viagens que fez para todos os continentes, de modo que ele pôde chegar a quase todas as nações e entrar em contato com os bispos e os cristãos do mundo; neste contexto, as grandes celebrações das viagens papais viram, muitas vezes de maneira inédita, ampla utilização das experiências gestuais, simbólicas e musicais praticadas depois do concílio. Em terceiro lugar, foram encorajados pelo papa alguns sínodos "continentais" (sínodo para a África em 1994, assembleia especial do sínodo dos bispos para a Ásia e sínodo da Oceania em 1998), com mais ou menos sucesso, segundo os estudiosos, mas todos marcados pela ideia de reafirmar uma colegialidade regional/continental com forte ligação com Roma.

3. Tendo chegado ao término de um capítulo que introduziu às muitas dimensões mundiais que caracterizaram como nunca a Igreja durante o século XX, queremos agora fazer algumas considerações sintéticas. No âmbito de números absolutos, e provavelmente em termos proporcionais, o século XX é a época de maior **expansão do catolicismo**, num contexto de crescimento geral de todas as confissões cristãs. As bases e as tentativas arriscadas e heroicas dos missionários do século XIX transformaram-se no período seguinte em comunidades, dioceses, seminários. Também a multiplicação dos episcopados, já visível no Concílio Vaticano II, inclusive em países historicamente "evangelizados", como a América Latina, é sinal de rápida expansão. O número de sacerdotes, religiosos e religiosas, cresceu por sua vez com uma inclinação que passou da intensidade até os anos 1960 a uma situação de estabilidade, na qual aliás as perdas no mundo tradicionalmente cristão foram compensadas por picos de crescimento na África e na Ásia. Também os percursos de internacionalização da Cúria vaticana — que viram um africano na congregação dos bispos, indianos nas congregações do culto divino, da evangelização dos povos e no conselho do diálogo inter-religioso, e um estadunidense no ex-Santo Ofício — são sinal dessa expansão que é também transformação da Igreja católica, e que provavelmente deverá ver ulteriores etapas. Esta dimensão macrogeográfica a ser avaliada ao longo do tempo será um elemento determinante para uma narrativa da história da Igreja do século XX, no qual talvez alguns fenômenos serão avaliados como "crise de crescimento".

Alguns sinais da terminologia até oficial mostram uma evolução que deve ser enfatizada. A definição tradicional de "Igrejas de missão", que se diferenciavam por estrutura jurídica, pessoal, métodos, mas sobretudo por percepção eclesiológica em relação às Igrejas da "cristandade", foi gradualmente sendo substituída pela expressão **"jovens Igrejas"**, que significa uma igualdade substancial de dignidade, analogia de estrutura e autonomia de movimento com relação às Igrejas do Ocidente cristão. É interessante que para estas não haja mais um "título" (o termo cristandade está hoje ultrapassado). Além disso, desde os anos 1940 difundiu-se a percepção segundo a qual as áreas de antiga evangelização tenham se tornado por sua vez "terras de missão", dada a descristianização e o afastamento das massas em relação à prática religiosa tradicional. Assim, de modo provocador o Pe. Lorenzo Milani dedicava seu livro inovador *Esperienze pastorali* (publicado em 1958) "aos Missionários Chineses do Vicariato Apostólico da Etrúria", abrindo a perspectiva da atividade evangelizadora realizada por asiáticos ou africanos em relação à Europa; a provocação de então é um dado que já se mostra visível em algumas nações com referência ao clero.

Mas a esta altura, que significado tem ainda o termo "missão"? Se tudo é missão, se até o Ocidente é terra de missão, nada mais é missão, ou melhor, a palavra assumiu significados muito diversificados. Se isso possa parecer vãs considerações terminológicas, trata-se na realidade de sintomas de movimentos muito incisivos. Em 1960 os missionários de origem francesa eram cerca de vinte e um mil; em 1987 tinham se reduzido a seis mil: crise vocacional, secularização entre os jovens, queda de uma missão muito ligada ao colonialismo, mas também sentido de inutilidade de uma opção, a de partir para os países "de além-mar", onde talvez o cristianismo seja mais vivo do que na velha Europa. Também a difusão da "teologia das religiões" pode ter contribuído para esse arrefecimento do projeto missionário nos jovens clérigos e religiosos.

Na realidade, porém, o movimento missionário não se exauriu depois do Concílio Vaticano II, nem o progressivo e efetivo reconhecimento da realidade e da força das "jovens Igrejas". O conceito de "cooperação entre as Igrejas", associado à responsabilidade de todos os bispos na difusão do Evangelho, levou ao fenômeno de sacerdotes, religiosos e leigos que optam por viver certo número de anos de seu ministério em Igrejas "outras" para uma troca que, pelo menos teoricamente, faz crescer seja as dioceses "doadoras", seja as que recebem. As congregações "missionárias" recrutam pessoal das "jovens Igrejas" para serviços em territórios nos quais está em andamento a primeira evangelização. O próprio movimento migratório leva jovens, profissionais, família para regiões nas quais os cristãos são minoria, e alguns movimentos eclesiais (por exemplo, Comunhão e Libertação ou o Caminho Neocatecumenal) convidam leigos a se mudarem para ambientes não cristãos. Enfim, a missão está evoluindo mediante processos ainda em aberto, que somente em parte conseguem ser incorporados na expressão "nova evangelização".

O **movimento migratório** foi determinante para a expansão do catolicismo na América anglo-saxã (e na Austrália), e por diversos decênios do século XX a dedicação identitária à religião do país de pertencimento "defendeu" as comunidades católicas estadunidenses e canadenses do afastamento da prática religiosa, fenômeno que, no entanto, nos últimos decênios do século, assumiu dimensões clamorosas. O século XX foi o século de grandes deslocamentos humanos, alguns dos quais, ainda em andamento (basta pensar no afluxo de latinos para os EUA e Europa, e de asiáticos e africanos para o velho continente), parecem destinados a modificar mais a geografia do catolicismo e a estabelecer novos desafios às Igrejas.

A historiografia está começando a questionar a recepção dos conteúdos da missão nas várias culturas. Os conceitos de "indigenização" e de "inculturação", inicialmente elaborados por algumas figuras originais de missionários, depois pelo menos em parte aceitos pela linguagem oficial do magistério, denotam um ponto de vista ainda em parte "etnocêntrico". Nas últimas décadas, vários estudos começaram a pesquisar o modo como os povos que recebem os missionários releram, rejeitaram ou absorveram as mensagens cristãs, integrando-as em sua cultura ou às vezes transformando radicalmente os pontos de vista iniciais. Levam-se em consideração fenômenos diversificados, como os movimentos proféticos africanistas, ou as formas de pesquisa de identidade das comunidades cristãs minoritárias, como o uso do latim e do rito da missa préconciliar na Associação Patriótica Católica Chinesa. Os termos "sincretismo", "religiosidade popular", "seitas neoprotestantes", às vezes parecem inadequados a uma leitura global em termos de aceitação e de modificação das mentalidades preexistentes no confronto com o anúncio cristão.

Um último aspecto deve ser retomado ao ler a história da expansão do catolicismo no século XX, ou seja, o dado evidente da **violência** sofrida em geral pelos cristãos, católicos, mas também protestantes, ao longo deste processo. Em termos teológicos, pode-se dizer que o século XX tenha sido um século de martírio. Viram-se reações de grupos humanos "marginais" que atingiam com suas lanças os missionários, mas também a violência sistemática e brutal de algumas ideologias e até de grupos de poder que torturavam sacerdotes, religiosas e leigos em nome da defesa do catolicismo, como na América Latina dos regimes de "segurança nacional"; os cristãos como tais são vítimas do terrorismo de matriz islâmica, como de fatos sangrentos banalmente ligados à insegurança, ao banditismo, a tensões localistas. Tudo isso fez com que os cristãos, clero e leigos, tenham pago alto tributo de vítimas, num século no qual caminharam *pari passu* melhoramento das condições higiênicas, crescimento demográfico e genocídios ou destruições militares de proporções inéditas. A "Nossa Senhora da Bomba", conservada na catedral de Nagasaki, é representação icônica da violência que recaiu quase casualmente, ou melhor, cegamente, sobre uma comunidade católica já marcada por imensos sofrimentos. Porém, a violência foi também perpetrada por cristãos, como nas cruéis guerras étnicas da região dos "grandes lagos", ou mediante algumas modalidades praticadas pelos regimes coloniais, às vezes com o silêncio por parte de alguns missionários.

Bibliografia

AUBERT, R. et al. La Chiesa nella società liberale. In: AUBERT, R. et al. (dir.). *Nuova storia della Chiesa* (contribuições de Aubert, R. et al.). Gênova-Milão: Marietti, 1977, v. 5/1, 294-430.

BADE, KL. J. *L'Europa in movimento. Le migrazioni dal settecento a oggi*. Milão-Bari: Laterza, 2001, 89-414.

COMBY, J. (org.). *Diffusion et acculturation du Christianisme (XIXe-XXe siècle). Vingt-cinq ans de recherches missiologiques par le CREDIC*. Paris: Kartala, 2005.

_____. Gli spostamenti culturali del Vangelo nel corso dei secoli e i nuovi interrogativi del XX secolo. In: *Il cammino dell'evangelizzazione. Problemi storiografici. Atti del XII convegno dell'Associazione Italiana dei Professori di Storia della Chiesa. Palermo 19-22 settembre 2000*. Bolonha: il Mulino, 2001, 313-337.

COMPAGNON, O. L'America latina. In: MAYEUR, J.-M. et al. (dir.). *Storia del cristianesimo*. Roma: Città Nuova-Borla, 2002, v. 13: Crisi e rinnovamento dal 1958 ai giorni nostri, 460-657.

Dalle missioni alla Chiese locali (1846-1965). In: FLICHE, A.; MARTIN, V. *Storia della Chiesa* (iniciada por). Milão: SAIE, 1991, v. 24.

DEL ZANNA, G. *I cristiani e il Medio Oriente (1798-1924)*. Bolonha: il Mulino, 2011.

DELACROIX, S. (org.). *Histoire universelle des missions catholiques. 3: les missions contemporaines (1800-1957)*. Paris: Grund, 1957.

DI FALCO, J.-M. et al. (orgs.). *Il libro nero della condizione dei cristiani nel mondo*. Milão: Mondadori, 2014.

DUSSEL, E. *Storia della Chiesa in America Latina (1492-1992)*. Bréscia: Queriniana, 1992, 199-454.

FOUILLOUX, É. I cristiani d'oriente minacciati. In: MAYEUR, J.-M. et al. (dir.). *Storia del cristianesimo*. Roma: Città Nuova-Borla, 1997, v. 12: Guerre mondiali e totalitarismi (1914-1958), 731-814.

La Chiesa nel mondo moderno. In: AUBERT, R. et al. (dir.). *Nuova storia della Chiesa* (contribuições de Aubert, R. et al.). Gênova-Milão: Marietti, 1979, v. 5/2, 250-299.

LADOUS, R. L'America del Nord. In: MAYEUR, J.-M. et al. (dir.). *Storia del cristianesimo*. Roma: Città Nuova-Borla, 1997, v. 12, 817-1092.

MACMANNERS, J.; ZAMBARBIERI, A. (orgs.). *Storia illustrata del Cristianesimo*. Casale Monferrato: Piemme, 1993, 448-582.

MARTINA, G. L'età contemporanea. In: *Storia della Chiesa da Lutero ai nostri giorni*. Bréscia: Morcelliana, 1995, v. 4, 371-372.

Mayeur-Jaouen, C. Il destino dei cristiani d'oriente alla fine del secolo XX. In: Mayeur, J.-M. (dir.). *Storia del cristianesimo*. Roma: Città Nuova-Borla, 2002, v. 13, 425-459.

Nicoli, D. *Il Movimento Fidei Donum tra memoria e futuro*. Bolonha: EMI, 2007.

Riccardi, A. *Il secolo del martirio*. Milão: Mondadori, 2000, espec. 184-392.

Vaccaro, L. (org.). *L'Europa e la sua espansione religiosa nel continente nordamericano*. Milão: Centro Ambrosiano, 2012, col.: Europa ricerche, v. 16.

Vian, G. L'espansione mondiale del cristianesimo nel secondo Novecento. In: Vian, G. (org.). *Storia del cristianesimo*. Roma: Carocci, 2015, v. IV: l'età contemporanea, 376-408.

Zorn, J. F. Crisi e mutamenti della missione cristiana. In: Mayeur, J.-M. et al. (dir.). *Storia del cristianesimo*. Roma: Città Nuova-Borla, 2002, v. 13: Crisi e rinnovamento dal 1958 ai giorni nostri, 313-339.

Índice de nomes

Abdul Megid I, sultão otomano 97
Acquaderni, João 188
Acquaviva, Sabino 404
Acton, *lord*, ou Acton, John Emerich Edward, conhecido como 174, 192
Adenauer, Konrad 329
Afonso XIII, rei da Espanha 301
Agagianian, Gregório, Pietro XV, patriarca da Cilícia dos Armênios e cardeal 348, 359, 366
Ağca, Mehmet Ali 449
Aglipay, Gregório 86
Agustín de Iturbide, que se tornou Agustín I, imperador do México 101
Alacoque, Margarida Maria 169
Alfaro, Eloy 104
Alfieri, Antônio Aiace 243
Alfrink, Bernard Jan 419
Algranati, Cesare, conhecido pelo pseudônimo Rocca d'Adria 296
Allende, Salvador 431, 490
Aloisi Masella, Bento 362
Altaner, Berthold 288
Alves, Rubem 430
Amalorpavadass, Duraisamy Simon 436
Angelelli, Enrico Angel 431
Antonelli, Tiago 156

Antoniutti, Ildebrando 419
Arango, Doroteo, conhecido pelo pseudônimo Villa, Francisco, chamado *Pancho* 298
Arboleya, Martínez Maximiliano 238
Argüello Wirtz, Francisco José Gòmez, conhecido como Kiko 413
Armellini, Carlos 155
Arouet, François-Marie, conhecido pelo pseudônimo Voltaire 114
Ars, cura d', ou Vianney, João Maria (Jean-Marie) 129, 181
Assmann, Hugo 430
Atatürk, ou Kemal, Mustafa, conhecido como 461
Atenágoras, patriarca ecumênico de Constantinopla 368, 379
Aubert, Roger 63, 99, 113, 198, 240, 353, 502
Audo, Yosep, que se tornou Joseph (Yosep) VI Audo, patriarca da Igreja caldeia 95, 98
Aziz, Tarek (Tarik ou Tariq), pseudônimo de Yuhanna, Mikhail 462

Bacci, Antônio 403
Baker, Samuel White 89
Balasuriya, Tissa 437, 438
Balbo, Ítalo 278

Balthasar, Hans Urs von 406
Barelli, Armida 272
Barron, Edward 87
Barruel, Augustin 21
Barth, Karl 220, 405
Batiffol, Pierre 203, 206, 226
Batista y Zaldivár, Fulgêncio 489
Baudrillart, Henri-Marie-Alfred 269
Bazire, Henri 211
Bea, Augustin (Agostinho) 358, 364, 372, 397, 416
Benigni, Humberto 232, 234, 235, 243, 249
Bento de Nórcia 447
Bento XV, papa 14, 251, 255, 266-276, 303, 311, 457, 458, 461, 496
Bento XVI, papa 448, 465
Bernadette, v. Soubirous, Bernadete (Marie Bernarde)
Bernanos, Georges 302
Bernardin, Joseph Louis 484
Bertram, Johannes Adolf 286
Bérulle, Pierre de 181
Bettazzi, Luigi 370
Bevilacqua, Giulio 278
Bhatti, Shahbaz 471
Bhutto, Zulfikar Alī 470
Biffi, Giacomo 448
Bigard, Jeanne 168
Bigard, Stéphanie 168
Billot, Louis 204, 230, 275
Bismarck-Schönhausen, Otto, príncipe de 163, 190, 279
Blondel, Maurice 219, 222, 223, 225, 226, 236
Boff, Leonardo 249
Bolívar, Simón 101
Bonaccorsi, Giuseppe 235
Bonald, Louis-Gabriel-Ambroise de 22, 133
Bonald, Louis-Jacques-Maurice de 165
Bonaparte, Carlos Luís Napoleão, que se tornou Napoleão III, imperador dos franceses 154, 155
Bonaparte, Napoleão, que se tornou Napoleão I, imperador dos franceses 10, 45, 49-52, 54
Bonhoeffer, Dietrich 430
Bonomelli, Jeremias 188, 254
Bonsirven, Joseph 295
Borboni (Bourbon), nobre família 122
Borja, Estêvão 67
Bosco, João 166-168, 254, 272
Botti, Alfonso 238, 256
Bourget, Ignace 193
Bremond, Henri 228, 232
Brígida da Suécia 447
Brignole Sale, Antônio 70
Brooke, James 83
Bruni, Giraldo (Geraldo) 331
Bruno, Giordano (Filippo) 158
Bugnini, Annibale 353, 373, 399, 402
Bulgakov, Sergej Nikolaevič 224
Bultmann, Rudolf 363
Buonaiuti, Ernesto 219, 230, 235, 236, 238, 241, 242, 247-250, 258, 280, 353
Burzio, Giuseppe 318

Cabrini, Francisca Xavier 107, 115, 254
Cafasso, José 129
Calippe, Charles 211
Calles, Plutarco Elías 298, 299
Câmara Pessoa, Hélder 492
Cappellari, Bartolomeu Alberto (Mauro), que se tornou Gregório XVI, papa 68, 71, 72, 74, 75, 94
Capponi, Gino 150
Caprara, João Batista 56
Cárdenas Del Río, Lázaro 300
Cardoso, Fernando Henrique 430
Carli, Luigi 377, 398
Carlos Alberto, rei da Sardenha 155, 196
Carlos I, imperador da Áustria e rei da Hungria 268
Carlos III, rei da Espanha 67, 100
Carlos X, rei da França 140
Caronti, Emanuele 284, 306

Carranza, Venustiano 298
Carretto, Carlos 341
Carroll, Charles 106
Carroll, John 106
Carvalho, Sebastião José, marquês de Pombal 66, 100
Casaroli, Agostinho 421, 423, 450
Casati, Alessandro 243
Casciola, Brizio 242, 250, 263
Castro, Fidel 431, 493
Catarina de Sena 447
Cattaneo, Carlos 292
Cavour, Camillo Benso, conde de 186
Cento, Fernando 362
Cerretti, Bonaventura 271
Chanel, Pierre 80
Charles, Pierre 459
Chateaubriand, François-René de 68, 113, 132
Chávez, Hugo 494
Chenu, Marie-Dominique 340, 346, 347, 405, 406, 434, 443
Chiaramonti, Barnaba (Gregório), que se tornou Pio VII, papa 54
Cicognani, Amleto João 362, 408
Cicognani, Gaetano 362
Ciriaci, Pietro 362
Cirilo (Costantino) e Metódio 447
Ciro II, rei da Pérsia, chamado o Grande 58
Cláudio de Turim 196
Claverie, Pierre 481
Clemente XI, papa 261
Clemente XIV, papa 60
Colombo, Carlos 368
Comboni, Daniel 89-91, 95, 114, 115, 118, 183
Concha Còrdoba, Luis 431
Confalonieri, Angelo 81, 118
Confalonieri, Carlos 366
Conforti, Guido Maria 282, 306
Congar, Yves 340, 344, 347, 405, 434, 453
Consalvi, Ercole 55, 101, 122, 126, 157
Coppino, Michele 92

Corboli Bussi, João 156
Cornoldi, João Maria 179
Corradini, Enrico 261
Costantini, Celso 349, 458, 464
Cottolengo, José Bento 129
Cox, Harvey 406
Craxi, Bettino 450
Crispi, Francisco 91, 92, 163, 188
Croce, Benedetto 229, 281
Cuarteron, Carlos 83
Cullen, Paulo 192
Cullmann, Oscar 416
Curci, Carlos Maria 156

Da Fano, Alessandro (Elishà) 296
Da Silva, Luis Inácio, conhecido como Lula 495
Daens, Adolfo 207
Daniel, Yvan 335, 353
Daniélou, Jean 345, 346, 353, 405, 406
Darboy, George 174
Day, Dorothy 433
De Gasperi, Alcides 279, 280, 307, 329, 331, 333, 405
De Jacobis, Justino 87
De Lai, Gaetano 242
De Luca, Giuseppe 229
De Nobili, Roberto 79, 116
De Oliveira, Vital Maria Gonçalves 104
De Paulo, Vicente 66
De Rossi, João Batista 195
De Veuster, Damião 80, 115
Decurtins, Kaspar (Caspar) 207
Degrelle, Léon 274
Delacroix, Simon 93, 118, 475, 502
Della Chiesa, Giacomo torna-se Bento XV, papa 266, 267, 270, 272, 457, 458
Delp, Alfred 291
Deng, Xiaoping 465
Denzinger, Heinrich Joseph 195, 198
Depretis, Agostino 92
Desbuquois, Gustave 290
Díaz, Porfírio 103, 298

Diessbach, Nikolaus Joseph Albert von 131
Disraeli, Benjamin 293
Dollfuss, Engelbert 277
Döllinger, Ignaz von 174, 178
Donoso Cortés, Juan 158
Döpfner, Julius August 359, 361, 366
Dossetti, Giuseppe 366
Doutreloux, Victor-Joseph 207
Dreyfus, Alfred 294, 297
Drumont, Édouard 197
Duchesne, Louis 204-206, 226, 230
Dupanloup, Félix-Antoine-Philibert 172, 189
Duval, Léon-Etienne 480, 481
Džugašvili, Iosif Vissarionovič, conhecido pelo pseudônimo Stalin 262, 295

Ehrhard, Albert 231, 240
Enrique y Tarancón, Vincent 303
Escrivá de Balaguer, Josemaria 413
Etchegaray, Roger 419
Eucken, Rudolf Christoph 241
Eyadéma, Gnassingbé 477

Faber, Frederick William 170
Fani, Mario 188
Farinacci, Roberto 283
Faulhaber, Michael von 286, 289
Felici, Pericle 357, 361, 366
Fernando VII, rei da Espanha 102, 120
Ferrari, Andrea Carlo 243
Fesquet, Henri 367, 453
Filipe II, rei da Espanha 86
Foch, Ferdinand 265
Fogazzaro, Antônio 232, 233, 236-238, 240, 243, 249, 250, 257, 258
Fortis, Alessandro 293
Foucauld, Charles de 93, 340, 459
Fracassini, Umberto 230
Franchi, Alessandro 159
Francisco de Assis 450
Francisco de Sales 170, 181

Francisco José I de Habsburgo-Lorena, imperador da Áustria e rei da Hungria 264, 267, 268
Francisco, papa 446
Franco y Bahamonde, Francisco 301
Fransoni, Giacomo Filippo 74
Fransoni, Luís 185
Franzelin, João Batista 176, 204
Freire, Paulo 488
Frings, Joseph 361, 372
Fumasoni Biondi, Pietro 299
Funk, Franz Xaver 205
Funk, Philipp 250

Galeazzi Lisi, Ricardo 351
Galen, Clemens August von 286, 289
Gandhi, Mohandas Karamchand 469
García Moreno, Gabriel 103, 104
Garibaldi, José 172, 186
Garrigou-Lagrange, Réginald 346
Gasparri, Pietro 214, 270, 271, 274, 279, 306, 311
Gavazzi, Alexandre 196
Gazzola, Pietro 242, 250
Gedda, Luigi 306, 332, 337, 339
Geissel, Johannes von 190
Gemelli, Agostinho 272, 277, 284, 296
Genocchi, Giovanni 230, 270
Gentile, Giovanni 229
Gerardi, Juan José 493
Gessi, Romolo 74
Gheddafi, Muhammar 480
Giacomelli, Antonietta 250
Gibbons, James 108, 110, 194, 209, 220-222
Gilson, Étienne 434
Gioberti, Vicente 150, 154, 158
Giordani, Igino 277
Giussani, Luigi 413
Gobineau, Joseph-Arthur, conde de 197
Godin, Henri 335, 353
González Arintero, Juan 238
González y Valencia, José María 299

Gorbachev, Mikhail 449
Gordon, Charles Georg 74
Gostner, Josef 89
Gracias, Valerian 348
Grant, James August 88
Grégoire, Henri 48
Gregório II, Youssef-Sayour, patriarca melquita 95
Gregório XVI, papa 10, 11, 68, 71-75, 78, 79, 81, 86, 88, 102, 116, 143-147, 154, 349
Guano, Emílio 375
Guardini, Romano 288, 289
Guéranger, Prosper 128, 130, 189
Guicciardini, Piero 196
Guitton, Jean 360
Gundlach, Gustav 290
Gutiérrez, Gustavo 491, 492

Habsburgo, nobre família 39, 103, 267
Halifax, *lord*, ou Wood, Charles Lindley, conde de 192, 227
Hardenberg, Friedrich Leopold von, conhecido pelo pseudônimo Novalis 132
Harmel, Pierre-Prosper, conhecido como Harmel, Léon 209
Harnack, Adolf von 195, 223, 224, 238, 239
Hébert, Marcel 226
Hecker, Isaac Thomas 221
Helleputte, Georges Augustin, conhecido como Helleputte, Joris 212
Hemingway, Ernest 302
Hertling, Georg von 201, 208
Herzl, Theodor 197, 294
Hess, Moses 197
Hidalgo cura, ou Hidalgo y Costilla, Miguel 101
Hitler, Adolf 285-291, 302, 304, 311, 312, 314, 316, 319, 321
Hogan, John Baptist 231
Houphouët-Boigny, Félix 478
Houtart, François 488
Houtin, Albert 226, 233, 243

Hua, Guofeng 465
Hügel, Friedrich von 219, 223, 225, 227, 230, 250
Hussein (Husayn), Saddam v. Saddam Husayn (Hussein)

Illich, Ivan 431
Ingoli, Francesco 116
Innitzer, Theodor 290, 294
Ireland, John 107, 221, 222
Isaac, Jules 359
Isambert, François-André 164, 198

Jacini, Stefano 241
Jacobini, Luís 159
Jägerstätter, Franz 291
Jaramillo Monsalve, Jesús Emilio 493
Jaricot, Pauline 69, 168
Javouhey, Anne-Marie 70
Jedin, Hubert 63, 151, 288, 353
João Paulo I, papa 445
João Paulo II, papa 16, 376, 400, 421, 422, 429, 444, 446-453, 463, 465, 494, 495, 498
João XXIII, papa 15, 16, 207, 291, 355, 357-361, 364-367, 369, 377, 384, 385, 397, 398, 421, 444, 445
José II, imperador 27, 33, 43
Josefina, imperatriz dos franceses 58
Joseph (Yosep) VI Audo, patriarca da Igreja caldeia 95, 98
Journet, Charles 295
Juárez, Benito 103, 298, 299

Kaas, Ludwig 286, 287
Kähler, Martin 194
Kemal, Mustafa, conhecido como Atatürk 461
Kennedy, John Fitzgerald 433, 484
Ketteler, Wilhelm Emmanuel von 166, 207, 208
Kiko, ou Argüello Wirtz, Francisco José Gómez, conhecido como 413

Kim Taegon, Andrea 77
Kimbangu, Simon 425
King, Martin Luther 432
Klein, Félix 221
Kleutgen, Joseph 176
Knoblecher, Ignaz 89
Koch, Hugo 239, 241
Kolping, Adolf 166
König, Franz 361, 423
Kony, Joseph 477
Kowalska, Maria Faustina (Elena) 446
Kpodzro, Philippe Fanoko 477
Kraus, Franz Xaver 239, 240
Kun (Cohen), Bela 295
Küng, Hans 405, 420

La Mennais, Félicité Robert de 12, 71, 133, 141, 145-147, 151
La Pira, Giorgio 306, 307
La Tour du Pin-Chambly de La Charce, René de 208
La Valle, Raniero 367, 345
Laberthonnière, Lucien 226, 233, 236
Labouré, Catarina 130
Lacordaire, Henri-Dominique 71, 128, 141, 146
Lacroix, Lucien 226, 257
LaFarge, John 290, 312, 483
Lagrange, Marie-Joseph 202, 222, 236, 238, 262, 363
Lambruschini, Rafael 150, 196
Lanteri, Pio Brunone 139, 131
Lanzoni, Francesco 205
Larraín, Errazuriz Manuel 488
Larraona, Arcadio María 362
Lassalle, Ferdinand 166
Lavigerie, Charles-Martial-Allemande 74, 90, 91, 95, 98, 479, 480
Lazzati, Giuseppe 278, 306, 413
Le Floch, Henri 275
Le Roy, Édouard 225, 233, 243
Leão XII, papa 101, 127

Leão XIII, papa 12, 68, 84, 92, 94, 95, 98, 107, 110, 153, 159, 160, 179-181, 191, 195, 202-205, 210-213, 217, 218, 220-222, 227, 230, 231, 239, 253, 266, 276, 346, 406, 446, 461, 479
Lebbe, Vincent 459
Lebret, Louis-Joseph 488
Ledóchowski, Mieczyslaw Halka 94
Ledóchowski, Wlodzimierz 291
Lefebvre, Marcel 275, 377, 403, 409, 418, 440, 441, 443, 454, 477, 480
Léger, Paul-Émile 434
Lehnert, Pascalina 351
Leiber, Robert 311
Lemire, Jules Auguste 199, 211, 257
Lemmi, Adriano 293
Lenin, pseudônimo de Ulianov, Vladimir Ill'ič 271, 295
Leopoldo I, rei da Bélgica 142
Leopoldo II, rei da Bélgica 91
Lercaro, Giacomo 359, 366, 373, 399, 419
Liberatore, Mateus 179, 209
Libermann, François 70, 75
Lichtenberg, Bernhard 289, 295
Liénart, Achille 361, 366
Liguori, Afonso Maria de' 181
Livingstone, David 89
Loisy, Alfred 13, 219, 223-227, 232, 233, 236, 238, 241-243, 247, 249-251, 256, 257, 363
Lombardi, Ricardo 332, 339, 354
Lorscheider, Aloísio 492
Lubac, Henri de 340, 346, 405, 406, 434, 453
Lubich, Silvia, chamada Chiara 413
Luciani, Albino, tornou-se João Paulo I, papa 445
Ludovico de Casoria (Arcangelo Palmentieri) 87
Lueger, Karl 294
Luís Filipe, rei dos franceses 140, 145
Luís XVI, rei da França 36, 39, 41, 44, 123
Luís XVII, rei titular da França 123

Luís XVIII, rei da França 123, 140
Lula, ou Da Silva, Luiz Inácio, chamado 495
Lutero, Martinho 39, 63, 134, 147, 152, 307, 502
Luxemburgo, Rosa 295, 412
Lwanga, Charles 90

Maciel Degollado, Marcial 495
Madariaga, Salvador de 301
Maffi, Pietro 267, 268
Maglione, Luigi 316, 351
Mahdi, ou Muhammad Ahmad ibn' Abd Allāh ibn Fahl 75, 91
Mai, Angelo 75
Maistre, Joseph de 22, 133, 134, 151
Mancini, Pasquale Stanislau 92
Mandela, Nelson Rolihlahla 428
Manna, Paulo 459
Manning, Henry Edward 192, 208
Manriquez y Zárate, José de Jesús 299
Manzoni, Alexandre 132, 150, 158
Mao Tsé-Tung 326, 464, 465
Marcone, Giuseppe Ramiro 318
Marconi, Guilherme 305
Marella, Paulo 362
Maret, Henri-Louis-Charles 174, 189
Maria Cristina de Bourbon, rainha e regente da Espanha 102
Maria II, rainha de Portugal 79
Maria Teresa de Habsburgo, imperatriz 33
Maritain, Jacques 275, 277, 295, 380, 434, 486
Marshall, Bruce 264
Marshall, Georg 325
Martin, Marie-Françoise Thérèse, v. Teresa do Menino Jesus e da Santa Face
Martina, Giacomo 63, 84, 99, 118, 152, 199, 269, 294, 297, 304, 307, 502
Martinelli, João 481
Martinetti, Piero 241
Martínez Suarez, Graciano 238
Martínez Velez, Pedro 238

Martini, Carlo Maria 449
Marx, Karl 162, 166, 206
Massaia, Guilherme (Lorenzo Antônio) 88, 90, 95
Mastai Ferretti, Giovanni Maria, que se tornou Pio IX, papa 101
Maurras, Charles 254, 274
Maximiliano Fernando José de Habsburgo, arquiduque da Áustria e imperador do México 103
Maximos IV Saigh, patriarca melquita 372, 424
Mayr-Nusser, Josef 291
Mazza, Nicola 87, 183
Mazzarello, Maria Domenica 168
Mazzini, José 155, 157
Mazzolari, Primo 272, 278, 284, 306, 336, 339
Mazzucconi, João 83
Meda, Filipe 265
Melzi d'Eril, Francisco 57
Menozzi, Daniel 33, 34, 40, 58, 63, 125, 303, 304, 307, 454
Mercati, Ângelo 205
Mercati, João 205
Mercier, Désiré-Joseph 180, 202, 229, 266, 269
Mermillod, Gaspard 209
Merry del Val, Rafael 242
Metternich-Winnenburg, Klemens Wenzel Lothar, príncipe de 64, 149
Metz, Johannes Baptist 405, 406
Micheli, Giuseppe 265
Michonneau, Georges 335
Miglioli, Guido 265
Mignot, Eudoxe-Irénée 223, 225, 226, 243, 257
Milani, Lorenzo 336, 339, 499
Milingo, Emmanuel 477
Mimmi, Marcello 362
Mindszenty, József 326, 422
Minocchi, Salvatore 230, 231, 236, 238, 249
Möhler, Johann Adam 132

Monchanin, Jules 470
Montalembert, Charles Forbes de 71, 141, 146, 172, 189
Montini, João Batista, torna-se Paulo VI, papa 278, 284, 306, 318, 328, 331, 332, 341, 351, 359, 365, 366-369, 378, 439
Montuori, Luís 88
Moon, reverendo, ou Sun Myung Moon, conhecido como 436, 467, 477
Moran, Patrick Francis 85, 95, 193
Moreno, Luís 103, 104, 177
Mori, criança mártir de Tsuwano (Japão) 82
Moro, Aldo 441, 442, 444
Moro, Renato 304, 307
Mortara, Edgard (Pio Maria) 197, 292
Mott, John Raleigh 112
Mounier, Emmanuel 277, 486
Muhammad Ahmad ibn' Abd Allāh ibn Fahl, conhecido como Mahdi 75, 91
Mulago, Vincent 426
Müller, Ludwig 286
Mun, Albert de 198, 208, 209, 211, 257
Muratori, Luís Antônio 114
Murialdo, Leonardo 166
Murray, John Courtney 377, 432, 483, 484
Murri, Rômulo 211, 212, 219, 230-234, 236, 238, 241, 243, 248, 249
Mussolini, Benito 103, 272, 278-281, 283-285, 302, 304, 306, 307, 315, 320
Muzi, João 101, 102

Napoleão (*Neopoli, Neopolus*), santo 59
Napoleão I Bonaparte, imperador dos franceses 10, 21, 45, 54-60, 67, 119, 121-123, 126, 135, 149, 154
Napoleão III Bonaparte, presidente depois imperador dos franceses 103, 155, 172, 174, 178, 189, 279, 316
Nathan, Ernesto 293
Nazari de Calabiana, Luís 177
Neumann, João Nepomuceno 107
Newman, John Henry 170, 192, 204, 227

Nguyen Van Thuân, François-Xavier 466
Nina, Lourenço 159
Novalis, pseudônimo de Herdenberg Friedrich, Leopold von 132
Nyerere, Julius Kambarage 428

O'Connell, Daniel 144, 211, 260
Obregón, Álvaro 298, 299
Olier, Jean-Jacques 180
Olivieri, Nicolau 87
Orel, Anton 212
Orlando, Vitório Emanuel 271
Orozco, José Clemente 103
Orozco y Jiménez, Francisco 299
Orsenigo, César 318
Ossicini, Adriano 331
Ottaviani, Alfredo 338, 362, 364, 372, 403
Ozanam, Frederico 69, 166, 168

Pacelli, Carlos 351
Pacelli, Eugênio, que se tornou Pio XII, papa 14, 267-270, 286, 287, 303, 306, 309, 311-315, 320, 325, 327, 329, 333, 338, 339, 342, 343
Pacelli, Filipe 310
Pacelli, família 310
Palafox y Mendoza, Juan de 100
Panikkar, Raimon 470
Paoli, Arturo 340, 341
Papen, Franz von 286
Papini, Giovanni 296
Passaglia, Carlos 179, 184
Pastor, Ludwig von 195, 204
Paulo VI, papa 16, 278, 310, 359, 366-370, 373, 375, 377-380, 384, 385, 391, 395, 399-402, 406, 409, 410, 416, 418-422, 428, 429, 434, 437-442, 444, 445, 447, 498
Pavan, Pietro 377
Pecci, José 159
Pecci, Vicente Joaquim torna-se Leão XIII, papa 159, 160, 179, 180, 232
Pedro I, imperador do Brasil 104

Pedro II, imperador do Brasil 104
Pedro Leopoldo de Habsburgo-Lorena, que se tornou Leopoldo II, imperador 91
Pellegrino, Michele 379, 380
Perón, Juan Domingo 492
Perrone, João 179
Pessoa, João Crisóstomo de Amorim 84
Pétain, Philipp 265
Peterson, Erik 295
Petitjean, Bernard 82
Petre, Maude Dominica, conhecida como *miss* Petre 228, 229
Petrone, Igino 241
Philips, Gérard 369
Pie, Louis 189
Pilsudski, Józef Klemens 264, 271
Pinochet, Ugarte Augusto 431, 489, 490, 492
Pinsker, Judah Loeb (Leon) 197
Pio IX, papa 12, 73, 81, 84, 94, 98, 99, 105, 118, 144, 151, 153-160, 167, 169-173, 176, 179, 182, 184, 185, 187, 190, 192, 195, 197, 199, 217, 218, 220, 261, 292, 360
Pio VI, papa 9, 10, 36, 38-41, 51-54, 56, 58, 63, 125, 127, 147
Pio VII, papa 10, 54, 55, 58-60, 63, 67, 68, 77, 101, 122, 123, 125-128
Pio VIII, papa 68, 101, 140, 148
Pio X, papa 13, 155, 204, 205, 213-218, 231, 232, 234, 235, 239, 242, 248, 251-253, 255-257, 266, 303, 378, 399, 403
Pio XI, papa 14, 217, 236, 255, 273, 275-284, 286-291, 296-300, 302-307, 311-313, 317, 345, 348, 349, 353, 356, 397, 421, 443, 458, 464, 486, 496
Pio XII, papa 14-16, 288, 290, 296, 303, 309-311, 313-333, 335-339, 341-354, 356, 397, 405, 414, 421, 425, 458, 463-465, 488, 496
Pizzardo, Giuseppe 362
Pol Pot, pseudônimo de Saloth Sar 467
Pomaré II, rainha do Tahiti 80

Pombal, ou Sebastião José de Carvalho, marquês de 66, 100
Portal, Fernand 192, 227
Portes Gil, Emílio 299
Pottier, Antoine 167, 207
Poulat, Émile 152, 211, 219, 252, 257
Preysing, Konrad von 286, 289
Primo de Rivera, José Antônio 301
Pró, Juárez Miguel Agostinho 299
Puzyna z Kosielsko, Jan Maurycy Pawel 190

Radini Tedeschi, Giacomo Maria 207
Rahner, Karl 406, 434
Ramière, Henry 181
Rampolla del Tindaro, Mariano 159, 190, 213, 266, 269
Ramsey, Michael 416
Rathenau, Walther 293
Ratti, Aquiles, que se tornou Pio XI, papa 14, 236, 270, 275-277, 281, 282, 295, 297, 303-305, 311
Ratzinger, Joseph, que se tornou Bento XVI, papa 405, 406, 447, 448, 491
Rauscher, Joseph Othmar von 185
Renan, Joseph-Ernest 194, 202
Respighi, Pietro 231
Riberi, Antônio 419
Riccardi, Andrea 307, 353, 413, 481, 503
Ricci, Mateus 116
Ricci, Scipione de' 39
Richer, Edmond 28, 30
Ritschl, Albrecht 194
Rivadavia, Bernardino 101
Rivière, Jean 218, 219
Robespierre, Maximilien-François-Isidore de 42, 46, 47
Rocca d'Adria, pseudônimo de Algranati, Cesare 296
Rodano, Franco 331
Rodriguez, Alonso 180
Roger *frère*, ou Schutz, Roger, conhecido como 359, 417

Rohrbacher, René-François 205
Romero Galdámez, Oscar Arnulfo 431, 451, 452, 492, 493
Romilli, Carlos Bartolomeu 184
Roosevelt, Franklin Delano 313, 317, 328, 483
Roosevelt, Teodoro 232
Rosa, Henrique 236
Rosenberg, Alfred 295
Rosmini, Serbati Antônio 129
Rossi, Mario Vittorio 341
Rossi, Pellegrino 155
Rousseau, Jean-Jacques 66
Rowlands, John, conhecido pelo pseudônimo Stanley, Henry Morton *sir* 89
Roy, Maurice 441
Ruffini, Ernesto 372, 398
Ruffo de Bagnara, Fabrizio 53
Rugambwa, Laurean 425, 477
Ruibal, Ángel María Amor 238
Ryllo, Maksymilian Stanislaw 87

Sabatier, Auguste 226
Sabatier, Paul 219, 236, 249
Sabbah, Michel 462
Saddam Husayn (Hussein) 462
Saffi, Aurélio 155
Salazar, Antônio de Oliveira 303
Salgari, Emilio 83
Saloth Sar, conhecido com o pseudônimo de Pol Pot 467
Salvatorelli, Luigi 230
Sangnier, Marc 212, 234, 235
Sarto, Giuseppe Melchiorre, que se tornou Pio X, papa 213, 216
Satolli, Francisco 180
Savorgnàn de Brazzà, Pietro 89
Scalabrini, João Batista 107, 254
Scheeben, Matthias Joseph 170
Schell, Hermann 238, 239
Schillebeeckx, Edward 405
Schmidlin, Joseph 459
Schnitzer, Joseph 239, 241

Schrader, Clemens 176
Schuman, Robert 329
Schuster, Alfredo Ildefonso 284, 285
Schutz, Roger, conhecido como Roger *frère* 359, 417
Schweitzer, Albert 202
Scotti, Tommaso Fulco Gallarati 236, 240, 243, 257
Scoppola, Pietro 219, 257
Segni, Antônio 360, 398
Semeria, João 230, 233, 236, 258
Senghor, Léopold Sédar 428, 476
Sertillanges, Antonin-Dalmace 269
Sieyès, Emmanuel-Joseph 29-31, 64
Sigaud de Proença, Geraldo 492
Sin, Jaime Lachica 438
Siri, Giuseppe 364, 398
Sisto V, papa 214
Six, Paul 211
Somoza, Debayle Anastasio 494
Sonnenschein, Carl 234
Sonnino, Giorgio Sidney 268, 269, 293
Soubirous, Bernadette (Marie Bernarde) 170
Speke, John Hanning 88
Spellman, Francis Joseph 366, 433
Stalin, pseudônimo de Džugašvili, Iosif Vissarionovič 262, 295
Stang, Dorothy 493
Stanley, Henry Norton, *sir*, pseudônimo de Rowlands, John 89
Stauffenberg, Claus Schenk von 291
Stein, Edith, ou Teresa Benedita da Cruz 288, 447
Stepinac, Alojzije 326
Sterckx, Engelbert 142
Streit, Robert 459
Strossmayer, Josip Juraj 175
Sturzo, Luís 211, 234, 274, 277, 279, 280, 286, 331
Suenens, Léon-Joseph 359, 365, 366
Suhard, Emmanuel 315, 335, 336, 341, 350
Suharto, ou Haji Muhammad Soeharto, conhecido como 466

Sukarno, pseudônimo de Kusno Sosrodihardjo 466
Sun Myung Moon, conhecido como Moon, reverendo 436, 467, 477
Swoboda, Heinrich 206

Tacchi Venturi, Pedro 279, 281
Talamo, Salvador 206, 209
Talleyrand-Périgord, Charles-Maurice, príncipe de 32, 33, 37, 123
Tappouni, Inácio Gabriel I, patriarca de Antioquia 423
Tardini, Domenico 306, 331, 351, 357
Taylor, Myron Charles 317
Teilhard de Chardin, Pierre 264, 464
Teresa Bendita da Cruz, ou Stein, Edith 288, 447
Teresa de Calcutá, madre, ou Anjezë Gonxhe Bojaxhiu, conhecida como 469
Teresa do Menino Jesus e da Sagrada Face, ou Martin, Marie-Françoise Thérèse 305, 313
Thurian, Max 359, 417
Tien Ken-sin, Thomas 82, 326, 348
Tisserant, Eugène 358
To Rot, Peter 471
Toaff, Elio 450
Tomás de Aquino 179, 234
Tommaseo, Nicolau 150
Toniolo, José 206, 207
Torres, José Maria da Silva 79, 84
Torres Restrepo, Camilo 431, 493
Tragella, Giovanni Battista 459
Trockij, Lev Davidovič 297
Troeltsch, Ernst 220, 224
Tronson, Louis 180
Truman, Harry Spencer 325, 328
Tshibangu, Tshishiku Tharcisse 426
Tyrrell, George 13, 219, 227-229, 231, 233, 236, 238, 247, 249-251

Ulianov, Vladimir Ill'ič, conhecido com o pseudônimo de Lenin 271, 295

Unamuno, Miguel de 237, 301
Urbani, Giovanni 366

Vagaggini, Cipriano 402
Valerga, Giuseppe, patriarca latino de Jerusalém 98, 460
Valeri, Valério 362
Vallainc, Angelo Fausto 367
Van Rossum Willem, Marinus 94
Vaughan, Herbert 192
Vaussard, Maurice 277
Verhaegen, Arthur 212
Veronese, Vittorino 332
Veuillot, Louis-François 189
Vianney, João-Batista Maria, conhecido como Ars, cura d' 129, 181
Vidal y Barraquer, Francisco de Assis 302
Vigouroux, Fulcran-Grégoire 202, 222
Villa Francisco, chamado *Pancho*, pseudônimo de Arango, Doroteo 298
Vitório Emanuel II, rei da Sardenha, depois rei da Itália 186, 187
Vitório Emanuel III, rei da Itália 271, 281, 315
Vives y Tutó, José de Calasanz Félix Santiago 242
Vogelsang, Karl von 208
Voltaire, pseudônimo de Arouet, François-Marie 114

Wattson, Lewis Thomas 217
Weber, Max 404
Weber, Simone 279
Weiss, Franz 289
Weiss, Johannes 202
Weiss, Otto 240, 257
Wellhausen, Julius 202, 240
Willebrands, Johannes 358, 387, 416
Wilson Woodrow, Thomas 267
Windthorst, Ludwig 190
Wojtyla, Karol, que se tornou João Paulo II 295, 376, 422, 445, 447, 448, 453, 498
Wyszynski, Stefan 326, 367, 422, 445

Zahn, Theodor 202
Zapata, Emiliano 298
Zigliara, Tomás Maria 180

Zola, Émile 294
Zumárraga, Juan de 100

Plano analítico da obra

VOLUME I
A Antiguidade cristã: **das origens da Igreja à divergência entre Oriente e Ocidente (séculos I-V)**
Textos de G. Laiti e C. Simonelli, com U. Dell'Orto, S. Xeres e A. Maffeis

Prefácio de C. Pasini
Introdução geral de U. Dell'Orto e S. Xeres
Teologia e história da Igreja de A. Maffeis
Cap. 1 – As origens cristãs
Cap. 2 – As Igrejas no espaço público: o período da apologia
Cap. 3 – A "grande Igreja": a Igreja no século III
Cap. 4 – O século IV: a Igreja no império cristão e além das fronteiras
Cap. 5 – A vida interna das Igrejas no século IV
Cap. 6 – O século V: a Igreja na divergência entre Ocidente e Oriente

VOLUME II
A Idade Média: **da presença dos bárbaros no Ocidente (séculos IV-V) ao papado avinhonense (1309-1377)**
Textos de E. Apeciti, S. Ceccon, R. Mambretti

Cap. 1 – A contribuição dos novos povos para o desenvolvimento da Igreja
Cap. 2 – A Igreja no Oriente entre os séculos V e VII e a difusão do Islã
Cap. 3 – A Igreja no Ocidente nos séculos VI-VII
Cap. 4 – O Ocidente nos séculos VIII-X
Cap. 5 – A Igreja imperial, da época dos Otões à Reforma do século XI
Cap. 6 – Reformas básicas e reformas de cúpula entre os séculos XII e XIII
Cap. 7 – Mudanças estruturais, religiosidade, cultura, heresia e ortodoxia entre os séculos XI e XIV

Cap. 8 – Da crise da metade do século XIII ao fim do período avinhonense (1309-1377)
Cap. 9 – Além dos confins: cruzadas e missões

VOLUME III
A época moderna: **do Cisma do Ocidente (1378-1417) às vésperas da Revolução Francesa (1780-1790)**
Textos de F. Besostri, U. Dell'Orto, C. Silva

Cap. 1 – Do Cisma do Ocidente aos Concílios do século XV
Cap. 2 – A Igreja durante o Renascimento
Cap. 3 – O século da Reforma (*Reformation*)
Cap. 4 – O Concílio de Trento e sua aplicação
Cap. 5 – A Igreja na época do Absolutismo
Cap. 6 – A Igreja no século XVIII
Cap. 7 – Aberturas a Igrejas orientais, missões, teologia, arte e religiosidade

VOLUME IV
A época contemporânea: **da Revolução Francesa ao Vaticano II e à sua aceitação (1789-2005)**
Textos de M. Guasco, A. Manfredi, S. Xeres

Cap. 1 – Igreja e Revolução Francesa (1789-1814)
Cap. 2 – Abertura ao século XIX mediante as missões
Cap. 3 – A Igreja católica entre Restauração e liberalismo
Cap. 4 – O catolicismo na Europa na segunda metade do século XIX
Cap. 5 – Fermentos de renovação eclesial entre os séculos XIX e XX
Cap. 6 – A ideologia e os movimentos políticos nacionalistas e totalitários na primeira parte do século XX
Cap. 7 – Pio XII e a Igreja do seu tempo
Cap. 8 – O Concílio Vaticano II e a sua aceitação
Cap. 9 – As dimensões mundiais da Igreja no século XX

Edições Loyola

editoração impressão acabamento
Rua 1822 nº 341 – Ipiranga
04216-000 São Paulo, SP
T 55 11 3385 8500/8501, 2063 4275
www.loyola.com.br